■2025年度高等学校受験用

中央大学杉並高等学校

収録内容一覧

★この問題集は以下の収録内容となっています。また、編集の[illegible]させていただいている場合もございますのでご了承ください。

（○印は収録、一印は未収録）

入試問題の収録内容			解説	解答	解答用紙
2024年度	推薦	英語・数学・社会・理科・国語	○	○	○
	一般	英語・数学・国語	○	○	○
	帰国生	英語・数学・国語	—	○	○
2023年度	推薦	英語・数学・社会・理科・国語	○	○	○
	一般	英語・数学・国語	○	○	○
	帰国生	英語・数学・国語	—	○	○
2022年度	推薦	英語・数学・社会・理科・国語	○	○	○
	一般	英語・数学・国語	○	○	○
	帰国生	英語・数学・国語	—	○	○
2021年度	推薦	英語・数学・社会・理科・国語	○	○	○
	一般	英語・数学・国語	○	○	○
	帰国生	英語・数学・国語	—	○	○
2020年度	推薦	英語・数学・社会・理科・国語	○	○	○
	一般	英語・数学・国語	○	○	○
	帰国生	英語・数学・国語	—	○	○

★当問題集のバックナンバーは在庫がございません。あらかじめご了承ください。

リスニングテストの音声は、下記のIDとアクセスコードにより当社ホームページ
https://www.koenokyoikusha.co.jp/pages/cddata/listening で聴くことができます。
（実際の入試で使用された音声です）
ユーザー名：koe　アクセスコード（パスワード）：33220　使用期限：2025年3月末日

※ユーザー名・アクセスコードの使用期限以降は音声が予告なく削除される場合がございます。あらかじめご了承ください。

●凡例●

【英語】

≪解答≫

〔　〕　①別解

②置き換え可能な語句（なお下線は置き換える箇所が2語以上の場合）

（例）<u>I am</u>〔I'm〕glad〔happy〕to ~

（　）　省略可能な言葉

≪解説≫

1，**2**…　本文の段落（ただし本文が会話文の場合は話者の１つの発言）

〔　〕　置き換え可能な語句（なお〔　〕の前の下線は置き換える箇所が 2 語以上の場合）

（　）　①省略が可能な言葉

（例）「（数が）いくつかの」

②単語・代名詞の意味

（例）「彼（＝警察官）が叫んだ」

③言い換え可能な言葉

（例）「いやなにおいがするなべにはふたをするべきだ（＝くさいものにはふたをしろ）」

//　訳文と解説の区切り

cf.　比較・参照

≒　ほぼ同じ意味

【数学】

≪解答≫

〔　〕　別解

≪解説≫

（　）　補足的指示

（例）（右図１参照）など

〔　〕　①公式の文字部分

（例）〔長方形の面積〕=〔縦〕×〔横〕

②面積・体積を表す場合

（例）〔立方体 ABCDEFGH〕

∴　ゆえに

≒　約、およそ

【社会】

≪解答≫

〔　〕　別解

（　）　省略可能な語

＿＿　使用を指示された語句

≪解説≫

〔　〕　別称・略称

（例）政府開発援助〔ODA〕

（　）　①年号

（例）壬申の乱が起きた（672 年）。

②意味・補足的説明

（例）資本収支（海外への投資など）

【理科】

≪解答≫

〔　〕　別解

（　）　省略可能な語

＿＿　使用を指示された語句

≪解説≫

〔　〕　公式の文字部分

（　）　①単位

②補足的説明

③同義・言い換え可能な言葉

（例）カエルの子（オタマジャクシ）

≒　約、およそ

【国語】

≪解答≫

〔　〕　別解

（　）　省略してもよい言葉

＿＿　使用を指示された語句

≪解説≫

〈　〉　課題文中の空所部分（現代語訳・通釈・書き下し文）

（　）　①引用文の指示語の内容

（例）「それ（＝過去の経験）が ～」

②選択肢の正誤を示す場合

（例）（ア，ウ…×）

③現代語訳で主語などを補った部分

（例）（女は）出てきた。

／　漢詩の書き下し文・現代語訳の改行部分

中央大学杉並高等学校

所在地	〒167-0035 東京都杉並区今川2-7-1
電　話	03-3390-3175
ホームページ	http://www.chusugi.jp/
交通案内	JR中央線荻窪駅よりバス 西武新宿線上井草駅より徒歩12分

普通科

男女共学

くわしい情報は
ホームページへ

応募状況

年度	募集数	受験数	合格数	倍　率
2024	推薦　130名	395名	145名	2.7倍
	帰国　20名	121名	48名	2.5倍
	一般　150名	956名	312名	3.1倍
2023	推薦　130名	345名	141名	2.4倍
	帰国　20名	141名	55名	2.6倍
	一般　150名	932名	334名	2.8倍
2022	推薦　130名	344名	142名	2.4倍
	帰国　20名	146名	61名	2.4倍
	一般　150名	905名	332名	2.7倍

試験科目　（参考用：2024年度入試）

［一般公募推薦］ 適性検査（国語・数学・英語・社会・理科）・面接

［帰国生］ 基礎学力検査（国語・数学・英語）・面接

［一般］ 国語・数学・英語（リスニング含む）

沿　革

中央大学附属の男子部・女子部を併設する全日制普通科高校として，昭和38年に創設された。

従来，男女別学制をとってきたが，平成４年度から全学年男女共学制に移行と同時に，校舎・設備を一新した。

教育目標

中央大学の質実剛健の学風と輝く伝統とを根本精神とし，建学の精神である「真善美」の具現を指導目標にしている。特に，大学卒業後の自分のあるべき姿に視点を置いた教育を目指し，中央大学教育の主幹学生の育成に力を注いでいる。

【真】　真理を探究しようとする知性

【善】　より善きものを探究しようとする理性

【美】　美しきものを探究しようとする感性

特　色

中央大学の附属高校として，大学との一貫教育を視野に入れながら，受験に偏らない，清新でゆとりのあるバランスのとれた教育を目指している。

教育課程は，中央大学への進学を視野に，基礎学力の養成と幅広い教養を身につけることに力を注ぐ。また，各自の特性と進路に応じて学習できる体制にも重点をおき，３年次では文系・文理系コースに分け，第２外国語や芸術など多彩な選択科目を設置。土曜日には，簿記などの資格取得講座や模擬裁判，キャリアデザインなど多くの土曜講座も用意される。

附属生向けのオープンキャンパス，ライティング・ラボ，推薦内定後の高大連携プログラムなど「高校・大学一貫」７年間の教育に力を入れている。

進路状況

９割以上の生徒が中央大学へ内部進学する。また，中央大学への推薦資格を保持したまま他大学を受験できる制度もある。

【2024年３月卒業生の中央大学進学状況】

法学部84名，経済学部56名，商学部54名，理工学部32名，総合政策学部20名，文学部25名，国際経営学部７名，国際情報学部８名　ほか

【近年の合格大学一覧】

東京工業大，東京外国語大，北海道大，横浜国立大，早稲田大，慶應義塾大，上智大，東京理科大ほか

編集部注―本書の内容は2024年4月現在のものであり，変更されている場合があります。正確な情報は，学校のホームページ等で必ずご確認ください。

出題傾向と今後への対策 英語

出題内容

	2024		2023		2022	
	推薦	一般	推薦	一般	推薦	一般
大問数	4	6	4	6	4	6
小問数	14	42	14	41	13	41
リスニング	×	○	×	○	×	○

◎推薦は大問４題，一般は大問６題で，構成は長文読解が１～２題，和文英訳が１題となっている。一般は放送問題が出題され，試験開始後２分経過して始まる。

2024年度の出題状況

《推　薦》

1 正誤問題
2 対話文完成―適文選択
3 和文英訳―完全記述
4 長文読解総合―説明文

《一　般》

Ⅰ 放送問題
Ⅱ 長文読解―内容真偽―説明文
Ⅲ 長文読解総合―伝記
Ⅳ 適語(句)選択
Ⅴ 整序結合
Ⅵ 和文英訳―完全記述

解答形式

《推　薦》　記　述／マーク／併　用

《一　般》　記　述／マーク／併　用

出題傾向

長文の設問は，内容そのものに関するものと，長文の中で使われている文法事項についての設問とに大別できる。一般は全体的に分量が多く，ところどころに難解な文が含まれており，正確な読解力に加えて，要旨をすばやく把握する力を試している。この他，英作文は完全記述式で出題されることが特徴といえる。

今後への対策

教科書の文法事項，単語，熟語をしっかり覚えたうえで，日頃からサイドリーダーなどを使って英文に慣れておくことが望ましい。この際，必ず英文を音読する習慣をつけておくと，基本構文が記憶としてよく定着するので試してもらいたい。放送問題の対策は，「習うより慣れろ」の一言に尽きる。時間を決めて，毎日聞くようにしよう。

◆◆◆◆◆ 英語出題分野一覧表 ◆◆◆◆◆

分野		年度	2022		2023		2024		2025予想※	
			推	一	推	一	推	一	推	一
音声	放送問題			■		■		■		◎
音声	単語の発音・アクセント									
音声	文の区切り・強勢・抑揚									
語彙・文法	単語の意味・綴り・関連知識									
語彙・文法	適語(句)選択・補充			●		●		●		◎
語彙・文法	書き換え・同意文完成									
語彙・文法	語形変化									
語彙・文法	用法選択									
語彙・文法	正誤問題・誤文訂正		●		●		●		◎	
語彙・文法	その他									
作文	整序結合		●	●	●	●	●	●	◎	◎
作文	日本語英訳	適語(句)・適文選択								
作文	日本語英訳	部分・完全記述	●	●	●	●	●	●	◎	◎
作文	条件作文									
作文	テーマ作文									
会話文	適文選択		●		●		●		◎	
会話文	適語(句)選択・補充									
会話文	その他									
長文読解	内容把握	主題・表題								
長文読解	内容把握	内容真偽	●	●	●	■	●	■	◎	◎
長文読解	内容把握	内容一致・要約文完成		■		●	●	■	△	◎
長文読解	内容把握	文脈・要旨把握	●	●	●	■	●	●	◎	◎
長文読解	内容把握	英問英答		●	●	■		●	△	◎
長文読解	適語(句)選択・補充					●				△
長文読解	適文選択・補充					●		●		◎
長文読解	文(章)整序					●		●		◎
長文読解	英文・語句解釈(指示語など)		●	●	●	●			◎	◎
長文読解	その他									

●印：１～５問出題，■印：６～10問出題，★印：11問以上出題。
※予想欄　◎印：出題されると思われるもの。　△印：出題されるかもしれないもの。

出題傾向と今後への対策 数学

出題内容

2024年度 《推　薦》 作 証 グ

５題の出題。1は数の計算。2は平面図形で，三角形を利用した計量題２問。3はカードを用いた確率。4は平面図形で，平行線と正三角形を利用した計量題。5は関数で，放物線と直線に関する問題３問。

《一　般》 作 証 グ

1は小問集合で３問。2は関数で，双曲線と直線に関するもの。3は，放物線と直線で囲まれた部分の面積の近似値を求める問題。4は平面図形で，五角形を利用した計量題。5はサイコロを用いた確率題。6は為替レートに関する問題。

2023年度 《推　薦》 作 証 グ

４題の出題。1は式の値を求めるもの。2，3は関数で，2は一次関数について，座標平面上の図形を利用した問題２問，3は放物線と直線に関する問題３問。4は空間図形の計量題２問で，円錐台を利用したもの。

《一　般》 作 証 グ

1は小問集合で４問。2は平面図形で，正八角形を利用した計量題３問。3は関数で，放物線と直線に関するもの。4は平面図形で，紙の大きさに関する問題。5は関数で，一次関数に関するもの。図形の知識も要する。

作…作図問題　証…証明問題　グ…グラフ作成問題

解答形式

《推　薦》 記　述／マーク／併　用

《一　般》 記　述／マーク／併　用

出題傾向

推薦は大問４～６題の構成。各分野から１題ずつくらいの出題であるが，図形からは例年２～３題出題されている。一般は，近年は大問５題の構成になっている。1は小問集合で４問，2以降は関数や図形，確率などの総合問題。

今後への対策

まずは，少し複雑な計算問題も難なくこなす計算力をつけること。これと並行して，図形，関数の分野を中心に，標準レベルの問題を数多くこなし，解法のパターンを身につけるようにしよう。座標平面上で図形の性質を用いるものや図形の移動に関するものも出題されているので，図形の定理や性質は確実に覚えること。

◆◆◆◆◆ 数学出題分野一覧表 ◆◆◆◆◆

分野	年度	2022 推	2022 一	2023 推	2023 一	2024 推	2024 一	2025予想※ 推	2025予想※ 一
数と式	計算，因数分解	●	★	●	●	●	★	◎	◎
	数の性質，数の表し方								
	文字式の利用，等式変形								
	方程式の解法，解の利用				●		●		◎
	方程式の応用								
関　数	比例・反比例，一次関数			■	★		★	△	◎
	関数$y=ax^2$とその他の関数	■	■	★	★	★	★	◎	◎
	関数の利用，図形の移動と関数		●						△
図　形	（平面）計　量	★	■		★	★	★	◎	◎
	（平面）証明，作図								
	（平面）その他								
	（空間）計　量		★	■				△	△
	（空間）頂点・辺・面，展開図								
	（空間）その他								
データの活用	場合の数，確率				●	●	★	△	◎
	データの分析・活用，標本調査	●	●					△	△
その他	不等式								
	特殊・新傾向問題など								
	融合問題								

●印：１問出題，■印：２問出題，★印：３問以上出題。
※予想欄　◎印：出題されると思われるもの。　△印：出題されるかもしれないもの。

出題傾向と今後への対策　社会

出題内容

2024年度

地理・世界の地形や産業，社会に関する問題と資料を用いた問題。
・日本の地形や産業，気候，各地の特色に関する問題。

歴史・古代から現代までの日本と世界の出来事や文化に関して，年代順や正誤を問う問題。

公民・日本国憲法に関する問題と，地方自治や物価，国際社会に関する問題。

2023年度

地理・世界の地形や産業，社会に関する問題と資料を用いた問題。
・日本の地形や産業，気候，各地の特色に関する問題。

歴史・古代から現代までの日本と世界の出来事や文化に関して，年代順や正誤を問う問題。

公民・日本国憲法に関する問題と，企業や税，為替相場に関する問題。

2022年度

地理・世界の地形や産業に関する問題と資料を用いた問題。
・日本の地形や産業，人口，各地の特色に関する問題。

歴史・古代から現代までの日本と世界の政治や社会，文化に関して，年代順や正誤を問う問題。

公民・日本国憲法に関する問題と経済や環境に関する問題。

解答形式

2024年度　**記述**／マーク／併用

出題傾向

形式は正しい文や組み合わせを選択する問題が多く，資料の読み取り問題も出題され，短時間で正確な判断が必要とされる。用語を記述する問題が出ることもある。

地理では資料の読み取り問題が，歴史では年代，政治，文化に関する問題が出題されている。公民では重要語句を記述する問題が頻出である。

今後への対策

地理では世界と日本の各地域の特色をしっかり押さえておこう。歴史では時代順が問われることが多いので，出来事の流れを確認しておくとよい。公民は，基本的な知識を問う問題が多いが出題範囲が広い。教科書全体をしっかりと復習しておこう。

時間を計って過去問題を解くことで20分という短い試験時間に慣れておきたい。

社会出題分野一覧表

分野		2022	2023	2024	2025予想※
地理的分野	地形図				△
	アジア			人	△
	アフリカ		人		△
	オセアニア				△
	ヨーロッパ・ロシア		総		△
	北アメリカ				△
	中・南アメリカ				△
	世界全般	地　総	総	地産　総	◎
	九州・四国				△
	中国・近畿				△
	中部・関東				△
	東北・北海道	産	産		◎
	日本全般	地　総	産　総	地産　総	◎
歴史的分野	旧石器～平安	●	●	●	◎
	鎌倉	●	●	●	◎
	室町～安土桃山	●	●	●	◎
	江戸	●	●	●	◎
	明治		●	●	◎
	大正～第二次世界大戦終結	●		●	◎
	第二次世界大戦後	●	●	●	◎
公民的分野	生活と文化			●	△
	人権と憲法	●	●	●	◎
	政治			●	△
	経済	●	●	●	◎
	労働と福祉				△
	国際社会と環境問題	●		●	◎
時事問題					

※予想欄　◎印：出題されると思われるもの。　△印：出題されるかもしれないもの。
地理的分野については，各地域ごとに出題内容を以下の記号で分類しました。
地…地形・気候・時差，　産…産業・貿易・交通，　人…人口・文化・歴史・環境，　総…総合

出題傾向と今後への対策 理科

出題内容

2024年度 作

1生物の世界から，動物の分類に関する問題。2被子植物とコケ植物の特徴，光合成による生成物，遺伝の規則性に関する問題。科学的な思考力を問われた。3気象と天気の変化から，湿度や暑さ指数に関する問題。4地球と宇宙から，太陽系の惑星や衛星に関する問題。5中和に関する問題。溶解度についても問われた。6物体にはたらく力に関する作図問題。7オームの法則や電流による発熱に関する問題。8酸化銅の還元に関する問題。

2023年度

1動物の体のつくりとはたらきから，だ液のはたらき，心臓のつくり，血液の循環にかかる時間に関する問題。2大地の変化から，地震に関する問題。3植物について，気孔と花粉管に関する問題。4メタンについて，状態変化による質量の変化とエネルギーの変換に関する問題。5電流とその利用から，電流と回路に関する問題。6運動とエネルギーから，力学的エネルギーに関する問題。7パルミチン酸について，化学変化や融点を調べる実験に関する問題。

	2024	2023	2022
大問数	8	7	8
作図問題	3	0	0

作 …作図・グラフ作成問題　記 …文章記述問題

解答形式

2024年度	記述／マーク／併用

出題傾向

大問数は7～9題と年度によって変化するが，小問数は20問程度でほとんど変化しない。毎年，電流回路に関する問題が取り上げられているが，他はさまざまな分野からの出題で，偏りは見られない。また，例年，問題数は少ないが，基礎的な知識ばかりでなく，応用力・考察力を必要とする問題が出題されている。

今後への対策

まず，教科書を中心に，実験・観察の手順や結果・考察についてまとめ，正確な知識を身につけておきたい。そのうえで，問題集を用いて，応用力や考察力をつけよう。

特に，電流回路に関しては，直列・並列回路での電流・電圧・電力の関係，オームの法則の使い方をマスターしておくこと。仕上げに，過去問で実践的な練習をしよう。

理科出題分野一覧表

分野	年度	2022	2023	2024	2025 予想※
身近な物理現象	光　と　音				◎
	力のはたらき(力のつり合い)			●	◎
物質のすがた	気体の発生と性質	●	●		◎
	物質の性質と状態変化		●		△
	水　溶　液		●	●	◎
電流とその利用	電流と回路	●		●	◎
	電流と磁界(電流の正体)				◎
化学変化と原子・分子	いろいろな化学変化(化学反応式)	●	●	●	◎
	化学変化と物質の質量			●	◎
運動とエネルギー	力の合成と分解(浮力・水圧)	●		●	◎
	物体の運動			●	◎
	仕事とエネルギー		●		△
化学変化とイオン	水溶液とイオン(電池)				◎
	酸・アルカリとイオン			●	◎
生物の世界	植物のなかま	●			◎
	動物のなかま			●	◎
大地の変化	火山・地震		●		◎
	地層・大地の変動(自然の恵み)	●			◎
生物の体のつくりとはたらき	生物をつくる細胞				
	植物の体のつくりとはたらき		●	●	◎
	動物の体のつくりとはたらき	●	●		◎
気象と天気の変化	気象観察・気圧と風(圧力)				◎
	天気の変化・日本の気象			●	◎
生命・自然界のつながり	生物の成長とふえ方	●	●		◎
	遺伝の規則性と遺伝子(進化)	●		●	◎
	生物どうしのつながり				△
地球と宇宙	天体の動き	●			◎
	宇宙の中の地球			●	△
自然環境・科学技術と人間					
総　　合	実験の操作と実験器具の使い方	●	●		◎

※予想欄　◎印：出題されると思われるもの。　△印：出題されるかもしれないもの。
分野のカッコ内は主な小項目

出題傾向と今後への対策　国語

出題内容

2024年度

《推薦》

論説文　／　二 古文

課題文 一 千葉雅也『現代思想入門』
二『雨窓閑話』

《一般》

一 漢字　／　二 資料　／　三 古文　／　四 論説文　／　五 論説文

課題文 三『北遊記』
五 貫　成人『哲学マップ』

2023年度

《推薦》

論説文　／　二 古文

課題文 一 岡田暁生『音楽の聴き方』
二 大石千引『野乃舎随筆』

《一般》

一 漢字　／　二 国語の知識　／　三 古文　／　四 論説文　／　五 論説文

課題文 三 大田南畝『半日閑話』
五 筒井清輝『人権と国家』

解答形式

《推薦》　記述／マーク／併用

《一般》　記述／マーク／併用

出題傾向

推薦試験は，簡単な古文の内容理解と，論説文の読解問題だけの出題となっており，漢字以外は記号選択式か抜き出し程度のものになっている。一般試験は，論説文を中心とした比較的レベルの高い読解問題が出され，100字程度で要旨をまとめる記述式解答の設問もある。

今後への対策

本校の試験の場合は，ある程度の速さが要求されるので，読むのも書くのも速く正確にこなせるようにしておく必要がある。論説文を中心に，なるべく多くの問題をこなしておくのがよい。また，100字程度の記述式解答の設問もあるので，その練習もしっかりとしておくこと。

◆◆◆◆◆ 国語出題分野一覧表 ◆◆◆◆◆

分野			2022 推	2022 一	2023 推	2023 一	2024 推	2024 一	2025予想※ 推	2025予想※ 一
現代文	論説文 説明文	主題・要旨	●			●	●	●	◎	◎
		文脈・接続語・指示語・段落関係								
		文章内容	●	●	●	●	●	●	◎	◎
		表現	●						△	
	随筆 日記 手紙	主題・要旨								
		文脈・接続語・指示語・段落関係								
		文章内容								
		表現								
		心情								
	小説	主題・要旨								
		文脈・接続語・指示語・段落関係								
		文章内容								
		表現								
		心情								
		状況・情景								
韻文	詩	内容理解								
		形式・技法								
	俳句 和歌 短歌	内容理解								
		技法								
古典	古文	古語・内容理解・現代語訳	●	●	●	●	●	●	◎	◎
		古典の知識・古典文法								
	漢文	(漢詩を含む)								
国語の知識	漢字 語句	漢字	●	●	●	●		●	◎	◎
		語句・四字熟語								
		慣用句・ことわざ・故事成語								
		熟語の構成・漢字の知識								
	文法	品詞								
		ことばの単位・文の組み立て				●				△
		敬語・表現技法								
	文学史									
作文・文章の構成・資料				●		●		●		◎
その他										

※予想欄　◎印：出題されると思われるもの。　△印：出題されるかもしれないもの。

2024年度 中央大学杉並高等学校（推薦）

【英　語】（20分）〈満点：20点〉

[1] 次の各組から正しい英文を一つずつ選び，記号で答えなさい。

1．ア　Last week I went Sapporo to watch a baseball game.
　イ　I woke up early, so I didn't miss the first train.
　ウ　It was easy of you to solve the math problem.
　エ　The children was very happy to get a new toy.

2．ア　Who pushed the alarm button？
　イ　I remember I visit Hawaii three times.
　ウ　It rained very hardly, and I couldn't go out in the morning.
　エ　He is going to talk to a man who standing in the park.

3．ア　Someone knocked on the door during we were sleeping.
　イ　If I were you, I will get angry.
　ウ　I have never been abroad in my life.
　エ　I asked her where do you live.

[2] 次の会話文の空欄 [1] ～ [3] を補うのに最もふさわしい文を下のア～コからそれぞれ選び，記号で答えなさい。

1．A：There are a lot of people today.　What's going on？
　B：I have no idea.
　A：[1]

2．A：You've left most of your supper.　Aren't you hungry？
　B：[2]
　A：Do you want some stomach medicine？

3．A：Why don't we go camping this summer？
　B：Sounds great.　I can't wait！
　A：[3]

ア　Why are you so hungry？
イ　Because we have no car to go there.
ウ　We will be able to swim in the river.
エ　Yes, I had a donut thirty minutes ago.
オ　No, I ate too much fried chicken for lunch.
カ　The station is too far to walk to.
キ　Have you been waiting for me？
ク　They had a local festival last week.
ケ　You must be very hungry.
コ　I have never seen so many people here before.

3　次の日本語を英語にしなさい。

1．その言葉の意味を私に教えていただけますか。

2．私たちは学校で辞書の使い方を学びました。

4　次の文章を読み，あとの問いに答えなさい。（＊のついた語句には本文の最後に注があります。）

How did people tell time before mechanical clocks？ There were a variety of ways to measure time.

The ancient Egyptians invented the oldest devices for telling time. They were called ①sundials and they used the sun's movement. They were first made around 6,000 years ago in Egypt. The Egyptians put tall stone poles at the entrance of their temples. The poles were symbols of their god. One day, the Egyptians noticed that the shadow created by a pole was longest at both sunrise and sunset, but it was shortest at noon. So, they were able to know when it was morning or afternoon. This was the first type of sundial. Later, they put small stones on the ground around a pole like a clock we know today. They looked at the pole's shadow and could tell the time. The new sundials worked very well, but people could not carry the heavy poles with them. So, around 3,500 years ago, the Egyptians invented smaller sundials made of wood. They were light, so people could carry them to their workplaces.

Of course, people could not use sundials after the sunset and on rainy or cloudy days, so they started making water clocks. The oldest water clock was found in the ＊tomb of an Egyptian king who died about 3,500 years ago. Later ＊the Greeks began using water clocks to tell time. There were two large cups in a water clock； an upper cup and a lower one. The upper cup had a small hole at the bottom. When they put water into the upper cup, the water slowly went down into the lower one. ②One of the cups【markings / water / how / had / fell / show / much / to】into the cup. People could tell time by looking at the markings.

However, water clocks had some problems. Water went out of the water clock's cup when people moved it. Also, the water decreased on hot days, and froze on cold days. It was difficult for people to know the right time with water clocks. So, they invented sand clocks called ＊hourglasses. It is said that people used them about 700 years ago. An hourglass had two glasses with sand. When it was turned upside down, the sand fell down from the top to the bottom through a hole between the glasses. People could measure time by the movement of the sand. Hourglasses were convenient to carry, and sand did not fall out of the glasses. So, they were useful especially for sailors on ships. However, they were only good for measuring a short amount of time. It was difficult to make hourglasses that could measure more than one hour. Hourglasses are still used today as egg-timers and in board games.

In this way, people tried to develop these clocks over time. Of course all of them had weak points but they eventually led to a more useful clock, the mechanical clock that we use today.

（注） tomb：墓　the Greek(s)：ギリシャ人　hourglass(es)：砂時計

問１　下線部①に関して，本文の内容と一致しないものをア～エから一つ選び，記号で答えなさい。

ア　At first, they were built in front of the temples to tell time.

イ　They showed when it was morning or afternoon by the movement of the shadow of a pole.

ウ　Some stones were added on the ground around a pole to tell time by the ancient Egyptians.

エ　The ancient Egyptians made them smaller and lighter to carry with them.

問２　下線部②が「カップの一つには，カップの中にどのくらい水が落ちたのかを示すための印があった。」という意味になるように，【　】内の語を並べ替えなさい。

問３　本文の内容に合うように，（A）と（B）にそれぞれ最も適切な一語を入れなさい。

All of the three clocks had some bad points.　Sundials didn't work at (　A　) or in bad weather. Water clocks were not always right because the water was difficult to control.　Hourglasses couldn't measure a (　B　) amount of time.

問４　本文の内容と一致するものをア～キから二つ選び，記号で答えなさい。

ア　The first sundial was invented in Egypt and it was found in an Egyptian king's tomb.

イ　It seems that small sundials and water clocks were used to tell time in Egypt around 3,500 years ago.

ウ　Water clocks had two cups for telling time, a larger one and a smaller one.

エ　Water clocks were invented to measure time and are still used in our daily lives for cooking and playing games.

オ　Water clocks were used on ships because they worked very well even under difficult conditions such as storms.

カ　Both water clocks and hourglasses used something falling through a hole to measure time.

キ　Hourglasses were not always correct because some sand went out of the glasses when they were moved.

【数　学】（20分）〈満点：20点〉

（注意）　定規，コンパス等の作図道具および計算機の使用は禁止です。

1　次の計算をしなさい。

$(2x-3)(5x+1)+(x+1)(x-1)-(x-3)^2$

2　右の図のように，△ABCの内部を５つの三角形に分割します。三角形の面積をそれぞれ△AED＝2，△DEF＝4，△EGF＝6，△FGC＝8，△GBC＝12とするとき，次の問に答えなさい。

問１　AF：FCをもっとも簡単な整数の比で表しなさい。

問２　AE：EG：GBをもっとも簡単な整数の比で表しなさい。

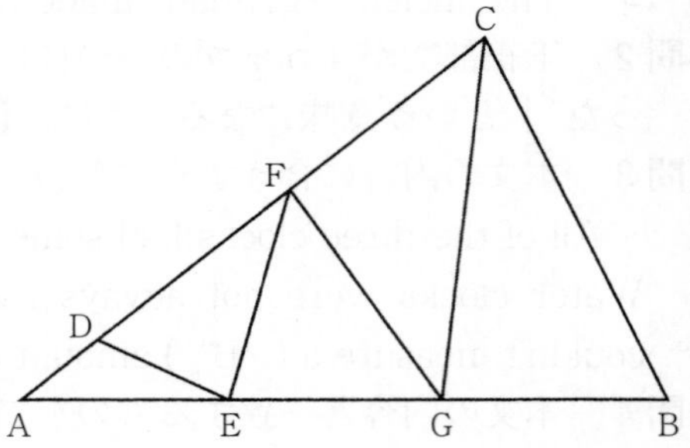

3　袋の中に２と書かれたカードが１枚，４と書かれたカードが１枚，８と書かれたカードが１枚の合計３枚が入っています。この袋の中からAさんが１枚を取り出し，そのカードに書かれた数字をaとします。Aさんが取り出したカードは袋に戻しません。続けてBさんが袋から１枚を取り出し，そのカードに書かれた数字をb，袋に残っているカードに書かれた数字をcとします。このとき，$\sqrt{a}-\dfrac{c}{\sqrt{b}}$が整数になる確率を求めなさい。

4　図のように，３本の平行な直線l，m，n上にある３点A，B，Cを頂点とする正三角形ABCを考えます。点A，Bから直線mに垂線を引き，直線mとの交点をそれぞれP，Qとします。AP＝3，BQ＝6，PQ＝$\sqrt{3}$のとき，正三角形ABCの面積を求めなさい。

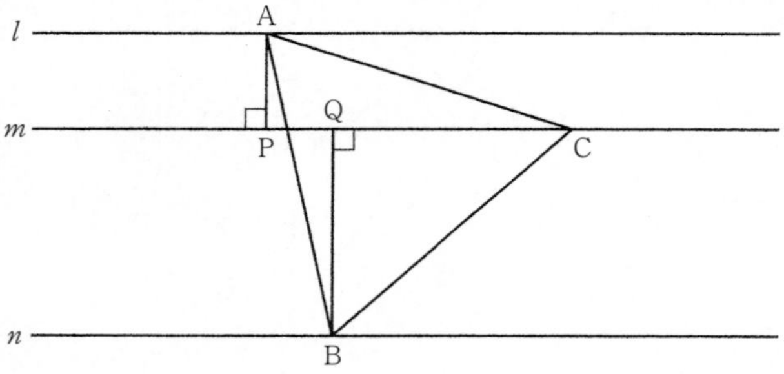

5　図において，点O，Aは $y=x^2$ と $y=-\frac{1}{2}x$ のグラフの交点で，点O，Bは $y=x^2$ と $y=2x$ のグラフの交点です。このとき，次の問に答えなさい。

問1　点Bの座標を求めなさい。

問2　2点A，Bを通る直線の方程式を求めなさい。

問3　3点O，A，Bを通る円の中心の座標を求めなさい。

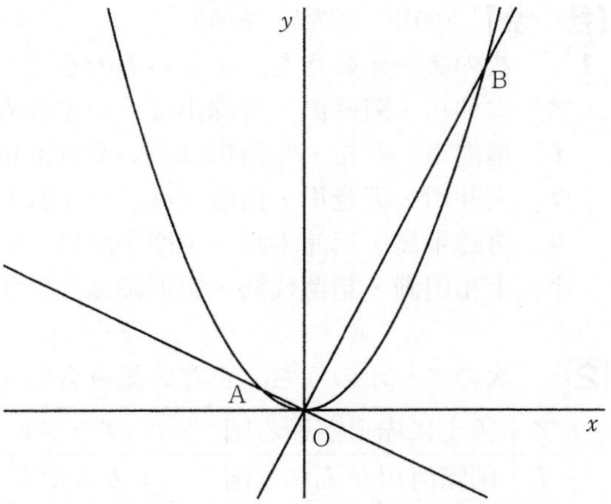

【社　会】（20分）〈満点：20点〉

1　次のア～オのうち，正しいものを二つ選んで記号で答えなさい。

ア　雲仙岳・阿蘇山・有珠山は，いずれも九州地方にある火山である。

イ　境港市・呉市・今治市は，いずれも中国地方にある都市である。

ウ　大井川・天竜川・信濃川は，いずれも中部地方を流れる川である。

エ　房総半島・三浦半島・志摩半島は，いずれも関東地方にある半島である。

オ　十和田湖・猪苗代湖・田沢湖は，いずれも東北地方にある湖である。

2　次のア～オのうち，正しい組み合わせを二つ選んで記号で答えなさい。

ア	領土に赤道が通る国	ブラジル，インドネシア，ケニア
イ	国際河川が流れる国	カンボジア，オランダ，オーストリア
ウ	アラビア海に面する国	トルコ，パキスタン，インド
エ	アンデス山脈が連なる国	チリ，ボリビア，メキシコ
オ	内陸国	ハンガリー，アフガニスタン，エジプト

3　次のア～オのうち，正しいものを二つ選んで記号で答えなさい。

ア　南西諸島の伝統的な家屋は，石垣で囲まれ，のきを低くするなど，台風による強風から家屋を守る対策が施されているものが多い。

イ　高齢化の進む四国地方の山間部の中には，身近な山で採れる季節の葉や花などをインターネットを通じて都市の料理店に販売する取り組みに成功した地域もある。

ウ　中央高地の扇状地では，かつて水はけの良さを生かした果樹栽培が盛んであったが，現在では，果樹にかわって桑の栽培が盛んになり，養蚕業が発展している。

エ　北関東工業地域で生産された製品の多くは，茨城県の主要港から輸出されていたが，北関東自動車道の開通によって東京港や横浜港から輸出されるようになった。

オ　北海道では，かつてにしん漁などの沿岸漁業が盛んであったが，現在では，排他的経済水域の設定によって北洋漁業が発展している。

4　次のア～オのうち，正しいものを二つ選んで記号で答えなさい。

ア　ヨーロッパでは，北西部にラテン系の言語，南部にゲルマン系の言語，東部にスラブ系の言語を話す人が多く居住している。

イ　西アジアに位置するサウジアラビアは，年間を通して降水量が少ないが，南アジアに位置するインドは，季節風の影響で夏に降水量が多く，冬は降水量が少ない。

ウ　アメリカ合衆国では広大な土地を生かした農業が営まれているため，耕地面積は日本よりも圧倒的に広いが，農業人口も多いので，農民１人当たりの耕地面積は日本と大きく変わらない。

エ　オーストラリアの南東部や南西部では降水量が多く，牧草が良く育つため，羊の飼育が盛んに行われ，今日では羊毛はオーストラリア最大の輸出品となった。

オ　ギニア湾沿岸のガーナやコートジボワールでは，植民地時代にヨーロッパの人々によって持ち込まれたカカオの栽培が盛んである。

5　次のＡ～Ｄは，『電気事業便覧2022年版』（経済産業省資源エネルギー庁）をもとに作成した日本における主な火力発電所・原子力発電所・水力発電所・地熱発電所のいずれかの分布を示した図である。原子力発電所の分布と地熱発電所の分布を表わしたものをＡ～Ｄのうちからそれぞれ一つ選んで記号で答えなさい。

A

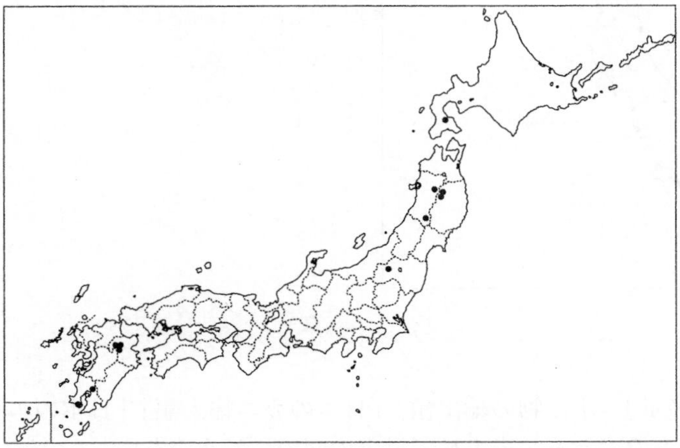

B

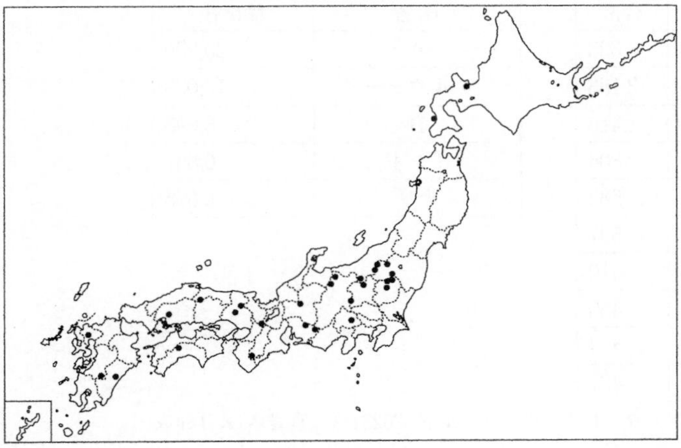

C

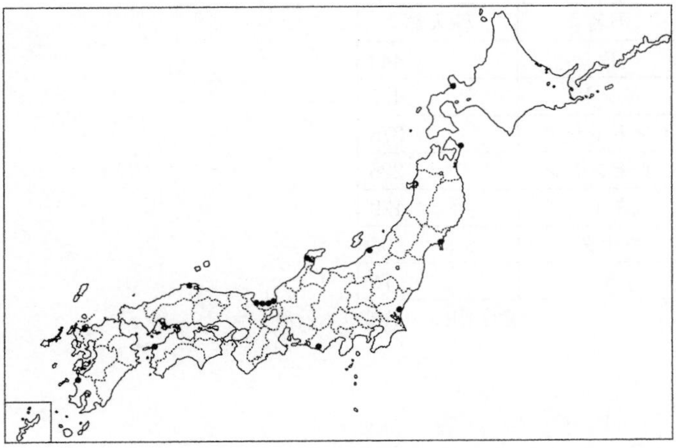

D

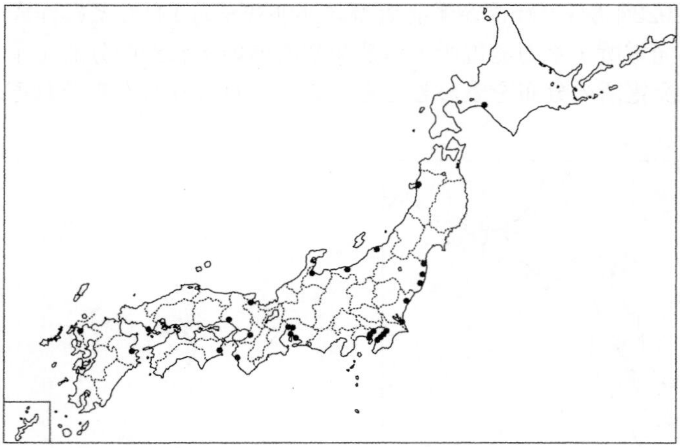

6 次の表は，「漁獲量と養殖業生産量」「水産物の輸出額」「日本のカニ輸入額」「日本のエビ輸入額」を，上位の国についてまとめたものである。表を見て以下の問いに答えなさい。

漁獲量と養殖業生産量(万トン)(2020年)

国名	漁獲量	養殖業生産量	合計
A	1,345	7,048	8,393
インドネシア	699	1,485	2,183
インド	552	864	1,416
B	342	461	804
ペルー	568	14	582
C	508	29	537
アメリカ	425	45	470
バングラデシュ	192	258	450
フィリピン	191	232	424
日本	322	100	421

水産物の輸出額(百万ドル)(2019年)

国名	輸出額
A	20,256
ノルウェー	12,023
B	8,695
インド	6,857
チリ	6,675

『データブック オブ・ザ・ワールド 2023』(二宮書店)より作成

日本のカニ輸入額(億円)(2022年)

国名	輸入額
C	486
カナダ	167
アメリカ	39

日本のエビ輸入額(億円)(2022年)

国名	輸入額
B	443
インド	437
インドネシア	376
アルゼンチン	226
タイ	129
カナダ	96
A	76

水産庁HPより作成

問1　表中のA～Cの国は，地図中のア～ウのいずれかである。Bの国名を答えなさい。

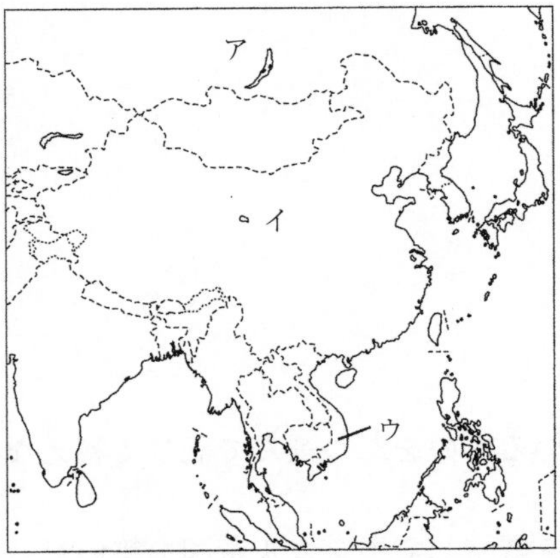

問2　次の1～3は，表中のAの国の1970年・1990年・2020年のいずれかの人口ピラミッドである。それぞれの年の人口ピラミッドを選んで数字で答えなさい。

1

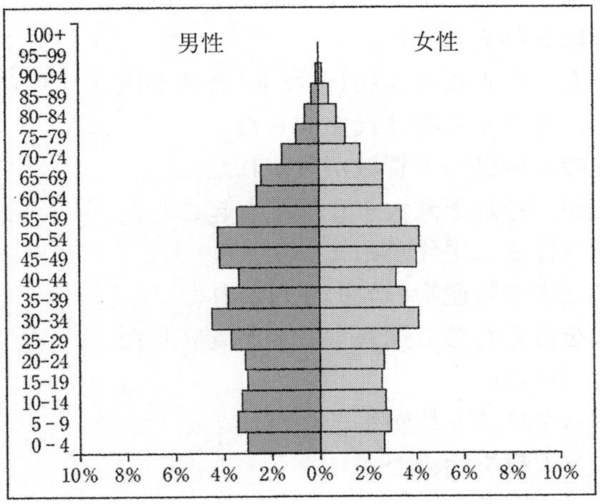

2

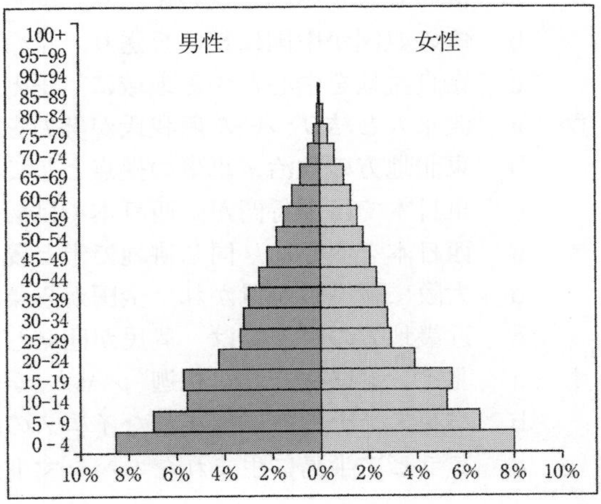

3

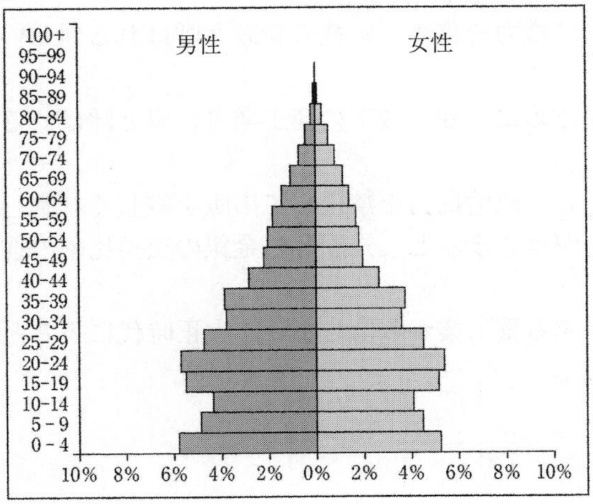

7　次のア～オのうち，「作品・著書」と「作者・著者」が正しく組み合わされているものを二つ選んで記号で答えなさい。

	作品・著書	作者・著者
ア	竜安寺石庭	雪舟
イ	富嶽三十六景	喜多川歌麿
ウ	風神雷神図屏風	俵屋宗達
エ	浮雲	二葉亭四迷
オ	荒城の月	正岡子規

8　次のア～オのうち，ａ・ｂ・ｃが時代順に正しく並んでいるものを二つ選んで記号で答えなさい。

ア　a　モンゴル高原では，チンギス＝ハンが遊牧民諸部族を統一してモンゴル帝国を築いた。
　　b　ローマは地中海を囲む地域を統一して，皇帝を頂点とする帝国を形成した。
　　c　マケドニアのアレクサンドロスは，東方遠征を行いインダス川にまで達する帝国を築いた。

イ　a　倭の五王が中国に使いを送り，朝鮮半島の国々に対して有利な立場に立とうとした。
　　b　倭の奴国が中国に使いを送り，皇帝から金印を与えられた。
　　c　奈良盆地を中心とする地域に，王と豪族たちとからなる大和(ヤマト)政権が成立した。

ウ　a　渡来人と結びついた蘇我氏が勢力を伸ばし，対立する物部氏を倒した。
　　b　東北地方の政治・軍事の拠点として，現在の宮城県に多賀城が置かれた。
　　c　東日本では平将門が，西日本では藤原純友が，それぞれ大きな反乱を起こした。

エ　a　西日本を中心に，同じ耕地で米と麦を交互に作る二毛作が始まった。
　　b　大阪に蔵屋敷が置かれ，全国から集められた米や特産物の取引が行われた。
　　c　近畿地方の村々では，農民が団結して地域を自分たちで運営する惣が成立した。

オ　a　北インドに生まれた釈迦(シャカ)が仏教を開いた。
　　b　パレスチナ地方に生まれたイエスの教えからキリスト教が生まれた。
　　c　アラビア半島に生まれたムハンマドがイスラム教を始めた。

9　次のア～オのうち，正しいものを二つ選んで記号で答えなさい。

ア　鎌倉幕府が滅亡すると，後醍醐天皇はみずからに権力を集め，建武の新政と呼ばれる新しい政治をはじめた。

イ　織田信長は，商工業を統制して税収入を増やすために，安土城下の商工業者に座と呼ばれる同業者組合を作らせた。

ウ　田沼意次は，財政の立て直しのため倹約令を出し，政治批判を禁止して出版を厳しく統制した。

エ　徳川幕府がアメリカなどと通商条約を結び貿易がはじまると，外国との金銀の交換比率の違いから金貨が大量に国外に持ち出された。

オ　日本の産業革命は，明治後期の鉄鋼業を中心とする重工業からはじまり，大正時代に入ると紡績業を中心とする軽工業に移行した。

10　次のア～オのうち，正しいものを二つ選んで記号で答えなさい。

ア　日本国憲法は，サンフランシスコ平和条約により日本が主権を回復した後に施行された。

イ　岸信介内閣は新しい日米安全保障条約を結んだ。日米関係の強化につながることから与野党ともに条約の改定に賛成した。

ウ　日韓基本条約の締結によって，日本は大韓民国政府を朝鮮半島唯一の合法政府として承認した。

エ　日本国内において行われる自衛隊を用いた災害復旧活動をPKOとよぶ。

オ　アメリカのブッシュとソ連のゴルバチョフによるマルタ島で開催された首脳会談で，冷戦の終結が宣言された。

11　次の①・②は日本国憲法の一部である。空欄［A］・［B］に当てはまる語句をそれぞれ漢字で答えなさい。

①　国会は，罷免の訴追を受けた裁判官を裁判するため，両議院の議員で組織する［　A　］裁判所を設ける。

②　［　B　］裁判所は，一切の法律，命令，規則又は処分が憲法に適合するかしないかを決定する権限を有する終審裁判所である。

12　次の枠内の文章は，地方自治について説明したものである。空欄［A］・［B］に当てはまる語句をそれぞれ漢字4文字で答えなさい。

> 「［　A　］の学校」と呼ばれる地方自治においては，住民が直接政治に参加できる場面が多い。例えば，日本では住民に［　B　］権が認められており，必要な数の署名を集めることによって，条例の制定や改廃を首長に求めることや，議員・首長の解職を選挙管理委員会に求めることなどができる。

13　次の①～③に関する下の各問いに答えなさい。

①　物価が上がり続ける現象を［　A　］といい，この現象は，手持ちのお金の価値が目減りすることを意味する。このようなとき，政府が公共事業を［　B　］ことによって，景気の過熱を抑えることができると考えられている。

②　多文化共生を実現させるために$_{C}$<u>多様性</u>の尊重が求められる今日，$_{D}$<u>はじめから誰もが利用しやすいような設計にすること</u>や，交通機関や建物で段差をなくすバリアフリー化を進めることが一層求められている。

③　二度にわたる世界大戦によって多数の難民が発生した。この状況に対して，国際連合は1950年に国連難民高等弁務官事務所（［　E　］）を設立し，難民を保護する活動に取り組んでいる。

問1　空欄［A］・［B］に当てはまる語句が正しく組み合わされているものをア～エから一つ選んで記号で答えなさい。

	A	B
ア	インフレーション	減らす
イ	デフレーション	減らす
ウ	デフレーション	増やす
エ	インフレーション	増やす

問２　下線部Ｃ・Ｄに対応する語句をそれぞれ語群から一つずつ選んで記号で答えなさい。

語群

ア　ワーク・ライフ・バランス　　イ　ユニバーサルデザイン　　ウ　ポピュリズム

エ　インフォームド・コンセント　　オ　ハラスメント　　カ　ヘイトスピーチ

キ　ダイバーシティ　　ク　セーフティーネット

問３　空欄［Ｅ］に当てはまる語句として正しいものをア～エから一つ選んで記号で答えなさい。

ア　UNICEF　　イ　UNCTAD　　ウ　UNESCO　　エ　UNHCR

【理　科】（20分）〈満点：20点〉

1　図1は動物を一般的な条件で分類したものです。最下段にはそれぞれの動物の例を1つずつあげています。下の(1)～(3)に答えなさい。

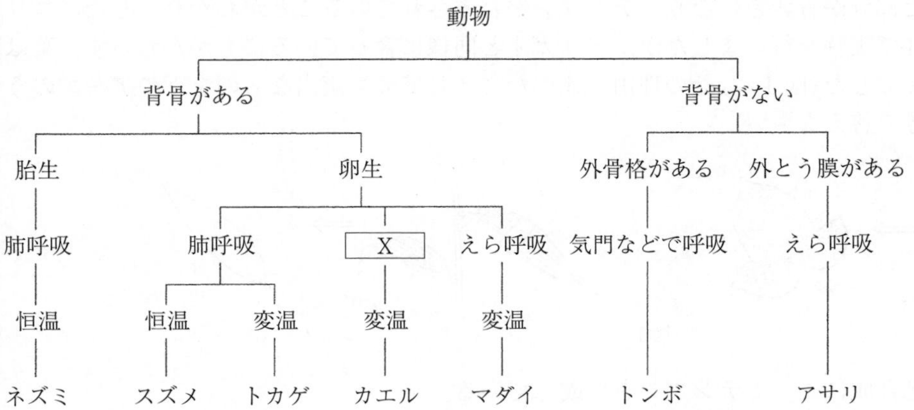

図1

(1)　図1の空欄 X に入る条件として最も適当なものを，次のア～エのうちから一つ選び，記号で答えなさい。

ア　幼生：えら呼吸・皮膚呼吸　成体：肺呼吸・皮膚呼吸
イ　幼生：肺呼吸・皮膚呼吸　成体：えら呼吸・皮膚呼吸
ウ　えら呼吸・皮膚呼吸
エ　皮膚呼吸

(2)　動物のなかには一般的な分類の条件を満たさない種があります。図1の条件を満たさない動物の例について述べた文を，次のア～オのうちから二つ選び，記号で答えなさい。

ア　哺乳類のカモノハシは卵生である。
イ　鳥類のペンギンは恒温動物である。
ウ　魚類のイワシはえら呼吸である。
エ　節足動物のエビには外骨格がある。
オ　軟体動物のマイマイは肺呼吸である。

(3)　次の文は，恒温動物が体温を一定に保つしくみについて述べたものです。文中の空欄 Y に入る語として最も適当なものを，下のア～エのうちから一つ選び，記号で答えなさい。

　肝臓や筋肉などで熱が生じ，その熱が Y によってからだ全体に伝えられることにより，体温が一定に保たれる。

ア　神経　　イ　消化管　　ウ　血液　　エ　運動

2　次の(1)～(3)に答えなさい。

(1)　大きな岩石がむき出しになっている場所では，被子植物は生育していないがコケ植物は生育しているのをよく見かけます。その理由として適切でない文を次のア～エのうちから一つ選び，記号で答えなさい。

ア　コケ植物は，仮根によって岩石にからだを固定し，からだ全体で水を吸収しているので岩石上でも生育できる。
イ　コケ植物は，仮根を岩石の内部までのばして水を吸収しているので，岩石上でも生育できる。
ウ　被子植物の根は岩石上にからだを固定できないので，岩石上には生育できない。

エ　被子植物の根は，光合成など細胞の活動に必要な大量の水を岩石の表面から吸収できないので，岩石上には生育できない。

(2)　アサガオの葉の一部分をアルミニウムはくで覆い，一定時間光を当てた後，ヨウ素溶液につけました。光の当たった部分が青紫色になり，デンプンが合成されていることがわかりました。ユリの葉を用いて同じ条件で実験を行いましたが，アサガオと同様に育っているにもかかわらず，葉は青紫色にはなりませんでした(図１)。その理由を述べた文として最も適当なものを下のア～エのうちから一つ選び，記号で答えなさい。

図１

ア　ユリの葉は，光合成によってデンプンを合成している。
イ　ユリの葉は，アサガオが育つ程度の光では光合成を行わない。
ウ　ユリの葉が光合成を行うためには，多量の二酸化炭素が必要である。
エ　ユリの葉は，光合成によってできた有機物を，デンプンではない物質で貯蔵している。

(3)　次の文章中の空欄 $\boxed{X:Y}$ に共通して入る最も簡単な比を答えなさい。
メンデルはエンドウを用いて次の実験を行った。
種子の形が丸くて子葉が黄色の品種と，種子にしわがあり子葉が緑色の品種を交雑すると，すべて種子が丸くて子葉が黄色になった(以下，「丸・黄」や「しわ・緑」のように表す)。これらを育てて自家受精させ，できた種子を形質ごとに数えると，「丸・黄」が315個，「丸・緑」が108個，「しわ・黄」が101個，「しわ・緑」が32個であった。
この結果をまとめると，種子の形は「丸」:「しわ」= $\boxed{X:Y}$，子葉の色も「黄」:「緑」= $\boxed{X:Y}$ になっていることがわかる。

3　次の文章を読み，下の(1)・(2)に答えなさい。

2023年の夏，東京都心では気温が35℃を超える日が続き，１年間に観測された猛暑日の日数は最多記録を更新しました。熱中症のリスクを考慮し，活動を続けるか中止するかの判断基準として，暑さ指数(WBGT)が注目されました。屋内におけるWBGTは以下の式で求められます。

WBGT＝0.7×湿球温度＋0.3×黒球温度

しかし，専用の機器がない場合でも次ページの表１を用いると，気温と相対湿度から簡易的にWBGTを推定することができます。

表１　WBGTの推定表

		相対湿度［%］												
		20	25	30	35	40	45	50	55	60	65	70	75	80
気温［℃］	35	24	25	26	27	28	28	29	30	30	31	32	32	33
	34	24	25	25	26	27	28	28	29	30	30	31	31	32
	33	23	24	25	25	26	27	27	28	29	29	30	30	31
	32	22	23	24	24	25	26	26	27	28	28	29	29	30
	31	21	22	23	24	24	25	26	26	27	27	28	29	29
	30	21	21	22	23	23	24	25	25	26	26	27	28	28

日本生気象学会「日常生活における熱中症予防指針Ver.4, 2022」より作成

(1)　気温32℃で１m^3中の水蒸気量が15.2ｇの空気の相対湿度を，小数第１位を四捨五入して整数で求めなさい。ただし，気温32℃における飽和水蒸気量は33.8 g/m^3 とします。

(2)　表１より，(1)の条件におけるWBGTを推定しなさい。

4　次の(1)・(2)に答えなさい。

(1)　表１は，太陽系の惑星Ａ～Ｃと地球の特徴を示したものです。惑星Ａ～Ｃの組み合わせとして最も適当なものを，下のア～カのうちから一つ選び，記号で答えなさい。

表１

	直径（地球＝１）	質量（地球＝１）	密度［g/cm^3］	公転の周期［年］
惑星Ａ	11.21	317.83	1.33	11.86
惑星Ｂ	0.95	0.82	5.24	0.62
惑星Ｃ	0.53	0.11	3.93	1.88
地球	1	1	5.51	1.00

「理科年表 2023」より作成

	惑星Ａ	惑星Ｂ	惑星Ｃ
ア	金星	火星	木星
イ	金星	木星	火星
ウ	火星	金星	木星
エ	火星	木星	金星
オ	木星	金星	火星
カ	木星	火星	金星

(2)　惑星の中には，そのまわりを公転する天体をもつものがあります。下線部の天体を何と呼びますか。漢字２文字で答えなさい。

5　次の文章を読み，下の(1)・(2)に答えなさい。

硝酸の水溶液に少しずつ水酸化カリウム水溶液を加えていくと，［　A　］が起こり，硝酸カリウムと水を生じます。硝酸カリウムの結晶は，次の実験で行う操作により取り出すことができます。この操作を［　B　］と呼びます。

実験　水150ｇに硝酸カリウム80ｇを加え，60℃に加熱すると，すべての硝酸カリウムが溶けました。次に室温が25℃の部屋で十分長い時間放置すると，硝酸カリウムの結晶が生じていました。生じ

た硝酸カリウムをろ過によりすべて取り出したところ，質量は23 gでした。

(1) 空欄 A ・ B に当てはまるものの組み合わせとして，最も適当なものをア～カのうちから一つ選び，記号で答えなさい。

	A	B
ア	中和	抽出
イ	中和	再結晶
ウ	中和	蒸留
エ	酸化と還元	抽出
オ	酸化と還元	再結晶
カ	酸化と還元	蒸留

(2) 実験の結果から，25℃における硝酸カリウムの溶解度を求めなさい。ただし，溶解度は水100gに対して溶ける溶質の最大の質量[g]で表すものとします。

6 次の(1)～(3)に答えなさい。ただし，力を矢印で示すときは，作用点(•)と向きが分かるように描くこととし，矢印の長さについては問いません。

(1) 図1は，水平な床の上で静止している物体にはたらく重力を，矢印で示したものです。物体には重力の他にもう1つの力がはたらいています。この力の名称を答え，矢印で示しなさい。

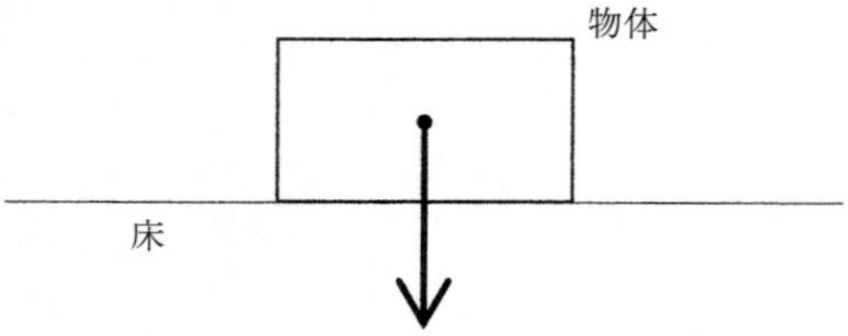

図1

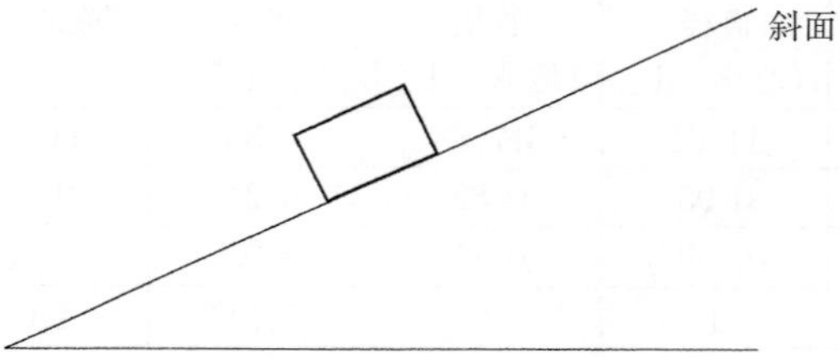

図2

(2) 図2のように，なめらかな斜面に物体を静かに置くと，物体は斜面に沿ってすべり出します。このとき，物体にはたらいている2つの力を矢印で示しなさい。ただし，斜面からの摩擦力は無視できるものとします。

(3) 図3のように斜面上の物体がすべり落ちないように糸をつけ，手で引いています。図中の矢印は手が糸を引く力を示したものです。この力と作用・反作用の関係にある力を矢印で示しなさい。

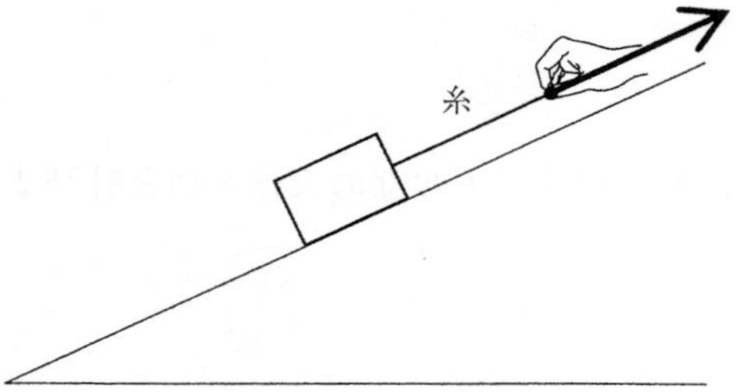

図3

7　図1に示す装置を用いて，電熱線の発熱によって水をあたためる実験を行いました。電熱線の抵抗は2.5Ωで，温度による抵抗の変化は無視できるものとします。次の(1)・(2)に答えなさい。

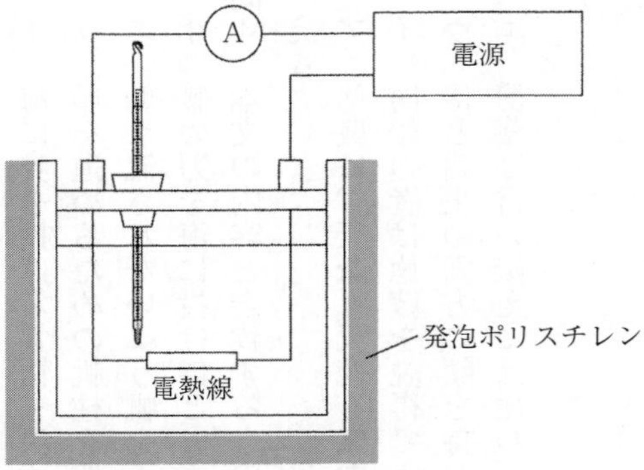

図1

(1)　電熱線を流れる電流が1.2Aのとき，電熱線にかかる電圧は何Vですか。

(2)　電熱線を流れる電流を1.2Aで一定にして実験すると，5分間で水温が1.2℃上昇しました。電流を2.4Aにして同様に実験すると，5分間で水温は何℃上昇しますか。最も近いものを次のア～オのうちから一つ選び，記号で答えなさい。

ア　1.2℃　　イ　2.4℃　　ウ　3.6℃　　エ　4.8℃　　オ　6.0℃

8　次の文章を読み，下の(1)～(3)に答えなさい。

酸化銅の粉末1.6gと炭素の粉末0.12gをよく混ぜ合わせた。この混合物を試験管Aに入れ，図1の装置で加熱した。

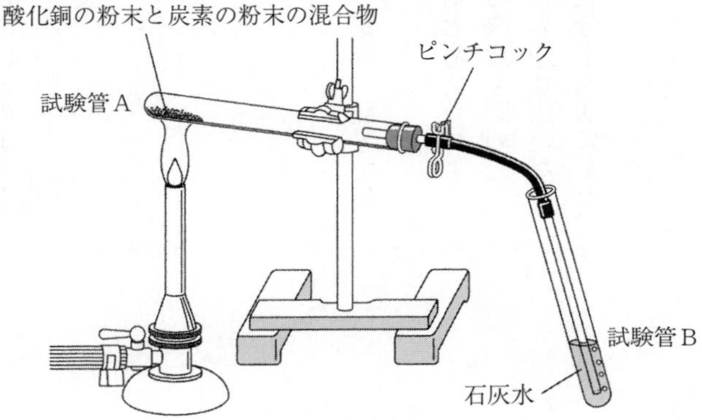

図1

加熱により気体が発生し，石灰水が白く濁った。十分に加熱した後，ピンチコックを閉じて，試験管Aを放冷した。試験管Aの酸化銅と炭素はともに完全に反応し，銅だけが1.28g生じていた。このときの反応は次の化学反応式で表される。

$2CuO + C \rightarrow 2Cu +$ [　あ　]

このとき加熱により発生した[あ]の質量は，質量保存の法則から[　い　]gである。

(1)　空欄[あ]に入る物質の化学式を答えなさい。

(2)　空欄[い]に入る数を小数第2位まで答えなさい。

次に，酸化銅の粉末1.6gと炭素の粉末0.09gを用いて同様の実験を行った。炭素の粉末は完全に反応し，試験管Aには未反応の酸化銅と銅の混合物が残った。試験管Aの混合物の質量は[　う　]gであった。

(3)　空欄[う]に入る数を小数第2位まで答えなさい。

て、あへてたじろぐ気色なし。その内に風静まり波おさまりて、難なかりしとぞ。

※1　髻…髪を頭の上に集めて束ねた所
※2　決句…結局

問1　――線部(1)「徳蔵、北海を乗りける時」とありますが、そのときの状況を説明したものとして適当でないものを次の中から一つ選び、記号で答えなさい。

ア　徳蔵の船には、あちらこちらから強い風が吹き込んでいた。
イ　徳蔵の船に載せた食料は、激しい嵐によって流されてしまった。
ウ　徳蔵たちは、藁を潮につけ口に含むことで飢えをしのいだ。
エ　徳蔵と同じ船に乗っている人々は、大声で泣きわめいた。

問2　【は会話文の始めを示しています。この会話の最後の三文字を解答欄に記しなさい。

問3　――線部(2)「そのこと」とありますが、具体的にどのようなことを指しますか。その説明として適当なものを次の中から二つ選び、記号で答えなさい。

ア　髪を切り出家をすること
イ　海に身を投げる覚悟を決めること
ウ　船を進めるための帆柱を切ること
エ　船が流されないよう帆を下ろすこと
オ　腰の刀を海に投げ侍という身分を捨てること

問4　本文の内容と合致するものを次の中から一つ選び、記号で答えなさい。

ア　徳蔵は、天命も天変も気力で乗り越えられると考えた。
イ　同船の者は徳蔵を説得できず、討ち死にする決意を固めた。
ウ　侍と船主の両方の顔を持つ徳蔵は、刀も帆柱も守り抜いた。
エ　徳蔵は言い伝えには従わず、船主としての職分を大切にした。

い。

ア　例えば交通事故に遭ったことがトラウマになるかどうかは、資質によって異なると考えるから

イ　自分のなかにいるたくさんの他者は、意識されている自己とは無関係に行動すると捉えるから

ウ　現代思想の脱秩序的な方向性に従って、一般的法則から逃れようとする意志を尊重するから

エ　各人で異なった偶然の積み重ねによって、無意識はかたちづくられると考えるから

問5　――線部(5)「その『運命』に意味はありません」とありますが、「運命」について次のようにまとめました。空欄に当てはまるように、本文中から適当な語句を抜き出しなさい。

人生がわからないのは、過去が特に理由のない Ⅰ（6字） だからである。しかし、我々はそのような偶然性に Ⅱ（11字） ので、何らかの理由を求めてしまう。つまり、我々は偶然の出来事を Ⅲ（3字） することによって生きているのであり、それを「運命」と呼ぶのである。

問6　――線部(6)「症状が固定化されている」とありますが、どういうことですか。これを説明したものとして最も適当なものを次の中から選び、記号で答えなさい。

ア　各人がそれぞれ勝手な解釈をすることで事実がわからなくなり、客観的な事実の形成が困難になって主観的な物語ばかりになるということ

イ　人生が意味のない偶然から形成されているということを認めたくない恐怖が逆に妄想を膨らませ、ありもしないゆがんだ物語を形成するということ

ウ　過去の様々な事柄がたまたま関係し合って今あるようになっただけなのに、あたかも意味があるかのように理由を付けてそれに執着するということ

エ　もともとが意味のない出来事の羅列に過ぎないのに、あたかも事実であるかのような思い込みが余計に存在の無意味さを突き付けてくるということ

問7　本文の内容と合致しないものを次の中から一つ選び、記号で答えなさい。

ア　精神分析とは、「自由連想法」によって過去を清算することである。

イ　心のなかをくまなく知りたければ、自覚的な自己を認識するだけでは不十分である。

ウ　自分の過去とは偶然にそうなった出来事の連なりであり、そのこと自体に意味はない。

エ　無意識とは自分にとっての「他者」、すなわちコントロールしきれない自分のことである。

二

次の文章は江戸時代の随筆『雨窓閑話』の一節です。本文を読んで後の設問に答えなさい。

ある時(1)徳蔵、北海を乗りける時、風烈《はげ》しく方角をもわかたず吹き付けしに、船中食物きれて飢渇に及べり。漸《やうや》く新米の藁《わら》四五束有りしを潮にひたし、かみしめて口腹を潤し命をつなぐ。同船の者三四人有りしが、いづれも声をあげて泣き叫び、徳蔵にいふは、【かやうなる大風にて船を覆し、あるいは破船などせんとする時は、※1髻《もとどり》を放ち帆柱をきることと申すなれば、いざやその通りにせんといふ。徳蔵いはく、我は(2)そのことといやなり。船主と生まれしうへは、ただその職分を大切にして外の心の動くこと更になし。また帆柱は船中肝心の道具にして武士の腰の物のごとし。凡《およ》そ侍たる者命が惜しきとて、腰の物を打ち捨てるといふや有る。命は天命なり、風は天変なり、人力に及びがたし。また、髻を払ひ出家に成りたりとも、などや仏神の歓《よろこ》び給はんや。命惜しみての仕方なし坊主と※2決句笑はせ給はんか、我は戦場にて討ち死にの覚悟なり。天の助けあらば助かるべし。さなくばここにて死するとも本望なりと

その上で、無意識の何がポイントなのでしょうか。これは僕の解釈ですが、「偶然性」というキーワードをここで出してみたいと思います。

精神分析で明らかになるのは、自分の過去のいろんな要素が絡み合い、ところどころ固い結び目ができてしまい、それが今の行動に傾向を与えているということです。ただしそれは、「人間はこういう経験をしたらこういう人間になる」などと一般法則のように言えるものではありません。(4)精神分析はその意味で、個別の経験を大事にするのです。似たような交通事故に遭ったとして、そのことが大きなトラウマになる人もいれば、ならない人もいるでしょう。

つまり、無意識とはいろんな過去の出来事が偶然的にある構造をかたちづくっているもので、自分の人生のわからなさは、過去の諸々のつながりの偶然性なのです。

今自分にとってこれが大事だとか、これが怖いとかがあり、それについて物語を持っているとして、「それはあのときにああいう出会いがあったからだ」と振り返るときのその出会いは、たまたまそうだったというだけ、そしてそのことが深く体に刻まれてしまったというだけであって、(5)その「運命」に意味はありません。たまたまです。

でも人間はまったくわけもわからずに自分の人生が方向づけられているとは思いたくない。我々は意識の表側で必ず意味づけをし、物語化することで生きているわけですが、その裏側には、それ自体でしかない出来事の連鎖があるのです。

ただそのことに直面するのが通常は怖いので、人はさまざまな物語的理由づけをします。しかし精神分析の知見によれば、まさにそのような物語的理由づけによって(6)症状が固定化されているのです。むしろ、無意識のなかで要素同士がどういう関係づけにあるかを脱意味的に構造分析することで初めて、症状が解きほぐされることになるのです。

（千葉雅也『現代思想入門』による）

※1　フロイト…一八五六～一九三九。オーストリアの精神分析医。人間の無意識下にある欲望に着目し、精神分析を創始した。

問1　――線部(1)「『自由連想法』という方法」とありますが、それを行う目的として、適当でないものを次の中から一つ選び、記号で答えなさい。

ア　これまでの人間関係を認識し直すこと
イ　まだ知らない自分の可能性を追求すること
ウ　自分の現在の状況を洗い出すように語ること
エ　普段は思い起こさなくなっていた記憶をたどること

問2　――線部(2)「徐々に、自分が総体として変わっていくこと」とありますが、それはどういうことですか。これを説明したものとして最も適当なものを次の中から選び、記号で答えなさい。

ア　意識的に捉えてきた自己認識から離れて、記憶やそのつながりを全体的に捉え返すということ
イ　時間をかけて向き合うことで、これまでの自己認識の誤りをじっくりと正していくということ
ウ　制御できない自己こそが大事なのだから、焦らずに様々な方法で分析を加えるということ
エ　長期的な観点から、自分がどう変わっていくべきかを総合的に考えるということ

問3　――線部(3)「自分のなかの無意識的な言葉とイメージの連鎖」とありますが、これを言い換えたものとして最も適当なものを次の中から選び、記号で答えなさい。

ア　制御にあらがう、自由を希求する理念の躍動
イ　無自覚な思いや、制御しきれない欲望の絡まり合い
ウ　制御を嫌い、偶然のひらめきを好む想像力のうねり
エ　規範から逃れようとする、制御不能な本能のうごめき

問4　――線部(4)「精神分析はその意味で、個別の経験を大事にする」とありますが、なぜこう言えるのですか。その理由を説明したものとして最も適当なものを次の中から選び、記号で答えなさ

二〇二四年度　中央大学杉並高等学校（推薦）

【国　語】（二〇分）〈満点：二〇点〉

一　次の文章を読んで後の設問に答えなさい。

　精神分析の実践とは、自分のなかのコントロールから逃れるような欲望のあり方を発見していくことです。

　しかし、自分が自分のことを意識的にこうだと思っているような自己認識を続けていては、自分の心の本当のダイナミズムには届きません。そこで使われるのが、(1)「自由連想法」という方法です。

　精神分析家のオフィスには、分析家が座る椅子があり、その前にカウチという長椅子があって、クライアントはそこに寝そべります。そうすると、自分の頭の後ろに分析家が座っているかたちになり、視線が合わず、お互いの顔が見えないようになっています。自分の目の前は何もない空間ですが、あたかもそこにスクリーンがあるかのように、そこに向けてただ思いつくことをベラベラしゃべるのです。今自分は恋愛関係のトラブルで困っているとか、自分はいつも浮気を繰り返してしまうとか、直近の自分の問題を語ることからしゃべり始めると、昔中学校の先生に言われたイヤなこととか、夏休みの午後に家族と冷やし中華を食べた場面とか、そういうことがだんだん思い出されてきます。そういうことを思いつくままにしゃべり続けるのです。

　そのあいだ分析家は何をするかというと、あまり大したことはしません。頷《うなず》きながら話を聞いていて、あるいは無言になったりし、ときどき「今出てきたこの部分はあれとつながりますね」といった解釈を言うくらいです。

　そうやって即興演奏さながら昔のことを思い出していくと、自分は今、恋愛関係にある人にある種の恐れを抱いているらしい、みたいなことが自覚されてきて、実はその恐れが中学校のある先生に対して抱いていた恐れと何か関係していると気づいたりします。そして典型的に精神分析的には、その恐れは親との関係に結びついていったりするわけです。

　ただ、今の恋人との関係が親との関係につながるなんていうのはいかにもな話で、そういうのをまさに「エディプス的」と言うわけですが、そんなことを認識したところで何が変わるんだという話でもあるわけです。実際、ちょっと意識的に考えてみれば、そういうつなぎ方は多少連想力がある人だったらできるかもしれない。

　精神分析の本当のところは、記憶のつながりを何かの枠組みに当てはめることではなく、ありとあらゆることを芋づる式に引きずり出して、時間をかけてしゃべっていく過程を経て、(2)徐々に、自分が総体として変わっていくことなのです。どう変わるかはわかりません。ただ、これはやはり一種の治療であり、何とも言いにくいかたちで、自分のあり方がより「しっかり」していくのだと言えると思います。精神分析は時間を節約してパッパと済ませることができません。精神分析経験とは、ひじょうに時間をかけて自分の記憶の総体を洗い直していく作業なのです。

　これは「自分でコントロールしきれないものが大事だ」という現代思想の基本的な発想につながってきます。つまり、(3)自分のなかの無意識的な言葉とイメージの連鎖は、自分のなかの「他者」であるということになります。

　この「他者」とは他人ということではなく、「他なるもの」という広い意味でとっていただきたいのですが、とにかく自分のなかには自分で取り扱い方がよくわかっていないような「他者」がたくさんひしめいていて、それによって踊らされるようにして意志的な行動を行っているのです。

　こういう意味において、※1フロイト的な無意識の概念は、自分のなかには他者がいるのだということとして言い換えられ、そしてそのことが現代思想における脱秩序的な方向性とつながってくることになります。

2024年度／中央大学杉並高等学校（推薦）

英語解答

1 1 イ　2 ア　3 ウ

2 1 コ　2 オ　3 ウ

3 1 （例）Could you tell me the meaning of the word?

2 （例）We learned how to use a dictionary at school.

4 問1 ア

問2 had markings to show how much water fell

問3 A night　B large〔long〕

問4 イ，カ

1 〔正誤問題〕

1．ア…×　went の後に to が必要。　「先週，私は野球の試合を見に札幌へ行った」　イ…○　‘原因’と‘結果’をつなぐ接続詞 so を用いた過去の文。　「私は早起きしたので始発に間に合った」　ウ…×　of you ではなく for you が正しい。‘It is＋形容詞＋of＋人＋to ～’「～するとは〈人〉は…だ」の構文では，‘形容詞’に kind，nice，careless，foolish など‘人間の性質’を表すものがくる。　「その数学の問題を解くのはあなたにとって簡単だった」　エ…×　主語 The children が複数なので be動詞は were が正しい。be動詞 was に合わせて主語を The child と変えてもよい。　「子どもたちは新しいおもちゃを手に入れてとても喜んだ」

2．ア…○　疑問詞 who「誰が」が主語の文では，‘疑問詞＋動詞’の形になる。　「アラームボタンを押したのは誰ですか」　イ…×　remember that ～で「～ということを覚えている」。ハワイを訪れたのは過去のことなので，visit ではなく visited が正しい。　「私はハワイを3度訪れたことを覚えている」　ウ…×　hardly ではなく hard が正しい。hardly は「ほとんど～ない」という意味。　「とても激しく雨が降っていたので，朝に外出できなかった」　エ…×　主格の関係代名詞 who の後には動詞または助動詞が続くので，who is standing とするのが正しい。who を取って，a man standing in the park と，現在分詞の形容詞的用法を使って表すこともできる。　「彼は公園で立っている男性と話すつもりだ」

3．ア…×　during は前置詞なので，後ろに‘主語＋動詞…’は続かない。接続詞 while が正しい。「私たちが寝ている間に，誰かがドアをノックした」　イ…×　現在の事実に反することを述べる仮定法過去の文では，主節に助動詞の過去形を使う。よって，will を would にする。　「もし私が君なら，怒るだろう」　ウ…○　abroad は副詞なので前に前置詞 to は不要。　「私は人生で一度も外国に行ったことがない」　エ…×　where 以下は間接疑問なので，‘疑問詞＋主語＋動詞’の語順で where you live とするのが正しい。　「私は彼女にあなたがどこに住んでいるのか尋ねた」

2 〔対話文完成―適文選択〕

1．A：今日は人が多いね。どうしたのかな？／B：わからないわ。／A：ここでこんなにたくさんの人は見たことがないよ。∥人がたくさんいる状況での発言として適切なものを選ぶ。

2．A：夕飯をほとんど残したわね。おなかすいてないの？／B：うん，お昼にフライドチキンを食べすぎちゃって。／A：胃薬でも飲む？∥直前の疑問文が Aren't you hungry?「おなかすいていないの？」という否定の疑問文であることに注意する。否定の疑問文に対して，「すいていない」と否定の内容の返事をする場合は‘No(＋否定文)’，「すいている」と肯定の内容の返事をする場合は‘Yes(＋肯定文)’で答える。本問では夕飯を残しているので，「すいていない」と返事をするオが適切。日本語にするとNoが「はい」，Yesが「いいえ」となる点に注意。

3．A：今年の夏，キャンプに行かない？／B：いいね。待ちどおしいな！／A：川で泳げるよ。//キャンプを楽しみにするBにかける言葉として適切なものを選ぶ。

3〔和文英訳―完全記述〕

1．「～していただけますか？」という‘ていねいな依頼’はCould〔Would〕you ～? などで表せる。「教える」はここでは，学科やスキルを教えるときに使うteachではなく，情報などを伝えるときに使われるtellを用いて‘tell＋人＋物事’「〈人〉に〈物事〉を教える」の形にするのがよい。「その言葉の意味」はthe meaning of the wordやwhat the word meansなどと表せる。

2．「学びました」はlearned〔learnt〕。「辞書の使い方」は，how to ～「～の仕方」などで表せる。「学校で」はat school。

4〔長文読解総合―説明文〕

≪全訳≫❶機械式時計ができる前は，人々はどうやって時間を知っていたのか。時間を計る方法はいろいろあった。❷古代エジプト人は時を告げる最古の装置を発明した。それは日時計と呼ばれ，太陽の動きを利用していた。それは約6000年前にエジプトで最初につくられた。エジプト人は神殿の入り口に高い石柱を立てた。その柱は彼らの神のシンボルだった。ある日，エジプト人は柱がつくる影が日の出と日没の両方では最も長くなり，正午には最も短くなることに気づいた。そのため，彼らは午前か午後かを知ることができた。これが最初のタイプの日時計である。その後，彼らは柱の周りの地面に小さな石を置き，私たちが現在知っている時計のようにした。彼らは柱の影を見て時間を知ることができた。新しい日時計は非常によく機能したが，人々は重い柱を持ち運ぶことはできなかった。そこで3500年ほど前，エジプト人は木でできたより小型の日時計を発明した。それらは軽かったので，人々は仕事場まで持ち運ぶことができた。❸もちろん，日没後や雨や曇りの日には日時計を使うことができなかったため，人々は水時計をつくり始めた。最古の水時計は，約3500年前に死んだエジプト王の墓から発見された。その後，ギリシャ人が時間を知るために水時計を使い始めた。水時計には2つの大きなカップがあり，上のカップと下のカップがあった。上のカップの底には小さな穴が開いていた。上のカップに水を入れると，水はゆっくりと下のカップに落ちていった。カップの1つにはカップの中にどのくらい水が落ちたのかを示すための印があった。その印を見ることで，人々は時間を知ることができた。❹しかし，水時計にはいくつかの問題があった。水時計を動かすと，カップから水が出てしまうのだ。また，暑い日には水が減り，寒い日には凍った。水時計で正しい時間を知ることは難しかった。そこで砂時計と呼ばれる砂の時計が発明された。約700年前の人々は砂時計を使っていたといわれている。砂時計には砂の入った2つのグラスがあった。砂時計を逆さまにすると，砂はグラスの間の穴を通って上から下へと落ちていった。人々は砂の動きによって時間を計ることができた。砂時計は持ち運びに便利で，砂がグラスからこぼれ出ることもなかった。だから特に船乗りにとって便利だった。しかし，それは短時間の計測にしか適していなかった。1時間以上計れる砂時計をつくるのは難しかった。砂時計は今日でも，ゆで卵用タイマーやボードゲームに使われている。❺このように，人々は長い時間をかけてこれらの時計を開発しようとした。もちろん，どの時計にも短所はあったが，最終的にはより便利な時計，つまり今日私たちが使っている機械式時計へとつながっていったのだ。

問１＜要旨把握＞sundial「日時計」については，下線部を含む第２段落で説明されている。第４～６文より，最初から時間を知る目的で石柱を立てたわけではないことがわかるので，ア．「最初，時間を知らせるために神殿の前につくられた」は間違いである。イ．「柱の影の動きで午前か午後かを示した」，ウ．「古代エジプト人によって，いくつかの石が柱の周りの地面に置かれ，時間を告げた」，エ．「古代エジプト人は，持ち運べるようにそれらを小さく，軽くした」は本文の内容に一致する。

問２＜整序結合＞「～には印があった」なので，述語動詞を had，その目的語を markings とする。「印」を修飾する「カップの中にどのくらい水が落ちたのかを示すための」は「～するための」という意味を表す形容詞的用法の to不定詞として，to show を置き，その目的語を‘疑問詞＋主語＋動詞…’の語順の間接疑問にまとめる。‘疑問詞’は how much water「どれほど多くの水」→「どのくらいの水」となる。

問３＜内容一致＞≪全訳≫その３つの時計は全て短所もあった。日時計は $_{\mathrm{A}}$夜や悪天候の時には機能しなかった。水時計は水のコントロールが難しかったので，必ずしも正しいとはかぎらなかった。砂時計は $_{\mathrm{B}}$多くの時間の計測ができなかった。

＜解説＞Ａ．第３段落第１文参照。after the sunset「日没後」は at night「夜」と言い換えられる。　Ｂ．第４段落後半参照。砂時計は，短時間の計測にしか向かず，１時間を超える「多くの〔長い〕」時間は計れなかった。amount「量」の「多い」「少ない」は主に large，small で表すことに注意。「長い時間」と考えて long amount of time とすることもできる。

問４＜内容真偽＞ア．「最初の日時計はエジプトで発明され，エジプト王の墓から発見された」…×　第２段落第３文および第３段落第２文参照。日時計はエジプトで最初に発明されたが，エジプト王の墓から発見されたのは日時計ではなく最古の水時計。　イ．「約3500年前のエジプトでは，小型の日時計と水時計が時間を知るために使われていたようだ」…○　第２段落最後の２文および第３段落最初の２文の内容に一致する。　ウ．「水時計には時間を知るためのカップが２つあり，大きいものと小さいものがあった」…×　第３段落第４文参照。２つの大きなカップがあった。エ．「水時計は時間を計るために発明され，今でも私たちの日常生活で料理やゲームに使われている」…×　第４段落最終文参照。今日でも料理やゲームに使われているのは砂時計。　オ．「水時計は嵐のような困難な状況下でも非常によく機能したため，船で使用された」…×　第４段落後半参照。船乗りによく使われたのは，砂がこぼれ落ちない砂時計。　カ．「水時計も砂時計も，穴から落ちるものを利用して時間を計っていた」…○　第３段落後半および第４段落中盤の内容に一致する。　キ．「動かすと砂がグラスの外に出てしまうため，砂時計は必ずしも正しいとはかぎらなかった」…×　第４段落第２文参照。動かすと容器から中のものが出てしまうという問題があったのは水時計。

2024年度／中央大学杉並高等学校（推薦）

数学解答

1　$10x^2-7x-13$

2　問１　3：2　　問２　5：5：6

3　$\frac{1}{3}$

4　$21\sqrt{3}$

5　問１　(2, 4)　　問２　$y=\frac{3}{2}x+1$

　問３　$\left(\frac{3}{4}, \frac{17}{8}\right)$

1〔数と式―式の計算〕

与式$=10x^2+2x-15x-3+(x^2-1^2)-(x^2-6x+9)=10x^2-13x-3+x^2-1-x^2+6x-9=10x^2-7x-13$

2〔平面図形―三角形〕

≪基本方針の決定≫高さの等しい三角形の底辺の比は面積比と等しい。

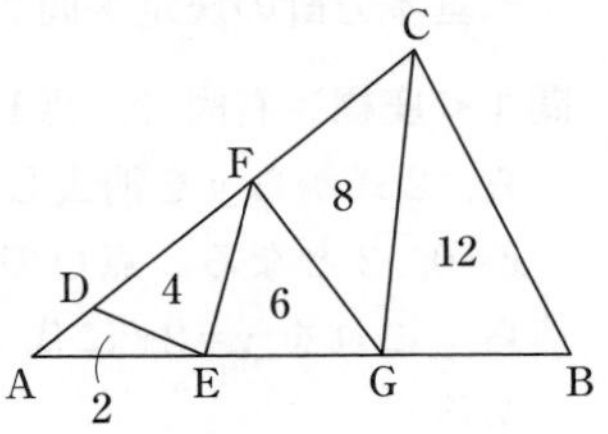

問１＜長さの比＞右図の△FGA と△FGC の底辺をそれぞれ AF，FC と見ると，高さが等しいから，AF：FC＝△FGA：△FGC となる。△FGA＝△AED＋△DEF＋△EGF＝2＋4＋6＝12，△FGC＝8 だから，AF：FC＝12：8＝3：2 である。

問２＜長さの比＞右図の△AEF と△EGF の底辺をそれぞれ AE，EG と見ると，高さが等しいから，AE：EG＝△AEF：△EGF となる。△AEF＝△AED＋△DEF＝2＋4＝6，△EGF＝6 だから，AE：EG＝6：6＝1：1 である。これより，AE＝EG＝$\frac{1}{2}$AG と表せる。また，△AGC と△GBC の底辺をそれぞれ AG，GB と見ると，AG：GB＝△AGC：△GBC となる。問１より，△FGA＝12 だから，△AGC＝△FGA＋△FGC＝12＋8＝20 となり，△GBC＝12 より，AG：GB＝20：12＝5：3 である。これより，GB＝$\frac{3}{5}$AG と表せる。よって，AE：EG：GB＝$\frac{1}{2}$AG：$\frac{1}{2}$AG：$\frac{3}{5}$AG＝5：5：6 である。

3〔データの活用―確率―カード〕

袋の中には，2，4，8 のカードが１枚ずつ入っているので，A さんの取り出し方は 2，4，8 の３通り，B さんの取り出し方は A さんの数字以外の２通り，袋に残っているのは残りの１通りある。これより，a，b，c の組は $(a, b, c)=(2, 4, 8)$，$(2, 8, 4)$，$(4, 2, 8)$，$(4, 8, 2)$，$(8, 2, 4)$，$(8, 4, 2)$ の６通りある。$\sqrt{a}-\frac{c}{\sqrt{b}}=\sqrt{a}-\frac{c\times\sqrt{b}}{\sqrt{b}\times\sqrt{b}}=\sqrt{a}-\frac{c\sqrt{b}}{b}$ とする。$(a, b, c)=(2, 4, 8)$ のとき，$\sqrt{a}-\frac{c\sqrt{b}}{b}=\sqrt{2}-\frac{8\sqrt{4}}{4}=\sqrt{2}-\frac{8\times2}{4}=\sqrt{2}-4$ となり，適していない。$(2, 8, 4)$ のとき，$\sqrt{2}-\frac{4\sqrt{8}}{8}=\sqrt{2}-\frac{4\times2\sqrt{2}}{8}=\sqrt{2}-\sqrt{2}=0$ となり，適している。$(4, 2, 8)$ のとき，$\sqrt{4}-\frac{8\sqrt{2}}{2}=2-4\sqrt{2}$ となり，適していない。$(4, 8, 2)$ のとき，$\sqrt{4}-\frac{2\sqrt{8}}{8}=2-\frac{2\times2\sqrt{2}}{8}=2-\frac{\sqrt{2}}{2}$ となり，適していない。$(8, 2, 4)$ のとき，$\sqrt{8}-\frac{4\sqrt{2}}{2}=2\sqrt{2}-2\sqrt{2}=0$ となり，適している。$(8, 4, 2)$ のとき，$\sqrt{8}-\frac{2\sqrt{4}}{4}=2\sqrt{2}-\frac{2\times2}{4}=2\sqrt{2}-1$ となり，適していない。よって，$\sqrt{a}-\frac{c}{\sqrt{b}}$ が整数になる a，b，c の組は $(a, b, c)=(2, 8, 4)$，$(8, 2, 4)$ の２通りあるから，求める確率は $\frac{2}{6}=\frac{1}{3}$ である。

4〔平面図形―三角形―面積〕

≪基本方針の決定≫AB を斜辺とする直角三角形をつくる。

＜**解説**＞右図のように，APの延長線と直線nの交点をRとする。$m /\!/ n$より，同位角は等しいから，$\angle\mathrm{APQ}=\angle\mathrm{ARB}=90^\circ$である。このとき，四角形PRBQは長方形となり，$\mathrm{PR}=\mathrm{QB}=6$，$\mathrm{RB}=\mathrm{PQ}=\sqrt{3}$となる。よって，$\mathrm{AR}=\mathrm{AP}+\mathrm{PR}=3+6=9$となるので，△ARBで三平方の定理より，$\mathrm{AB}=\sqrt{\mathrm{AR}^2+\mathrm{RB}^2}=\sqrt{9^2+(\sqrt{3})^2}=\sqrt{84}=2\sqrt{21}$となり，△ABCは1辺の長さが$2\sqrt{21}$の正三角形である。点Aから辺BCに垂線AHを引くと，△AHBは3辺の比が$1:2:\sqrt{3}$の直角三角形だから，$\mathrm{AH}=\dfrac{\sqrt{3}}{2}\mathrm{AB}=\dfrac{\sqrt{3}}{2}\times2\sqrt{21}=3\sqrt{7}$となる。したがって，$\triangle\mathrm{ABC}=\dfrac{1}{2}\times\mathrm{BC}\times\mathrm{AH}=\dfrac{1}{2}\times2\sqrt{21}\times3\sqrt{7}=21\sqrt{3}$である。

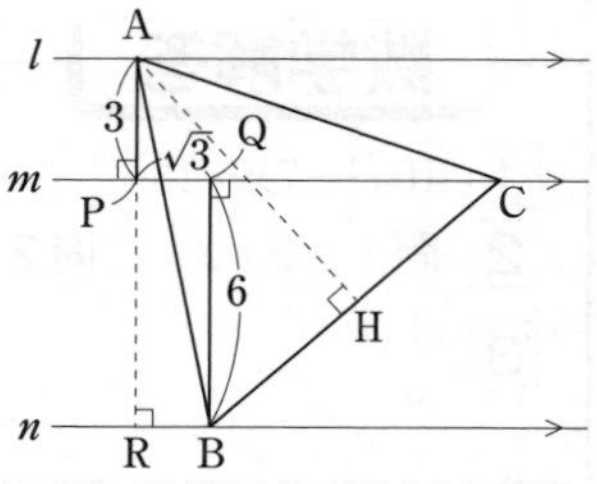

5 〔関数―関数$y=ax^2$と一次関数のグラフ〕

≪基本方針の決定≫問3　直線$y=-\dfrac{1}{2}x$と直線$y=2x$が垂直に交わることに気づきたい。

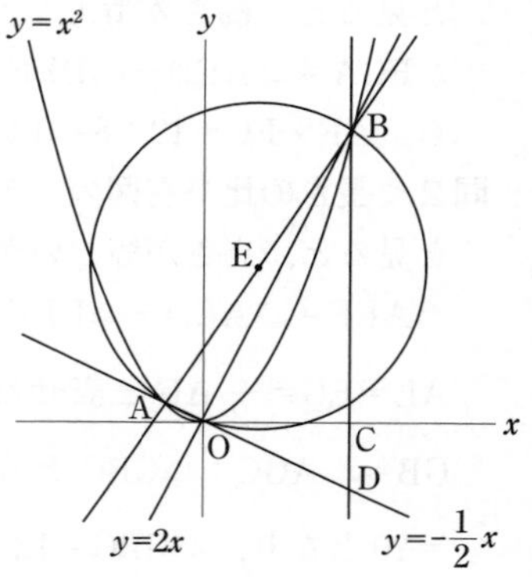

問1＜**座標**＞右図で，点Bは放物線$y=x^2$と直線$y=2x$の交点だから，2式からyを消去して，$x^2=2x$，$x^2-2x=0$，$x(x-2)=0$より，$x=0$，2となる。点Oのx座標が0より，点Bのx座標は2だから，これを$y=2x$に代入すると，$y=2\times2=4$より，B(2，4)である。

問2＜**直線の式**＞右図で，点Aは放物線$y=x^2$と直線$y=-\dfrac{1}{2}x$の交点だから，2式からyを消去して，$x^2=-\dfrac{1}{2}x$，$2x^2=-x$，$2x^2+x=0$，$x(2x+1)=0$となる。よって，$x=0$，または，$2x+1=0$より$2x=-1$，$x=-\dfrac{1}{2}$となる。点Oのx座標が0より，点Aのx座標は$-\dfrac{1}{2}$だから，これを$y=-\dfrac{1}{2}x$に代入すると，$y=-\dfrac{1}{2}\times\left(-\dfrac{1}{2}\right)=\dfrac{1}{4}$より，$\mathrm{A}\left(-\dfrac{1}{2},\ \dfrac{1}{4}\right)$である。問1より，B(2，4)だから，直線ABの傾きは$\left(4-\dfrac{1}{4}\right)\div\left\{2-\left(-\dfrac{1}{2}\right)\right\}=\dfrac{3}{2}$となり，その式は$y=\dfrac{3}{2}x+b$とおける。これが点Bを通るので，$4=\dfrac{3}{2}\times2+b$，$b=1$となる。したがって，2点A，Bを通る直線の方程式は$y=\dfrac{3}{2}x+1$である。

問3＜**座標**＞右上図で，点Bを通りy軸に平行な直線とx軸，直線$y=-\dfrac{1}{2}x$の交点をそれぞれC，Dとする。問1より，B(2，4)だから，C(2，0)となり，$\mathrm{OC}=2$，$\mathrm{BC}=4$となる。また，点Dは直線$y=-\dfrac{1}{2}x$上にあり，x座標は2だから，$y=-\dfrac{1}{2}\times2=-1$より，D(2，−1)となる。これより，$\mathrm{CD}=1$，$\mathrm{BD}=\mathrm{BC}+\mathrm{CD}=4+1=5$となる。$\angle\mathrm{OCB}=\angle\mathrm{OCD}=90^\circ$だから，△OCBと△OCDでそれぞれ三平方の定理より，$\mathrm{OB}^2=\mathrm{OC}^2+\mathrm{BC}^2=2^2+4^2=20$，$\mathrm{OD}^2=\mathrm{OC}^2+\mathrm{CD}^2=2^2+1^2=5$となる。$\mathrm{OB}^2+\mathrm{OD}^2=20+5=25$，$\mathrm{BD}^2=5^2=25$より，$\mathrm{OB}^2+\mathrm{OD}^2=\mathrm{BD}^2$が成り立つので，△BODは$\angle\mathrm{BOD}=90^\circ$の直角三角形である。よって，$\angle\mathrm{AOB}=90^\circ$だから，線分ABは3点O，A，Bを通る円の直径となる。円の中心をEとすると，点Eは線分ABの中点となる。問2より，$\mathrm{A}\left(-\dfrac{1}{2},\ \dfrac{1}{4}\right)$であり，B(2，4)だから，点Eの$x$座標は$\left(-\dfrac{1}{2}+2\right)\div2=\dfrac{3}{4}$，$y$座標は$\left(\dfrac{1}{4}+4\right)\div2=\dfrac{17}{8}$となり，$\mathrm{E}\left(\dfrac{3}{4},\ \dfrac{17}{8}\right)$である。

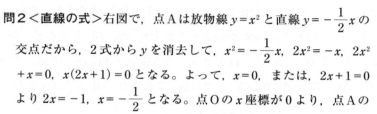

2024年度／中央大学杉並高等学校（推薦）

社会解答

1 ウ，オ

2 ア，イ

3 ア，イ

4 イ，オ

5 原子力発電所 C　地熱発電所 A

6 問１ ベトナム

問２ 1970年…２ 1990年…３

2020年…１

7 ウ，エ

8 ウ，オ

9 ア，エ

10 ウ，オ

11 A 弾劾（弾劾） B 最高

12 A 民主主義 B 直接請求

13 問１ ア 問２ C…キ D…イ

問３ エ

1 〔日本地理―日本の諸地域・自然〕

大井川は静岡県を流れる川，天竜川は長野県，静岡県を流れる川，信濃川は長野県，新潟県を流れる川であり，いずれも中部地方を流れる川である（ウ…○）。猪苗代湖は福島県，田沢湖は秋田県，十和田湖は青森県と秋田県の県境にある湖で，いずれも東北地方に位置している（オ…○）。なお，有珠山は北海道南西部にある火山（ア…×），今治市は四国地方（愛媛県）の都市（イ…×），志摩半島は近畿地方（三重県）の半島（エ…×）である。

2 〔世界地理―世界の地形・国〕

領土に赤道が通る国は，ブラジル，インドネシア，ケニア以外では，エクアドルやコロンビア，ウガンダなどがある（ア…○）。カンボジアにはメコン川，オランダにはライン川，オーストリアにはドナウ川が流れており，これらの川はいずれも複数の国をまたがって流れる国際河川である（イ…○）。なお，アラビア海は，アラビア半島とインドの間の海域であり，トルコはこれに面していなくて，地中海や黒海に面している（ウ…×）。アンデス山脈は，南アメリカ大陸の西側を南北に連なる山脈であり，メキシコは北アメリカ大陸の国である（エ…×）。エジプトは紅海と地中海に面しているため，内陸国ではない（オ…×）。

3 〔日本地理―日本の諸地域〕

沖縄県などの南西諸島の伝統的な家屋は，台風による強風から家屋を守るため，石垣で家を囲み，のきを低くし，屋根瓦をしっくいで固めるなどの対策を施したものが多い（ア…○）。徳島県上勝町では，地元で採れる季節の葉や花などを，インターネットを活用して出荷・販売するビジネスが盛んである。販売先はおもに都市の飲食店で，料理の飾りに使われる「つまもの」として利用されている（イ…○）。なお，中央高地の扇状地では，かつて桑の栽培が盛んで，養蚕業が発展していたが，現在は水はけの良さを生かした果樹栽培が盛んになっている（ウ…×）。北関東工業地域で生産された製品の多くは，北関東自動車道の開通によりアクセスが向上したことから，常陸那珂港などから輸出されるようになった（エ…×）。1970年代半ば以降，国際的に排他的経済水域が設定されるようになったことで，北海道ではベーリング海・オホーツク海を含む北太平洋で操業する北洋漁業が大きく衰退した（オ…×）。

4 〔世界地理―世界の諸地域〕

サウジアラビアは乾燥帯に属しており，年間を通して降水量が少ない。インドは沿岸部が熱帯に属しており，季節風の影響を受けて，夏に降水量が多くなる（イ…○）。ガーナやコートジボワールでは，カカオの栽培が主要な産業の１つである。これは19～20世紀にかけて，イギリスやフランスから植民地支配を受けた際，ヨーロッパ人によってカカオが持ち込まれ，大規模な農園（プランテーション）で栽培が始まったことに由来している(オ…○)。なお，ヨーロッパではおもに北西部にゲルマン系の言語，南部にラテン系の言語を話す人が分布している(ア…×)。農業従事者１人当たりの耕地面積は，日本が1.7ha，アメリカ合衆国が71.3haであり(2017年)，日本とアメリカ合衆国では大きく異なる(ウ…×)。オーストラリアの主要な輸出品となっているのは鉄鉱石，石炭，天然ガスなどの鉱産資源である(エ…×)。

5〔日本地理―日本の発電所の分布〕

原子力発電所は，発電の過程で大量の冷却水を必要とすることから，日本では海水を利用できる海岸沿いに位置しており，とりわけ福井県の若狭湾沿岸に分布が多く見られることから，Cが当てはまる。また，地熱発電所は，地熱が得られる火山の周辺に位置しており，日本では東北地方と九州地方にその分布が集中していることから，Aが当てはまる。なお，Bは，大きなダムをつくることができる山間部に多く見られるため，水力発電所の分布を表しており，Dは，燃料の輸入に便利な臨海部や大都市の近くに位置しているため，火力発電所の分布を表している。

6〔世界地理―世界の産業と人口〕

問１＜資料の読み取り，世界の水産業＞地図中のアはロシア，イは中国，ウはベトナムを指している。「漁獲量と養殖業生産量」，「水産物の輸出額」，「日本のエビ輸入額」の表から，Bは，世界の中でも水産業が盛んな国であり，特に水産物の輸出が多く，とりわけ日本へのエビの輸出に特徴があることから，ウのベトナムであることがわかる。なお，「漁獲量と養殖業生産量」，「水産物の輸出額」の表から，Aには漁獲量，養殖業生産量，水産物の輸出額で世界第１位であるイの中国が当てはまる(2021年)。「日本のカニ輸入額」の表から，Cはベーリング海やオホーツク海でのカニ漁が盛んなアのロシアを示していることがわかる。

問２＜中国の人口ピラミッド＞問１から，表中のAは中国であり，中国では，人口の急増を抑制するため，1979年から行われた一人っ子政策は2015年末に廃止が決まった。したがって，一人っ子政策実施前の1970年の人口ピラミッドは「富士山型」を示す２であったが，1990年は，1970年と比較して15歳未満の年少人口の割合が減少した３が当てはまる。さらに2020年には少子高齢化が進み，人口ピラミッドは１の「つぼ型」へと変化している。

7〔歴史―日本の文化〕

俵屋宗達は，『風神雷神図屏風』などを描いた，江戸時代の元禄文化を代表する画家である(ウ…○)。二葉亭四迷は，明治時代に小説『浮雲』を言文一致体で著し，日本における近代文学のさきがけとなった小説家である(エ…○)。なお，雪舟は室町時代に優れた水墨画を残した水墨画家であり，龍安寺石庭の作者ではない(ア…×)。喜多川歌麿は，おもに美人画を描いた江戸時代の浮世絵師で，『富嶽三十六景』の作者は葛飾北斎である(イ…×)。正岡子規は，明治時代に活躍した俳人であり，『荒城の月』は土井晩翠作詞，滝廉太郎作曲の歌曲である(オ…×)。

8〔歴史―年代整序〕

各組のa，b，cの文を年代の古い順に並べ，a，b，cが時代順に正しく並んでいるのは，ウの，a(蘇我氏が物部氏を倒す―６世紀)，b(多賀城が置かれる―８世紀)，c(平将門の乱，藤原純友の乱が起こる―10世紀)，オの，a(仏教の始まり―紀元前５世紀)，b(キリスト教の始まり―１世紀)，c(イスラム教の始まり―７世紀)である。なお，アは，c(アレクサンドロス大王の東方遠征―紀元前４世紀)，b(ローマ帝国の成立―紀元前１世紀)，a(モンゴル帝国の成立―13世紀)，イは，b(奴国が中国(漢)から金印を授かる―１世紀)，c(大和政権の成立―３世紀)，a(倭の五王が中国に使いを送る―５世紀)，エは，a(二毛作の始まり―鎌倉時代)，c(惣の成立―室町時代)，b(蔵屋敷での取引―江戸時代)となる。

9〔歴史―室町時代～大正時代の日本〕

1333年，足利尊氏や新田義貞らによって鎌倉幕府が滅ぼされた後に権力を握った，後醍醐天皇による新しい政治は，建武の新政と呼ばれる(ア…○)。江戸時代に徳川幕府が欧米各国と通商条約を結び，外国との貿易が始まった当初，国内と外国との間で金銀の交換比率が異なっていたことから，日本の金が外国へ大量に流出した(エ…○)。なお，織田信長は，商工業者の自由な経済活動を促進するため，座と呼ばれる同業者組合の持つ，営業の独占などの特権を廃止した(イ…×)。田沼意次は，財政の立て直しのため，商工業者に株仲間をつくることを奨励し，特権を与える代わりに営業税をとるという政策を行った。倹約令を出し，幕府の政治への批判を禁止して出版を厳しく統制したのは，田沼意次失脚後に老中となった松平定信である(ウ…×)。日本の産業革命は，明治中期に紡績業を中心とする軽工業が発達し，大正時代には軽工業に加え鉄鋼業を中心とする重化工業が成長した(オ…×)。

10〔歴史・公民総合―第二次世界大戦後〕

1965年に結ばれた日韓基本条約で，日本は大韓民国政府を朝鮮半島唯一の合法政府として承認し，両国は国交を回復した(ウ…○)。1989年，地中海のマルタ島で開催された米ソ首脳会談(マルタ会談)で，東西冷戦の終結が宣言された(オ…○)。なお，日本国憲法が施行されたのは1947年であり，サンフランシスコ平和条約により主権を回復したのは1951年である(ア…×)。1960年，岸信介内閣が新しい日米安全保障条約を結んだ。これに対して国内では野党をはじめ労働組合，学生，市民によって安保闘争と呼ばれる激しい反対運動が起こった(イ…×)。PKOは，国際連合の安全保障理事会決議に基づいて行われる平和維持活動であり，日本の自衛隊も参加し，海外で活動することがある(エ…×)。

11〔公民―日本国憲法〕

A．①は，「弾劾裁判所」に関する条文である(日本国憲法第64条１項)。弾劾裁判所は，裁判官を罷免するかどうかを判断する裁判所で，裁判は国会議員の中から選ばれた14名の裁判員によって行われる。　B．②は，「最高裁判所の法令審査権」に関する条文である(憲法第81条)。最高裁判所は，あらゆる法令や処分が憲法に違反していないかを最終的に決定する権限を持つことから，「憲法の番人」とも呼ばれる。

12〔公民―地方自治〕

A．地方自治は，住民と政治との距離が近く，国政と比べて住民の意見を政治に反映させやすい。地方自治への参加を通じて住民が民主主義の原点を学べることから，地方自治は「民主主義の学校」と呼ばれる。　B．地方自治では，住民が必要な数の署名を集めることにより，条例の制定・改廃，議員・首長の解職，議会の解散などを請求できる。住民が持つこの権利を直接請求権と呼ぶ。

13〔公民―総合〕

問１＜インフレーションと財政政策＞物価が上がり続ける現象はインフレーション〔インフレ〕と呼ばれ，景気の上昇期に起こることが多い。政府はインフレのときに，公共事業を減らすことによって経済活動の過度な拡大を抑制し，景気の過熱を抑えてインフレに歯止めをかけることがある。このように，政府が歳入や歳出を通じて物価や景気の安定を図る政策を，財政政策と呼ぶ。

問２＜多様性＞C．英語で「多様性」を表す「ダイバーシティ」は，グローバル化の進展とともに，日本でも推進する取り組みが行われている。　D．年齢や障がいの有無などにかかわらず，誰もが利用しやすいようにした施設や製品のデザインは，「ユニバーサルデザイン」と呼ばれ，近年生活用品や施設の案内などにもその考え方が取り入れられている。

問３＜UNHCR＞1950年に国際連合が設立した，国連難民高等弁務官事務所は，The Office of the United Nations High Commissioner for Refugeesの頭文字から，UNHCRと呼ばれる。

2024年度／中央大学杉並高等学校(推薦)

理科解答

1 (1) ア　(2) ア，オ　(3) ウ

2 (1) イ　(2) エ　(3) 3：1

3 (1) 45%　(2) 26

4 (1) オ　(2) 衛星

5 (1) イ　(2) 38

6 (1) 名称…垂直抗力　作図…右上図1
(2) 右上図2　(3) 右図3

7 (1) 3.0V　(2) エ

8 (1) CO_2　(2) 0.44　(3) 1.36

図1
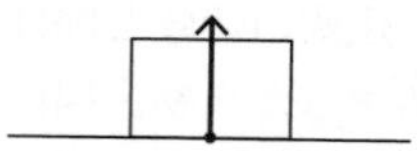

図2
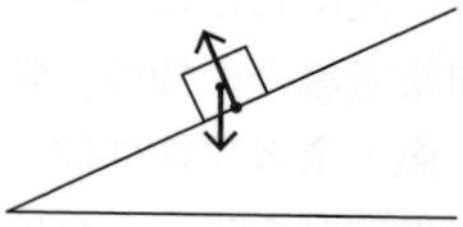

図3
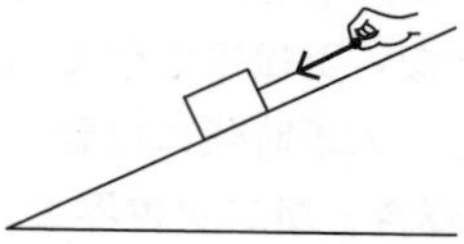

1〔生物の世界〕

(1)＜両生類＞図1で，カエルは両生類に分類される。両生類は，幼生はえら呼吸と皮膚呼吸を行い，成体は肺呼吸と皮膚呼吸を行う。

(2)＜動物の分類＞図1で，ネズミは哺乳類に分類され，胎生だが，同じ哺乳類に分類されるカモノハシは卵生である。また，アサリは軟体動物に分類され，えら呼吸だが，同じ軟体動物に分類されるマイマイ(カタツムリ)は肺呼吸である。

(3)＜恒温動物＞恒温動物は，食べ物を消化するときや筋肉が伸び縮みするときに発生する熱を，血液を通じて体全体に伝えることで体温を一定に保っている。

2〔小問集合〕

(1)＜コケ植物＞コケ植物の仮根は，主に体を地面などに固定する役目をしていて，他の植物の根のように，水を吸収するはたらきはない。よって，誤っているのはイである。

(2)＜光合成＞アサガオは，光合成によってデンプンをつくるため，光を当てた葉をヨウ素溶液につけると，青紫色になる。これに対して，ユリは，光合成によってデンプンではなく，ブドウ糖などの糖をつくる。そのため，光を当てた葉をヨウ素溶液につけても，青紫色にならない。

(3)＜遺伝の規則性＞できた種子は，「丸・黄」が315個，「丸・緑」が108個，「しわ・黄」が101個，「しわ・緑」が32個である。よって，種子の形は，「丸」:「しわ」＝(315＋108)：(101＋32)＝423：133となり，およそ3：1となる。また，子葉の色は，「黄」:「緑」＝(315＋101)：(108＋32)＝416：140となり，およそ3：1となる。

3〔気象と天気の変化〕

(1)＜湿度＞相対湿度は，一般的に天気予報などで使われる湿度のことで，その温度での飽和水蒸気量に対する，実際に含まれている水蒸気量の割合を示したものである。相対湿度は，〔相対湿度(%)〕＝〔空気1 m^3中に含まれる水蒸気量(g/m^3)〕÷〔その温度での飽和水蒸気量(g/m^3)〕×100で求められる。よって，気温32℃で，空気1 m^3中に含まれる水蒸気量が15.2 gのとき，気温32℃における飽和水蒸気量が33.8g/m^3なので，相対湿度は，15.2÷33.8×100＝44.9…より，45%である。

(2)＜暑さ指数＞(1)より，気温が32℃，相対湿度が45%なので，表1より，暑さ指数(WBGT)は26と推定できる。

4 〔地球と宇宙〕

(1)**＜惑星＞**太陽系の惑星は，太陽に近い方から，水星，金星，地球，火星，木星，土星，天王星，海王星の順に並んでいて，太陽から遠い惑星ほど，公転周期は長くなる。よって，表１の公転周期より，地球と惑星Ａ～Ｃを太陽に近い順に並べると，惑星Ｂ，地球，惑星Ｃ，惑星Ａとなる。ア～カのうち，この順番の関係を満たしているのは，オである。

(2)**＜衛星＞**惑星の周りを公転している天体を衛星といい，月は地球の衛星である。

5 〔物質のすがた，化学変化とイオン〕

(1)**＜中和，再結晶＞**酸性の水溶液である硝酸に，アルカリ性の水溶液である水酸化カリウム水溶液を加えていくと，中和が起こり，水と，塩として硝酸カリウムが生じる。また，実験のように，物質をいったん水などの溶媒に溶かし，温度を下げたり溶媒を蒸発させたりして再び結晶として取り出す操作を再結晶という。

(2)**＜溶解度＞**実験で，硝酸カリウム水溶液の温度は室温と同じ25℃まで下がっている。このとき，生じた硝酸カリウムをろ過して得られたろ液は，25℃での硝酸カリウムの飽和水溶液である。つまり，25℃の水150gに溶ける硝酸カリウムの最大の質量は，$80-23=57$(g)である。よって，25℃における硝酸カリウムの溶解度は，$57\times\frac{100}{150}=38$(g)である。

6 〔身近な物理現象，運動とエネルギー〕

(1)**＜垂直抗力＞**図１で，物体は水平な床の上で静止しているので，物体には，下向きにはたらく重力とつり合う力がはたらいている。この力は，床から物体に上向きにはたらく垂直抗力である。垂直抗力を表す矢印は，物体と床が接する面の中心を作用点として，重力を表す矢印と向きは反対で，長さは等しい。解答参照。

(2)**＜物体にはたらく力＞**図２で，物体にはたらいている２力は，重力と，斜面が物体を押す垂直抗力である。重力を表す矢印は，物体の中心を作用点として下向きである。また，垂直抗力を表す矢印は，物体と斜面が接する面の中心を作用点として，斜面に垂直で上向きである。解答参照。

(3)**＜作用・反作用＞**作用と反作用は，２つの物体間で同時にはたらき，大きさは等しく，一直線上で向きは反対になる。よって，図３で，手が糸を引く力と作用・反作用の関係にある力は，糸が手を引く力である。糸が手を引く力を表す矢印は，手で糸をつかんでいる点を作用点として，手が糸を引く力の矢印と一直線上で向きは反対，長さは等しい。解答参照。

7 〔電流とその利用〕

(1)**＜オームの法則＞**電熱線の抵抗は2.5Ωで，電熱線を流れる電流は1.2Aである。よって，電熱線にかかる電圧は，オームの法則〔電圧〕＝〔電流〕×〔抵抗〕より，$1.2\times2.5=3.0$(V)である。

(2)**＜発熱量＞**電流による発熱量は，〔発熱量(J)〕＝〔電力(W)〕×〔時間(s)〕で求めることができ，電流を流す時間が等しいとき，電力の比が電流による発熱量の比に等しい。まず，(1)より，電熱線を流れる電流を1.2Aにすると，電熱線に加わる電圧は3.0Vである。よって，電熱線の電力は，〔電力(W)〕＝〔電圧(V)〕×〔電流(A)〕より，$3.0\times1.2=3.6$(W)である。次に，電熱線に流れる電流を2.4Aにすると，電熱線に加わる電圧は，$2.4\times2.5=6.0$(V)になるから，電力は，$6.0\times2.4=14.4$(W)である。これより，電熱線に流れる電流を1.2Aから2.4Aにすると，電力は，$14.4\div3.6=4$(倍)になる。したがって，水温は４倍の，$1.2\times4=4.8$(℃)上昇する。

8 〔化学変化と原子・分子〕

⑴＜**化学反応式**＞酸化銅（CuO）の粉末と炭素（C）の粉末をよく混ぜ合わせて加熱すると，酸化銅は炭素に酸素を奪われて銅（Cu）となり，炭素は奪った酸素と結びついて二酸化炭素（CO_2）になる。化学反応式は，矢印の左側に反応前の物質の化学式，右側に反応後の物質の化学式を書き，矢印の左右で原子の種類と数が等しくなるように化学式の前に係数をつける。

⑵＜**質量保存の法則**＞酸化銅の粉末1.6gと炭素の粉末0.12gをよく混ぜ合わせて加熱すると，酸化銅と炭素は完全に反応し，試験管Aには銅が1.28g残り，発生した二酸化炭素は空気中に逃げる。このとき発生した二酸化炭素の質量は，質量保存の法則より，酸化銅の粉末と炭素の粉末の質量の和から，試験管Aに残った銅の質量をひくことで求められる。よって，発生した二酸化炭素の質量は，$(1.6+0.12)-1.28=0.44$（g）である。

⑶＜**質量保存の法則**＞⑵より，酸化銅の粉末1.6gと炭素の粉末0.12gが完全に反応し，二酸化炭素が0.44g発生するので，反応する炭素の粉末の質量と発生する二酸化炭素の質量の比は，$0.12:0.44=3:11$となる。よって，酸化銅の粉末1.6gと炭素の粉末0.09gを反応させたときに発生する二酸化炭素の質量をx gとすると，$0.09:x=3:11$が成り立つ。これを解くと，$x\times 3=0.09\times 11$より，$x=0.33$（g）となる。したがって，質量保存の法則より，試験管Aに残った未反応の酸化銅と銅の混合物の質量は，$(1.6+0.09)-0.33=1.36$（g）である。

2024年度／中央大学杉並高等学校（推薦）

国語解答

一 問1 イ　問2 ア　問3 イ
問4 エ
問5 Ⅰ 出来事の連鎖
Ⅱ 直面するのが通常は怖い
Ⅲ 物語化
問6 ウ　問7 ア

二 問1 イ　問2 にせん
問3 ア，ウ　問4 エ

一〔**論説文の読解―教育・心理学的分野―心理**〕出典：千葉雅也『現代思想入門』。

≪**本文の概要**≫精神分析の実践とは，自分の中のコントロールから逃れるような欲望のあり方を，発見していくことである。しかし，意識的な自己認識では，自分の心の本当のダイナミズムには届かないため，自由連想法が用いられる。自由連想法によって語られる自分の中の無意識的な言葉とイメージの連鎖は，自分の中の「他なるもの」である。人間の心の中には，自分でコントロールできない「他なるもの」がたくさんあり，その「他なるもの」に踊らされるようにして，人間は，意志的な行動をとる。精神分析で明らかになるのは，自分の過去のいろいろな要素が絡み合い，ところどころで固い結び目ができてしまい，それが今の行動に傾向を与えているということである。無意識とは，いろいろな過去の出来事が偶然的にある構造を形づくっているものである。人間は，訳もわからずに自分の人生が方向づけされていると思いたくないので，さまざまな物語的な理由づけを試みる。しかし，その裏側にあるのは，偶然的な，それ自体でしかない出来事の連鎖である。しかも，その理由づけによって症状は固定化されてしまうので，無意識の中で要素どうしがどのような関係づけにあるかを，意味づけを外して構造分析することが，症状を解きほぐすためには必要となる。

問1＜文章内容＞自由連想法によって，人は「今自分は恋愛関係のトラブルで困っている」といった「直近の自分の問題」や（ウ…○），「昔中学校の先生に言われたイヤなこと」とか「夏休みの午後に家族と冷やし中華を食べた場面」とかいったふだんは思い起こさない記憶などを，思いつくままにしゃべる（エ…○）。そうやって思い出していく中で，人は，現在「恋愛関係にある人にある種の恐れを抱いているらしい」と自覚するなど，人間関係の認識をとらえ直す（ア…○）。

問2＜文章内容＞「総体」は，物事の全体のこと。精神分析で行うことは，「ひじょうに時間をかけて自分の記憶の総体を洗い直していく作業」である。自分が「意識的にこうだ」と思っている自分の認識を離れて，記憶のつながりを全体的にとらえ直すことが精神分析なのである。

問3＜文章内容＞自分の中にある「無意識的な言葉とイメージの連鎖」とは，自分では「取り扱い方がよくわかっていない」ような「他なるもの」である。自分では自覚できない，制御しきれないその「他なるもの」によって，人間は「踊らされるようにして意志的な行動」をとっている。

問4＜文章内容＞人間は，同じ経験をしても精神的な影響の度合いはそれぞれに異なる。無意識は「いろんな過去の出来事が偶然的にある構造をかたちづくっているもの」であり，ある経験をどのように認識するかは，「過去の諸々のつながりの偶然性」によっているので，「人間はこういう経験をしたらこういう人間になる」とはいえない。

問5＜文章内容＞例えば「それはあのときにああいう出会いがあったからだ」というように，ある出来事に大きな影響を受けたと思っていても，その出会いは「たまたまそうだった」だけで特に意味はなく，「それ自体でしかない出来事の連鎖がある」だけである（…Ⅰ）。しかし，人間は，そのような偶然性に「直面するのが通常は怖い」ので（…Ⅱ），出来事に対して「運命」といったような言葉を用いて「意味づけ」をし，「物語化」して生きている(…Ⅲ)。

問６＜文章内容＞過去の出来事のつながりは「偶然性」によっていて，「たまたま」つながりがあるように感じられるだけなのに，人間は，訳もわからずに自分の人生が方向づけられていることに直面するのが怖いので，「さまざまな物語的理由づけ」をする。しかし，そのような理由づけによって，人間は，出来事に意味があったと思い込むようになり，自分の今の状態の原因がその「物語」にあるという自己認識にこだわるようになる。

問７＜要旨＞自分が「意識的」な自己認識をしていては，「自分の心の本当のダイナミズム」には届かないため(イ…○)，精神分析では，自由連想法によって「自分の記憶の総体を洗い直して」いき，自分の中の「コントロールから逃れるような欲望のあり方を発見して」いく(ア…×)。無意識は，自分で取り扱い方がわからず，コントロールできないという意味において，自分の中の「他者」のようなものである(エ…○)。無意識は「いろんな過去の出来事が偶然的にある構造をかたちづくっているもの」であり，過去の出来事のつながりは「偶然性」によっている(ウ…○)。

二〔**古文の読解―随筆**〕出典：『雨窓閑話』。

≪現代語訳≫あるとき徳蔵が，北海を(船に)乗って(渡って)いたとき，風が激しく方角もわからないところから吹きつけてきたので，船中は食べ物がなくなって飢え渇いた状態になった。ようやく新米の藁が四束か五束あったのを潮に浸し，(それを)かみしめて口と腹を潤して命をつないだ。船に同乗している者が三，四人いたが，いずれも声を上げて泣き叫び，徳蔵に言うには，このような強風によって船が転覆し，あるいは難破などしようとするときは，(覚悟をして)髻を解き放って帆柱を切ることと言われているので，さあ今まさにそのとおりにしようと言う。徳造が言うには，私はそのようなことは嫌だ。船主として生まれたうえは，ただその職分だけを大切にして他のことに心が動じることは全くない。また帆柱は船中において中心となる大事な道具であって武士の腰の物と同じようなものである。およそ侍である者が命が惜しいからといって，腰の物を捨ててしまうということがあるだろうか。命は天命であり，風は天変なので，人の力では及ばない。また，髻を払って出家できたとしても，どうして仏神がお喜びになるだろうか。命を惜しんでしかたなく坊主になったと結局はお笑いになるのではないだろうか，私は戦場で討ち死にするという覚悟である。天の助けがあるならば助かるだろう。そうでなければここで死んだとしても本望であると言って，少しもたじろぐ様子がない。そのうちに風が静まり波も収まって，難から逃れたということだ。

問１＜古文の内容理解＞徳蔵の乗っていた船は，方角もわからないところから吹きつける強風のために(ア…○)，船中の食べ物は尽き，飢え渇いた状態になった(イ…×)。徳蔵たちは，新米の藁を潮に浸してかじることで命をつないだものの(ウ…○)，徳蔵と一緒に船に乗っていた者たちは，声を上げて泣き叫んだ(エ…○)。

問２＜古文の内容理解＞徳蔵と一緒に船に乗っていた者たちは，このような強風で船が転覆しようとするときは，髻を解き，帆柱を切ることになっているので，そのとおりにしようと徳蔵に言った。

問３＜古文の内容理解＞徳蔵は，出家の覚悟を決めて髻を解いたり(ア…○)，大事な帆柱を切ったりするようなことは嫌だと言って拒んだ(ウ…○)。

問４＜古文の内容理解＞徳蔵は，言い伝えのとおりに髻を解いて帆柱を切ろうという同乗者たちの申し出を拒否した。そして，自分の職分を大切にして，たとえ死ぬことになっても本望であると言って，少しもたじろぐことはなかった。

2024年度 中央大学杉並高等学校

【英　語】（50分）〈満点：100点〉

（注意）　リスニングテストは試験開始後２分経過してから始まります。それまでに，リスニングテストの指示文と英文に目を通して，答え方の要領をつかんでおいてください。録音を聞いている時間は，解答のための休止を含めて９分ほどです。

■リスニングテストの音声は，当社ホームページで聴くことができます。（実際の入試で使用された音声です）

再生に必要なIDとアクセスコードは「収録内容一覧」のページに掲載しています。

Ⅰ　リスニングテスト

第１部　英語の短い対話を聞き，それに続く対応として最も適切なものをア～エから一つ選び，記号で答えなさい。次の問題に進むまでに５秒の休止が設けられています。対話を聞くのはそれぞれ一度だけです。問題はＡ，Ｂ，Ｃ，Ｄ，Ｅの五題です。

Ａ．ア　Why was it changed to today?
　　イ　When did you know about the change?
　　ウ　Which test was changed to next week?
　　エ　Where are we taking our English test today?

Ｂ．ア　Yes, can you ask them where they want to go?
　　イ　Yes, they are both from Mexico.
　　ウ　No, do you know any good places?
　　エ　No, you can't meet them today.

Ｃ．ア　It's square and covered with brown fur.
　　イ　My wallet is made of leather.
　　ウ　I don't know when and where I lost it.
　　エ　You look like a police officer.

Ｄ．ア　Why don't you buy a sleeping bag?
　　イ　Who are you going with?
　　ウ　The food I made by myself was delicious.
　　エ　A flashlight will also be very convenient.

Ｅ．ア　Here you are.　You can use mine.
　　イ　Of course.　It's good to read English books.
　　ウ　Oh, no.　Do you have your dictionary now?
　　エ　Did you?　I really like reading English books.

第２部　放送で流れる英文とその内容に関する五つの質問を聞き，その質問に対する答えとして最も適切なものをア～エから一つ選び，記号で答えなさい。聞きながらメモを取ってもかまいません。各質問の後には７秒の休止が設けられています。英文と質問は二度放送されます。

Ｆ．ア　Chocolate contains 300 types of caffeine just like coffee and tea.
　　イ　Chocolate tastes very good when you eat it with coffee and tea.
　　ウ　Buying chocolate is usually less expensive than buying coffee and tea.
　　エ　Chocolate has the chemicals which cause your brain to feel pleasure.

G．ア　Cacao contains more chemicals that fight against heart disease than fruits and vegetables.
　イ　Cacao contains less chemicals that fight against heart disease than fruits and vegetables.
　ウ　Cacao contains almost the same amount of chemicals that fight against heart disease as fruits and vegetables.
　エ　Cacao does not contain chemicals that fight against heart disease, unlike fruits and vegetables.

H．ア　Cacao beans contain a lot of chemicals that make you gain weight.
　イ　Cacao beans produce a lot of fat when sweet chocolate is made.
　ウ　A large amount of sugar is used to make the chocolate sold at the store.
　エ　A lot of sugar in sweet chocolate damages your sense of taste.

I．ア　Cacao butter is good for your teeth.
　イ　Cacao beans make your skin beautiful.
　ウ　Eating chocolate improves your teeth-brushing habits.
　エ　Chocolate is a kind of medicine for any disease.

J．ア　Caffeine in chocolate helps you feel relaxed and fall asleep soon.
　イ　You can lose weight if you eat chocolate with large amounts of cacao.
　ウ　You cannot say that eating too much chocolate is bad for your health.
　エ　The healthy part of chocolate comes from cacao.

※＜**リスニングテスト放送原稿**＞は英語の問題の終わりに付けてあります。

Ⅱ　次の英文を読み，A～Fの質問に対する最も適切な答えを選び，記号で答えなさい。（*のついた語句には本文の最後に注があります。）

When you find a photo of a desert in a book, it is usually a very hot, dry place with a lot of yellow sand and no animals or people. Is this a true image of deserts across the world ? The answer is yes—and no.

Very dry places with very little rain (under 25 centimeters a year) are called deserts. In some deserts, there is no rain for a very long time. In the Atacama Desert in *Chile, for example, it rained in 1971—but before that there was no rain for 400 years. Deserts are dry—but are they always hot ? In the Arabian Desert, its temperatures can go up to 50℃ ; however, hot deserts can be very cold at night. In the Sahara, there are often temperatures of more than 38℃ in the day, but at night they can suddenly go down, as cold as 0℃ in some areas. Also, some deserts are hot only in the summer, and very cold in the winter ; temperatures in the Gobi Desert in China and *Mongolia can go down to −30℃ in January and you can sometimes find snow there.

Have you ever heard of "dunes" ? The desert wind often moves the sand into hills and sometimes creates large hills. These big hills in the desert are called dunes. The Namib Desert in Africa has some of the tallest dunes in the world, at 380 meters or more. Wind not only makes dunes but it can also move them across the desert. Some dunes can move 20 or 30 meters every year. When the sand moves, it sometimes makes a strange noise. In the old days, it was believed that some people were singing under the big dunes !

The world's biggest desert is the Sahara. It is huge at 9,000,000 square kilometers, and it spreads across ten different countries in North Africa, with about 2 million people living there. The Sahara is a hot desert and the temperatures can be very hot in the day. On 13 September 1922, the temperature went up to 57.8℃ in El Azizia in *Libya, the world's hottest temperature ! The name

Sahara comes from the Arabic word for 'desert.' However, this part of Africa was not always a desert. 65 million years ago, there was a huge sea across North Africa. Of course, there is not a lot of water there now. In fact, half of the Sahara only gets 2 centimeters of rain every year. The Sahara does not have a lot of rain, but the wind can be very strong. In 2008, the wind blew a lot of white sand from the Sahara to South Wales in the UK. That's over 1,700 kilometers away!

Deserts have many different "treasures." One of them is the desert's oldest treasure, salt. Thousands of years ago, *nomads went into the Sahara and looked for salt. They often got a lot of money by selling the salt in towns and villages near the desert. Salt is also important today. At a village in *Mali, people take huge pieces of salt from under the desert and put them onto their camels. Then, they walk hundreds of kilometers with the camels to the city center and sell them for money. Next, the most famous treasure of the desert is oil. You can find it in different deserts of the world like the Sahara and the Arabian Desert. About a quarter of the world's oil comes from deep under the Arabian Desert. People found oil there for the first time in the 1930s. In deserts, oil is usually deep down in the ground, and people make big holes in the desert to take the oil out. Lastly, you shouldn't forget about another important treasure of the desert, *copper. The Atacama Desert in Chile has most of the world's copper. You can find the biggest and deepest open copper *mine in the world there. It is huge—4.5 kilometers long, 3.5 kilometers wide, and 1 kilometer deep. The mine is very important for Chile because it creates jobs for the local people and brings a lot of money into the country.

Deserts give us a lot of treasures; however, they have negative points, too. One of them is *desertification. Desertification is often caused by climate change. The world is getting warmer every year and the weather in the deserts is also changing rapidly. Changes in climate can be worse in places next to deserts. With very hot weather and warm winds, these places get very dry. When there is no water, desertification begins. Due to desertification, there is now a new desert in Oltenia, *Romania. The Gobi Desert is also growing fast every year—it is now only 160 kilometers from *Beijing. Life is getting difficult for many people around the world because of desertification. We should do something to stop desertification. In China, people are beginning to grow a lot of trees along the border of the Gobi Desert—2,800 kilometers of them! This takes a long time and trees do not grow quickly. One day there are going to be big, tall trees there, but not before 2074. It will be a long way ahead, but we have to keep on doing our best.

（注） Chile：チリ　Mongolia：モンゴル　Libya：リビア　nomad(s)：遊牧民　Mali：マリ共和国
copper：銅　mine：鉱石を掘り出す場所　desertification：砂漠化
Romania：ルーマニア（東欧の国）　Beijing：北京

A．Which is NOT true about deserts?

ア　Deserts are dry places with little rainfall each year, usually under 25 centimeters.

イ　Some deserts are rainless for many years; no rain was recorded in the Atacama Desert for hundreds of years before it rained in 1971.

ウ　The temperatures in some deserts can sometimes go up to 50℃, but in the Gobi Desert there is snow in winter.

エ　Deserts are very hot places and there is not much temperature difference between day and night.

B．Which is true about the desert wind ?

ア The desert wind is sometimes so strong that it blows and even breaks down the hills called dunes.

イ The world's strongest desert wind has created more than 380 dunes in the Namib Desert.

ウ Strong desert wind can move the dunes about 20 to 30 meters a year from their original locations.

エ In the past, people thought the noise created by the desert winds sounded like crying.

C．Which is NOT true about the Sahara Desert ?

ア The Sahara Desert, with a population of about 2 million people, is the world's largest desert that stretches across some African countries.

イ The world's hottest temperature was recorded in Libya in the Sahara Desert about 100 years ago.

ウ The Sahara Desert was once covered by the sea a long time ago, and there is still plenty of rainfall every year.

エ The sand in the Sahara Desert was once blown by the wind to a European country more than 1,700 kilometers away.

D．Which is true about the "treasures" of deserts ?

ア In a desert village in Mali, people walk long distances with their camels in order to exchange their salt for money.

イ The most well-known desert treasure is oil, and more than half of the world's oil comes from the Arabian Desert.

ウ In the Arabian Desert, people have been looking for big holes with oil since the first hole was found in the 1930s.

エ The largest and deepest open copper mine in the world is located in the Sahara Desert.

E．Which is true about desertification ?

ア Desertification sometimes occurs when desert temperatures are very high, winds become warm, the land becomes quite dry, and there is no water.

イ Oltenia, an old desert in Romania created by desertification, has been known to people for hundreds of years.

ウ Desertification has been a serious problem in many parts of the world ; however, the Gobi Desert in China has stopped growing.

エ To stop desertification, people have finished planting about 2,800 trees along the border of the Gobi Desert.

F．Choose TWO correct sentences about deserts from the following.

ア Not all the deserts in the world are very hot and dry, and full of yellow sand.

イ In the Arabian Desert, it is always hot, with temperatures of 50℃ all year round.

ウ People in North Africa started calling the huge desert "Sahara" because it means "heat" in Arabic.

エ For thousands of years, the Sahara Desert has been a sea of sand with no rain at all.

オ In the Atacama Desert in Chile, a huge open copper mine has become an essential industry for the country.

カ Life is getting difficult for people in Beijing because a part of the city has become a desert.

Ⅲ　次の英文を読み，設問に答えなさい。（*のついた語句には本文の最後に注があります。）

In 1898, in Mexico City, photographer Guillermo Kahlo married Matilde Calderón, and bought a house with blue walls. At this time, nobody thought this blue house would be the museum of the world famous painter Frida Kahlo. Frida's father, Guillermo, came from Germany, and Matilde was born and raised in Mexico, so Frida had two origins. This fact affected her paintings throughout her life. Frida often used bright colors which are seen on traditional Mexican clothes and buildings.

Frida was born in 1907, and she was a very active and smart child. However, when Frida was six, she was *infected with a terrible virus called **polio*, and stayed in bed for nearly a year. Her right leg and foot grew much thinner than her left, so she *limped and wore long skirts or pants to hide her legs. Some friends said terrible things about her legs, so she felt lonely in school. However, ①her father supported her a lot. He encouraged her to play sports like soccer, swimming, and wrestling to recover her strength. In addition, he often brought her with him as an assistant when he took photographs outside. He even let her use his camera and showed her how to take pictures.

In 1922, she entered ②the National Preparatory School, a famous high school in Mexico City. There were 300 first-grade students, but only 5 of them were female. She had a lot of friends, and she had a boyfriend named Alejandro. She liked drawing but was more interested in science. At that time, a famous painter, Diego Rivera, was painting a huge picture on the school's wall. Frida was very impressed with the fantastic picture, but she never thought Diego would be her husband in the future.

In 1925, ③a terrible accident happened. Unfortunately, when Frida was on a bus going on a school trip, the bus crashed into a *streetcar. Frida's *spine and *pelvis were seriously injured, and she had to be in the hospital for weeks. When Frida finally went home, she was in great pain and had to wear a *cast over her whole body for three months. The doctor said she would never be able to walk by herself. Alejandro was also on the same bus, but luckily, he was safe. At first, he often came to see Frida, but he left Mexico to attend a university in France. Frida had no hope for the future at that time. Due to this injury, she had to go through more than 30 *surgeries in her life.

④Frida's parents did everything to encourage her, so they bought her a beautiful *canopy bed. The bed had a big mirror on the ceiling, so she always looked at her face while lying in bed. She didn't know why, but she wanted to paint herself. Her parents bought a special *easel, so she could draw and paint in bed. She painted a lot of *self-portraits, which she continued painting for her whole life. Her parents always made sure she had enough art supplies like brushes and *oil colors. Painting helped her body and mind get better as it gave her things to do every day. Painting pictures gradually became a *purpose in her life. After a long rehabilitation, at last, she could walk by herself.

Frida liked painting pictures, and her family said her paintings were beautiful. She wanted to be a professional painter, however, she didn't have much confidence in her paintings. So, she went to see the painter she most respected, Diego Rivera, though her body was not completely cured. Frida showed her pictures to Diego, 【　⑤　】. Diego said she had a great talent and should continue painting. At first, they were teacher and student, but they fell in love. Frida married Diego in 1929.

Diego was famous for his huge wall paintings. He worked in many American cities, so Frida traveled around San Francisco, New York, and Detroit with him. She was still suffering from pain, so Diego found a good doctor in the U.S. and she had some surgeries. In America, Frida met a lot of famous artists, and some of them said that her paintings were great, but she still needed more confidence. [⑥] She also held an exhibition in Paris, and some great artists such as Pablo Picasso and Joan Miro came to see her paintings. They admired her works so much and said her paintings had a very unique style. She was surprised and realized for the first time that her works were unique.

After that, Frida's paintings became popular, but her health got worse as she grew older. She had to have some more surgeries. About a week after she became 47 years old, Frida passed away at her Blue House. The House became the museum a few years later. Some of her paintings are too hard to look at because they show her pain and suffering. However, they give us the courage to overcome difficulties in our lives.

(注) infected with ～：～に感染した　polio：小児麻痺　limp：足を引きずって歩く　streetcar：路面電車
spine：背骨・脊柱　pelvis：骨盤　cast：ギプス　surgery(-ies)：手術
canopy bed：天蓋つきベッド　easel：イーゼル（絵を立てかける台）　self-portrait(s)：自画像
oil colors：油絵具　purpose：目的

問1　フリーダ・カーロの両親について，ふさわしいものをア～エから一つ選び，記号で答えなさい。
ア　フリーダの父は，メキシコの伝統的な衣服や建物の写真を撮るためにメキシコに来た。
イ　フリーダの母は，メキシコの伝統的な色である青い家に，結婚する前は住んでいた。
ウ　フリーダの父は，メキシコで生まれ育った女性と結婚し，青い家を買った。
エ　フリーダの母は，メキシコでよく使われる鮮やかな青い色で家の壁を塗った。

問2　下線部①の具体例としてふさわしくないものをア～エから一つ選び，記号で答えなさい。
ア　Frida's father suggested that she should play sports to make her body stronger.
イ　Frida's father made special skirts and pants to hide her right leg.
ウ　Frida's father taught her the way to use a camera.
エ　Frida's father asked her to help him take pictures outside.

問3　下線部②に関して，本文の内容と一致するものをア～エから一つ選び，記号で答えなさい。
ア　Only boys could enter this school, but Frida was so clever that she was allowed to get in.
イ　There was an excellent art teacher named Diego Rivera, and Frida fell in love with him.
ウ　This school had no drawing or painting classes, so Frida chose science lessons.
エ　Frida saw Diego Rivera painting a picture on a wall of this school and liked it very much.

問4　下線部③に関して，本文の内容と一致するものをア～エから一つ選び，記号で答えなさい。
ア　Frida and her boyfriend were terribly injured, and they went through a lot of surgeries.
イ　Some parts of Frida's body were badly damaged in the accident and she had to stay in the hospital for weeks.
ウ　Frida was going to France with her boyfriend, but she couldn't because of her injury.
エ　Frida was never able to walk again by herself after the accident.

問5　下線部④の具体例としてふさわしくないものをア～エから一つ選び，記号で答えなさい。
ア　Frida's parents told her to paint pictures, especially self-portraits.
イ　Frida's parents bought a special bed with a big mirror.
ウ　Frida's parents prepared a tool for her to paint pictures when she was lying in bed.
エ　Frida's parents made sure she never ran out of things to paint pictures.

問6　空欄【⑤】に入る最も適切なものをア～エから一つ選び，記号で答えなさい。

ア　and he was very impressed with them

イ　and he liked them so much that he asked her to marry him

ウ　but he didn't like them at all

エ　but he didn't think they were anything special

問7　空欄 ⑥ には，以下の4つの英文が入ります。本文の内容に合うように正しい順番に並べ替えなさい。

ア　At Diego's house, Andre saw Frida's paintings, and he said she should hold an exhibition of her paintings.

イ　At last, in 1938, Frida had a successful exhibition in New York City.

ウ　When Frida and Diego returned to Mexico, Andre Breton, a French poet, came to see Diego.

エ　At first, Frida refused, but Andre asked Frida again and again.

(　　)→(　　)→(　　)→(　　)

問8　以下は，フリーダ・カーロの絵について説明したものです。空欄(A)～(F)に入る最も適切な語を下のア～ソから選び，記号で答えなさい。同じ記号の空欄には同じ語が入ります。同じ語は一度しか使えません。

Frida Kahlo's paintings often have bright (A). Frida used these (A) as she was inspired by old Mexican (B) and buildings. She started painting self-portraits on her bed after a big traffic (C). Painting healed her mentally and physically and became the (D) of her life. Some great painters at that time thought her paintings were unique, but she (E) thought so before that. Her (F) was expressed in her paintings, but they give us the courage to live a difficult life.

ア　clothes	イ　often	ウ　accident	エ　museums
オ　pain	カ　origins	キ　supplies	ク　colors
ケ　exhibitions	コ　never	サ　purpose	シ　mirror
ス　has	セ　disease	ソ　faces	

問9　本文の内容と一致しないものをア～クから二つ選び，記号で答えなさい。

ア　The house Frida's father bought after getting married later became the museum of Frida Kahlo.

イ　Due to a terrible illness Frida got in her childhood, she had to have a lot of surgeries for the rest of her life.

ウ　At the National Preparatory School, Frida had a lot of friends, even though the school had few female students.

エ　Alejandro was not injured in the accident and often visited Frida shortly after the accident, but he left Mexico to enter a university.

オ　When Frida was lying in bed after the accident, she started to paint pictures of herself which she saw in a mirror.

カ　After she could walk by herself, she went to see Diego Rivera to ask him to hold an exhibition of her paintings in New York.

キ　In the U.S., Frida's health was still bad, so she was treated by a doctor Diego Rivera found, and went through some surgeries.

ク　When Frida was 47, she died in a building with blue walls in Mexico City and it is now the famous museum of her paintings.

Ⅳ　空欄に入る最も適切なものをそれぞれア～エから一つ選び，記号で答えなさい。

1．My children love that game.　Can you (　　) them play next ?

ア　get　イ　make　ウ　let　エ　allow

2．Would you like (　　) cup of tea ?

ア　another　イ　some　ウ　more　エ　some more

3．I wish it (　　) raining.　I really wanted to go on a picnic.

ア　is　イ　is not　ウ　were　エ　were not

4．"(　　) do you say *omisoka* in English ?"　"It is New Year's Eve."

ア　What　イ　When　ウ　How　エ　Which

Ⅴ　日本語の意味を表す英文になるように下の語(句)を並べ替え，（A）～（H）に入る語(句)の記号を答えなさい。ただし，文頭に来る語(句)も小文字で書かれています。

1．兄が冷蔵庫の残り物で作ってくれた夕飯はとても美味しかった。

(　　)(　　)(　　)(　A　)(　　)(　　)(　B　)(　　)(　　) so delicious.

ア　the food　イ　was　ウ　my brother　エ　with　オ　left

カ　made　キ　the fridge　ク　the dinner　ケ　in

2．もし必要なら，私の本を何冊か貸しましょうか。

(　　)(　　)(　　)(　　)(　C　)(　　)(　　)(　　)(　D　)(　　) necessary ?

ア　my books　イ　you　ウ　is　エ　I　オ　of

カ　shall　キ　if　ク　lend　ケ　some　コ　it

3．チリが日本の約２倍の大きさだと知って驚いた。

I was surprised (　　)(　　)(　E　)(　　)(　　)(　F　)(　　)(　　)(　　) Japan.

ア　as　イ　as　ウ　is about　エ　know　オ　Chile

カ　to　キ　twice　ク　large　ケ　that

4．あなたが昨日の帰り道でなくした鍵はこれですか。

(　　)(　　)(　G　)(　　)(　　)(　　)(　H　)(　　)(　　) yesterday ?

ア　home　イ　the key　ウ　you　エ　your way　オ　this

カ　on　キ　that　ク　lost　ケ　is

Ⅵ　次の日本文を英文にしなさい。

1．妹の誕生日に何を買うべきか分からなかったので，母に助言を求めた。

2．朝からずっと数学の宿題をしているのですが，まだ全部終わりません。

＜リスニングテスト放送原稿＞

第１部　英語の短い対話を聞き，それに続く対応として最も適切なものをア～エから一つ選び，記号で答えなさい。次の問題に進むまでに５秒の休止が設けられています。対話を聞くのはそれぞれ一度だけです。問題はＡ，Ｂ，Ｃ，Ｄ，Ｅの五題です。

Ａ．Ａ：What's wrong ?　You don't look good.

　　Ｂ：I studied hard all night for today's English test.

A： Today's test ? I heard it was changed to next week.

ア Why was it changed to today ?

イ When did you know about the change ?

ウ Which test was changed to next week ?

エ Where are we taking our English test today ?

B. A： I heard you are hosting two students from Mexico. I want to meet them.

B： Of course. Do you have time today ? Why don't we go out with them ?

A： Sure. Is there anywhere you want to go with them ?

ア Yes, can you ask them where they want to go ?

イ Yes, they are both from Mexico.

ウ No, do you know any good places ?

エ No, you can't meet them today.

C. A： Hello. This is the police station. How can I help you ?

B： I'm afraid I have lost my bag. My wallet was in the bag.

A： Could you tell me what your bag looks like ?

ア It's square and covered with brown fur.

イ My wallet is made of leather.

ウ I don't know when and where I lost it.

エ You look like a police officer.

D. A： I'm going to go camping this weekend by myself.

B： Sounds good. Have you prepared everything ?

A： I bought a tent, a sleeping bag, and food.

ア Why don't you buy a sleeping bag ?

イ Who are you going with ?

ウ The food I made by myself was delicious.

エ A flashlight will also be very convenient.

E. A： (sigh) This English book is too difficult for me.

B： Use a dictionary. It will help you a lot.

A： I know, but I forgot my dictionary today.

ア Here you are. You can use mine.

イ Of course. It's good to read English books.

ウ Oh, no. Do you have your dictionary now ?

エ Did you ? I really like reading English books.

第2部 放送で流れる英文とその内容に関する五つの質問を聞き，その質問に対する答えとして最も適切なものをア～エから一つ選び，記号で答えなさい。聞きながらメモを取ってもかまいません。各質問の後には7秒の休止が設けられています。英文と質問は二度放送されます。

A lot of people around the world love eating chocolate made from cacao beans. The question is how eating chocolate affects your health. Here are some facts about chocolate.

Some people say eating chocolate makes you happier. This is not your imagination. Chocolate includes at least 300 chemicals. These chemicals make your brain feel more pleasure. For example, one of these chemicals, caffeine, gives you more energy. Caffeine is also found in coffee and tea. If you drink coffee at night, you can stay up late. Other people say chocolate is good for your heart.

Cacao in chocolate contains chemicals which fight against heart disease by lowering blood pressure. Of course, if you really want to reduce the risk of heart disease, eating fruits and vegetables is better than eating chocolate. Fruits and vegetables include more of the chemicals that fight against heart disease than chocolate. But still, it's good to know that chocolate is also good for your heart.

How about the negative effects of eating chocolate ? It is said that chocolate makes you fat. In fact, cacao beans are good for your health. However, cacao beans themselves are not sweet. So, a lot of sugar is added to make sweet chocolate. As a result, chocolate contains so much sugar and only a small amount of cacao when you buy it at the store. This sweet chocolate can cause you to gain weight. Also, your parents might say chocolate is not good for your teeth. However, chocolate itself does not damage your teeth. The sugar in chocolate products and bad teeth-brushing habits are bad for your teeth. It is believed that cacao butter forms a coating over your teeth. This might protect your teeth, not damage them.

Of course, chocolate becomes dangerous when you eat too much of it. However, it is important to remember that most of the positive effects of chocolate come from cacao. So choose your chocolate wisely, and you'll be happier and healthier.

F. Why does eating chocolate make you happier ?
ア Chocolate contains 300 types of caffeine just like coffee and tea.
イ Chocolate tastes very good when you eat it with coffee and tea.
ウ Buying chocolate is usually less expensive than buying coffee and tea.
エ Chocolate has the chemicals which cause your brain to feel pleasure.

G. Which is true about the chemicals in cacao that fight against heart disease ?
ア Cacao contains more chemicals that fight against heart disease than fruits and vegetables.
イ Cacao contains less chemicals that fight against heart disease than fruits and vegetables.
ウ Cacao contains almost the same amount of chemicals that fight against heart disease as fruits and vegetables.
エ Cacao does not contain chemicals that fight against heart disease, unlike fruits and vegetables.

H. Why does chocolate make you fat ?
ア Cacao beans contain a lot of chemicals that make you gain weight.
イ Cacao beans produce a lot of fat when sweet chocolate is made.
ウ A large amount of sugar is used to make the chocolate sold at the store.
エ A lot of sugar in sweet chocolate damages your sense of taste.

I. What is believed about chocolate ?
ア Cacao butter is good for your teeth.
イ Cacao beans make your skin beautiful.
ウ Eating chocolate improves your teeth-brushing habits.
エ Chocolate is a kind of medicine for any disease.

J. Which is true about chocolate ?
ア Caffeine in chocolate helps you feel relaxed and fall asleep soon.
イ You can lose weight if you eat chocolate with large amounts of cacao.
ウ You cannot say that eating too much chocolate is bad for your health.
エ The healthy part of chocolate comes from cacao.

【数　学】（50分）〈満点：100点〉

（注意）　定規，コンパス等の作図道具および計算機の使用は禁止です。

1　次の問に答えなさい。

問1　方程式 $4(x-7)(x-16)+56=(x-8)(x-9)$ を解きなさい。

問2　$\sqrt{\sqrt{90-\sqrt{81}}+\sqrt{240+\sqrt{256}}}$ を計算しなさい。

問3　右の図のように，円周の長さが l の円Oが直線ABと点Aで接しています。弧ACの長さが $\frac{13}{30}l$ のとき，∠CABの大きさを求めなさい。ただし，弧ACは短い方の弧を指すものとします。

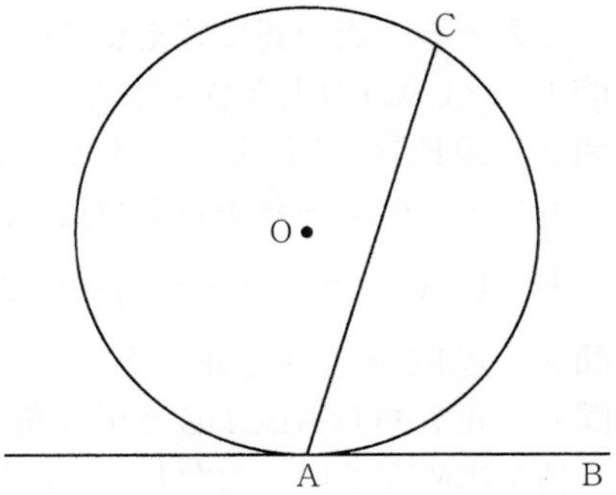

2　図において，点Aは $y=\frac{1}{x}$ と $y=2x$ のグラフの交点で，点Bは $y=\frac{1}{x}$ と $y=\frac{1}{2}x$ のグラフの交点です。ただし，$x>0$ とします。線分ABの中点をCとするとき，次の問に答えなさい。

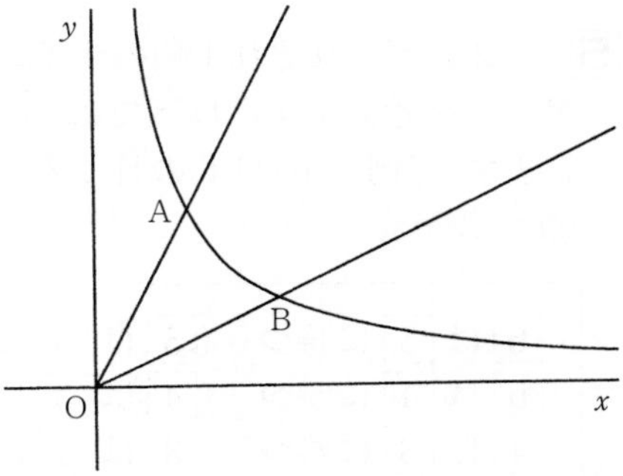

問1　点Aの座標を求めなさい。

問2　点Cの x 座標を求めなさい。

問3　線分OCの長さを求めなさい。

問4　△OABの面積を求めなさい。

3　右の各図において，点Oは原点，点Aの座標は(1, 0)，点Bの座標は(1, 1)，点Cの座標は(0, 1)です。関数 $y=x^2$ のグラフと線分OA, ABで囲まれた部分の面積 S の近似値を求めるために，真さんと善美さんが話し合っています。次の空欄 [ア] から [エ] に適切な値を入れなさい。ただし，これ以上約分できない分数で答えなさい。

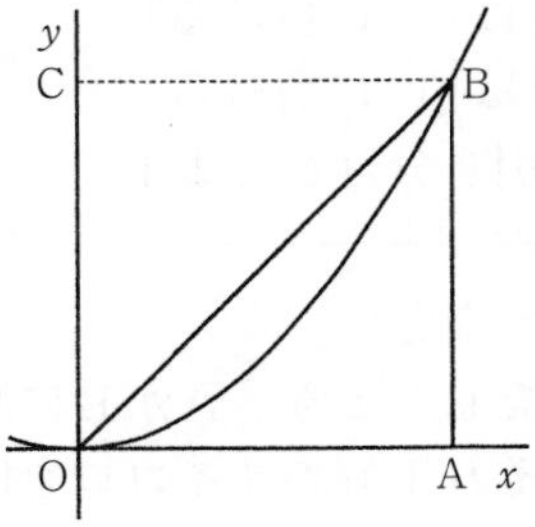

図1

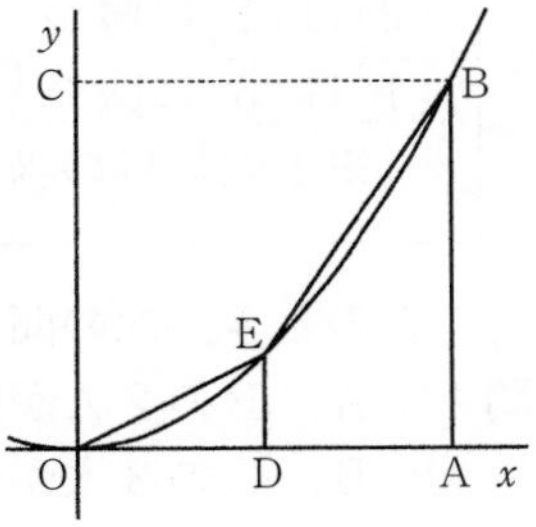

図2

真　：まずは図1の△OABの面積を求めてみようよ。

善美：△OABの面積は [ア] だから，$S<$ [ア] だと分かるよね。

真　：次は図2のように，線分OAの中点Dを通って x 軸に垂直な直線を引き，$y=x^2$ のグラフとの交点をEとして，△ODEと台形DABEの面積の合計を求めてみようよ。

善美：DEの長さが [イ] だから，△ODEと台形DABEの面積の合計は [ウ] だね。

真　：だから $S<$ [ウ] $<$ [ア] だと分かるね。次に図3のように，線分OAを4等分して，図2と同じように△OFG，台形FDEG，DHIE，HABIを考えると，これら4つの図形の面積の合計は [エ] となるね。

善美：つまり，$S<$ [エ] $<$ [ウ] $<$ [ア] となるのね。

真　：線分OAを8等分，16等分，…と細かく分割して同じように計算していくと，S の値は $\frac{1}{3}$ に近づくということが分かるみたいだよ。

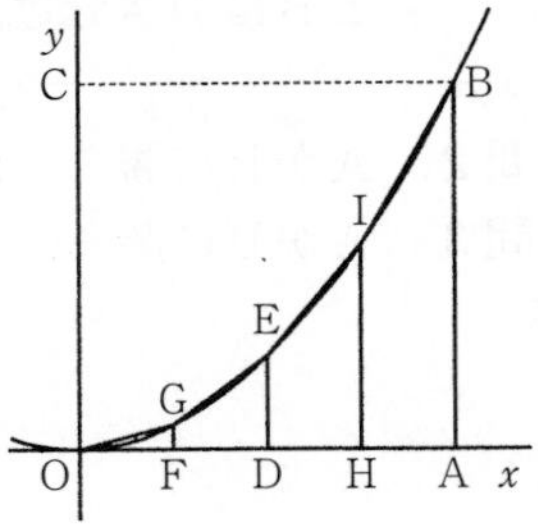

図3

4　１辺の長さが１である正五角形ABCDEの対角線の交点を図のようにF，G，H，I，Jとすると，図形FGHIJも正五角形となります。このとき，次の問に答えなさい。

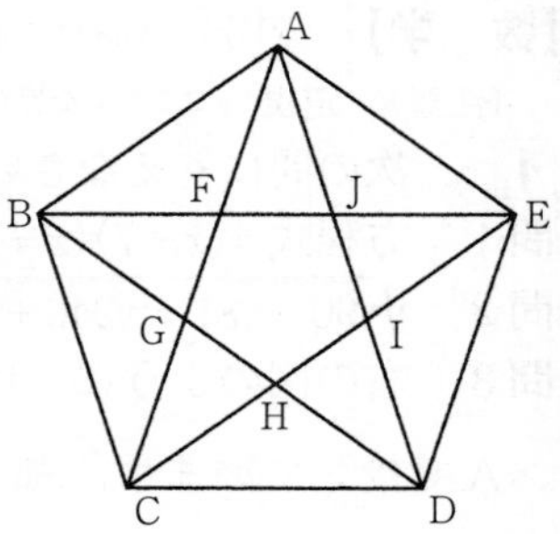

問１　∠CADの大きさを求めなさい。

問２　辺FGの長さをxとするとき，CGの長さとしてもっとも適切なものを下の(あ)～(お)から１つ選び，記号で答えなさい。

(あ)　$1+x$　　(い)　$1-x$　　(う)　$2-x$　　(え)　$\dfrac{2x}{1-x}$　　(お)　$\dfrac{1-x}{x}$

問３　辺FGの長さを求めなさい。

問４　正五角形ABCDEと正五角形FGHIJの面積比は$1:\boxed{\quad}$となります。$\boxed{\quad}$に当てはまる値を求めなさい。ただし，これ以上約分できない分数で答えなさい。

5　２人がそれぞれ１個のサイコロを同時に１回ふって，以下のルールに従って出た目の数で競うゲームを考えます。以下では，$\boxed{\quad}$の中の数字はサイコロをふったときに出た目の数を表すこととします。（例：$\boxed{6}$は６の目です）

（ルール）

$\boxed{6}$は$\boxed{5}$に勝つ　（$\boxed{5}$は$\boxed{6}$に負ける）
$\boxed{5}$は$\boxed{4}$に勝つ　（$\boxed{4}$は$\boxed{5}$に負ける）
$\boxed{4}$は$\boxed{3}$に勝つ　（$\boxed{3}$は$\boxed{4}$に負ける）
$\boxed{3}$は$\boxed{2}$に勝つ　（$\boxed{2}$は$\boxed{3}$に負ける）
$\boxed{2}$は$\boxed{1}$に勝つ　（$\boxed{1}$は$\boxed{2}$に負ける）
$\boxed{1}$は$\boxed{6}$に勝つ　（$\boxed{6}$は$\boxed{1}$に負ける）
※上記以外の場合は引き分けとします。

このとき，次の問に答えなさい。

問１　A，Bの２人が勝負をしたとき，AがBに勝つ確率を求めなさい。

A，B，Cの３人がそれぞれ１個のサイコロを同時に１回ふって，上記のルールに従って，A対B，B対C，C対Aの勝負をします。

（３人が勝負をしたときの勝敗例）

Aが$\boxed{5}$，Bが$\boxed{4}$，Cが$\boxed{3}$を出したとき，
AはBに勝つ，BはCに勝つ，CとAは引き分け
Aが$\boxed{6}$，Bが$\boxed{6}$，Cが$\boxed{5}$を出したとき，
AとBは引き分け，AとBはCに勝つ，CはAとBに負ける

問２　AがBに勝ち，かつBがCに勝つ確率を求めなさい。

問３　AがBに勝ち，かつCはAとBの両方に対して引き分けとなる確率を求めなさい。

6　本問において，為替《かわせ》レートとは，日本の通貨である日本円と，アメリカの通貨であるアメリカドルを交換する際の交換比率(交換レート)を指すこととします。例えば，「１ドル＝100円」という為替レートは，「１ドルを100円に交換できる」という意味です。この場合，100ドルを日本円に交換すると10000円になります。ただし，本問では１ドル未満や１円未満が出るような通貨交換は行わないものとし，通貨交換のための手数料も考えないものとします。このとき，次の問に答えなさい。

問１　「１ドル＝120円」のときに，30000円をアメリカドルに交換すると何ドルになるか答えなさい(答えのみ解答しなさい)。

問２　太郎さんは「１ドル＝120円」のときに，手元にあった30000円のうちのいくらかをアメリカドルに交換し，「１ドル＝150円」のときに，残りの日本円すべてをアメリカドルに交換しました。

その後，「１ドル＝130円」のときに，交換したすべてのアメリカドルを日本円に交換したところ，27300円になりました。「１ドル＝120円」のときに，アメリカドルに交換した日本円はいくらであるか求めなさい(式や考え方も書きなさい)。

が【 b 】を有して生活していることを知っている。それゆえ各人は他者に対して【 c 】するような行動を取り、それが【 a 】の【 d 】を形成することになる。このような【 d 】は【 b 】を持つ個人がいて初めて成り立つものであり、だからこそ自分だけ損をするという行為をカントは禁じるのである。

ア　a　社会　b　目的　c　認知　d　条件
イ　a　共同体　b　自由　c　遠慮　d　利益
ウ　a　社会　b　愛情　c　認知　d　規範
エ　a　共同体　b　目的　c　配慮　d　秩序
オ　a　社会　b　自由　c　拘束　d　基盤

問7　――線部(6)「人は成熟したと言える」とありますが、どのようになれば「成熟した」人になったと言えますか。それを説明したものとして最も適当なものを次の中から選び、記号で答えなさい。

ア　「愛情」や「人情」よりも「公共の福祉」を優先するようになること
イ　「モラルジレンマ」を回避し、〈唯一の倫理原理〉を見出すようになること
ウ　できるだけ多くのひとができるだけ幸福になるように行動するようになること
エ　他者の存在を踏まえつつ、自分が判断した結果起こった責任を引き受けること
オ　仮言命法を前提とし、どのような条件下で生きていくかを考えるようになること

問8　本文の内容と合致しないものを次の中から一つ選び、記号で答えなさい。

ア　「善悪」の基準とは特段考えずとも分かるものであり、その基準を列挙していく立場のことを倫理学では直観主義という。
イ　功利主義も規範主義も〈唯一の倫理原理〉として提出されたという点において共通点を見出すことができる。
ウ　カントは複数の倫理規範のうちどちらを選ぶかは、具体的な場において行為主体が決定すべきであると述べている。
エ　定言命法に基づくと、自己の利益だけを追い求め、他者を自己のためにのみ使役することは人間関係においてあってはならないということになる。
オ　理性的人格とは、理性にしたがって論理的、かつ合理的に行動できるというものであり、そのような状態になることをカントは「啓蒙」と呼んだ。

る。精神の歩みを補助してくれる「歩行器」から自由になるとき、はじめて(6)人は成熟したと言える。これが達成されることをカントは「啓蒙」といった。絶対主義王権から市民革命への移行を導く思想だった啓蒙思想は、ロックなどイギリスの思想家にはじまり、ルソーなどフランスの思想家をへて、カントにいたって確固とした定式を与えられたことになる。

（貫　成人『哲学マップ』より）

問1　——線部(1)「直観主義では解決できないことがある」とありますが、その理由を次のように説明しました。空欄に当てはまる語句を、本文中からそれぞれ抜き出しなさい（句読点や「　」などの記号も一字に数える）。

Ⅰ（20字）という倫理学の中心課題を考える際に、直観主義ではうまく解決できない事例があるのは、Ⅱ（2字）の規範があることによってⅢ（4字）が発生するからである。

問2　——線部(2)「功利主義」の説明として正しいものを次の中から一つ選び、記号で答えなさい。

ア　功利主義はどれだけ多くのひとを幸福にできるかという幸福の享受者数を重視するものであり、全体の幸福度を顧みることはない。

イ　功利主義も直観主義と同様、「愛情」と「人情」のような複数の規範のうちどちらを選択すべきかといった判断基準を示すことはできない。

ウ　功利主義はできるだけ多くのひとをできるだけ幸福にするために何をおこなうべきかを考えるものであり、してはいけないこととは何かを定めるものではない。

エ　功利主義はあくまで最大多数の最大幸福を求めるものであり、助けを求めているひとが誰で、そのひとを助けるのが誰かといった関係性を考慮することはない。

オ　功利主義は首都圏などのひとが多い地域において何をすべきかを考える際には現在でも有効だが、人口が少ない地域において何をすべきかを判断することはできない。

問3　——線部(3)「一般的行為原則」とありますが、それと同じ意味で使われている語句を本文中の〰〰線部(ア)～(オ)の中から一つ選び、記号で答えなさい。

問4　空欄Ａ・Ｂに当てはまる語句の組み合わせとして最も適当なものを次の中から選び、記号で答えなさい。

ア　Ａ　精神性　Ｂ　思想性
イ　Ａ　公平性　Ｂ　有効性
ウ　Ａ　直観性　Ｂ　論理性
エ　Ａ　関係性　Ｂ　人間性
オ　Ａ　主体性　Ｂ　規則性

問5　——線部(4)「カントの考え」とありますが、功利主義とカントの考えとではどのような点において異なっていると筆者は考えていますか。その説明として最も適当なものを次の中から選び、記号で答えなさい。

ア　功利主義が全体の幸福量を重視するのに対し、カントの考えは個人の幸福量を重視する点において異なっている。

イ　功利主義が公共の福祉を重視するのに対し、カントの考えは愛情や人情などの感情を重視する点において異なっている。

ウ　功利主義が行為主体の判断を重視しないのに対し、カントの考えは行為主体の判断を重視する点において異なっている。

エ　功利主義が社会全体の自由を重視するのに対し、カントの考えは社会全体の自由を重視しない点において異なっている。

オ　功利主義が人々の幸福の質を重視しないのに対し、カントの考えは人々の幸福の質を重視する点において異なっている。

問6　——線部(5)「自分だけ損するのもいけない」とありますが、その理由を次のように説明しました。空欄【ａ】～【ｄ】に当てはまる語句の組み合わせとして最も適当なものを後のア～オの中から選び、記号で答えなさい。

【ａ】はそれぞれ【ｂ】を持った人々が生活し、人々は各人

(オ)人格的関係が顧みられないという欠陥がある。

一方、カントの考えを理解するには、われわれが行為の選択をするメカニズムを検討するのがよい。先の例で、母親を救うのは「愛情」「人情」によって行為する結果であり、医師を救うのは「公共の福祉」を優先する結果といえる。具体的な行為の選択とは、実はそれぞれの行為を正当化する(3)一般的行為原則のどれを選択するかの問題なのである。行為を正当化し、もしくは選択するための一般的行為原則には、今あげたほかに、「節約する」「約束を守る」「うそをつかない」「不公平はいけない」「人に喜んでもらう」などもあるだろうし、あるいは「手を抜けるところは抜く」といった原則もありうるだろう。こう考えたとき、直観主義とは、一般的行為原則のうち推奨するに値するものをリストアップしたものといえるし、功利主義はそのうちの〈　A　〉〈　B　〉だけを選択したものといえる。一方、(4)カントの考えとは次のようなものだ。

ある状況において、一般的行為原則としてなにを選択し、具体的にどの行為を選択するかは、その都度行為主体が判断しなければならない。その結果、同じタイプの選択肢を与えられても、なにを行為原則として選択するかは人によって異なるし、当然、選択結果も異なる。その限りで誰もが自由である。だが、そのとき、ひとつだけ守らなければならない行為原理があり、それがカントにおける最低限の義務、規範である。それは、「いま自分が選択しようとしている一般的行為原則を、自分だけでなく、社会の全員が選択した場合に、なにか困った事態は生じないか、そのことをつねにチェックせよ」という規範だ。たとえば、「人が見ていないとき、他人の持ち物を持ち去っていい」という原則を考えてみよう。それを自分一人がおこなう分には、本人はつかまって罰せられるかもしれないが、社会全体に深刻な問題が生じることはない。けれども、同じ一般原則を、社会に属する行為主体全員が行った場合、安全確保のために多大なコストがかかる社会が生まれる。そのような一般原則は選択してはならない、というのである。

いいかえれば、「自分だけ得するのは間違い」「自分だけをえこひいきしない、自分を例外にしない」(エゴイズムの否定)というのがカントの考えである。とはいえカントによれば、「自分だけ得するのはいけない」ばかりでなく、(5)「自分だけ損するのもいけない」(自己犠牲の否定)」。それはなぜだろう。

さきにあげた行為原理をカントは定言命法とよぶ。「健康でいたいならタバコは吸わない方がいい」など、一定条件もしくは仮定のもとである行為を推奨するものを「仮言命法」とよぶが、これは、その条件や仮定に同意するひとにとってしか拘束力がない。定言命法とは、一切の条件や仮定を前提することなく、あらゆる行為主体に当てはまる命法である。その内容が先に挙げた〈自分を例外としない〉というものだ。

対人関係について考えた場合、この命法は自分の利益ばかり追求して、他人を自分の目的追求の道具、手段として「のみ」あつかうことの禁止につながる。カントによれば各人は、それぞれの希望や生き甲斐、人生の目的を持ちながら暮らしており、だからこそ具体的状況下における行為の選択は多様でありうる。また、それぞれが各人なりの目的を持って暮らしていることをお互い認知し、配慮しあって行為することにより、自ずから共同体の秩序は成立する。各自が自分の目的を追求するからこそ共同体は成立するのである。

ところが、自己犠牲によって自分を例外扱いする者がいると、各自が自分の目的を追求するという、共同体成立の大前提が崩れてしまう。だからそれは禁じられるのだ。

こうした条件を守ったうえで、行為はすべて各自の責任においておこなわれる。自分の判断に基づいて行為を選択し、その結果に対する責を負うことにおいて、各自は責任ある人格(「理性的人格」)たりうる。カントによれば、それが精神の成熟にほかならない。未熟な精神は、何をおこない、何を決めるにも他人の意見に頼るだろう。たしかに、ひとははじめは他人のすることを見習いながら成長する。だが、やがてすべてを自分で判断しなければならなくなるときが来

って、あえて不健康な生活をする必要などない。食事と運動と睡眠に気を配り、健康で長生きできればそれにこしたことはないのである。

（本文は本校で作成した）

五 次の文章を読んで後の設問に答えなさい。

倫理学とは、人は何をするべきか、何をしてはいけないかといった「善悪」「正義／不正」といった問題を追求する哲学の一部門である。

通常われわれは、「やっていいこと」「やってはいけないこと」を漠然と了解しながら、日々を暮らしている。「遅刻してはいけない」「約束を破ってはいけない」「嘘をついてはいけない」「人を傷つけてはいけない」「人を殺《あや》めてはいけない」などといった(ア)倫理的規範は、いちいち説明しなくても了解されるのがふつうだ。倫理的規範は直観的に了解されるとし、そのリストを作ることですませようとする立場を「直観主義」とよぶ。

けれども、(1)直観主義では解決できないことがある。たとえば、冤罪《えんざい》を着せられた友人を救うために裁判の証人台に立たなければならない朝、裁判所に向かっていた途中、道ばたの川に子どもがおぼれていたとする。まわりにそれを助けられそうな人は自分しかいないが、その子を助けていると友人の裁判に遅れ、かれを刑から救ってやることはできない。こうした状況で、人命救助と友情のどちらを優先すべきかという問題の答えは直観主義からはでてこない。

複数の規範を同時に満足できず、そのどちらかを選ばなければならない状況を(イ)「モラルジレンマ」とよぶ。複数の倫理規範があるからジレンマは生じるのだから、それを回避するためには〈唯一の倫理原理〉を見いださなければならない。

そのとき提案されるひとつは〈(2)功利主義〉であり、もうひとつが〈規範主義〉だが、カントが取るのは後者の立場である。認識の形式的構造によって存在が説明されるのと同様、行為の倫理的規則（「何をおこなってもいいか」）も(ウ)行為主体の構造から導かれる。いま、カントの考えの理解に必要な範囲内で功利主義を見てみよう。

功利主義とは、〈「できるだけ多くのひとができるだけ幸福になる」（(エ)「最大多数の最大幸福」）ような行為はおこなうべきであり、それに反する行為はおこなうべきではない〉というものであり、ベンサムやミルによって唱えられた。

十人中八人を幸福にする行為は、十人中二人を幸福にする行為よりよい。たとえば、喫煙者二人、非喫煙者七人というオフィスで、わたしが喫煙することで仲間が増えて幸福になるのは二人で、わたしが禁煙することで幸福になる七人よりも少ない、といった場合、わたしは禁煙すべきである。また、おなじく十人中五人ずつを幸福にしても、全体の幸福度がより高い方を選択するべきである。たとえば、喫煙者と非喫煙者が同数だった場合、仲間が増えるという喫煙者の幸福より、健康が損なわれないという非喫煙者の幸福の方が、幸福としてはより大きい、と判断される場合、やはり禁煙すべきである。

この考えは、公共事業の運用などについて、現在でも有用だ。たとえば高速道路を、ほとんど人口も産業も観光資源もない地域に造るよりは、首都圏に造った方が、物流コストの低下などに結びついて結局は国民総生産全体のかさ上げに通じる、といった場合である。

しかし功利主義は重大な問題を帯びている。たとえば、野中の一軒家が火事になっており、二人の人間が助けを求めているが、それを救えるのは自分だけであり、しかも迫り来る火のためどちらか一人しか救えないとする。ただし、助けを求めている一人は世界的脳外科医であり、もう一人は脳外科医の身の回りの世話をするわたしの母親だった。このときどちらを救うかという問題で、人情としては母親を助けたいと思う人が多いだろう。だが、功利主義者からすれば、この場合助けなければならないのは迷う余地なく脳外科医なのである。なぜなら、脳外科医が生き延びた方が、それによって手術を受け幸せになる人の数が、圧倒的に多いからだ。功利主義には

ア　病　イ　卵　ウ　商　エ　医　オ　蛇

問5　本文の内容と合致するものを次の中から一つ選び、記号で答えなさい。

ア　七郎右衛門はもともと玉子問屋を営んでいた。
イ　七郎右衛門は卵を呑んだ蛇を生け捕りにした。
ウ　七郎右衛門は食あたりの専門医として有名になった。
エ　七郎右衛門が治療に草を用いることは誰一人知らなかった。
オ　七郎右衛門は蛇を使ってその草を探すようになった。

四

後の文章を①～③の条件にしたがって、八十字以上百字以内に要約しなさい。

① 三文で要約すること
② 第二文の書き出しを「しかし」、第三文の書き出しを「つまり」で始めること
（……。しかし……。つまり……。）
③ 解答欄の一マス目から書き始め、句読点も一字に数えること

人生一〇〇年時代と言われ、「心身ともに健康で過ごしたい」という人々のニーズは、コロナ禍を経てますます高まっている。街を歩けばウォーキングやジョギングをしている人々に遭遇し、ふと気づくとスポーツジムが新設されている。スーパーの棚は健康にいいと言われる食品で埋め尽くされ、身体にどのようにいいのか分からない機能性食品が発売される。健康管理は自分の幸せのためには必須条件のようだ。

さて、人々を健康志向につき動かすきっかけの一つに、企業での健康診断があげられるだろう。事業者は労働安全衛生法に基づき、労働者の健康診断を実施する義務があり、労働者は事業者が行う健康診断を受けなければならない。多くの人は、体重や血圧の値を気にし、ウェアラブル端末でさまざまな身体のデータをチェックしている。もし、何か気になるような数値が示されれば、たとえ自覚症状がなかったとしても、病院に行くように紹介状が渡され、より詳細に自分の身体の状態が数値化され、何が正常値より低いのか高いのか、微に入り細に渡り検証される。

このように政府が企業に対し健康診断を義務化し、国民の健康管理をしてくれるのはなぜなのだろうか。日本は国民全員を公的医療保険で保障し、国民から徴収する保険料の他に多くの公費を投入している。しかし、高齢化や医療技術の高度化による医療費の増大、不景気と労働人口の減少による保険料収入の減少は日本の財政を圧迫し、医療費の抑制は日本にとっては大きな課題である。私たちが健康であろうとしている涙ぐましい努力は、実は政府ひいては日本の社会全体の利益につながることなのだ。

実際、政府は国民が健康であるための努力を怠らない。日本の二〇一九年における平均寿命は男性八十一歳、女性八十七歳であり、健康寿命とはそれぞれ約九年、約十二年の差があった。健康寿命とは生存期間を「健康な期間」と「不健康な期間」に分け、前者の平均値を求めることで表すものである。従来は平均寿命が用いられてきたが、生きている状態を勘案することが重要だという認識が高まり、健康寿命という考え方が取り入れられるようになった。二〇一九年に策定された「健康寿命延伸プラン」は、二〇一六年に男性七十二歳、女性七十五歳だった健康寿命を、二〇四〇年までに男性七十五歳以上、女性七十八歳以上にすることを目指している。健康寿命延伸プランは、「誰もがより長く元気に活躍できる社会の実現」のための三本柱の一つとして、「雇用・年金制度改革等」や「医療・福祉サービス改革プラン」とともに発表された。政府は人々に健康になってもらわなければならないのである。

暑くても寒くても一日八〇〇〇歩歩き、塩分と糖分と脂分を減らした食事をする。このように人々が健康のために節制する行為は国家の意志の内面化といえる。もちろんそれが多少癪《しゃく》に障るからとい

ア〔児童保護者〕　小5の長男が7月1日(土)に発症し、3日(月)には軽快したので、1日経過を待って4日(火)から登校させた。

イ〔中3生徒本人〕　6月1日(木)に発症し、今日が7日(水)だ。咳の症状はかなりひどいがマスクを着用して出席することにした。

ウ〔中学校教諭〕　6月1日(木)に発症したという生徒が「5日経過した」ということで本日6日(火)朝から登校するというので、これを認めた。

エ〔児童保護者〕　小3の長女は出席停止解除後から7日しか経っていないが、マスクを着用せずに登校させた。

オ〔小学校教諭〕　担任している児童の兄が新型コロナウイルス陽性という連絡があったため、念のために欠席した自分のクラスの児童(弟の方)を出席停止の扱いとした。

三

次の文章は江戸時代の随筆『北遊記』の一節です。本文を読んで後の設問に答えなさい。

同じ国羽咋《はくひ》の七郎右衛門といふ人※1身代よく、さて［A］に妙なり。その療治まづ病の根本を求めて(1)怪しき絹に包みたるものにて撫《な》づれば、いかなる年久しき病にても一両度にて治せずといふことなし。その辺りの人の言へる、七郎右衛門若き時、玉子問屋なりしが、夏の頃になれば夜々卵を盗むものあり。七郎右衛門さまざま気をつけるに、ある夜※2三尺ばかりの蛇、※3梁《はり》の上より来て卵の箱をおしわけ、十四五ばかり呑《の》みて帰りけり。七郎右衛門怒つて、明くる日、木を削りて卵のごとくにし三四十ばかり卵箱の上に入れ置き、さて夜に入りて、いかにするぞとうかがひ見けるに、果たして、蛇また来て、呑むこと前夜のごとし。(2)いかにするぞと見るに、外へ出て石垣の内へ入らんとして、木の卵消えざれば、身をもみけるが、それより庭の内を這《は》ひまはり、何やら求める体なり。ほどなく一本の草に尋ねあたり、これは咥《くは》へて、かの卵の所を撫で※4ねぶり、終《つひ》にその草を呑みたりしが、たちまち木の卵消えて(3)平生の腹のごとく細り、石垣へ入りける。七郎右衛門怪しく思ひ、かの草を取り置きて、※5食傷などしたる人の胃の辺りを撫づるに、たちどころに効あり。それより万《よろづ》の病を療治するに、手に随《したが》ひて癒《いえ》ずといふことなしとぞ。かの草は蛇含草といふよし。

※1　身代よく…暮らし向きがよく
※2　三尺…一メートル弱の長さ
※3　梁…建築物の柱の上に掛け渡す水平材
※4　ねぶり…なめる、しゃぶる
※5　食傷…食あたり

問1　――線部(1)「怪しき絹に包みたるもの」とありますが、何が包まれていたのですか。本文中から最も適当な語句を抜き出して答えなさい。

問2　――線部(2)「いかにするぞと見るに」とありますが、蛇はどのようなことをしたのですか。空欄に当てはまるように、本文中から適当な語句を抜き出しなさい。

蛇は［Ⅰ（2字）］の間に入ろうとしたものの、［Ⅱ（3字）］が消化できていなかったため、腹がつかえて入ることができず、身をくねらせていた。

問3　――線部(3)「平生の腹のごとく細り」とありますが、蛇が腹をもとのようにもどすための一連の行為を示したものとして、適当でないものを次の中から二つ選び、記号で答えなさい。

ア　庭の中である草を探した。
イ　身をよじって草をもみほぐした。
ウ　腹の辺りを草でなでた。
エ　その草を呑みこんだ。
オ　異物を吐き出した。

問4　空欄［A］に当てはまる最も適当な語句を次の中から選び、記号で答えなさい。

ア　３辺を合計した大きさが185cmで重さ25kgのスーツケースを送るので、料金は３１００円だ。

イ　３辺の合計が110cmで重さ18kgの小包を送るので、料金は１９００円だ。

ウ　重量がオーバーしていないのであれば、60サイズの箱を３個送るよりも200サイズの箱にまとめて入れた方が安い。

エ　70cm×80cm×90cmで重さ５kgの荷物を送るので、料金は３１００円だ。

オ　配送料金を２０００円以内におさえたいので、３辺が40cm×50cm×30cmの箱に詰め込んだ(重量は３kg程度)。

問２　令和５年５月８日より、新型コロナウイルス感染症の法律上の位置付けが５類に移行することに伴い、江東区教育委員会は「基本的な考え方」として、《資料》のような文書を通達した。《資料》を読んだ上で、この文書の内容に沿った対応をしているものをア～オから一つ選び、記号で答えなさい。なお選択肢内にある日付は全て「令和５年」のものとする。

《資料》

５月８日以降の学校（園）における新型コロナウイルス感染症対策等について（抜粋）

令和５年５月８日　江東区教育委員会

２　出席停止措置等の取扱いについて

(1)　出席停止の期間は、「発症した後５日を経過し、かつ、症状が軽快した後１日を経過するまで」とする。

(2)「症状が軽快」とは、解熱剤を使用せずに解熱し、かつ呼吸器症状が改善傾向にあることを指す。

(3)「発症した後５日を経過」や「症状が軽快した後１日を経過」については、発症した日や症状が軽快した日の翌日から起算する。

(4)　出席停止解除後、発症から10日を経過するまでは、当該児童生徒等に対してマスクの着用を推奨する。ただし、児童生徒等の間で感染の有無やマスクの着用の有無によって差別・偏見等がないよう、適切に指導を行う。

(5)　令和５年５月８日以降は、濃厚接触者としての特定は行われないことから、同居している家族が新型コロナウイルスに感染した児童生徒等であっても、新型コロナウイルスの感染が確認されていない者については、直ちに出席停止の対象とはしない。

(6)　登校（園）するに当たっては、学校（園）に陰性証明を提出する必要はない。

(7)　児童生徒等が授業を十分に受けることができないことによって、学習に著しい遅れが生じることのないよう必要な配慮を行う。

(8)　学校（園）の臨時休業については、感染が拡大している状況に対して、児童生徒等の学びの保障の観点等に留意しつつ、必要な範囲、期間において機動的に対応を行う。基本的には季節性インフルエンザ流行時と同様の対応とし、学校（園）医や教育委員会事務局と学級閉鎖等の協議を行う。

二〇二四年度　中央大学杉並高等学校

【国語】（五〇分）〈満点：一〇〇点〉

一　次の1～6の文中の――線部(a)～(h)について、漢字はひらがなで読み方を示し、カタカナは漢字に改めなさい。

1　何人も、損害の救済、公務員の(a)罷免、法律、命令又は規則の制定、廃止又は改正その他の事項に関し、平穏に(b)セイガンする権利を有し、何人も、かかるセイガンをしたためにいかなる差別待遇も受けない。

（日本国憲法第十六条より）

2　今までは床の中に(c)ガマンして聞いていたが、聞く声の遠ざかるに連れて、わが耳は、釣り出さるると知りつつも、その声を追いかけたくなる。細くなればなるほど、耳だけになっても、あとを(d)シタって飛んで行きたい気がする。

（夏目漱石『草枕』より）

3　私達はそれから三ツ葉を摘みはじめた。あの(e)芳しい春から二番芽の三ツ葉は、庭一面に生えていた。姉が籠をもって来た。庭は広くいろいろな植込みの日向の柔らかい地には、こんもりと太く肥えた三ツ葉がしげっていた。

（室生犀星『或る少女の死まで』より）

4　ひとよ
いろいろなものがやさしく見いるので
唇を嚙《か》んで　私は(f)イキドオることが出来ないようだ

（立原道造「わかれる昼に」より）

5　総理大臣はG7サミットにて、今後も法の支配に基づく自由で開かれた国際秩序の(g)イジ・強化に向けた取り組みを主導していく決意を示しました。

（新聞記事より）

6　こども家庭庁は、横断的に取り組むべき政策を企画立案するとともに、各府省庁に改善を求める「(h)カンコク権」も与えられ、政府全体の政策の推進を主導する役割を担う。

（新聞記事より）

二　次の問1、問2に答えなさい。

問1　左の《料金一覧表》は、ある運送会社を利用して東京から大阪まで荷物を配送する際のものです。この《料金一覧表》を踏まえ、ア～オから正しいものを一つ選び、記号で答えなさい。

《料金一覧表》

サイズ（以内）	重量	配送料金（税込）
60サイズ	2kgまで	1000円
80サイズ	5kgまで	1300円
100サイズ	10kgまで	1600円
120サイズ	15kgまで	1900円
140サイズ	20kgまで	2200円
160サイズ	25kgまで	2500円　★
180サイズ	30kgまで	2800円
200サイズ	30kgまで	3100円

※1…「サイズ」は荷物の3辺の長さの合計値を表します（単位はcm）。
※2…「サイズ」と「重量」では、大きい方の値で値段が決まります。
※3…上記表を超える大きさのお荷物は「お手軽引越し便」をご利用ください。
※4…スーツケースは140サイズまでは表の料金を適用し、それ以上のサイズは重さ30kg以内であれば★の料金が適用されます。

2024年度／中央大学杉並高等学校

英語解答

Ⅰ　第１部　A…イ　B…ウ　C…ア
　　　D…エ　E…ア
　第２部　F…エ　G…イ　H…ウ
　　　I…ア　J…エ

Ⅱ　A　エ　B　ウ　C　ウ　D　ア
　E　ア　F　ア，オ

Ⅲ　問１　ウ　問２　イ　問３　エ
　問４　イ　問５　ア　問６　ア
　問７　ウ→ア→エ→イ
　問８　A…ク　B…ア　C…ウ　D…サ
　　E…コ　F…オ
　問９　イ，カ

Ⅳ　1　ウ　2　ア　3　エ　4　ウ

Ⅴ　1　A…エ　B…ケ
　2　C…ケ　D…コ
　3　E…ケ　F…キ
　4　G…イ　H…カ

Ⅵ　1　（例）As I didn't know what to buy for my sister's birthday, I asked my mother for advice.
　2　（例）I have been doing my math homework since this morning, but I have not finished all of it yet.

Ⅰ〔放送問題〕解説省略

Ⅱ〔長文読解（英問英答形式）─内容真偽─説明文〕

≪全訳≫❶本で砂漠の写真を見つけると，たいていはとても暑く乾燥した場所で，大量の黄色い砂があり，動物も人もいない。これは世界中の砂漠の本当の姿なのだろうか。答えはイエスであり，ノーでもある。❷雨がほとんど降らない（年間25センチメートル未満）非常に乾燥した場所を砂漠と呼ぶ。非常に長い間雨が降らない砂漠もある。例えば，チリのアタカマ砂漠では1971年に雨が降ったが，それ以前は400年間雨が降らなかった。砂漠は乾燥しているが，常に暑いのだろうか。アラビア砂漠では気温が50℃まで上がることもあるが，暑い砂漠は夜にはとても寒くなる。サハラ砂漠では日中に38℃を超えることもよくあるが，夜になると急に気温が下がり，０℃になる地域もある。暑いのは夏だけで，冬は非常に寒い砂漠もある。中国とモンゴルにまたがるゴビ砂漠の気温は１月に－30℃まで下がり，雪が降ることもあるのだ。❸「砂丘」について聞いたことがあるだろうか。砂漠の風はしばしば砂を動かして丘をつくり，ときには大きな丘となる。この砂漠の大きな丘を砂丘と呼ぶ。アフリカのナミブ砂漠には，380メートル以上という世界でも有数の高さの砂丘がある。風は砂丘をつくるだけでなく，砂漠を移動させることもできる。毎年20～30メートルも移動する砂丘もある。砂が動くと，ときどき奇妙な音がする。昔は，大きな砂丘の下で歌を歌っている人がいると信じられていたのだ。❹世界最大の砂漠はサハラ砂漠である。面積は900万平方キロメートルと広大で，北アフリカの10か国にまたがり，約200万人がそこで暮らしている。サハラ砂漠は高温の砂漠で，日中の気温は非常に高くなる。1922年９月13日，リビアのエルアジジアでは気温が57.8℃まで上昇し，世界最高気温を記録した。サハラという名前は，アラビア語で「砂漠」を意味する言葉に由来する。しかし，アフリカのこの地域が常に砂漠だったわけではない。6500万年前，北アフリカには広大な海が広がっていた。もちろん，今そこに水がたくさんあるわけではない。実際，サハラ砂漠の半分は毎年２センチメートルしか雨が降らない。サハラ砂漠に雨はたくさん降らないが，風は非常に強くなることがある。2008年には，風によって大量の白砂がサハラ砂漠からイギリスのサウス・ウェールズまで飛ばされた。それは1700キロメートルを超える距離である。❺砂漠にはさまざまな「宝物」がある。その１つが砂漠最古の宝，塩である。数千年前，遊牧民たちはサハラ砂漠に入り，塩を探した。彼らはしばしば，砂漠近くの町や村で塩を売って大金を手にした。塩は今日でも重要である。マリ共和国の村では，人々が砂漠の下から巨大な塩を取り出し，ラクダに載せる。そして，ラクダと一緒に何百キロも歩いて市街地まで行き，それを売ってお金にするのだ。次に，砂漠の最も有名な宝は石油である。石油はサハラ砂漠やアラビア砂漠など，世界のさまざまな砂漠で見つけることができる。世界の石油の約４分の１は，アラビア砂漠の地下深くから採掘されている。そこでは1930年代に初めて石油が発見された。砂漠では，石油はたいてい地中深くにあり，人々は石油を取り出すために砂漠に大きな穴を掘る。最後に，砂漠のもう１つの重要な宝である銅を忘れてはならない。チリのアタカマ砂漠には世界の銅のほとんどがある。そこには世界最大かつ最深の露天銅山がある。長さ4.5キロメートル，幅3.5キロメートル，深さ１キロメートルという巨大さだ。この鉱山は地元の人々の雇用を創出し，国に大金をもたらすので，チリにとって非常に重要だ。**6**砂漠は私たちに多くの宝を与えてくれるが，一方でマイナス面もある。その１つが砂漠化である。砂漠化は気候変動によって引き起こされることが多い。世界は年々温暖化しており，砂漠の天候も急速に変化している。気候の変化は，砂漠に隣接する場所ではより深刻になる可能性がある。非常に暑い気候と暖かい風によって，これらの場所は非常に乾燥する。水がなくなると砂漠化が始まる。砂漠化により，今やルーマニアのオルテニアには新しい砂漠ができている。ゴビ砂漠も毎年急速に拡大しており，今では北京から160キロメートルしか離れていない。砂漠化のために，世界中の多くの人々の生活が困難になっている。私たちは砂漠化を食い止めるために何かしなければならない。中国では，ゴビ砂漠との境界沿い2800キロメートルにわたって，多くの樹木を育て始めている。これには長い時間がかかるし，木はすぐには育たない。いつの日かそこには大きく，背の高い木々があるだろうが，2074年までには無理だろう。長い道のりになるが，私たちは最善を尽くし続けなければならない。

A.「砂漠について正しくないものはどれか」　ア.「砂漠は年間降雨量が通常は25センチメートル未満と少なく，乾燥した場所である」…○　第２段落第１文に一致する。　イ.「何年も雨が降らない砂漠もあり，アタカマ砂漠では1971年に雨が降るまで，何百年もの間雨が記録されなかった」…○　第２段落第２，３文に一致する。　ウ.「ときとして気温が50℃に上昇する砂漠もあるが，ゴビ砂漠では冬に雪が降る」…○　第２段落第５文および最終文に一致する。　エ.「砂漠は非常に暑い場所で，昼夜の気温差があまりない」…×　第２段落第５，６文参照。アラビア砂漠やサハラ砂漠では昼夜の寒暖差が激しい。

B.「砂漠の風について正しいものはどれか」　ア.「砂漠の風はときに非常に強いので，砂丘と呼ばれる丘を吹き飛ばし，破壊することさえある」…×　第３段落参照。砂漠の風は砂丘をつくったり，またそれを動かしたりするが，破壊するという記述はない。　イ.「世界最強の砂漠の風がナミブ砂漠に380を超える砂丘をつくった」…×　「世界最強の砂漠の風」という記述はない。また，第３段落第４文より，「380」はナミブ砂漠にある砂丘の個数ではなく，砂丘の高さを示す数字。ウ.「強い砂漠の風は，砂丘をもとの位置から年間約20～30メートルも移動させることができる」…○　第３段落第６文に一致する。　エ.「その昔，人々は砂漠の風が立てる音を泣き声のように聞こえると思っていた」…×　第３段落最後の２文参照。砂が移動するときの音を人の歌声だと思っていた。

C.「サハラ砂漠について正しくないものはどれか」　ア.「人口約200万人のサハラ砂漠は，アフリカのいくつかの国にまたがる世界最大の砂漠である」…○　第４段落第１，２文に一致する。イ.「約100年前，サハラ砂漠のリビアで世界最高気温が記録された」…○　第４段落第３，４文に一致する。　ウ.「サハラ砂漠は大昔，海に覆われていたことがあり，今でも毎年降雨量が多い」…×　第４段落後半参照。かつて海があったのは事実だが，現在は雨があまり降らない。　エ.「サハラ砂漠の砂は，かつて1700キロメートル以上離れたヨーロッパの国まで風に飛ばされた」…○　第４段落最後の２文に一致する。

D.「砂漠の『宝物』について正しいものはどれか」　ア.「マリ共和国の砂漠の村では，人々は塩をお金に換えるためにラクダを連れて長い距離を歩く」…○　第5段落第6，7文に一致する。　イ.「砂漠の宝物として最も有名なのは石油で，世界の石油の半分以上はアラビア砂漠から産出される」…×　第5段落中盤参照。「半分以上」ではなく，「約4分の1」。quarter「4分の1」　ウ.「アラビア砂漠では，1930年代に最初の穴が見つかって以来，人々は石油の出る大きな穴を探し続けている」…×　第5段落中盤参照。「石油の出る穴」があるのではなく，地中にある石油を取り出すために人々が穴を掘る。　エ.「世界最大かつ最深の露天銅山はサハラ砂漠にある」…×　第5段落後半参照。「サハラ砂漠」ではなく，チリの「アタカマ砂漠」にある。

E.「砂漠化について正しいものはどれか」　ア.「砂漠化は，砂漠の気温が非常に高く，風が暖かく，土地がかなり乾燥し，水がない場合に起こることがある」…○　最終段落前半の内容に一致する。　イ.「ルーマニアのオルテニアは砂漠化によってできた古い砂漠で，何百年も前から人々に知られていた」…×　最終段落第8文参照。オルテニアに砂漠ができたのは最近のことである。　ウ.「砂漠化は世界各地で深刻な問題となっているが，中国のゴビ砂漠は成長が止まっている」…×　最終段落第9文参照。年々拡大している。　エ.「砂漠化を食い止めるため，人々はゴビ砂漠との境界沿いに約2800本の植林を終えた」…×　最終段落最後から5，4文目参照。「2800」は木の本数ではなく，植林した距離であり，また植林はまだ終わっていない。

F.「砂漠に関する正しい文を次から2つ選べ」　ア.「世界中の全ての砂漠が非常に暑くて乾燥しており，黄砂が多いというわけではない」…○　第2段落第4～最終文参照。寒くなる場所もあるので正しい。　イ.「アラビア砂漠は一年中気温が50℃と常に暑い」…×　第2段落第5文参照。夜は非常に寒くなる。　ウ.「北アフリカの人々は，アラビア語で『熱』を意味することから，その広大な砂漠を『サハラ』と呼ぶようになった」…×　第4段落第5文参照。サハラはアラビア語で「砂漠」を意味する。　エ.「何千年もの間，サハラ砂漠は雨が全く降らず，砂の海である」…×　第4段落最後から4，3文目参照。全く降雨がないわけではない。　オ.「チリのアタカマ砂漠では，巨大な露天銅山がこの国にとって不可欠な産業となった」…○　第5段落後半の内容に一致する。　カ.「北京の一部が砂漠化したため，北京の人々の生活は困難になっている」…×　最終段落後半参照。ゴビ砂漠は拡大しているが，北京からは160キロメートル離れている。

Ⅲ〔長文読解総合―伝記〕

≪全訳≫❶1898年，メキシコシティで写真家のギジェルモ・カーロはマティルデ・カルデロンと結婚し，青い壁の家を購入した。このとき，この青い家が世界的に有名な画家フリーダ・カーロの美術館になるとは誰も思っていなかった。フリーダの父ギジェルモはドイツ出身で，マティルデはメキシコで生まれ育ったので，フリーダは2つの出自をもっていた。この事実は生涯を通じて彼女の絵に影響を与えた。フリーダはメキシコの伝統的な衣服や建物に見られるような明るい色をよく使った。❷フリーダは1907年に生まれ，とても活発で賢い子どもだった。しかしフリーダが6歳のとき，ポリオという恐ろしいウイルスに感染し，1年近く寝たきりになった。彼女の右脚は左脚よりずっと細くなってしまったので，彼女は足を引きずって歩き，脚を隠すために長いスカートやズボンを履いた。彼女の脚についてひどいことを言う友達もいたので，フリーダは学校では孤独を感じていた。しかし，父親が彼女を大いに支えてくれた。彼はフリーダに体力を回復させるため，サッカーや水泳，レスリングなどのスポーツをするように勧めた。また，彼が外で写真を撮るときには，アシスタントとしてよく彼女を連れていった。彼は自分のカメラをフリーダに使わせて，写真の撮り方を教えもした。❸1922年，フリーダはメキシコシティにある名門高校，国立予科高等学校に入学した。1年生が300人いたが，そのうち女性は5人だけだった。フリーダには友達が多く，アレハンドロという名前のボーイフレンドもいた。彼女は絵を描くのが好きだったが，さらに興味があったのは科学だった。当時，有名な画家ディエゴ・リベラが学校の壁に大きな絵を描いていた。フリーダはそのすばらしい絵に非常に感動したが，ディエゴが将来自分の夫になるとは思ってもみなかった。❹1925年，恐ろしい事故が起こった。不運にも，フリーダが修学旅行に行くバスに乗っていたとき，そのバスが路面電車に衝突してしまったのだ。フリーダは背骨と骨盤に重傷を負い，何週間も入院しなければならなかった。フリーダがようやく自宅に戻ったとき，彼女は激痛に苦しみ，３か月間全身にギプスをはめなければならなかった。医師は，彼女が自力で歩けるようにはならないだろうと言った。アレハンドロも同じバスに乗っていたが，幸いにも彼は無事だった。最初のうち，彼はよくフリーダに会いに来たが，フランスの大学に通うためにメキシコを離れてしまった。その頃のフリーダは将来に全く希望が持てなかった。このけがが原因で，彼女は生涯に30回を超える手術を受けなければならなかった。❺フリーダの両親は彼女を励ますためにあらゆる手を尽くし，彼女に美しい天蓋つきベッドを買ってあげた。そのベッドは天井に大きな鏡がついていたので，フリーダはベッドに横たわりながらいつも自分の顔を見ていた。なぜだかわからなかったが，彼女は自分の絵を描きたかった。両親は特別なイーゼルを買ってくれたので，フリーダはベッドで絵を描くことができた。彼女はたくさんの自画像を描き，それを生涯描き続けた。両親は，彼女が筆や油絵具などの画材を十分に持っていることを常に確認した。絵を描くことは，彼女に毎日することを与えたので，彼女の体と精神の回復に役立った。絵を描くことは，しだいに彼女の人生の目的となった。長いリハビリの後，ついに彼女は自力で歩けるようになったのである。❻フリーダは絵を描くのが好きで，家族も彼女の絵を美しいと言った。彼女はプロの画家になりたかったが，自分の絵にあまり自信がなかった。そこで彼女は，体が完治していないにもかかわらず，最も尊敬する画家ディエゴ・リベラに会いに行った。フリーダが自分の絵をディエゴに見せると，⑤彼はそれらの絵にとても感心した。ディエゴは彼女にはすばらしい才能があるから絵を描き続けるべきだと言った。２人は当初，師弟関係だったが，恋に落ちた。フリーダは1929年にディエゴと結婚した。❼ディエゴは巨大な壁画で有名だった。彼はアメリカの多くの都市で仕事をしていたので，フリーダは彼とともにサンフランシスコやニューヨークやデトロイトを旅した。彼女はまだ痛みに苦しんでいたので，ディエゴはアメリカで良い医者を見つけ，彼女は何度か手術を受けた。アメリカでフリーダは多くの有名な画家たちと出会い，彼女の絵はすばらしいという者もいたが，それでも彼女にはもっと自信が必要だった。／→ウ．フリーダとディエゴがメキシコに戻ると，フランスの詩人アンドレ・ブルトンがディエゴに会いに来た。／→ア．アンドレはディエゴの家でフリーダの絵を見ると，彼女は絵の展覧会を開くべきだと言った。／→エ．当初，フリーダは拒んだが，アンドレは何度も彼女に頼んだ。／→イ．ついに1938年，フリーダはニューヨークで個展を開き，成功を収めた。／フリーダはパリでも展覧会を開き，パブロ・ピカソやジョアン・ミロといった偉大な芸術家たちが彼女の絵を見に来た。彼らは彼女の作品を絶賛し，彼女の絵は非常にユニークなスタイルを持っていると言った。フリーダは驚き，初めて自分の作品がユニークであることに気づいた。❽その後，フリーダの絵は人気を博したが，年を取るにつれて彼女の健康状態は悪化した。彼女はさらにいくつかの手術を受けなければならなかった。47歳になった１週間後，フリーダは青い家で息を引き取った。その家は数年後に美術館となった。彼女の絵の中には，彼女の痛みや苦しみを表しているため，見るのがつらいものもある。しかし，それらは私たちに人生の困難を乗り越える勇気を与えてくれるのだ。

問１＜要旨把握＞フリーダの両親については主に第１段落で説明されている。ウは第１，３文の内容に一致する。

問２＜要旨把握＞父親がフリーダをどのようにサポートしたかについては，直後の３文に示されている。イ．「フリーダの父は彼女の右脚を隠すために特別なスカートやズボンをつくった」という記述はない。

問３＜要旨把握＞国立予科高等学校については，下線部のある第３段落で説明されている。エ．「フリーダはディエゴ・リベラがこの学校の壁に絵を描いているのを見て，それがとても気に入った」は，最後の２文の内容に一致する。

問４＜要旨把握＞直後の２文に事故の内容が書かれており，イ．「フリーダはこの事故で体の一部に重傷を負い，数週間入院しなければならなかった」は，その２文目の記述に一致する。

問５＜要旨把握＞フリーダの両親が彼女を励ますためにしたことは，第５段落の下線部に続く部分で説明されている。第３文より，フリーダは自分の意思で自画像を描き始めたのであり，ア．「フリーダの両親が彼女に絵，特に自画像を描くように言った」わけではない。

問６＜適文選択＞直後の文で，ディエゴはフリーダの才能を高く評価している。また，２文後に「当初，師弟関係だった」とあるので，この時点でディエゴが求婚したという内容を含むイは不適。

問７＜文整序＞空欄の前では，ディエゴとフリーダがアメリカを旅していたことが述べられているので，彼らがメキシコに戻ったときに，アンドレという詩人が会いに来たと考えてウを最初に置く。この後，ディエゴの家でフリーダの絵を見たアンドレが，展覧会を開くべきだと勧めるアを置くと，フリーダは最初は断ったものの，最終的に個展を開いた(エ→イ)とつながる。

問８＜内容一致＞≪全訳≫フリーダ・カーロの絵は明るい $_{A}$色が多い。フリーダはメキシコの昔の $_{B}$衣装や建物からひらめきを得て，このような $_{A}$色を使った。彼女は大きな交通 $_{C}$事故に遭った後，ベッドの上で自画像を描き始めた。絵を描くことが彼女の心身を癒し，人生の $_{D}$目的となった。当時の偉大な画家たちの中には，彼女の絵をユニークだと考える者もいたが，それ以前の彼女はそんなふうには $_{E}$一度も思ったことはなかった。彼女の $_{F}$痛みは絵に表現されたが，それらは私たちに困難な人生を生きる勇気を与えてくれる。

＜解説＞A・B．第１段落最終文参照。　**C．**第４段落第１，２文参照。　**D．**第５段落最後から３，２文目参照。　**E．**第７段落最後の２文より，フリーダは偉大な画家から指摘されて初めて，自分の作品がユニークだと気づいているので，それ以前は自分の絵をユニークだと思ったことはなかったのである。　**F．**最終段落最後の２文参照。

問９＜内容真偽＞ア．「フリーダの父が結婚後に購入した家は，後にフリーダ・カーロ美術館となった」…○　第１段落第１，２文に一致する。　イ．「フリーダは幼少期にひどい病気を患ったため，生涯，たくさんの手術を受けなければならなかった」…×　第２，４段落参照。何度も手術を受けることになったのは，交通事故でのけがが原因。　ウ．「国立予科高等学校では，女子生徒がわずかだったにもかかわらず，フリーダには多くの友人がいた」…○　第３段落第１～３文に一致する。　エ．「アレハンドロには事故によるけがはなく，事故直後はよくフリーダを訪ねていたが，大学進学のためにメキシコを離れた」…○　第４段落最後から４，３文目に一致する。　オ．「事故後ベッドに横たわったフリーダは，鏡に映った自分の絵を描き始めた」…○　第５段落第２～５文に一致する。　カ．「彼女は自力で歩けるようになった後，ニューヨークで自分の絵の展覧会を開いてくれるよう頼むため，ディエゴ・リベラに会いに行った」…×　第６段落参照。彼女は自分の絵に自信がなかったので，けがが完治していないにもかかわらず，尊敬する画家ディエゴに会いに行った。　キ．「アメリカでもフリーダの健康状態は依然として悪かったので，ディエゴ・リベラが見つけた医師のもとで治療をし，いくつかの手術を受けた」…○　第７段落第３文に一致する。　ク．「フリーダは47歳のとき，メキシコシティにある青い壁の家でなくなった。そこは現在彼女の絵画の有名な美術館である」…○　最終段落第３，４文に一致する。

Ⅳ〔適語(句)選択〕

1．‘let＋人＋動詞の原形’で「〈人〉に～させる」という‘許可’を表せる。　「私の子どもたちはそのゲームが大好きです。次は彼らにやらせてくれますか」

2．空欄後が cup という‘数えられる名詞’の単数形なので，some，more は不適。another cup of ～で「もう１杯の～」。なお，tea のように‘数えられない名詞’を修飾する場合は，Would you like some more tea?「お茶をもう少しいかがですか」などと言う。　「お茶をもう１杯いかがですか」

3．‘I wish＋主語＋(助)動詞の過去形…’の形で，「…であればいいのに」という‘現在の事実に反する願望’を表せる(仮定法過去)。仮定法過去の be動詞は主語の人称にかかわらず一般的に were を用いる。直後の文より，雨が降っていないことを望んでいるので，否定形にする。　「雨が降っていなければいいのに。本当にピクニックに行きたかったな」

4．「大晦日《おおみそか》」の英語での言い方を尋ねている。‘方法’を尋ねる疑問詞は How「どのように」。「大晦日は英語でどのように言うの？」―「New Year's Eve だよ」

Ⅴ〔整序結合〕

1．文の骨組みとなる「夕飯はとても美味しかった」は，The dinner was so delicious と表せる。「夕飯」を修飾する「兄が作ってくれた」は The dinner の後に，目的格の関係代名詞を省略した‘主語＋動詞…’の形で，my brother made と続ける。「冷蔵庫の残り物」は「冷蔵庫に残された食べ物」と読み換え，the food left in the fridge とまとめる。これは，過去分詞 left で始まる語句が前の名詞 the food を後ろから修飾する‘名詞＋過去分詞＋語句’の形。with は「～を使って」の意味の‘道具・手段’を表す用法で使う。　The dinner my brother made with the food left in the fridge was so delicious.

2．「～しましょうか」という‘申し出’は Shall I ～？で表せる。「〈人〉に〈物〉を貸す」は‘lend＋人＋物’または‘lend＋物＋to＋人’で表せるが，ここでは to がないので，前者の形にする。「もし必要なら」は「そのことがもし必要なら」と読み換え，if it is necessary とする。　Shall I lend you some of my books if it is necessary?

3．「～と知って驚いた」は I was surprised to know ～で表せる(この to know は「～して」の意味で‘感情の原因’を表す副詞的用法の to不定詞)。この know の目的語となる「チリが日本の約２倍の大きさだ(ということ)」を that節で表す。「…の２倍～」は‘twice as ～ as …’。　I was surprised to know that Chile is about twice as large as Japan.

4．文の骨組みとなる「鍵はこれですか」を Is this the key とする。「鍵」を修飾する「あなたがなくした」は，that を目的格の関係代名詞として使い that you lost とまとめる。「帰り道で」は on ～'s way home で表せる。　Is this the key that you lost on your way home yesterday?

Ⅵ〔和文英訳―完全記述〕

1．「(私は)分からなかったので」は，解答例のように as などの‘理由’を表す接続詞を用いるほかに，so「だから」を用いて I didn't know ～，so …などと表すこともできる。「何を買うべきか」は‘疑問詞＋to不定詞’や間接疑問(‘疑問詞＋主語＋(助)動詞…’)を用いて，what to buy や what I should buy と表せる。「妹の誕生日に」は for my sister's birthday。「母に助言を求めた」は，‘ask＋人＋for ～’「〈人〉に～を求める」の形で表せる。

2．「ずっと数学の宿題をしている」は，過去のあるときから現在まで続いている動作を表すので，have/has been ～ing の現在完了進行形を用いる。「まだ終わらない」は現在完了の‘完了’用法を用いて表す。「まだ」は yet，「全部」は「その(＝宿題の)全部」ということ。I haven't finished it all yet とすることもできる。

2024年度／中央大学杉並高等学校

数学解答

1 問1　$x=9,\ 16$　問2　5
問3　78°

2 問1　$\left(\dfrac{\sqrt{2}}{2},\ \sqrt{2}\right)$　問2　$\dfrac{3\sqrt{2}}{4}$
問3　$\dfrac{3}{2}$　問4　$\dfrac{3}{4}$

3 ア…$\dfrac{1}{2}$　イ…$\dfrac{1}{4}$　ウ…$\dfrac{3}{8}$　エ…$\dfrac{11}{32}$

4 問1　36°　問2　(い)
問3　$\dfrac{3-\sqrt{5}}{2}$　問4　$\dfrac{7-3\sqrt{5}}{2}$

5 問1　$\dfrac{1}{6}$　問2　$\dfrac{1}{36}$　問3　$\dfrac{1}{18}$

6 問1　250ドル　問2　6000円

1〔独立小問集合題〕

問1＜二次方程式＞$4(x^2-23x+112)+56=x^2-17x+72$，$4x^2-92x+448+56=x^2-17x+72$，$3x^2-75x+432=0$，$x^2-25x+144=0$，$(x-9)(x-16)=0$　$\therefore x=9,\ 16$

問2＜数の計算＞$\sqrt{81}=\sqrt{9^2}=9$ より，$\sqrt{90-\sqrt{81}}=\sqrt{90-9}=\sqrt{81}=9$ であり，$\sqrt{256}=\sqrt{16^2}=16$ より，$\sqrt{240+\sqrt{256}}=\sqrt{240+16}=\sqrt{256}=16$ である。よって，与式$=\sqrt{9+16}=\sqrt{25}=\sqrt{5^2}=5$ となる。

問3＜平面図形―角度＞右図について，円周の長さが l の円Oに対して，$\overset{\frown}{\mathrm{AC}}$ の長さが $\dfrac{13}{30}l$ である。1つの円に対して，おうぎ形の弧の長さは中心角に比例するから，おうぎ形OACについて，$\angle\mathrm{AOC}=360°\times\left(\dfrac{13}{30}l\div l\right)=156°$ である。△OACは，OA＝OCの二等辺三角形だから，$\angle\mathrm{OAC}=(180°-156°)\div 2=12°$ である。また，直線ABは点Aで円Oと接しているから，$\angle\mathrm{OAB}=90°$ である。よって，$\angle\mathrm{CAB}=\angle\mathrm{OAB}-\angle\mathrm{OAC}=90°-12°=78°$ である。

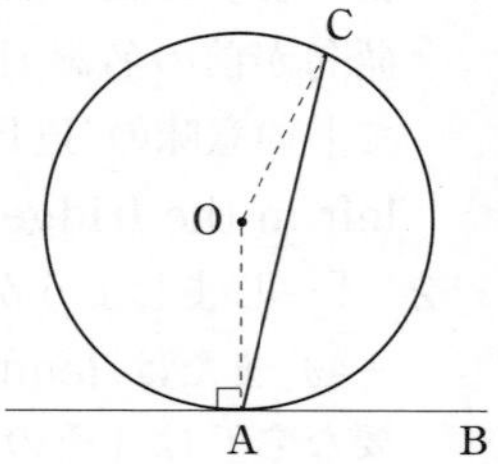

2〔関数―比例・反比例のグラフ〕

問1＜座標＞右図で，点Aは双曲線 $y=\dfrac{1}{x}$ と直線 $y=2x$ の交点だから，2式から y を消去して，$2x=\dfrac{1}{x}$ より，$2x^2=1$，$x^2=\dfrac{1}{2}$，$x>0$ より，$x=\sqrt{\dfrac{1}{2}}=\dfrac{1}{\sqrt{2}}=\dfrac{1\times\sqrt{2}}{\sqrt{2}\times\sqrt{2}}=\dfrac{\sqrt{2}}{2}$ となる。よって，$y=2\times\dfrac{\sqrt{2}}{2}=\sqrt{2}$ となるから，$\mathrm{A}\left(\dfrac{\sqrt{2}}{2},\ \sqrt{2}\right)$ である。

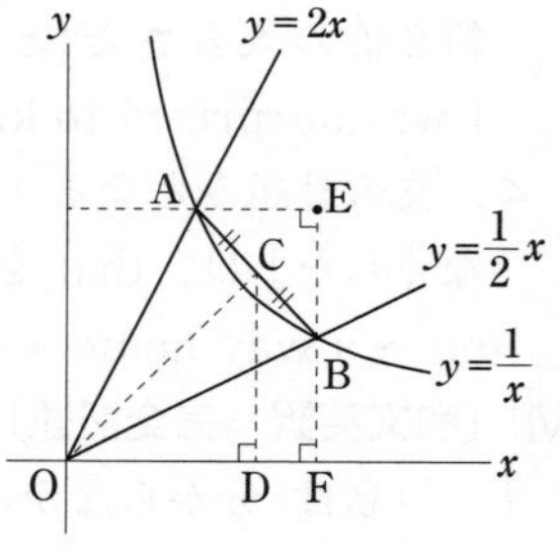

問2＜x座標＞右図で，点Bは双曲線 $y=\dfrac{1}{x}$ と直線 $y=\dfrac{1}{2}x$ の交点だから，2式から y を消去して，$\dfrac{1}{2}x=\dfrac{1}{x}$ より，$x^2=2$，$x>0$ より，$x=\sqrt{2}$ となる。よって，$y=\dfrac{1}{2}\times\sqrt{2}=\dfrac{\sqrt{2}}{2}$ となり，$\mathrm{B}\left(\sqrt{2},\ \dfrac{\sqrt{2}}{2}\right)$ である。点Cは線分ABの中点で，問1より，点Aの x 座標は $\dfrac{\sqrt{2}}{2}$ だから，点Cの x 座標は，$\dfrac{1}{2}\left(\dfrac{\sqrt{2}}{2}+\sqrt{2}\right)=\dfrac{3\sqrt{2}}{4}$ である。

問3＜長さ＞右上図より，点Cは線分ABの中点で，問1より，点Aの y 座標は $\sqrt{2}$，問2より，点Bの y 座標は $\dfrac{\sqrt{2}}{2}$ だから，点Cの y 座標は，$\dfrac{1}{2}\left(\sqrt{2}+\dfrac{\sqrt{2}}{2}\right)=\dfrac{3\sqrt{2}}{4}$ となる。問2より，点Cの x 座標は $\dfrac{3\sqrt{2}}{4}$ だから，$\mathrm{C}\left(\dfrac{3\sqrt{2}}{4},\ \dfrac{3\sqrt{2}}{4}\right)$ である。図のように，点Cから x 軸に垂線CDを引くと，点C

の座標より，$OD=CD=\frac{3\sqrt{2}}{4}$ だから，△OCD は∠CDO＝90°の直角二等辺三角形となり，$OC=\sqrt{2}OD=\sqrt{2}\times\frac{3\sqrt{2}}{4}=\frac{3}{2}$ である。

問４＜面積＞前ページの図のように，点Aを通り，x 軸に平行な直線と，点Bを通り，y 軸に平行な直線との交点をE，直線EBと x 軸との交点をFとする。このとき，点Eと点Bの x 座標は等しく，点Eと点Aの y 座標は等しいから，$E(\sqrt{2},\ \sqrt{2})$ であり，$F(\sqrt{2},\ 0)$ である。△OAB の面積は，台形 AOFE から△ABE と△OFB の面積をひくことで求められる。$AE=\sqrt{2}-\frac{\sqrt{2}}{2}=\frac{\sqrt{2}}{2}$，$EF=\sqrt{2}$，$OF=\sqrt{2}$，$BE=\sqrt{2}-\frac{\sqrt{2}}{2}=\frac{\sqrt{2}}{2}$，$BF=\frac{\sqrt{2}}{2}$ より，〔台形 AOFE〕$=\frac{1}{2}\times(AE+OF)\times EF=\frac{1}{2}\times\left(\frac{\sqrt{2}}{2}+\sqrt{2}\right)\times\sqrt{2}=\frac{1}{2}\times\frac{3\sqrt{2}}{2}\times\sqrt{2}=\frac{3}{2}$ であり，$△ABE=\frac{1}{2}\times AE\times BE=\frac{1}{2}\times\frac{\sqrt{2}}{2}\times\frac{\sqrt{2}}{2}=\frac{1}{4}$，$△OFB=\frac{1}{2}\times OF\times BF=\frac{1}{2}\times\sqrt{2}\times\frac{\sqrt{2}}{2}=\frac{1}{2}$ である。よって，△OAB＝〔台形 AOFE〕－△ABE－△OFB $=\frac{3}{2}-\frac{1}{4}-\frac{1}{2}=\frac{3}{4}$ である。

3 〔関数―関数 $y=ax^2$ と一次関数のグラフ―面積，長さ〕

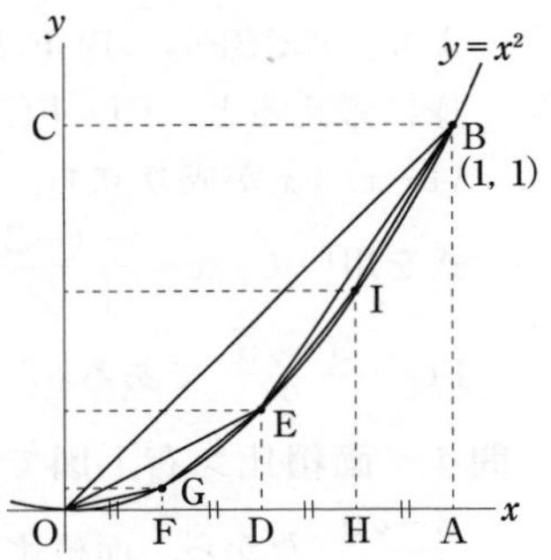

右図より，∠OAB＝90°，OA＝BA＝1 だから，$△OAB=\frac{1}{2}\times OA\times BA=\frac{1}{2}\times1\times1=\underline{\frac{1}{2}}$ア である。次に，図の線分 OA の中点Dの座標は $\left(\frac{1}{2},\ 0\right)$ であり，2点D，Eの x 座標は等しいので，点Eの x 座標は $\frac{1}{2}$ である。点Eは関数 $y=x^2$ のグラフ上の点だから，$y=\left(\frac{1}{2}\right)^2=\frac{1}{4}$ となり，$E\left(\frac{1}{2},\ \frac{1}{4}\right)$ である。よって，$DE=\underline{\frac{1}{4}}$イ である。このとき，$OD=AD=\frac{1}{2}$ であるから，$△ODE=\frac{1}{2}\times OD\times DE=\frac{1}{2}\times\frac{1}{2}\times\frac{1}{4}=\frac{1}{16}$ となり，〔台形 DABE〕$=\frac{1}{2}\times(DE+AB)\times AD=\frac{1}{2}\times\left(\frac{1}{4}+1\right)\times\frac{1}{2}=\frac{5}{16}$ となるから，これら２つの面積の合計は，$\frac{1}{16}+\frac{5}{16}=\underline{\frac{3}{8}}$ウ である。さらに，図の点Fは線分 OD の中点だから，x 座標は，$\frac{1}{2}\times\frac{1}{2}=\frac{1}{4}$ であり，$F\left(\frac{1}{4},\ 0\right)$ である。2点F，Gの x 座標は等しいので，点Gの x 座標は $\frac{1}{4}$ であり，点Gは関数 $y=x^2$ のグラフ上の点だから，$y=\left(\frac{1}{4}\right)^2=\frac{1}{16}$ となり，$G\left(\frac{1}{4},\ \frac{1}{16}\right)$ である。また，点Hは線分 AD の中点だから，点Hの x 座標は，$\frac{1}{2}\times\left(\frac{1}{2}+1\right)=\frac{3}{4}$ であり，$H\left(\frac{3}{4},\ 0\right)$ である。2点H，Iの x 座標は等しいので，点Iの x 座標は $\frac{3}{4}$ であり，点Iは関数 $y=x^2$ のグラフ上の点だから，$y=\left(\frac{3}{4}\right)^2=\frac{9}{16}$ となり，$I\left(\frac{3}{4},\ \frac{9}{16}\right)$ である。このとき，$OF=FD=DH=HA=\frac{1}{4}$，$FG=\frac{1}{16}$，$HI=\frac{9}{16}$ である。よって，$△OFG=\frac{1}{2}\times OF\times FG=\frac{1}{2}\times\frac{1}{4}\times\frac{1}{16}=\frac{1}{128}$，〔台形 FDEG〕$=\frac{1}{2}\times(FG+DE)\times FD=\frac{1}{2}\times\left(\frac{1}{16}+\frac{1}{4}\right)\times\frac{1}{4}=\frac{5}{128}$，〔台形 DHIE〕$=\frac{1}{2}\times(DE+HI)\times DH=\frac{1}{2}\times\left(\frac{1}{4}+\frac{9}{16}\right)\times\frac{1}{4}=\frac{13}{128}$，〔台形 HABI〕$=\frac{1}{2}\times(HI+AB)\times HA=\frac{1}{2}\times\left(\frac{9}{16}+1\right)\times\frac{1}{4}=\frac{25}{128}$ であるから，求める４つの図形の面積の

合計は，$\frac{1}{128}+\frac{5}{128}+\frac{13}{128}+\frac{25}{128}=\frac{44}{128}=\frac{11}{32}$エ である。

4〔平面図形―正五角形，三角形〕

問１＜角度＞右図で，正五角形ABCDEの内角の和は$180°\times(5-2)=540°$だから，$\angle ABC=\angle BAE=\angle AED=540°\div5=108°$である。$\triangle ABC$はBA＝BCの二等辺三角形だから，$\angle BAC=\angle BCA=(180°-\angle ABC)\div2=(180°-108°)\div2=36°$となる。また，五角形ABCDEが正五角形より，$\triangle ABC\equiv\triangle AED$となり，$\angle BAC=\angle EAD=36°$である。よって，$\angle CAD=\angle BAE-\angle BAC-\angle EAD=108°-36°-36°=36°$である。

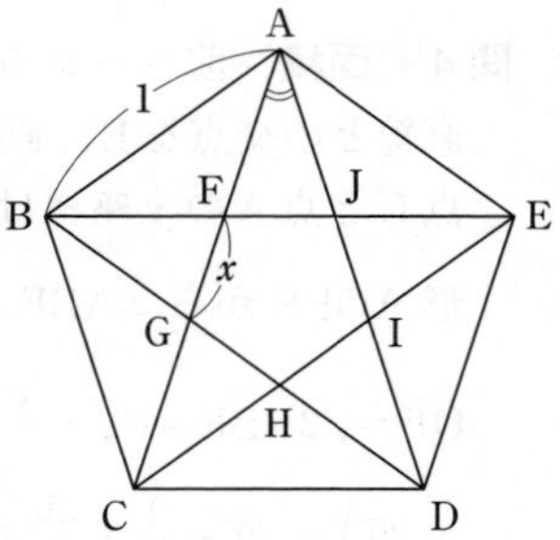

問２＜長さ＞右図で，問１と同様に考えると，$\angle DBE=\angle CAD=36°$となり，$\triangle BCD\equiv\triangle ABC$であるから，$\angle CBD=\angle BAC=36°$である。$\triangle BCF$について，$\angle BCF=36°$，$\angle CBF=\angle CBD+\angle DBE=36°+36°=72°$より，$\angle CFB=180°-\angle BCF-\angle CBF=180°-36°-72°=72°$となり，$\angle CBF=\angle CFB$なので，$\triangle BCF$はCB＝CF＝1の二等辺三角形である。よって，FG＝xとするとき，CG＝CF－FG＝$1-x$と表せる。

問３＜長さ＞右上図で，$\triangle CBF$と$\triangle BGF$において，$\angle BCF=\angle GBF=36°$，$\angle CFB=\angle BFG$(共通)より，$\triangle CBF\backsim\triangle BGF$となり，CB：BG＝FB：FGとなる。ここで，$\triangle BAJ$について，問２と同様に考えると，FJ＝FG＝$x$，BJ＝BA＝1より，FB＝BJ－FJ＝$1-x$となる。よって，$1:(1-x)=(1-x):x$が成り立ち，$(1-x)\times(1-x)=1\times x$より，$x^2-2x+1=x$，$x^2-3x+1=0$となり，解の公式を用いて，$x=\frac{-(-3)\pm\sqrt{(-3)^2-4\times1\times1}}{2\times1}=\frac{3\pm\sqrt{5}}{2}$となる。$0<x<1$より，$x=\frac{3-\sqrt{5}}{2}$だから，FG＝$\frac{3-\sqrt{5}}{2}$である。

問４＜面積比＞右上図で，正五角形ABCDE∽正五角形FGHIJであり，相似比はAB：FG＝$1:\frac{3-\sqrt{5}}{2}$だから，面積比は$1^2:\left(\frac{3-\sqrt{5}}{2}\right)^2$である。$\left(\frac{3-\sqrt{5}}{2}\right)^2=\frac{9-6\sqrt{5}+5}{4}=\frac{14-6\sqrt{5}}{4}=\frac{7-3\sqrt{5}}{2}$より，求める面積比は$1:\frac{7-3\sqrt{5}}{2}$である。

5〔データの活用―確率―サイコロ〕

問１＜確率＞A，Bの２人がそれぞれ１個のサイコロを同時に１回振るとき，それぞれ６通りの目の出方があるから，目の出方は全部で$6\times6=36$(通り)ある。このうち，ルールに従ってゲームをしたとき，AがBに勝つ場合の目の出方は，(A，B)＝(6，5)，(5，4)，(4，3)，(3，2)，(2，1)，(1，6)の６通りある。よって，求める確率は$\frac{6}{36}=\frac{1}{6}$である。

問２＜確率＞A，B，Cの３人がそれぞれ１個のサイコロを同時に１回振るとき，それぞれ６通りの目の出方があるから，目の出方は全部で$6\times6\times6=216$(通り)ある。このうち，ルールに従ってゲームをしたとき，AがBに勝ち，かつBがCに勝つ場合の目の出方は，(A，B，C)＝(6，5，4)，(5，4，3)，(4，3，2)，(3，2，1)，(2，1，6)，(1，6，5)の６通りある。よって，求める確率は$\frac{6}{216}=\frac{1}{36}$である。

問３＜確率＞問２より，目の出方は全部で216通りある。このうち，ルールに従ってゲームをしたとき，AがBに勝ち，かつCはAとBの両方に対して引き分けとなる場合の目の出方は，(A，B，C)＝(6，5，2)，(6，5，3)，(5，4，2)，(5，4，1)，(4，3，6)，(4，3，1)，(3，2，6)，(3，2，5)，(2，1，5)，(2，1，4)，(1，6，4)，(1，6，3)の12通りある。よって，求める確率は$\frac{12}{216}=\frac{1}{18}$である。

6 〔特殊・新傾向問題〕

問１＜ドル＞「1ドル＝120円」のとき，30000円をアメリカドルに交換すると，$30000 \div 120 = 250$（ドル）になる。

問２＜一次方程式の応用＞「1ドル＝120円」のときにアメリカドルに交換した日本円をx円とおくと，はじめに手元に30000円持っていたので，「1ドル＝150円」のときにアメリカドルに交換した日本円は，$30000-x$円と表せる。このとき，x円は，$x \div 120 = \frac{x}{120}$（ドル）に交換でき，$30000-x$円は，$(30000-x) \div 150 = \frac{30000-x}{150}$（ドル）に交換できたので，手元にあった30000円を全てアメリカドルに交換した後の金額は，$\frac{x}{120} + \frac{30000-x}{150}$ドルとなる。その後，「1ドル＝130円」のときに，交換した全てのアメリカドルを日本円に交換すると，$130 \times \left(\frac{x}{120} + \frac{30000-x}{150}\right)$円になり，この金額が27300円なので，$130\left(\frac{x}{120} + \frac{30000-x}{150}\right) = 27300$が成り立つ。これを解くと，両辺を130でわって，$\frac{x}{120} + \frac{30000-x}{150} = 210$，両辺に600をかけて，$5x + 4(30000-x) = 126000$より，$x = 6000$（円）となる。

＝読者へのメッセージ＝

4で正五角形の問題が出題されました。正五角形の1辺の長さと対角線の長さの比は$1 : \frac{1+\sqrt{5}}{2}$で，およそ$1 : 1.6$になります。この比は「黄金比」といわれ，最も美しい比率とされています。

国語解答

一 (a) ひめん　(b) 請願　(c) 我慢
(d) 慕　(e) かんば　(f) 憤
(g) 維持　(h) 勧告

二 問1 オ　問2 エ

三 問1 蛇含草
問2 Ⅰ 石垣　Ⅱ 木の卵
問3 イ，オ　問4 エ　問5 ア

四 (例)政府は，公的医療保険に多くの公費を投入している。しかし，医療費は財政を圧迫するため，私たちが健康であることは，社会全体の利益につながる。つまり政府は，人々に健康になってもらわなければならないのである。(100字)

五 問1 Ⅰ 人は何をするべきか，何をしてはいけないか
Ⅱ 複数　Ⅲ ジレンマ
問2 エ　問3 (ア)　問4 イ
問5 ウ　問6 エ　問7 エ
問8 オ

一〔漢字〕

(a)「罷免」は，職を辞めさせること。　(b)「請願」は，自分の希望がかなうように願い出ること。(c)「我慢」は，耐え忍ぶこと。　(d)音読みは「思慕」などの「ボ」。　(e)音読みは「芳香」などの「ホウ」。　(f)音読みは「憤慨」などの「フン」。　(g)「維持」は，物事の状態をそのまま保ち続けること。　(h)「勧告」は，ある行動をとるように説いて勧めること。

二〔資料〕

問1．3辺の合計が140cmを超えたスーツケースは，「30kg以内であれば★の料金が適用」されるので，2500円となる(ア…×)。サイズと重量では「大きい方の値」で料金が決まるので，3辺の合計が120cm以内でも，20kgまでの荷物は2200円となる(イ…×)。60サイズの箱を3個送る場合は，3000円になるので，200サイズの料金よりも安くなる(ウ…×)。3辺の合計が200cmを超える場合は，「お手軽引越し便」を利用することになる(エ…×)。3辺の合計が120cmで，15kg以内であれば，1900円となる(オ…○)。

問2．出席停止の期間は，「発症した日」の翌日から「5日を経過」していなければならず，かつ「症状が軽快した」日の翌日から「1日を経過」しなければならない(ア・ウ…×)。「症状が軽快した」状態には，「呼吸器症状が改善傾向にあること」が含まれる(イ…×)。また「発症から10日を経過するまで」はマスクの着用が「推奨」されているが，必須ではない(エ…○)。「同居している家族が新型コロナウイルスに感染した児童生徒等」がいても，その当人に「新型コロナウイルスの感染が確認され」なければ，「直ちに出席停止の対象」とはならない(オ…×)。

三〔古文の読解―説話〕出典：『北遊記』。

≪現代語訳≫同じ国の羽咋の七郎右衛門という人は暮らし向きがよく，それだけではなく〈医術〉にも優れていた。その治療方法は，まず病の原因をつきとめて不思議な絹に包んだものでなでると，どのような長い年月の間患っていた病でも一，二度で治せないということはない。その辺りの人が言うには，七郎右衛門は若いとき，玉子問屋であったが，夏の時期になると毎夜卵を盗むものがいた。七郎右衛門がさまざまに注意していたところ，ある夜三尺くらいの蛇が，梁の上から来て卵の箱を押し分け，十四，五個ほど飲み込んで帰っていった。七郎右衛門は怒って，翌日，木を削って卵のような形にして

三，四十個ほど卵箱の上に入れておき，そのまま夜になって，(蛇は)どうするだろうかとひそかに様子を見ていたところ，思ったとおり，蛇がまたやってきて，(卵を)飲み込む様子は前夜と同じようである。(蛇が)どうするかと見ていると，外へ出て石垣の内側に入ろうとしたところ，木の卵が消化できないので，身もだえしていたが，それから庭の中をはい回って，何かを探している様子である。ほどなく一本の草を探し当て，これをくわえて，その卵の入った所をなでてなめて，ついにその草を飲み込んだところ，たちまち木の卵が消えてふだんの腹のように細くなり，石垣へ入っていった。七郎右衛門は不思議に思い，その草を取り置いて，食あたりなどした人の胃の辺りをなでたところ，たちどころに効き目が出た。それからいろいろな病を治療するときに，その手によって治らないということはないということだ。その草は蛇含草というそうだ。

問１＜古文の内容理解＞七郎右衛門は，若いときに手に入れた「蛇含草」を絹に包んで，「病の根本」の部分をなでて，病気を治した。

問２＜古文の内容理解＞前夜と同じように卵を飲み込んだ蛇は，「石垣の内」へ入ろうとしたが，「木の卵」が消化できなかったので，入ることができず，身もだえしていた。

問３＜古文の内容理解＞苦しんでいた蛇は，庭の中をはい回り，「一本の草」を探し当て(ア…○)，それをくわえて「かの卵の所」をなで(ウ…○)，最後には「その草」を飲み込んだ(エ…○)。

問４＜古文の内容理解＞「妙なり」は，優れているさま。七郎右衛門は，どのような「病」も治すことができる医術を備えていた。

問５＜古文の内容理解＞七郎右衛門は，若いとき「玉子問屋」であった。

四〔論説文の読解─社会学的分野─現代社会〕

＜要旨＞政府が，企業での「健康診断を義務化」して「国民の健康管理」をしてくれるのには，医療費の問題がある。日本は，「公的医療保険」制度に「多くの公費を投入して」いる。しかし，保険制度が日本の財政を圧迫しているため，「医療費の抑制」は「大きな課題」となっている。国民の健康は，「日本の社会全体の利益につながる」のであり，実際，政府は国民の健康に努力を怠らず，二〇一九年には「健康寿命延伸プラン」を策定している。つまり，政府は，国民に「健康になってもらわなければならない」のである。

五〔論説文の読解─哲学的分野─哲学〕出典：貫成人『哲学マップ』。

≪本文の概要≫倫理学とは，「善悪」「正義／不正」といった問題を追求する哲学の一部門である。倫理学において，倫理的規範は直観的に了解されるものとし，そのリストをつくることで済ませようとする立場を，直観主義と呼ぶが，モラルジレンマが生じて唯一の倫理原理を見出さなければならない場合は，直観主義では解決できない。そのとき提案されるのは，功利主義と規範主義であり，カントは，後者の立ち場をとった。功利主義は，最大多数の最大幸福を目的としているが，人格的関係が顧みられないという欠陥がある。これに対してカントは，行為を正当化する一般的行為原則として何を選択するかは，人によって異なるし，その都度行為主体が判断しなければならないが，その際に一つだけ守るべき行為原理があると説いた。それは，自分が選択しようとしている一般的行為原則を，自分だけではなく，社会の全員が選択した場合に，何か困った事態は生じないかチェックせよというものである。こうした条件を守ったうえで，行為は，全て各自の責任において行われる。自分の判断に基づいて行為を選択し，その結果に対する責任を負うことにおいて，各自は責任ある人格たりうるのであり，それが精神の成熟であるとカントは説いた。

問１＜文章内容＞倫理学とは「人は何をするべきか，何をしてはいけないか」といった問題を考える学問である(…Ⅰ)。直観主義では，「遅刻してはいけない」とか「人を傷つけてはいけない」などの「直観的に了解される」倫理的規範によって，問題を解決しようとするが，「人命救助と友情のどちらを優先すべきか」といった問題では，「複数の倫理規範がある」ことで(…Ⅱ)，「ジレンマ」が生じるので(…Ⅲ)，答えが「直観主義からはでてこない」のである。

問２＜文章内容＞功利主義は，「できるだけ多くのひとができるだけ幸福になる」行為を求めるものである。しかし，例えば，世界的な脳外科医と自分の母親が火事で助けを求めていて，一人しか救えない場合，功利主義に基づくと助けるべきは脳外科医の方であり，功利主義には「人格的関係が顧みられない」という問題がある。

問３＜文章内容＞一般的行為原則には，「節約する」「約束を守る」など行為の正当化や選択のための原則が当てはまる。この一般的行為原則の「推奨するに値するものをリストアップしたもの」が，直観主義が「いちいち説明しなくても了解される」とする「倫理的規範」である。

問４＜文章内容＞功利主義は，「できるだけ多くのひとができるだけ幸福になる」ことを目的としたものなので，公平であるといえる。また，選択する行為によって，どれだけ多くの人を幸せにできるかということも目的となるので，その行為の有効性も考慮される。

問５＜文章内容＞功利主義の立場では，「愛情」や「人情」よりも「公共の福祉」が優先されるので，「人格的関係が顧みられないという欠陥」がある。これに対して，カントは，一般的行為原則として何を選択するかは人によって異なるもので，その選択は「その都度行為主体が判断しなければならない」と説いた。

問６＜文章内容＞「共同体」では(…ａ)，「それぞれが各人なりの目的を持って暮らしていること」を互いに認知している(…ｂ)。そして，互いに「配慮しあって行為すること」で(…ｃ)，「自《おの》ずから共同体の秩序は成立」する(…ｄ)。共同体の秩序は「各自が自分の目的を追求する」からこそ成立するので，「自分だけ損する」者がいると，「共同体成立の大前提が崩れてしまう」のである。

問７＜文章内容＞「いま自分が選択しようとしている一般的行為原則を，自分だけでなく，社会の全員が選択した場合に，なにか困った事態は生じないか」ということを顧みたうえで，「自分の判断に基づいて行為を選択し，その結果に対する責を負うこと」を，カントは「精神の成熟」であると説いた。

問８＜要旨＞「いちいち説明しなくても了解される」倫理的規範の「リストを作ることですませようとする立場」を「直観主義」と呼ぶ(ア…○)。複数の規範のどちらかを選ばなければならないという「モラルジレンマ」を避けるため，「唯一の倫理原理」を見出そうとして提案されたのが，「功利主義」と「規範主義」であり(イ…○)，カントは後者の立ち場をとった。カントは，一般的行為原則として，何を選択するかは「その都度行為主体が判断しなければならない」とし(ウ…○)，また，「一切の条件や仮定を前提することなく，あらゆる行為主体に当てはまる命法」を「定言命法」と呼び，自分だけ得をしたり損をしたりしようとしてはいけないと説いた(エ…○)。そして，「自分の判断に基づいて行為を選択し，その結果に対する責を負う」ことで，各自は責任ある「理性的人格」たりうるとし，それが達成されることを，カントは「啓蒙」といった(オ…×)。

2024年度 中央大学杉並高等学校（帰国生）

【英　語】（30分）〈満点：50点〉

I　次の英文を読み，設問に答えなさい。（*のついた語句には，本文の最後に注があります。）

When a mushroom hunter Terri Clements found a unique mushroom near her home in Arizona, she was not sure if it was a new species. So, she brought the mushroom to a laboratory and asked the professional researchers to *process the DNA from it and study the result. Later a scientist confirmed that it was a new species and her new mushroom species was *described *Morchella kaibabensis* in a scientific paper.

Clements was a restaurant owner and a *real estate executive before. After she retired in 2012, she became passionate about recording mushroom species by using traditional taxonomy—the science of describing, naming, and *classifying life on earth. "I had no scientific training, but now I spend hours and hours on it,"she says. "It's like a full-time job, though I don't get a salary."

Clements' situation is not special. [①] For the last 30 years or so, these non-professionals have developed their own research skills, and now professional scientists are gradually welcoming these volunteers.

A 2012 study shows that non-professional taxonomists recorded more than 60 percent of the new species from 1998 to 2007. In the ocean, 40 percent of new *marine mollusks were discovered by non-professionals. New Zealand researchers say that the field of taxonomy has been getting stronger because of these non-professional scientists, even though *funding for professional scientists has been decreasing. There are fewer students who want to be taxonomists, but there are more and more non-professionals who are interested in this field, because nowadays they can find information much more easily online.

In some fields, the work done by non-professional taxonomists are as accurate as professional scientists. Philippe Bouchet is a *curator at the French National Museum of Natural History and an expert on marine mollusks. He often asks a network of volunteers to study material he collects from the ocean. One of the volunteers, Emilio Rolan, has described more ocean species than anyone else so far. He discovered his first new species in 1980 while he was working as a doctor for children. He named the *snail *Conus josephinae* after his wife. Over the next ten years, he got interested in taxonomy and learned techniques to study the species he found. He got a PhD in 1992, and after he retired in 1999, he published many scientific papers with the help of professional scientists like Bouchet. In total, he has described almost 1500 new species since 1980. He gets no salary for his work. His son says, "He's doing his work in his free time and for fun, not for money. He cannot just spend time sitting and watching TV."

Sometimes non-professional taxonomists need more technical skills or tools. Jim McClarin often posts his discoveries to online groups of people who love *beetles. He was a New Hampshire carpenter before, but now lives in *Ecuador to study and photograph beetles. When he discovers a new beetle and cannot find out what it is, he emails photos to his professional scientist friends. "I can tell if it's new to me, but I have to ask an expert whether it's really a new species. They often say that it is something they have never seen," he says. He has found a lot of new species so far.

Though there are many passionate non-professionals around the world, there are not so many students who study taxonomy to be professional researchers. After going into the jungle to find insects or searching for snails in a deep coral reef, they have to spend hours studying them to find out if it is really new. Even if it is a new species, the discovery of a new type of snail will not be so interesting to the world. ②Traditional taxonomy【other / may / so / like / attractive / not / as / popular fields / look】*genetic studies or *biodiversity.

However, as we can see from Clements' experience in the field of mushroom taxonomy, even non-professional scientists can use DNA research now. In fact, last year the North American Mycoflora Project began to give funding to non-professional mushroom researchers around the country for DNA research. Since scientists don't have time to do all that work, the project wants non-professionals not only to collect and send out samples to professionals, but also to learn how to study samples with DNA research and understand the results.

③"Classifying the new species is important when ecosystems are quickly losing biodiversity," says Bill Sheehan, president of the project. "If a species doesn't have a name, it is impossible to protect it or to know that it is in danger. Biology starts with understanding what a species is, and taxonomical studies often leads to important questions about how *evolution works."

（注） process the DNA：DNAを抽出する
describe(d)：記載する（ある生物の特徴を言葉や図，写真等で記述すること）
real estate executive：不動産経営者　classify(ing)：分類する
marine mollusk(s)：海洋軟体動物　funding：助成金　curator：学芸員
snail：巻貝　beetle(s)：甲虫（カブトムシ，クワガタなど）
Ecuador：エクアドル（南米の国）　genetic studies：遺伝子学
biodiversity：生物多様性　evolution：進化

問１　次の質問の答えになるように，（　）に適切な語を入れなさい。

Question： What is *Morchella kaibabensis*?

Answer ： It is a name (　　　) to the mushroom species Terri Clements discovered.

問２　Which is true about Terri Clements?

ア　She processes the DNA from the mushroom she found and studies the result.

イ　She became passionate about mushroom species when she was a restaurant owner.

ウ　She had a scientific training in traditional taxonomy at university.

エ　She spends a lot of time recording mushroom species even though she is not paid for it.

問３　空欄［①］には以下の４つの英文が入ります。本文の内容に合うように正しい順番に並べなさい。

ア　Many of them study rare species like mushrooms, insects and other small creatures.

イ　Therefore, there are not enough professional researchers who study them.

ウ　There are many others who are doing the same in each of their favorite areas.

エ　Those species are less popular than birds, butterflies and flowers.

（　　　）→（　　　）→（　　　）→（　　　）

問4　Why do New Zealand researchers say that the field of taxonomy has been getting stronger ?

ア　Non-professionals supported professionals to record 60 percent of the new species from 1998 to 2007.

イ　40 percent of new marine mollusks were found by non-professionals in the oceans around New Zealand.

ウ　The number of non-professionals who are interested in the field of taxonomy is increasing.

エ　Non-professionals can attend online taxonomy courses at universities around the world.

問5　"Emilio Rolan"についてまとめた文になるように，空欄（A）～（H）に入る適切な語を下のア～セから選び，記号で答えなさい。同じ記号は一度しか使えません。また，文頭に来る語も小文字で示してあります。

Emilio Rolan is one of the (　A　) who help Philippe Bouchet. Emilio is sometimes asked to study the creatures Phillipe (　B　) from the ocean. Emilio himself describes new ocean species, too. His first (　C　) was in 1980. He found a new species of snail and gave it the name of his (　D　). After that he studied (　E　) and techniques for studying new species. After he retired as a (　F　) in 1999, he studied new ocean species more eagerly. (　G　) scientists have helped him publish many scientific papers. The (　H　) number of new species he has described is about 1500. He does not get a salary for his work, because he is doing it just for fun.

ア	total	イ	curators	ウ	non-professionals	エ	wife
オ	researcher	カ	doctor	キ	find	ク	history
ケ	discovers	コ	taxonomy	サ	professional	シ	museum
ス	discovery	セ	increasing				

問6　Which is true about Jim McClarin?

ア　He made popular online groups for people who want to know about beetles.

イ　He is a professional taxonomist who studies and photographs beetles in Ecuador.

ウ　He lives in New Hampshire and often emails beetle photos to his scientist friends.

エ　He has professional scientist friends who answer his questions about new species.

問7　Which is NOT true as a reason why there are fewer students who study taxonomy to be professional researchers ?

ア　There are already many passionate professional researchers around the world.

イ　The discovery of a new small creature may not draw so much attention from the world.

ウ　It takes a lot of time to check if the species they found is really new.

エ　They have to spend hours in jungles or deep coral reefs to find new species.

問8　下線部②が「伝統的な分類学は，遺伝子学や生物多様性のような他の人気のある分野ほど魅力的に見えないかもしれない」という意味になるように，【　】内の語（句）を並べ替えなさい。

問 9　What does the North American Mycoflora Project want non-professionals to do ?

ア　The Project wants non-professionals to give funding to mushroom researchers around the country.

イ　The Project wants non-professionals to study mushrooms with DNA research by themselves.

ウ　The Project wants non-professionals to join their project to make DNA research more popular.

エ　The Project wants non-professionals to increase the number of samples to send out to professionals.

問10　Bill Sheehanが下線部③のように言う理由を，35～45字の日本語で説明しなさい。（句読点を含む。）

問11　この文章のタイトルとして最も適切なものを選び，記号で答えなさい。

ア　DNA research saves new species around the world

イ　Amateur scientists start a new wave of discovery

ウ　Unique mushrooms that bring you million dollars

エ　Taxonomy : a popular choice for your new career

Ⅱ　下線部①～③の日本語を英語に直しなさい。

In the late 1800s, a teacher named Wilhelm von Osten became famous when he showed his horse's excellent skill to people. ①クレバー・ハンスとして知られるその馬は，足踏みによって，簡単な数学の問題に対する答えを示したのだ。

While the audience believed the performance, a smart researcher noticed the trick behind this clever horse. He explained that Clever Hans watched reactions from both his owner and his audience and knew when to stop stepping. He was a smart horse, but counting was never really one of his skills.

②彼の能力は本物ではなかったものの，それ以来，研究者たちは多くの動物に数を数える能力があることを発見してきた。For example, studies have shown that dogs can count the number of treats, and can count up to four or five. Imagine that you put four treats in front of a dog, and then you hide them behind a screen. ③もしそのおやつの中の１つを取って仕切りを外すと，犬はおやつが１つ消えたことに気付くだろう。

【数　学】（30分）〈満点：50点〉

（注意）　定規，コンパス等の作図道具および計算機の使用は禁止です。

1　次の連立方程式を解きなさい。

$$\begin{cases} 2x+3y=10 \\ 4x-y=5 \end{cases}$$

2　方程式 $(x-6)(x-10)=20\times24$ を解きなさい。

3　図において，直線 l と m が平行であるとき，$\angle x$ の大きさを求めなさい。

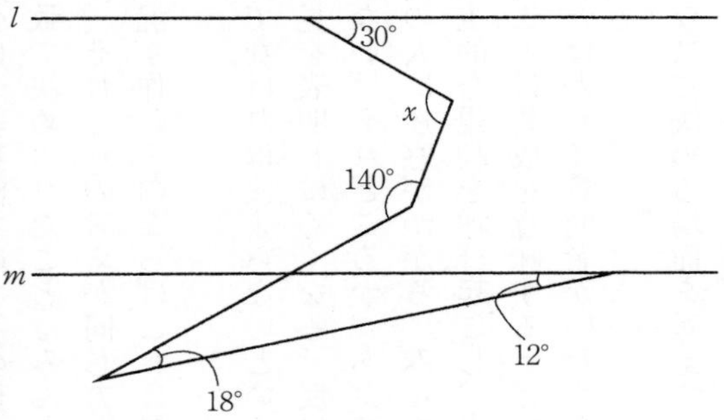

4　図において，線分ACと線分BDの交点をPとします。AB＝CD＝4，AC＝BD＝6のとき，次の問に答えなさい。

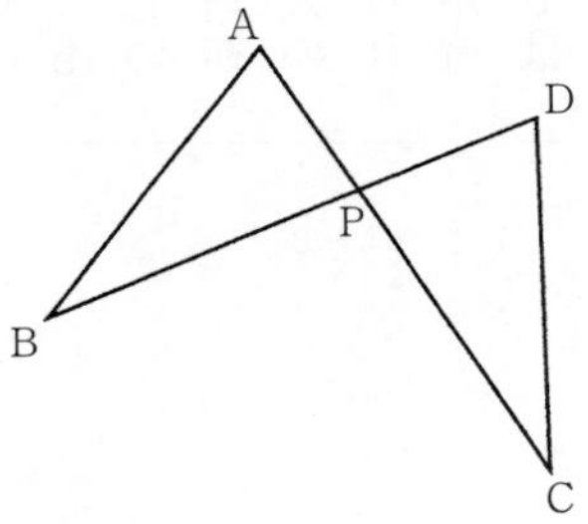

問１　△ABC≡△DCBを示すとき，合同条件としてもっとも適切なものを下の(あ)～(う)から１つ選び，記号で答えなさい。

(あ)：対応する１辺の長さとその両端の角の大きさが等しい

(い)：対応する２辺の長さとその間の角の大きさが等しい

(う)：対応する３辺の長さが等しい

問２　BA＝BPのとき，四角形ABCDの面積を求めなさい。

問３　AP＝BPのとき，四角形ABCDの面積を求めなさい。

5　図のように，放物線 $y=x^2$ 上に x 座標が $\sqrt{t}$ の点Aと，x 座標が $3\sqrt{t}$ の点Bがあります。ABを１辺とする正方形ABCDについて，次の問に答えなさい。

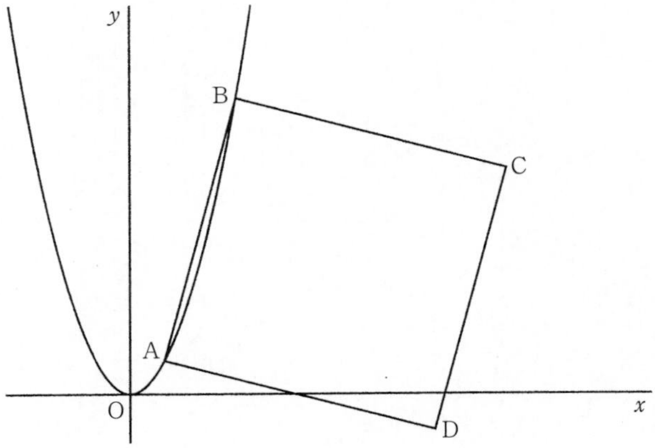

問１　正方形ABCDの面積を t を用いて表しなさい。

問２　正方形ABCDの面積が60のとき，t の値を求めなさい。ただし，$961=31^2$ を用いてもよい。

話し合ってものごとを決める場合は、多数決ではなく全員一致こそが本来的にのぞましい。全員一致で決められたことはみんなが賛同した結果だと考えられるからだ。それぞれの考えが同じ方向を向いていて、きちんと納得のいく状況が作れるのならばこれに越したことはない。

しかし、はじめから全員一致でなければ決まらないということになっていると、とたんに反対意見を表明しにくくなる。反対意見がある以上、最終的な決定ができない。それどころか、あえて反対すれば議論に時間がかかって、他の人に迷惑がかかる。みんなの結束を乱したくないという感情が自主的な規制を呼び起こし、自己検閲をかける。そして「異論がないことは賛成を意味する」という間違った認識によって「右に同じ」とばかりに賛同者がいたずらに増えてしまうこともある。

たとえば文化祭の出し物をクラスで決める場面を考えてみよう。みんなでやるのだから、誰も反対しないものを選びたい。そこで、まずAさんが「お化け屋敷をやりたい」と言った。BさんもCさんも賛同した。そのとき、Dさんが「僕は屋台で焼きそばを売りたい」と言えば、当然、会議が長引く。そこでDさんは、自分の意見を主張することをあきらめて、「みんながやりたいものでいいよ」と言い始める。つまり、自分の意見を表明することはあえてしなかったけれど、それを決める手続き自体には自分も参加した、という理屈だ。

こうして、話し合いは限りなく儀式に近づいていく。判断そのものの是非よりも、みんなの形式的な合意が重視されるのである。もちろん、多数派の人々で「これがいい」と思った選択が、好ましい結果をもたらす場合もないわけではない。それでも、話し合い当初の目的とは異なり、その場の雰囲気で集団的な思考が働き、個人の意志とは無関係に、全員が賛同したかのような意見の一致が作られていくというのは本末転倒ではないか。遠慮して言いたいことが言えなかったり、多数派や声の大きい人に同調したりしていたのでは、たくさんの意見を集める意味がなくなってしまうのである。

（本文は本校で作成した）

問4　空欄[A]・[B]に当てはまる語句の組み合わせとして最も適当なものを次の中から選び、記号で答えなさい。

ア　A「シューベルト」という語　B　わたしのなかの「シューベルト」

イ　A　見た情報　B　知識

ウ　A　語の「形」　B　判断

エ　A　まったく新しい情報　B　符合させるべきもの

問5　――線部(3)「感覚さえ知識に誘導されているとしたら、わたしたちはありのままの世界を見ていないことにもなります」とありますが、このことについて次のように説明しました。次の空欄[Ⅰ]～[Ⅳ]に当てはまる語句を本文中から抜き出しなさい（句読点や「」などの記号も一字に数える）。

わたしたちは何かの事象をとらえる際、[Ⅰ（12字）]としてそっくりそのままとらえるのではなく、「わたし」を持ち込み、それと事象を[Ⅱ（2字）]してとらえている。

ここで言う「わたし」は、そのときどきに発現する考えや感情というよりは、[Ⅲ（9字）]が大いに影響を与えることにより形作られた、いわば[Ⅳ（13字）]とも呼べるものである。したがってわたしたちは、世界をありのままに忠実にとらえてはいないということになる。

問6　――線部(4)「この現在のわたしが投影される積極的な行為」とありますが、それはどのような行為ですか。その説明として最も適当なものを次の中から選び、記号で答えなさい。

ア　目に入るままに対象物をとらえるのではなく、自身の感覚や判断を入り込ませる行為

イ　未知の情報に出会った際も、自身の知っていることとの類似性を見出そうとする行為

ウ　だれに言われることなく、自身が外部からの情報をすすんで取り入れようとする行為

エ　事象を意味づけするため、自身が日頃より関心を持つものと意識的に結びつける行為

問7　本文の内容と合致するものを次の中から一つ選び、記号で答えなさい。

ア　わたしたちは、何かを認識するとき、はじめに全体の形をとらえ、徐々に内奥に迫っていく。

イ　言葉の形を看取することこそが、言葉を「読む」ということだと定義づけられる。

ウ　誤認には、既知の情報に対する場合と未知の情報に対する場合というように二通りの誤認が存在する。

エ　わたしたちは、認識の過程において、現実とはそぐわないものを取り込んでいる。

二

次の文章を①～③の条件にしたがって、八十字以上百字以内で要約しなさい。

① 三文で要約すること
② 第二文の書き出しを「しかし」、第三文の書き出しを「つまり」で始めること
（………。しかし………。つまり………。）
③ 解答欄の一マス目から書き始め、句読点も一字に数えること

全員一致とはどのような制度だろうか。

アメリカの刑事陪審員裁判は全員一致が原則であり、全員一致の評決に至らない場合には「評決不成立」となって、新たな陪審員が選ばれ、もう一度対審（トライアル）をやり直す。日本の内閣でも、閣議の議決は全員一致による。こと裁判や政治に限らず、みんなで

別のいい方をしましょう。ここでの困難さは「照合」すべきものがなかったことを意味するに違いありません。とり違えは「誤ったものと符合させてしまったこと」に起因したのでしたが、まったく新しい情報と出会うと、「符合させるべきものがない」状況に立ち至るのです。いわば自分の知識のなかを(c)ケンサクしても、該当するものが見あたらないといった状態です。そうした困難さが特別であるゆえんは、照合すべきものが「ある」という普通の状態に対して、「ない」というまったく別の状況が起きているからです。

（中略）

こうして考えてくると、何かを認識するとか、何かを感じるといったことは、果たして受動的なのかという疑問が浮かんできます。というのも、外からの情報がわたしのなかの知識と照らし合わされることによって初めて認識されるとしたら、明らかに、そこには「わたし」の参与があるからです。わたしと切り離された、純然たる客観的な「事実」の存在など危うくなります。

もっとつきつめると、(3)感覚さえ知識に誘導されているとしたら、わたしたちはありのままの世界を見ていないことにもなります。赤い球体を見て、わたしたちはすぐにそれをリンゴだと判断するでしょう。しかし、セザンヌPaul Cézanne（一八三九～一九〇六）が描きたかったのは、わたしたちが習慣的な判断や「決めつけ」をもちこんでいない、ありのままのリンゴだったかもしれません。それは必ずしも赤くないし、純粋な球体でないかもしれないのです。知識によって、わたしたちは物を明確に見ることができるのだとしたら、そこには必ず現実とはそぐわないものが入り込んでいるはずです。というのも、知識とは一般へと抽象化された概念であるのに対し、現実はあくまでも個別だからです。これはカントのいう「物自体」へ到達できない人間の宿命にほかなりません。

しかしここで観念論を展開する必要はありません。「シューベルト」を「シートベルト」と読み間違えた人にはある傾向が見られるはずです。少なくとも、その人たちは車に関心があるはずです。車に無関心な音楽好きの人が、そう間違えるはずはないでしょう。つまり、この読み間違いは、認識においてわたしが参与することの決定的な現れであり、その「わたし」とは抽象的な人間一般などではなく、まさにこの「わたし」、つまり車に興味があるとか、「シートベルトを締めなさい」などといつもいわれている「わたし」にほかならないのです。認識とは、ほかの誰でもない、(4)この現在のわたしが投影される積極的な行為なのです。

（田村和紀夫『音楽とは何か―ミューズの扉を開く七つの鍵―』より）

問1 ――線部(a)～(c)のカタカナを漢字に改めなさい。

問2 ――線部(1)「読み間違いは、『読んでいない』ことに起因することになります」とありますが、読み間違いはどのような行為から起きるのですか。その説明として最も適当なものを次の中から選び、記号で答えなさい。

ア　構成している文字を一文字ずつ認識する行為
イ　視覚的に似ている言葉を確認する行為
ウ　単語全体の「形」を見て判断する行為
エ　外見上似た単語と混同しているかを推測する行為

問3 ――線部(2)「物の本質を表すギリシャ語の『イデア』は、『見る』を意味する動詞イデーンideinに由来し、本来は『見られたもの』『形』を表すことが思い浮かびます」とありますが、この一文から言えることはどのようなことですか。その説明として最も適当なものを次の中から選び、記号で答えなさい。

ア　言葉が持つ意味よりも言葉の外見を重要視することで、本質に近づくということ
イ　目に入るものをとらえることこそが、本質を理解する行為の起点となるということ
ウ　物事の本質を追求するためには、じっくりと「見る」行為が欠かせないということ
エ　表面上の事象に目を奪われると、物事の本質を見失ってしまいがちだということ

二〇二四年度 中央大学杉並高等学校（帰国生）

【国語】（三〇分）〈満点：五〇点〉

一 次の文章を読んで、後の設問に答えなさい。

たとえば「シューベルト」という文字があるとします。大部分の人々はこれを文字どおり読むでしょうが、ごくわずかの人は読み間違えるかもしれません。「シートベルト」などと。この間違いはどのように生じるのでしょうか。視力の弱い人が、文字を読みそこなうことが考えられます。しかし、視力とは関係なく、うっかりと読み間違いが起きもするのです。この「うっかり」はどこから生じるのでしょうか。そこから認識のメカニズムを垣間《かいま》見ることができるかもしれません。

もしわたしたちが単語を構成している文字をひとつひとつ読んでいるとしたら、読み間違いは生じないでしょう。「シ」「ュ」「ー」「ベ」「ル」「ト」と、ひと文字ずつ確認していれば、「シ」「ー」「ト」「ベ」「ル」「ト」とは読まないはずです。だとしたら、(1)読み間違いは、「読んでいない」ことに起因することになります。本当のところ、わたしたちは本を「読む」と(a)ショウして、その実「読んでいない」のかもしれません。そしてそこから認識のほころびが生じるのです。

では文字を読む時に、実際には何が起きているのでしょうか。どのように「間違い」は起きたのでしょうか。「シューベルト」を「シートベルト」と読み間違えることがあるとしたら、その理由は、明らかに、二つの言葉が視覚的に似ているからです。そこで、こういう推測が成り立ちます。わたしたちは文字のひとつひとつを「読んでいる」のではなく、ただ「見ている」のだ、と。すなわち「シューベルト」という単語を見ているのです。

さらにいえば、単語を形成しているひとつひとつの文字ではなく、あくまでも全体の「形」を見て、判断しているのです。だからこそ、「シートベルト」という、「形」のよく似た単語との読み間違いが生じるのです。「シ」という単語の頭に、「ー」、それに「ベルト」はまったく同じであり、全体として、両者はあまりによく似ています。重要なのはあくまでも形なのであり、そのために、外見上似たものと混同することがあるのです。とり違えはこうしたつまずきから生じると考えられます。

こうして認識は「形の看取」から始まることになります。(2)物の本質を表すギリシャ語の「イデア」は、「見る」を意味する動詞イデーンideinに由来し、本来は「見られたもの」「形」を表すことが思い浮かびます。

上記の読み間違いの例は、さらに重要な地点へとわたしたちを導きます。誤認は「シューベルト」という情報をわたしのなかにある「シートベルト」という知識と関連づけてしまったことにあったのでした。とり違えは見誤りにあったというより、むしろ誤った「関連づけ」にあったのです。「シューベルト」という語の形を見て、わたしのなかの「シューベルト」（それも「形」で収納されている）と符合させていれば、問題はなかったのです。

すなわち、認識とは「［A］を［B］と照らし合わせること」となります。

誤認はこの「照らし合わせ」の手続きの段階で、誤りが生じたことから起きると考えることができます。だからこんなことも起きます。文章を読んでいて、まったく知らない言葉が出てくると、面くらいます。「何だこれ」と、目を(b)コらすことさえあります。たとえば初めての英単語に出くわすと、アルファベットをひとつひとつ読んでみたりもするでしょう。知っている単語だったら、形を見るだけで判別できたのに、です。こうして、知らない言葉に出会うと、特別な困難さが生じることになります。これはわたしたちが実際は読んではいないこと、形で判断しているために、未知のものには対応できないことの例証でもあります。

英語解答

Ⅰ 問１ given　問２ エ
問３ ウ→ア→エ→イ　問４ ウ
問５ A…ウ　B…ケ　C…ス　D…エ
E…コ　F…カ　G…サ　H…ア
問６ エ　問７ ア
問８ may not look so attractive as other popular fields like
問９ イ
問10 （例）種に名前がなければ，それを保護することも，危険な状態にあるか知ることもできないから。（42字）
問11 イ

Ⅱ ①（例）The horse, known as Clever Hans, showed answers to easy math problems by stepping.
②（例）Although his ability was not real, since then, researchers have discovered that many animals have the ability to count.
③（例）If you take one of the treats away and remove the screen, the dog will notice that one treat is gone.

数学解答

1 $x=\frac{25}{14}$，$y=\frac{15}{7}$
2 $x=30$，-14
3 $100°$
4 問１ (う)　問２ $\frac{9\sqrt{15}}{2}$
問３ $8\sqrt{5}$
5 問１ $64t^2+4t$　問２ $\frac{15}{16}$

国語解答

一 問１ (a) 称　(b) 凝　(c) 検索
問２ ウ　問３ イ　問４ イ
問５ Ⅰ 純然たる客観的な「事実」
Ⅱ 照合
Ⅲ わたしのなかの知識
Ⅳ 習慣的な判断や「決めつけ」
問６ ア　問７ エ

二 （例）全員一致で決められたことはみんなが賛同した結果だと考えられる。しかし，全員一致では反対であるという自分の意見を表明しにくい。つまり，全員一致という決め方は判断の是非よりも形式的な合意が重視されるのだ。（100字）

2023年度 中央大学杉並高等学校（推薦）

【英　語】（20分）〈満点：20点〉

1　次の各組から正しい英文を一つずつ選び，記号で答えなさい。

1．ア　I went to bed early last night because of I was sick.
　　イ　It is said that Germany is a good country to live in.
　　ウ　I wish I can speak English as well as you.
　　エ　Every student weren't able to finish their homework in a day.

2．ア　The news that I watched on TV this morning was very shocking.
　　イ　The woman with her dog I met at the park was very kindly.
　　ウ　I wanted to play basketball, but my father made me to study at home.
　　エ　My cousin moved to France and lived there since she was 10 years old.

3．ア　My father visited to India when he was a university student.
　　イ　The teacher is having lunch now in the school cafeteria.
　　ウ　How many soccer fans did they go to the stadium last night?
　　エ　The graph on the blackboard was drew by our math teacher.

2　次の会話文の空欄［1］～［3］を補うのに最もふさわしい文を下のア～コからそれぞれ選び，記号で答えなさい。

1．A：What are you going to do next summer vacation?
　　B：I am going to New Zealand.
　　A：Oh, really?［　1　］

2．A：I heard you are a big soccer fan.
　　B：Yeah,［　2　］
　　A：Wow! I really want to go because I have never been there.

3．A：Dad! Could you help me with my math homework?
　　B：No, you have to do it by yourself!
　　A：［　3　］

ア　What is your favorite soccer team?
イ　How was your trip?
ウ　I can't. I'm so good at math.
エ　When are you going to leave Japan?
オ　Thanks a lot for your help.
カ　You went to a park to play soccer yesterday, right?
キ　I know, but I don't understand anything.
ク　You have to do it by tomorrow morning.
ケ　I often watch soccer games at Tokyo Stadium.
コ　What country are you going to visit?

3　次の日本語を英語にしなさい。

1．健太は，その映画がどれほど素晴らしいか私に教えてくれた。

2．もし今日晴れていたら，公園に行くのに。

4　次の文章を読み，後の問に答えなさい。（*のついた語句には本文の最後に注があります。）

Last night at the dinner table, my little brother kept asking questions about recycling and making paper. He always asks so many questions. Then, Dad started to talk about his work. He works for the city and one of his jobs is to tell our community about the *benefits of recycling. I thought I knew everything about recycling, but when Dad talked about his work, I got excited. ①【some / let / the information / learned / me / of / I / share】 around the dinner table.

Did you know there are ②many important benefits to making recycled paper? It takes 64% less energy to make paper from used paper than from trees. Recycling one ton of paper saves about 3 barrels of oil. This amount of oil is enough energy to heat a house for a year in many *developed countries. Also, making recycled paper takes 61% less water and results in 70% fewer *pollutants than making paper from trees. Recycling just half of the world's paper would protect 20 million *acres of forestland. Thanks to these benefits, some countries are now recycling at least half of all the paper products that are used there.

I think it is almost impossible to imagine how much paper is used every day in the world. However, there may be something we can do for the environment in our daily lives.

Then, Dad suggested making our own recycled paper. We gathered the necessary materials to make it. These are the materials we found around the house :

a *blender / a *plastic pan / warm water / a *screen frame / newspapers / *scrap paper / one large jar

This is ③the process we followed to make paper :

1．Cut scrap paper into small pieces. Place it in a jar with warm water. Let the paper *soak for half an hour.
2．Pour water into a blender until it is 1/2 full and put the soaked paper into it. Mix until it is smooth. This is called paper pulp.
3．Pour the pulp into a plastic pan and add warm water to the pan.
4．Put the screen frame into the plastic pan. When the pulp is on top of the screen, lift the screen frame out of the plastic pan.
5．Place the screen frame on some newspapers to dry.
6．After the new paper is dry, *peel it from the screen. Now you have your own recycled paper!

Well, it all started with my little brother's question around the dinner table. I understood more about the process of making recycled paper and its benefits for the environment. Also, guess what? I had an idea to use the new paper to wrap Dad's birthday present. Dad will never forget the recycled paper we made in the kitchen. Now, I wonder what my little brother will ask next at dinner.

（注） benefit(s)：利点　developed country(ies)：先進国　pollutant(s)：汚染物質
acre(s)：エーカー（土地面積の単位）　blender：ミキサー　plastic pan：洗面器
screen frame：網を張った枠　scrap paper：くず紙　soak：～を浸す
peel：～をはがす

問１　下線部①が「私が学んだいくつかの情報を共有させてください」という意味になるように，【　】内の語（句）を並べ替えなさい。ただし，文頭に来るべき語も小文字で表してあります。

問２　下線部②について，本文の内容と一致するものをア～エから一つ選び，記号で答えなさい。

ア　Making paper from trees saves 64% more energy than making paper from used paper.

イ　Making recycled paper gives us some opportunities to plant trees in developed countries.

ウ　If we recycle one ton of paper, we can save enough energy to heat a house for a year in many developed countries.

エ　If we save 61% more water by recycling paper, half of the world's countries can reduce the amount of paper products.

問３　下線部③に関して，以下の問の答えになるように，（Ａ）と（Ｂ）に入る一語を答えなさい。

Q：　How do you make paper pulp？

A：　You put small pieces of scrap paper in warm water and wait for（ A ）minutes. By（ B ）it with water in a blender until it becomes smooth, you will get paper pulp.

問４　本文の内容と一致するものをア～キから二つ選び，記号で答えなさい。

ア　The writer's father works for the recycling company which is responsible for making paper from recycled materials.

イ　The writer already knew everything about recycling, because his/her little brother always asked questions about it.

ウ　The writer's father said it was almost impossible to imagine how much recycled paper was produced in the world.

エ　The family couldn't gather all the necessary materials to make recycled paper at home.

オ　In the paper recycling process, before you lift the screen frame out of the plastic pan, the pulp has to be on top of the screen.

カ　When you make recycled paper, you place the screen frame on some newspapers to remove the pulp from the screen.

キ　The writer is planning to use the new paper made in the kitchen to wrap his/her father's birthday present.

【数　学】（20分）〈満点：20点〉

（注意）定規，コンパス等の作図道具および計算機の使用は禁止です。

1　$x=1+4\sqrt{5}$，$y=2-3\sqrt{5}$のとき，次の式の値を求めなさい。

$$\frac{4x+y}{2}-\frac{3x-y+1}{3}-\frac{3x+2y}{4}$$

2　図において，A(2，4)，B(1，0)，C(6，0)，D(4，5)のとき，次の問に答えなさい。

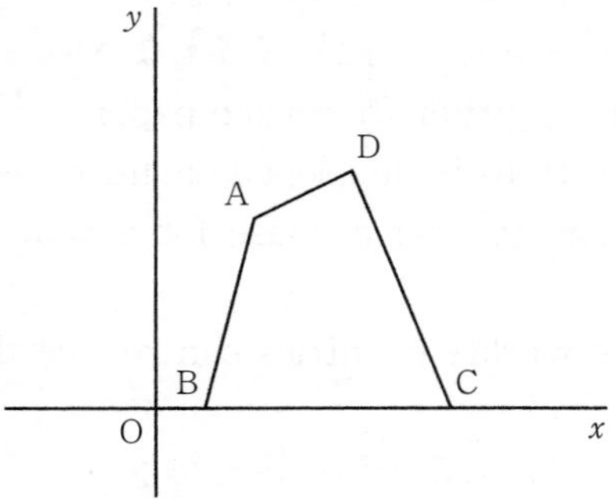

問１　四角形ABCDの面積を求めなさい。

問２　点Aを通り，四角形ABCDの面積を２等分する直線の方程式を求めなさい。

3　定点A(−2，4)と関数$y=x^2$のグラフ上を動く点Bがあり，２点A，Bを結ぶ直線をlとします。このとき，次の問に答えなさい。

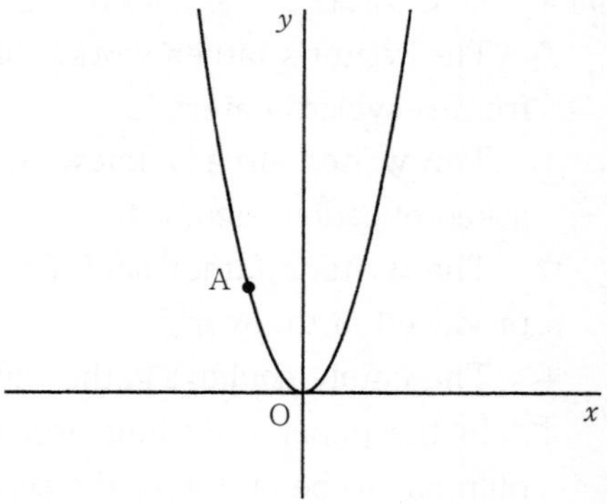

問１　点Bのx座標が１のとき，直線lの式を求めなさい。

問２　直線lの傾きが３になるとき，点Bの座標を求めなさい。

問３　点Bのx座標は２以外の正の値で，直線lがx軸と交わる点をCとします。点Aが線分BCの中点となるとき，点Bの座標を求めなさい。

4　右の図は底面の半径がr，高さが９の円錐から，高さが３の円錐を切り取った立体です。図の線分ACは高さが９の円錐の母線で，線分ABは高さが３の円錐の母線であり，BはAC上の点であるとします。この立体の体積が130πであるとき，次の問に答えなさい。ただし，円周率はπとします。

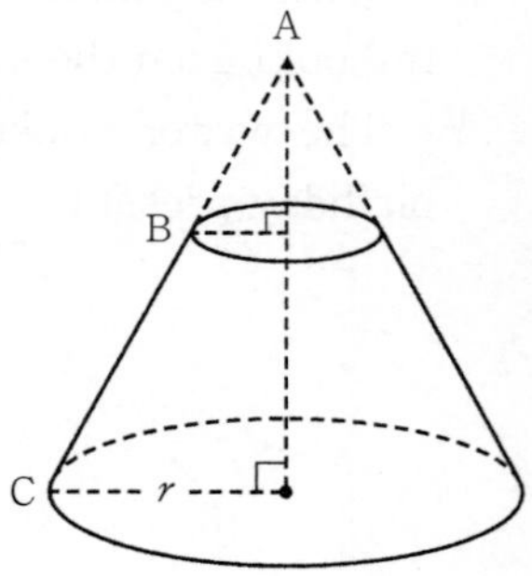

問１　rの長さを求めなさい。

問２　BCの長さを求めなさい。

【社　会】（20分）〈満点：20点〉

1　次のア～オのうち，正しい組み合わせを二つ選んで記号で答えなさい。

ア	南北アメリカ大陸にある山脈	アルプス山脈	アパラチア山脈	アンデス山脈
イ	ユーラシア大陸を流れる川	メコン川	ナイル川	ボルガ川
ウ	フィヨルドがみられる国	ノルウェー	ニュージーランド	キューバ
エ	東南アジア諸国連合の加盟国	ミャンマー	ベトナム	フィリピン
オ	内陸国	オーストリア	モンゴル	アフガニスタン

2　次のア～オのうち，正しい組み合わせを二つ選んで記号で答えなさい。

ア	日本海に流れ出る川	信濃川	最上川	北上川
イ	世界遺産に登録された 自然環境がある都道県	東京都	北海道	鹿児島県
ウ	政令指定都市	熊本市	神戸市	仙台市
エ	東京都より面積が小さい府県	島根県	香川県	大阪府
オ	北方領土の島	択捉島	魚釣島	色丹島

3　次のア～オのうち，正しいものを一つ選んで記号で答えなさい。

ア　中央アジアは天然ガスやレアメタルなどの鉱産資源に乏しく，世界市場向けに輸出できる物資が少ないため，産業が発達しておらず，民主的な政治がおこなわれていない国が多い。

イ　ヨーロッパ西部の沿岸部は，北大西洋から南下する寒流と偏西風の影響を受けるため，東ヨーロッパの内陸の地域と比べて，冬の寒さが厳しい。

ウ　アフリカの国々はアフリカ連合(AU)をはじめとする国際機関をつくり，政治的・経済的な団結を強めている。国際連合の会議でも，全加盟国の４分の１以上を占めるAU加盟国がまとまった意見を発信することで，大きな発言力を持つようになっている。

エ　北アメリカにはネイティブアメリカンとよばれる先住民が住んでいたが，17世紀以降イギリスやフランスが植民地をつくると，ヨーロッパからの移民が人口の多数を占めるようになった。その結果，アメリカ合衆国やカナダでは主に英語が，メキシコやキューバでは主にフランス語が使われている。

オ　18世紀から20世紀にかけて，オセアニアはイギリスやフランスなどの植民地となった。イギリスから独立したオーストラリアでは，近年，中国系の移民が急増し，イギリス系移民との対立が深まった結果，中国からの移民を厳しく制限する政策がとられている。

4　次のア～オのうち，正しいものを一つ選んで記号で答えなさい。

ア　大きな河川がなく，夏に晴天の日が続き降水量が少ない沖縄県は，水不足になりやすく，古くから農業用のため池や用水路が整備されてきた。

イ　火山活動で生じる地熱は，電力を生み出すエネルギー産業にも利用されている。中国地方には火山が多く，日本最大級の地熱発電所である鳥取県の八丁原地熱発電所をはじめ，多くの地熱発電所がある。

ウ　中部地方の八ヶ岳や浅間山のふもとでは，日当たりのよい南向きの斜面を利用して，レモンやメロンなどの果樹栽培がさかんにおこなわれている。

エ　三陸海岸では，やませとよばれる北東の風の影響により波が高くうちつけるため，養殖漁業や栽培漁業はほとんどおこなわれていないが，沖には魚が多く集まる潮目があるため，水揚げ量の多い漁港が点在している。

オ　泥炭地が広がっていた石狩平野は稲作に向かない地域だったが，稲作に適した土を運び入れる客土を繰り返して土地を改良したり，排水施設を整備したりすることで稲作が発展し，現在では日本有数の米の生産地となっている。

5　次の表は，うなぎの養殖収獲量，茶の収穫量，豚の飼養頭数，みかんの収穫量について，それぞれ上位5位の都道府県をまとめたものである。各表のA・Bにはそれぞれ同じ都道府県が入る。A・Bに当てはまる都道府県の名前を答えなさい。

うなぎの養殖収獲量(2019年)

	都道府県	収獲量（t）
1位	A	7,086
2位	愛知県	4,357
3位	宮崎県	3,070
4位	B	1,534
5位	高知県	296

茶の収穫量(2020年)

	都道府県	収穫量（百t）
1位	A	1,184
2位	B	1,126
3位	三重県	240
4位	宮崎県	146
5位	京都府	112

豚の飼養頭数(2021年)

	都道府県	飼養頭数（千頭）
1位	A	1,234
2位	宮崎県	797
3位	北海道	725
4位	群馬県	644
5位	千葉県	615

みかんの収穫量(2019年)

	都道府県	収穫量（千t）
1位	和歌山県	157
2位	愛媛県	125
3位	B	86
4位	熊本県	81
5位	長崎県	54

『地理統計要覧　2022年版』(二宮書店)より作成

6　次の表は，ヨーロッパ連合(EU)加盟国のうち，国土面積が上位8位までの国について，面積，人口，国民総所得，国際観光客数，EU加盟年，主な宗教をまとめたものである。下の【1】【2】に答えなさい。

国	面積（千km^2）	人口（千人）(2020)	国民総所得（億ドル）(2019)	国際観光客数（千人）(2019)	(3)EU加盟年	主な宗教（%）
A	(1)552	(1)65,274	27,718	(2)89,322	1952年	カトリック 64，イスラム教 8，プロテスタント 3
B	506	46,755	13,956	83,509	1986年	カトリック 77，イスラム教 3
スウェーデン	439	10,099	5,468	7,616	1995年	(4)福音ルーテル派 71
C	358	83,784	39,661	39,563	1952年	カトリック 31，プロテスタント 30，イスラム教 5
フィンランド	337	5,541	2,702	3,290	1995年	(4)福音ルーテル派 78，正教 1
ポーランド	313	37,847	5,721	21,158	2004年	カトリック 89，正教 1
イタリア	302	60,462	20,224	64,513	1952年	カトリック 83，イスラム教 2
D	238	19,238	2,461	12,815	2007年	正教 87，プロテスタント 6，カトリック 5

(1)　海外県を除く。
(2)　2018年。
(3)　1993年のEU発足以前は，EUの前身であるヨーロッパ石炭鉄鋼共同体(ECSC)・ヨーロッパ共同体(EC)加盟年。ドイツは1990年以前は西ドイツ。
(4)　プロテスタントの一つで，ルター派ともよばれる。

『地理統計要覧　2022年版』(二宮書店)他より作成

【1】　Bに当てはまる国の名前を答えなさい。

【2】　次のア～オのうち，Dが国境を接している国を一つ選んで記号で答えなさい。

ア　ブルガリア　　イ　スウェーデン　　ウ　スイス
エ　オランダ　　オ　ポルトガル

7　次のア～オのうち，正しい組み合わせを一つ選んで記号で答えなさい。

ア	奈良時代	『源氏物語』が著された	正倉院が建てられた
イ	平安時代	『東海道中膝栗毛』が著された	鹿鳴館が建てられた
ウ	鎌倉時代	『徒然草』が著された	五稜郭が築かれた
エ	室町時代	『平家物語』が著された	金閣が建てられた
オ	江戸時代	『奥の細道』が著された	日光東照宮が建てられた

8　次のア～オのうち，A・B・Cが時代順に正しく並んでいるものを二つ選んで記号で答えなさい。

ア　A　平泉を拠点に奥州藤原氏が力を持つようになった。
　　B　朝廷を監視するために京都に六波羅探題が設置された。
　　C　琉球王国の那覇が国際貿易港として栄えた。

イ　A　菅原道真が遣唐使の派遣停止を訴えて認められた。
　　B　中国の長安にならって平城京が造営された。
　　C　日本が唐と新羅の連合軍に白村江の戦いで敗北した。

ウ　A　スペインがコロンブスの大西洋横断の計画を支援した。
　　B　プロイセンがドイツ諸国を統一してドイツ帝国が成立した。
　　C　フランス革命の終結を宣言したナポレオンが皇帝に即位した。

エ　A　律と令からなる大宝律令が定められた。
　　B　武家社会の慣習にもとづく御成敗式目が定められた。
　　C　天皇・朝廷を統制する禁中並公家諸法度が定められた。

オ　A　鑑真が苦難の末に来日した。
　　B　法然が浄土宗を開いた。
　　C　最澄が天台宗を伝えた。

9　次のア～オのうち，正しいものを二つ選んで記号で答えなさい。

ア　1980年代後半に始まったバブル経済が2008年の世界金融危機により終了すると，日本経済は長期にわたり不況におちいった。

イ　田中角栄内閣のときに日中共同声明が調印され，日本と中華人民共和国との国交が正常化した。

ウ　ポツダム宣言にもとづき，GHQは日本の非軍事化と民主化を基本方針として日本の占領統治を始めた。

エ　自由民主党と日本社会党による連立内閣である細川護熙内閣が成立し，自由民主党を与党，日本社会党を野党とする55年体制が終了した。

オ　アメリカ合衆国がベトナム戦争に勝利し，ベトナムの社会主義体制は崩壊した。

10　次のア～オのうち，正しいものを二つ選んで記号で答えなさい。

ア　平塚らいてうらが青鞜社をつくり，女性の差別からの解放をめざす活動をおこなった。

イ　日清修好条規は，日本にのみ領事裁判権を認め清には認めない不平等なものであった。

ウ　大正時代には吉野作造が社会主義を基本とする民本主義を唱えて，政党政治を批判した。

エ　明治政府は蝦夷地を北海道と改称し，開拓使をおいて開拓とロシアに対する防備に力を入れた。

オ　日本が南満州鉄道株式会社を設立したことをきっかけとして日露戦争が始まった。

11　次の①～③は日本国憲法の一部である。空欄 A ～ C に当てはまる語句をそれぞれ漢字で答えなさい。

①　公務員の選挙については，成年者による　A　選挙を保障する。

②　何人も，公共の福祉に反しない限り，居住，移転及び　B　の自由を有する。

③　婚姻は，両性の　C　のみに基いて成立し，夫婦が同等の権利を有することを基本として，相互の協力により，維持されなければならない。

12 次の①～③に関する下の各問いに答えなさい。

① 企業は利潤を求めるだけでなく，従業員のための働きやすい職場環境整備，消費者の安全確保など，「企業の［ A ］」(CSR)を果たすべき存在だと考えられている。

② 日本では，所得税・相続税・贈与税に対して，所得が高い人ほど所得に占める税金の割合が高くなる［ B ］制度が採用されている。

③ 為替相場は各国の経済の状況などによって変動し，貿易に大きな影響を与える。例えば1ドル＝100円が1ドル＝90円になる［ C ］のとき，輸出が中心の企業は［ D ］になる。

問1 空欄［A］に当てはまる語句を漢字で答えなさい。

問2 空欄［B］に当てはまる語句を漢字で答えなさい。

問3 空欄［C］と［D］に当てはまる語句の組み合わせのうち，正しいものをア～エから一つ選んで記号で答えなさい。

	C	D
ア	円高	有利
イ	円高	不利
ウ	円安	有利
エ	円安	不利

【理　科】（20分）〈満点：20点〉

1　次の(1)～(3)に答えなさい。

(1)　ヒトの消化管内で，消化酵素のはたらきによりデンプンが小さい分子である糖に分解されることを調べるために，以下の実験をしました。

5本の試験管A～Eを用意し，A～Dにデンプン溶液を，Eに麦芽糖溶液を入れた（図1）。麦芽糖は，ブドウ糖2分子がつながった物質である。

次に試験管AとBには水を加え，試験管CとDにはだ液を加えた。この5本の試験管を20分間，40℃に保った。

試験管AとCにはヨウ素液を加えた。試験管B，DおよびEにはベネジクト液を加えて加熱した。その結果，試験管Aは溶液が青紫色に変化し，試験管Eは溶液が青色から赤褐色に変化した（表1）。

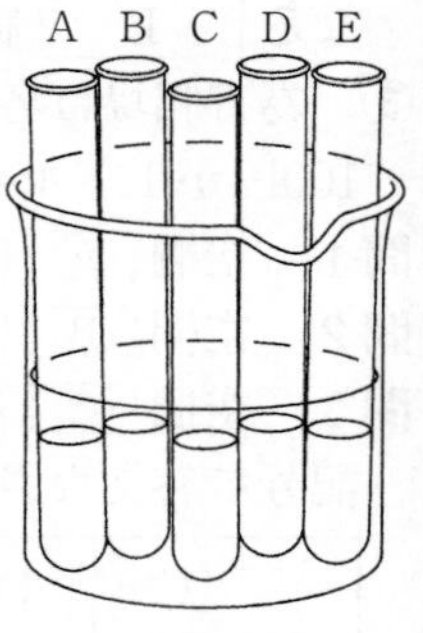

図1

表1

	試験管の溶液	加えた試薬	溶液の色
A	デンプン溶液と水	ヨウ素液	青紫色
B	デンプン溶液と水	ベネジクト液	
C	デンプン溶液とだ液	ヨウ素液	
D	デンプン溶液とだ液	ベネジクト液	
E	麦芽糖溶液	ベネジクト液	赤褐色

デンプンがだ液によって糖に分解されたことを示すには，試験管B～Dの溶液がどのような結果になればよいですか。正しい組み合わせを，次のア～カのうちから一つ選び，記号で答えなさい。

	試験管B	試験管C	試験管D
ア	赤褐色に変化する	青紫色に変化する	変化しない
イ	赤褐色に変化する	変化しない	赤褐色に変化する
ウ	赤褐色に変化する	変化しない	変化しない
エ	変化しない	青紫色に変化する	赤褐色に変化する
オ	変化しない	青紫色に変化する	変化しない
カ	変化しない	変化しない	赤褐色に変化する

(2)　図2は，ヒトの心臓の模式図であり，Aは右心室，Bは左心室，C～Fは4つの弁です。次の文中の空欄［ 1 ］～［ 4 ］に入る語，記号の組み合わせとして正しいものを，あとのア～エのうちから一つ選び，記号で答えなさい。

［ 1 ］に含まれる血液は酸素が少なく，肺動脈を経て肺に送られる。［ 2 ］に含まれる血液は酸素を多く含み，大動脈を経て肺以外の器官に送られる。左心室と右心室から血液が押し出されるときには，［ 3 ］の弁が開き，［ 4 ］の弁が閉じる。

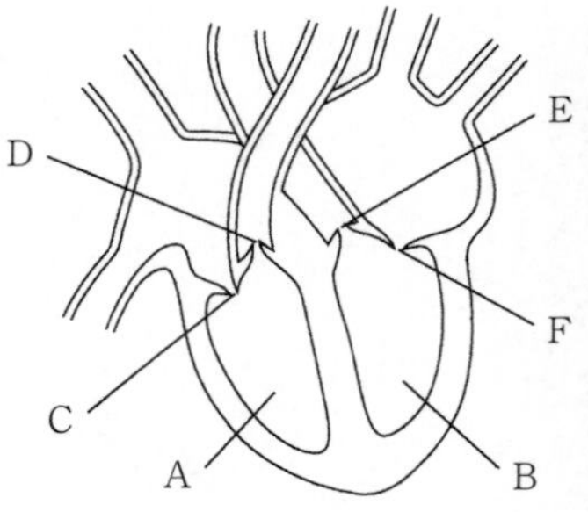

図2

	1	2	3	4
ア	左心室	右心室	C，F	D，E
イ	左心室	右心室	D，E	C，F
ウ	右心室	左心室	C，F	D，E
エ	右心室	左心室	D，E	C，F

(3)　次の文中の空欄［X］・［Y］に入る数値をそれぞれ答えなさい。

体重60kgのヒトの体内には4800cm^{3}の血液があり，１分間の心拍数が100，１回の拍動で左心室と右心室からそれぞれ80cm^{3}の血液が押し出されるものとする。

血液の循環にかかる時間は，左心室から出た血液が再び左心室に到達するまでにかかる時間を求めればよい。4800cm^{3}の血液は，［　X　］回の拍動で１周する。１分間に100回拍動するので，［　Y　］秒で左心室から出た血液が再び左心室に到達することになる。

2　表１は2011年３月15日の夜に発生した最大震度６強の地震の観測データです。下の(1)～(3)に答えなさい。

表１

観測地点			初期微動開始時刻	主要動開始時刻
東京都	国分寺市	戸倉	22時32分 0秒	22時32分10秒
山梨県	大月市	大月	22時31分53秒	22時31分58秒
長野県	諏訪市	湖岸通り	22時32分 3秒	22時32分15秒
静岡県	静岡市	駿河区曲金	22時31分54秒	22時32分 0秒
千葉県	館山市	長須賀	22時32分 5秒	22時32分18秒
神奈川県	小田原市	久野	22時31分52秒	22時31分57秒

（気象庁HPより作成）

(1)　表１から，推定される震源の位置として最も適当な場所を，次の地図上のA～Eのうちから一つ選び，記号で答えなさい。ただし，地図上の点は，表１の観測地点を示しています。

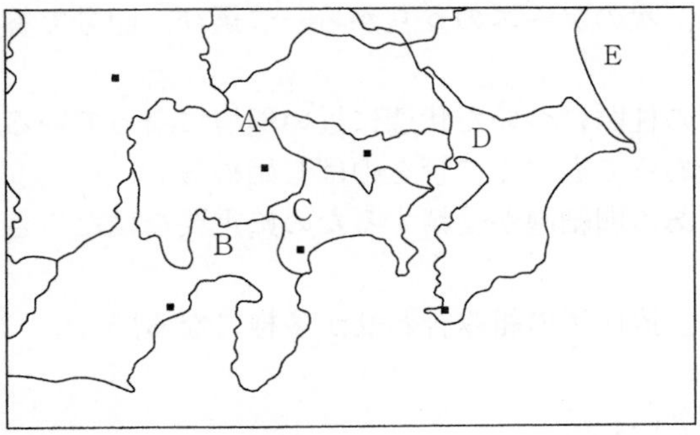

(2)　表１から，初期微動の開始が遅い地点ほど，初期微動継続時間が長くなっていることが分かります。これはどのような理由によるものですか。正しいものを次のア～エのうちから二つ選び，記号で答えなさい。

ア　その地点がより震源から遠いため

イ　震源において，初期微動よりも主要動の方がより遅く発生するため

ウ　初期微動よりも主要動の方が伝わる速さが遅いため

エ　主要動は，地震発生から時間がたつと伝わる速さが徐々に遅くなるため

(3)　表1において，震央から観測地点までの距離は，それぞれ国分寺市が80km，大月市が40kmでした。震源が浅いとすると，この地震の発生時刻はいつと予想できますか。最も適当なものを，次のア～オのうちから一つ選び，記号で答えなさい。

ア　22時31分34秒　　イ　22時31分37秒　　ウ　22時31分40秒

エ　22時31分43秒　　オ　22時31分46秒

3　次の文章を読み，下の(1)・(2)に答えなさい。

観察1　ツバキの葉の断面のプレパラートをつくり，顕微鏡で観察した。図1は，高倍率の対物レンズで一度に見える範囲をスケッチしたものである。

観察2　砂糖を溶かした寒天溶液をスライドガラスにたらして固めた。その上にホウセンカの花粉を落とし，顕微鏡で観察した。図2は，1分後，10分後，20分後の花粉の様子をスケッチしたものである。

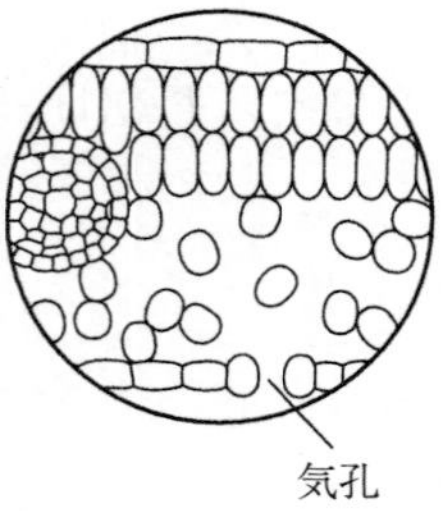

図1

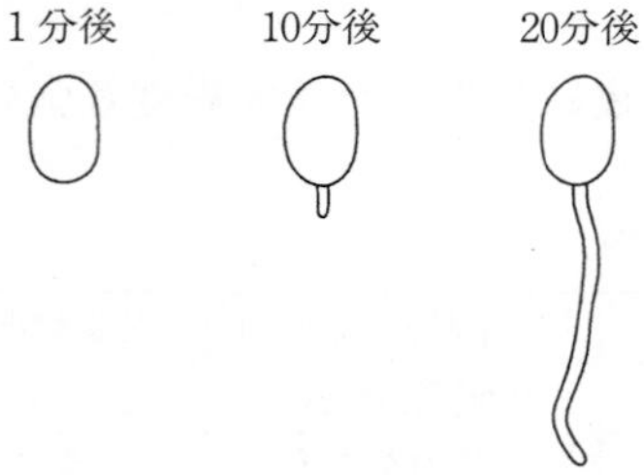

図2

(1)　観察1で見られた気孔に関して，気孔からの蒸散が盛んになることによって植物にどのようなことが起こりますか。最も適当なものを，次のア～エのうちから一つ選び，記号で答えなさい。

ア　根から水を吸い上げるはたらきが盛んになる。

イ　二酸化炭素の吸収が盛んになり，光合成でつくられる養分の量が多くなる。

ウ　呼吸が盛んになり，二酸化炭素の放出量と酸素の吸収量が多くなる。

エ　師管を通るデンプンなどの養分の量が多くなる。

(2)　観察2に関連することとして，誤りを含むものを，次のア～エのうちから一つ選び，記号で答えなさい。

ア　砂糖を溶かした寒天溶液により，花粉がめしべの柱頭についた状態に近い環境になっている。

イ　花粉はおしべから離れると，どのような状態であってもすぐに管をのばし始める。

ウ　花粉からのびてきた管は，精細胞と胚珠の中にある卵細胞が受精するために重要なはたらきをする。

エ　花粉内の精細胞が卵細胞と受精することにより，遺伝子の組み合わせが多様になる。

4　次の文章を読み，次のページの(1)・(2)に答えなさい。

天然ガスの多くを占めるメタンは，1013hPa（以下，標準的な圧力と呼ぶ）のもとでは，融点が－182℃，沸点が－162℃であり，気体の状態になる。国内で使われるメタンの大部分は輸入によってまかなわれているが，気体のメタンでは1gあたり1.4L（標準的な圧力のもと）も必要なため，液体にしてから運搬されている。日常生活でも時折耳にするLNGとは，この液化天然ガス（Liquefied Natural Gas）のことである。

輸入されたLNGの約30％は都市ガスに，残りの約70％は火力発電に用いられる。火力発電では燃

焼によって得た熱で蒸気をつくり，蒸気の力でタービンを回すことにより電気エネルギーをつくり出す。しかし，熱や運動エネルギーを経由するため，火力発電のエネルギー変換効率は低い。一方，メタンや水素などを酸化させる化学変化から，直接電気エネルギーを取り出すことも可能になった。この装置を［　X　］電池と呼ぶ。［　X　］電池は火力発電などに比べてエネルギー変換効率が高く，都営バス等にも一部導入される期待の新技術である。

(1)　下線部について，同じ体積で比較すると，液体のメタンは気体のメタンの何倍の質量になりますか。整数で答えなさい。ただし，液体のメタン１Ｌあたり460ｇであると仮定します。

(2)　文章中の空欄［X］に入る語を漢字で答えなさい。

5　電熱線ａ，ｂの性質を調べるために，加える電圧と流れる電流の関係を調べました。図１はその結果をグラフに表したものです。次の(1)・(2)に答えなさい。

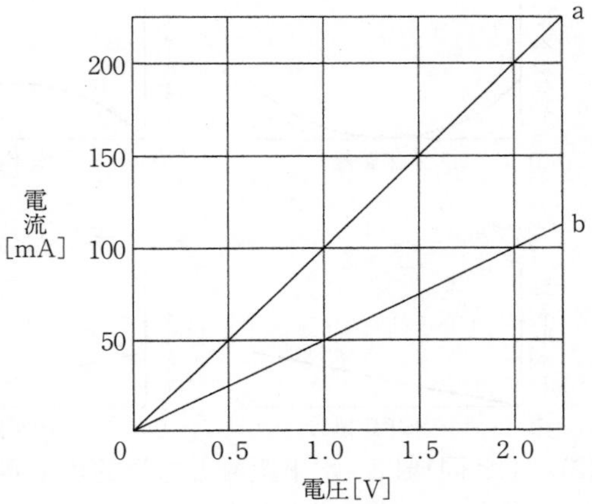

図１

(1)　電熱線ａとｂを直列につなぐと，全体の抵抗は何Ωになりますか。また，並列につなぐと全体の抵抗は何Ωになりますか。最も適当なものを，次のア～カのうちからそれぞれ一つずつ選び，記号で答えなさい。

ア　0.2Ω　　イ　0.38Ω　　ウ　6.7Ω

エ　30Ω　　オ　33Ω　　カ　150Ω

(2)　次の文中の空欄［X］・［Y］に入る最も適当な数を，下のア～オのうちからそれぞれ一つずつ選び，記号で答えなさい。

電熱線ａとｂにそれぞれ同じ時間だけ同じ電圧を加え，発生する熱量を比べると，ａはｂの［　X　］倍である。また，電熱線ａとｂに同じ時間だけ同じ電流を流し，発生する熱量を比べると，ａはｂの［　Y　］倍である。

ア　$\frac{1}{4}$　　イ　$\frac{1}{2}$　　ウ　1　　エ　2　　オ　4

6　図１は振り子の運動で，Ａ点ではなしたおもりのＢ点を通り，Ａ点と同じ高さのＣ点まで上がる様子を表したものです。この振り子の運動で，おもりの位置とおもりが持つエネルギーの関係を考えます。あとの(1)～(3)に答えなさい。

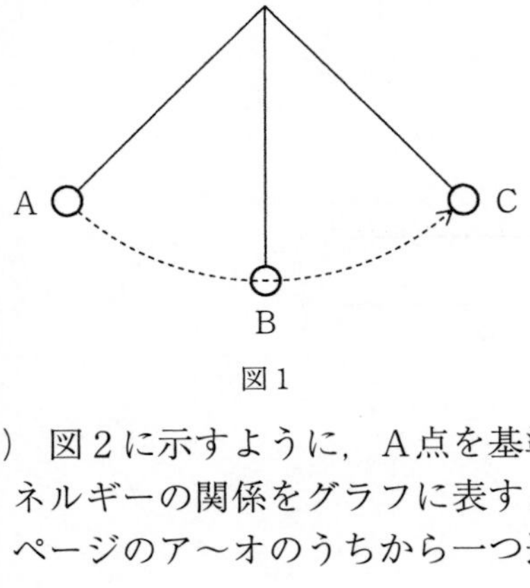

図１

(1)　図２に示すように，Ａ点を基準としたおもりの位置までの水平距離と，その位置における運動エネルギーの関係をグラフに表すと，グラフの形はどのようになりますか。最も適当なものを，次のページのア～オのうちから一つ選び，記号で答えなさい。

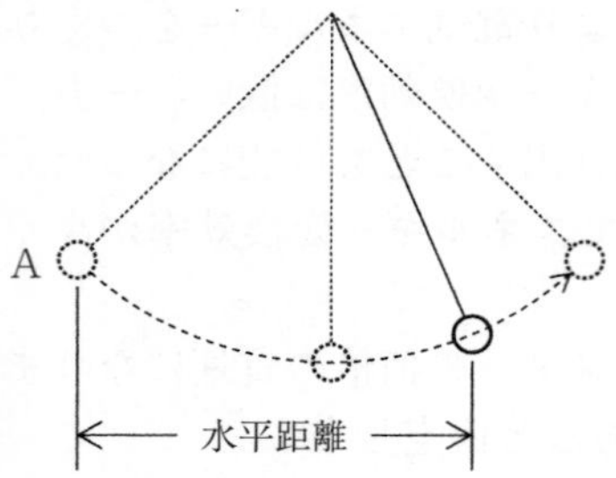

図2

ア

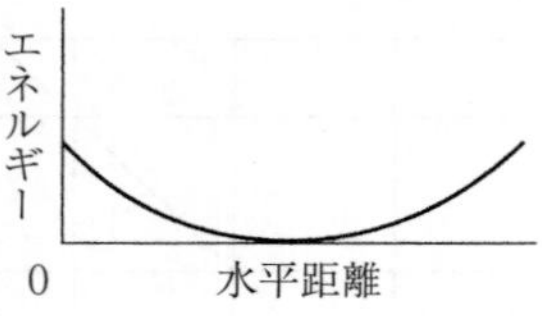

イ

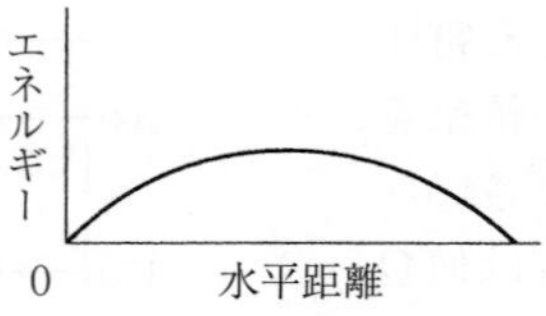

ウ

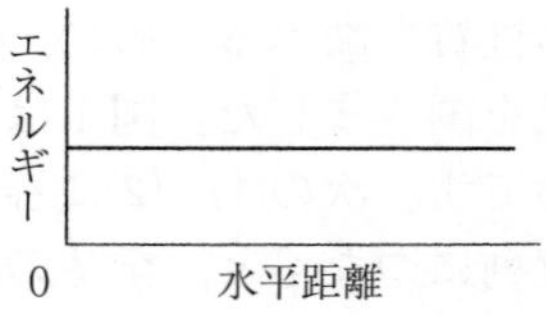

エ

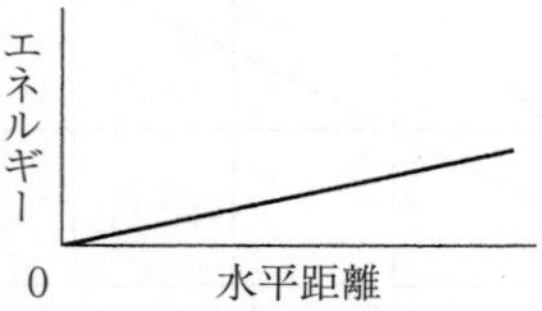

オ

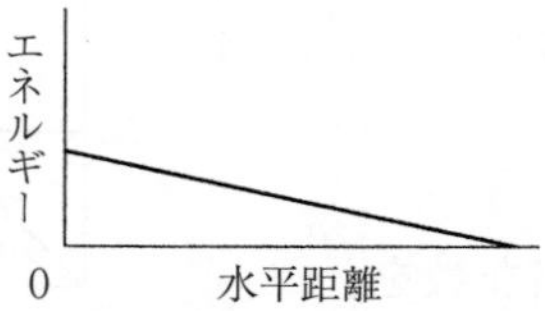

(2) (1)と同様に，水平距離と力学的エネルギーの関係をグラフに表すと，グラフの形はどのようになりますか。最も適当なものを，(1)のア～オのうちから一つ選び，記号で答えなさい。

(3) 図3に示すように，B点を基準としたおもりの位置までの高さと，その位置における運動エネルギーの関係をグラフに表すと，グラフの形はどのようになりますか。最も適当なものを，下のア～ウのうちから一つ選び，記号で答えなさい。

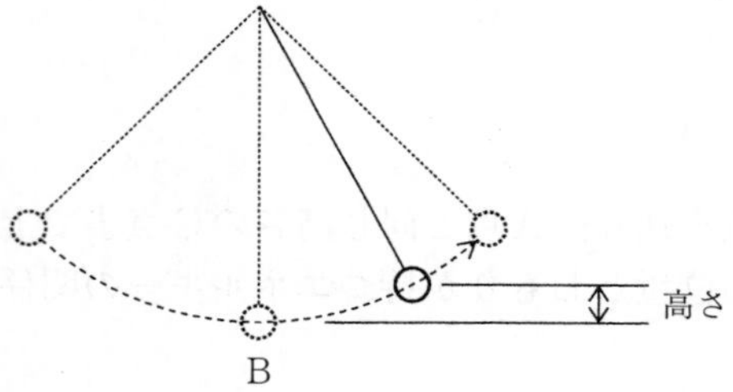

図3

ア

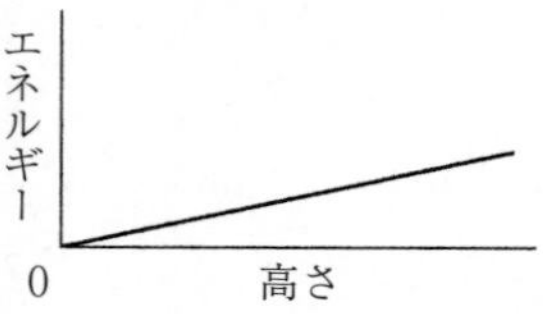

イ

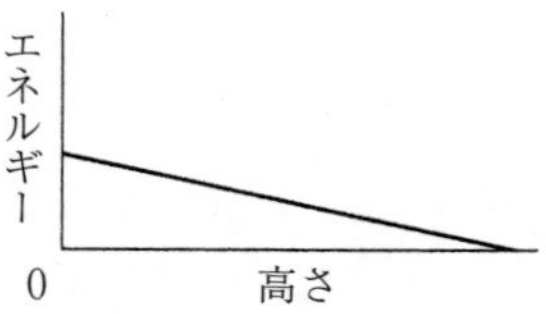

ウ

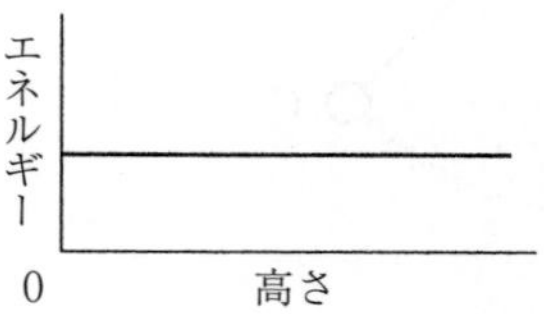

7　次の(1)・(2)に答えなさい。

(1)　ロウの成分の一種である有機物のパルミチン酸$C_{16}H_{32}O_2$について，正しい記述を，次のア～ウのうちからすべて選び，記号で答えなさい。

ア　パルミチン酸は単体ではなく，化合物である。

イ　パルミチン酸１分子が完全に燃焼すると，最大で32分子の水が生じる。

ウ　パルミチン酸が燃焼したときに生じる気体を石灰水に通すと，白くにごる。

(2)　パルミチン酸の融点を調べるために，図１のようにガスバーナーで加熱しました。正しい記述を，次のア～ウのうちからすべて選び，記号で答えなさい。

ア　沸とう石は，水の温度を上昇しやすくするために入れている。

イ　パルミチン酸を湯せんするのは，ゆっくり加熱するためである。

ウ　ガスバーナーに点火するときは，先にガス調節ねじを開いてからマッチに火をつけるのが正しい手順である。

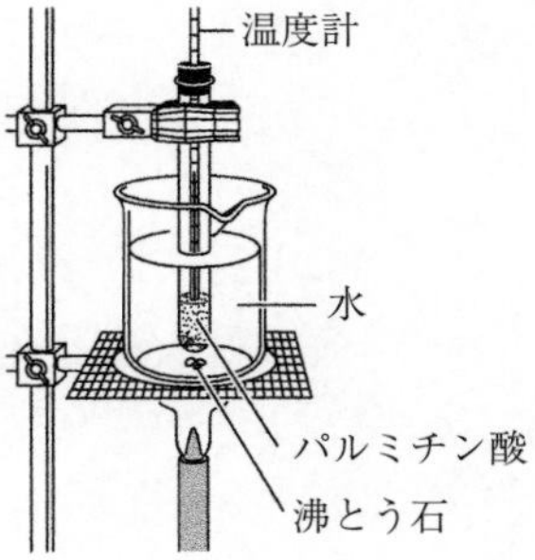

図１

問しているのかということ

ウ　自分が犯した罪よりも、鬼の方が罪深いのにどうして鬼は責められないのかということ

エ　自分は罪を犯して地獄にいるが、この鬼たちはどんな理由があって地獄にいるのかということ

問3　――線部(3)「おのれら」・(4)「ぬし」とありますが、具体的に誰のことを指しますか。それぞれ本文中の語句で答えなさい。

問4　次のア～エのうち本文の内容と合致しないものを一つ選び、記号で答えなさい。

ア　罪人は現世では子供を授かることはなかった。

イ　現世で人が罪を犯すと地獄で鬼が少しずつできあがっていく。

ウ　罪人は鬼たちの告白を聞いて衝撃のあまり泣きだした。

エ　地獄で責め苦を受けていた罪人は自分の子供たちから拷問を受けていたことになる。

いということ

問6　――線部(4)「からくり」とありますが、筆者がショパン・コンクールを「からくり」と呼ぶのはなぜですか。その理由として最も適当なものを次の中から選び、記号で答えなさい。

ア　ポーランド人はショパンの音楽を「ポーランドの魂」と呼び、国民としてのアイデンティティーを堅固なものにしたと思っていたが、ショパン・コンクールによって他国にも門戸を開いてしまったから

イ　ショパンを弾く日本人たちは、ポーランド文化を理解出来ない自分たちにもショパンの音楽が理解出来るつもりでショパン・コンクールに参加するが、結局ポーランド中心主義に荷担させられているにすぎないから

ウ　ショパン・コンクールという国際的な場で演奏されるショパンの音楽は「国境を越えている」ことを証明するかのように思われているが、ワルシャワに集まった世界中のピアニストに画一的な演奏を求めることになるから

エ　ポーランドで生まれ、フランスで活躍したショパンの曲を、アルゼンチン人や中国人に弾かせることで、ショパンの音楽がどのような言語体系を持つ世界でも通用するかのように見せながら、実際はショパン・コンクールではポーランド人が優遇されるから

二

次の文章は江戸時代の『野乃舎随筆』の一節です。本文を読んで後の設問に答えなさい。

ある※1仏者言ふ。地獄にて鬼ども罪人を責めけるに、この罪人いと怖き者にて、※2娑婆《しゃば》にて犯せし罪咎《つみとが》をただちに言はざりければ、鬼ども責めあぐみて、しばらく(1)拷問を休みゐたりけるに、罪人鬼どもの面《おもて》をつくづくと見て言ふやう、「我は娑婆にて罪ありしによりて、この地獄へ堕ちたるはもつとも理《ことわり》なれど、※3足下たちはいかなる罪の深きによりてかくここには※4ものし給ふぞ、(2)いといぶかしきこと」と言ひければ、赤鬼青鬼涙をはらはらと流して、「(3)おのれらは(4)ぬしの子なり」と答ふ。罪人いよいよいぶかりて、「我は娑婆にて子持たずして失せたり。さるを我が子と言ふはいかなるゆゑにか」と言ひければ、「知らせ給はぬこそいと※5いとほしけれ。ぬしのはじめて罪犯し給へりし時、一つの鬼の首《かしら》出で来ぬ。その後罪おかし給へりし時※6むくろ出で来ぬ。また罪作り給へりし時、手足出で来て、一匹・二匹の鬼となりしぞかし。その後たびたび罪犯し給へりし時、三匹・四匹と大勢になりぬ。皆ぬしの罪より生まれし子どもなり」と言ひて、鬼ども足ずりをしつつよよよと泣きたるとぞ。

※1　仏者…僧侶
※2　娑婆…人間が現実に住んでいるこの世界・現世
※3　足下…あなた
※4　ものし給ふ…いらっしゃる(お生まれになる)
※5　いとほし…ふびんだ。気の毒だ。
※6　むくろ…胴体

問1　――線部(1)「拷問を休みゐたりけるに」とありますが、どうして拷問の手を休めたのですか。最も適当なものを次の中から選び、記号で答えなさい。

ア　拷問が長時間に及んだから
イ　罪人が気の毒だと思ったから
ウ　罪人がなかなか罪状を白状しなかったから
エ　この罪人はもともと自分たちの親だと気づいたから

問2　――線部(2)「いといぶかしきこと」とありますが、何をいぶかしく感じているのですか。その説明として最も適当なものを次の中から選び、記号で答えなさい。

ア　拷問が続くと思っていたのに、どうして鬼たちはその手を止めたのかということ
イ　拷問しているのは鬼なのに、どうしてその鬼が泣きながら拷

もう少しうがった言い方をするなら、(3)音楽は自国中心文化のグローバル化を図るための、格好の手段であったとも考えられよう。周知のように一九世紀になると、数多くの民族が独立した国家を作ることを希求すると同時に、自分たちの国民アイデンティティーとしての音楽を持つことを熱望するようになる。ウェーバーやヴェルディやショパンといった、国民楽派の作曲家たちは、こうした背景から登場してきた。そして国民音楽は民族を結集させるアイデンティティーの核であると同時に、その民族文化を国境を越えて普遍化する役割を与えられていた。それに最も成功したのはドイツであったわけだが、自国の音楽を世界基準として流通させる際の標語が、「音楽は言葉ではない／国境を越えている」だった可能性は、それが潜在意識的なものであったとしても、かなり高いはずだ。本当はその文化に精通しなければ理解のかなわぬ「言語」であるかもしれない音楽を、自国の中心性は隠したまま、「国境を越えている」と言い立てて世界に広めるわけである。

　例えばショパンの音楽を「ポーランドの魂」と呼び、それがポーランド人以外には理解不能であることを言外に匂わせつつ、それを「国境を越えた言葉」と信じる日本人や中国人やアルゼンチン人に弾かせ、そして「世界言語としてのショパンの音楽」の中心地であるワルシャワのショパン・コンクールへと(c)モウでさせるといった(4)からくりには、「国境を越えた音楽」イデオロギーの二重性が端的に現れているように思う。

（岡田暁生『音楽の聴き方』による）

問1　═══線部(a)～(c)の漢字をひらがなに、カタカナを漢字に直しなさい。

問2　──線部(1)「音楽は聴くものであると同時に、読んで理解するもの」とありますが、次のように言い換えました。次の空欄にあてはまる語句を本文中から抜き出しなさい。

　音楽は［Ⅰ（4字）］であると同時に［Ⅱ（2字）］でもある。

問3　空欄［①］にあてはまる文として最も適当なものを次の中から選び、記号で答えなさい。

ア　邦楽は外国語のようになっている
イ　邦楽に使用される楽器を知らない
ウ　邦楽の演奏風景を直接見たことがない
エ　邦楽が違和感のある音階で出来ている

問4　──線部(2)「それが一九世紀の産物であることは、まず間違いなかろう」とありますが、なぜそのように言えるのか、次のように説明しました。次の空欄にあてはまる語句を本文中から抜き出しなさい。

　一九世紀までは、［Ⅰ（5字）］のような統治者が領土を治めており、その統治の範囲は近代的な国境とは異なるものだった。しかし、一九世紀以降、［Ⅱ（8字）］を同じくする人々を「国民」と考えるようになり、「国家」という［Ⅲ（4字）］が誕生したのである。このように、言語が人々を統一するということは、同時に［Ⅳ（2字）］するということでもある。それによって一九世紀になってから初めて「越える」べき「国境」という概念が生まれたと言えるのである。

問5　──線部(3)「音楽は自国中心文化のグローバル化を図るための、格好の手段であった」とありますが、どういうことですか。最も適当なものを次の中から選び、記号で答えなさい。

ア　音楽は言葉を使うことなく人を興奮させることが出来るために、民族の団結力を高めることが容易だということ
イ　言語性を見逃されがちな音楽の言語性を見直すことが、自国の文化ひいては他国の文化をも見直すことにつながるということ
ウ　自分たちが昔から脈々と受け継いできた音楽と、他の民族の持つ音楽の統一こそが世界を一つにする効果的な方法だということ
エ　音楽は国民のアイデンティティーを確立する手段となる一方で、言語理解が不要だと思われるがゆえに他国にも浸透しやす

二〇二三年度 中央大学杉並高等学校（推薦）

【国 語】（二〇分）〈満点：二〇点〉

一　次の文章を読んで後の設問に答えなさい。

(1)音楽は聴くものであると同時に、読んで理解するものである。そして音楽を正しく読むためには、「学習」が必要となってくる。文法規則を知り、単語を覚えなければならない。音楽には語学と同じように学習が必要な面がある――これが意味するところはつまり、「音楽にも国境はある」ということにほかならない。サウンドとしての音楽は国境を越えるだろう。甘い囁《ささや》きや苦悶《くもん》の絶叫は、細かい意味内容を知らずとも、万人に理解出来る。だが言語としての音楽は、文法と単語をある程度知らなければ、決して踏み込んだ理解はかなわない。例えば記号的な音の使い方は西洋音楽に限ったことではなく、中国の京劇だとか日本の歌舞伎や近世邦楽にも無数に例があるはずだが、私にはそうした知識がない。だからいつまで経ってもそれらを「サウンド」としてしか聴くことが出来ない。理解が深まっていかない。国境の壁（邦楽に国境の壁を感じるというのも変な話だが、近代の日本人にとって［　①　］ということだろう）を越えることが出来ないのである。

　確かに文学の場合、国境によって囲い込まれてしまう傾向は、音楽よりさらに強いのかもしれない。音声的にまったく異なる言語体系に移し変えられてしまうと、響きと意味とイメージがないまぜになった言葉の体感のようなものが、決定的に失われてしまうわけだから。そこへ行くと音楽は、少なくともそのサウンドでもって、直接すべての人々に訴えかけている幻影を演出することは出来る。文学と比べれば音楽は、「ある程度は」国境を越えている。それでもなお、音楽にもまた「語学の壁」が存在していることは、右に見た通りである。

　にもかかわらず、それでは一体なぜかくも頻繁に「音楽は国境を越えた言葉だ」という表現を人が口にするのかと考えたとき、これと密接に関わっていたと想像されるのが、「音楽は語れない」のイデオロギーである。音楽は言語では語れないサウンドだからこそ、国境を越えて誰にでも直接訴えるのだ。もし音楽がそれ自体言語であるなら、人はそれを理解するために学ばねばならない。それでは分かる人と分からない人が選別されてしまう。「音楽は語れない」と「音楽は国境を越えた言葉だ」は、ともに音楽の言語性格の否定であるという点で、根は同じなのである。音楽は誰にでも分からなくてはならないという呪縛である。

「音楽は国境を越えた言葉だ」という言い方がいつ生まれてきたものなのか、(a)寡聞にして私は知らない。だが「語れない」というイデオロギーと同じく、(2)それが一九世紀の産物であることは、まず間違いなかろう。そもそも近代的な意味での国境の概念が生まれてきたのが、まさにこの頃なのである。一九世紀は国民国家の時代であった。言語と民族と歴史を共有する「国民」が一つの独立国家を形成するという考え方は、この時代に初めて誕生した。一九世紀になって初めて、民族／言語が国家の統一単位（イタリア語、ドイツ語、ポーランド語、チェコ語等々）だと考える人が出て来たのである。

　だが同時に民族独立運動の一九世紀は、人々が全人類の(b)ユウワの夢を見始めた時代でもある。かつての教会や国王のような、超国境的な統治者がいなくなった世界に、いかにして再び統一を与えるか？　こうした状況の中で特別な使命を与えられたのが、音楽ではなかったか。つまり、言語が世界を構成する「国家／国民」という単位にアイデンティティーを与えたとすれば、言語による分割を再び無効にして、感動の坩堝《るつぼ》の中で世界を再統一するのが音楽というわけである。「いざ抱き合え、幾百万の人々よ！」――ベートーヴェンの《第九》が描いたのは、まさにこうしたユートピアであったと、私には思える。

英語解答

1 1 イ　2 ア　3 イ

2 1 エ　2 ケ　3 キ

3 1 (例) Kenta told me how wonderful the movie was.
2 (例) If it were sunny today, I would go to the park.

4 問1 Let me share some of the information I learned
問2 ウ
問3 A thirty〔30〕
B mixing〔blending〕
問4 オ，キ

1〔正誤問題〕

1．ア…×　because of ～「～のために，～のせいで」の後には名詞(句)が続くので of が不要。‘because＋主語＋動詞...’の形で because I was sick とするのが正しい。「具合が悪かったので，昨夜私は早く寝た」　イ…○　It is said that ～. で「～だといわれている」。a good country to live in は to不定詞の形容詞的用法で最後に前置詞が置かれる形。「ドイツは住むには良い国だといわれている」　ウ…×　「～ならいいのに」という‘現在実現困難な願望’は‘I wish＋主語＋(助)動詞の過去形...’の形で表されるので，can ではなく，could が正しい。「あなたと同じくらい上手に英語が話せたらなあ」　エ…×　‘every＋単数名詞’は単数扱いなので，weren't ではなく，wasn't が正しい。「全ての生徒が1日で宿題を終えることができたわけではなかった」

2．ア…○　news「ニュース」は単数扱いであることに注意。「今朝私がテレビで見たニュースはとても衝撃的だった」　イ…×　kindly は「親切に」という意味の副詞。ここでは形容詞 kind が正しい。「私が公園で出会った飼い犬を連れた女性はとても親切だった」　ウ…×　‘make＋目的語＋動詞の原形’で「～に…させる」となるので，to study ではなく，study が正しい。「私はバスケットボールをしたかったが，父は私に家で勉強させた」　エ…×　since she was 10 years old「10歳の頃から」とあるので，動詞は過去形 lived ではなく，過去のある時点からの‘継続’を示す現在完了 has lived が正しい。「私のいとこはフランスに引っ越して，10歳の頃からそこに住んでいる」

3．ア…×　visit「～を訪れる」は後ろに目的語を直接とる他動詞なので，前置詞 to は不要。「私の父は大学生のときにインドを訪れた」　イ…○　have は「～を食べる〔飲む〕」という‘動作’を表すときは進行形にできる。「その先生は今学食で昼食を食べている」　ウ…×　文の主語は How many soccer fans。このように‘疑問詞(＋名詞)’が主語の疑問文は，後ろに動詞が続くので，did they go ではなく，went が正しい。「昨夜は何人のサッカーファンが競技場に行きましたか」　エ…×　「黒板のグラフはかかれた」と受け身の意味になるので，過去形 drew ではなく，過去分詞 drawn が正しい。draw－drew－<u>drawn</u>「黒板のグラフは私たちの数学の先生によってかかれた」

2〔対話文完成─適文選択〕

1．A：今度の夏休みは何をするつもり？／B：ニュージーランドに行くよ。／A：えっ，本当？

いつ日本を出発するの？∥Bからニュージーランドに行くと聞いたAの返答として適切なものを選ぶ。

2．A：君はサッカーの大ファンなんだってね。／B：うん，よく東京スタジアムでサッカーの試合を見るよ。／A：わあ！　そこには一度も行ったことがないから本当に行ってみたいよ。∥この後のAの発言にあるthereはケのTokyo Stadiumを指すと考えられる。

3．A：お父さん！　数学の宿題を手伝ってくれない？／B：いや，自分でやらなきゃだめだよ！／A：そうだけど，何もわからないんだもん。∥父親に宿題を手伝うことを断られた後の息子〔娘〕の発言。not ～ anythingは「何も～ない」という意味。

3〔和文英訳―完全記述〕

1．「健太は～を私に教えてくれた」は‘tell＋人＋物事’「〈人〉に〈物事〉を教える」の形で表せる。‘物事’に当たる「その映画がどれほど素晴らしいか」は‘how＋形容詞＋主語＋動詞...’の感嘆文の語順にする。

2．「もし～なら，…なのに」という‘現在の事実に反する仮定’は‘If＋主語＋動詞の過去形～，主語＋助動詞の過去形＋動詞の原形…’の仮定法過去の文で表せる。なお，If節のbe動詞は主語に関係なく原則としてwereを使う。

4〔長文読解総合―スピーチ〕

≪全訳≫❶昨夜の夕食の席で，弟はリサイクルと紙の製造について質問し続けました。彼はいつも数多くの質問をします。それから，父が自分の仕事について話し始めました。父は市の職員で，その仕事の1つは私たちの地域社会にリサイクルの利点について話すことです。私はリサイクルについては何でも知っていると思っていましたが，父が仕事について話すと私はわくわくしました。夕食の食卓を囲んで私が学んだいくつかの情報を共有させてください。❷皆さんは，再生紙の製造には多くの重要な利点があることを知っていましたか？　木からと比べて，古紙から紙を製造するとエネルギーは64パーセント少なくて済みます。1トンの紙を再利用すれば約3バレルの石油を節約できます。この石油の量は，多くの先進国では1年間1軒の家を暖めるのに十分なエネルギーになります。また，再生紙の製造は，木から紙を製造するのと比べて，水が61パーセント少なくて済み，その結果汚染物質が70パーセント少なくなります。世界の紙のちょうど半分を再利用すれば，2000万エーカーの森林地を保護できるでしょう。こうした利点のために，現在では，国内で使用されている全ての紙製品の少なくとも半分を再利用している国もあります。❸世界で毎日どれくらいの量の紙が使用されているかを想像するのはほとんど不可能だと私は思います。でも，日常生活の中で私たちが環境のためにできることがあるかもしれません。❹それから，父が私たちの再生紙をつくろうと提案しました。私たちはそれをつくるのに必要な材料を集めました。これらは家のあちこちで見つけた材料です。ミキサー／洗面器／お湯／網を張った枠／新聞紙／くず紙／大びん1本❺私たちが紙をつくるために従った工程は次のとおりです。／1．くず紙を細かくちぎる。それをお湯の入ったびんの中に入れる。紙は30分間浸す。／2．ミキサーに水を半分まで注ぎ，お湯に浸した紙を入れる。むらがなくなるまで混ぜる。これは製紙用パルプと呼ばれる。／3．パルプを洗面器に注ぎ，洗面器にお湯を加える。／4．洗面器の中に網を張った枠を入れる。パルプを網の上にのせて，洗面器から網を張った枠を持ち上げる。／5．網を張った枠を新聞紙の上に置いて乾かす。／6．新しくできた紙が乾いたら，網からはがす。これであなたの再生紙の完成です！❻

全ては夕食の食卓での弟の質問から始まりました。私は再生紙の製造工程や環境に対する利点について理解を深めました。そして，どうしたと思いますか？　私はその新しい紙を使って父の誕生日プレゼントを包もうと思いました。父は，私たちが台所でつくった再生紙を決して忘れないでしょう。さて，弟は夕食時に次は何を尋ねるでしょうか。

問１＜整序結合＞「～を共有させてください」は，‘let＋人＋動詞の原形’「〈人〉に～させる」の形で Let me share ～. と表せる。「いくつかの情報」は some of the information とし，これを I learned が後ろから修飾する形にする。the information I learned「私が学んだ情報」は，目的格の関係代名詞を省略した‘名詞＋主語＋動詞’の形。

問２＜要旨把握＞再生紙をつくることの利点は，下線部の後で具体的に説明されている。ウ．「１トンの紙を再利用すれば，多くの先進国では１年間１軒の家を暖めるのに十分なエネルギーを節約できる」は，下線部の２，３文後の内容に一致する。　ア．「木から紙をつくると古紙から紙をつくるよりも64パーセント多くのエネルギーが節約できる」　イ．「再生紙の製造は私たちに先進国で木を植える機会を与えることがある」　エ．「もし私たちが紙をリサイクルすることで61パーセント多く水を節約すれば，世界の国の半分が紙製品の量を減らすことができる」

問３＜英問英答―適語補充＞「製紙用パルプはどうやってつくるか」―「お湯の中に細かくちぎったくず紙を入れて$_{A}$30分間待つ。それをむらがなくなるまでミキサーで水と$_{B}$混ぜ合わせることで，製紙用パルプが得られる」　A．第５段落の工程１参照。half an hour は「30分」。　B．第５段落の工程２参照。

問４＜内容真偽＞ア．「筆者の父親は，リサイクル資材から紙を製造する責任を負うリサイクル会社に勤めている」…×　第１段落第４文参照。市の職員である。　イ．「弟がいつもリサイクルについて質問していたから，筆者はすでにリサイクルについて何でも知っていた」…×　そのような記述はない。　ウ．「世界でどれくらいの量の再生紙が製造されているかを想像するのはほとんど不可能だと筆者の父親が言った」…×　そのような記述はない。　エ．「一家は家で再生紙をつくるのに必要な材料を全て集めることができなかった」…×　第４段落第１，２文参照。材料を集めて実際につくっている。　オ．「紙のリサイクル工程では，洗面器から網を張った枠を持ち上げる前に，パルプは網の上になければならない」…○　第５段落の工程４に一致する。　カ．「再生紙をつくるときは，網からパルプを取るために新聞紙の上に網を張った枠を置く」…×　第５段落の工程５参照。乾かすためである。　キ．「筆者は台所でつくった新しい紙を使って父親の誕生日プレゼントを包もうと計画している」…○　第６段落第４文に一致する。

2023年度／中央大学杉並高等学校（推薦）

数学解答

1 $\frac{7}{12}$

2 問1　16　　問2　$y=-\frac{4}{3}x+\frac{20}{3}$

3 問1　$y=-x+2$　　問2　(5, 25)　　問3　$(2\sqrt{2},\ 8)$

4 問1　$3\sqrt{5}$　　問2　$2\sqrt{14}$

1〔数と式—数の計算〕

与式$=\frac{6(4x+y)-4(3x-y+1)-3(3x+2y)}{12}=\frac{24x+6y-12x+4y-4-9x-6y}{12}=\frac{3x+4y-4}{12}$として，$x=1+4\sqrt{5}$，$y=2-3\sqrt{5}$ を代入すると，与式$=\frac{3(1+4\sqrt{5})+4(2-3\sqrt{5})-4}{12}=\frac{3+12\sqrt{5}+8-12\sqrt{5}-4}{12}=\frac{7}{12}$となる。

2〔関数—一次関数のグラフ〕

≪基本方針の決定≫問2　四角形ABCDの面積を2等分する直線が，辺BC，辺CDのどちらと交わるのか考える。

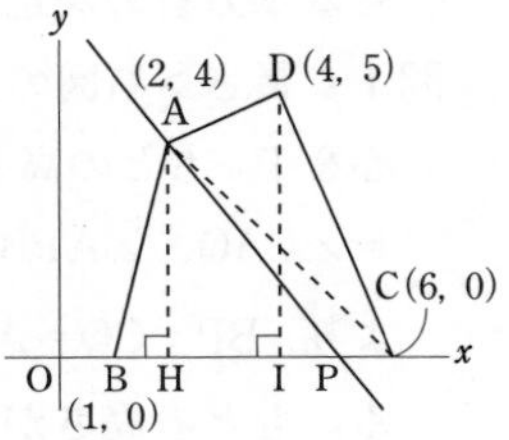

問1＜面積＞右図で，2点A，Dからx軸に垂線AH，DIを引くと，A(2, 4)，B(1, 0)，C(6, 0)，D(4, 5)より，BH$=2-1=1$，HI$=4-2=2$，IC$=6-4=2$，AH$=4$，DI$=5$となる。これより，△ABH$=\frac{1}{2}\times$BH$\times$AH$=\frac{1}{2}\times1\times4=2$，〔台形AHID〕$=\frac{1}{2}\times$(AH$+$DI)$\times$HI$=\frac{1}{2}\times(4+5)\times2=9$，△DIC$=\frac{1}{2}\times$IC$\times$DI$=\frac{1}{2}\times2\times5=5$となるので，〔四角形ABCD〕$=$△ABH$+$〔台形AHID〕$+$△DIC$=2+9+5=16$である。

問2＜直線の式＞右上図で，点Aと点Cを結ぶと，BC$=6-1=5$だから，△ABC$=\frac{1}{2}\times$BC$\times$AH$=\frac{1}{2}\times5\times4=10$となり，△ACD$=$〔四角形ABCD〕$-$△ABC$=16-10=6$となる。よって，△ABC＞△ACDだから，点Aを通り四角形ABCDの面積を2等分する直線は，辺BCと交わる。その交点をPとすると，△ABP$=\frac{1}{2}$〔四角形ABCD〕$=\frac{1}{2}\times16=8$となる。△ABPの面積について，$\frac{1}{2}\times$BP$\times$AH$=8$より，$\frac{1}{2}\times$BP$\times4=8$が成り立つので，BP$=4$である。B(1, 0)だから，点Pのx座標は$1+4=5$となり，P(5, 0)である。A(2, 4)だから，直線APの傾きは$\frac{0-4}{5-2}=-\frac{4}{3}$であり，その式は$y=-\frac{4}{3}x+b$とおける。これが点Pを通るので，$0=-\frac{4}{3}\times5+b$，$b=\frac{20}{3}$となり，求める直線の式は$y=-\frac{4}{3}x+\frac{20}{3}$である。

3〔関数—関数$y=ax^2$と一次関数のグラフ〕

≪基本方針の決定≫問3　点Aのy座標は，点Bと点Cのy座標の平均として表すことができる。

図1

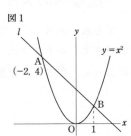

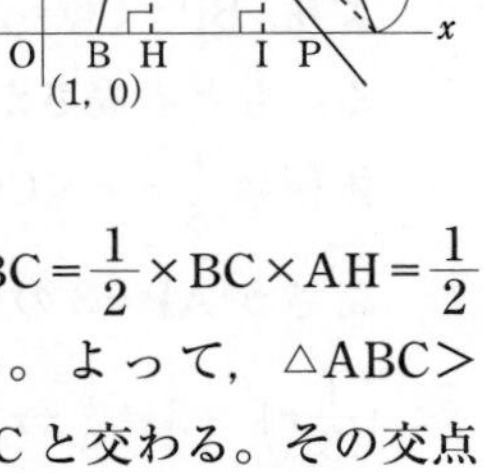

問1＜直線の式＞右図1で，点Bは関数$y=x^2$のグラフ上にあるので，x座標が1のとき，$y=1^2=1$より，B(1, 1)である。A$(-2,\ 4)$だから，直線lの傾きは$\frac{1-4}{1-(-2)}=-1$となり，その式は$y=-x+b$とおける。点Bを通

るので，$1=-1+b$，$b=2$ となり，直線 l の式は $y=-x+2$ である。

問２＜座標＞右図２で，直線 l の傾きが３より，直線 l の式は $y=3x+c$ とおける。A$(-2,\ 4)$を通るので，$4=3\times(-2)+c$，$c=10$ となり，直線 l の式は $y=3x+10$ である。点Ｂは関数 $y=x^2$ のグラフと直線 $y=3x+10$ の交点であるから，２式から y を消去して，$x^2=3x+10$，$x^2-3x-10=0$，$(x+2)(x-5)=0$ より，$x=-2$，５となり，点Ｂの x 座標は５である。よって，y 座標は $y=5^2=25$ となるので，B$(5,\ 25)$である。

図２

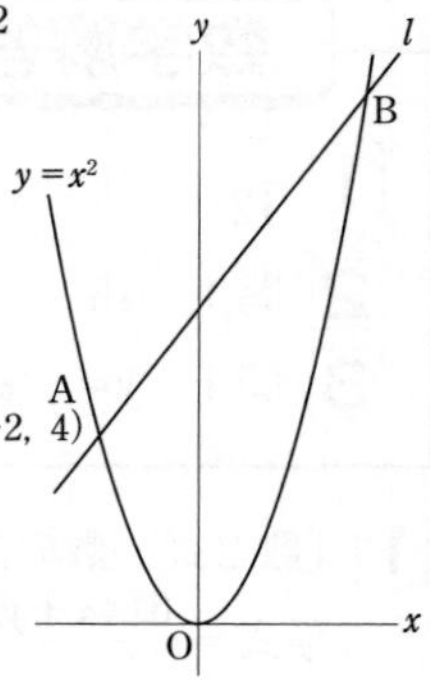

問３＜座標＞右下図３で，点Ｂの y 座標を t とする。点Ａの y 座標は４，点Ｃの y 座標は０であり，点Ａは線分 BC の中点なので，点Ａの y 座標について，$\dfrac{t+0}{2}=4$ が成り立つ。これより，$t=8$ となるので，点Ｂの y 座標は８である。点Ｂは関数 $y=x^2$ のグラフ上にあるから，$8=x^2$ より，$x=\pm2\sqrt{2}$ となり，点Ｂの x 座標は２以外の正の値だから，$x=2\sqrt{2}$ である。よって，B$(2\sqrt{2},\ 8)$である。

図３

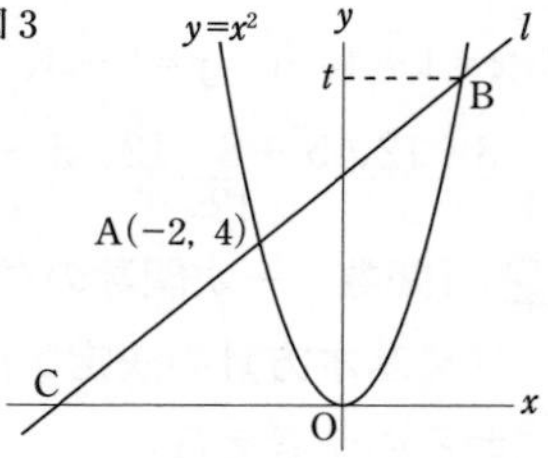

4 〔空間図形―円錐〕

≪基本方針の決定≫問１　立体の体積を r を用いて表す。

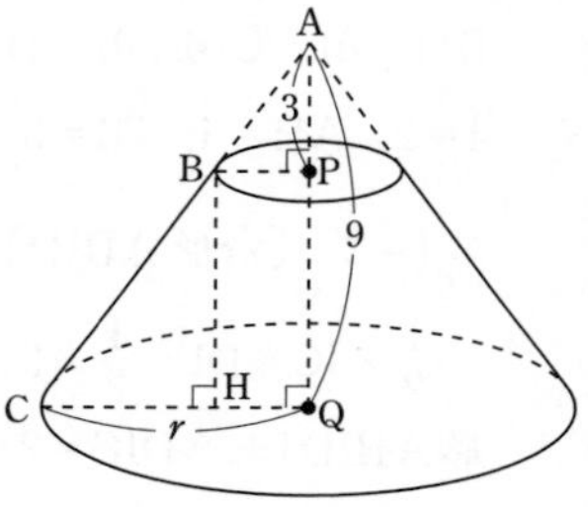

問１＜長さ＞右図のように，切り取った高さが３の円錐の底面の円の中心をＰ，もとの高さが９の円錐の底面の円の中心をＱとする。$\angle$BAP $=\angle$CAQ，$\angle$APB $=\angle$AQC $=90°$ より，△ABP∽△ACQ である。これより，BP：CQ＝AP：AQ＝３：９＝１：３だから，$\mathrm{BP}=\dfrac{1}{3}\mathrm{CQ}=\dfrac{1}{3}r$ となる。もとの高さが AQ＝９の円錐は，底面の円の半径が CQ＝r より，体積は $\dfrac{1}{3}\times\pi\times\mathrm{CQ}^2\times\mathrm{AQ}=\dfrac{1}{3}\times\pi\times r^2\times9=3\pi r^2$ と表せ，切り取った高さが AP＝３の円錐は，底面の円の半径が $\mathrm{BP}=\dfrac{1}{3}r$ より，体積は $\dfrac{1}{3}\times\pi\times\mathrm{BP}^2\times\mathrm{AP}=\dfrac{1}{3}\times\pi\times\left(\dfrac{1}{3}r\right)^2\times3=\dfrac{1}{9}\pi r^2$ と表せる。よって，立体の体積は，$3\pi r^2-\dfrac{1}{9}\pi r^2=\dfrac{26}{9}\pi r^2$ となる。立体の体積は 130π だから，$\dfrac{26}{9}\pi r^2=130\pi$ が成り立ち，$r^2=45$，$r=\pm3\sqrt{5}$ となり，$r>0$ だから，$r=3\sqrt{5}$ である。

問２＜長さ―三平方の定理＞右上図で，点Ｂから CQ に垂線 BH を引く。四角形 BHQP は長方形となるから，BH＝PQ＝AQ－AP＝９－３＝６である。また，問１より，CQ＝$r=3\sqrt{5}$ であり，$\mathrm{BP}=\dfrac{1}{3}r=\dfrac{1}{3}\times3\sqrt{5}=\sqrt{5}$ となるから，$\mathrm{HQ}=\mathrm{BP}=\sqrt{5}$，$\mathrm{CH}=\mathrm{CQ}-\mathrm{HQ}=3\sqrt{5}-\sqrt{5}=2\sqrt{5}$ である。よって，△BCH で三平方の定理より，$\mathrm{BC}=\sqrt{\mathrm{BH}^2+\mathrm{CH}^2}=\sqrt{6^2+(2\sqrt{5})^2}=\sqrt{56}=2\sqrt{14}$ である。

＝読者へのメッセージ＝

平方根の記号($\sqrt{\ \ }$)は，ドイツの数学者ルドルフによる1525年の著書で使われたのが最初といわれています。ルドルフは，上の横線のない記号(√)を使っていました。後に，フランスの数学者デカルトによって，今のような形になりました。

社会解答

1 エ，オ

2 イ，ウ

3 ウ

4 オ

5 A　鹿児島県　　B　静岡県

6 【1】　スペイン　　【2】　ア

7 オ

8 ア，エ

9 イ，ウ

10 ア，エ

11 A　普通　　B　職業選択　　C　合意

12 問1　社会的責任　　問2　累進課税
問3　イ

1 〔世界地理―世界の地形・国〕

東南アジア諸国連合〔ASEAN〕は，1967年にインドネシア，マレーシア，フィリピン，シンガポール，タイの5か国で結成された。2023年4月現在は，原加盟国の5か国に加えて，ブルネイ，ベトナム，ラオス，ミャンマー，カンボジアの計10か国が加盟しており，加盟国間の政治的・経済的な結びつきを強めていくことを目的としている(エ…○)。また，内陸国とは海に面していない国のことをいい，オーストリア，モンゴル，アフガニスタンのほか，スイス，ザンビア，ボリビアなども当てはまる(オ…○)。なお，アルプス山脈はユーラシア大陸のヨーロッパ州にある山脈である(ア…×)。ナイル川はアフリカ大陸を流れる河川である(イ…×)。フィヨルドは，氷河によって削られた谷に海水が深く入り込んでできた湾をいう。キューバは熱帯に属する国であり，氷河が見られないので当てはまらない(ウ…×)。

2 〔日本地理―自然・都道府県・都市〕

2023年4月現在における日本の世界自然遺産は，東京都にある「小笠原諸島」，北海道にある「知床」，鹿児島県にある「屋久島」，青森県・秋田県にまたがる「白神山地」，鹿児島県・沖縄県にまたがる「奄美大島，徳之島，沖縄島北部及び西表島」の5つである(イ…○)。また，政令指定都市は，政令で指定を受けた人口50万人以上の都市であり，2023年4月現在，熊本市・神戸市・仙台市のほか横浜市・大阪市・名古屋市など全国で20市が指定されている(ウ…○)。なお，北上川は岩手県・宮城県を流れて太平洋に流れ出る河川である(ア…×)。東京都は全国で3番目に面積が小さい都道府県であり，東京都より面積が小さい都道府県は，大阪府と香川県の2つである(エ…×)。北方領土は，択捉島・国後島・色丹島・歯舞群島からなり，魚釣島は沖縄県の尖閣諸島に含まれる(オ…×)。

3 〔世界地理―世界の諸地域〕

アフリカ連合〔AU〕には，アフリカの55の国・地域が加盟している。国際連合には世界の193か国が加盟しており，アフリカ連合の加盟国が国際連合に占める割合は，国際連合に加盟していない西サハラを除くと，$54 \div 193 \times 100 = 27.9\cdots$(%)であり，全加盟国の4分の1以上を占めている(ウ…○)。なお，中央アジアは天然ガスやレアメタルなどの鉱産資源が豊富な地域である(ア…×)。ヨーロッパ西部の沿岸部は，北大西洋を北上する暖流の北大西洋海流とその上を吹く偏西風の影響を受けて，東ヨーロッパの内陸の地域と比べて，冬でも温暖な気候となっている(イ…×)。メキシコやキューバは，かつてスペインの植民地となっていたため，現在でも主にスペイン語が使われている(エ…×)。オーストラリアでは，1970年代に白豪主義が廃止されたことから，中国などアジアからの移民が増加しているが，その移民を制限する政策はとられていない(オ…×)。

4〔日本地理―日本の諸地域〕

北海道の石狩平野は，土の栄養分が少なく，稲作に不向きな泥炭地が広がっていたが，稲作に適した土を運び入れる客土により土地の改良が進み，現在では「ゆめぴりか」「ななつぼし」などの銘柄米がつくられている(オ…○)。なお，沖縄県は夏に梅雨や台風の影響を受けて降水量が多いものの，大きな河川がないため水不足になりやすく，古くから水がめに雨水をためるなどの対策をしてきた(ア…×)。地熱発電は九州地方や東北地方で盛んであり，八丁原地熱発電所は大分県にある(イ…×)。中部地方の八ケ岳や浅間山のふもとでは，涼しい気候を生かしてレタスやキャベツなどの高原野菜が盛んに栽培されている(ウ…×)。三陸海岸には複雑な海岸線を持つリアス海岸が広がっており，湾の内側は波が穏やかであるため，かき・ほたてなどの養殖漁業が盛んに行われている(エ…×)。

5〔日本地理―日本の農林水産業〕

茶の収穫量・豚の飼養頭数で日本１位となっているＡは，鹿児島県である。鹿児島県は，水はけのよいシラス台地が広がっているため稲作に向いておらず，畑作・畜産が盛んに行われているほか，温暖な気候と良質な地下水を生かしたうなぎの養殖も盛んである。また，茶・みかんの収穫量で上位５位以内に入っているＢは静岡県である。静岡県の牧ノ原台地などで茶の栽培が，沿岸部の日当たりのよい斜面でみかんの栽培が，それぞれ盛んに行われている。また，静岡県の浜名湖ではうなぎの養殖が行われている。

6〔世界地理―ヨーロッパ連合〕

【１】＜資料の読み取り＞表の主な宗教より，Ａ・Ｂは，カトリックの占める割合が高いことから，カトリックが主に信仰されているヨーロッパ南部・西部に位置する国とわかる。Ａは，国際観光客数が他の７か国よりも多く，EU〔ヨーロッパ連合〕加盟年が1952年と早いことから，国際的な観光都市があり，EU の前身のECSC〔ヨーロッパ石炭鉄鋼共同体〕の原加盟国であるフランスが当てはまる。Ｂは，Ａのフランスとほぼ同じ面積を持つことから，ヨーロッパの中でも面積が大きいスペインが当てはまると判断する。なお，Ｃは，Ａのフランスよりも人口や国民総所得が多く，プロテスタントも信仰されていることから，工業化が進んでいるドイツが当てはまる。プロテスタントはイギリス・スウェーデンなどヨーロッパの北西部で主に信仰されており，ドイツはプロテスタントとカトリックの両方が信仰されている。また，フランスやドイツは経済が発展していることから，ＥＵ加盟国の中でも国民総所得が大きくなっている。

【２】＜資料の読み取り，国の位置＞Ｄは，正教の占める割合が高いので，正教が主に信仰されているヨーロッパ東部に位置する国とわかる。また，他の７か国と比べて国民総所得が少なく，ＥＵ加盟年が2007年と遅いことからも東ヨーロッパの国と判断できる。ア～オの国のうち，東ヨーロッパに位置するのはアのブルガリアである。Ｄはルーマニアであり，ブルガリアのほか，ウクライナ・ハンガリーなどと国境を接している。なお，イのスウェーデンはノルウェーやフィンランド，ウのスイスはフランス・ドイツ・イタリアなど，エのオランダはドイツ・ベルギー，オのポルトガルはスペインと国境を接している。

7〔歴史―日本の文化〕

江戸時代の17世紀末～18世紀初めにかけて，上方(京都・大阪)の町人を担い手とする元禄文化が栄え，松尾芭蕉が『奥の細道』を著して俳諧を芸術の域に高めた。また，日光東照宮は徳川家康をまつるための神社であり，17世紀前半に建てられた(オ…○)。なお，『源氏物語』は国風文化が栄えた平安時代に紫式部が著した長編小説である(ア…×)。『東海道中膝栗毛』は化政文化が栄えた江戸時代の19世紀初めに十返舎一九が著した滑稽本である。また，鹿鳴館は明治時代に外務卿の井上馨が欧化政策の一環として建てた社交場である(イ…×)。函館に五稜郭が建てられたのは江戸時代末のことである。五稜郭は戊辰戦争における最後の戦いの地となった(ウ…×)。『平家物語』は鎌倉時代に琵琶法師によって語られた軍記物である(エ…×)。

8〔歴史―年代整序〕

各組のA，B，Cの文を年代の古い順に並べると，アは，A(奥州藤原氏が平泉を拠点に発展―12世紀)，B(六波羅探題の設置―1221年)，C(琉球王国の発展―15世紀)となる。イは，C(白村江の戦い―663年)，B(平城京の造営―710年)，A(遣唐使の停止―894年)となる。ウは，A(コロンブスがカリブ海の島に到達―1492年)，C(ナポレオンの皇帝即位―1804年)，B(ドイツ帝国の成立―1871年)となる。エは，A(大宝律令の制定―701年)，B(御成敗式目の制定―1232年)，C(禁中並公家諸法度の制定―1615年)となる。オは，A(鑑真の来日―753年)，C(最澄が天台宗を伝える―9世紀)，B(法然が浄土宗を開く―12世紀)となる。

9〔歴史―第二次世界大戦後〕

バブル経済は1991年に崩壊し，日本経済は長期にわたり不況におちいった(ア…×)。1993年，非自民による連立内閣である細川護熙内閣が成立し，55年体制が終わった(エ…×)。アメリカ合衆国はベトナム戦争終結前の1973年にベトナムから撤退した。また，ベトナム戦争終結の翌年の1976年，南北ベトナムの統一により，社会主義体制をとるベトナム社会主義共和国が成立した(オ…×)。

10〔歴史―近代の日本〕

平塚らいてうは1911年に青鞜社を結成して女性の解放を唱えるとともに，1920年には市川房枝らとともに新婦人協会を設立し，女性の政治活動の自由を求める運動を進めた(ア…○)。また，1869年，明治政府は蝦夷地を北海道に改称し，開拓使という役所を置いた。開拓の中心となったのは，農業を兼ねる兵士の屯田兵であった(エ…○)。なお，1871年に結ばれた日清修好条規は，互いに領事裁判権を認め合う対等な内容であった(イ…×)。吉野作造は，天皇主権であったとしても民衆の意向に沿った政治を行うことができるとする民本主義を唱え，政党政治を求めた(ウ…×)。日本が南満州鉄道株式会社〔満鉄〕を設立したのは，日露戦争に勝利し，ポーツマス条約が結ばれた後の1906年のことである(オ…×)。

11〔公民―日本国憲法〕

A．①は「公務員の選定・罷免権」に関する条文である(第15条3項)。日本の選挙においては，一定の年齢に達した全ての国民に選挙権を与える普通選挙のほか，一人一票の平等選挙，候補者に直接投票する直接選挙，誰に投票したか知られないように無記名で投票する秘密選挙を4つの基本原則としている。　　B．②は自由権のうち，経済活動の自由に含まれる「居住・移転及び職業選択の自由」に関する条文である(第22条1項)。自由権は，精神の自由，身体の自由，経済活動の自由の3つに分けられる。このうち，経済活動の自由には，居住・移転・職業選択の自由のほかに，財産権の保障

（第29条）が含まれる。　C．③は「家族生活における個人の尊厳と両性の平等」に関する条文である（第24条１項）。日本では，成年に達した両性が合意すれば，家族の同意がなくても結婚することができる。

12〔公民─経済〕

問１＜企業の社会的責任＞企業は，利潤を求めるだけでなく，法令の遵守や消費者の安全の確保，従業員の生活の安定，環境保全・芸術文化の支援などを行うことによって，企業の社会的責任〔CSR〕を果たすことが求められている。

問２＜累進課税制度＞所得税などで採用されている，所得が高くなるにつれて税率を高くする課税のしくみを累進課税制度という。このしくみは，所得が高い人ほど多くの税金を納める必要があるため，所得の格差を縮めるはたらきがあるといわれる。

問３＜為替相場＞Cについて，１ドル＝100円が１ドル＝90円になるとき，ドルに対する円の価値が高くなっているので円高となる。Dについて，例えば100万円の自動車を輸出するとき，ドルに換算した際の売り値は，１ドル＝100円の場合は100万÷100＝１万（ドル），１ドル＝90円の場合は100万÷90＝１万1111.11…（ドル）となる。円高のときの方が高く輸出しなければならないので，円高は輸出が中心の企業にとって不利になる。なお，１ドル＝100円が１ドル＝110円になるとき，ドルに対する円の価値が安くなっているので円安となる。また，100万円の自動車を輸出するとき，ドルに換算した際の売り値は，１ドル＝110円の場合は100万÷110＝9090.9…（ドル）となるので，円安は輸出が中心の企業にとって有利になる。

理科解答

1 (1) カ　(2) エ
(3) X…60　Y…36

2 (1) B　(2) ア，ウ　(3) オ

3 (1) ア　(2) イ

4 (1) 644倍　(2) 燃料

5 (1) 直列…エ　並列…ウ
(2) X…エ　Y…イ

6 (1) イ　(2) ウ　(3) イ

7 (1) ア，ウ　(2) イ

1 〔生物の体のつくりとはたらき〕

(1)＜消化＞試験管Bにはだ液が入っていないので，デンプンは消化されずに残る。よって，ベネジクト液の反応は起こらない。また，試験管Cと試験管Dにはだ液が入っているので，デンプンは分解されて麦芽糖などができる。したがって，試験管Cのヨウ素液は変化せず，試験管Dのベネジクト液は赤褐色に変化する。

(2)＜心臓＞図2で，血液は，大静脈→右心房→Cの弁→Aの右心室→Dの弁→肺動脈→肺→肺静脈→左心房→Fの弁→Bの左心室→Eの弁→大動脈の順に流れる。よって，酸素の少ない静脈血は大静脈から右心房，右心室$_1$を経て肺に送られ，酸素を多く含む動脈血は肺静脈から左心房，左心室$_2$を経て全身に送られる。左心室と右心室から血液が押し出されるときは，それぞれ血液が流れていくD，E$_3$の弁が開き，血液が逆流しないようにC，F$_4$の弁は閉じる。

(3)＜血液の循環＞1回の拍動で左心室と右心室からそれぞれ80cm^{3}の血液が押し出されるので，ヒトの体内にある4800cm^{3}の血液は，4800÷80＝60$_X$(回)の拍動で体内を1周することになる。また，1分間に100回拍動するので，1回の拍動にかかる時間は，60÷100＝0.6(秒)である。よって，60回の拍動で4800cm^{3}の血液が体内を1周するから，左心室から出た血液が再び左心室に到達するのに，0.6×60＝36$_Y$(秒)かかることになる。

2 〔大地の変化〕

(1)＜震央＞ゆれが始まるまでの時間が同じ地点は，震央を中心に，同心円状に広がっている。表1より，初期微動開始時刻を比べると，山梨県大月市大月，静岡県静岡市駿河区曲金，神奈川県小田原市久野の3つの地点がほぼ同時にゆれ始めている。よって，図で，この3つの地点からほぼ等しい距離にあるBが震央で，その地下の地点が震源の位置になると推定される。

(2)＜初期微動継続時間＞地震が起こると，伝わるのが速いP波と遅いS波が震源で同時に発生する。P波とS波はほぼ一定の速さで伝わり，P波が伝わると初期微動が起こり，S波が伝わると主要動が起こる。そのため，震源からの距離が遠いほど，P波が届くまでの時間とS波が届くまでの時間の差が大きくなり，初期微動継続時間は長くなる。よって，正しいのはアとウである。

(3)＜地震発生時刻＞震源が浅いので，震源から観測地点までの距離は，震央から観測地点までの距離に等しいものとする。表1より，初期微動開始時刻は，震源からの距離が80kmの国分寺市戸倉で22時32分0秒，震源からの距離が40kmの大月市大月で22時31分53秒である。これより，P波は，80－40＝40(km)伝わるのに，32分0秒－31分53秒＝7秒かかると考えられる。よって，震央から40km離れている大月市に初期微動が伝わるのは，地震が起きた7秒後だから，地震発生時刻は初期微動開始時刻の7秒前で，22時31分46秒と予想できる。

3 〔生命・自然界のつながり〕

(1)＜蒸散＞蒸散は，植物が主に葉の気孔から水を水蒸気として空気中に放出する現象である。蒸散が盛んに行われることで，根から水を吸い上げるはたらきが盛んになる。なお，光合成や呼吸が盛んに行われると，気孔が開き，蒸散も盛んになる。また，光合成によってつくられたデンプンは，水に溶けやすい物質になって師管を移動する。

(2)＜花粉管＞花粉は，めしべの柱頭につくことで花粉管を伸ばす。砂糖を溶かした寒天溶液を使うのは，花粉がめしべの柱頭についたときと同じ状態にするためである。よって，誤りを含むのはイである。

4 〔自然環境・科学技術と人間〕

(1)＜質量＞気体のメタン1.4Lの質量が1gで，1L当たりの質量が460gである液体のメタン1.4Lの質量は，460×1.4＝644(g)である。よって，同じ体積1.4Lで比較したときの液体のメタンの質量は気体のメタンの質量の，644÷1＝644(倍)となる。

(2)＜燃料電池＞メタンや水素を酸化させることで，化学エネルギーを電気エネルギーとして取り出す装置を燃料電池という。

5 〔電流とその利用〕

(1)＜抵抗＞図1より，電熱線aに2.0Vの電圧を加えると，200mA，つまり0.2Aの電流が流れる。よって，電熱線aの抵抗は，オームの法則〔抵抗〕＝〔電圧〕÷〔電流〕より，2.0÷0.2＝10(Ω)となる。電熱線bは2.0Vの電圧をかけると100mA，つまり0.1Aの電流が流れるから，電熱線bの抵抗は，2.0÷0.1＝20(Ω)となる。これより，電熱線aと電熱線bを直列につないだときの全体の抵抗は，電熱線aと電熱線bの抵抗の和になるので，10＋20＝30(Ω)である。また，電熱線aと電熱線bを並列につないだとき，それぞれの電熱線に加わる電圧は等しく，回路全体に流れる電流はそれぞれの電熱線に流れる電流の和になる。図1より，それぞれの電熱線に2.0Vの電圧を加えると，電熱線aには200mA，電熱線bには100mAの電流が流れるから，回路全体には，200＋100＝300(mA)より，0.3Aの電流が流れる。したがって，電熱線aと電熱線bを並列につないだときの全体の抵抗は，2.0÷0.3＝6.66…より，約6.7Ωである。

(2)＜発熱量＞発生する熱量(発熱量)は，〔発熱量(J)〕＝〔電力(W)〕×〔時間(s)〕で求められる。これより，同じ時間だけ同じ電圧を加えたり，同じ電流を流したりしたときに発生する熱量を比べるには，電力を比べればよい。(1)より，電熱線aと電熱線bに同じ2.0Vの電圧を加えると，電熱線aには0.2A，電熱線bには0.1Aの電流が流れる。よって，電熱線aの電力は，〔電力(W)〕＝〔電圧(V)〕×〔電流(A)〕より，2.0×0.2＝0.4(W)，電熱線bの電力は，2.0×0.1＝0.2(W)となる。よって，発生する熱量を比べると，電熱線aは電熱線bの，0.4÷0.2＝2(倍)である。次に，電熱線aと電熱線bに同じ0.1Aの電流を流すと，電熱線aには1.0V，電熱線bには2.0Vの電圧が加わる。したがって，電熱線aの電力は，1.0×0.1＝0.1(W)，電熱線bの電力は，2.0×0.1＝0.2(W)より，発生する熱量を比べると，電熱線aは電熱線bの，0.1÷0.2＝$\frac{1}{2}$(倍)となる。

6 〔運動とエネルギー〕

(1)，(2)＜力学的エネルギー＞おもりの持つ位置エネルギーの大きさは，おもりの高さが高くなるほど大きくなる。また，おもりの持つ位置エネルギーと運動エネルギーの和を力学的エネルギーといい，力学的エネルギーは一定に保たれる（力学的エネルギーの保存）。これより，図１で，Ａ点でのおもりの高さを基準とすると，おもりの持つ位置エネルギーは，基準の高さからの高さが最も高いＡ点とＣ点で最大になり，最も低いＢ点で最小になるから，運動エネルギーは，Ａ点とＣ点で最小になり，Ｂ点で最大になる。よって，水平距離と，位置エネルギーの関係を表すグラフはア，運動エネルギーの関係を表すグラフはイ，力学的エネルギーの関係を表すグラフはウである。

(3)＜運動エネルギー＞図１において，おもりがＢ点からＣ点に向かうにつれて，おもりの高さは高くなり，位置エネルギーは増加するから，運動エネルギーは減少する。よって，求めるグラフはイである。

7〔化学変化と原子・分子〕

(1)＜パルミチン酸＞ア…正しい。化学式より，パルミチン酸は炭素（C）と水素（H），酸素（O）の３種類の元素からできているので，化合物である。なお，単体とは１種類の元素からできている物質である。　ウ…正しい。パルミチン酸には炭素と水素が含まれているため，燃焼すると，それぞれが酸素と結びつき，二酸化炭素（CO_2）と水（H_2O）が生じる。よって，生じた気体は二酸化炭素だから，石灰水に通すと白くにごる。　イ…誤り。パルミチン酸（$C_{16}H_{32}O_2$）１分子には，水素原子が32個含まれている。水１分子には水素原子が２個含まれているので，水素原子32個が酸素と結びついたときに生じる水分子は最大で，32÷2＝16（分子）である。

(2)＜実験操作＞イ…正しい。融点を調べる実験なので，パルミチン酸を湯せんでゆっくりと加熱して，温度がゆっくり上昇するようにする。　ア…誤り。沸騰石は，液体が急に沸騰することを防ぐために入れる。　ウ…誤り。ガスバーナーに点火するときは，マッチに火をつけてからガス調節ねじを開く。

2023年度／中央大学杉並高等学校（推薦）

国語解答

一 問1 (a) かぶん (b) 融和 (c) 詣
問2 Ⅰ サウンド Ⅱ 言語
問3 ア
問4 Ⅰ 教会や国王
Ⅱ 言語と民族と歴史
Ⅲ 統一単位 Ⅳ 分割
問5 エ 問6 イ

二 問1 ウ 問2 エ
問3 (3) 鬼ども (4) 罪人
問4 ウ

一〔論説文の読解―芸術・文学・言語学的分野―芸術〕出典；岡田暁生『音楽の聴き方 聴く型と趣味を語る言葉』。

≪本文の概要≫音楽は聴くものであると同時に，読んで理解するものである。音楽を正しく読むためには，語学と同じように「学習」が必要となり，それはすなわち，音楽にも国境はあるということを意味する。そうであるにもかかわらず，「音楽は国境を越えた言葉だ」といわれるのは，音楽は言語では語れないサウンドであり，わかる人とわからない人の選別がされずに国境を越えて誰にでも直接訴えられるものであるというイデオロギーが，存在するからである。また，「音楽は国境を越えた言葉だ」という言い方が生まれたと考えられる一九世紀は，言語と民族と歴史を共有する国民が一つの国家を形成するという考え方が生まれた時代でもあり，そのような状況下で特別な使命を与えられたのが，音楽であった。言語が，世界を構成する国家や国民という単位にアイデンティティーを与えたとすれば，言語による分割を再び無効にして世界を再統一することができるのが音楽だと考えられたのである。つまり，自国民のアイデンティティーとしての音楽を持ち，その音楽を世界基準として流通させるために，「音楽は言葉ではない／国境を越えている」と言い立てたのである。

問1＜漢字＞(a)「寡聞」は，見聞が狭く，見識に乏しいこと。 (b)「融和」は，打ちとけて仲よくなること。 (c)音読みは「参詣」などの「ケイ」。

問2＜文章内容＞音楽は，「サウンド」として聴くだけなら，「細かい意味内容を知らずとも，万人に理解出来る」ため，国境を越えることはできる（…Ⅰ）。しかし，「記号的な音の使い方」のように文化的背景を持つ音を理解するためには，「語学と同じように学習が必要な面がある」ので，音楽は，「言語」のように「読んで理解するもの」ともいえる（…Ⅱ）。

問3＜文章内容＞音楽に「国境の壁」を感じるということは，その音楽についての「学習」ができていないということである。邦楽であったとしても，その音楽に関する知識を持たず，未学習の外国語のようであると，「サウンド」としてしか聴くことができないのである。

問4＜文章内容＞一九世紀になって，「言語と民族と歴史を共有する『国民』が一つの独立国家を形成する」という考え方が誕生するまでは（…Ⅱ），「教会や国王」のような「超国境的な統治者」が，それぞれの領土を治めていた（…Ⅰ）。一九世紀の「国民国家」の時代になって初めて，「民族／言語」が国家の「統一単位」となったのである（…Ⅲ）。それは言い換えると，言語によって世界が「分割」されるということでもあった（…Ⅳ）。

問5＜文章内容＞一九世紀になると，多くの国は「自分たちの国民アイデンティティーとしての音楽を持つことを熱望」し，その国民音楽は「民族を結集させるアイデンティティーの核」となった。

そして，言語によって分割された世界を「自国の音楽を世界基準として流通」させることで再統一するために，「音楽は言葉ではない／国境を越えている」ということが言い立てられたのである。

問６＜文章内容＞日本人や中国人など，ショパンの音楽を「国境を越えた言葉」と信じるポーランド人以外のピアニストたちは，ワルシャワのショパン・コンクールを目指している。しかし，ポーランド人は，「ポーランドの魂」でありアイデンティティーの核であるショパンの音楽は「ポーランド人以外には理解不能」だと思っている。つまり，外国人のピアニストたちは，「世界言語としてのショパンの音楽」を世界に流通させようとするポーランドの思惑どおりに行動していることになる。

二〔古文の読解―随筆〕出典；大石千引『野乃舎随筆』。

≪現代語訳≫ある僧侶が言う。地獄で鬼たちが(罪を白状させるために)罪人を責め立てたが，この罪人はとても強情な者で，現世で犯した罪をすぐに言わなかったので，鬼たちは責め立てあぐんで，少しの間拷問を休んで座っていたところ，罪人が鬼たちの顔をしみじみと見て言うには，「私は現世で罪を犯したことによって，この地獄へ落ちたのは当然の道理だが，あなたたちはどのような罪の深さによってこのようにここにいらっしゃるのですか，とてもとても気になります」と言うと，赤鬼と青鬼は涙をはらはらと流して，「私たちはあなたの子なのです」と答える。罪人はますます知りたく思って，「私は現世で子どもを持たないで死んでしまった。そうであるのに(あなたたちが)私の子であると言うのはどのような理由によるのでしょうか」と言ったところ，「おわかりにならないとはとても気の毒なことです。あなたが初めて罪を犯しなさったとき，一つの鬼の首が出てきました。その後に罪を犯しなさったとき胴体が出てきました。(そして)また罪を犯しなさったとき，手足が出てきて，一匹・二匹の鬼となったのですよ。その後もたびたび罪を犯しなさったときに，三匹・四匹と大勢になりました。みんなあなたの罪から生まれた子どもなのです」と言って，鬼たちは地団太を踏んでよよよよと泣いたということだ。

問１＜古文の内容理解＞罪人が強情で，なかなか罪を白状しなかったので，鬼たちは，責め立てあぐんで，拷問するのを少し休んだ。

問２＜古文の内容理解＞罪人は，罪を犯した自分がこの地獄へ落ちたのは当然の道理だが，自分を責め立てている鬼たちが，どのような理由で地獄にいるのかということが気になった。

問３＜古文の内容理解＞「おのれ」は一人称，「ぬし」は二人称として用いられる。赤鬼と青鬼は，涙を流しながら，私たち鬼はあなたの子であると罪人に言った。

問４＜古文の内容理解＞鬼たちが，私たちはあなたの子であると罪人に言ったので，現世で子どもを持たなかった罪人が，その言葉の意味を問い返すと(ア…○)，鬼たちは，罪人が現世で罪を犯すたびに鬼ができあがってきたと説明した(イ…○)。つまり，罪人は自分の子から責め立てられていたのであり，鬼は自分の親を責め立てていたことになるので(エ…○)，鬼たちはその因縁を悲しく思って泣いたのである(ウ…×)。

2023年度　中央大学杉並高等学校

【英　語】（50分）〈満点：100点〉

リスニングテストの音声は，当社ホームページで聴くことができます。（実際の入試で使用された音声です）
再生に必要なIDとアクセスコードは「収録内容一覧」のページに掲載しています。

（注意）　リスニングテストは試験開始後２分経過してから始まります。それまでに，リスニングテストの指示文と英文に目を通して，答え方の要領をつかんでおいてください。録音を聞いている時間は，解答のための休止を含めて９分ほどです。

Ⅰ　リスニングテスト

第１部　英語の短い対話を聞き，それに続く対応として最も適切なものを１～４から一つ選び，番号を答えなさい。次の問題に進むまでに５秒の休止が設けられています。対話を聞くのはそれぞれ一度だけです。問題はＡ，Ｂ，Ｃ，Ｄ，Ｅの五題です。

Ａ．１．At first I thought so, but I didn’t like the ending.
　　２．Yes, you are right.　It wasn’t interesting.
　　３．Was it？　Can I borrow the book？
　　４．No, I didn’t say so.　It was interesting.

Ｂ．１．How many desserts will you eat？
　　２．Why did you choose this plate？
　　３．Which one would you like？
　　４．What did you order？

Ｃ．１．I didn’t do well, either.
　　２．Don’t worry.　You will be fine next time.
　　３．Wait！　It’s not mine.
　　４．I was sure you could do it！

Ｄ．１．Did you like it, too？
　　２．Can I invite my friends？
　　３．It is bigger than the last one.
　　４．Thank you for helping me.

Ｅ．１．That’s too bad.　I don’t like coffee.
　　２．That’s good news.　Can I order outside？
　　３．That’s amazing.　I will leave my dog here to play.
　　４．That’s all right.　Can I eat inside with my dog？

第２部　放送で流れる英文とその内容に関する五つの質問を聞き，その質問に対する答えとして最も適切なものを１～４から一つ選び，番号で答えなさい。聞きながらメモを取ってもかまいません。各質問の後には７秒の休止が設けられています。英文と質問は二度放送されます。

Ｆ．１．In the book, we can learn which is the most expensive hot dog we can buy.
　　２．The book is published once a year.
　　３．About 50,000 new records are usually put in the book every year.
　　４．About 1,000 people try to set a new record every week.

Ｇ．１．He started a new beer company called the Guinness Brewery in 1951.

2. He went hunting in the forest and caught the bird he wanted.
3. He tried to find out which bird flies the fastest in Europe.
4. He checked through many books to learn about the bird he caught.

H. 1. Hugh Beaver wanted a book of interesting facts because no books gave him the answer to his question.
2. Hugh Beaver decided to make the book because people usually forgot interesting facts.
3. Twin brothers Norris and Ross asked Hugh Beaver to publish a book of interesting facts.
4. Twin brothers Norris and Ross wanted Hugh Beaver to make a book that they couldn't make before.

I. 1. Hugh Beaver wanted more people to know about his beer company.
2. There were not so many interesting facts in the first book.
3. People who came to restaurants asked Hugh Beaver to make it free.
4. Hugh Beaver knew that the book would be a best-seller in the future.

J. 1. Its first edition was published in the summer of 1955.
2. It became a best-seller in Britain.
3. More than 143 million copies were sold in America.
4. It was translated into 22 languages.

※**＜リスニングテスト放送原稿＞**は英語の問題の終わりに付けてあります。

Ⅱ　次の英文を読み，A～Fの質問に対する最も適切な答えを選び，記号で答えなさい。（*のついた語句には本文の最後に注があります。）

What is black in London, yellow in New York, and many colors in Tokyo? Do you know what the answer is? It is a taxi, also known as a cab. There are about 19,000 black cabs in London, and local people are proud that those black cabs are a part of the city sights. When you visit Britain's capital, taking a London taxi is a must-do experience, something that many people have continued to do for a long time.

The history of taxis goes back to the 17th century—at first they were *coaches pulled by two horses. Originally, taxis were called 'hackneys.' The word 'hackney' comes from French and means a horse *for hire. They became very popular, but they made the traffic busy, and it was quite expensive to ride them. So, in 1823, a coach with two seats and two wheels, a 'cabriolet' was introduced into London from France. It was faster and less expensive, so it soon became more popular than hackney coaches. The name 'cab' actually came from the word 'cabriolet.' Then, London's first horseless cabs appeared in 1897, and they were powered by electricity. However, they broke down easily and it was difficult to keep them in a good condition. That's why they disappeared by 1900. Then, in 1903, London's first *petrol-powered cab was introduced. The number of these cabs on London streets grew rapidly, and these cabs became a symbol of the city of London.

There are many things that make London taxis special. The most unusual thing is that you can get to your *destination much more quickly than in many other cities. The reason is that London taxi drivers are some of the most *knowledgeable people in the world.

To drive a black cab in London, you have to have "The Knowledge." That means that you have to know everything within 6 miles (about 9.7km) from Charing Cross, one of the main railway stations in the center of London. Imagine you are standing at Charing Cross, the center of a circle. There are so many streets, parks, and buildings in all directions up until you reach the edge of the circle 6 miles away. You have to know all of them. You might think that this is not too hard, but there are about 25,000 streets in that circle. To be a taxi driver in London, you have to know each restaurant, hospital, police station and pub in that area as well as all the other popular places. London taxi drivers need this special ability.

It is very difficult to pass the driving test. For most people, it takes about two years to become a London taxi driver. First, you will get the Blue Book, the textbook for the driving test, and prepare for it. In this Blue Book, 320 different *routes all over the city are shown. You take a written test first. In the written test, two points A and B are shown, and you are asked to draw the shortest route between A and B on a blank map. If you pass the written test, you can go on to an interview test. Two different points are shown again, and you need to say the names of every street and intersection based on the shortest distance accurately and quickly. To pass this driving test, taking a motorbike or a bicycle is the best way. You can actually get around the city and remember the quickest route between destinations and all the interesting places in the city. There are even schools for becoming London taxi drivers. "It took me 14 months and it was very hard, but it is very important that taxi drivers have special knowledge," said James Trenholm, who has been driving a London cab for 29 years. "As you use 'The Knowledge' better, it will become easier to drive the cab."

Taxi drivers have to remember a lot, and all that knowledge actually makes them clever. In fact, scientists have *proved that learning to drive a London cab actually makes your brain grow—at least the part that deals with memory and *spatial awareness (your sense of distance and how you judge the spaces between things).

London taxi drivers are doing a great job in getting around the city so quickly. Since the city is so old, the streets are often narrow. It is always very crowded with a population of around 9 million people. The public transport system such as the bus and the train is sometimes in real trouble. So, it is good to have something you can always depend on to take you home.

"I don't think we are cleverer than other people," said Jonny Fitzpatrick, a taxi driver in London for two years. "But because we know where we are going, it means we don't give the customer any trouble." So long live the black London taxi cab!

(注) coach(es)：大型馬車　for hire：有料で貸すための　petrol：ガソリン
destination(s)：目的地　knowledgeable：知識のある　route(s)：ルート・経路
prove(d)：～を証明する　spatial awareness：空間認識

A．Which is NOT true about London taxis?

ア　One of the things you have to experience when you come to London is to take a taxi because it's very famous.

イ　London cabs are an important part of London city sights and many people have used them for a long time.

ウ　Local people are proud of London cabs because they think London cabs represent the city of London.

エ　London has not only black cabs but also yellow ones, and the number of black cabs is almost the same as that of yellow ones.

B. Which is true about the history of London taxis?

ア The first London taxi driver came from France, and he invented a French style coach called a hackney coach in the 17th century.

イ People started using petrol-powered cabs instead of electric ones because they were easier to keep in a good condition.

ウ Many people were surprised that the first motor cabs introduced from France were electrically powered.

エ Cabriolet coaches were not as popular as hackney coaches because they were more expensive.

C. What does "The Knowledge" mean? Choose the best one.

ア The ability to measure the exact distance from Charing Cross to the edge of the circle

イ The ability to take a passenger to each railway station in England very quickly

ウ The ability to choose the best way for a passenger among about 25,000 streets in London

エ The ability to go to any streets more than 6 miles away from the center of London

D. Why is it very difficult to pass the driving test to become a London taxi driver?

ア You have to answer the names of every street to the destination based on the shortest distance as quickly as possible.

イ You need to show the best way to reach the destination by motorbike or bicycle as accurately as possible.

ウ You need at least 14 months to study the Blue Book at school before taking a written test and then an interview test.

エ You have to know all the different 320 routes from Charing Cross to each destination.

E. Which is NOT related to the result that scientists got?

ア London cab drivers can choose the quickest way to reach the destination.

イ London cab drivers can remember many famous places in London.

ウ London cab drivers can drive fast and safely on narrow and crowded streets.

エ London cab drivers can deal with mechanical problems when their cars are broken down.

F. According to the article, choose two correct sentences from the following.

ア Horses were used as taxis to take passengers to their destinations until the 16th century.

イ You can depend on London taxis because the drivers have a lot of knowledge about the London area.

ウ It takes two years for London taxi drivers to remember the names of all historical places in the London area.

エ Riding around on motorbikes in the London area is a part of the driving test to become a London taxi driver.

オ The city of London is so old and the streets are often narrow, but it's not a big problem for London taxi drivers because they are very knowledgeable.

カ London taxis have recently become less popular because there is a good transport system in the London area.

Ⅲ 次の英文を読み，設問に答えなさい。（*のついた語句には本文の最後に注があります。）

Colors can bring back powerful emotions and memories. They can sometimes affect your mood and behavior. In fact, scientists agree that color has a great influence on how attractive or unattractive a food is to you. As you can imagine, that's important news for restaurants, food brands and fast-food chains. Which colors make us hungry or push our plates away? Let's examine the impact of colors on *appetite and eating habits.

Red is a color that increases our appetite. In fact, people often find that red-colored foods are the most attractive. The color red is also *associated with emotion and passion. It is a very strong color that increases our *blood pressure, heart rate and energy. By *stimulating many senses in our body, this bright color makes us hungry. Yes, there is a reason why many popular fast-food chains such as McDonald's, Pizza Hut and KFC (Kentucky Fried Chicken) all use red in their logos. Food chains use red not only in their logos but also for their interior, such as walls, tables and so on. It is said that red makes you feel that time passes quickly. As a result, customers eat faster and restaurants are able to have more customers a day.

Yellow is another color that stimulates our appetite. When we see yellow, our brain releases more serotonin, a feel-good hormone that makes us happier and more relaxed. When you feel happy and relaxed, you feel safe and feel like eating more. Have you ever been to a restaurant that has yellow flowers on the table? If you feel very hungry and you are ordering a lot of food there, these yellow flowers may be ①the reason! Just like yellow, it is said that the color orange gives us warm and comfortable feelings.

Have you ever heard of ②"the Ketchup and Mustard Theory"? As I said above, red and yellow are the colors that increase our appetite. When you combine these two colors in a logo for a restaurant or food brand, it will be even more effective! I'm sure you can easily think of some famous food chains that use red-and-yellow logos, such as McDonald's, Burger King, and *Sukiya*—a famous beef bowl chain in Japan. There may be "the Ketchup and Mustard Theory" behind their success.

Green is also a popular color among restaurants and fast-food chains. As green foods look fresh and natural, people often think that all green foods are healthy. Throughout history, humans have looked for green foods because [③]—they have no poison and are good to eat. In this way, the color green makes us feel relaxed and increases our appetite. It is not surprising that major brands like Starbucks and MOS BURGER use green logos with great success.

Some people find white foods such as popcorn, whipped cream and white bread are very attractive. However, white foods may cause over-eating, especially when you are eating snacks. You may forget that white foods contain calories, and this sometimes makes you eat too much. Also, many people feel that white foods and foods on white plates are less satisfying—even if you eat so much, you can't feel satisfied and keep on eating. ④When you are on a diet, you should *avoid white foods!

On the other hand, there are some colors that don't make us hungry. Blue is the top color you shouldn't use in food packages or restaurant logos. Research suggests that the color blue decreases our appetite because there are not many blue-colored foods in nature except blueberries.

[⑤]

That is why many weight-loss programs and diet companies use blue in their marketing. However, when you are thirsty on a hot day, which color of drink looks more attractive to you, a brown one or blue one? Blue is associated with fresh water, the ocean and swimming pools, so it may be a very attractive color when we are thirsty.

Pink doesn't stimulate our appetite, either, because it seems like an unnatural color. Pink often makes people think of raw meat or *artificial preservatives. That's one of the reasons why you don't see many pink logos.

Gray is another color that decreases our appetite. Have you ever seen a gray food and thought, "Wow, that looks delicious !"? You don't generally see gray food growing in a garden. The *dullness of gray is associated with old, bad food that you cannot eat anymore.

⑥Brown [　　　　]. If you want to open a restaurant, you should be careful about using this color. Brown foods don't usually make us hungry because the color brown is associated with foods that are burned or overcooked. However, brown can sometimes be a good choice for certain foods and drinks such as coffee, chocolate or baked goods.

When you step into a restaurant next time, why don't you look around you and take a look at the color of the walls, the plates or even the chairs ? You may be able to find some interesting facts about the color and appetite. As people often say, we eat with our eyes.

（注） appetite：食欲　(be) associated with ～：～を連想させる　blood pressure：血圧
stimulate：～を刺激する　avoid：～を避ける　artificial preservatives：人工保存料
dullness：(色の)にぶさ・くすんだ色

問１ 赤色の持つ効果としてふさわしくないものをア～エから一つ選び，記号で答えなさい。

ア　赤は食欲を増進する色であり，赤い食べ物を最も魅力的に感じる人が多い。
イ　赤は感情や情熱を連想させる色であり，血圧や心拍数を上昇させる効果がある。
ウ　お腹をすかせる効果があるので，店名のロゴに赤色を使用する飲食店が多い。
エ　内装に赤色を使うことにより，客は店内でゆっくり食事を楽しむことができる。

問２ 下線部①の内容としてふさわしくないものをア～エから一つ選び，記号で答えなさい。

ア　You feel hungry because the color yellow has the power to make us feel good.
イ　Certain hormones that make you happy are produced when you see yellow flowers.
ウ　Beautiful flowers with any color make your brain relaxed and make you hungry.
エ　Yellow and orange flowers on the table give you warm and comfortable feelings.

問３ 下線部②に関して，本文の内容と一致するものをア～エから一つ選び，記号で答えなさい。

ア　Restaurants should use red and yellow in their logos because both colors make us happy and healthy.
イ　Fast-food chains should use red and yellow because ketchup and mustard make hamburgers more delicious.
ウ　If you use red and yellow together, the effect of colors to make us hungry will be greater.
エ　Famous fast-food chains such as McDonald's, KFC and Starbucks have all used this theory and become successful.

問４ 空欄[③]に入る最も適切なものをア～エから一つ選び，記号で答えなさい。

ア　green foods usually make them excited
イ　green foods in nature are often safe
ウ　green foods can be found anywhere
エ　green foods give them a lot of energy

問５ 下線部④の理由としてふさわしくないものをア～エから一つ選び，記号で答えなさい。

ア　白い食べ物，とくに白いスナックは，高カロリーのものが多いから。
イ　白い食べ物は，食べ過ぎを引き起こす可能性があるから。

ウ　白い食べ物にカロリーが含まれていることを忘れてしまうことがあるから。
エ　白い食べ物や，白い皿にのっている食べ物からは，満足感があまり得られないから。

問6　空欄 ⑤ には以下の4つの英文が入ります。本文の内容に合うように正しい順番に並べ替えなさい。

ア　This behavior of avoiding those colors in food may still be with us.
イ　It is even suggested that you should put a blue light in your fridge to decrease your appetite if you want to lose weight.
ウ　A long time ago when our ancestors were looking for food, blue, black and purple were the signs that the food contained poison and was not safe to eat.
エ　In fact, people lose appetite when they see blue foods, even if they taste good.

問7　下線部⑥の［　］に入るものとして最も適切なものをア～エから一つ選び，記号で答えなさい。

ア　is a perfect color for many restaurants
イ　can be a good color for most food chains
ウ　is a difficult color for restaurants
エ　always decreases customers' appetite

問8　本文の内容をまとめた文となるように，空欄(A)～(E)に入る適切な語を下から選び，記号で答えなさい。同じ記号の空欄には同じ語が入ります。また，同じ語を繰り返し選んではいけません。

Colors sometimes play an important part in our lives. They can affect our appetite and our eating habits. For example, red, yellow and (A) are known to increase our appetite. You have to be careful when you eat (B) foods because they sometimes cause overeating. On the other hand, it is said that (C) and gray are the colors that decrease our appetite.

(D) and (E) are the two colors that have both a good and bad side. Although most (D) foods decrease our appetite, (D) can be an attractive color for drink on a hot day.

ア　blue	イ　pink	ウ　green	エ　brown	オ　white

問9　本文の内容と一致しないものをア～クから二つ選び，記号で答えなさい。

ア　According to some scientists, colors can affect our feelings and actions, and sometimes change our appetite.
イ　It is natural for many fast-food chains to use red in their logos because red is a color that makes you hungry.
ウ　Some fast-food chains use red for their interiors to make the customers feel that they want to come back again.
エ　Many popular food chains use the color green because it makes people feel relaxed and hungry.
オ　It is said that pink often decreases our appetite because pink foods don't look natural or healthy.
カ　Gray is not a very good color for restaurants' logos, although it can be a perfect color that makes some foods look delicious.
キ　Brown doesn't usually increase our appetite because brown makes people think of overcooked foods.
ク　It might be a good idea to pay attention to the colors used in restaurants to see the relationship between colors and appetite.

Ⅳ　空欄に入る最も適切なものをそれぞれア～エから一つ選び，記号で答えなさい。

1．You have met my wife, (　　) you ?
　ア　did　　イ　didn't　　ウ　have　　エ　haven't

2．Tom (　　) me his phone number yesterday.
　ア　said　　イ　told　　ウ　spoke　　エ　talked

3．There aren't (　　) supermarkets in this area.
　ア　no　　イ　some　　ウ　any　　エ　much

4．New computers (　　　　) in that company.
　ア　are used　　イ　are using　　ウ　can use　　エ　have used

Ⅴ　日本語の意味を表す英文になるように下の語(句)を並べ替え，(A)～(H)に入る語(句)の記号を答えなさい。ただし，文頭に来る語(句)も小文字で書かれています。

1．私は彼に自転車で学校に行くときは気をつけるように言った。
　I (　　)(　　)(　　)(A)(　　)(　　)(B)(　　)(　　) to school.
　ア　be　　イ　told　　ウ　rides　　エ　careful　　オ　a bicycle
　カ　him　　キ　he　　ク　to　　ケ　when

2．私が今着ているコートは，去年の冬に着ていたものほど高価ではない。
　(　　)(　　)(　　)(C)(　　)(　　)(　　)(　　)(D)(　　) last winter.
　ア　now　　イ　expensive　　ウ　I wore　　エ　I'm wearing　　オ　is
　カ　the coat　　キ　not　　ク　the one　　ケ　as　　コ　as

3．青いドレスを着た少女と踊っている男性はだれですか。
　(　　)(　　)(　　)(E)(　　)(　　)(F)(　　)?
　ア　with　　イ　the man　　ウ　the girl　　エ　who
　オ　the blue dress　　カ　dancing　　キ　in　　ク　is

4．忙しいときに自分の部屋をきれいに保つことは容易ではない。
　(　　)(　　)(　　)(　　)(G)(　　)(　　)(H)(　　) you are busy.
　ア　keep　　イ　easy　　ウ　is　　エ　your room　　オ　it
　カ　when　　キ　not　　ク　clean　　ケ　to

Ⅵ　次の日本文を英文にしなさい。

1．猫は，何か食べているときに触られると，怒るかもしれません。

2．レポートを書くために，私は興味のない本を読まなければならない。

＜リスニングテスト放送原稿＞

第1部

A．A：I loved this book !
　　B：Really ?　I didn't like it at all.
　　A：Oh, why ?　You said it was interesting.

B．A：I would like this special plate with a Hamburg steak and pasta.
　　B：It looks nice !　I'll order the same one.　Wow, it says we can choose one dessert from these three.
　　A：That's why I chose this plate.

C．A： Look！ I got a perfect score on the last math exam.

B： Wow . . . you did great！

A： It feels like a dream. I can't believe it！

D．A： What's wrong？ You look tired.

B： I moved to a new house yesterday. I had to carry so many things.

A： That sounds hard. What is your new house like？

E．A： Could you please leave your dog outside？

B： Oh, sorry I didn't know pets are not allowed in this café.

A： I am very sorry, but you can eat outside with your pets.

第2部

Do you know "Guinness World Records"? It is a book full of all types of records from around the world. Some examples are the youngest professional video gamer, the longest snake, the most expensive hot dog we can buy, the largest number of people dressed in a superman costume, and so many more！ It is published once a year and about 50,000 people try to set new records every year. That means about 1,000 people challenge a new record every week！

Nowadays, people from all over the world know "Guinness World Records" and get excited about the unbelievable records every year. However, when was the first one published？ Actually, it all started in Britain in the mid-twentieth century.

A British man named Hugh Beaver was an owner of a famous beer company, the Guinness Brewery. One day in 1951, he went hunting for birds with his friends in the forest. However, he couldn't get the bird he wanted. Later when he was having dinner with his friends, he wanted to know which bird flew the fastest in Europe, but no one knew the answer. They checked through a lot of books, but they couldn't find the answer in any of them. So, Hugh Beaver decided to make his own book of interesting facts. He asked twin brothers, Norris and Ross, to collect various interesting facts from around the world and put them all in a book, "the Guinness Book of Records." At first, he was going to give the book for free to people who came to restaurants that sold his beer, because he thought it would help his beer company become more famous. However, the book became very popular among British people. So he decided to sell it. The first edition of "the Guinness Book of Records" was published on August 27, 1955. It soon became a best-seller in Britain and the American edition was published the next year. Since then, it has sold more than 143 million copies in over 100 countries, and has been translated into 22 languages. Today, we all know it as a global brand called Guinness World Records.

F．What is NOT said about "Guinness World Records"?

G．What did Hugh Beaver do？

H．How did "the Guinness Book of Records" start？

I．Why was "the Guinness Book of Records" free at first？

J．What did NOT happen to "the Guinness Book of Records"?

【数　学】（50分）〈満点：100点〉

（注意）　定規，コンパス等の作図道具および計算機の使用は禁止です。

1　次の問に答えなさい。

問1　$2021 \times 2020 - 2020 \times 2019 + 2021 \times 2022 - 2022 \times 2023$ を計算しなさい。

問2　方程式 $x^2 - 6x + 4 = 0$ の解と方程式 $y^2 - 14y + 44 = 0$ の解を適当に組み合わせて，$x - y$ の値を計算します。その計算した値が有理数になるときの $x - y$ の値を求めなさい。

問3　大小2個のさいころを同時に投げるとき，出る目の積が6の倍数にならない確率を求めなさい。

問4　右の図のように，△ABCに内接する円が辺AB，BC，CAと接する点をそれぞれD，E，Fとします。∠Aの大きさを x°とするとき，∠DEFの大きさを x を用いて表しなさい。

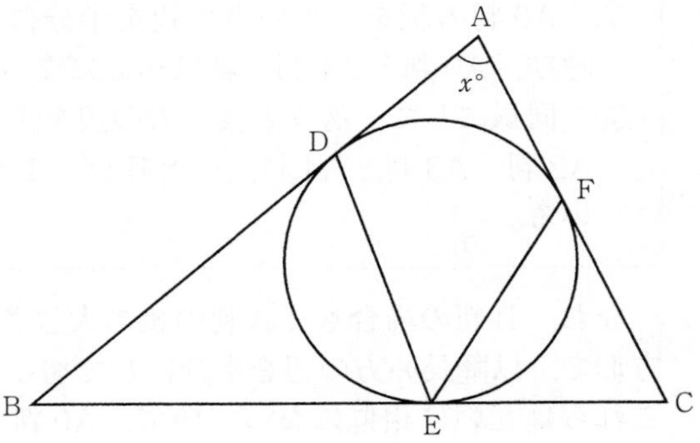

2　図のような1辺の長さが2である正八角形ABCDEFGHについて，次の問に答えなさい。

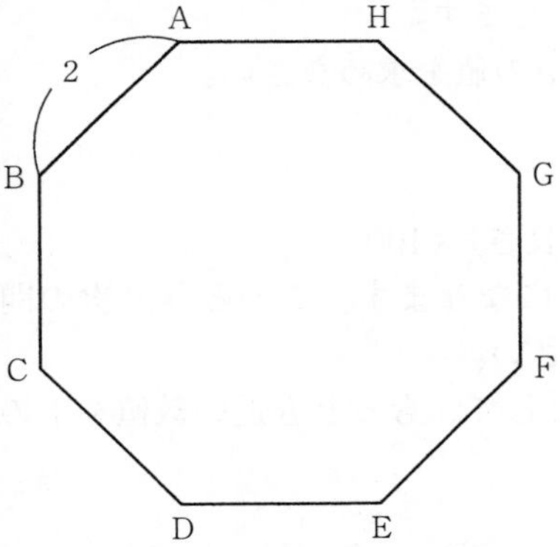

問1　ADの長さを求めなさい。

問2　正八角形ABCDEFGHの面積を求めなさい。

問3　正八角形ABCDEFGHの外接円の面積を求めなさい。ただし，円周率は π とします。

3　図において，点A $(-1,\ 1)$，点B $(3,\ 9)$ は関数 $y = x^2$ のグラフと直線 l：$y = ax + b$ の交点です。点C，Dは関数 $y = x^2$ のグラフと直線 m：$y = \frac{a}{4}x + b$ の交点で，Cの x 座標は負，Dの x 座標は正です。2直線 l と m の交点をPとするとき，次の問に答えなさい。

問1　a，b の値をそれぞれ求めなさい。

問2　点C，Dの座標をそれぞれ求めなさい。

問3　△PDBの面積を求めなさい。

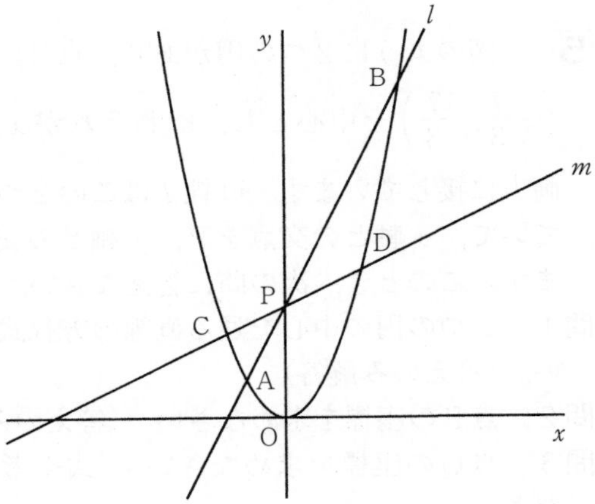

4　教科書やノートにはＡ判やＢ判と呼ばれる規格の大きさの紙が使われています。Ａ判の紙の大きさは次のように決められています。

Ａ判の紙の大きさの決め方

> ①　A0 判の紙は面積が 1 m^2 の長方形である。
> ②　A0 判の紙を，長い方の辺を半分にして切ったものをA1 判と呼び，A0 判とA1 判の紙は相似になっている。
> ③　同様にして，次々と長い方の辺を半分にして切ったものを順にA2 判，A3 判，A4 判，…と呼び，これらは互いに相似になっている。
>
> 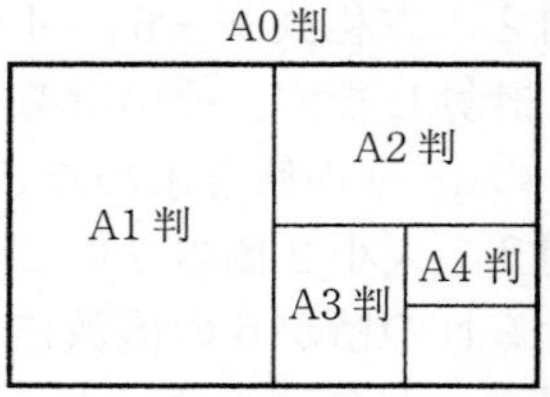
>

なお，Ｂ判の場合も「Ａ判の紙の大きさの決め方」と同様です。B0 判の紙は面積が1.5m^2 の長方形で，以降長い方の辺を半分にして切ったものを順にB1 判，B2 判，B3 判，B4 判，…と呼び，これらは互いに相似になっていて，A0 判とB0 判も互いに相似になっています。このとき，次の問に答えなさい。

問１　A0 判の面積はA5 判の面積の何倍か求めなさい。

問２　A0 判の(短い方の辺の長さ)：(長い方の辺の長さ)＝1：a とします。

　このとき，「Ａ判の紙の大きさの決め方」の②の性質を用いてaの値を求めなさい。

　次に，コピー機で原稿用紙を拡大，縮小することを考えます。

　また，コピー機の「倍率(％)」とは，

　(出力用紙の短い方の辺の長さ)÷(原稿用紙の短い方の辺の長さ)×100

とします。例えば，A1 判を50％の倍率でコピーすると，A3 判になります。このとき，次の問に答えなさい。ただし，$\sqrt{2}=1.41$，$\sqrt{3}=1.73$，$\sqrt{6}=2.44$としなさい。

問３　B4 判の原稿用紙をB5 判に縮小してコピーする場合の倍率として，もっとも近い数値を下の(あ)～(お)から選び，記号で答えなさい。

(あ)　87％　　(い)　82％　　(う)　71％　　(え)　58％　　(お)　50％

問４　A4 判の原稿用紙をB5 判に縮小してコピーする場合の倍率と等しい倍率で，A3 判の原稿用紙を縮小します。このときの出力用紙の大きさとして，もっとも適切なものを下の(か)～(け)から１つ選び，記号で答えなさい。

(か)　A4 判　　(き)　A5 判　　(く)　B4 判　　(け)　B5 判

5　図のように２つの円があり，点(1，1)および点$\left(-\dfrac{7}{3},\ \dfrac{7}{3}\right)$を中心とし，それぞれが x 軸と y 軸の両方に接しています。直線 l はこの２つの円に接していて，x 軸との交点をＰ，y 軸との交点をＱとします。このとき，次の問に答えなさい。

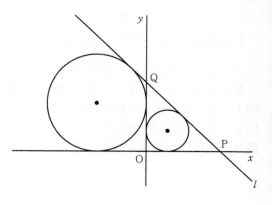

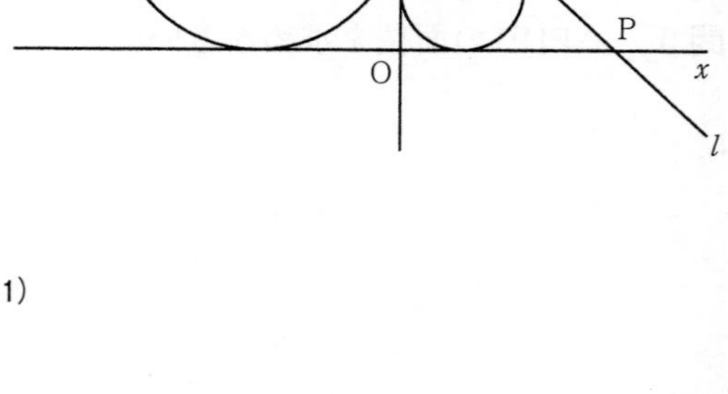

問１　２つの円の中心を通る直線の方程式を求めなさい。(答えのみ解答)

問２　点Ｐの座標を求めなさい。(答えのみ解答)

問３　点Ｑの座標を求めなさい。(式や考え方も書きなさい。)

ぞれ抜き出しなさい（句読点や「」などの記号も一字に数える）。

普遍的人権思想の下では、外集団で人権侵害が起きた場合であっても、［A（16字）］集団は、リスクとコストの高い［B（3字）］な行動を取らなければならなくなる。また、為政者は、外集団で起きた人権侵害に干渉すれば、自らの［C（4字）］を外集団、すなわち外国から妨げられることになってしまう。

問7 ――線部(7)「歴史の不思議」とありますが、その「不思議」さを説明したものとして最も適当なものを次から選び、記号で答えなさい。

ア　普遍的人権が確立したにもかかわらず、それが国際社会に十分に行き渡らないこと

イ　普遍的人権が確立するには時期尚早なはずなのに、時代を先取りして世界中に普及してしまったこと

ウ　普遍的人権の確立は、むしろそれが普及すると支障のある立場の人たちによって進められてきたこと

エ　普遍的人権の確立によって解消されたはずの内集団と外集団の区別が、まだ社会の根底に残っていること

オ　普遍的人権の確立は人間にとって理想の実現であるはずだが、依然として理論的な可能性に留まったままであること

問8 本文の内容と合致しないものを次から一つ選び、記号で答えなさい。

ア　普遍的人権の理念はそれまでの人道主義を超えたものであり、二十世紀半ばの世界人権宣言において、初めて国際社会で規定された。

イ　フランス革命後の人権宣言やアメリカの独立宣言においても、普遍的人権に近い権利は掲げられてはいたが、実際にはそれは実現されていなかった。

ウ　一般的に人間は外集団に対しては、無関心であるか、友好関係を保つか、脅威として敵対するかであり、現在もそれは解消されていない。

エ　二十世紀半ばまでは普遍的人権思想は浸透しなかったのに、人権を侵害した国の政治的・宗教的事情に対して、国際社会による干渉がしばしば起きた。

オ　普遍的人権思想が普及した世界においては、直接の利害関係のない国をも含めた国際社会によって、内政干渉が行われることがよくある。

問2　――線部(2)「普遍的人権(universal human rights)は、相当に革命的な思想で、人類の歴史の中でも画期的なものであった」とありますが、「普遍的人権」は、どのような点が「革命的」で「画期的」なのですか。その説明として最も適当なものを次から選び、記号で答えなさい。

ア　自然権の考えを発展させて、生来的な権利をすべての人間に適用した点

イ　自然権の考えにとらわれずに、すべての人間に自由に生きる権利を認めた点

ウ　自然権の考えに則って、すべての人間に専制君主を罪に問う権利を与えた点

エ　自然権の考えに従って、すべての人間に法律や政治に守られる権利があるとした点

オ　自然権の考えを超えて、すべての人間に時代の常識にとらわれず生きる権利があるとした点

問3　――線部(3)「ロックは、国家が構成員の生命、自由、財産などに関する自然権を守ることを理想としていたが」とありますが、これ以降、その「理想」通りにはいかなかったことが述べられています。それについて説明した次の文の空欄に当てはまる適当な語句を、本文中からそれぞれ抜き出しなさい(句読点や「　」などの記号も一字に数える)。

人は社会集団を[A（7字）]に分け、自分の所属する集団の生活や権利を守りがちである。ロックが唱えた自然権の場合も、現実には社会を構成する[B（6字）]が限定的に想定されていた。特に[C（11字）]が優遇されていたのである。

問4　――線部(4)「これらの外集団の人権問題に直接関係を持たない日本人でも、関心や意見を持ち、何らかの行動を起こすことが求められている」とありますが、それはどうしてですか。最も適当なものを次から選び、記号で答えなさい。

ア　普遍的人権の行き渡った現代においては、遠い国で起きた人権侵害でも、内集団のこととして捉えないと批判されるから

イ　普遍的人権の行き渡った現代においては、内集団と外集団の違いに関係なく、人権侵害はあってはならないこととされるから

ウ　普遍的人権の行き渡らない人道主義の時代から、外集団で起きた人権侵害は内集団で起きたのと本質的には変わらない、と理解されてきたから

エ　普遍的人権の行き渡った現代であっても、外集団が内集団の脅威となる場合には、外集団で行われている人権侵害に問題意識を持つことが正しいとされるから

オ　普遍的人権の行き渡った現代においては、外集団の人々が人権侵害をされたのであっても、内集団にある者はそれを自分のこととして捉える想像力が要求されるから

問5　――線部(5)「支配者にとって相互に都合の良いシステム」とありますが、どのようなシステムですか。その説明として最も適当なものを次から選び、記号で答えなさい。

ア　国家の主権を尊重し、国家間で内政干渉が起きた場合は当事者国同士で問題の解決を図るようにするシステム

イ　国家の主権には配慮するが、大国が勢力を拡大していくことによって国際秩序の安定を図ろうとするシステム

ウ　国家の主権は不安定なものなので、既存の国家の数がこれ以上増減しないように国際的な組織が調整を図るシステム

エ　国家の主権を不可侵であるとし、たとえある国に人権侵害があったとしても批判や行動することを避けようとするシステム

オ　国家の主権を抑制し、ある国で人権侵害が起きたときには国際社会が連帯してその状況を改善するよう圧力をかけるシステム

問6　――線部(6)「この二つの原理は、それぞれに不都合な要素を含んでいる」とありますが、「不都合な要素」について次のようにまとめました。空欄に当てはまる適当な語句を本文中からそれ

ないこととされている。ウガンダで同性愛者が迫害されていることやカザフスタンで反政府勢力が弾圧されていることなどは、普遍的人権思想が確立される前の時代であれば、遠い国の出来事として無視されていたことであろう。しかし、今日の世界では、(4)これらの外集団の人権問題に直接関係を持たない日本人でも、関心や意見を持ち、何らかの行動を起こすことが求められているのである。

この外から干渉する必要があるという点が普遍的人権思想の第二の革新である。二十世紀半ばまでの世界では、一六四八年のウェストファリア条約で定式化された国家主権の原則の下で、国内での政治的・宗教的な事案について、外からとやかく批判したり、何らかのアクションを起こすことは、内政干渉であるとして多くの場合、避けられてきた。これは(5)支配者にとって相互に都合の良いシステムであり、自国がその規範を破って他国の国内政治に干渉すれば、後から他国が自国の内政に干渉してくる事態を招く恐れがあるので、なるべくこれを忌避するのが得策であった。それでもフランスのようなカトリックの国が、他国でのカトリック信徒の弾圧に抗議するとか、ドイツが東欧の国にいるドイツ人の権益を保護するなどの、自国の利益を守る形での干渉は以前からあった。しかし、普遍的人権思想の下での内政への干渉は、しばしば国際社会の連帯の中で、直接の利益を持たない国も巻き込んで行われるのである。

もちろん、このような人権侵害を止めるための内政への干渉や国際的な制裁は、あくまでも理論的な可能性であり、実際には国際政治の現実の前に、実効性のある行動が取られないことが多い。多くの国家が今も国家の主権を聖域と考え、それを冒すことには、反対したり躊躇《ちゅうちょ》したりするのが現実である。しかし、普遍的人権思想の下では、少なくとも理論上は、国家の主権の名の下に国内で人権を侵し続けることは許されないのであり、この考え方自体が画期的なものなのだ。

以上をまとめると、自分の属する集団に限らず全ての人間に人権が保障されるという普遍性原理と、他国での見知らぬ人々に対する人権侵害であっても、内政問題であるとして無視してはならないという内政干渉肯定の原理が、現代の国際人権をそれまでの人道主義と区別する二つの柱である。(6)この二つの原理は、それぞれに不都合な要素を含んでいる。普遍性原理は、内集団の利益を優先するはずの人間にとっては必ずしも望ましいものではなく、特に政治的・経済的に優位な立場にある集団が利他的にこれを受け入れるのは、合理的な判断には思えない。強い立場にある集団にとっては、遠くの見知らぬ集団の窮状のために立ち上がるというのはリスクとコストが高い行動であり、みすみす自分たちに火の粉がかかるような状況に飛び込んでいくよりは、自分たちの権益を守ることに注力し無関心でいる方が得策であることが多い。また、内政干渉肯定の原理にしても、為政者の権力行使を外から抑制するものであり、国家や権力者にとっては不都合極まりないものであるはずである。にもかかわらず、国家の代表者で構成される国際組織を中心に、普遍的人権が確立され、人権に関する問題で内政干渉が可能なシステムが作り上げられてきたのは、(7)歴史の不思議であると言わざるを得ない。

（筒井清輝『人権と国家』より　作問のため本文を改めた箇所がある）

問1　――線部(1)「人道主義的な価値観」とありますが、これについて説明したものとして最も適当なものを次から選び、記号で答えなさい。

ア　古代にも中世にも存在しており、現代の人権理念にも通じる考え方

イ　古代や中世そして現代においても共通する、人権の定義となる考え方

ウ　古い時代に流行したが、現代の人権理念においては刷新された考え方

エ　古い時代には注目されなかったが、人権を重視する現代になって見出された考え方

オ　古代から中世にかけて各国で見受けられ、現代の人権理念においても重要度が増している考え方

るのだ。現地の実態を正確に把握することに何の意味があるのだろうか。ロラン・バルトが言うように、「もう何も見えなくても、そんなことは問題ではない」（『神話作用』）のである。

（本文は加太宏邦「そして観光のまなざしだけが残った」を元に本校が作成した）

五

次の文章を読んで後の設問に答えなさい。

人権の起源について考えるにあたっては、まず人権の定義を考えなくてはならない。弱者救済や平等、正義、自由、尊厳などの人権とも通底する(1)人道主義的な価値観であれば、人間社会に古くから見られたものが多くある。例えばメソポタミア文明のハンムラビ法典などのように、相手を自分と同様の存在と見て、自分がされたいのと同等の対応を相手にもするという発想は、紀元前から見られるものである。また、権力者の力を制限し、法の下で弱い立場にある者の権利を守るという考え方は、一二一五年のマグナ・カルタなどに見られるように中世の社会でも存在していた。

しかし、現在の人権理念は、これらの人道主義的な観念を超えたものである。そしてこの理念を国際社会で最初に規定したのは、一九四八年の世界人権宣言(Universal Declaration of Human Rights)である。この時生まれた(2)普遍的人権(universal human rights)は、相当に革命的な思想で、人類の歴史の中でも画期的なものであった。では、それはどのようにそれまでの人道主義的な思想と違うのか？

まず第一の大きな違いは、普遍的人権は誰もが人間であるというだけで持っている権利であるという点である。人が人であるだけで、宗教、人種、民族、ジェンダー、階層、信条などに関わりなく、基本的な人権を保障されるという思想は、今では当たり前に思われるかもしれないが、これまでの長い人間社会の歴史の中で、二十世紀半ばになって初めて世界中で受け入れられた考え方である。人は生まれながらにして固有の権利を持つという、自然権(natural rights)の考え方は、古代ギリシャ以来存在しており、ホッブズやロックなどの啓蒙《けいもう》思想家によって発展を遂げた。その普遍的な方向性から、自然権はその後の人権および民主主義の発展にも大きな影響を及ぼした。自然権は、主に社会の中での構成員と政府との関係、すなわち社会契約を考える中で、法制度や政府の存在以前の自然状態で人に保障された権利に言及する概念であった。そして、専制政治を行う君主は社会の構成員の自然権を侵害しているのであり、人々は自然権を根拠に君主に対抗できるという考え方が革命の時代に大きな影響を与えた。(3)ロックは、国家が構成員の生命、自由、財産などに関する自然権を守ることを理想としていたが、その場合に想定されていた社会の構成員は限定的に理解され、主に男性、しかもキリスト教徒の白人男性を指していた。すなわち、人は誰しも生まれながらに権利を持つとはいうものの、「人」の範囲が内集団に限定されて理解されていたのである。

自分が所属する社会集団である内集団とその外にある外集団の区別は人間社会に普遍的なものであり、内集団を優先し、その構成員の生活や権利を守るのが社会集団の役目であった。しかし普遍的人権の考え方は、内集団と外集団の区別に関わらず、一定の人権は誰にでも保障されなければならないとするものである。フランス革命後の人権宣言やアメリカの独立宣言などでもこれに近い普遍的な権利が謳《うた》われてはいたが、実際の権利主体は白人男性などの一部の人々に限定されており、その内集団に入っていない者の権利は恣意的に扱われてきた。普遍的人権観念の下では、このような区別はもはや許されなくなるのである。

人間は多くの場合、外集団に対しては無関心であるか、一定の友好関係を保つか、あるいは脅威として敵対心を持つかであった。内集団と外集団の区別は現在でも当然残っており、内集団を優先する場面が多いことも変わりはないが、普遍的人権思想の普及した現代では、外集団の構成員に甚大な人権侵害が行われている場合には、それに無関心であったり、それを許容することは、道徳的に許され

エ　どうして十二両だけなくなるなんてことを信じてもらえるだろうか。

オ　十二両失くしてしまった責任をとって切腹しなくてはならないだろう。

問4　═══線部A「正直なる者」とありますが、この人物の「正直さ」を示す行動として最も適当なものを本文中の〜〜〜線部ア〜オから選び、記号で答えなさい。

問5　——線部(4)「右の金子」とありますが、何両ですか。最も適当なものを次から選び、記号で答えなさい。

ア　十二両　イ　三十八両　ウ　五十両

エ　六十二両　オ　八十八両

四

次の文章を①〜③の条件にしたがって、八十字以上百字以内で要約しなさい。

① 三文で要約すること

② 第二文の書き出しを「しかし」、第三文の書き出しを「つまり」で始めること
（……。しかし……。つまり……。）

③ 解答欄の一マス目から書き始め、句読点も一字に数えること

アニメやテレビドラマ、小説等に触れ、その作品の舞台となった地を実際に訪れたいと旅する人は多い。お気に入りの作品の舞台を訪れることは、ファンにとって大変胸が躍る行為だ。このような行為は、人々にとって観光の一つのスタイルとして定着している。

日本人にとって、スイス旅行の中でとりわけ人気が高いのは、「アルプスの少女ハイジの里を巡るコース」だそうだ。「ハイジ」の作者が夏の休暇に滞在していたことがあるという村、マイエンフェルトを訪れるコースは、訪問客のほとんどが日本人だという。このマイエンフェルト村は、フランスのガイドブック『ミシュラン』ではたった一行で片付けられているスポットである。にもかかわらず、日本の旅行案内書では、一級の観光地扱いを受けている。村はライン河畔に位置し、ブドウ酒製造を主要産業とする。ブドウ酒産業と牧草地とは通常両立せず、「ハイジ」で出てくる、一面に広がる緑の牧草地とは風景を異にする村だ。しかし、観光客は、「ハイジ」ゆかりの地だと喜び、村のあれこれを見て感動し、ブドウ酒を飲むためにお金を払う。作品で描かれる光景とややかけ離れていようが、そこは気にしない。村の人と片言で会話をし、「ハイジ」の世界で繰り広げられるやさしい人々との会話を追体験した気になる。いったんその地が作品とつながっていると認めたら、そこで愉《たの》しみを享受するのだ。現地に赴くことは、あくまでこちらが勝手に作った世界像を求めている行為にすぎない。だが、観光はこうして作られていくのである。

さらに、「ハイジ」に出てくるようなアッペンツェル地方の、牧草地の周辺（あくまで「周辺」）に立ち寄るコースもある。アッペンツェル地方は、まさに私達が求めている、ほどよい自然と部分的に舗装された道、適度に放し飼いされた牛で成り立っている「理想の牧草地」である。実際の牧草地そのものは、おびただしい糞尿《ふんにょう》にハエが群がっていて、決して愉快な場所とは言い難い。伸びた草が足にまとわりつき、ぬかるんだ場所も多く、歩きにくくて散策には向かない。観光客は、牧草地そのものには踏み込まず一歩手前の場所に身を置き、ハイジが暮らしていたであろう世界を味わえたことに胸を熱くする。山々を眺めながら澄んだ空気を吸い、歩きやすい丈の草を踏み、これぞアルプスだと心躍らせるのだ。

この感動を支えるものは、作品から抽出された「自然＝美」「やさしさ」などのイメージが投影されたメルヘンチックな世界像である。人間と自然が織り成す「ハイジ」のやさしい世界を自分達なりに感じられれば、それで充分だ。

私達は、その地の実態から遠ざかることで、観光を成立させてい

ア　学校は、米飯給食を通じて郷土への関心を深めるための教育を行わなければならない。

イ　完全給食を実施している学校は、全体として米飯給食の実施回数が増加傾向にある。

ウ　日本の米消費は、米飯給食を軸とした「日本型食生活」によって支えられている。

エ　農林水産省は、米飯給食を実施する全ての学校に政府備蓄米の無償交付を実施することにした。

オ　米飯食の普及のためには、パンや麺以上に米飯を中心とした給食を優先すべきである。

（作問のため【資料】を改めた箇所がある）

三

次の文章は江戸時代の随筆『半日閑話』の一節です。本文を読んで後の設問に答えなさい。

往古青山若松町に門奈助左衛門といふ者、遠藤吉七郎とならびし富家なり。ある暮二十八日のことなるに、助左衛門家来にいたつてA正直なる者これあり。(1)右の者に申しつけ、※1蔵宿へ※2金子五十両取りに遣はしける。折節雪にて道悪きゆゑ、ア財布を首にかけもどりしが、近所の玉竜寺前にてすべり倒れイやうやう宿へ帰り、足も汚れしゆゑ、まず財布を玄関の※3鴨居《かもゐ》へ引きかけおき、まず手足を洗ひ、それより旦那の前へ出で、ウ蔵宿の※4口上を相述べ、財布を出さんとせしが、以前鴨居へ引きかけおきしことを忘れ、(2)仰天なし、※5脇差もささず駆け出だし、玉竜寺の前にて倒れし所へまかりこし探せしが、金子三十八両を得たり。これはこれ、初め倒れしは、右の金子に滑り倒れしなり。それより三十八両を拾ひ集め、あとは不足すれども、(3)これにて申し分けあるべしと※6よしなく立ち帰る道にて、以前かけ置けるを思ひ出し、早々まかり帰り、主人へエ委細申しければ、すぐさま右の次第※7公儀へうかがひければ、落とせし主出でざるゆゑ、右の者へ下され、(4)右の金子を元手として、主人も世話いたし遣はし、末には※8同心の株にありつき、当子年までにオ三代相続すと、遠藤直物語なり。

※1　蔵宿…札差（年貢を両替する店）の店舗
※2　金子…貨幣
※3　鴨居…ふすま・障子などの上部に触れる横木
※4　口上…口頭で述べる内容、挨拶
※5　脇差…長い刀に添えて脇に差す小刀
※6　よしなく…しかたなく
※7　公儀…役所
※8　同心の株…下級役人になるための権利。売買の対象になっていた。

問1　――線部(1)「右の者に申しつけ」とありますが、だれがだれに申しつけたのですか。最も適当なものを次から選び、記号で答えなさい。

ア　正直な人が門奈助左衛門に
イ　遠藤吉七郎が家来の一人に
ウ　門奈助左衛門が家来の一人に
エ　門奈助左衛門が遠藤吉七郎に
オ　遠藤吉七郎が門奈助左衛門に

問2　――線部(2)「仰天なし」とありますが、その説明として最も適当なものを次から選び、記号で答えなさい。

ア　雪で転んだ時に仰向けにひっくり返った。
イ　侍の魂である脇差を失くしたと思い慌てた。
ウ　預かった五十両を失くしたと思いびっくりした。
エ　蔵宿に金子を忘れてきたことに気づいて肝をつぶした。
オ　財布を鴨居にかけたままであることを思い出し天を仰いだ。

問3　――線部(3)「これにて申し分けあるべし」の意味として最も適当なものを次から選び、記号で答えなさい。

ア　十二両不足しているが何とかこれで許しを乞おう。
イ　雪が解ければあと十二両は見つかるにちがいない。
ウ　三十八両だけでも戻ってくれば主人もうれしく思うだろう。

な民族の共生及び多様な文化の発展についての国民の理解を深めることを旨として、行われなければならない。

ウ　アイヌ施策の推進は、アイヌの人々の民族としての誇りが尊重されるよう、アイヌの人々の誇りの源泉であるアイヌの伝統等並びに我が国を含む国際社会において重要な課題である多様な民族の共生及び多様な文化の発展についての国民の理解を深めることを旨として、行われなければならない。

エ　アイヌ施策の推進は、アイヌの人々の民族としての誇りが尊重されるよう、アイヌの人々の誇りの源泉であるアイヌの伝統等並びに我が国を含む国際社会において重要な課題である多様な民族の共生及び多様な文化の発展についての国民の理解を深めることを旨として、行われなければならない。

オ　アイヌ施策の推進は、アイヌの人々の民族としての誇りが尊重されるよう、アイヌの人々の誇りの源泉であるアイヌの伝統等並びに我が国を含む国際社会において重要な課題である多様な民族の共生及び多様な文化の発展についての国民の理解を深めることを旨として、行われなければならない。

（「アイヌの人々の誇りが尊重される社会を実現するための施策の推進に関する法律　第一章総則　第三条基本理念」より）

問2　後の【資料】は『令和3年度　食育白書』（農林水産省）「第2章　学校、保育所等における食育の推進」の一部です。ここから読み取れることとして、正しいものをア～オから選び、記号で答えなさい。

【資料】米飯給食の着実な実施に向けた取組

米飯給食は、子供が伝統的な食生活の根幹である米飯に関する望ましい食習慣を身に付けることや、地域の食文化を通じて郷土への関心を深めることなどの教育的意義を持つものです。平成30（2018）年度には、完全給食[1]を実施している学校の100%に当たる29,553校で米飯給食が実施されており、約911万人が米飯給食を食べています。また、週当たりの米飯給食の回数は3.5回となっています（図表）。

図表　**米飯給食実施状況（国公私立）**

	平成20年度（2008）	平成25年度（2013）	平成30年度（2018）
学校数	31,094校	30,198校	29,553校
実施率	99.9%	100%	100%
実施回数（週当たり）	3.1回	3.3回	3.5回

出典：文部科学省「米飯給食実施状況調査」

農林水産省では、次世代の米消費の主体となる子供たちに、米飯を中心とした「日本型食生活[2]」を受け継いでもらうため、米飯給食のより一層の推進を図っています。令和3（2021）年度は、前年度に引き続き米飯給食の拡大に向けた取組への支援として、各学校が米飯給食の実施回数を増加させる場合に、政府備蓄米の無償交付を実施しました。

なお、献立の作成に当たっては、多様な食品を適切に組み合わせて、児童生徒が各栄養素をバランスよく摂取しつつ様々な食に触れることができるように配慮することが大切です。

1　給食の内容が、パンまたは米飯（これらに準ずる小麦粉食品、米加工食品その他の食品を含む）、牛乳及びおかずである給食のこと

2　ごはん（主食）を中心に、魚、肉、牛乳・乳製品、野菜、海藻、豆類、果物、お茶など多様な副食（主菜・副菜）等を組み合わせた、栄養バランスに優れた食生活

二〇二三年度
中央大学杉並高等学校

【国語】（五〇分）〈満点：一〇〇点〉

一　次の1～6の文中の――線部(a)～(h)について、漢字はひらがなで読み方を示し、カタカナは漢字に改めなさい。

1　公金その他の公の財産は、宗教上の組織若しくは団体の使用、(a)ベンエキ若しくは維持のため、又は公の支配に属しない(b)ジゼン、教育若しくは博愛の事業に対し、これを支出し、又はその利用に供してはならない。

（日本国憲法第八十九条より）

2　時計を出して見れば、まだ八時三十分にしかならない。まだなかなか大石の目の醒《さ》める時刻にはならないので、好《い》い加減な横町を、上野の山の方へ曲った。(c)セマい町の両側は穢《きた》ない長屋で、塩煎餅《しおせんべい》を焼いている店や、小さい荒物屋がある。

（森　鷗外『青年』より）

3　このような、曖昧かつポジティブな特性は自己高揚動機の対象となりやすくなります。自分に都合のいいように考えても客観的な測定で(d)クツガエされることがなく、かつポジティブな特性なら「自分には(e)ソナわっている」と考えたくなるからです。

（藤田政博『バイアスとは何か』より）

4　兄はその大広間に仮の仕切として立ててあった六枚折の屏風《びょうぶ》を黙って見ていた。彼はこういうものに対して、父の(f)薫陶から来た一種の鑑賞力を有《も》っていた。その屏風には妙にべろべろした葉の竹が巧《たくみ》に描かれていた。兄は突然後を向いて「おい二郎」と云った。

（夏目漱石『行人』より）

5　温暖化による海面上昇が海岸を浸食し、世界中で大規模な被害が起きている。国連が日本のメディアと立ち上げた「1.5度の約束」（気温上昇を産業革命前と比較し、1.5度に抑える）はあらゆる手段を(g)コウじて守らなければならない。

（新聞記事より）

6　総務省消防庁は、感染症の患者数が高い水準で推移しているために、救急車の到着後も、患者の(h)ハンソウ先が決まらない事案が多く発生していると発表した。

（新聞記事より）

二　次の問1、問2に答えなさい。

問1　【例】を参考にして、文章内の語句と語句のつながりを正しく示したものをア～オから選び、記号で答えなさい。

【例】

あの向こうの　山の　頂きに　立つことは、私がこれまで何度も挑戦を繰り返してきた大きな目標であった。

※すべてのつながりを図示しているわけではありません。

ア　アイヌ施策の推進は、アイヌの人々の民族としての誇りが尊重されるよう、アイヌの人々の誇りの源泉であるアイヌの伝統等並びに我が国を含む国際社会において重要な課題である多様な民族の共生及び多様な文化の発展についての国民の理解を深めることを旨として、行われなければならない。

イ　アイヌ施策の推進は、アイヌの人々の民族としての誇りが尊重されるよう、アイヌの人々の誇りの源泉であるアイヌの伝統等並びに我が国を含む国際社会において重要な課題である多様

英語解答

I 第1部 A…1 B…3 C…4
D…3 E…2
第2部 F…3 G…3 H…1
I…1 J…3

II A エ B イ C ウ D ア
E エ F イ，オ

III 問1 エ 問2 ウ 問3 ウ
問4 イ 問5 ア
問6 ウ→ア→エ→イ 問7 ウ
問8 A…ウ B…オ C…イ D…ア
E…エ
問9 ウ，カ

IV 1 エ 2 イ 3 ウ 4 ア

V 1 A…ア B…キ
2 C…オ D…ク
3 E…カ F…キ
4 G…ケ H…ク

VI 1 (例) Cats may get angry if they are touched while they are eating.
2 (例) To write a report, I have to read the book that I am not interested in.

I 〔放送問題〕解説省略

II 〔長文読解総合(英問英答形式)―説明文〕

≪全訳≫❶ロンドンでは黒色，ニューヨークでは黄色，東京では多くの色のものとは何か。答えが何かわかるだろうか。それはタクシーで，cabとしても知られている。ロンドンには黒塗りのタクシーが約1万9000台あり，地元民はその黒塗りの車が街の景色の一部であることを誇りに思っている。イギリスの首都を訪れたら，ロンドンのタクシーに乗ることは必須の経験であり，それは長い間多くの人々がし続けてきたことなのだ。❷タクシーの歴史は17世紀にさかのぼり，最初は2頭の馬に引かれた大型馬車だった。もともと，タクシーはhackneyと呼ばれていた。hackneyという言葉はフランス語に由来し，有料で貸すための馬を意味する。それらは大変人気になったが，交通を渋滞させ，乗るのはかなり高価だった。そこで1823年に，座席と車輪が2つついた大型馬車のcabrioletがフランスからロンドンに導入された。それはより速くて安かったので，すぐに大型馬車hackneyよりも人気になった。実際，cabという名前はcabrioletに由来した。その後，ロンドン初の馬なしで走るタクシーが1897年に登場し，それらは電気で動いた。しかしそれらは故障しやすく，良い状態に保つのが難しかった。そんなわけで，それらは1900年までに消滅した。そして1903年に，ロンドン初のガソリンを燃料としたタクシーが導入された。ロンドンの路上でこれらのタクシーの数は急増し，これらのタクシーはロンドン市の象徴的存在となった。❸ロンドンのタクシーを特別なものにする多くのことがある。最も並外れているのは，他の多くの都市においてよりもはるかに早く目的地に着けることだ。そのわけは，ロンドンのタクシー運転手が世界で最も知識のある人々だからだ。❹ロンドンで黒塗りのタクシーを運転するには「知識」を持っていなければならない。それは，ロンドン中心部の主要鉄道駅の1つであるチャリング・クロスから6マイル(約9.7キロメートル)以内を知り尽くしていなければならないということだ。今，円の中心地であるチャリング・クロスに立っていると想像してみてほしい。6マイル先の円の端に到着するまで，あらゆる方向に非常に多くの通り，公園，建物がある。それらを全て知っていなければならないのだ。これはそれほど大変ではないと思うかもしれないが，その円の中には約2万5000の通りがある。ロンドンのタクシー運転手になるには，その地域にある各レストラン，病院，警察署，パブのほか，人気のある場所は全て知っていなければならない。ロンドンのタクシー運転手にはこの特別な能力が要求される。❺その運転免許試験に合格するのはとても難しい。大半の人々は，ロンドンのタクシー運転手になるのに約２年かかる。まず，運転免許試験のテキストであるブルー・ブックを購入して試験の準備をする。このブルー・ブックには，市中にある320のさまざまなルートが載っている。最初に筆記試験を受ける。筆記試験では，ＡとＢの２地点が示されていて，白地図上でＡＢ間の最短ルートを描くように求められる。筆記試験に合格したら，面接試験に進める。再び異なる２地点が示されて，最短距離に基づく全ての通りと交差点の名前を正確かつ迅速に言わなければならない。この運転免許試験に合格するには，オートバイか自転車に乗るのが最善の方法だ。実際に市内を走り回って，目的地間や市内にあるあらゆる興味深い場所の間の最短ルートが覚えられる。ロンドンのタクシー運転手の養成学校すらある。「私は14か月かかってとても大変でした，でもタクシー運転手が特別な知識を持っていることはとても重要です」と，29年間ロンドンのタクシーを運転しているジェームズ・トレンホルムは言った。「『知識』をより効果的に使うにつれて，タクシーがより運転しやすくなります」❻タクシー運転手は多くのことを覚えなければならず，実際その知識は全て彼らをより賢くする。実際に，科学者は，ロンドンのタクシーを運転できるようになることは，現に脳の少なくとも記憶や空間認識(距離感や物と物との間の空間をどう把握するか)を処理する部分を発達させることを証明した。❼ロンドンのタクシー運転手は，市内を迅速に走り回るという点ですばらしい仕事をしている。街が大変古いので，通りはしばしば狭い。およそ900万人の人口を抱えて街はいつも人であふれている。バスや電車などの公共交通機関はトラブルに陥ることもある。だから，家まで送り届けてもらえる常に頼れるものがあることは良いことだ。❽「私たちが他の人たちよりも賢いとは思いません」と，ロンドンで２年間タクシーの運転手をしているジョニー・フィッツパトリックは言った。「でも私たちは行き先がわかっているから，お客さんに迷惑をかけることがいっさいありません」　ロンドンの黒塗りタクシー万歳！

Ａ＜内容真偽＞「ロンドンのタクシーに関して正しくないものはどれか」　ア．「ロンドンに来たら経験しなくてはならないことの１つはタクシーに乗ることだ。なぜならタクシーがとても有名だからだ」…○　第１段落最終文に一致する。　イ．「ロンドンのタクシーはロンドンの街の景色の重要な一部であり，長い間多くの人々が利用してきた」…○　第１段落第４，５文に一致する。　ウ．「地元民がロンドンのタクシーを誇りに思っているのは，ロンドンのタクシーはロンドンの街を象徴すると思っているからだ」…○　第１段落第４文および第２段落最終文に一致する。 represent「～を表す，象徴する」　エ．「ロンドンには黒塗りのタクシーだけでなく黄色のタクシーもあり，黒塗りのタクシーは黄色のタクシーとほぼ同数である」…×

Ｂ＜内容真偽＞「ロンドンのタクシーの歴史に関して正しいものはどれか」　ア．「ロンドン初のタクシー運転手はフランス出身で，彼は17世紀に hackney と呼ばれたフランス式の大型馬車を発明した」…×　イ．「人々が電動の代わりにガソリンを燃料としたタクシーを使い始めたのは，それらが良い状態に保ちやすかったからだ」…○　第２段落後半の内容に一致する。　ウ．「フランスから導入された最初のタクシーは電動だったことに多くの人々が驚いた」…×　エ．「大型馬車 cabriolet が大型馬車 hackney ほど人気がなかったのは，より高価だったからだ」…×

Ｃ＜語句解釈＞「『知識』とはどういう意味か。適切なものを選びなさい」―ウ．「ロンドンにある約２万5000の通りの中から乗客にとって最適な道を選ぶ能力」　第４段落参照。

Ｄ＜要旨把握＞「ロンドンのタクシー運転手になるための運転免許試験に合格するのはなぜ非常に難しいのか」―ア．「最短距離に基づく目的地への全ての通りの名前をできるだけ早く答えなければならない」　第５段落第８文参照。

Ｅ＜要旨把握＞「科学者が得た結果と関連のないものはどれか」―エ.「ロンドンのタクシー運転手は自分のタクシーが故障したら機械的なトラブルに対処することができる」　第6段落第2文参照。科学者が証明したのは，ロンドンのタクシーを運転できるようになると，脳の記憶や空間認識を処理する部分を発達させるということ。エの内容は，記憶と空間認識に関係しない。ア.「ロンドンのタクシー運転手は目的地に到着する最短ルートを選ぶことができる」とイ.「ロンドンのタクシー運転手はロンドンにある多くの名所を覚えることができる」は記憶に，ウ.「ロンドンのタクシー運転手は狭く混雑した通りを速く安全に運転することができる」は空間認識に関係する内容である。

Ｆ＜内容真偽＞「この文章の内容に従って，以下のうちから正しい文を2つ選べ」　ア.「16世紀まで，馬は乗客を目的地まで運ぶタクシーとして利用されていた」…×　第2段落第1文参照。タクシーの歴史が始まるのは17世紀から。　イ.「ロンドンのタクシー運転手はロンドン地域に関する知識が豊富なので，ロンドンのタクシーは頼りになる」…○　第3段落および第7段落最終文の内容に一致する。　ウ.「ロンドンのタクシー運転手がロンドン地域の歴史上の場所の全ての名前を覚えるのに2年かかる」…×　そのような記述はない。　エ.「ロンドン地域をオートバイで走り回るのは，ロンドンのタクシー運転手になるための運転免許試験の一部である」…×　第5段落参照。運転免許試験は筆記と面接の2種類であり，オートバイや自転車で街を走るのはその対策である。　オ.「ロンドンの街はとても古くて通りはしばしば狭いが，ロンドンのタクシー運転手にとってはそれは大きな問題ではない。なぜなら彼らは知識が豊富だからだ」…○　第3段落最終文および第6，7段落の内容から，本文の内容に一致するといえる。　カ.「ロンドン地域には優れた交通機関があるので，ロンドンのタクシーは最近人気が落ちてきた」…×　そのような記述はない。

Ⅲ〔長文読解総合―説明文〕

≪全訳≫❶色は強烈な感情や記憶をよみがえらせることができる。ときには気分や振る舞いに影響を与える。実際に，科学者は，ある食べ物がいかに人を引きつけるかあるいは引きつけないかに関して，色が大きな影響を与えることを認めている。ご想像のとおり，飲食店や食品ブランド，ファストフードのチェーン店にとってそれは重大なニュースだ。どの色が私たちのおなかをすかせるのか，あるいは皿を押しやらせるのだろうか。食欲や食生活に対する色の影響を分析しよう。❷赤は食欲を増進する色だ。実際に，人は多くの場合，赤い食べ物が最も魅力的だと思う。赤色はまた，感情や情熱を連想させる。赤は血圧や心拍数，エネルギーを増加させる大変強烈な色である。私たちの体内にある多くの感覚を刺激することによって，この鮮やかな色は私たちのおなかをすかせる。そう，マクドナルドやピザハット，ケンタッキー・フライド・チキンなど多くの人気ファストフードチェーン店が皆，店名のロゴに赤色を使用するのには理由があるのだ。食品チェーン店はロゴだけでなく，壁やテーブルなどの内装にも赤を使う。赤は人に，時間の経過を早く感じさせると言われている。その結果，客はより速く食べ，飲食店は1日により多くの客を受け入れることができる。❸黄色も私たちの食欲を刺激する色だ。黄色を見ると，私たちの脳は，私たちをより楽しくリラックスさせる幸せホルモンであるセロトニンをより多く放出する。幸せな気分でリラックスすると，安心感を得てもっと食べたくなる。テーブルの上に黄色い花が置いてある飲食店に行ったことがあるだろうか。もしそこで，とてもおなかがすいているように感じて料理をたくさん注文していれば，この黄色い花がその理由かもしれない。黄色と同様に，オレンジ色も温かく心地よい気分を私たちに与えてくれるといわれている。❹「ケチャップ＆マスタード理論」を聞いたことがあるだろうか。上述のとおり，赤と黄色は食欲を増進させる色だ。飲食店や食品ブランドのロゴにこの２色を組み合わせると，さらにいっそう効果的だろう。マクドナルドやバーガーキング，それに日本の有名な牛丼チェーン店のすき家など，赤と黄色のロゴを使用している有名な食品チェーン店を容易に思いつくことができるだろう。それらの成功の背景には「ケチャップ＆マスタード理論」があるのかもしれない。❺緑も飲食店やファストフードのチェーン店の間で人気のある色だ。緑の食べ物は新鮮で自然に見えるので，人はしばしば緑の食べ物はどれも健康的だと思っている。歴史を通して，人間は緑の食べ物を探し求めてきたが，それは③自然界にある緑の食べ物は安全，つまり，それらは無毒で食べても大丈夫であることが多いからだ。このように，緑色は私たちをくつろいだ感じにさせて食欲を増進させる。スターバックスやモスバーガーなどの大手ブランドが緑色のロゴを使用して大成功を収めているのは驚くべきことではないのだ。❻ポップコーンやホイップクリーム，精白パンなどの白い食べ物にとても引きつけられる人々がいる。しかし，白い食べ物は，特にスナック菓子を食べているときに食べすぎを引き起こす可能性がある。白い食べ物にカロリーが含まれていることを忘れているのかもしれないが，これによって食べすぎてしまうことがあるのだ。また多くの人々が，白い食べ物や白い皿にのっている食べ物からは満足感があまり得られず，たとえたっぷり食べたとしても満足感を覚えられずに食べ続ける。ダイエット中は白い食べ物を避けた方がよい。❼その一方で，私たちのおなかをすかせない色もある。食品の包装や飲食店のロゴに使用すべきではない色の第１位は青だ。研究によると，ブルーベリー以外で自然界に青色の食べ物があまりないので，青色は食欲を減退させる。／→ウ．その昔私たちの祖先が食べ物を探していたとき，青，黒，紫はその食べ物が毒を含んでいて食べると安全ではないというしるしだった。／→ア．食べ物においてそうした色を避けるというこの行動は今もなお私たちに備わっているのかもしれない。／→エ．実際に，たとえおいしいものであっても，人は青い食べ物を見ると食欲を失う。／→イ．減量したいのなら，冷蔵庫の中に青色光を据えて食欲を減退させるとよいとすら提唱されている。／そんなわけで，減量プログラムやダイエット関連会社の多くがマーケティングで青を使用している。だが，暑い日に喉が渇いているときに，茶色の飲み物と青色の飲み物ではどちらの飲み物の色の方がより魅力的に見えるだろうか。青は真水や海，プールを連想させるので，喉が渇いているときはとても魅力的な色かもしれない。❽ピンクも食欲を刺激しない，なぜなら自然に反する色のように見えるからだ。ピンクはしばしば人に，生肉や人工保存料を思い起こさせる。それがピンクのロゴをあまり見かけない理由の１つだ。❾灰色も食欲を減退させる色だ。灰色の食べ物を見て「わあ，とてもおいしそう！」と思ったことはあるだろうか。家庭菜園で灰色の食物が栽培されているのを見ることはほとんどない。灰色のくすんだ色はもう口にはできない古くて腐った食べ物を連想させる。❿茶色は飲食店にとっては難しい色だ。飲食店を開店したいのなら，この色の使い方には気をつけた方がよい。通常，茶色い食べ物が私たちのおなかをすかせることはない。なぜなら茶色は焼きすぎて焦げた食べ物を連想させるからだ。しかし，茶色はコーヒーやチョコレート，焼き菓子などのある種の飲食物にとってはよい選択になることもある。⓫この次飲食店に立ち入ったら，周りを見回して壁や皿，あるいは椅子の色にまで注目してみてはどうだろうか。色と食欲に関する興味深い事実をいくつか見つけられるかもしれない。よく言われるように，私たちは目で食事をするのだ。

問１<要旨把握>第２段落参照。エは，赤色の時間の経過を早く感じさせる効果によって，客は店内でより速く食べるという最後の２文の内容に矛盾する。

問２<要旨把握>下線部を含む文の文意は，おなかがすいたように感じて食べ物をたくさん注文する理由が黄色い花であるということ。よって，黄色の効果について述べられていないウ．「美しい花はどの色でも脳をリラックスさせておなかをすかせる」は，この内容に合わない。

問３＜要旨把握＞下線部の「ケチャップ＆マスタード理論」については直後で，赤と黄色は食欲を増進させる色だから，飲食店や食品ブランドのロゴにこの２色を組み合わせるとさらにいっそう効果的だろうと述べられている。ウ．「赤色と黄色を一緒に使えば，私たちのおなかをすかせる色の効果はより大きくなるだろう」は，この内容をまとめている。

問４＜適文選択＞直後のダッシュ(―)以下の内容が，空欄に入る内容の言い換えになっていることを読み取る。safe＝no poison and (are) good to eat という関係である。

問５＜文脈把握＞下線部の「ダイエット中は白い食べ物を避けた方がよい」理由は，下線部と同じ第６段落に書かれている。イ～エの内容については，第２～４文で説明されているが，アの「高カロリーのものが多い」という記述はない。

問６＜文整序＞まず，アの This behavior of avoiding those colors in food「それらの色をした食べ物を避けるというこの行動」が，ウで述べている，私たちの祖先が自然界で食べ物を探していたときに取っていた行動を指していると考えられるので，ウ→アの順にする。残りのエとイは，「たとえおいしくても人は青い食べ物を見ると食欲を失うから，減量したければ冷蔵庫に青色光を据えて食欲を減退させるとよいとすら提唱されている」という話の流れになると推測でき，この内容を直後の文の主語 That が受けていると考えられる。

問７＜適語句選択＞下線部の後には，茶色が食欲に与える良い影響と悪い影響が述べられていることから，茶色は飲食店にとっては難しい色だといえる。

問８＜要約文完成＞≪全訳≫❶色はときどき私たちの生活の中で重要な役割を果たす。それらは私たちの食欲や食習慣に影響を与えうる。例えば，赤，黄色，$_{A}$緑は食欲を増進させることで知られている。$_{B}$白い食べ物を食べるときは気をつけなければならない，なぜならそれらは食べすぎを引き起こすことがあるからだ。その一方で，$_{C}$ピンクと灰色は食欲を減退させる色だといわれている。❷$_{D}$青と$_{E}$茶色は良い面と悪い面の両方をあわせ持つ２つの色だ。$_{D}$青い食べ物の大半は食欲を減退させるが，$_{D}$青は暑い日の飲み物には魅力的な色になりえる。

＜解説＞Ａ．第５段落第４文参照。　Ｂ．第６段落第２文参照。　Ｃ．第８段落第１文参照。blue はＤに入るので，ここには入らない。　Ｄ．３つ目の空所を含む文の内容が第７段落最後の２文の内容に該当するので，ここが blue に決まる。　Ｅ．第10段落参照。

問９＜内容真偽＞ア．「科学者によると，色は私たちの感情や行動に影響を与え，食欲を変えることもたまにある」…○　第１段落に一致する。　イ．「赤はおなかをすかせる色なので，多くのファストフードのチェーン店がロゴに赤を使うのは当然だ」…○　第２段落第５，６文に一致する。ウ．「内装に赤を使って，客に再び来店したいと思わせるファストフードのチェーン店もある」…×　そのような記述はない。　エ．「人気のある食品チェーン店の多くが緑色を使っているのは，それが人をくつろいだ感じにさせておなかをすかせるからだ」…○　第５段落最後の２文に一致する。　オ．「ピンクの食べ物は自然にも健康的にも見えないので，ピンクはしばしば食欲を減退させると言われる」…○　第８段落に一致する。　カ．「灰色は飲食店のロゴにはあまりよくない色だが，いくつかの食べ物をおいしく見せるのに最適な色になりえる」…×　そのような記述はない。　キ．「茶色は人に焦げた食べ物を連想させるので，通常，茶色が私たちの食欲を増進させることはない」…○　第10段落第３文に一致する。　ク．「飲食店で使われている色に注目して，色と食欲の関係を理解するのはよい考えかもしれない」…○　第11段落第１，２文に一致する。

Ⅳ〔適語(句)選択〕

1．肯定文の付加疑問は文末に‘否定の短縮形＋主語を受ける代名詞＋?’がつく。本問は主語がYouの現在完了‘have＋過去分詞’の文なので，否定形はhaven'tとなる。　「あなたは私の妻に会ったことがありますよね？」

2．選択肢の中で，直後に目的語meをとれる動詞はtoldのみ。‘tell＋人＋物事’「〈人〉に〈物事〉を教える」の形。　「トムは昨日私に彼の電話番号を教えてくれた」

3．not any ～で「1つも～ない」。空所の後が複数形でbe動詞がaren'tなので‘数えられない名詞’に使うmuchは不可。　「この地域にはスーパーマーケットが1つもない」

4．主語のNew computers「新しいコンピューター」は「使われる」ものなので‘be動詞＋過去分詞’の受け身にする。　「あの会社では新しいコンピューターが使われている」

Ⅴ〔整序結合〕

1．‘tell＋人＋to ～’「〈人〉に～するように言う」の形にする。I told him toの後にbe careful「気をつける」を置く。「自転車で学校に行くとき」はwhen he rides a bicycle to schoolとまとめられる。　I told him to be careful when he rides a bicycle to school.

2．主語の「私が今着ているコート」は，語群より目的格の関係代名詞を省略した‘名詞＋主語＋動詞...’の形でThe coat I'm wearing nowとする。その後は‘not as … as ～’「～ほど…でない」の形にすればよい。「去年の冬に着ていたもの」の「もの」は「コート」を指すが，前に出た名詞の繰り返しを避けるためにthe oneを用いる。ここも目的格の関係代名詞を省略してthe one I woreと表し，last winterにつなげる。　The coat I'm wearing now is not as expensive as the one I wore last winter.

3．Who is ～?「～はだれですか」の形にする。‘～’に入る「青いドレスを着た少女と踊っている男性」は現在分詞の形容詞的用法を用いて，the manの後にdancing with the girl in the blue dressを置いて表す。前置詞inには「～を身につけて」という意味がある。　Who is the man dancing with the girl in the blue dress?

4．‘It is ～ to …’「…することは～だ」の否定形にする。「自分の部屋をきれいに保つ」は‘keep＋目的語＋形容詞’の形で表せるので，It is not easy toの後にkeep your room cleanと続ける。最後に残ったwhenを置いてyou are busyにつなげる。　It is not easy to keep your room clean when you are busy.

Ⅵ〔和文英訳―完全記述〕

1．「怒る」は‘get＋形容詞’「～(の状態)になる」の形でget angryとする。Cats may get angry「猫は怒るかもしれません」が文の骨組み。「(猫は)触られると」はif they(＝cats) are touchedと受け身で表し，「何か食べているときに」は「(猫が)食べている間に」と読み換え，while「～する間に」を用いてwhile they are eating (something)を続ける。

2．「レポートを書くために」は‘目的’を表すto不定詞の副詞的用法でTo write a reportと表せる。「私は～を読まなければならない」はhave to ～「～しなければならない」を用いてI have to read ～と表せる。‘～’に入る「興味のない本」は目的格の関係代名詞を用いてthe book that〔which〕I am not interested inと表せる。目的格の関係代名詞は省略してもよい。　be interested in ～「～に興味がある」

2023年度／中央大学杉並高等学校

数学解答

1 問1　-4　問2　-4　問3　$\dfrac{7}{12}$

問4　$90^\circ - \dfrac{1}{2}x^\circ$

2 問1　$2+2\sqrt{2}$　問2　$8+8\sqrt{2}$

問3　$2(2+\sqrt{2})\pi$

3 問1　$a=2$，$b=3$

問2　$\mathrm{C}\left(-\dfrac{3}{2},\ \dfrac{9}{4}\right)$，$\mathrm{D}(2,\ 4)$

問3　$\dfrac{9}{2}$

4 問1　32倍　問2　$\sqrt{2}$　問3　(う)

問4　(く)

5 問1　$y=-\dfrac{2}{5}x+\dfrac{7}{5}$　問2　$\left(\dfrac{7}{2},\ 0\right)$

問3　$\left(0,\ \dfrac{10}{3}\right)$

1〔独立小問集合題〕

問1＜数の計算＞与式$=2020\times(2021-2019)+2022\times(2021-2023)=2020\times2+2022\times(-2)=4040+(-4044)=-4$

問2＜二次方程式―解の利用＞$x^2-6x+4=0$，$x^2-6x+9=5$，$(x-3)^2=5$，$x-3=\pm\sqrt{5}$　$\therefore x=3\pm\sqrt{5}$　$y^2-14y+44=0$，$y^2-14y+49=5$，$(y-7)^2=5$，$y-7=\pm\sqrt{5}$　$\therefore y=7\pm\sqrt{5}$　2つの方程式の解の組合せは4通りあり，$x=3+\sqrt{5}$，$y=7+\sqrt{5}$のとき，$x-y=3+\sqrt{5}-(7+\sqrt{5})=3+\sqrt{5}-7-\sqrt{5}=-4$となる。$x=3+\sqrt{5}$，$y=7-\sqrt{5}$のとき，$x-y=3+\sqrt{5}-(7-\sqrt{5})=3+\sqrt{5}-7+\sqrt{5}=-4+2\sqrt{5}$となる。$x=3-\sqrt{5}$，$y=7+\sqrt{5}$のとき，$x-y=3-\sqrt{5}-(7+\sqrt{5})=3-\sqrt{5}-7-\sqrt{5}=-4-2\sqrt{5}$となる。$x=3-\sqrt{5}$，$y=7-\sqrt{5}$のとき，$x-y=3-\sqrt{5}-(7-\sqrt{5})=3-\sqrt{5}-7+\sqrt{5}=-4$となる。よって，計算した値が有理数になるときの$x-y$の値は$-4$である。

問3＜確率―さいころ＞大小2個のさいころを同時に投げるとき，それぞれ6通りの目の出方があるから，目の出方は全部で$6\times6=36$(通り)ある。このうち，出る目の積が6の倍数になるのは，積が6のときは(大，小)=(1，6)，(2，3)，(3，2)，(6，1)の4通り，積が12のときは(大，小)=(2，6)，(3，4)，(4，3)，(6，2)の4通り，積が18のときは(大，小)=(3，6)，(6，3)の2通り，積が24のときは(大，小)=(4，6)，(6，4)の2通り，積が30のときは(大，小)=(5，6)，(6，5)の2通り，積が36のときは(大，小)=(6，6)の1通りあるから，全部で$4+4+2+2+2+1=15$(通り)ある。よって，出る目の積が6の倍数にならないのは，$36-15=21$(通り)あるから，求める確率は$\dfrac{21}{36}=\dfrac{7}{12}$である。

問4＜平面図形―角度＞右図のように，円の中心をOとし，点Oと点D，点Oと点Fをそれぞれ結ぶ。接点を通る円の半径と接線は垂直に交わるから，$\angle\mathrm{ODA}=\angle\mathrm{OFA}=90^\circ$である。これより，四角形ADOFにおいて，$\angle\mathrm{DOF}=360^\circ-\angle\mathrm{ODA}-\angle\mathrm{OFA}-\angle\mathrm{FAD}=360^\circ-90^\circ-90^\circ-x^\circ=180^\circ-x^\circ$となる。よって，$\overset{\frown}{\mathrm{DF}}$に対する円周角と中心角の関係より，$\angle\mathrm{DEF}=\dfrac{1}{2}\angle\mathrm{DOF}=\dfrac{1}{2}\times(180^\circ-x^\circ)=90^\circ-\dfrac{1}{2}x^\circ$である。

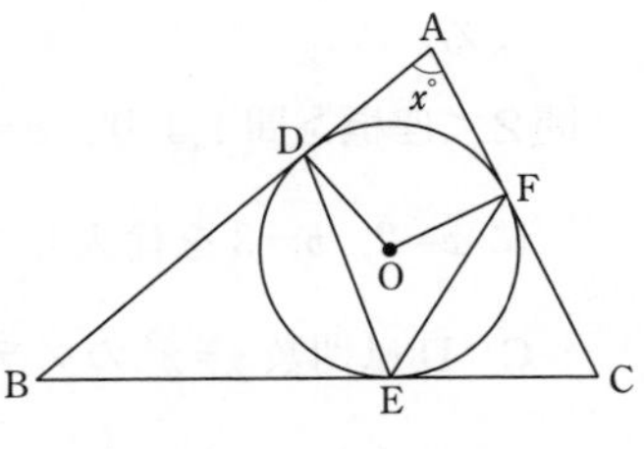

2〔平面図形―正八角形〕

≪基本方針の決定≫問2　正八角形の辺BC，DE，FG，HAを延長したときにできる四角形は正方形になる。　問3　外接円の半径の2乗の値が求められることに気づきたい。

問１＜長さ＞右図のように，辺AH，BC，DE，GFを延長し，それぞれの交点をI，J，K，Lとする。正八角形の１つの外角の大きさは$360° \div 8 = 45°$より，$\angle ABI = \angle BAI = 45°$となるから，△ABIは，$\angle AIB = 180° - 45° \times 2 = 90°$の直角二等辺三角形で，３辺の比は$1:1:\sqrt{2}$である。よって，$IA = IB = \frac{1}{\sqrt{2}}AB = \frac{1}{\sqrt{2}} \times 2 = \frac{2}{\sqrt{2}} = \frac{2 \times \sqrt{2}}{\sqrt{2} \times \sqrt{2}} = \frac{2\sqrt{2}}{2} = \sqrt{2}$となる。同様に，△CDJも斜辺が$CD = 2$の直角二等辺三角形だから，$CJ = DJ = \sqrt{2}$である。また，図形の対称性より，四角形AIJDは長方形なので，$AD = IJ = IB + BC + CJ = \sqrt{2} + 2 + \sqrt{2} = 2 + 2\sqrt{2}$となる。

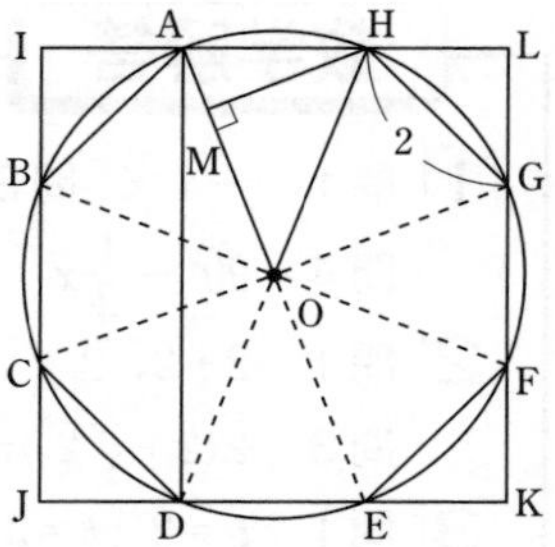

問２＜面積＞問１と同様に考えると，右上図の△ABI，△CDJ，△EFK，△GHLは合同な直角二等辺三角形になるから，四角形IJKLは４つの角が等しく，４つの辺の長さが等しい正方形となる。よって，問１より，$IJ = 2 + 2\sqrt{2}$だから，〔正八角形ABCDEFGH〕＝〔正方形IJKL〕－△ABI×４＝$(2 + 2\sqrt{2})^2 - \frac{1}{2} \times \sqrt{2} \times \sqrt{2} \times 4 = 4 + 8\sqrt{2} + 8 - 4 = 8 + 8\sqrt{2}$である。

問３＜面積＞右上図のように，正八角形ABCDEFGHの外接円の中心をＯとし，点Ｏと各頂点をそれぞれ結び，点ＨからOAに垂線HMを引く。このとき，図形の対称性より，△OAB≡△OBC≡△OCD≡△ODE≡△OEF≡△OFG≡△OGH≡△OHAとなるから，△OAH＝〔正八角形ABCDEFGH〕÷８＝$(8 + 8\sqrt{2}) \div 8 = 1 + \sqrt{2}$，$\angle AOH = 360° \div 8 = 45°$となる。よって，△OMHは直角二等辺三角形で，３辺の比が$1:1:\sqrt{2}$より，$HM = \frac{1}{\sqrt{2}}OH$となる。ここで，外接円の半径を$r$とおくと，$OA = OH = r$，$HM = \frac{1}{\sqrt{2}}r$と表される。これより，△OAHの面積について，$\frac{1}{2} \times OA \times HM = 1 + \sqrt{2}$より，$\frac{1}{2} \times r \times \frac{1}{\sqrt{2}}r = 1 + \sqrt{2}$が成り立つ。これを解くと，$\frac{1}{2\sqrt{2}}r^2 = 1 + \sqrt{2}$，$r^2 = (1 + \sqrt{2}) \times 2\sqrt{2} = 2(2 + \sqrt{2})$となる。したがって，外接円の面積は，$\pi \times r^2 = 2(2 + \sqrt{2})\pi$である。

3〔関数―関数$y = ax^2$と一次関数のグラフ〕

≪基本方針の決定≫問３　等積変形を利用して，△PDBと面積の等しい三角形をつくる。

問１＜直線の式＞右図で，直線lは２点$A(-1,\ 1)$，$B(3,\ 9)$を通るので，直線lの傾きaは，$a = \frac{9-1}{3-(-1)} = \frac{8}{4} = 2$となる。これより，その式は$y = 2x + b$となる。よって，直線$l$が点Ａを通ることから，$y = 2x + b$に$x = -1$，$y = 1$を代入して，$1 = 2 \times (-1) + b$，$1 = -2 + b$より，$b = 3$となる。

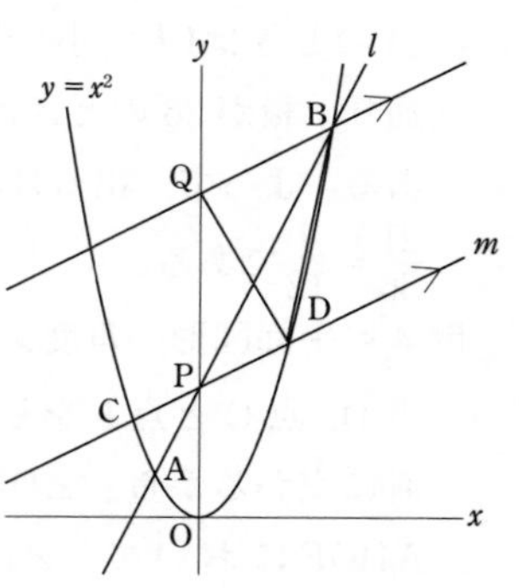

問２＜座標＞問１より，$a = 2$，$b = 3$なので，直線mの式は，$y = \frac{a}{4}x + b$に$a = 2$，$b = 3$を代入して，$y = \frac{2}{4}x + 3$より，$y = \frac{1}{2}x + 3$となる。２点Ｃ，Ｄは関数$y = x^2$のグラフと直線$y = \frac{1}{2}x + 3$の交点だから，２式からyを消去して，$x^2 = \frac{1}{2}x + 3$より，$x^2 - \frac{1}{2}x - 3 = 0$，$2x^2 - x - 6 = 0$となるので，解の公式を用いて，$x = \frac{-(-1) \pm \sqrt{(-1)^2 - 4 \times 2 \times (-6)}}{2 \times 2} = \frac{1 \pm \sqrt{49}}{4} = \frac{1 \pm 7}{4}$となる。よって，$x = \frac{1+7}{4} = 2$，$x = \frac{1-7}{4} = -\frac{3}{2}$より，点Ｃの$x$座標は$-\frac{3}{2}$，点Ｄの$x$座標は２であり，$y = x^2$に$x = -\frac{3}{2}$，$x = 2$をそれぞれ代入して，$y = \left(-\frac{3}{2}\right)^2 = \frac{9}{4}$，$y = 2^2 = 4$となるから，$C\left(-\frac{3}{2},\ \frac{9}{4}\right)$，$D(2,\ 4)$である。

問３＜面積＞前ページの図のように，点Bを通り直線mと平行な直線を引き，y軸との交点をQとする。$m \parallel \mathrm{BQ}$より，△BPDと△QPDの底辺をPDとすると高さが等しいから，△BPD＝△QPDである。$m \parallel \mathrm{BQ}$より，直線BQの傾きは直線mの傾き$\frac{1}{2}$と等しい。よって，直線BQの式を$y=\frac{1}{2}x+n$とおくと，B(3, 9)を通るから，$9=\frac{1}{2}\times3+n$より，$n=\frac{15}{2}$であり，その式は$y=\frac{1}{2}x+\frac{15}{2}$となるから，切片より，$\mathrm{Q}\left(0,\ \frac{15}{2}\right)$である。また，直線$l$の切片より，P(0, 3)である。したがって，△QPDの底辺をPQとすると，$\mathrm{PQ}=\frac{15}{2}-3=\frac{9}{2}$であり，高さは点Dの$x$座標より２なので，△PDB＝△QPD$=\frac{1}{2}\times\frac{9}{2}\times2=\frac{9}{2}$となる。

4 〔平面図形—長方形〕

≪基本方針の決定≫問２　A0判の辺の長さを文字でおき，それを使ってA1判の辺の長さを表す。

問３　B4判とB5判の面積比から相似比を求める。

問１＜面積比＞A1判の面積はA0判の面積の$\frac{1}{2}$倍で，A2判の面積はA1判の面積の$\frac{1}{2}$倍，A3判の面積はA2判の面積の$\frac{1}{2}$倍で，以下同様である。よって，A5判の面積はA0判の面積の$\left(\frac{1}{2}\right)^5=\frac{1}{32}$(倍)となるから，A0判の面積はA5判の面積の32倍になる。

問２＜長さの比＞A0判の短い方の辺の長さと長い方の辺の長さの比が$1:a$より，短い方の辺の長さをxmとすると，長い方の辺の長さはaxmとなる。よって，A1判の長い方の辺の長さはA0判の短い方の辺の長さと等しいからxm，A1判の短い方の辺の長さはA0判の長い方の辺の長さの$\frac{1}{2}$だから$ax\times\frac{1}{2}=\frac{1}{2}ax$(m)と表せる。A0判とA1判の紙は相似だから，$x:ax=\frac{1}{2}ax:x$が成り立つので，$1:a=\frac{1}{2}a:1$より，$a\times\frac{1}{2}a=1\times1$，$\frac{1}{2}a^2=1$，$a^2=2$　$\therefore a=\pm\sqrt{2}$　$a>0$より，$a=\sqrt{2}$である。

問３＜長さの比＞B4判とB5判の面積比は$2:1=(\sqrt{2})^2:1^2$より，相似比は$\sqrt{2}:1$だから，B4判の短い方の辺の長さとB5判の短い方の辺の長さの比は$\sqrt{2}:1$である。よって，倍率は$1\div\sqrt{2}\times100=\frac{1}{\sqrt{2}}\times100=\frac{\sqrt{2}}{2}\times100=50\sqrt{2}$となり，$\sqrt{2}=1.41$とするから，$50\times1.41=70.5$より，最も近い値は71%となる。

問４＜長さの比＞A4判の原稿用紙をB5判に縮小してコピーする場合の倍率と等しい倍率で，A3判の原稿用紙を縮小するとき，A3判とA4判の相似比が$\sqrt{2}:1$だから，出力用紙とB5判の相似比も$\sqrt{2}:1$になる。よって，出力用紙の大きさはB4判である。

5 〔関数—座標平面と図形〕

≪基本方針の決定≫問３　合同な三角形を利用して，△OPQの３辺の長さを文字を使って表す。

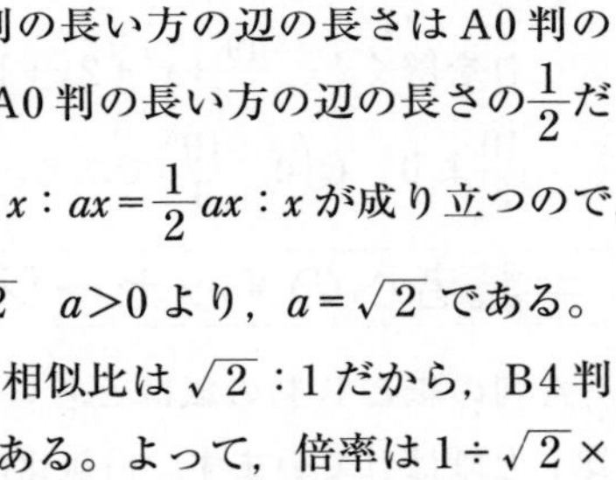

問１＜直線の式＞右図のように，点(1, 1)をA，点$\left(-\frac{7}{3},\ \frac{7}{3}\right)$をBとする。ここで，２つの円の中心を通る直線の式を$y=ax+b$とすると，A(1, 1)を通ることから，$1=a+b$より，$a+b=1$……①が成り立ち，$\mathrm{B}\left(-\frac{7}{3},\ \frac{7}{3}\right)$を通ることから，$\frac{7}{3}=-\frac{7}{3}a+b$より，$7a-3b=-7$……②が成り立つ。①，②を連立方程式として解く。②＋①×３より，$7a+3a=-7+3$，$10a=-4$，$a=-\frac{2}{5}$となり，こ

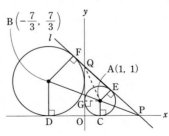

れを①に代入して，$-\frac{2}{5}+b=1$，$b=\frac{7}{5}$となる。よって，求める直線の方程式は$y=-\frac{2}{5}x+\frac{7}{5}$である。

問２＜座標＞前ページの図のように，点Ｐと点Ａ，点Ｐと点Ｂをそれぞれ結び，点Ａ，Ｂからx軸にそれぞれ垂線AC，BDを引き，直線lにそれぞれ垂線AE，BFを引く。△APCと△APEにおいて，接点を通る円の半径と接線は垂直に交わるから，∠ACP＝∠AEP＝90°，共通な辺だから，AP＝AP，円Ａの半径だから，AC＝AEである。よって，直角三角形の斜辺と他の１辺がそれぞれ等しいから，△APC≡△APEより，∠APC＝∠APEとなる。同様に，△BPD≡△BPFより，∠BPD＝∠BPFとなる。以上より，線分AP，BPはともに∠DPFの二等分線だから，３点Ｐ，Ａ，Ｂは一直線上にある。したがって，点Ｐは直線ABとx軸の交点である。問１より直線ABの式は$y=-\frac{2}{5}x+\frac{7}{5}$なので，この式に$y=0$を代入して，$0=-\frac{2}{5}x+\frac{7}{5}$，$\frac{2}{5}x=\frac{7}{5}$，$x=\frac{7}{2}$より，$\mathrm{P}\left(\frac{7}{2},\ 0\right)$となる。

問３＜座標＞前ページの図のように，点Ａからy軸に垂線AGを引くと，点Ａの座標より，CO＝AG＝1，GO＝AC＝1となる。問２で$\mathrm{P}\left(\frac{7}{2},\ 0\right)$より$\mathrm{PO}=\frac{7}{2}$だから，$\mathrm{PC}=\mathrm{PO}-\mathrm{CO}=\frac{7}{2}-1=\frac{5}{2}$となり，△APC≡△APEだから，$\mathrm{PE}=\mathrm{PC}=\frac{5}{2}$である。GQ＝$x$とすると，図で，△AQG≡△AQEとなるから，QE＝QG＝xであり，△OPQにおいて，三平方の定理$\mathrm{PO}^2+\mathrm{QO}^2=\mathrm{PQ}^2$を利用すると，$\mathrm{PO}=\frac{7}{2}$，$\mathrm{QO}=\mathrm{QG}+\mathrm{GO}=x+1$，$\mathrm{PQ}=\mathrm{PE}+\mathrm{QE}=\frac{5}{2}+x$より，$\left(\frac{7}{2}\right)^2+(x+1)^2=\left(\frac{5}{2}+x\right)^2$が成り立つ。これを解くと，$\frac{49}{4}+x^2+2x+1=\frac{25}{4}+5x+x^2$，$3x=7$，$x=\frac{7}{3}$となる。よって，$\mathrm{QO}=\mathrm{QG}+\mathrm{GO}=\frac{7}{3}+1=\frac{10}{3}$より，$\mathrm{Q}\left(0,\ \frac{10}{3}\right)$である。

═読者へのメッセージ═

Ａ判の紙とＢ判の紙はどちらも縦横の長さの比が，縦：横＝$1:\sqrt{2}$となっており，この比は「白銀比」と呼ばれています。白銀比は法隆寺金堂や五重塔，東京スカイツリーなどの建築物や多くの人気アニメのキャラクターにも取り入れられています。

国語解答

一　(a)　便益　(b)　慈善　(c)　狭
(d)　覆　(e)　備　(f)　くんとう
(g)　講　(h)　搬送

二　問1　ウ　問2　イ

三　問1　ウ　問2　ウ　問3　ア
問4　エ　問5　イ

四　(例)お気に入りの作品の舞台を訪れることは，観光のスタイルとして定着している。しかしそれは，こちらが勝手に作った世界像を求めているにすぎない。つまり我々は，実態から遠ざかることで，観光を成立させているのだ。(100字)

五　問1　ア　問2　ア
問3　A　内集団と外集団
B　「人」の範囲
C　キリスト教徒の白人男性
問4　イ　問5　エ
問6　A　政治的・経済的に優位な立場にある
B　利他的　C　権力行使
問7　ウ　問8　エ

一〔漢字〕

(a)「便益」は，都合がよく，利益のあること。　(b)「慈善」は，恵まれない人などを救済すること。　(c)他の訓読みは「せば(める)」。　(d)他の訓読みは「おお(う)」。音読みは「覆面」などの「フク」。　(e)音読みは「完備」などの「ビ」。　(f)「薫陶」は，優れた人格で感化し，立派な人間にすること。　(g)「講ずる」は，問題を解決するためにいろいろと考えて適当な方法をとる，という意味。　(h)「搬送」は，運んで送ること。

二〔国語の知識〕

問1＜文の組み立て＞「アイヌ施策の推進は」は，「行われなければならない」という連文節にかかっている(ア…×)。「民族としての誇りが」は，「尊重されるよう」という連文節にかかっている(イ…×)。「国際社会において」は，「重要な課題である」という連文節にかかっている(エ…×)。「重要な課題である」は，「多様な民族の共生及び多様な文化の発展に」という連文節にかかっている(オ…×)。

問2＜資料＞米飯給食は，子どもが伝統的な食生活の根幹である「米飯に関する望ましい食習慣を身に付けることや，地域の食文化を通じて郷土への関心を深めること」などの「教育的意義」を持つものとして，実施されている(ア…×)。完全給食を実施している学校の米飯給食の実施回数は，平成20年度が3.1回，平成25年度が3.3回，平成30年度が3.5回と増加傾向にある(イ…○)。農林水産省では，子どもたちに「米飯を中心とした『日本型食生活』を受け継いでもらう」ため，米飯給食の「一層の推進を図って」おり(ウ…×)，米飯給食の拡大に向けた取り組みへの支援として，「各学校が米飯給食の実施回数を増加させる場合」には「政府備蓄米の無償交付を実施」した(エ…×)。なお，献立の作成に際しては，「多様な食品を適切に組み合わせて，児童生徒が各栄養素をバランスよく摂取しつつ様々な食に触れることができる」ように配慮することが大切である(オ…×)。

三〔古文の読解―随筆〕出典；大田南畝『半日閑話』。

≪現代語訳≫昔青山若松町にいた門奈助左衛門という者は，遠藤吉七郎と並ぶ金持ちである。ある年の暮れの二十八日のこと，助左衛門の家来にきわめて正直な者がいた。(助左衛門は)その者に申しつけ，蔵宿へ金子五十両を取りに遣わした。折しも雪で道が悪かったため，(家来は)財布を首にかけて戻ったが，近所の玉竜寺前で滑って倒れてやっとのことで宿へ帰り，足も汚れてしまったため，まず財布を玄関の鴨居に引っ掛けておき，何はともあれ手足を洗い，それから旦那の前へ出て，蔵宿でのことを口頭で述べ，財布を出そうとしたが，先ほど鴨居に引っ掛けておいたのを忘れて，(財布がないことに)非常にびっくりしてしまい，脇差も差さずに駆け出して，玉竜寺の前の転倒した所にやってきて探したところ，金子三十八両を得た。なんとまあ，初めに倒れたのは，この金子に滑って倒れたのであった。それから三十八両を拾い集め，まだ不足しているけれども，これで許してもらおうとしかたなく帰る道の途中で，前に(鴨居に財布を)掛けておいたことを思い出し，急いで帰り，主人へ委細を申し出て，(その後)すぐに事の次第を役所へ申し出たところ，落とし主が出てこなかったので，(三十八両は)その者に下され，その金子を元手として，主人も世話をして，後には同心の株を手に入れ，この子年までに三代相続していると，遠藤が直接語った。

問１＜古文の内容理解＞門奈助左衛門は，正直な家来に命じて，金子五十両を蔵宿に取りにやった。

問２＜古文の内容理解＞正直な家来は，預かった金を渡すために財布を出そうとしたが，鴨居に掛けておいたことを忘れていたので，紛失したと思い込み，びっくりした。

問３＜古文の内容理解＞正直な家来は，五十両には足りないけれども，かき集めた三十八両で申し分けが立つだろう，つまり，許してもらおうと思い，主人のところへ戻っていった。

問４＜古文の内容理解＞正直な家来は，五十両をなくしてしまったと思い込んでいたが，後から財布を鴨居に掛けていたことを思い出した。結局，五十両はなくしていなかったので，三十八両は手元に残ることになるが，正直な家来は急いで帰って，「主人へ委細」を話した。

問５＜古文の内容理解＞正直な家来は，玉竜寺の前でかき集めた三十八両を役所に申し出たが，落とし主が出てこなかったために，全額もらうことになった。正直な家来は，その三十八両を「元手」として，後には「同心の株」を手に入れた。

四〔論説文の読解—社会学的分野—現代社会〕

＜要旨＞アニメやテレビドラマなどの「舞台となった地」を実際に訪れることは，ファンにとって胸が躍る行為であり，「観光の一つのスタイルとして定着」している。しかし，作品の現地を訪れることは，「アルプスの少女ハイジの里を巡る」観光客が作品で描かれる光景と違っていても「そこは気にしない」で，ハイジの世界観を楽しみ感動するように，「あくまでこちらが勝手に作った世界像を求めている行為にすぎない」のである。その感動を支えているのは，作品の「イメージが投影された」世界像である。つまり，私たちは「その地の実態から遠ざかることで，観光を成立させている」のである。

五〔論説文の読解—政治・経済学的分野—国際〕出典；筒井清輝『人権と国家——理念の力と国際政治の現実』。

≪本文の概要≫人権の起源について考えるには，まず人権の定義を考える必要がある。人道主義的な価値観は人間社会に古くから見られたが，現在の人権理念は，人道主義的な観念を超えたものであり，この理念を最初に規定したのは，一九四八年の世界人権宣言である。そして，このときに生まれた普遍的人権には，それまでの人道主義的な思想と違った二つの大きな原理がある。自分の属する集団に限らず，全ての人間に人権が保障されるという普遍性原理と，他国での人権侵害であっても，内政問題として無視してはならないという内政干渉肯定の原理である。しかし，この二つの原理は，それぞれに不都合な要素を含んでいる。強い立場にある集団が利他的に他国での人権侵害のために立ち上がるというのは，リスクとコストが高い行動となるし，人権侵害について内政干渉できるとすると，為政者の権力行使が外から抑制されることになる。しかし，そうであるにもかかわらず，国家の代表者で構成される国際機関で，普遍的人権が確立され，人権侵害で内政干渉できるシステムがつくり上げられてきたのは，歴史の不思議といえよう。

問１＜文章内容＞現代の「弱者救済や平等，正義，自由，尊厳などの人権とも通底する」人道主義的な価値観は，「メソポタミア文明のハンムラビ法典」や「一二一五年のマグナ・カルタ」にも見られる。

問２＜文章内容＞普遍的人権とそれまでの人道主義的な思想の大きな違いは，「普遍的人権は誰もが人間であるというだけで持っている権利である」という点である。それまでにも，自然権の考え方を発展させて「人は誰しも生まれながらに権利を持つ」という思想はあったが，「人」の範囲が「内集団に限定されて」いた。しかし，普遍的人権では「内集団と外集団の区別に関わらず，一定の人権は誰にでも保障」されたのである。

問３＜文章内容＞人間は，自分が所属する「内集団」と，その外にある「外集団」を区別し，「内集団を優先し，その構成員の生活や権利を守るのが社会集団の役目」であった(…Ａ)。ロックの説いた自然権も，国家の構成員として想定されていた「『人』の範囲」は，「主に男性，しかもキリスト教徒の白人男性」という限定的なものであった(…Ｂ・Ｃ)。

問４＜文章内容＞普遍的人権思想の下では，「内集団と外集団の区別に関わらず，一定の人権は誰にでも保障されなければ」ならない。したがって，「普遍的人権思想の普及した現代」では「外集団の人権問題」にも「関心や意見」を持って，「何らかの行動」を起こすことが求められるのである。

問５＜文章内容＞「ウェストファリア条約で定式化された国家主権の原則」の下では，「国内での政治的・宗教的な事案」について，外から「批判」したり，「何らかのアクション」を起こしたりすることは「内政干渉」であるとして避けられてきた。他国への批判などを「内政干渉」として忌避することは，各国の支配者にとっては，自国に人権侵害があっても，他から批判されない「都合の良いシステム」といえる。

問６＜文章内容＞「政治的・経済的に優位な立場にある集団」にとって(…Ａ)，普遍性原理を受け入れて「利他的」に「遠くの見知らぬ集団の窮状のために立ち上がる」のは，「リスクとコスト」の高い行動となるから望ましいものではない(…Ｂ)。また「内政干渉肯定の原理」の下では，為政者の「権力行使」が外国から干渉され，外から抑制されることになるという不都合が起こる(…Ｃ)。

問７＜文章内容＞普遍的人権は，「強い立場にある」国家や「為政者」にとって「不都合な要素」を含むものである。しかし，その不利益を受ける「国家の代表者で構成される国際組織」を中心に，普遍的な人権が確立されたのは，不思議なことといえる。

問８＜要旨＞現在の人権理念は，それまでの「人道主義的な観念を超えたもの」であり，その理念を国際社会で最初に規定したのは「一九四八年の世界人権宣言」で，このときに「普遍的人権」という理念が生まれた(ア…○)。フランス革命後の人権宣言やアメリカの独立宣言にも，普遍的人権に近い「普遍的な権利が謳われてはいた」が，「実際の権利主体は白人男性などの一部の人々に限定されて」いた(イ…○)。人間は多くの場合「外集団に対しては無関心であるか，一定の友好関係を保つか，あるいは脅威として敵対心を持つか」であり，今でも「内集団と外集団の区別」は残っており，「内集団を優先する場面が多いこと」も以前と変わりがない(ウ…○)。二十世紀の半ばまでは，「国家主権の原則」の下，人権侵害があったとしても，その国の「政治的・宗教的な事案」について，批判したり何らかのアクションを起こしたりすることは，「内政干渉」であるとして避けられてきた(エ…×)。しかし，普遍的人権が普及した現代では，他国における人権侵害であっても「無視してはならない」ので，国際社会による干渉が起こると考えられる(オ…○)。

2023年度 中央大学杉並高等学校(帰国生)

【英　語】(30分)〈満点：50点〉

I　次の英文を読み，設問に答えなさい。(*のついた語句には本文の最後に注があります。)

Birds fly from tree to tree, from tree to house, and then back again. ①If we watch birds all year, we find that some seem to disappear in fall. The days get shorter and colder in fall. They are flying from North America to the south, such as Central or South America because it is warmer there. Early in spring the first birds begin to come back. Every spring, birds return north to make their nests, lay their eggs, and have their babies. We say that the birds are ②"migrating." They are moving from their winter homes in the south to their summer homes in the north.

Once they reach their northern homes, they will build their nests. They may build nests in trees, or *shrubs, or on porch *ledges. *Woodpeckers may *bore holes into trees and make their nests inside. Some go to the same nesting area or even to the exact same nest that they used the summer before.

③Long ago people did not know that some birds migrate. They thought the birds hid in holes in the ground and slept all winter. Some people guessed that birds spent the winter in the mud on the bottoms of ponds. Now we know where these birds go. When birds start to migrate, ornithologists —scientists who study birds—use traps and nets to catch a few of them. They put bands on their legs and then let the birds go. The bands do not hurt the birds. Each band has a word on it that tells where and when the bird was banded. Some birds migrate for weeks because they stop along the way. Other birds fly for only a few days. Some birds fly thousands of miles when they migrate. We know that *orioles fly south to Panama and *barn swallows fly to Central and South America. *Hummingbirds weigh only as much as a coin, but when they migrate, they fly over the sea for 500 miles without stopping. *Arctic terns fly more than 10,000 miles—all the way from North America to the South Pole.

How do the birds know where to go and how do they find their way? That's ④the big mystery. Some birds may follow rivers, mountains, or seashores, but many birds find their way over the ocean. There seems to be nothing to guide the birds flying over the ocean.

⑤Ornithologists have some ideas【is / birds / how / which / know / about / way】north or south. Birds migrate both in the daytime and at night. When birds fly in the daytime, they use the sun to guide them. Birds seem to know what time of day it is and can use the sun's position to find north and south. They know that when they fly south in the morning, they must have the sun on the [⑥]. It is because the sun is in the east in the morning. When birds fly south in the [⑦], the sun must be on the right.

When birds fly at night, the stars help them to find their way. Scientists have tested this idea. Birds were put in a big planetarium. The staff in the planetarium placed the stars in the sky as we see them. The birds flew in one direction. When the pattern of the stars was changed, the birds flew in a different direction. It was clear that the birds noticed that the position of the stars changed.

However, birds can also find their way when it is cloudy. They fly when they cannot see the sun during the day or the stars at night. How do they know which way to go? ⑧One idea is that birds are able to use the earth's *magnetic field to guide them. The magnetic field is a force that surrounds the earth. It is strongest near the North and South Poles. The magnetic field makes the needle on a *compass point north. Ornithologists think that some birds may have inner "compasses" in their bodies.

*Homing pigeons are especially good at finding their way. When they are taken far away from home, they are usually able to find their way back. Scientists have experimented with these pigeons. They put special covers over the birds' eyes, so the pigeons cannot see clearly. Even when the pigeons cannot see, they are often able to return home.

[⑨] Scientists know that birds have an inner yearly calendar. This calendar tells the birds that when the days become shorter, it is fall and it is time to migrate south. When the days become longer, it is spring and time to migrate north.

When fall approaches, birds eat a lot of food to store energy for their flight. Suddenly they are gone. They have started to migrate. Several months later, the birds are getting ready to migrate again. They must make their long journey to the north. It is time to build nests, lay eggs, and raise babies.

Even though people have watched birds for thousands of years, we still do not have all the answers about bird migration. Ornithologists keep studying and studying. If you become one, maybe you can find the answers to some of the mysteries.

（注） shrub(s)：茂み　ledge(s)：軒下《のきした》　woodpecker(s)：キツツキ
bore：（穴を）あける　oriole(s)：ムクドリモドキ　barn swallow(s)：ツバメ
hummingbird(s)：ハチドリ　arctic tern(s)：キョクアジサシ
magnetic field：磁場　compass(es)：方位磁石　homing pigeon(s)：伝書バト

問１　下線部①について，次の質問の答えとして最も適切なものをア～エから一つ選び，記号で答えなさい。

If we watch birds all year, what do we find ?

ア　The kinds of birds around us are the same every season.
イ　Some birds around us disappear into the ground in fall.
ウ　We don't see some kinds of birds in certain seasons.
エ　All the birds have both summer and winter homes.

問２　下線部②について，本文の内容と一致しないものをア～エから一つ選び，記号で答えなさい。

ア　Some birds travel very long distances from south to north and others don't.
イ　In summer, some birds move south to make their nests and have babies.
ウ　Some birds go south to spend their winter days in warmer places.
エ　When spring comes, some birds come back north to their summer homes.

問３　下線部③について，次の質問の答えとして最も適切なものをア～エから一つ選び，記号で答えなさい。

How did people discover that some birds migrate ?

ア　It was found that the birds slept in holes in the ground all winter.
イ　Some scientists discovered the birds spending the winter in the mud of ponds.
ウ　Ornithologists caught birds in different places by using special bands.
エ　The birds with special bands on their legs were found in a far-away place.

問４　下線部④について，本文で述べられていないものをア～エから一つ選び，記号で答えなさい。

ア　When some birds migrate, they may find their way by using landscapes.
イ　When birds fly in the daytime, they fly toward the sun to find north or south.
ウ　Birds which travel during night find their way by the places of the stars in the sky.
エ　Birds seem to feel some power from the earth, so they can find their way even if they cannot see.

問５　本文の内容に合うように，下線部⑤の【　】内の語（句）を並べ替えなさい。

問６　⑥ ⑦ に当てはまる最も適切な１語をそれぞれ書きなさい。

問７　下線部⑧を確かめるために科学者が行った実験とその結果について，40字以上50字以内の日本語で書きなさい。（句読点を含む。）

問８　⑨ に入る最も適切なものをア～エから一つ選び，記号で答えなさい。
ア　How do birds know it's time to leave for the south or the north ?
イ　When do birds know the day is getting shorter or longer ?
ウ　Which season is the best for birds to fly to the south or the north ?
エ　Where do birds fly when they migrate in fall or spring ?

問９　本文の内容と一致するものをア～カから二つ選び，記号で答えなさい。
ア　Sometimes migrating birds return to the same nest that they built almost one year ago.
イ　Ornithologists put bands on birds' legs to count the number of migrating birds in the world.
ウ　Very light and small birds like hummingbirds fly quite long distances without stopping when they migrate.
エ　The birds put in a big planetarium kept flying in the same direction even when the position of the stars was changed.
オ　The magnetic field is stronger near the North Pole than near the South Pole.
カ　Ornithologists have found that the magnetic field makes a needle of a compass point north.

Ⅱ　次の英文を読み，下線部①～③の日本語を英語に直しなさい。

Switzerland is well known for its quality chocolate.　The nation has gained international popularity for its premium brands.　①2020年８月の終わり頃，スイスのある町に住む人々は，非常に奇妙なものを見て驚いた。　It started "snowing chocolate."　The local people thought that the chocolate dust was a strange result of climate change.

However, all became clear after the local chocolate maker said the brown shower was caused by an error in its cooling systems.　②強い風のせいで，そのエラーによってできたチョコレートのほこりが町中に広がった。

The town was covered with light brown dust, which had the flavor of milk chocolate.　The company offered to pay for any cleaning services required as a result of the accident.　③その会社の社長は，その工場の近くに住む人たちに，チョコレートのほこりは健康や環境にとって危険ではないと言った。　The president also said engineers were working on repairing the machine that didn't work well.　Many people wrote jokes about the cocoa-dust accident on social media.　A Twitter user wrote : "Chocolate snowflakes falling from the sky, dreams come true !"　Another tweeter commented, "I am dreaming of a brown Christmas."

【数　学】（30分）〈満点：50点〉

（注意）　定規，コンパス等の作図道具および計算機の使用は禁止です。

1　$x=\sqrt{3}$，$y=\sqrt{5}$ のとき，次の式の値を求めなさい。

$(x-y)(x+1)(y+\sqrt{3})(x+y)(x-1)(y-\sqrt{3})$

2　表１は東京の1907年と2007年の月ごとの最高気温の平均値を表したものです。

表１　（単位：℃）

	1月	2月	3月	4月	5月	6月	7月	8月	9月	10月	11月	12月
1907年	8.4	8.0	10.6	17.3	21.9	22.9	26.6	29.6	24.7	20.1	15.3	9.9
2007年	10.9	12.8	15.0	17.9	24.0	27.1	27.4	33.0	28.5	22.2	16.6	12.6

＊気象庁統計情報より

次の問は，表１を表２の度数分布表に整理した上で考えなさい。

表２　度数分布表

		1907年	2007年
気温(℃)	階級値(℃)	度数	度数
以上　未満 8.0～13.0	10.5		
13.0～18.0	15.5		
18.0～23.0	20.5		
23.0～28.0	25.5		
28.0～33.0	30.5		
33.0～38.0	35.5		
	合計	12	12

問１　表２から2007年の13.0℃以上18.0℃未満の度数と相対度数をそれぞれ求めなさい。ただし，相対度数は四捨五入することなく小数第２位までを記述しなさい。

問２　表２から1907年の最頻値を求めなさい。

3　図のように，円Oの周上に４点A，B，C，Dがあり，∠ABD＝30°，∠CBD＝35°，直線COと辺ABとの交点をEとします。∠BCE＝15°のとき，次の問に答えなさい。

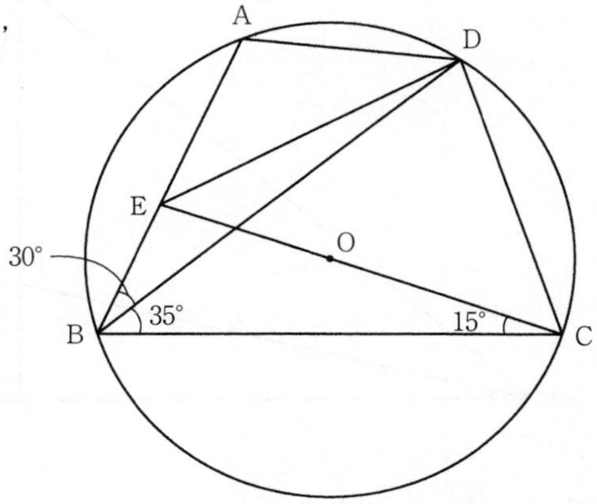

問１　∠CDOの値を求めなさい。

問２　∠EOAの値を求めなさい。

問３　∠EAOの値を求めなさい。

問４　∠EDOの値を求めなさい。

4　図のように，関数$y=\dfrac{8}{x}$のグラフ上に点A(1, 8)をとり，関数$y=x$のグラフ上に2点B(−4, −4)とC(4, 4)をとります。また，$y=x$と$y=-8x+16$の交点をDとします。このとき，次の問に答えなさい。

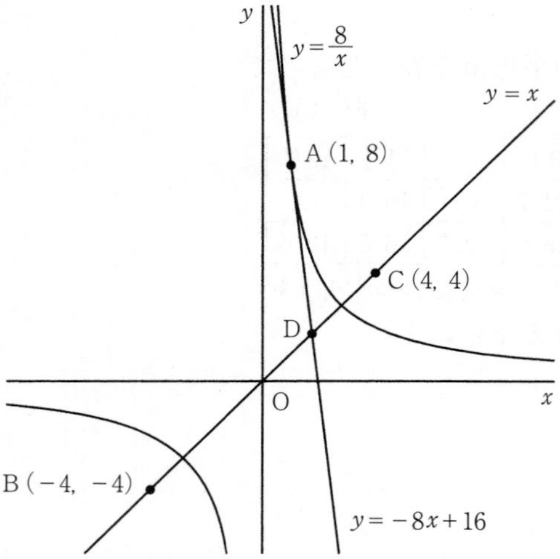

問1　2点A，B間の距離をAB，2点A，C間の距離をACとするとき，AB−ACの値を求めなさい。

問2　Dの座標を求めなさい。

問3　2点B，D間の距離をBD，2点D，C間の距離をDCとするとき，BD：DCをもっとも簡単な整数の比で答えなさい。

5　図のような∠A＝60°の△ABCにおいて，頂点Aから辺BCにおろした垂線と辺BCとの交点をD，頂点Bから辺ACにおろした垂線と辺ACとの交点をEとします。さらに，線分ADと線分BEの交点をFとします。$BD=5\sqrt{3}$，$DC=2\sqrt{3}$のとき，次の問に答えなさい。

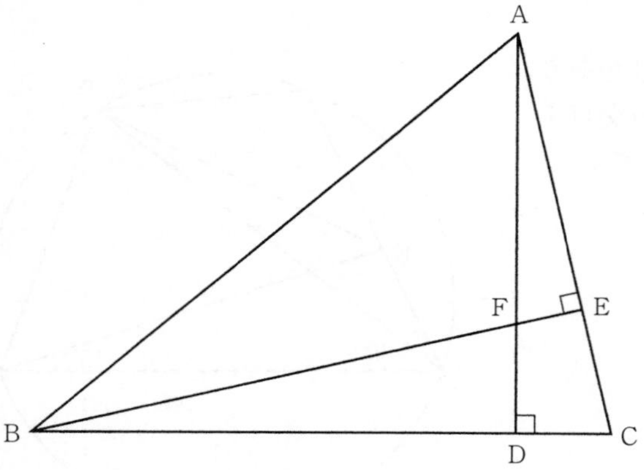

問1　$\dfrac{BE}{AE}$の値を求めなさい。

問2　AFの長さを求めなさい。

問3　DFの長さを求めなさい。

上では「モノマネが得意な国」だといわれていた。まずは既製の完成品を分解し、そっくり再現するという真似によって技術を学ぶ。構造が分かると、ちょっとずつ組み換えて、だんだん新しい発想ができるようになる。このような過程を経て、独自の発明品をつくるまでに成長していったのだ。つまり、卓越したモノマネ力があったからこそ日本は新しい技術や発想が得られたのである。「模倣」は優れた観察力を必要とし、技術力や発想力を磨く行為なのである。

「二十世紀最大の画家」「不世出の天才」と呼ばれたパブロ・ピカソも、「模倣」する能力は秀逸であったと言える。彼は幼い頃から美術教師の父親からドローイングや油彩画を学び、絵画の伝統的な技法や表現法を徹底的に叩き込まれた。こうして十五才で描いた「科学と慈愛」は、伝統的な絵画技法に従って安定した構図を取り、光と影を巧みに使いながら遠近法を用いた作品である。ベッドに横たわる母親に焦点が集まるように描き上げ、神童ぶりを世に知らしめた。のちに彼はそれまでの技法の枠を飛び越えた革新的なキュビスムを創出し、さらにシュルレアリスムに影響を受け、「鏡の前の少女」等、斬新な手法の作品を制作する。だが、人々に衝撃を与え続けたその鮮烈な画風は、圧倒的な写実性を持っているピカソだからこそ描ける絵であると評論家は述べる。〝ピカソは「模倣」を徹底的に行ったことによって、従来の画法の随所に施された工夫、一見しただけではわからない細部へのこだわり等、さまざまなことに気づき、それが新しい画法を生み出す発想と技術につながったのだ〟〝数々の彼の傑作は、高度な「模倣」の技術なくしては生まれなかったのだ〟と。

「模倣」を経て初めて「創造」が可能になるのだ。「模倣」は「創造」に至るまでの、いわば守破離の第一段階である「守」にあたる部分だと言ってよいであろう。対義語だと捉えてこの二語を受験勉強の中で暗記してしまうのは、あまりに安直な行為とは言えまいか。

（佐宗邦威『模倣と創造』を元に本校が作成した）

ミラー・ニューロンが［A（6字）］という運動にかかわる場所で見つかったということは、他者の［B（7字）］ためには、その主体も相手と同じような構造と運動をする［C（2字）］が必要であるということを示唆しており、その点が非常に興味深いのである。

問4 空欄［I］にあてはまる文として最も適当なものを次の中から選び、記号で答えなさい。

ア　つまり、〈心の理論〉はたしかに必要ですが、それをもっているからといって、必ずしも視点動詞がうまく使えるわけではないということです。

イ　要するに、〈心の理論〉が重要であることには変わりなく、〈心の理論〉をもつことでほとんどの生徒が視点動詞をうまく使えるようになるのです。

ウ　すなわち、〈誤った信念課題〉をパスすることは、視点動詞を獲得したことになると考えられます。

エ　したがって、〈心の理論〉をもっていることは「行く」と「来る」や、「あげる」と「もらう」などの言葉を適切に使えるということになります。

問5 ［7］段落で述べられている正高の実験と［3］段落で述べられているミラー・ニューロンについての研究との共通点を説明したものとして最も適当なものを次の中から選び、記号で答えなさい。

ア　どちらも、言語の獲得には〈心の理論〉が必要であると述べている。

イ　どちらも、身体の動きにはニューロンが重要であると述べている。

ウ　どちらも、相手の動作を知るには視点の切り替えが必要であると述べている。

エ　どちらも、他者を理解するには身体が重要であると述べている。

問6 本文の内容と合致しないものを次の中から一つ選び、記号で答えなさい。

ア　相手の意図を推測するためには、相手の視点に立って物事を見ることが前提になっている。

イ　他者の意図を推測するという点において、従来の人工知能は必ずしも効率的であるというわけではない。

ウ　視点動詞の適切な使用ができないということは、他者の心を類推し、理解することができないということである。

エ　人間の形をしたロボットを開発するのは、ロボットにとっての他者である人間に対する理解を容易にするためでもある。

二

次の文章を①～③の条件にしたがって、八十字以上百字以内で要約しなさい。

① 三文で要約すること
② 第二文の書き出しを「しかし」、第三文の書き出しを「つまり」で始めること
（……。しかし……。つまり……。）
③ 解答欄の一マス目から書き始め、句読点も一字に数えること

「模倣」の対義語は何ですか？――漢字や熟語の勉強を重ねてきた受験生の皆さんならすぐに「創造」だと答えられるだろう。「模倣」は「他のものを真似すること」という意味を持ち、「創造」は「何もないところから新しいものを生み出すこと」という意味を持つ。「模倣」は「創造」に比べて非生産的で良くないイメージを伴いがちであり、逆に「創造」は何ものにも囚《とら》われずに自由に考えた末の産物を世に出す尊い行為だというイメージが付随しがちである。

しかし、「新しいもの」は、果たして「何もないところから」生み出されるのだろうか。否、決してそうではない。日本は一九六〇年代の高度経済成長期には、ものづくり大国と呼ばれたが、その途

念課題〉をパスしたわけですが、適切な使用ができなかったグループでも二九名はパスしたことから、〈心の理論〉が備わっていることは視点動詞を獲得するうえでの必要条件であり、十分条件ではないことが考えられます。　Ⅰ

7　では、視点動詞はどのように獲得されていくのでしょうか。正高は次に、視点動詞を使う際の子供の身体の動きに着目しました。テストを記録したビデオを見てみると、適切な使用ができる子供は、「行く」という語を使うときには身体の中心から外側に動きがあるのに対し、「来る」という語を発したときには逆に外側から中心に向けた動きが見られたそうです。ところが適切な使用ができないグループでは、身体の動きの向きと視点動詞が一致していませんでした。ただ、視点動詞の使用は正しくないにしても、質問をする実験者が外側へ向けた動きをするとそれに対し中心へ向けた動きを伴って発話するといった、実験者の動きと正しく対応した動きを示す場合と、必ずしもそうではない場合が混在していたのです。

8　このことから、視点動詞の正しい使い方を習得する前段階として、身体運動の適切な使用ができなければならないのではないかということが考えられます。そこで、適切な使用ができなかったグループのうち視点動詞と動きが一致していた生徒と、視点動詞の使用は間違っていたものの動きは実験者と対応していた生徒を約一年後に追跡調査すると、視点動詞の使用を獲得していた率が高かったのは動きが実験者と対応していた生徒の方だったのです。

9　正高の研究は、〈心の理論〉が言語によるコミュニケーションに反映されるためには、身体を(c)カイザイさせなければならないのではないかということを示唆しています。その場合、互いに同じようなつくりの身体を共有していた方が、はるかに相手の意図の理解が容易になるでしょう。話をしている相手が自分とはまったく異なったかたちをもっていたのでは、相手の動きを自分に照らし合わせて理解するということができないからです。ヒューマノイド・ロボットを開発するということの意義は、おそらくこのようなところにもあります。

10　こう考えていくと、SF映画『2001年宇宙の旅』に登場する宇宙船ディスカバリー号の船体に組み込まれ、人間とは全く異なる構造と動作をもったHAL9000という人工知能が、映画に出てくるような洗練された会話を乗組員とこなせるとは思えません。しかし実は、原作者であるアーサー・C・クラークの映画製作裏話によると、HALはいちばん最初に構想されたときには「ソクラテス」という名前の手足のついたロボットだったそうです。進化生物学からの視点は、人間並みの知能を備え、人間との会話をこなせる人工知能が実現するとしたら、それはソクラテスのような身体をもったロボットの延長にあることを示唆しています。

（小田　亮『約束するサル』より　作問のため本文を改めた箇所がある）

※1　〈心の理論〉…他者の心を類推し、理解する能力のこと
※2　〈誤った信念課題〉…〈心の理論〉を持っているかどうかを確認する課題のこと

問1　――線部(a)～(c)のカタカナを漢字に改めなさい。

問2　――線部(1)「『ミラー・ニューロン』」とありますが、なぜこのニューロンは「ミラー・ニューロン」と呼ばれるのですか。その説明として最も適当なものを次の中から選び、記号で答えなさい。

ア　脊髄ではなく脳からの指令によって発火するから
イ　アカゲザルが鏡を見て運動を行おうとする時に発火するから
ウ　他者の動作を見た際に自分が動く時と同じように発火するから
エ　ヒトが言語の発声を行おうとする時に発火するから

問3　――線部(2)「非常に興味深いのは、このミラー・ニューロンがヒトの脳のブローカ野という部分に相当する場所に見つかったということです」とありますが、なぜ「興味深い」のかを次のように説明してみました。空欄にあてはまる語句を本文中より抜き出しなさい。

二〇二三年度 中央大学杉並高等学校（帰国生）

【国語】（三〇分）〈満点：五〇点〉

一 次の文章を読んで、後の設問に答えなさい。

[1] そもそも、相手の意図を推測するというのはどういうことでしょうか。まず前提となるのは、相手の視点に立って物事を(a)ナガめてみるということです。わたしたちはこれを、おそらく身体を用いて行っているのだろうということが最近分かってきました。その(b)カギのひとつが、(1)「ミラー・ニューロン」というものです。

[2] わたしたちが何らかの運動を行う場合、それが脊髄反射でなければ、脳からの指令によって行われています。ということは、運動を行っているときには脳内のある部分のニューロンが発火しているわけです。神経学者のジアコーモ・リゾラッテイらはアカゲザルを使って、目の前で人がある動作をしてみせている場合と、同じ動作をサル自身がする場合のそれぞれでどのニューロンが発火しているかを調べました。すると、どちらの場合も同じように発火するニューロンがあることが分かったのです。まるで相手の動作を脳のなかで鏡に映しているようだというので、このニューロンは「ミラー・ニューロン」と名付けられました。

[3] (2)非常に興味深いのは、このミラー・ニューロンがヒトの脳のブローカ野という部分に相当する場所に見つかったということです。ヒトの脳は機能局在といい、部分によって果たしている機能が異なります。それぞれの部分をなんとか野と呼んでいるわけですが、ブローカ野は言語の発声にかかわっていると考えられており、そのため運動性言語野などと呼ばれることもあります。おそらくはミラー・ニューロンにおいて他者の行動と自分の行動が照らし合わせられることにより、他者の動きについてのシミュレーションを脳のなかで行うことができているのでしょう。ということは、意図を推測する主体には、相手と同じような構造と動きをもった身体がなければなりません。そのときどきの状況に応じて、相手の意図を自分の身体と照らし合わせることによって推測することができれば、従来の人工知能のような、しらみつぶしの膨大な計算は必要なくなるでしょう。

[4] 言語獲得のプロセスを研究している正高信男は、言葉の理解における身体の重要性を、視点動詞の使用を子供がどのように獲得していくかということから示しています。

[5] 視点動詞とは、行く／来る、あげる／もらう、売る／買うなどのように、言葉が指示する対象が、話者やそのときの状況において変化する動詞のことです。例えば、あなたの話している相手が「明日君のところに相談に行くよ」と言ったとき、あなたにとっては相手が相談に「来る」ことになります。ですから、何時に来るのか聞きたいときには、「明日の何時ごろ来るの？」と言わなければなりません。「明日の何時ごろ行くの？」と言ったのでは頓珍漢な答えになってしまいます。このようなやりとりが成立するためには、相手の視点に立って自分の立場をナガめるという能力が必要になるのです。視点動詞を適切に使うことは難しく、小学生でもまだ誤用がみられるそうです。

[6] 正高は小学一年生を対象として、この視点動詞が正しく使えるかどうかをテストしてみました。一〇〇名を対象にテストを行うと、八割以上正しく使用できた生徒が三九名おり、逆に二割以下しか正しく使えなかった生徒は四五名いたそうです。相手の視点に立って考えることができる、というのは、※1〈心の理論〉をもっているということです。正高は、視点動詞の適切な使用ができたグループとできなかったグループのそれぞれに、※2〈誤った信念課題〉についてのテストを行ってみました。そうすると、適切な使用ができたグループではひとりしか間違えなかったのに対し、適切な使用ができなかったグループでは四五名のうち二九名しかパスしませんでした。適切な使用ができたグループではほとんど全員が〈誤った信

英語解答

Ⅰ 問1 ウ　問2 イ　問3 エ

問4 イ

問5 about how birds know which way is

問6 ⑥ left

⑦ evening〔afternoon〕

問7 (例)伝書バトの両目をカバーで覆ってはっきり見えないようにしても，しばしば家に戻ってくることができた。(48字)

問8 ア　問9 ア，ウ

Ⅱ ① (例) At around the end of August in 2020, people living in a town in Switzerland were surprised to see something very strange.

② (例) Because of the strong wind, the chocolate dust made by the error spread all over the town.

③ (例) The company president told the people living near the factory that the chocolate dust was not dangerous to their health and the environment.

数学解答

1 -8

2 問1 度数…3　相対度数…0.25

問2 10.5℃

3 問1 55°　問2 50°　問3 50°

問4 30°

4 問1 8　問2 $\left(\frac{16}{9}, \frac{16}{9}\right)$

問3 13：5

5 問1 $\sqrt{3}$　問2 7　問3 3

国語解答

一 問1 (a) 眺　(b) 鍵　(c) 介在

問2 ウ

問3 A 運動性言語野

B 意図を推測する　C 身体

問4 ア　問5 エ　問6 ウ

二 (例)「模倣」は「創造」に比べて非生産的でよくないイメージを伴いがちである。しかし「模倣」は優れた観察力を必要とし，技術力や発想力を磨く行為である。つまり「模倣」を経て初めて「創造」が可能になるのである。(99字)

2022年度 中央大学杉並高等学校（推薦）

【英　語】（20分）〈満点：20点〉

1　次の各組から正しい英文を一つずつ選び，記号で答えなさい。

1．ア　What club you belong to?
　イ　I have never been a foreign country.
　ウ　When did the email send to me?
　エ　His dog is named John.

2．ア　I often enjoy to cook with my mother.
　イ　What time is your brother finish school every day?
　ウ　He is old enough to have a smartphone.
　エ　The people which we met were very friendly.

3．ア　Have you started your homework yet?
　イ　I was talked by an old woman.
　ウ　You should speak more slower.
　エ　There are not much chairs in this room.

2　次の会話文の空欄［ 1 ］～［ 3 ］を補うのに最もふさわしい文を下のア～コからそれぞれ選び，記号で答えなさい。

1．A：What did you do last weekend?
　B：I went to the hospital because I was sick.
　A：［ 1 ］

2．A：Do you know the new Chinese restaurant "Bamboo Panda"?
　B：No, I don't, but I love Chinese food.
　A：［ 2 ］

3．A：Excuse me, could you tell me the way to the station?
　B：［ 3 ］
　A：Thank you so much.　You are so kind.

ア　I'm sorry, but I can't.　Is it far from here?
イ　How long have you been there?
ウ　Yes, you can.　Let me tell you how to take a taxi.
エ　I have never heard of the restaurant's name.
オ　Why don't we eat there together this afternoon?
カ　Yes.　I'm going that way, too.　Let's go together.
キ　Sure.　Here you are.
ク　I should take medicine.
ケ　That's too bad.　Are you all right?
コ　I don't know the doctor well.

3　次の日本語を英語にしなさい。

1．私は兄ほど賢くない。

2．これが昨日あなたが買った本ですか。

4　次の文章を読み，後の問に答えなさい。（＊のついた語句には本文の最後に注があります。）

A bowl of white rice, *miso* soup, and grilled fish with *pickled vegetables. It looks simple but tastes special — salty, sour, sweet, a little bitter and full of *umami*.

When *washoku* became a *UNESCO Intangible Cultural Heritage of Humanity in 2013, many people didn't understand what it meant. Japanese dishes such as *sushi* or *tempura* were already popular around the world, but *washoku* was not.

"*Wa*" of *washoku* means Japan or Japanese, and "*shoku*" means food or to eat. This word was created in the Meiji period to separate Japanese food from foreign dishes. However, the origin of *washoku* goes back to the Heian period. Kyoto was the capital of Japan in those days, and it was a great place for getting different *ingredients. People had wild plants from mountains, fresh green vegetables, mushrooms, and *root vegetables. They cooked a variety of dishes by using different ingredients. Also, they cooked fish in various ways and developed a soup stock called *dashi*. *Dashi* became very popular because they were able to cook delicious dishes with it.

The key flavor of *washoku* is called *umami*. The word *umami* is difficult to translate. ①【the special flavor / used / many delicious dishes / this Japanese word / in / express / found / is / to】. *Umami* is thought to be one of the main flavors, together with other flavors such as sweet, sour, bitter, and salty. It is said that *umami* adds deliciousness to dishes. It is actually the taste of *glutamate, and we can taste it in many Japanese traditional ingredients like *dried fish flakes, *miso*, soy sauce and more. The important thing in *washoku* is the balance of ②these five flavors. We can find this balance especially in *osechi*, the traditional New Year's dishes. The dishes are packed in a box like jewels and we can enjoy all the five flavors.

When *washoku* was listed as a UNESCO Intangible Cultural Heritage of Humanity, some people said that this tradition was dying because Japanese people today prefer westernized food. However, ③it is too early to say *washoku* is dying. It is said that many Japanese people are more interested in good food than people from other countries. Of course, there are many popular international fast-food restaurants in Japan, but they still love going to Japanese restaurants to eat local dishes. Also, they love Japanese home cooking. Cookbooks are best-sellers and Japanese home cooking websites have become very popular. At school, children learn about their traditional food and how to eat it in the right way. Elderly people travel around the country to enjoy the local food.

Japanese people will continue to enjoy new foreign dishes, but will not forget the basic goodness of their traditional dishes. They will keep eating *washoku*. It is probably because their stomachs want it after all.

（注）pickled：漬物の　UNESCO Intangible Cultural Heritage of Humanity：ユネスコ無形文化遺産
ingredient(s)：食材　root vegetable(s)：根菜　glutamate：グルタミン酸
dried fish flake(s)：（乾燥した魚の）削り節

問 1　下線部①が「この日本語は，多くの美味しい料理で見つかる特別な味を表現するのに使われる。」という意味になるように，【　】内の語(句)を並べ替えなさい。ただし，文頭に来るべき語も小文字で表してある。

問 2　下線部②が指すものを日本語で五つ答えなさい。

問 3　下線部③のように筆者が思う理由としてふさわしくないものをア～エから一つ選び，記号で答えなさい。

ア　More Japanese people care about the quality of food than foreign people.

イ　Japanese people enjoy going to many popular international fast-food restaurants.

ウ　Many Japanese people buy cookbooks and make their traditional food at home.

エ　It is popular for elderly people in Japan to try various local food around the country.

問 4　本文の内容と一致するものをア～キから二つ選び，記号で答えなさい。

ア　The taste of *washoku* is so simple that many foreign people don't like it.

イ　One of the reasons *washoku* became a UNESCO Intagible Cultural Heritage of Humanity was that *sushi* and *tempura* were well known as *washoku*.

ウ　People in the Meiji period originally made the word *washoku* for expressing the difference between Japanese food and other country's dishes.

エ　When you try dried fish flakes, *miso*, and soy sauce, you'll be able to taste *umami* including glutamate in your mouth.

オ　Japanese people usually enjoy *osechi*, a jewelry box with a variety of expensive stones on New Year's day.

カ　Japanese schools don't usually teach their children about their traditional food.

キ　Japanese people can eat a lot of delicious *washoku* because their stomachs are very strong.

【数　学】（20分）〈満点：20点〉

（注意）　定規，コンパス等の作図道具および計算機の使用は禁止です。

1　$x=\sqrt{20}+3$，$y=\sqrt{5}+1$ のとき，$(x-1)y-x+1$ の値を求めなさい。

2　図において，点A，B，C，M，Nは同一円周上にあり，$\overset{\frown}{\mathrm{AM}}=\overset{\frown}{\mathrm{MB}}$，$\overset{\frown}{\mathrm{AN}}=\overset{\frown}{\mathrm{NC}}$ です。∠BAC$=52^\circ$ のとき，∠MBNの大きさを求めなさい。

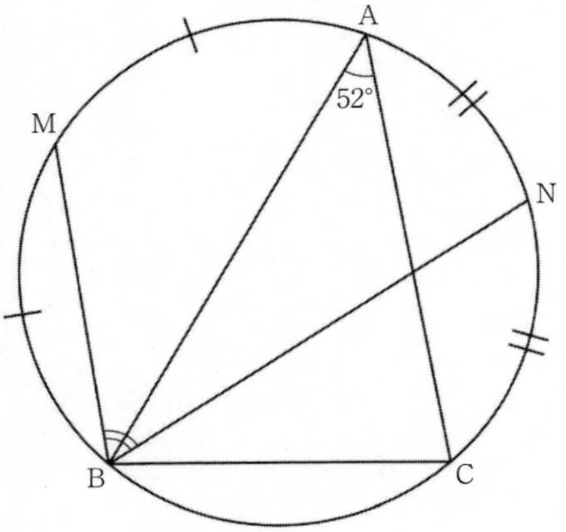

3　図のようなAB＝4，BC＝3の直角三角形ABCがあります。直角三角形ABCを線分QRを折り目として折ったとき，点Aは辺BC上の点Pに移りました。∠RPCが直角のとき，次の問に答えなさい。

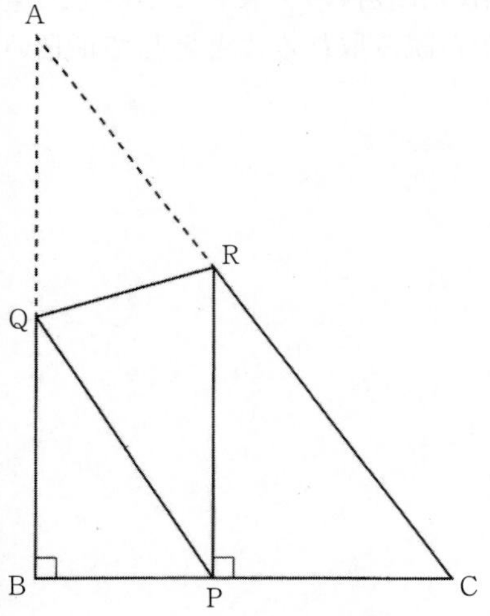

問１　ARの長さを求めなさい。

問２　四角形AQPRの面積を求めなさい。

4 図のように，関数 $y=\frac{1}{2}x^2$ と $y=\frac{4}{x}$ のグラフが点Aで交わっていて，点Aの x 座標は 2 です。また，関数 $y=\frac{4}{x}$ のグラフ上に x 座標が -3 である点Bを，x 軸上に x 座標が 6 である点Cを，y 軸上に y 座標が負である点Dをとります。このとき，次の問に答えなさい。

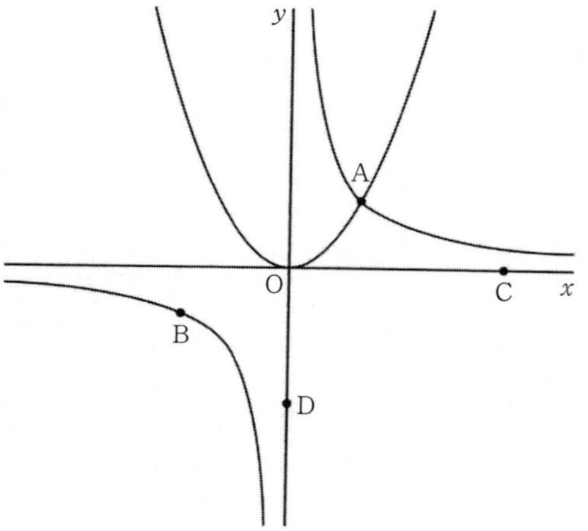

問 1 関数 $y=\frac{1}{2}x^2$ について，x の変域が $-3 \leqq x \leqq 2$ のとき，y の変域を求めなさい。

問 2 △ABCと△ABDの面積が等しいとき，点Dの座標を求めなさい。

5 下の図はあるクラスで行った国語・数学・理科・社会・英語の 5 教科のテストについて，生徒40人の得点を箱ひげ図に表したものです。このとき，箱ひげ図から読み取れることとして正しいものを(ア)～(カ)の中から 2 つ選び，記号で答えなさい。

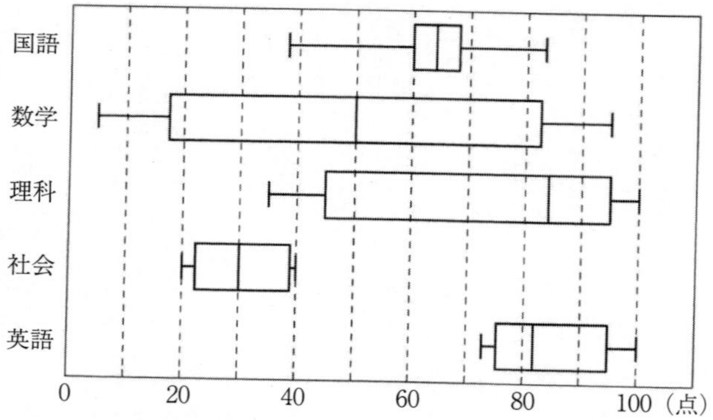

(ア) 四分位範囲がもっとも小さいのは社会である

(イ) 理科の平均点は，英語の平均点より高い

(ウ) 60点以下の生徒が20人以上いるのは数学と社会のみである

(エ) 各教科のテストで100点をとった人は少なくとも 2 人いる

(オ) 数学は20点以下の生徒が10人以上いる

(カ) 数学以外の 4 教科では，20点以下の生徒はいない

【社　会】（20分）〈満点：20点〉

1　次のア～オのうち，二都市の間が最も離れているものを選んで記号で答えなさい。

ア　高松市－岡山市

イ　大津市－津市

ウ　鳥取市－神戸市

エ　金沢市－盛岡市

オ　前橋市－長野市

2　次のア～オのうち，正しい組み合わせを二つ選んで記号で答えなさい。

ア	火山	エベレスト（チョモランマ），キリマンジャロ，富士山
イ	複数の国を流れる川	ナイル川，メコン川，ライン川
ウ	北アメリカ大陸の湖	オンタリオ湖，スペリオル湖，ヒューロン湖
エ	アフリカ大陸の砂漠	カラハリ砂漠，ゴビ砂漠，サハラ砂漠
オ	インド洋の島	シチリア島，セイロン島，マダガスカル島

3　次のア～オのうち，誤っているものを二つ選んで記号で答えなさい。

ア　インドでは，数学の教育水準が高いことなどを背景として，情報通信技術（ICT）関連産業が発展している。

イ　ヨーロッパ最大の工業国であるドイツは，他国からの労働者を受け入れていないため，労働力不足が問題になっている。

ウ　アメリカ合衆国の農場は広大な耕地面積を持ち，大型の機械を使用して小麦，とうもろこし，大豆などを大量に生産している。

エ　南アメリカ社会は，文化が混ざり合う多文化社会である。たとえばアルゼンチンのタンゴは，ヨーロッパやアフリカの音楽が混ざり合って生まれた。

オ　太平洋の島々のうち，火山によってできた島々は面積が狭く水も資源もとぼしいが，さんご礁の島々は面積が広く水も資源も豊かである。

4　次のア～オのうち，誤っているものを一つ選んで記号で答えなさい。

ア　北九州市はかつて大気汚染や水質汚濁などの公害に苦しんだが，市民や自治体，企業が協力して環境改善にとりくみ，エコタウンに認定された。

イ　高度経済成長期，中国山地の農村では多くの働き盛りの人たちが瀬戸内海沿岸の工業地域や近畿地方の都市部などへ転出し，過疎化が進んだ。

ウ　近年，大阪市の臨海部では再開発が積極的に進められ，工場跡地にテーマパークなどが建設された。国際博覧会も予定されている。

エ　豊富な雪解け水を発電や工業用水に利用して，富山市の周辺ではアルミニウム工業が発展した。現在では輸入したアルミニウムをサッシなどに加工する工業が盛んである。

オ　青森県では貿易の自由化や農業のグローバル化を見すえ，りんごの輸出を試みた。しかし鮮度の維持が困難なことから，失敗に終わった。

5　次の表のア～オは，地図中のＡ～Ｅのいずれかの県の「人口」「農業産出額」「農業産出額に占める米，野菜，果実，畜産の割合」についてまとめたものである。下の問い(1)(2)に答えなさい。

	*人口（万人）	**農業産出額（億円）				
			米(%)	野菜(%)	果実(%)	畜産(%)
ア	109	3429	5.2	19.5	3.8	64.4
イ	98	1843	56.2	16.7	3.9	19.5
ウ	136	1233	13.6	16.3	43.0	19.9
エ	222	2462	58.7	14.2	3.1	19.4
オ	544	1544	31.0	23.0	2.1	39.1

＊　2020年　　＊＊　2018年

『地理統計要覧　2021年版』（二宮書店）より作成

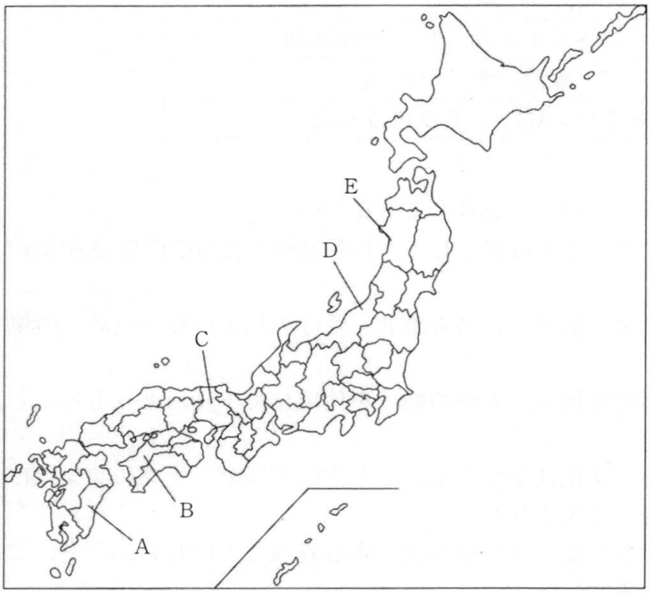

(1)　表のアに当てはまる県名を書きなさい。

(2)　次のａ～ｅのうち，表のウの県で収穫量が最も多い作物を選んで記号で答えなさい。

ａ　メロン　　ｂ　トマト　　ｃ　ぶどう　　ｄ　もも　　ｅ　みかん

6　次のア～オの「作品」と「著者・作者」の組み合わせのうち，正しいものを二つ選んで記号で答えなさい。

	作品	著者・作者
ア	みだれ髪	樋口一葉
イ	見返り美人図	俵屋宗達
ウ	方丈記	紀貫之
エ	唐獅子図屏風	狩野永徳
オ	細雪	谷崎潤一郎

7　次のア～オのうち，A・B・Cが時代順に正しく並んでいるものを二つ選んで記号で答えなさい。

ア　A　オスマン帝国がビザンツ帝国を征服した。
　　B　カルバンがスイスにおいて宗教改革を行った。
　　C　オランダが東インド会社を設立した。

イ　A　邪馬台国の卑弥呼が中国に使いを送り王の称号を得た。
　　B　朝鮮半島から移り住んだ人々により稲作が日本に伝えられた。
　　C　渡来人により仏教が日本に伝えられた。

ウ　A　大海人皇子が壬申の乱に勝利し，天武天皇として即位した。
　　B　後白河天皇は，武士の協力を得て保元の乱に勝利した。
　　C　承久の乱で敗れた後鳥羽上皇は隠岐に流された。

エ　A　李成桂が高麗を滅ぼして朝鮮を建てた。
　　B　チンギス・ハンがモンゴルの諸部族を統一してモンゴル帝国を建てた。
　　C　尚氏が沖縄島を統一し，首里を都とする琉球王国を建てた。

オ　A　裁判や刑罰の基準となる公事方御定書が定められた。
　　B　五人組の制度が作られ，年貢の未納や犯罪に連帯責任を負わせた。
　　C　南蛮貿易が始まり，ポルトガル船が中国産の生糸を日本にもたらした。

8　次のア～オのうち，正しいものを二つ選んで記号で答えなさい。

ア　ピューリタン革命の後，イギリスは王政に戻るが，国王が専制を行ったため名誉革命がおこり，権利章典が定められた。

イ　日本は，1921年から22年にかけて開かれたワシントン会議に参加したが，海軍の軍備の制限については承諾しなかった。

ウ　日本では，第一次世界大戦終了直後に最初の男女普通選挙が実施された。

エ　シベリア出兵を見こした米の買いしめにより米価が大幅に上がると，米の安売りを求める米騒動が各地でおこり，一部には軍隊も出動した。

オ　中国共産党との協力を拒否していた孫文の死後，蔣介石が中国国民党の指導者となり，中国共産党と共同で南京に国民政府を樹立した。

9　次のア～オのうち，正しいものを二つ選んで記号で答えなさい。

ア　太平洋戦争後，日本では農地改革が行われ，地主が所有する小作地を政府が強制的に買い上げて小作人に安く売り渡した結果，多くの自作農が生まれた。

イ　朝鮮戦争が始まると，日本ではアメリカ軍向けに大量の軍需物資を生産したため経済が好況となった。

ウ　所得倍増を打ち出した池田勇人内閣は，中華人民共和国との貿易を発展させるため日中共同声明を発表して国交を正常化した。

エ　世界経済の問題に対処するため，国際連合安全保障理事会の常任理事国が第１回主要国首脳会議(サミット)を開催した。

オ　第四次中東戦争により石油危機が発生すると多くの先進工業国は深刻な不況に陥ったが，産油国と友好関係を築いていた日本では高度経済成長が継続した。

10 次の①，②は日本国憲法の一部である。下の各問いに答えなさい。

① すべて国民は，[A]で文化的な[B]の生活を営む権利を有する。

② 国会は，国権の[C]機関であつて，国の唯一の[D]機関である。

問1 空欄[A]，[B]に当てはまる語句をそれぞれ答えなさい。

問2 空欄[C]，[D]に当てはまる語句をそれぞれ答えなさい。

11 次の①～④に関する下の各問いに答えなさい。

① 日本では，企業の健全な競争を保つため独占禁止法が制定され，[A]がこの法律に基づいた指導を行っている。

② 日本では，[B]が定められ，消費者が商品の欠陥によって被害を受けたとき，その欠陥を証明すれば，企業の過失を証明しなくても損害賠償を受けることができるようになった。

③ 地球温暖化防止の国際的な取り組みとして，産業革命前からの気温上昇を地球全体で2度未満に抑えることを目標に掲げた[C]が，京都議定書に代わって採択された。

④ 発展途上国の農作物や製品を適正な価格で先進国の消費者が購入することで，発展途上国の人々の生活を支える運動を[D]という。

問1 空欄[A]に当てはまる語句として正しいものを一つ選んで記号で答えなさい。

ア 公正取引委員会　　イ 会計検査院

ウ 国税庁　　エ 中央労働委員会

問2 空欄[B]に当てはまる語句として正しいものを一つ選んで記号で答えなさい。

ア 消費者契約法　　イ 消費者基本法

ウ 製造物責任法　　エ 消費者保護基本法

問3 空欄[C]に当てはまる語句を答えなさい。

問4 空欄[D]に当てはまる語句をカタカナで答えなさい。

【理　科】 (20分) 〈満点：20点〉

1　次の文章を読み，下の(1)・(2)に答えなさい。

地球上には多様な樹木が存在している。

サクラの花には子房があり，その中には胚珠といわれる小さな粒がある。受粉した後，胚珠は種子となり，やがて種子が発芽して次世代となる。一方，スギやヒノキ，イチョウは胚珠がむき出しになっており，胚珠に直接受粉する。

また，スギやヒノキはヒトに花粉症を発症させる植物としてよく知られているが，サクラはごくまれにしか花粉症を発症させない。

(1)　イチョウの雌株には「ぎんなん」がつき(図1)，サクラ(セイヨウミザクラ)の木には「さくらんぼ」がつきます(図2)。これらはよく似た形をしていますが，大きく異なる点があります。次の□に入る共通の語を漢字2文字で答えなさい。

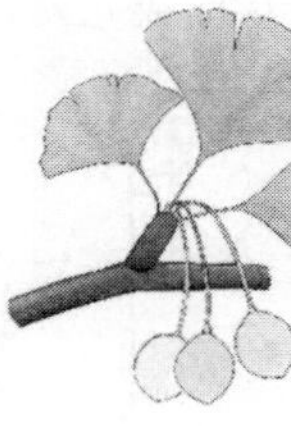
図1

図2

「ぎんなん」にはもともと子房がないので，□はなく種子の分厚い皮に包まれている。「さくらんぼ」は，めしべの下部にある子房が□となったもので，種子は□に包まれている。

(2)　スギの花粉症はその木に近づかなくても発症しますが，サクラの花粉症はその木に近づかないと発症しません。その理由として最も適当なものを，次のア～エのうちから一つ選び，記号で答えなさい。

ア　スギは裸子植物であり，サクラは被子植物であるためである。

イ　スギは花粉をつくるが，サクラは花粉をつくらないためである。

ウ　スギの花粉は風で飛ばされるが，サクラの花粉は虫に運ばれるためである。

エ　スギの種子は風で飛ばされるが，サクラの種子は鳥に食べられて運ばれるためである。

2　次の文章を読み，下の(1)～(4)に答えなさい。

(a)受精卵から多細胞生物のからだがつくられる途中の段階には，さまざまな種類の細胞になることができる細胞があり，これらは幹細胞《かんさいぼう》といわれる。成長したからだの中にも幹細胞が残っている。例えば，(b)骨の内部にある造血幹細胞《ぞうけつかんさいぼう》が細胞分裂することにより，常に新しい赤血球や白血球などがつくられている。

人工多能性幹細胞《じんこうたのうせいかんさいぼう》(iPS細胞)は，細胞が一度失ったさまざまな細胞になる能力を，(c)遺伝子を扱う技術によって復活させたものである。

(1)　下線部(a)に関して，受精卵は分裂を繰り返して親と同じような形へ成長します。この成長過程を何といいますか。漢字2文字で答えなさい。

(2)　ヒトにおいて，受精をする細胞ができるときに行う細胞分裂(Aとする)と，造血幹細胞が行う細胞分裂(Bとする)について，正しい記述を次のア～エのうちから一つ選び，記号で答えなさい。

ア　Aは分裂前後で染色体数が変化せず，Bは分裂後に染色体数が半分になる。

イ　Aは分裂前後で染色体数が変化せず，Bは分裂後に染色体数が増加する。

ウ　Aは分裂後に染色体数が増加し，Bは分裂前後で染色体数が変化しない。

エ　Aは分裂後に染色体数が半分になり，Bは分裂前後で染色体数が変化しない。

(3)　下線部(b)に関して，次のア～エの記述のうちから最も適当なものを一つ選び，記号で答えなさい。

ア　赤血球には，肺で取り入れた酸素をからだのすみずみに運ぶはたらきがある。

イ　白血球の主なはたらきは，出血したときに血液を固めることである。

ウ　体内に入った細菌などをとらえるのは，主に血小板である。

エ　血しょうは，血管の外に出ることなく循環し，造血幹細胞からつくられる細胞をからだのすみずみに運んでいる。

(4)　下線部(c)について，遺伝子の本体は染色体に含まれる何という物質ですか。アルファベット3文字で答えなさい。

3　次の文章を読み，下の(1)・(2)に答えなさい。

図1はある地域の地形を表したものである。図中の曲線は等高線を，数値は標高を示している。図2はボーリング調査の結果から作成した柱状図で，図1のA～Cの各地点の試料をもとにしている。

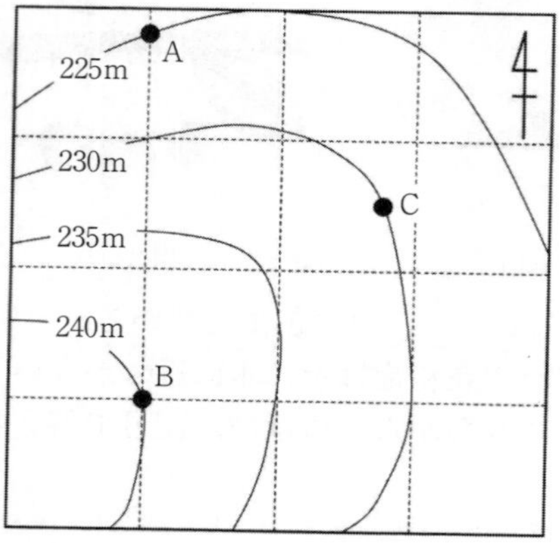

図1

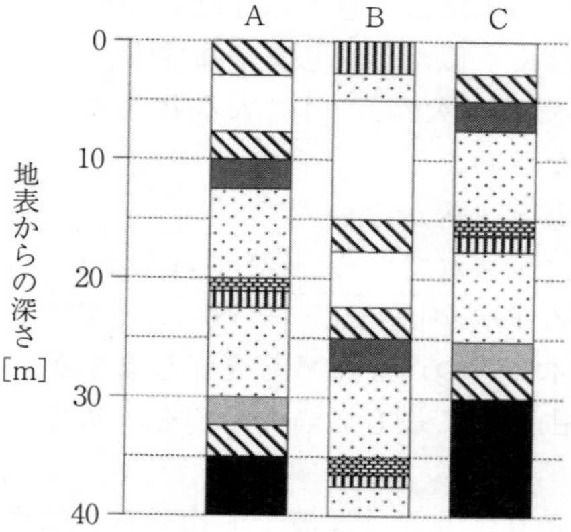

図2

(1)　砂岩やチャートなど，土砂の粒や，生物の遺がい(死がい)が固まってできた岩石をまとめて何といいますか。その名称を漢字3文字で答えなさい。

(2)　図1および図2から，この地域の地層はある方向に傾いていることがわかります。地層の傾きとして最も適当なものを，次のア～カのうちから一つ選び，記号で答えなさい。ただし，この地域の地層は各層とも平行に重なっており，断層やしゅう曲はないものとします。

ア　東から西に向かって下がっている。

イ　西から東に向かって下がっている。

ウ　南から北に向かって下がっている。

エ　北から南に向かって下がっている。

オ　北西から南東に向かって下がっている。

カ　北東から南西に向かって下がっている。

4　次の文章を読み，下の(1)・(2)に答えなさい。

図1は日本のある地点で，ベテルギウス・シリウス・月の様子を観測し，スケッチしたものである。図2は，図1の観測日から数日後の同じ時刻に観測したときのスケッチである。

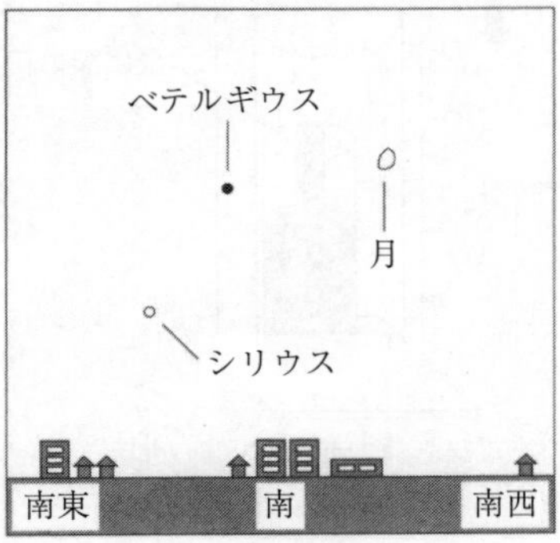

図1　ある日の星の位置

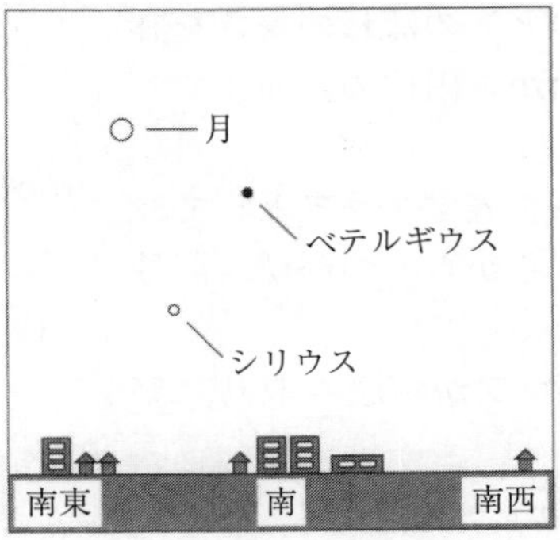

図2　数日後の星の位置

(1)　ベテルギウスやシリウスのように，自らのエネルギーで輝く星を何といいますか。漢字2文字で答えなさい。

(2)　ベテルギウスとシリウスの2つの星は東から西へ，月は西から東へと見える位置が変わりました。見える位置が変わった主な原因として最も適当な組み合わせを，次のア～クのうちから一つ選び，記号で答えなさい。

	2つの星	月
ア	地球の自転	地球の自転
イ	地球の自転	地球の公転
ウ	地球の自転	月の自転
エ	地球の自転	月の公転
オ	地球の公転	地球の自転
カ	地球の公転	地球の公転
キ	地球の公転	月の自転
ク	地球の公転	月の公転

5 次の文章を読み，下の(1)・(2)に答えなさい。

金属製の円柱をばねに取り付け，水の入った容器を用いて図1のような装置をつくった。円柱をつり下げたばねをゆっくり下ろし，円柱の深さとそのときのばねの長さを計測した。ただし，円柱の深さは水面から円柱の底面までの長さを測るものとする。

(1) 円柱の深さとばねの長さの関係を表すグラフとして最も適切なものを，下のア～カのうちから一つ選び，記号で答えなさい。

(2) 円柱の高さは何cmですか。グラフから読み取り，整数で答えなさい。

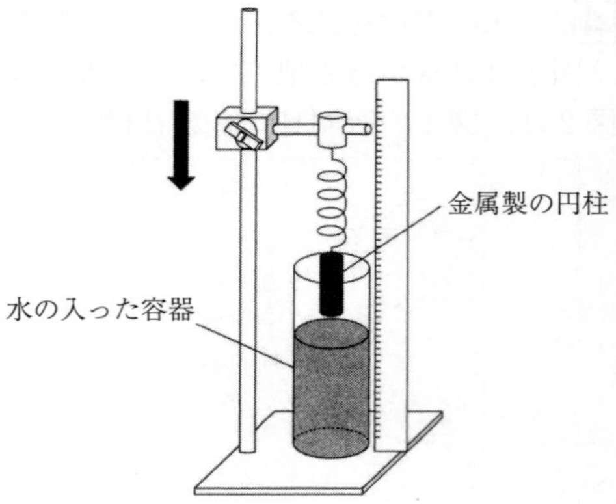

図1

ア

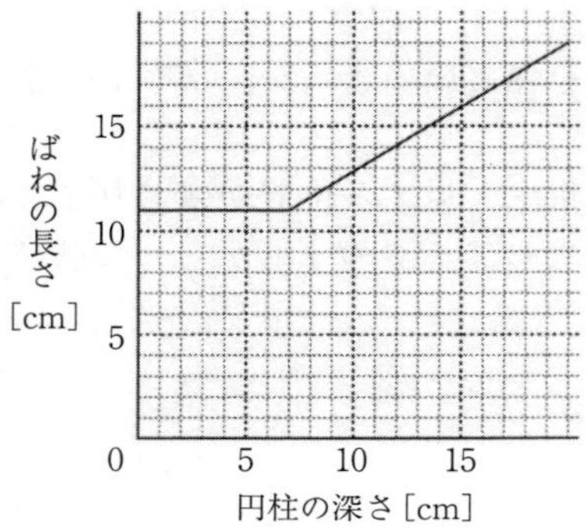

イ

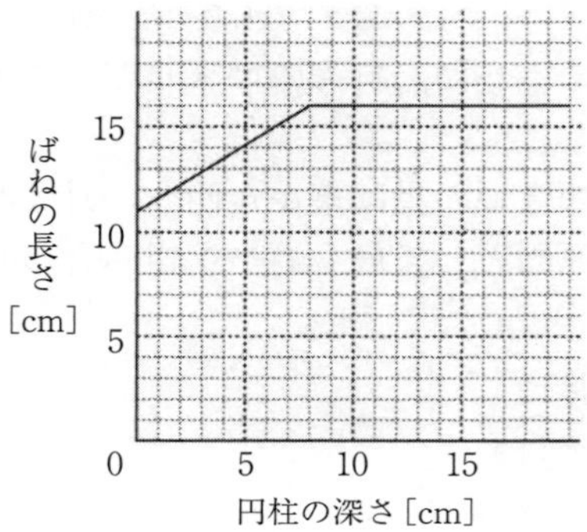

ウ

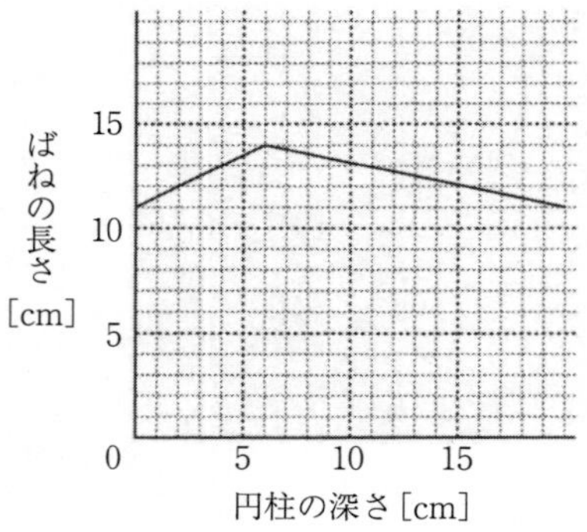

エ

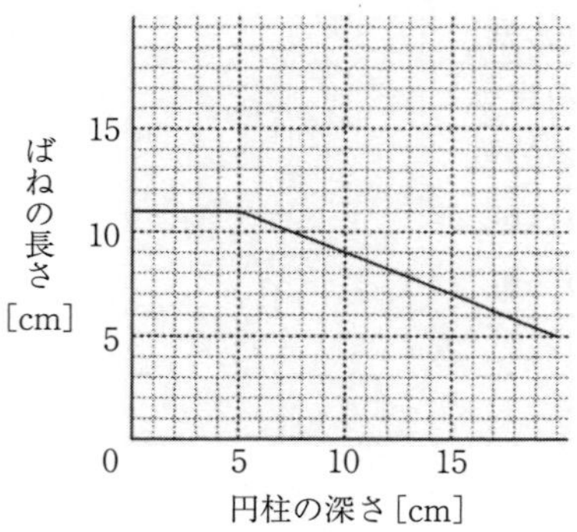

オ

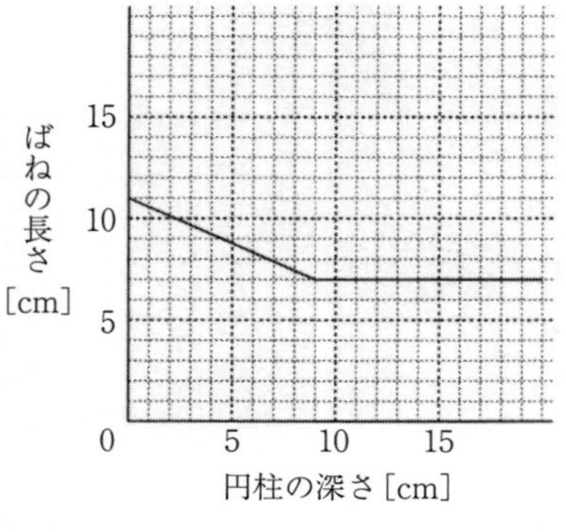

カ

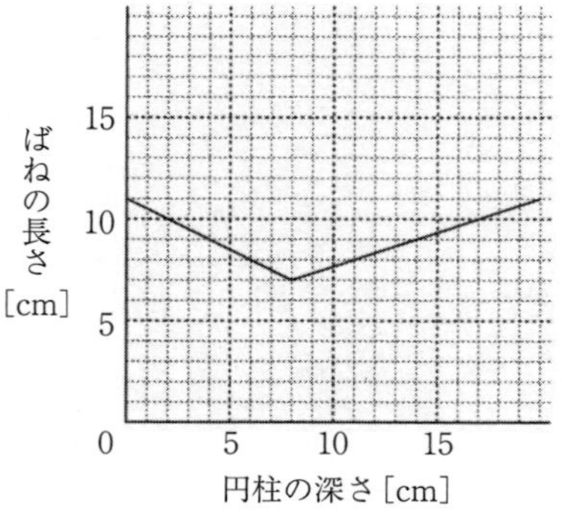

6　次の(1)～(3)に答えなさい。

(1)　回路中の電流の大きさや電圧の大きさを測るとき，電流計や電圧計のつなぎ方として不適切なものを，図1のア～カのうちからすべて選び，記号で答えなさい。

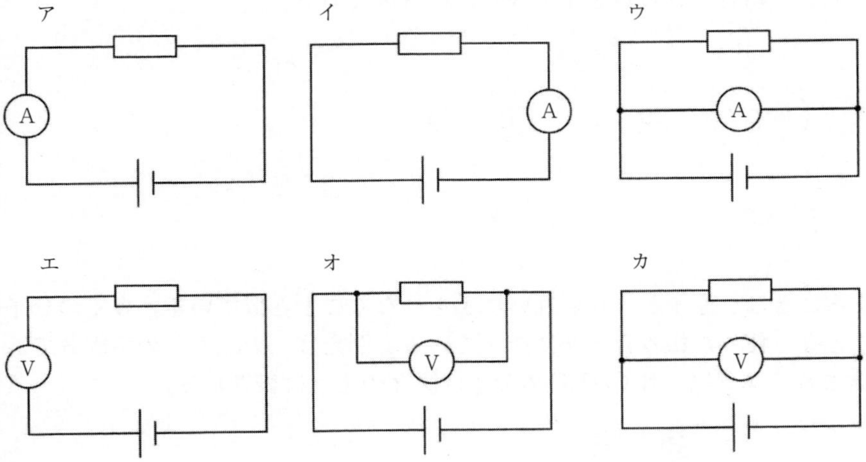

図1

(2)　電気抵抗が15Ωの電熱線aと電気抵抗が30Ωの電熱線bを使って，図2のような回路を組みました。電熱線aに流れる電流の大きさが0.4Aのとき，電熱線bに流れる電流の大きさを求めなさい。

(3)　(2)の電熱線aと電熱線bを使って，図3のような回路を組みました。電熱線aに流れる電流の大きさが0.2Aのとき，電源装置の電圧の大きさを求めなさい。

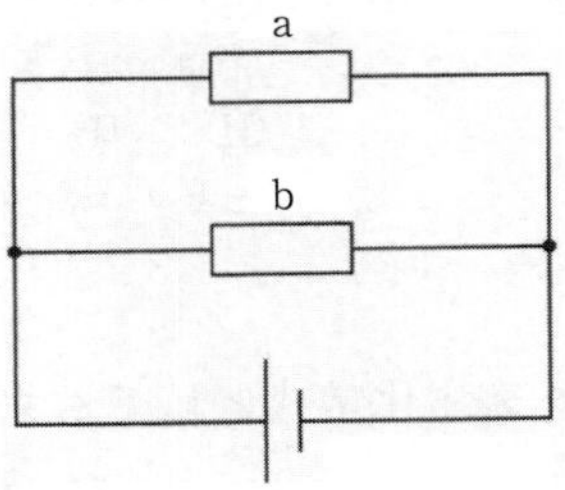

図2

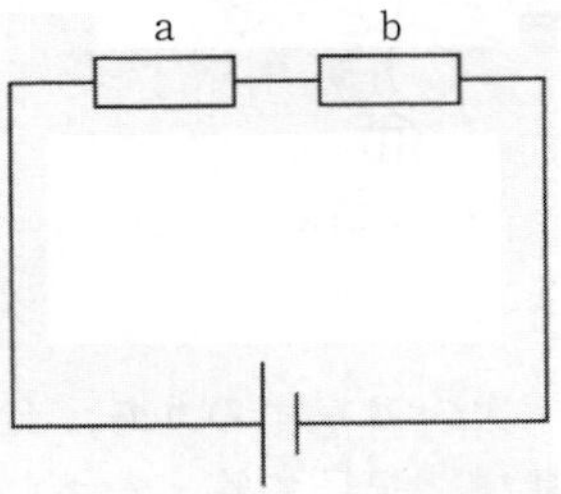

図3

7　次の実験ア～カについて，下の(1)～(3)に答えなさい。

実験

ア　亜鉛にうすい塩酸を加える。

イ　酸化銀を加熱する。

ウ　炭酸水素ナトリウムを加熱する。

エ　うすい過酸化水素水に二酸化マンガンを加える。

オ　塩化アンモニウムと水酸化カルシウムの混合物を加熱する。

カ　マグネシウムリボンを燃焼する。

(1)　実験ア～カのうち，発生する気体が同じものを二つ選び，記号で答えなさい。ただし，反応により生じる水は液体であるものとします。

(2)　実験ア～カのうち，気体が発生しないものはどれですか。一つ選び，記号で答えなさい。

(3)　実験ア～カのうち，発生した気体を図1の方法で集めるものはどれですか。最も適切なものを一つ選び，記号で答えなさい。

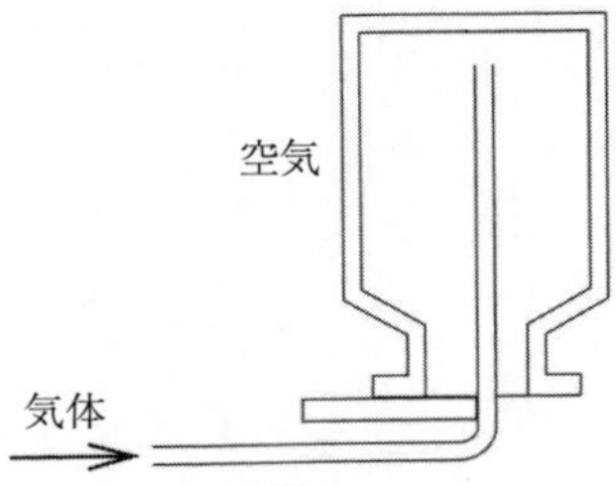

図1

8 次の文章を読み，下の問いに答えなさい。

原子どうしの結合について考えよう。原子は，そのままでは不安定なものが多い。単独では不安定であっても，他の原子と結合することで分子を形成し，安定になるものがある。図1は，炭素原子，酸素原子，水素原子が他の原子と結合できる数を手で表した模式図である。

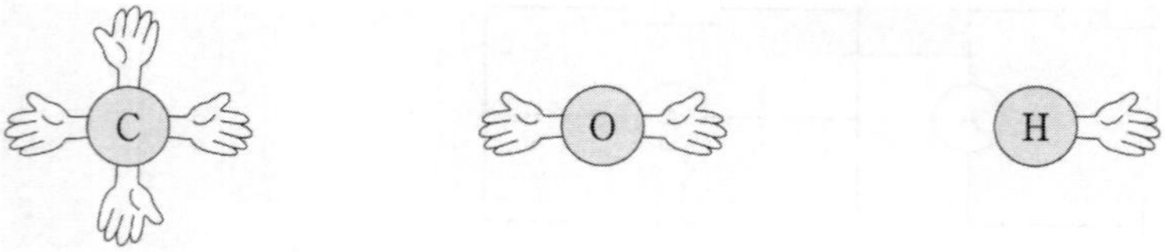

炭素原子　　　酸素原子　　　水素原子

図1

原子が他の原子と結合することは，原子どうしが互いに手をつなぐことと似ている。多くの分子は，各原子が結合の手を余すことなく使った組み合わせになっている。例えば，天然ガスの主成分であるメタンCH_4や，消毒液に含まれるエタノールC_2H_6Oの分子は図2のように表される。

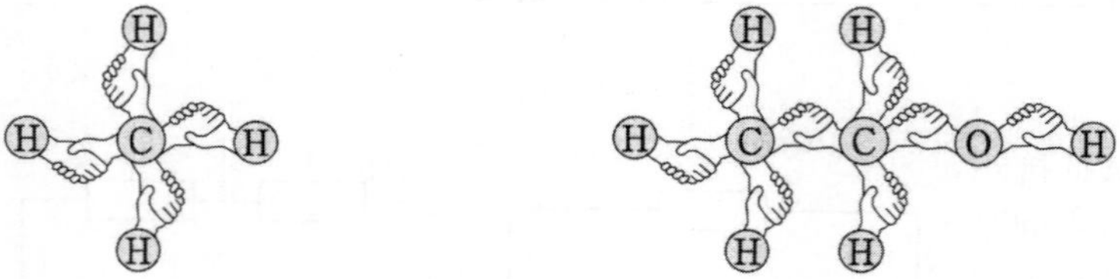

メタンCH_4　　　エタノールC_2H_6O

図2

次のア～オのうち，分子を表す化学式としてふさわしいものはどれですか。上の説明をもとに一つ選び，記号で答えなさい。

ア　CH_3　　イ　C_2H_5　　ウ　C_2H_5O　　エ　C_3H_8O　　オ　$C_3H_{10}O$

えなさい。

ア　運動学研究や運動力学研究は、身体知を解明するところまでは可能としている。

イ　身体知の設計図が描けないのは、身体に冗長性がありひとに意識があるからである。

ウ　意識次第で身体の動かし方の冗長性を回避することは可能である。

エ　身体に冗長性があるのは、各部位が特化した機能をもつからである。

オ　身体知の設計図をつくれないのは、身体が物体ではなく精神だからである。

二

次の文章は江戸時代の随筆『閑田次筆』の一節です。本文を読んで後の設問に答えなさい。

※1閑田思ひ出たることあり。四五年前に聞きし、※2加賀のあたりにあそびし浪士、大鳥につかまれて空中を行くこと※3ふた時ばかりを経て、(1)いづことも知らぬ山中にして、大鳥この人をつかみながら下りて休みたり。この隙間をみて腰刀を抜きて、つかみたる手を切り、つひに刺し殺し、片翼を切りてみれば、片々にてわが身隠るるほどに余れり。からうじて※4やや山を下りて人にあひしに、その翼を見て大いに畏れしかば、その子細を語りて、さてここはいづこぞと問へば、箱根の湯本近くなりと言ふ。遥かなるほどを、わづかふた時ばかりに来しに、鳥の勢ひの烈《はげ》しきをさらに驚きぬ。さてしばしその辺に※5逗留《とうりう》し、疲れを休めてのち江戸に出でたれば、その翼につきてその所以《ゆゑん》を聞き伝へ、その勇壮を喜び、※6かたがたの(2)諸侯より召されしに、いづかたへか仕へて※7出身せりとかや。大かたの人ならば、空中にて正気なくなりぬべきを、堪へて(3)かくまでふるまひけるは、鳥のみならず人も世にめづらなり。この鳥は大鷲《わし》なるべし。これまでも箱根の辺にて、折々人の捕らへられしことありしは、これがせゐにてありしが、この後はこの禍《わざはひ》やみたりと。そのわたりにては喜びしとなん。

※1　閑田…伴蒿蹊。江戸時代後期の歌人。この随筆の筆者。
※2　加賀…旧国名。今の石川県南部。
※3　ふた時…約四時間
※4　やや…ようやく
※5　逗留…旅先でしばらく滞在すること
※6　かたがた…あちらこちら
※7　出身…官職に任命されること

問1　——線部(1)「いづことも知らぬ山中」とありますが、どこのことですか。本文中から七字で抜き出しなさい。

問2　——線部(2)「諸侯より召されし」とありますが、浪士は諸侯に召され、大名に仕えることになります。浪士の仕官がかなったのはなぜですか。最も適当なものを次の中から選び、記号で答えなさい。

ア　村人が浪士の勇敢なふるまいを証言したから
イ　切り取った大きな翼が浪士の勇壮さを示したから
ウ　大鷲がいなくなりその被害がなくなったから
エ　浪士が加賀藩の豪傑であったことが判明したから

問3　——線部(3)「かくまでふるまひける」とありますが、どのように振舞ったのですか。それを表している一文を本文中から探し、最初の五字を抜き出しなさい。

して、主観的な意味・解釈を生成します。そういった意味づけや解釈行為を司《つかさど》るのは意識です。意識とはデカルトのいう「精神」（心の働き）です。冗長性を有するが故に、意識次第で身体の動かし方は、（自由度の範囲内ではありますが）如何様《いかよう》にも変わります。「意識次第で」ということと設計図は相容《い》れません。どんな意識が存在するかをすべて列挙でき、各意識が身体各部位をどのような軌道で動かす源になるかが一意に規定されて初めて、設計図といえるのでしょうが、意識はそんなことが可能な代物ではありません。

先に述べたベルンシュタインは、巧みさとは何かを探究しました。冗長性があるからこそ、身体各部位の巧みな動かし方と巧みではない動かし方が、共存可能だと説いています。そしてその両者を分けるのが意識のあり様です。

これまでの議論をまとめると、身体知が成り立つ世界は、「物体」と「精神」の両方が関わる世界です。「物体」としての身体にそもそも冗長性があり、更にその上に如何様にでも変わり得る意識（「精神」）が存在している。そういう世界では設計図という概念は通用しません。身体を要素還元的に分解する研究は、身体知のメカニズムを説明してくれますが、身体知という現象を生成してくれるわけではないのはそういう訳なのです。イチロー選手の華麗で力強い打撃フォームのメカニズムが運動学研究や運動力学研究で説明できても、それを設計図として逆向きに組み立ててバッティングを(B)ヒロウすることはできないのです。

（諏訪正樹『「こつ」と「スランプ」の研究　身体知の認知科学』による）

問1　――線部(A)・(B)のカタカナを漢字に改めなさい。

問2　――線部(1)「現象の生成」とありますが、具体的にどのようなことを指しますか。その説明として最も適当なものを次の中から選び、記号で答えなさい。

ア　イチロー選手のバットスイングのメカニズムを説明すること
イ　イチロー選手のバットスイングを要素還元的に分解すること
ウ　イチロー選手のバットスイングを誰もが正確に再現すること
エ　イチロー選手のバットスイングの軌道を一意に規定すること

問3　――線部(2)「機能的な関係」とありますが、車でいえば、どのような関係ですか。以下の空欄に当てはまるように、本文中から適当な語句を抜き出しなさい。

［Ⅰ（14字）］と［Ⅱ（13字）］の関係

問4　――線部(3)「身体の構造には、車にはない「冗長性」(redundancy)がある」とありますが、どういうことですか。このことについて説明した以下の文の空欄に当てはまるように、本文中から適当な語句を抜き出しなさい。

身体は、骨や筋肉といった各部位の構成要素について分析できる点においては「物体」と同等である。ただし、車のような工業製品とは異なり、各要素の動きや［Ⅰ（3字）］については一意に規定されておらず、そこにはかなりの［Ⅱ（3字）］がある。この点は「物体」とは決定的に異なるのである。

問5　空欄［(4)］に当てはまる熟語を次の中から一つ選び、記号で答えなさい。

ア　汎用　イ　恒久　ウ　合理　エ　実践

問6　――線部(5)「ひとは、自分の身体や身体を取り巻く環境で生じている現象に対して、主観的な意味・解釈を生成します」とありますが、スポーツ選手を例として説明したものとして、当てはまらないものを次の中から一つ選び、記号で答えなさい。

ア　ライバルを試合相手に迎え、いつも以上に力の入ったプレーをする。
イ　新品のユニフォームを身にまとうことで、いつも以上の高揚感を得る。
ウ　歯の痛みを感じ、万全の体調で試合に臨めていないことに不安を覚える。
エ　選手のフォームがいつもと異なるのに気づき、指導者がその修正を求める。

問7　本文の内容に合致するものを次の中から一つ選び、記号で答

二〇二二年度 中央大学杉並高等学校（推薦）

【国　語】（二〇分）〈満点：二〇点〉

一　次の文章を読んで後の設問に答えなさい。

運動学研究や運動力学研究は、「物体」としての身体のあり様《よう》を明らかにはしてくれるけれども、身体知の学びの複雑なプロセスの解明に至らない理由は、メカニズムの説明と現象の生成は別物だからという一点に尽きます。前者ができても後者ができるとは限らないのです。運動学研究や運動力学研究は、イチロー選手のバッティングがどのようなメカニズムで成り立っているかを説明してくれます。関与する身体各部位の動きを要素還元的に分析し、各部位の動きの関係を明らかにします。それは、いわば身体知の設計図をつくろうとする作業です。

設計図ができるのならば、その通りに組み立てれば(1)現象の生成は可能なのではないか？　全体の働きを要素還元的に分解する作業と、組み立てる作業は単に逆向きであるだけではないのか？　そういう問いを抱く方も多いでしょう。

工業製品のような物体をつくる分野では、この問いに対する答えはイエスです。各要素（車でいえば、エンジン、トランスミッション、車輪、ボディなど）の物理的な関係は、設計図で一意に決定されています。また各要素の(2)機能的な関係、つまり、ある要素がある量だけ動けば（働けば）、それにつながる他の要素がどれだけ動くか（働くか）といった関係も規定されています。

では、運動学研究や運動力学研究などの要素還元的な分析の成果として、身体知の設計図ができるでしょうか？　残念ながら答えはノーです。理由は少なくとも二つあります。一つ目の理由は、身体もそれ自体「物体」ではあるのですが、(3)身体の構造には、車にはない「冗長性」（redundancy）があるということです。

身体を構成する要素は要素還元的にほぼ解明されています。筋肉、骨、腱、関節、臓器などの要素（つまり身体各部位）を列挙できます。しかし、各要素の関係性はどうなっているかといえば、それは一意には規定されていません。一意な関係性とは、例えば、ブレーキペダルを踏み込む深さ（数センチメートル単位の）とタイヤの回転にかかる摩擦力の関係は、予《あらかじ》め決められた曲線グラフで描けるというような関係性です。

一方、身体各部位の動きには冗長性、つまり自由度があります。例えば、腕を上げている状態から下ろす状態に移行させる経路は数限りなくあります。野球の打者が、バットを構えるという状態からスタートして、インパクトポイントで球を捉えるというゴール状態を達成するために、身体を動かす方法は無数にあります。つまり、身体は、各要素の関係性に冗長性をもつ「物体」なのです。身体の構造が冗長性を有すると指摘した最初の研究者は、恐らくロシアの運動生理学者のニコライ・A・ベルンシュタインでしょう。

そもそも、わたしたちの身体はなぜ冗長性をもっているのでしょうか？　私は、様々なモノゴトができるような［(4)］的な「物体」は、冗長性を必要とすると考えています。スポーツだけを例にとっても、野球のスイングのような動きもするし、ボールを蹴ったり、高跳びで背面跳びをしたりもします。生活のなかでの動きはもっと多岐に亘《わた》るでしょう。飛んでいる蚊を両手で叩いたり、痒《かゆ》ければ背中を掻《か》いたり、強火で野菜をしゃきっと炒めるためにフライパンを振ったりします。関節での回転や(A)クッキョク伸展に多くの自由度がないと、様々な動きができません。それに対して、車の各要素のつながりが一意的なのは、ある特化した目的をもち、特化した機能だけを発揮すればよいように車ができあがっているからです。ひとの身体は基本的に無限の機能を有します。

身体知を発揮する動きの設計図が描けないもうひとつの理由は、ひとが「物体」としての身体に意識を宿していることにあります。(5)ひとは、自分の身体や身体を取り巻く環境で生じている現象に対

2022年度／中央大学杉並高等学校（推薦）

英語解答

1 　1　エ　　2　ウ　　3　ア

2 　1　ケ　　2　オ　　3　カ

3 　1　(例)I am not as clever as my brother.

　　2　(例)Is this the book which you bought yesterday?

4 　問1　This Japanese word is used to express the special flavor found in many delicious dishes.

　　問2　うま味，甘味，酸味，苦味，塩味

　　問3　イ　　問4　ウ，エ

1 〔正誤問題〕

1．ア…×　一般動詞の疑問文なのでyouの前にdoが必要。　「あなたは何部に入っていますか」　イ…×　have never been to 〜で「〜に行ったことがない」となる。　「私は外国に行ったことがない」　ウ…×　主語のthe emailは「送られるもの」なので，When was the email sent to me?が正しい。　「そのeメールはいつ私に送られましたか」　エ…○　'name＋A＋B'「AをBと名づける」を受け身にした'A is named B'「AはBと名づけられる」の形。「彼の犬はジョンという名前だ」

2．ア…×　enjoyは「〜すること」という目的語にto不定詞ではなく動名詞(〜ing)をとるのでto cookではなく，cookingが正しい。　「私はよく母と料理を楽しむ」　イ…×　一般動詞の疑問文。受け身の意味ではないので，isではなく，doesが正しい。　「あなたのお兄さん〔弟〕は毎日何時に学校を終えますか」　ウ…○　'形容詞〔副詞〕＋enough to＋動詞の原形'「〜するくらい十分…」の形。　「彼は，スマートフォンを持てる年齢だ」　エ…×　先行詞が'人'なのでwhichではなくwho〔that〕が正しい。　「私たちが出会った人たちはとてもフレンドリーだった」

3．ア…○　'完了'を表す現在完了の疑問文'Have/Has＋主語＋過去分詞…＋yet?'「もう〜したか」。　「宿題はもう始めましたか」　イ…×　「〜に話しかける」はtalk to 〜で表す。動詞句の受け身形は，過去分詞の後ろにその動詞句を構成する語(句)をそのままの順で置き，その後に「〜によって」のbyを置くので，… be talked to by …とする必要がある。　「私は年配の女性に話しかけられた」　ウ…×　moreの後に-erの形は続かない。more slowlyとするか，moreをとってslowerだけにする。　「あなたはもっとゆっくり話した方がいい」　エ…×　chairは'数えられる名詞'なので，muchではなくmanyが正しい。　「この部屋には椅子があまりない」

2 〔対話文完成─適文選択〕

1．A：先週末は何をしたの？／B：具合が悪かったから，病院に行ったよ。／A：それはお気の毒に。大丈夫？//That's too bad.は同情の気持ちを示す定型表現。

2．A：「バンブー・パンダ」っていう新しい中華料理店を知ってる？／B：ううん，知らないけど，中華料理は大好きだよ。／A：今日の午後，一緒に食べに行かない？//Why don't we 〜?は「〜しませんか」と'提案'を表す表現。

3．A：すみません，駅までの道を教えていただけますか？／B：はい。私もそちらの方へ行くところです。一緒に行きましょう。／A：どうもありがとうございます。あなたはとても親切ですね。
//この後 A はお礼を言っていることから，B はそこへ連れていくことを申し出たのだと考えられる。

3〔和文英訳─完全記述〕

1．「～ほど…ない」は‘not as〔so〕＋原級＋as ～’で表せる。「賢い」は clever。

2．Is this the book?「これが(その)本ですか」という文の骨組みをつくった後，「本」を修飾する「昨日あなたが買った」を，関係代名詞節で表せばよい。なお，目的格の関係代名詞は省略できる。

4〔長文読解総合─説明文〕

≪全訳≫❶茶わん1杯の白ご飯，みそ汁，焼き魚と漬物。シンプルに見えるが，特別な味がする。しょっぱい，酸っぱい，甘い，少し苦い，そしてうま味がいっぱいだ。❷2013年に和食がユネスコ無形文化遺産に登録されたとき，多くの人は，それが何を意味するのか理解していなかった。すしや天ぷらなどの日本料理はすでに世界中で人気があったが，和食はそうではなかった。❸和食の「和」は，「日本」または「日本の」を意味し，「食」は，「食べ物」または「食べること」を意味する。この言葉は明治時代に，日本食と外国料理を区別するためにつくられた。しかし，和食の起源は平安時代にさかのぼる。京都は当時の日本の首都であり，さまざまな食材を手に入れるのに最適な場所だった。山菜，新鮮な緑野菜，きのこ，根菜などがとれた。人々は，さまざまな食材を使って多様な料理をつくった。また，さまざまな方法で魚を調理し，「だし」と呼ばれるスープのもとを開発した。だしは使うとおいしい料理をつくることができたので，大変人気になった。❹和食の重要な味は，うま味と呼ばれる。うま味という言葉は翻訳が難しい。この日本語は，多くのおいしい料理で見つかる特別な味を表現するのに使われる。うま味は，甘い，酸っぱい，苦い，しょっぱいといった他の味とともに，主要な味の1つであると考えられている。うま味は料理においしさを加えると言われている。それは実はグルタミン酸の味で，削り節，みそ，しょう油など，多くの日本の伝統的な食材で味わうことができる。和食で大事なのは，この5つの味のバランスだ。特に，伝統的なお正月の料理であるおせちにおいて，このバランスがわかる。その料理は宝石のように箱に詰められており，5つの味を全て楽しむことができる。❺和食がユネスコ無形文化遺産に登録されたとき，この伝統はすたれつつあると言う人もいた。というのも，現代の日本人は西洋料理を好むからだ。しかし，和食がすたれつつあると言うには早すぎる。多くの日本人は，他国の人よりもおいしい食べ物に興味を持っていると言われている。もちろん日本には，人気のある国際的なファストフード店がたくさんあるが，彼らは今でも，地元の料理を食べに日本食レストランに行くのが大好きだ。また，彼らは日本の家庭料理が大好きだ。料理本はベストセラーであり，日本の家庭料理のウェブサイトは非常に人気がある。学校では，子どもたちは伝統的な食べ物と，それを正しく食べる方法について学ぶ。お年寄りは地方の食べ物を楽しむために，全国を旅する。❻日本人は新しい外国料理を楽しみ続けるだろうが，自分たちの伝統料理の基本的な良さを忘れることはないだろう。和食を食べ続けるだろう。それはおそらく，結局のところ，胃がそれを欲しているからなのだ。

問1＜整序結合＞ This Japanese word is used「この日本語は使われる」が文の骨組み。「特別な味を表現するのに」は‘目的’を表す副詞的用法の不定詞を使って，to express the special flavor と表せる。「多くの美味しい料理で見つかる」は found を過去分詞として使って found in many delicious dishes とまとめ，the special flavor を後ろから修飾する形にする。

問2＜指示語＞この前に出ている5つの味を探す。第4段落第4文に，*umami* のほかに，sweet, sour, bitter, and salty という4つの味が紹介されている。

問3＜文脈把握＞下線部③は'too ～ to …'「…するには～すぎる，～すぎて…できない」の構文。dying は「すたれつつある，なくなりかけている」という意味。筆者が「和食がすたれつつあると言うには早すぎる」と考える理由は，同じ段落のこの後に続く部分で説明されている。イ.「日本人は多くの人気のある国際的なファストフード店へ行くのを楽しむ」は，下線部の2文後に同様の内容が書かれているが，これは「和食がすたれていない」とは反対の内容である。ア.「多くの日本人は，外国人より食べ物の質を気にする」，ウ.「多くの日本人は料理本を買い，家で伝統的な料理をつくる」，エ.「日本のお年寄りが国中のさまざまな地方の料理を食べてみることは，人気がある」はそれぞれ，本文の記述に合い，和食がすたれていない理由と考えられる。

問4＜内容真偽＞ア.「和食の味はとてもシンプルなので，外国人の多くは好まない」…×　そのような記述はない。　イ.「和食がユネスコ無形文化遺産となった理由の1つは，すしと天ぷらが和食としてよく知られているからだ」…×　第2段落参照。　ウ.「明治時代の人々はもともと，日本食と他国の料理の違いを表すために『和食』という言葉をつくった」…○　第3段落第1，2文に一致する。　エ.「削り節，みそ，しょう油を試してみると，口の中で，グルタミン酸を含むうま味が味わえるだろう」…○　第4段落第4～6文に一致する。　オ.「日本人はたいてい元旦に，さまざまな高価な石が入った宝石箱であるおせちを楽しむ」…×　第4段落最後の2文参照。　カ.「日本の学校は，普通子どもたちに伝統的な食べ物について教えない」…×　第5段落最後から2文目参照。　キ.「日本人は胃がとても強いので，おいしい和食をたくさん食べることができる」…×　そのような記述はない。

2022年度／中央大学杉並高等学校（推薦）

数学解答

1 $10+2\sqrt{5}$

2 64°

3 問１ $\dfrac{20}{9}$　　問２ $\dfrac{80}{27}$

4 問１ $0 \leqq y \leqq \dfrac{9}{2}$　　問２ $(0,\ -4)$

5 (ウ)，(オ)

1〔数と式―数の計算〕

与式$=(x-1)y-(x-1)$として，$x-1=A$とおくと，与式$=Ay-A=A(y-1)=(x-1)(y-1)$となる。また，$x=\sqrt{20}+3=\sqrt{2^2\times5}+3=2\sqrt{5}+3$だから，$x=2\sqrt{5}+3$，$y=\sqrt{5}+1$を代入して，与式$=(2\sqrt{5}+3-1)(\sqrt{5}+1-1)=(2\sqrt{5}+2)\times\sqrt{5}=2\times5+2\sqrt{5}=10+2\sqrt{5}$となる。

2〔平面図形―円―角度〕

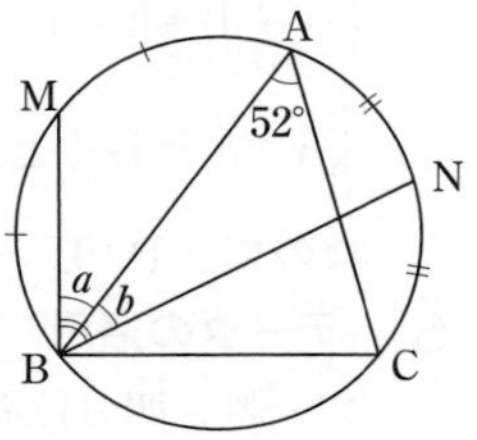

右図で，$\angle ABM=a$，$\angle ABN=b$とする。$\overset{\frown}{AM}=\overset{\frown}{MB}$より，$\overset{\frown}{AM}:\overset{\frown}{AB}=1:2$だから，$\angle ABM:\angle ACB=1:2$となり，$\angle ACB=2\angle ABM=2a$と表せる。同様に，$\overset{\frown}{AN}=\overset{\frown}{NC}$より，$\overset{\frown}{AN}:\overset{\frown}{AC}=1:2$だから，$\angle ABN:\angle ABC=1:2$となり，$\angle ABC=2\angle ABN=2b$と表せる。$\triangle ABC$の内角の和は180°だから，$\angle BAC+\angle ABC+\angle ACB=180°$より，$52°+2b+2a=180°$が成り立ち，$2(a+b)=128°$，$a+b=64°$となる。よって，$\angle MBN=\angle ABM+\angle ABN=a+b=64°$である。

3〔平面図形―直角三角形〕

≪基本方針の決定≫問２　四角形AQPRが平行四辺形であることに気づきたい。

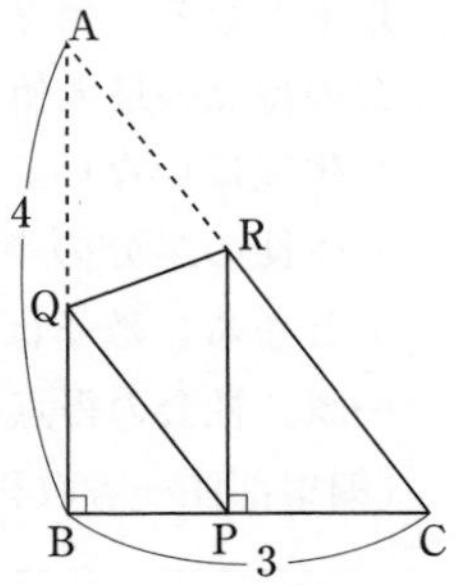

問１＜長さ―相似，三平方の定理＞右図で，$\angle ABC=\angle RPC=90°$，$\angle ACB=\angle RCP$だから，$\triangle ABC \backsim \triangle RPC$となり，$AB:RP=AC:RC$である。$AR=x$とすると，線分QRを折り目として折っているので，$RP=AR=x$となる。また，$\triangle ABC$で三平方の定理より，$AC=\sqrt{AB^2+BC^2}=\sqrt{4^2+3^2}=\sqrt{25}=5$となり，$RC=AC-AR=5-x$と表せる。よって，$4:x=5:(5-x)$が成り立ち，$4\times(5-x)=x\times5$，$20-4x=5x$，$9x=20$，$x=\dfrac{20}{9}$となるので，$AR=\dfrac{20}{9}$である。

問２＜面積＞右上図で，$\angle ABC=\angle RPC=90°$より，$AB /\!/ RP$である。また，平行線の錯角より，$\angle BQP=\angle QPR$であり，線分QRを折り目として折っているので，$\angle QAR=\angle QPR$である。よって，$\angle QAR=\angle BQP$となるので，同位角が等しいことより，$AR /\!/ QP$である。したがって，四角形AQPRは平行四辺形である。問１より，$RP=AR=\dfrac{20}{9}$である。RPを底辺と見ると，高さはBPとなる。$AB /\!/ RP$より，$BP:BC=AR:AC=\dfrac{20}{9}:5=4:9$となるから，$BP=\dfrac{4}{9}BC=\dfrac{4}{9}\times3=\dfrac{4}{3}$となり，四角形AQPRの面積は，$RP\times BP=\dfrac{20}{9}\times\dfrac{4}{3}=\dfrac{80}{27}$である。

4〔関数―関数$y=ax^2$と反比例のグラフ〕

≪基本方針の決定≫問２　$AB /\!/ CD$になることに気づきたい。

問１＜変域＞関数$y=\dfrac{1}{2}x^2$は，xの絶対値が大きいほどyの値が大きくなる関数である。xの変域が

$-3\leqq x\leqq 2$ だから，x の絶対値が最大の $x=-3$ のとき y は最大で，$y=\frac{1}{2}\times(-3)^2=\frac{9}{2}$ となる。また，x の絶対値が最小の $x=0$ のとき y は最小で，$y=0$ である。よって，y の変域は，$0\leqq y\leqq\frac{9}{2}$ となる。

問２＜座標―等積変形＞右図で，△ABC，△ABD の底辺を AB と見ると，△ABC＝△ABD のとき，この２つの三角形の高さは等しいので，AB∥CD となる。点Ａは関数 $y=\frac{1}{2}x^2$ のグラフ上にあり，x 座標が２だから，$y=\frac{1}{2}\times 2^2=2$ より，A(2, 2)である。点Ｂは関数 $y=\frac{4}{x}$ のグラフ上にあり，x 座標が-3 だから，$y=\frac{4}{-3}=-\frac{4}{3}$ より，$\mathrm{B}\left(-3,\ -\frac{4}{3}\right)$である。これより，直線 AB の傾きは $\left\{2-\left(-\frac{4}{3}\right)\right\}\div\{2-(-3)\}=\frac{10}{3}\div 5=\frac{2}{3}$ となるから，直線 CD の傾きも $\frac{2}{3}$ となる。直線 CD の式を $y=\frac{2}{3}x+b$ とおくと，この直線が C(6, 0)を通ることより，$0=\frac{2}{3}\times 6+b$，$b=-4$ となる。切片が-4 なので，D(0, -4)となる。

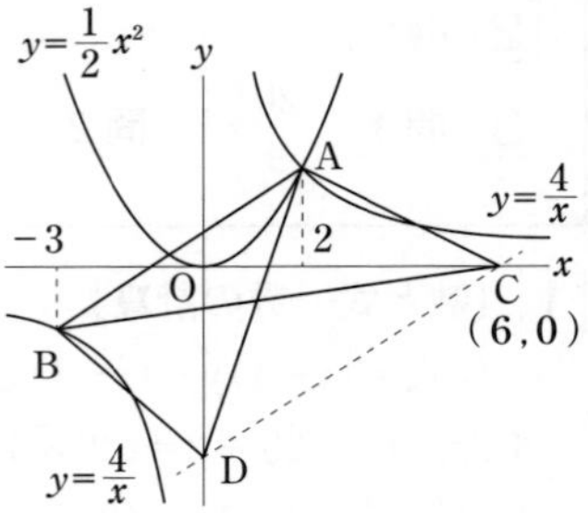

5〔データの活用―箱ひげ図〕

(ア)…誤。四分位範囲は，第３四分位数から第１四分位数をひいた値だから，箱ひげ図では，箱の部分(四角形の部分)の長さとなる。最も短いのは国語なので，四分位範囲が最も小さいのは国語である。　(イ)問題の箱ひげ図からは平均点についてはわからない。　(ウ)…正。40＝20×2 より，20 人はクラスの生徒の半分である。よって，第２四分位数(中央値)が 60 点以下のとき，60 点以下の生徒は 20 人以上となる。第２四分位数が 60 点以下であるのは数学と社会である。　(エ)…誤。国語，数学，社会の得点の最大値は，それぞれ，およそ 83 点，およそ 95 点，40 点なので，この３教科は 100 点をとった生徒はいない。　(オ)…正。クラスの生徒の半分が 20 人で，20＝10×2 だから，10 人は，クラスの生徒の半分の半分である。よって，第１四分位数が 20 点以下のとき，20 点以下の生徒は 10 人以上となる。数学は，第１四分位数がおよそ 17 点なので，20 点以下の生徒は 10 人以上いる。　(カ)…誤。社会の得点の最小値は 20 点である。

〔編集部注…各教科とも，得点に極端な偏りがないものとした。〕

＝読者へのメッセージ＝

④では，放物線や双曲線を扱いました。放物線や双曲線は，円錐を平面で切断しても現れる曲線です。円錐を切断したとき，円やだ円になることもありますので，これらはまとめて「円錐曲線」といわれます。

2022年度／中央大学杉並高等学校（推薦）

社会解答

1　エ

2　イ，ウ

3　イ，オ

4　オ

5　⑴　宮崎　　⑵　e

6　エ，オ

7　ア，ウ

8　ア，エ

9　ア，イ

10　問1　A…健康　B…最低限度
　　問2　C…最高　D…立法

11　問1　ア　　問2　ウ
　　問3　パリ協定
　　問4　フェアトレード

1　〔日本地理―都市間の距離〕

北陸地方に位置する石川県の金沢市と東北地方に位置する岩手県の盛岡市との距離は500km以上ある。なお，高松市のある香川県は，岡山市のある岡山県と瀬戸内海を挟んで向かい合っている。大津市のある滋賀県と津市のある三重県は，ともに近畿地方に位置している。鳥取市のある鳥取県と神戸市のある兵庫県は隣接しているが，間に中国山地があり，約125km離れている。前橋市のある群馬県と長野市のある長野県は隣接している。

2　〔世界地理―世界の自然〕

ナイル川はアフリカの東部を南から北に，メコン川はインドシナ半島を北から南に，ライン川はアルプス山脈から北へ流れて北海に注ぐ間に複数の国を流れている（イ…○）。オンタリオ湖，スペリオル湖，ヒューロン湖はいずれも北アメリカ大陸のアメリカとカナダの国境に位置する五大湖に含まれる（ウ…○）。なお，アフリカ大陸のキリマンジャロと富士山は火山だが，エベレスト〔チョモランマ〕は火山ではない（ア…×）。サハラ砂漠とカラハリ砂漠はアフリカ大陸にあるが，ゴビ砂漠はユーラシア大陸のアジア州にある（エ…×）。セイロン島とマダガスカル島はインド洋にあるが，シチリア島は地中海にある（オ…×）。

3　〔世界地理―各地域の特色〕

ドイツは積極的に移民を受け入れていて，ヨーロッパ最大の移民受け入れ国である（イ…×）。面積が狭く，水資源も乏しいのは，サンゴ礁の島々である（オ…×）。

4　〔日本地理―各地域の特色〕

日本産のりんごなどの果実は海外で品質が評価され，台湾や香港などに輸出されている。青森県産のりんごも多く輸出され，年によって増減はあるものの，現在も継続している。

5　〔日本地理―各県の特色〕

⑴＜**農業の特色**＞AからEの県のうち，最も畜産が盛んなアに当てはまるのは，Aの宮崎県である。なお，コメの割合が高いイとエのうち，人口と農業産出額がともに少ないイにはEの秋田県が，エにはDの新潟県が当てはまる。果実の割合が最も高いウにはBの愛媛県が，人口が最も多いオにはCの兵庫県が当てはまる。

⑵＜**果実の生産**＞表のウに当てはまる愛媛県は，かつて，みかんの生産量が全国第1位であり，現在（2020年）でも，和歌山県，静岡県に次いで全国第3位である。

6〔歴史―文化史〕

「唐獅子図屏風」は桃山時代の狩野永徳の作品(エ…○),『細雪』は昭和時代の谷崎潤一郎の作品である(オ…○)。なお,『みだれ髪』は明治時代の与謝野晶子の歌集(ア…×),「見返り美人図」は江戸時代の元禄期の菱川師宣の作品(イ…×),『方丈記』は鎌倉時代の鴨長明の随筆である(ウ…×)。

7〔歴史―年代整序〕

時代の古い順に,アはA(1453年のビザンツ帝国の滅亡),B(16世紀半ばのカルバンの宗教改革),C(17世紀初めのオランダ東インド会社の設立)の順,ウはA(672年の壬申の乱),B(1156年の保元の乱),C(1221年の承久の乱)の順となる。なお,イはB(紀元前4世紀頃の日本への稲作伝来),A(3世紀の卑弥呼の魏への遣使),C(6世紀の仏教伝来)の順となり,エはB(13世紀初めのチンギス・ハンによるモンゴル帝国の統一),A(14世紀末の朝鮮国の建国),C(15世紀前半の琉球王国の成立)の順となり,オはC(16世紀の南蛮貿易開始),B(17世紀初めの五人組制度の創設),A(18世紀半ばの公事方御定書の制定)の順となる。

8〔歴史―17世紀以降の日本と世界〕

イギリスでは17世紀に,ピューリタン革命〔清教徒革命〕(1640～60)で共和制が始まった後王政が復活したが,1688年に名誉革命が起こり,翌年の権利章典で立憲君主制と議会政治が確立した(ア…○)。1918年,シベリア出兵をきっかけとして米価が急騰し,全国で米騒動が起こった(エ…○)。なお,ワシントン会議で日本は海軍軍縮条約に調印した(イ…×)。日本で男女普通選挙が実現したのは,第二次世界大戦後のことである(ウ…×)。1927年に南京政府を樹立した蒋介石は,中国共産党と対立して内戦状態だった(オ…×)。

9〔歴史―第二次世界大戦後〕

太平洋戦争後,日本を占領したGHQ〔連合国軍最高司令官総司令部〕は,農村の民主化を進めるために農地改革を指令した。この結果,小作農が減少し自作農が増加した(ア…○)。1950年に朝鮮戦争が始まると,アメリカ軍向けの軍需物資の生産により,太平洋戦争敗戦後の日本経済復興のきっかけとなった(イ…○)。なお,1972年に日中共同声明を発表したのは田中角栄内閣である(ウ…×)。石油危機後の1975年に開催された第1回主要国首脳会議〔サミット〕に出席したのは,アメリカ,イギリス,フランス,イタリア,西ドイツ,日本の6か国の首脳で,国際連合の常任理事国のうち,ソビエト連邦,中国の首脳は参加していない(エ…×)。1973年に石油危機が発生すると,高度経済成長を続けていた日本もその影響を受け,不況に陥った(オ…×)。

10〔公民―日本国憲法〕

問1＜生存権＞①は「健康で文化的な最低限度の生活を営む権利」として生存権を保障した日本国憲法第25条である。

問2＜国会の地位＞②は日本国憲法第41条で,国会の地位を「国権の最高機関」,「国の唯一の立法機関」と定めている。

11〔公民―経済〕

問1＜独占の禁止＞資本主義経済の基本である経済の自由競争を妨げる市場の独占などを禁止する独占禁止法を運用する国の機関は,公正取引委員会である。

問2＜消費者の保護＞企業が製造した製品の欠陥によって消費者が被害を受けた場合,企業の過失を証明する必要はなく，その製品を製造した企業に損害賠償を求めることを認めた法律を，製造物責任法〔PL法〕という。

問３＜パリ協定＞1992年に国連総会で採択され，1994年に発効した気候変動枠組み条約に基づいて1995年から毎年開催されている締約国会議のうち，1997年に開かれた京都会議では，先進国が温室効果ガス削減の目標を定める京都議定書が採択された。2015年にパリで開かれた締約国会議ではパリ協定が採択され，産業革命前からの地球全体の気温上昇を２度未満に抑えることを目標に掲げた。

問４＜フェアトレード＞発展途上国が，植民地時代の名残から，先進国向けの農産物や日用品を生産して，安い価格で先進国に輸出するために，現地の生産者の生活が安定しないという状況が続いてきた。このような状況を改善して，発展途上国の生産者の生活を安定させて，輸入する先進国の消費者も良質な製品を安定して購入することができるようにするために，発展途上国の製品を適正な価格で輸入して先進国の消費者が購入することを，フェアトレードという。

2022年度／中央大学杉並高等学校(推薦)

理科解答

1 (1) 果実 (2) ウ

2 (1) 発生 (2) エ (3) ア
(4) DNA

3 (1) 堆積岩 (2) ア

4 (1) 恒星 (2) ク

5 (1) オ (2) 9 cm

6 (1) ウ，エ (2) 0.2A (3) 9 V

7 (1) イ，エ (2) カ (3) オ

8 エ

1 〔生物の世界〕

(1)**<花のつくり>**サクラなどの被子植物が受粉すると，めしべの根もとの子房は成長して果実になり，子房の中にある胚珠は種子になる。一方，イチョウなどの裸子植物には子房がないので，受粉しても果実はできない。なお，イチョウの胚珠は，雌花のりん片にむき出しでついている。

(2)**<虫媒花>**スギの花粉は風に飛ばされることによって運ばれる。これに対して，サクラの花粉は虫によって運ばれ，空気中に花粉が飛散することがほとんどないため，サクラの花粉症はサクラの木に近づかなければ発症しない。

2 〔生命・自然界のつながり〕

(1)**<有性生殖>**受精卵が分裂を繰り返して細胞の数を増やし，胚を経て親と同じような形へと成長する過程を発生という。

(2)**<細胞分裂>**Aの受精をする細胞(生殖細胞)ができるときに行う細胞分裂を減数分裂といい，染色体の数がもとの細胞の半分になる。これに対して，Bの造血幹細胞が行う細胞分裂は体細胞分裂なので，もとの細胞と染色体の数は変わらない。

(3)**<血液の成分>**赤血球に含まれるヘモグロビンという赤い色素は，酸素の多い所では酸素と結びつき，酸素の少ない所では酸素を放す性質を持つため，体のすみずみの細胞に酸素を運ぶことができる。なお，白血球の主なはたらきは，ウイルスや細菌などの病原体を分解することであり，血小板のはたらきは，出血したときに血液を固めることである。また，血しょうの一部は毛細血管からしみ出して細胞の周りを満たす。この毛細血管からしみ出した液を組織液という。

(4)**<遺伝子>**遺伝子の本体は，染色体に含まれるDNA(デオキシリボ核酸)という物質である。

3 〔大地の変化〕

(1)**<堆積岩>**海底や湖底に土砂や生物の遺がい(死がい)が堆積し，長い年月の間に押し固められてできた岩石を堆積岩という。

(2)**<地層の傾き>**図2のA～Cの各地点の柱状図で，共通して1つだけ見られるの層を連続した層と考え，この層の上面の標高を求める。図1と図2より，A地点の標高は225mで，この層の上面の地表からの深さは20mなので，標高は225－20＝205(m)である。同様に，B地点の標高は240mで，地表からの深さは35mなので，標高は240－35＝205(m)であり，C地点の標高は230mで，地表からの深さは15mなので，標高は230－15＝215(m)である。よって，A地点とB地点の標高は等しく，C地点の標高は，A地点，B地点より高いので，この地域の地層は，南北方向には水平で，東から西に向かって下がっている。

4 〔地球と宇宙〕

(1)**<恒星>**自らのエネルギーで輝く星を恒星という。太陽や星座をつくる星は恒星である。

(2)**<星の動き>**図1の観測日から数日後の同じ時刻に観察したベテルギウスとシリウスの2つの星が東から西へ動いたように見えるのは，地球が太陽の周りを公転することにより，星と地球の位置の

関係が変化するためである。また，月が西から東へと動いて見えるのは，月が地球の周りを公転することにより，月と地球の位置の関係が変化するためである。

5〔運動とエネルギー〕

(1)＜**浮力**＞円柱を水に沈めると，円柱に重力と向きが逆の上向きの浮力がはたらく。浮力は，水に沈んだ部分の体積が大きいほど大きくなるため，円柱を水に沈めていくと，ばねを引く力が小さくなり，ばねののびは小さくなっていく。円柱が全て水中に沈むと，浮力の大きさは一定になり，ばねを引く力も一定になるため，ばねののびは変化しなくなる。つまり，ばねの長さは一定になるから，適切なグラフはオである。

(2)＜**浮力**＞円柱が全て水中に沈むと，浮力の大きさが一定になり，ばねの長さは一定になる。オのグラフより，円柱の深さが9cm以上になると，ばねの長さが一定になっているから，このとき，円柱が全て水中に沈んだことがわかる。円柱の深さは水面から円柱の底面までの長さなので，円柱の高さは9cmとなる。

6〔電流とその利用〕

(1)＜**電流計と電圧計**＞電流計は回路の電流をはかりたい部分に直列につなぎ，電圧計は回路の電圧をはかりたい部分に並列でつなぐ。よって，ア～カのうち，不適切なのは，電流計が並列につながれているウと，電圧計が直列につながれているエである。

(2)＜**オームの法則**＞図2のように，電熱線a，bを並列につなぐと，電源の電圧と各抵抗に加わる電圧の大きさが等しくなる。15Ωの電熱線aに0.4Aの電流が流れるとき，電熱線aに加わる電圧は，オームの法則〔電圧〕=〔電流〕×〔抵抗〕より，0.4×15＝6（V）である。よって，30Ωの電熱線bにも6Vの電圧が加わるので，電熱線bに流れる電流は$\frac{6}{30}=0.2$(A)となる。

(3)＜**オームの法則**＞図3のように，電熱線a，bを直列につなぐと，各抵抗に流れる電流の大きさは等しくなり，各抵抗に加わる電圧の和が電源装置の電圧に等しくなる。よって，15Ωの電熱線aに0.2Aの電流が流れるとき，電熱線aに加わる電圧は，0.2×15＝3（V）である。また，30Ωの電熱線bにも0.2Aの電流が流れるので，電熱線bに加わる電圧は，0.2×30＝6（V）となる。したがって，電源装置の電圧は，3＋6＝9（V）である。

7〔物質のすがた〕

(1)＜**気体の発生**＞実験で発生する気体は，アでは水素，イでは酸素，ウでは二酸化炭素，エでは酸素，オではアンモニアであり，カでは気体は発生しない。よって，発生する気体が同じなのは，酸素が発生するイとエである。

(2)＜**気体の発生方法**＞気体が発生しないのは，カである。マグネシウムリボンを加熱すると，マグネシウムが空気中の酸素と結びついて酸化マグネシウムができる。

(3)＜**気体の捕集方法**＞図1の気体を集める方法を，上方置換法といい，水に溶けやすく，空気より軽い気体を集めるときに用いられる。実験で発生した気体のうち，水に溶けやすく，空気より軽いのは，オで発生するアンモニアである。

8〔化学変化と原子・分子〕

炭素原子（C）3個と酸素原子（O）1個が結合する場合，周りに結合の手が8本あるから，手を余すことなく使うとき，水素原子（H）は8個結合する。よって，このときの分子の化学式はC_3H_8Oとなるので，正しいのはエである。なお，C2個が結合する場合も，C2個とO1個が結合する場合も，周りに結合の手が6本あるから，手を余すことなく使うとき，Hは6個結合し，化学式はそれぞれC_2H_6，C_2H_6Oとなる。

2022年度／中央大学杉並高等学校（推薦）

国語解答

一　問１　(A)　屈曲　(B)　披露　　問２　ウ

問３　Ⅰ　ブレーキペダルを踏み込む深さ

Ⅱ　タイヤの回転にかかる摩擦力

問４　Ⅰ　関係性　Ⅱ　自由度

問５　ア　　問６　エ　　問７　イ

二　問１　箱根の湯本近く　　問２　イ

問３　この隙間を

一〔**論説文の読解─自然科学的分野─人類**〕出典；諏訪正樹『「こつ」と「スランプ」の研究　身体知の認知科学』。

≪本文の概要≫運動学研究や運動力学研究が，身体知の学びの複雑なプロセスの解明に至らない理由は，メカニズムの説明と現象の生成は別物だからである。工業製品のような物体をつくる分野では，全体のはたらきを一つ一つの要素に還元し，各部位の設計図をつくり，設計図のとおりに組み立てれば，現象の生成は可能だが，身体においては，運動学研究や運動力学研究などの要素還元的な分析では，身体知の設計図はつくれない。その理由の一つは，人間はさまざまな物事をできるようにするため，身体各部位に冗長性があるからである。車などの機械は，特化した機能だけを発揮すればよいようにつくられているが，人間の身体は，冗長性があるので無限の機能を有しているといえる。身体知を発揮する動きの設計図が描けないもう一つの理由は，人間が物体としての身体に意識を宿しており，意識次第で身体の動かし方はどのようにでも変わることにある。つまり，身体知が成り立つ世界には，「物体」としての身体に冗長性があり，さらにそのうえにどのようにでも変わりうる「精神」が存在しているのである。そういう世界では，設計図という概念は通用しないのである。

問１＜漢字＞(A)「屈曲」は，折れ曲がること。　(B)「披露」は，人に見せたり，知らせたりすること。

問２＜文章内容＞イチロー選手がバットスイングをするときの「関与する身体各部位の動きを要素還元的に分析し，各部位の動きの関係を明らかに」することで「バットスイングがどのようなメカニズムで成り立っているかを説明」できれば，「身体知の設計図」をつくれることになるので，イチロー選手と同じバットスイングを誰もが再現できるのではないかと考えられる。

問３＜文章内容＞「ある要素がある量だけ」はたらけば，「それにつながる他の要素がどれだけ」はたらくかという「機能的な関係」は，車でいえば「ブレーキペダルを踏み込む深さ」と(…Ⅰ)，「タイヤの回転にかかる摩擦力」の関係に相当する(…Ⅱ)。

問４＜文章内容＞「筋肉，骨，腱，関節，臓器」といった「身体を構成する要素は要素還元的にほぼ解明されて」いるが，それらの要素どうしの関係は，車における「ブレーキペダルを踏み込む深さ」と「タイヤの回転にかかる摩擦力の関係」のように，ただ一つの値や意味に確定されてはいないので，「一意な関係性」ではないといえる(…Ⅰ)。つまり，身体の構造は，バットでボールを打つときの腕の動かし方が無数にあるように，「自由度」があるといえる(…Ⅱ)。

問５＜表現＞「汎用」は，一つのものを広くいろいろな方面に用いること。一つの身体で「様々なモノゴトができる」ためには，身体の各部位には，「一意な関係性」ではなく「冗長性」が必要であると考えられる。

問6＜文章内容＞スポーツ選手の場合，ライバルを試合相手に迎えたり，新品のユニフォームを着たりといった「自分の身体や身体を取り巻く環境で生じている現象」を主観的にとらえると，いつも以上に力の入ったプレーをしたり(ア…○)，いつも以上の高揚感を感じたりすることがある(イ…○)。一方で，身体に不調があることから不安を覚え，それがパフォーマンスに影響を与えることもある(ウ…○)。これらに対して，フォームがいつもと異なるという現象について，他者である指導者が客観的な立場からアドバイスをするのは，「主観的な意味・解釈を生成」することにはならない(エ…×)。

問7＜要旨＞人間の身体は，「様々なモノゴト」をできるようにするため「冗長性」を必要としているので，身体の動きを再現するような「設計図」を描くことができない。また，人間が「意識次第で身体の動かし方」を「如何様にも」変えられるという理由からも，設計図は描けない。身体知が成り立つ世界は，「物体」としての身体に冗長性があり，さらにどのようにでも変わりうる「精神」が関わる世界なので，設計図という概念は通用しないのである。

二〔**古文の読解―随筆**〕出典；伴蒿蹊『閑田次筆』。

≪現代語訳≫(私)閑田は思い出したことがある。四年か五年前に聞いた(ことだが)，加賀の辺りで気ままに生きていた浪士が，大鳥につかまれて空中を飛んでいくこと四時間ほどを経て，どこであるともわからない山中において，大鳥はこの人をつかんだままた降下して休んだ。この隙を見て(浪士は)腰刀を抜いて，(自分を)つかんでいた(大鳥の)手を切り，最後には刺し殺し，片方の翼を切ってみると，片方だけで自分の身が隠れる以上(の大きさで)あった。かろうじてようやく山を下って人に会ったが，(その人が浪士の持っている)翼を見て大いに怖がったので，その事情を語って，それにしてもここはどこだと尋ねると，箱根の湯本の近くだと言う。とても離れている距離を，わずか四時間ほどで来たので，鳥の勢いの激しさにさらに驚いた。そうしてしばらくその辺りに滞在し，疲れを休めた後に江戸に出たところ，その翼についてのいわれが(人から人へと)聞き伝えられ，その勇壮ぶりが感心され，あちらこちらの諸侯からお呼びがかかり，(そのうちの)どこかへ仕官して官職に任命されたということだ。たいていの人であれば，空中で正気を失ってしまうはずだが，(それに)耐えてこのように振る舞ったのは，鳥だけ(が珍しいということ)ではなく，(この)人についても希有なことである。この大鳥は大鷲であるだろう。これまでも箱根の辺りで，折々に人が捕らえられたことがあったのは，この鳥のしたことであったが，この後はこの災難は止んだということだ。その辺りでは(みんな)喜んだということである。

問1＜古文の内容理解＞浪士が，山を下りたところで会った人に「ここはいづこぞ」と尋ねたところ，その人は「箱根の湯本近くなり」と答えた。

問2＜古文の内容理解＞体が隠れるほど巨大な翼について，浪士が大鳥から切り取ったということが人々の間に伝わり，浪士の勇壮さが広く知れ渡ったので，浪士は多くの大名から仕官の声がかかったのである。

問3＜古文の内容理解＞大鳥につかまれて空中を飛んでいる間も気を失わず，「隙」をついて「腰刀」を抜き，自分をつかんでいた大鳥の手を切り，最後には大鳥を刺し殺したという浪士の行為は，めったにないことである。

2022年度 中央大学杉並高等学校

【英　語】（50分）〈満点：100点〉

リスニングテストの音声は，当社ホームページで聴くことができます。（実際の入試で使用された音声です）
再生に必要なIDとアクセスコードは「収録内容一覧」のページに掲載しています。

（注意）　リスニングテストは試験開始後２分経過してから始まります。それまでに，リスニングテストの指示文と英文に目を通して，答え方の要領をつかんでおいてください。録音を聞いている時間は，解答のための休止を含めて９分ほどです。

I　リスニングテスト

第1部　英語の短い対話を聞き，それに続く対応として最も適切なものを１～４から一つ選び，番号で答えなさい。次の問題に進むまでに５秒の休止が設けられています。対話を聞くのはそれぞれ一度だけです。問題はＡ，Ｂ，Ｃ，Ｄ，Ｅの五題です。

Ａ．１．Don't worry about my friends.
　　２．Of course.　It will be fun.
　　３．It is your brother's birthday.
　　４．I'm afraid there will be no party.

Ｂ．１．Oh, wait.　I'll come with you.
　　２．I don't want you to use my car.
　　３．Yes, but I have enough food.
　　４．No, I don't want to drive.

Ｃ．１．I don't have a name list.　　２．She is not a new member.
　　３．How do you spell it?　　４．Is that her first name?

Ｄ．１．I will visit my cousin in San Francisco.
　　２．We are going camping with my uncle's family.
　　３．My grandparents came to visit us from Texas.
　　４．I don't know yet.　Some of my parents' friends.

Ｅ．１．Do you like the Harry Potter series?
　　２．Oh, I'm not a very good cook.
　　３．How about a cook book, then?
　　４．I bought a travel bag.

第2部　放送で流れる英文とその内容に関する五つの質問を聞き，その質問に対する答えとして最も適切なものを１～４から一つ選び，番号で答えなさい。聞きながらメモを取ってもかまいません。各質問の後には７秒の休止が設けられています。英文と質問は二度放送されます。

Ｆ．１．Because the name "hamburger" comes from the city.
　　２．Because hamburgers were invented in the city.
　　３．Because James H. Salisbury comes from the city.
　　４．Because a special machine was invented in the city.

Ｇ．１．He made hamburgers first in the U.S.
　　２．He invented a machine to cut meat into small pieces.
　　３．He made food similar to Hamburg steak in the U.S.

4．He made hamburgers very popular.

H．1．The same person invented both Hamburg steak and hamburgers.
2．Hamburg steak was not popular at first because it was difficult to make.
3．People ate Hamburg steak without forks and knives before hamburgers were invented.
4．Hamburg steak was something like sausages in the U.S. in the 19th century.

I．1．Because the food in factory cafeterias was not delicious.
2．Because many restaurants and cafeterias weren't open late at night.
3．Because many factories closed in the early evening in the late 19th century.
4．Because factory workers didn't have forks and knives.

J．1．A factory worker in New York made hamburgers for the first time.
2．Many factory workers pulled wagons to bring their own food for dinner.
3．In the 20th century, it became easy to make hamburgers because of new machines.
4．In the 20th century, hamburgers were still expensive, so it was difficult to buy them often.

※＜**リスニングテスト放送原稿**＞は英語の問題の終わりに付けてあります。

II　次の英文を読み，A～Fの質問に対する最も適切な答えを選び，記号で答えなさい。（*のついた語句には本文の最後に注があります。）

KINTSUGI

You probably have not heard the word '*kintsugi*' before. That is not very surprising. *Kintsugi* is a Japanese word. It is made up of two Japanese words : the first part, *kin*, means 'golden,' and the second part, *tsugi*, means 'fixing.' When you put the two words together, it means repairing a broken thing in a beautiful way. Normally, if something is broken, you feel it is not useful anymore. You may want to throw it away and get a new one. But that is not the *kintsugi* way.

Kintsugi started a long time ago in Japan. The ancient Japanese people loved pots and cups, and they had a tradition of making beautiful ones. However, because those pots and cups were so delicate, they got broken easily. Most owners threw away the broken ones right away and bought new ones. But, in the middle of the 16th century, some people felt that they should not throw away the beautiful pots, cups and bowls as waste. They thought they should try to fix them. This idea gradually became popular among the Japanese at that time. People began to fix their broken *ceramics. At first, they put the broken pieces back together with *glue only, but later they started to mix the glue with gold *powder. This meant you could see very clearly which part was repaired. By doing this, they were not *pretending that the cup or pot was not broken before ; they were clearly showing that it was fixed. They were showing that they did not *mind accepting those facts, and they were also showing that they could create even more beautiful things by fixing them. This is the *kintsugi* way.

Kintsugi is a big idea. It started from a very small thing ― fixing a broken cup ― but the same idea can be used for thinking about more important things as well. For example, people can be broken easily because they are so delicate. It is not just the physical breaking of bones or hurting the body. Breaking can also happen if you get truly angry and say something bad, or if you do something unkind. When this happens, you feel as if something good in yourself is damaged. Maybe you feel like other people will not want you anymore.

However, you can cure yourself in the *kintsugi* way. For example, you feel sorry when you do something terrible, and you say sorry to the person. It is a kind of repairing. You are repairing your feelings and the relationship with that person. You do not forget that a terrible thing has happened, and you are not pretending that you never said or did that bad thing. At the same time, you are trying to improve the situation and fix the problem. In this way, you are doing your best with 'gold powder' just like *kintsugi*.

When you *make up with someone, your relationship can become better than it was before. After you have made up, you can be sure that an *argument will not mean the end of a friendship and sometimes the friendship becomes stronger through it. For example, sometimes you can be angry with your parents. But if you explain what the problem is, talk, and listen, you can understand each other more. Then, your relationship with your parents becomes better than before. It is helpful to know that our feelings can be repaired. Sometimes you hurt other people's feelings, and sometimes they hurt yours. That is never nice. But remember that you can repair things in a good way, if you keep the idea of *kintsugi* in your mind.

（注） ceramics：陶磁器，焼き物　glue：接着剤　powder：粉
pretend (that)：～であると装《よそお》う，偽《いつわ》る　mind ～ing：～することを気にする
make up：仲直りする　argument：口論，口げんか

A．Which of the following is NOT true about *kintsugi*?
ア People made the word *kintsugi* by putting words together.
イ *Kintsugi* is a Japanese tradition of making beautiful and delicate ceramics.
ウ *Kintsugi* is a technique to fix things in a beautiful way.
エ People show the broken part of the ceramics in *kintsugi*.

B．Which was true about Japanese pots and cups before the middle of the 16th century?
ア They were so delicate that they got broken easily, and Japanese people did not mind throwing away the broken ceramics as waste.
イ They were treated very carefully because it was a Japanese tradition to take care of them.
ウ Japanese people never thought of fixing the broken ceramics because it was too expensive to do so.
エ Japanese people loved their beautiful pots and cups so much that they kept even the broken pieces for a long time.

C．In the *kintsugi* way, why do people put gold powder into the glue to fix the broken ceramics?
ア With the gold powder, the broken part of ceramics can be hidden.
イ With the gold powder, the broken ceramics become stronger and easier to use.
ウ In that way, they try to show that it is very difficult to fix the delicate ceramics.
エ In that way, they can show the broken part and make the broken ceramics more beautiful.

D．What does the underlined part "*Kintsugi* is a big idea." mean?
ア The idea of *kintsugi* can be used in repairing the human mind.
イ The idea of *kintsugi* can repair any broken cups and pots.
ウ The idea of *kintsugi* can be used in fixing humans' broken bones.
エ The idea of *kintsugi* can change other people's mind when you don't like them.

E．How can the *kintsugi* way help you when you hurt someone?

ア　It can help you to feel sorry and say “sorry” in your mind.
イ　It can help you to try to think that nothing terrible has happened.
ウ　It can help you to repair your feelings and improve the situation.
エ　It can help you to use ‘gold powder’ to forget that terrible thing.

F. According to the article, choose two correct sentences from the following.
ア　Before the birth of *kintsugi,* Japanese people used all pieces of the broken ceramics to create new pots and cups.
イ　Repairing broken ceramics with only glue was more difficult than repairing them with gold powder.
ウ　The human mind is as delicate as ceramics, so people shouldn’t hurt others’ feelings.
エ　The *kintsugi* way can make your friendships stronger than before.
オ　Our feelings toward our parents can be repaired more easily than our feelings toward our friends.
カ　Even if you hurt other people’s feelings, you can repair the relationship with them by using the *kintsugi* way.

III　次の英文を読み，以下の問に答えなさい。（*のついた語句には本文の最後に注があります。）

It is well known that climate change is melting Earth’s ice and glaciers. In many cases, the ice is disappearing right before our eyes. However, it was recently found that the planet’s *permafrost is also warming, and scientists are now worried that it can make the planet even hotter.

Permafrost is a *layer of soil that is frozen all year around. It has usually been frozen for at least two years. Some permafrost has remained frozen since the last *ice age ended thousands of years ago. It is not just a thin layer of soil. In many places, permafrost is more than 10 meters thick. Permafrost is found in many places in Alaska, some parts of Canada, and other countries in the north. You may think that there is no life in a place with permafrost, but plants can still grow in the upper part of the soil, because it is not frozen during the warmer periods of the year. However, there is a thick layer of permafrost below that.

Now ①this permafrost is in danger. Since *the Industrial Revolution, Earth has been warming. On average, Earth has warmed by about 1℃ since 1850. Polar areas, especially *the Arctic, have gotten even warmer. This extra heat has gradually gone into the permafrost and warmed it, too. That means the ice inside the permafrost melts and becomes water and soil.

Recently a team of scientists did research on the temperature of permafrost. They used soil collected from small deep holes in North America, Europe, Asia and *Antarctica. These holes were *drilled by other teams many years ago for various studies. The permafrost temperature near the surface changes with the seasons, but it stays the same all year around at the *depth of 10 meters. ②They collected soil 10 meters underground from more than 120 holes and checked the temperature from 2007 through 2016. In soil from 40 holes, the permafrost temperature was almost the same for this period. In 12 holes, the permafrost cooled a little. But in 71 holes, the permafrost temperature increased a lot. In northern parts of North America, permafrost temperatures increased by 0.23℃ on average. In northern Asia, frozen soil temperatures increased by 0.33℃. In mountain areas, permafrost temperatures increased by

0.19℃. Worldwide, Earth's permafrost temperatures increased by 0.29℃ on average. This may not sound like a lot of warming, but even with a small increase in temperature, the permafrost may start melting. In 5 holes, soil temperature rose above 0℃. In these places, the permafrost started melting.

Melting permafrost can cause ③various problems. In Alaska, many northern villages are built on permafrost. When permafrost is frozen, it's harder than *concrete. However, melting permafrost can destroy houses, roads, bridges and other buildings. Lakes, rivers and forests can be influenced, too. For example, many trees fall down because the permafrost under the forest has melted. In some areas, *shorelines have gradually been destroyed because the permafrost has melted and fallen into the sea.

There are other serious problems caused by melting permafrost. Inside permafrost, there are plants that died long ago. While they were alive, those plants took in *carbon from the air, just as plants do today. When permafrost is frozen, those dead plants can't *decompose. However, they begin decomposing when permafrost melts and *oxygen reaches them. In this process, the carbon goes out into the air in the form of carbon *dioxide or *methane, powerful *greenhouse gases. ④This can make the Earth even warmer and melt more permafrost in the future. Another problem is ⑤ancient *microbes and *viruses that were kept in permafrost. When the permafrost melts, viruses may appear in the ice and soil, and make humans and animals very sick. Some scientists have already discovered microbes which are more than 400,000 years old in melted permafrost.

Scientists are closely observing and checking Earth's permafrost, because of these dangers. Scientists use *satellite observations from space to look at large areas of permafrost that are difficult to study from the ground. ⑥*NASA's "Soil Moisture Active Passive (SMAP)" goes around Earth to collect information about water in the soil. It checks the amount of water in the soil everywhere on the Earth's surface. It can also tell if the water within the soil is frozen or melted. ⑦SMAP's work will【quickly / is / scientists / how / melting / understand / help / the permafrost】.

（注） permafrost：永久凍土　layer：層　ice age：氷河期
the Industrial Revolution：産業革命　the Arctic：北極　Antarctica：南極
drill：～に穴を開ける　depth：深さ　concrete：コンクリート　shoreline(s)：海岸線
carbon：炭素　decompose：自然分解する　oxygen：酸素　dioxide：二酸化物
methane：メタン　greenhouse gas(es)：温室効果ガス　microbe(s)：微生物
virus(es)：ウィルス　satellite observation(s)：観測衛星　NASA：米国航空宇宙局

問１ "permafrost" に関して正しくないものをア～エから一つ選び，記号で答えなさい。

ア Some permafrost has been frozen for thousands of years.

イ Permafrost is a layer of frozen soil that is sometimes more than 10 meters thick.

ウ Permafrost is in the northern areas and no life is found there.

エ The surface of permafrost is not frozen when it is warm.

問２ 以下の英文は下線部①を具体的に説明した文です。（１）～（３）にあてはまる語を下から選び，記号で答えなさい。ただし，同じ記号は一度しか使えません。

The temperature of Earth has been (1) since the Industrial Revolution. The permafrost was (2) by the extra heat, and the ice inside the permafrost started (3) and became water and soil.

ア warmed	イ getting	ウ frozen
エ grown	オ melting	カ increasing

問3　下線部②の理由として最も適切なものをア～エから一つ選び，記号で答えなさい。

ア　The temperature of the holes did not change 10 meters underground from 2007 through 2016.

イ　The temperature of soil 10 meters underground changes with seasons.

ウ　The permafrost temperature 10 meters underground stays the same there all year around.

エ　The permafrost temperature 10 meters underground was almost the same when the holes were drilled.

問4　本文の内容に合うように，(ア)～(エ)に適切な数字を入れなさい。

Scientists checked the temperature of permafrost from over (ア) holes for 10 years. They found that permafrost temperature rose in the holes of many places, while it went down a little in (イ) holes. On average, the temperature of permafrost all around the world has risen about (ウ)℃. You may think it didn't warm so much, but just a little rise in temperature may melt some permafrost. They also found that permafrost started melting in (エ) holes.

問5　下線部③の内容として最も適切なものをア～エから一つ選び，記号で答えなさい。

ア　People are not able to build houses because permafrost is frozen and hard.

イ　People's lives are influenced when lakes are frozen like concrete in winter.

ウ　Trees cannot stand anymore because the forest was destroyed by the villagers.

エ　The shapes of shorelines have changed because melting permafrost dropped into the sea.

問6　下線部④の内容として最も適切なものをア～エから一つ選び，記号で答えなさい。

ア　Greenhouse gases go out into the air when the oxygen decomposes permafrost and makes it frozen once again.

イ　The plants that died long ago melt together with permafrost, and carbon will stay inside permafrost until the plants decompose.

ウ　The plants took in carbon from the air and stayed inside permafrost for a long time, but the carbon goes out into the air when they die.

エ　Carbon has been kept in the dead plants inside permafrost, but it goes out into the air when permafrost melts and the plants start decomposing.

問7　下線部⑤が問題である理由を45字以上55字以内の日本語で説明しなさい。(句読点を含む)

問8　下線部⑥の説明として最も適切なものをア～エから一つ選び，記号で答えなさい。

ア　It is a satellite observation to carry scientists to check Earth's permafrost.

イ　It can go into permafrost which was difficult to study in the past.

ウ　It goes around Earth to check the amount of water in permafrost.

エ　It collects the soil from permafrost to check if it is frozen or melted.

問9　下線部⑦が「SMAP の仕事は，永久凍土がどれくらいの速さで溶けているのかを，科学者が理解するのを助けてくれるだろう。」という意味になるように，【　】内の語(句)を並べ替えなさい。

Ⅳ　空欄に入る最も適切なものをそれぞれア～エから一つ選び，記号で答えなさい。

1．This math test was very difficult, so (　　) students could get a good score.

ア　many　　イ　much　　ウ　little　　エ　few

2．Ken is the fastest runner (　　) all my classmates.

ア　of　　イ　in　　ウ　from　　エ　with

3．My brother bought a CD and sent (　　).

ア　it from me　　イ　it to me　　ウ　it me　　エ　me it

4．What are you good (　　)?

ア　at doing　　イ　to do　　ウ　in doing　　エ　doing

Ⅴ　日本語の意味を表す英文になるように下の語(句)を並べ替え，(A)～(H)に入る語(句)の記号を答えなさい。ただし，文頭に来る語(句)も小文字で書かれています。

1．私の先生によって与えられた宿題は，英語でエッセイを書くことです。

(　　)(A)(　　)(　　)(　　)(　　)(B)(　　)(　　)(　　).

ア　my teacher　　イ　an essay　　ウ　is　　エ　in　　オ　the homework

カ　by　　キ　English　　ク　write　　ケ　given　　コ　to

2．東京でオリンピックが開催されてからずいぶんたちます。

(　　)(　　)(C)(　　)(　　)(　　)(　　)(　　)(D)(　　) in Tokyo.

ア　the Olympic Games　　イ　time　　ウ　has　　エ　a　　オ　it

カ　since　　キ　held　　ク　long　　ケ　been　　コ　were

3．私は，新宿へ行くにはどの電車に乗ればよいのか，隣の人にたずねました。

I (　　)(　　)(E)(　　)(　　)(　　)(F)(　　)(　　) to go to Shinjuku.

ア　the person　　イ　which　　ウ　take　　エ　to　　オ　to

カ　asked　　キ　next　　ク　train　　ケ　me

4．その工場の全従業員は，自社製品が世界中でもっと人気が出てほしいと思っている。

All (　　)(　　)(　　)(G)(　　)(　　)(　　)(H)(　　)(　　).

ア　be　　イ　around　　ウ　their products　　エ　the workers　　オ　popular

カ　in the factory　　キ　more　　ク　the world　　ケ　want　　コ　to

Ⅵ　次の日本文を英文にしなさい。

1．料理の仕方を学ぶことは，人生において最も重要なことの一つです。

2．日本へあなたが戻ってくるときに，私はあなたに再び会うことを希望しています。

＜リスニングテスト放送原稿＞

第1部　英語の短い対話を聞き，それに続く対応として最も適切なものを1～4から一つ選び，番号で答えなさい。次の問題に進むまでに5秒の休止が設けられています。対話を聞くのはそれぞれ一度だけです。問題はA，B，C，D，Eの五題です。

A．A： Do you have any plans for the weekend?

B： Oh, I was just going to ask you. I'll have a party at my house on Sunday. Can you come?

A： Sure! Can I invite some of my friends, too?

B．A： Can I use your car now?

B： Sure. Where are you going?

A： I'm going to the supermarket. Do you want anything?

C. A： Have you made a name list of the new members?

B： It's almost done. Hey, do you remember a girl named Ashley? What's her last name?

A： It's Chang. Ashley Chang.

D. A： My classmates and I are planning to go camping this weekend. Will you join us?

B： I'd love to, but I can't. We are having some guests over the weekend.

A： That sounds nice. Who's visiting you?

E. A： Have you bought a birthday present for Jane?

B： Not yet. I don't know what I should get for her . . . Any good idea?

A： Well, she likes reading, cooking, traveling and things like that.

第2部 放送で流れる英文とその内容に関する五つの質問を聞き，その質問に対する答えとして，最も適切なものを1～4から一つ選び，番号で答えなさい。聞きながらメモを取ってもかまいません。各質問の後には7秒の休止が設けられています。英文と質問は二度放送されます。

Do you like hamburgers? Probably most of you do. However, do you know when and where they were first made? Let's find out.

First, let's talk about Hamburg steak. Hamburg steak is the meat between two pieces of bread. The name Hamburg steak comes from the city of Hamburg, in Germany. In 1867, in New York, a man named James H. Salisbury made something similar to Hamburg steak, so Hamburg steak was sometimes called Salisbury steak. However, Hamburg steak didn't become popular at first because there were no machines to cut beef into small pieces. It was very hard to cut beef only with knives. In the 1870s, machines that cut meat into small pieces were invented and they were not very expensive. So, Hamburg steak became very popular. By the 1880s, Hamburg steak appeared on the menus of restaurants in the United States.

Then, when were hamburgers invented? Who put Hamburg steak between two pieces of bread first? Actually, nobody knows the answer! We don't know who made the first hamburger for sure.

How did hamburgers become so popular in the U.S.? In the late 19th century, many people worked in factories until midnight. However, restaurants and cafeterias closed in the early evening. So, people working in factories couldn't get food. Then, some smart people began to sell food on the road. They pulled wagons and served hot food for factory workers. Many kinds of food were sold, such as sausages, hot dogs, Hamburg steak and hamburgers. Hamburg steak was really popular, but it was difficult to eat Hamburg steak while they were standing up on the road. On the other hand, people could eat hamburgers like sandwiches without forks or knives. So, hamburgers became very popular. Until the 1890s, hamburgers became an everyday food for busy working Americans.

In the 20th century, many new machines to make hamburgers easily were invented. After that, hamburgers became very cheap and popular food not only in the U.S. but all over the world.

F. Why does the speaker talk about the name of a German city?

G. Which is true about James H. Salisbury?

H. Which is true about Hamburg steak?

Ⅰ. Why did factory workers have to eat on the road?

J. Which is true about hamburgers?

【数　学】（50分）〈満点：100点〉

（注意）　定規，コンパス等の作図道具および計算機の使用は禁止です。

1　次の問に答えなさい。

問1　$x+y+z=7$，$xyz=7$，$\dfrac{1}{x}+\dfrac{1}{y}+\dfrac{1}{z}=\dfrac{13}{7}$ のとき，$\left(1+\dfrac{1}{x}\right)\left(1+\dfrac{1}{y}\right)\left(1+\dfrac{1}{z}\right)$ の値を求めなさい。

問2　$(x^2+2022)^2-4092529x^2$ を因数分解しなさい。ただし，$83521=17^4$ を用いてよい。

問3　a，b，c は自然数とします。$(x+a)(x+b)$ を展開すると，$x^2+cx+12$ となりました。このとき，c のとりうる値は何通りあるか求めなさい。

問4　下の表は，あるクラスで実施した小テストの結果です。得点の範囲が7点で，中央値が6点であるとき，z のとりうる値をすべて求めなさい。

点数	0	1	2	3	4	5	6	7	8	9	10	合計
人数	0	x	y	2	1	4	2	z	4	1	0	25

2　下の図1のように，一辺が10の正方形ABCDがあります。点Eは辺DCを1：2に分ける点であり，点Bから線分AEに垂線BFをひきます。

△BEFの面積を求めるために，太郎さんと花子さんが話し合っています。

以下の空欄に適切な値や式を入れなさい。

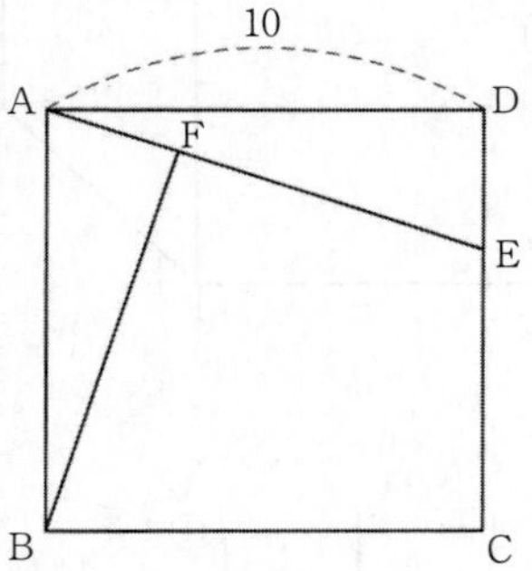

図1

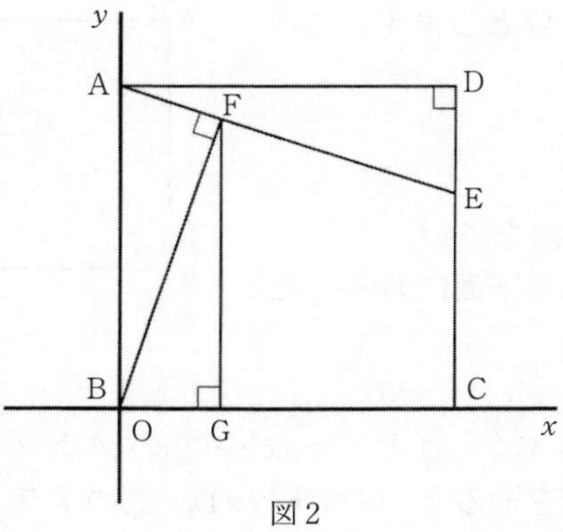

図2

太郎：図2のように，辺BC，辺BA上にそれぞれ x 軸，y 軸を書いてみたよ。

花子：つまり，点Bが原点，点Dの座標が(10，10)ということね。

太郎：そうすれば，点Eの座標は［　ア　］となるよね。だから，直線AEの方程式は，$y=$［　イ　］だね。

花子：点Fから x 軸に垂線をおろして，x 軸との交点をGとするね。ここで△ADEと△FGBが相似であることを使うと直線BFの傾きが求まるから，点Fの座標は［　ウ　］だね。

太郎：その通り。したがって，BFの長さは，［　エ　］となって，同様にEFの長さも出るから，△BEFの面積は［　オ　］と求まるよね。

3　図のような半径9の円Oがあります。弦ABの長さを9に，点Dを直径BC上にBD：DC＝1：2となるようにとります。また，線分ADをDの方へ延長した直線と，円Oとの交点をEとします。さらに，点Aと点C，点Bと点Eをそれぞれ結ぶ線分をひくとき，次の問に答えなさい。

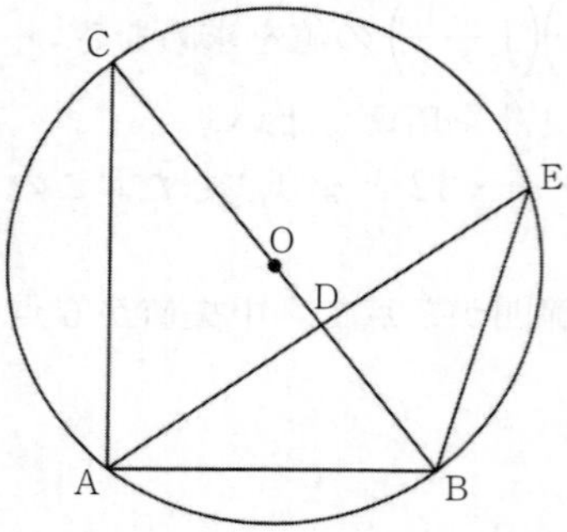

問１　点Dから線分ABにおろした垂線の長さを求めなさい。

問２　線分AEの長さを求めなさい。

4　図のような，AB＝6，AD＝AE＝3の直方体ABCD-EFGHがあります。対角線AG上にAP：PG＝1：2となるように点Pをとり，Pから面EFGHに垂線をひき，その交点をQとします。このとき，次の問に答えなさい。

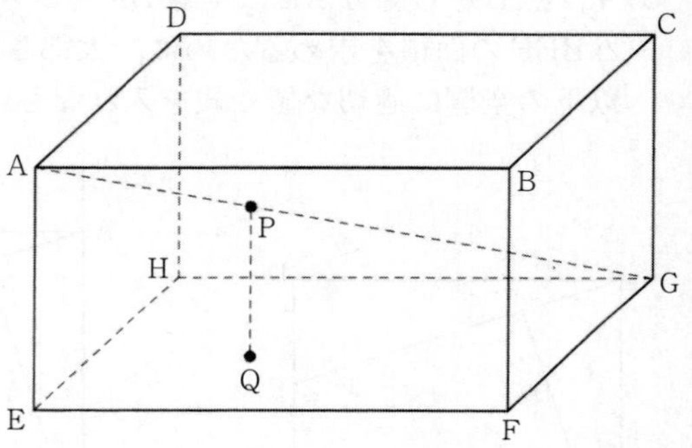

問１　PQの長さを求めなさい。

問２　EPの長さを求めなさい。

問３　三角すいP-AEHの体積を求めなさい。

問４　点Aから3点E，H，Pを通る平面におろした垂線の長さを求めなさい。

5　図のように，2つの関数 $y=3x^2$…① と $y=ax^2$…② のグラフと，点A(0，4)があります。点Aを通る2つの直線と①，②のグラフとの交点のうち，x座標が正のものを図のようにB，C，D，Eとします。点B(1，3)でAB＝BCのとき，次の問に答えなさい。

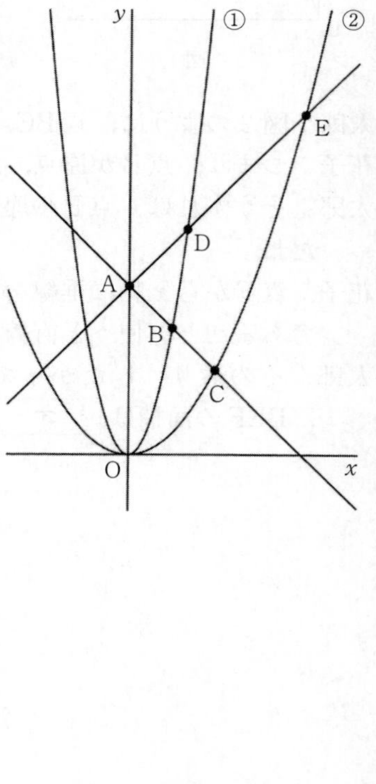

問１　aの値を求めなさい。（答えのみ解答）

問２　△CADと△CDEの面積比が1：2のとき，点Dの座標を求めなさい。（式や考え方も書きなさい。）

いから
イ　国家の権力とは別に私たちを拘束する関係性が身近に存在しているから
ウ　国家の権力を日常的に意識することがないままにそれに依存しているから
エ　国家の権力を絶対的なものとして受け入れるような従順な国民性を持つから
オ　国家の権力に従属することが結局のところ安寧をもたらすと思っているから

アンスがあるが、「self-restraint」には「個人」の行動に対する政府からの強い拘束力が働いている点

問3　――線部(3)「『世間』と『社会』はその構成の根本原理がまるで異なる」とありますが、「世間」と「社会」の差異を次のように説明しました。空欄に適切な語句を本文中から抜き出しなさい。（句読点や「」などの記号も一字に数える）

「社会」は［Ⅰ（2字）］の存在を前提としているが、同質性や互酬関係、長幼の序を構成原理とする「世間」は［Ⅱ（8字）］といった集団を基盤としている。

問4　――線部(4)「共同幻想としての『世間』が社会的事実として構築されていく」とありますが、これはどういうことですか。最も適当なものを次の中から選び、記号で答えなさい。

ア　生活を共にする人々以外の集団を、「世間」として創造するということ

イ　共同体内での暗黙の了解が通じるか通じないかによって、「内」か「世間」かの区別をするということ

ウ　「内」の結束を強固にするために、「外」にある「世間」を排除すべきものとして錯覚するということ

エ　身内で共有されたイメージが、厚みを持つことによって実感を伴った「世間」として確立するということ

オ　超越的な神の観念を幻想だと切り捨て、身近な「世間」を西洋における神のような位置に据えるということ

問5　――線部(5)「極度に強い同調圧力の根底にある感情」とありますが、この「感情」とはどのような「感情」ですか。本文中の語句を用いて、十五字以内で説明しなさい。（句読点や「」などの記号も一字に数える）

［（15字以内）］感情

問6　――線部(6)「社会の底に空いてしまった穴」とありますが、この「穴」はなぜ「空いてしまった」のですか。理由として適当なものを次の中から二つ選び、記号で答えなさい。

ア　新自由主義路線に従った雇用形態の変化が、人々の仕事に対する意欲を喪失させたから

イ　自分自身を抑圧せざるを得ない、社会から受ける同調圧力が、社会に対する恐怖心を生むようになったから

ウ　人々が移動や職業選択の自由を得たことによって、自己承認の場があちらこちらに分散してしまったから

エ　社会の基盤を構成していた血縁や地縁が希薄になるにつれて、自己承認ができなくなったから

オ　高度経済成長期に大量生産大量消費が推奨されたことによって、世間の価値観がそれ以前とは変わってしまったから

カ　同じ職場で働く人々の立場や境遇がそれぞれ異なってしまったことによって、お互いに身内であるという感覚が失われたから

問7　――線部(7)「ネット上にバーチャルな『世間』を成立させていくことに加担する」とありますが、筆者はなぜ「加担」という言葉を使用するのですか。空欄に適切な語句を本文中から抜き出しなさい。（句読点や「」などの記号も一字に数える）

現代では、人々の［Ⅰ（4字）］への欲求を満たすような「世間」を構成していた集団が失われてきた。そのため、人々は失われた「世間」に代わり、ネット上に［Ⅱ（8字）］と感じる他者を探し、「世間」を作り出そうとしている。しかし人々は、その「世間」を信用してもいなければ、自分の身を明かすこともしない。そのような「世間」に身をひそめながら、人々は、「世間」の「外」にいる［Ⅲ（9字）］ようになった。このような「世間」のあり方への批判をこめて、筆者は「加担」と表現していると考えられる。

問8　――線部(8)「日本社会の極度な『風通しの悪さ』」とありますが、「日本社会」の「風通し」が悪いのはなぜですか。最も適当なものを次の中から選び、記号で答えなさい。

ア　国家の権力に敢然と対抗できるような庶民間の結束が作れな

答える人の割合が日本人は極端に低い。ドイツ人は約五割、アメリカ人は約六割、イギリス人は約七割が肯定的に答えるのに、日本人で肯定的に答える人は約一割に過ぎない。つまり、人々は実はSNS上の出会いをあまり信用してはいないのである。

第二に、日本ではツイッターの匿名率が極端に高い。この匿名率は、アメリカでは三五・七%、イギリスでは三一%、フランスでは四五%、韓国が三一・五%、シンガポールが三九・五%なのに対し、日本のツイッターの匿名率は、七五・一%に上るという。つまり、日本人は、概してネット上の関係を信用してもおらず、自分の実名を明かすことも少ないのだが、それにもかかわらず、そのネット上で自己が承認されることを求め、そのためにネット上で語られる「正義」に同調し、ネットのなかの「世間」の常識から外れる「他人」を攻撃する。明らかに、この高度なメディア環境のなかに広がるのは、※3ファシズムの心理である。

コロナ禍でその特異な姿が浮かび上がった「世間」の同調圧力は、(8)日本社会の極度な「風通しの悪さ」を示している。日本では、欧米と比べてのみならず、他のアジア諸国と比べても弱い仕方でしか社会の「風通しを良くする」仕組みが発達しなかったのだ。たしかに中国のような共産党独裁国家の場合、風通しを封鎖する国家機構が強力である。国家の目に見える強制権力では、中国はもちろん、他のアジア諸国も概して日本よりも強い。それにもかかわらず、というかむしろだからこそ、これらの国々では国家の垂直的な力とは異なる水平的な仕組みが発達しており、それが幾分か社会の「風通し」を良くしてきたのである。

(吉見俊哉『大学は何処へ』より 作問のため本文を改めた箇所がある)

※1 ハビトゥス…人々の日常経験において蓄積されていく傾向や性質、習慣

※2 self-restraint…自己拘束・自制・節制

※3 ファシズム…強権的、独裁的な思想および政治形態

問1 ――線部(1)「コロナ禍の第一波をあたかも日本社会が乗り越えたかのように見えた」のは、日本社会のどのような事情によるものですか。最も適当なものを次の中から選び、記号で答えなさい。

ア 日本人の謙虚で勤勉な国民性が、「自粛」という言葉と容易にシンクロしたから

イ コロナ対策が国民の主体性に任されたことによって、国民の創意工夫が生まれたから

ウ ラテン系社会の楽観的な考え方とは対照的な悲観的な考え方がコロナを恐れさせたから

エ 「他者」との心の距離が遠い日本人にとって、ソーシャル・ディスタンスを保つのは簡単だったから

オ 周りの人と同じでなければならないという気持ちが、多くの人にマスクを着けさせ、外出を控えさせたから

問2 ――線部(2)「『自粛』を英訳すれば『self-restraint』になりそうだが、この英訳は、日本語の感覚をうまく表現してはいない」とあります。筆者はどのような点を「うまく表現してはいない」と考えていますか。最も適当なものを次の中から選び、記号で答えなさい。

ア 「自粛」には「自己」よりも「社会」の意思が関係している点が、「self-restraint」には確固たる「自己」が存在している点

イ 「自粛」には「個人」の意思は含まれていないが、「self-restraint」には「個人」の意思を尊重する思想が色濃く表れている点

ウ 「自粛」には「自己」の権利と「社会」の権利が同等に含まれるが、「self-restraint」は自己選択や自己決定の権利を重んじる点

エ 「自粛」には日本人の「自尊心」の弱さがにじみ出ているが、「self-restraint」にはラテン系の人々の「自尊心」の強さがうかがえる点

オ 「自粛」にはあくまで「政府」からの要請に従うというニュ

い」が、ここに示されているのである（「「自粛の氾濫」は社会に何を残すか」）。

佐藤直樹によれば、コロナ禍の日本を覆っていったこの「自粛」の政治を作動させていたのは「世間」である。（中略）

佐藤のこの指摘は、西洋中世史の泰斗阿部謹也によって深められてきた視座を基礎にしている。阿部によれば、(3)「世間」と「社会」はその構成の根本原理がまるで異なる。一方で、「社会 society」という概念は、「それぞれの個人の尊厳が少なくとも原則として認められているところでしか本来の意味を持たない」（『「世間」とは何か』）。明治以降、日本は西洋の諸制度を取り入れ、文化風俗も西洋化したが、この西洋社会が前提にしていた「個人」と「社会」の関係はついに広がらなかった。なぜならば、「社会」と異なり、個人を前提とせず、むしろ人々の同質性や互酬関係、長幼の序を構成原理とする「世間」がすでにあり、社会秩序を維持する上ではそのほうが有効だったからだ。「世間」は、家族や地域、職場での日常的な営みやコミュニケーションのなかに実効的な観念として常に作動しており、人々はこれを社会的に存在している所与の事実として受けとめ、常に意識しないと生きていけないような状況に置かれ続ける。思想としてこの「世間」の圧力に異を唱えることはできるだろうが、日々の生活で「世間」を無視するのは並大抵のことではない。

佐藤と鴻上尚史は、現代日本の至るところで自粛権力を作動させる「世間」は、近代化を経ても日本社会に保持され続けた非近代的性格と、マス・メディアやソーシャル・メディアが媒介しあう閉塞的なメディア環境が連動することでいっそう強化されていると考えている。この議論に従うならば、日本で「世間」の影響力が近代以降も衰えなかったのは、まずはキリスト教のような超越的な神の観念が庶民までは浸透せず、イエやムラ、職場などの、自分が直接的に関係を持つ「身内」を越えた共同性の感覚が育たなかったからである。日本人の多数派は、「内」を「外」から守るために壁を立て、「世間の内側の人間に対しては非常に親切にするけど、外側の人間に対しては無関心か排除する」（鴻上・佐藤『同調圧力』）。日本にはそのような「世間」が積層しており、人々はそれぞれ「身内」のなかで「世間」のイメージを抱いている。そのイメージの同質性が高いので、それらが積分されていったところに、(4)共同幻想としての「世間」が社会的事実として構築されていくのである。

こうして構築された「世間」が、その影響圏にある人々が外に出てしまうのを禁じる際に発動するのが、「他人に迷惑をかけるな」という呪文であり、またそのような何事かが生じてしまった場合、関係者は「世間体が悪い」、もっと深刻ならば「世間に申し開きができない」と考えて、やたらと頭を下げる。つまり、「世間」から排除されることを極度に怖れるのである。佐藤らは、こうした恐怖が、日本社会の几帳面さ、規則を杓子《しゃくし》定規に守り、逸脱することを周囲が防いでいく(5)極度に強い同調圧力の根底にある感情なのだとしている。

現代のソーシャル・メディア環境は、こうした恐怖心を基盤にした同調圧力をさらに強化している。九〇年代以降、新自由主義路線による非正規雇用の増大、格差拡大のなかで従来的な意味での「職場＝身内」感覚が崩れ始め、それ以前、すでに高度成長期からムラやイエの感覚は失われていたので、現代日本社会では、「世間」と言ってもその実体的な基盤はすでに脆弱《ぜいじゃく》になっている。まさにそのとき、人々の自己承認への渇望や不安をソーシャル・メディアが媒介し、(6)社会の底に空いてしまった穴を埋める役割を果たしていくのだ。実体的なムラやイエや職場の心理的拘束力が脆弱化するなかで、人々はソーシャル・メディアでのやりとりに自己承認の場を見出していこうとする。そこで自分の感覚に近いと思える発言に「いいね！」を押して、(7)ネット上にバーチャルな「世間」を成立させていくことに加担する。

佐藤と鴻上は、総務省の『情報通信白書』に基づいて二つの興味深い事実を指摘している。第一に、「ＳＮＳで知り合う人達のほとんどは信頼できる」かという問いに、「そう思う・ややそう思う」と

の？」「トラさんごめんなさい」というキャッチコピーと共に、子どもが描いたと思われるゾウとトラの絵を載せている。他にもパンダ、シロクマ、カワウソ、ラッコ……様々な動物が絶滅危惧を訴える存在としてポスターに登場している。皆、つぶらな目をした霊長類、肉食動物、有蹄類《ゆうてい》ばかり。私たちが「かわいそうだからなんとかしなくちゃ」と、絶滅から守る対象として思い浮かべるのはとかくこういった「象徴種」ばかりである。

「象徴種」というのは、人々の関心を集めることができ、保全事業を進めるときの社会的な合意を得るのに利用できる種のことである。ゾウやトラ、パンダは他の生物より顔立ちが人間に近く、「かわいい」「かわいそう」と私たちに思わせるのに充分である。象徴種によって集まった資金は主に象徴種の保護のために使われる。事実、動物保護を目的としたNPOの資金は、大半がゾウやジャイアントパンダなど、象徴種に使われており、人気の高いトラのほとんどが生息しているインドでは、二〇一九年にトラの保護だけで五十三億円以上が費やされた。

一方で知名度の低い魚類や爬《は》虫類、両生類、鳥類など、象徴種に該当しない多くの種が人知れず苦しんでいる。この、数々の生物の実態が知られていないことは大きな問題である。フィリピンワニは約百頭にまで減少し、かつてヨーロッパ全海域に生息していたカスザメは北海で絶滅した。中央および南東ヨーロッパの洞窟に生息している、数少ない完全水棲《すいせい》両生類であるホライモリも、滅びゆく生物の一つだ。植物や無脊椎動物の人気の順位はさらに下の方になる。北米ではホンカワシンジュガイが今にも姿を消そうとしている。このように、世界では三万五千種以上の動植物が絶滅の危機に直面しているのだ。

ゾウやトラ、パンダを応援するのが悪いわけではない。「そうした種が好きだったから、私は保全活動を始めたのです」とイギリスの保全学者ボブ・スミスも言う。まずは近しい存在の危機を知り、そこから象徴種以外の種にも目を向け、ルールや手立てを講じて保護を検討する。多くの人がそうなるにはどのようにしたらよいのかということを、私たちは考えていかなければならない。守られるのが人気者だけ、とならないように。

（雑誌記事をもとに本校で作成した）

五 次の文章を読んで後の設問に答えなさい。

コロナ禍の日本で生じた現象は、世界の多くの国とまるで異なっていた。日本では、公衆衛生も旧来からの保健所経由の仕組みを臨機応変に変えることができず、検査数もなかなか伸びずで、休業要請も曖昧で補償も十分ではないという、ないない尽くしであったにもかかわらず、第一波では欧米ほどには感染者は増えなかった。そのいくつかある要因の一つとして、圧倒的に強いヨコからの同調圧力は無視できない。

(1)コロナ禍の第一波をあたかも日本社会が乗り越えたかのように見えたのは、コロナ対策が必要とした「ソーシャル・ディスタンス」や「ステイホーム」と、そもそも「外」と「内」を区別する壁を立てがちな日本社会の特性が容易にシンクロしたからである。ここが、イタリア等のラテン系社会の※1ハビトゥスとは大きく異なっていた。国家が強制せずとも、「自粛」を促すだけで、人々は概ねマスクを常用するようになり、家に引きこもり、外出を控えた。つまり、コロナに対し、中国と欧米が「封鎖」によって応じたのに対し、日本はまず何よりも「自粛」によって応じたのだ。（中略）

(2)「自粛」を英訳すれば「※2self-restraint」になりそうだが、この英訳は、日本語の感覚をうまく表現してはいない。「restraint」する「self」が、必ずしも自分自身とは言えないのが日本の「自粛」だからだ。苅谷剛彦が指摘したように、「自粛」という言葉の奇妙さには、日本社会における「個人と社会をつなぐ関係」の歴史性、つまり「個人」の非在という歴史性が埋め込まれている。つまり、「個人の自己選択・自己決定のあり方を、その社会がどのように理解しているか、いわば主体をめぐり、その社会が共有する知識の違

る食事の際の環境の整え方を提案している。

ウ　市販の冷凍食品や加工品を使うことに罪悪感を持つことの多い高齢者に、それらの上手な使い方を提案している。

エ　たんぱく質などの身体を構成する栄養素についてよく知らない高齢者に、栄養成分表示に注目することを提案している。

オ　栄養バランスのとれた食事作りが難しかったり、かむ力やのみ込む力が弱くなったりした高齢者に、食事に関する工夫を提案している。

三　次の文章は江戸時代の随筆『安斎随筆』の一節です。本文を読んで後の設問に答えなさい。

(1)ある問ひて曰く、「※1元和の初年のころのこととかや、※2甲州※3武田家の武士浪人となりて、町に借宅し居て、大家《たいか》へ仕へんことを求むる者ありしが、年は経《ふ》れども望を遂げず。貧窮に迫りて餓死しけり。死後に鎧櫃《よろいびつ》を開きて見るに、金子《きんす》百両封じて軍用金と書きつけあり。武具馬具も貯へてありしとぞ。A」この浪人を評して或《あるい》は曰く、餓死するに至れども武具馬具を売らず、軍用金をさへ使はずしておきしは、真の武士なりと賞讃する人もあり。B」或はその浪人は大愚人なり、貧窮ならば軍用金にて米を買ひて食し、餓死せずして待たば善き主君を得ることもあるべきを、金子を持ちながら餓死したるは愚人にあらずして何ぞやと嘲る人もあり。C」この(2)両説いづれをⅠとし、いづれをⅡとせん、いかが。D」答へて曰く、予は両説の是非を論ずるに及ばず、かの浪人武田勝頼戦死の時討ち死にせず存命したるのみならず、二君に仕へんことを求めしは、(3)不忠不義なる者なり。不忠不義なる上はほかのことは評するに及ばざるなり。

※1　元和…元号（一六一五年～一六二四年）

※2　甲州…甲斐の国の別称。現在の山梨県。

※3　武田家…姓氏の一つ。この浪人は武田勝頼に仕えていた。勝頼は武田信玄の子。長篠の戦いで大敗。一五八二年天目山で自刃し、武田家は滅んだ。

問1　――線部(1)「ある問ひて曰く」とありますが、ある人が質問した内容はどこまでですか。「A」～「D」から一つ選び、記号で答えなさい。

問2　――線部(2)「両説」とありますが、それぞれどのように浪人を評価していますか。本文中から動詞を抜き出して答えなさい。

問3　空欄ⅠⅡに本文中から漢字一字をそれぞれ抜き出し、本文を完成させなさい。

問4　――線部(3)「不忠不義」とありますが、餓死した浪人はなぜそのように評されてしまったのですか。その理由として適当なものを次の中からすべて選び、記号で答えなさい。

ア　百両もの金子を死蔵していたから

イ　武具や馬具を使用せずに死んだから

ウ　武士たるものが餓死するのを待っていたから

エ　主君と生死を共にしなかったから

オ　主君亡き後、他家に仕えようとしたから

四　次の文章を①～③の条件にしたがって、八十字以上百字以内で要約しなさい。

> ①　三文で要約すること
>
> ②　第二文の書き出しを「しかし」、第三文の書き出しを「つまり」で始めること
> （……。しかし……。つまり……。）
>
> ③　解答欄の一マス目から書き始め、句読点も一字に数えること

「絶滅危惧種　ポスター」と検索すると、そう認定された生物を保護することの必要性を訴えた数多くのポスターの画像を目にすることができる。ある企業のポスターは「ゾウさんはいなくなっちゃう

持する。だから両政党が擁立する候補へ選挙を行うと、これら3人の支持によりAが勝つ。つまり間接選挙だと、すべてのテーマでAの政策が採られることになる。

でも直接選挙なら結果は一変する。ここでAやBを政策と見なすと、すべてのテーマでBが過半数の支持を得る。つまり政策への直接選挙と政党への間接選挙では結果が正反対になるわけだ。これを見ると、選挙の結果をたやすく民意と呼ぶ気にはなれない。政党だって、政治家だって、選挙で勝ったから「民意に支持された」というわけではない。

図表）直接選挙と間接選挙では結果が逆になる
―オストロゴルスキーのパラドックス―

有権者	金融	外交	原発	支持政党
1	A党	A党	B党	A党
2	A	B	A	A
3	B	A	A	A
4	B	B	B	B
5	B	B	B	B
多数決の結果	B	B	B	A

（坂井豊貴『「決め方」の経済学――「みんなの意見のまとめ方」を科学する』による）

ア　有権者1・2・3は政策の抱き合わせを選ぶことしかできないために、A党に投票することになる。

イ　金融政策の面ではB党の政策を支持する有権者が多いのに、結果としてA党の政策が施行されることになる。

ウ　支持する政党の多数決ではA党が選出されるが、政策別で見る民意としてはB党が支持されている。

エ　有権者3は、金融政策の面ではA党支持ではなかったが、A党に投票した結果、支持する金融政策が施行されることになった。

オ　A党は間接選挙では勝ったが、この選挙は有権者の民意を正確に反映した結果とは言い難い。

問2　次の文章はある新聞記事の一部です。どのようなことを提案している記事ですか。最も適当なものを後の選択肢から選び、記号で答えなさい。

おすすめは、市販の冷凍食品や加工品、総菜を活用することだ。例えば、市販の「冷凍ギョーザ」と「冷凍ほうれん草」を入れたスープを作れば、ギョーザでたんぱく質、冷凍ほうれん草でカルシウムと、両方の栄養素が摂取できる。

つぶした豆腐と練りごま、マヨネーズに、総菜として買ったひじきの煮物を加えれば、食物繊維やカルシウムとともにエネルギーも摂取できる。たんぱく質を取れるサラダチキンは、コンビニなどでも購入でき、「もう一品」のおかずにおすすめだという。

また、調理のちょっとした工夫で食が進みやすくなる。食材を小さく切ったり、長めに煮たりすると、かむ力が弱くなった人でも食べやすい。高齢になると唾液が少なくなるため、豆腐やなめたけといったのみ込みを助ける食品を取り入れるのも効果的だ。

（新聞記事による）

ア　さまざまな食材を簡単に手に入れることが難しい高齢者に、コンビニの活用法を提案している。

イ　どうしても食が細くなりがちな高齢者に、食が進むようにな

二〇二二年度　中央大学杉並高等学校

【国　語】（五〇分）〈満点：一〇〇点〉

一　1～7の文中の――線部(a)～(h)について、漢字はひらがなで読み方を示し、カタカナは漢字に改めなさい。

1　国民は、すべての基本的人権の享有を(a)妨げられない。この憲法が国民に保障する基本的人権は、(b)オカすことのできない永久の権利として、現在及び将来の国民に与へられる。（日本国憲法第11条）

2　脱炭素化の取り組みは世界中で加速している。そもそも気候危機は、利潤を上げるために自然から(c)シュウダツを続ける資本主義が昂進《こうしん》した結果である。（新聞記事による）

3　私は恐ろしさで起《た》つてもゐてもゐられない。夢中でそこにある半挿の水をのんだ。その(d)トタンに、辺りの騒ぎが一時に静まつて、森閑として来た。私は、気がついてはつと思つたけれども、もう取り返しがつかない、耳を澄ましてゐるらしい人人の顔を見て、猶《なほ》恐ろしくなつた。（内田百閒「件《くだん》」による）

4　誰やら金槌《かなづち》で釘《くぎ》を打つ音が、幽《かす》かに、トカトントンと聞えました。それを聞いたとたんに、眼から鱗《うろこ》が落ちるとはあんな時の感じを言うのでしょうか、(e)ヒソウも厳粛も一瞬のうちに消え、私は憑《つ》きものから離れたように、きょろりとなり、なんともどうにも白々しい気持で、夏の真昼の砂原を眺め見渡し、私には如何《いか》なる感慨も、何も一つも有りませんでした。（太宰　治「トカトントン」による）

5　説法の印を結ぶ両手の美しさに至っては、さらに驚くべきものがある。現在の状態では、ここにもくま取りがあったかどうかはわからないが、とにかく(f)リンカクの線は完全に残っていて、それが心憎いばかり巧妙に「手」を現わしている。（和辻哲郎『古寺巡礼』による）

6　ジョブ型人事制度の導入には、「従業員の成果に合わせて処遇に差をつけたい」、「若手の(g)トウヨウを促したい」、「組織の新陳代謝を促進したい」、「年功序列的な賃金カーブを是正したい」などの目的がある。（新聞記事による）

7　記述式問題と民間試験の導入は、大学入試センター試験に代わる大学入学共通テストの二本柱だったが、受験生や高校から(h)拙速だとの批判が強まり、今般正式に断念されることになった。（新聞記事による）

二　問1、問2に答えなさい。

問1　――線部「オストロゴルスキーのパラドックス（逆理）」が示していることとして、誤っているものを後の選択肢から一つ選び、記号で答えなさい。

政治家を選ぶことと、政策を選ぶことは、まったくもってイコールではない。たんに思想的にあるいは概念的に違うだけではなく、選択の結果として起こることに、論理上の大きな隔たりがある。その乖離《かいり》のありさまを鮮明に示したのが、これから見ていくオストロゴルスキーのパラドックス（逆理）だ。

いま5人の有権者がいて、政党AとBがあるとしよう。選挙で争点となるテーマは3つ、「金融」「外交」「原発」だ。各テーマについて政党AとBはそれぞれ政策を掲げている。有権者はこれら3つのテーマを同程度に重視しており、各自の政党への支持は図表のとおりとしよう。例えば有権者1は、金融と外交についてはA党を支持、原発についてはB党を支持、総合評価としてはA党を支持する。

ここで過半数の有権者1と2と3は、総合評価としてはAを支

英語解答

Ⅰ　第1部　A…2　B…1　C…3
D…4　E…3
第2部　F…1　G…3　H…2
I…2　J…3

Ⅱ　A　イ　B　ア　C　エ　D　ア
E　ウ　F　エ，カ

Ⅲ　問1　ウ
問2　1…カ　2…ア　3…オ
問3　ウ
問4　ア　120　イ　12　ウ　0.29
エ　5
問5　エ　問6　エ
問7　(例)永久凍土が溶けると，その中のウイルスが氷や土の中に現れ，人間や動物を病気にさせるかもしれないから。(49字)
問8　ウ
問9　help scientists understand how quickly the permafrost is melting

Ⅳ　1　エ　2　ア　3　イ　4　ア

Ⅴ　1　A…ケ　B…ク〔A…ク　B…オ〕
2　C…ケ　D…コ
3　E…キ　F…ク
4　G…ウ　H…オ

Ⅵ　1　(例) Learning how to cook is one of the most important things in life.
2　(例) I hope to see you again when you come back to Japan.

Ⅰ　〔放送問題〕解説省略

Ⅱ　〔長文読解総合―説明文〕

≪全訳≫金継ぎ❶あなたはおそらくこれまでに「金継ぎ」という言葉を聞いたことはないだろう。それはあまり驚くべきことではない。金継ぎというのは日本語の言葉である。それは２つの日本語から成り立っている。１つ目の部分の「キン」は「金色の」を意味し，２つ目の部分の「ツギ」は「修復すること」を意味している。これら２つの言葉を合わせると，壊れた物を見事な方法で修復する，という意味になる。普通は，物が壊れるとそれはもはや役に立たないと思うものだ。それを捨てて新しい物を手に入れたいと思うことだろう。だが，金継ぎの場合はそうではない。❷金継ぎは大昔に日本で始まった。古代の日本人は，つぼや茶わんを大変好み，美しい陶器をつくる伝統があった。ところが，こういったつぼや茶わんは非常にもろかったため，簡単に割れてしまった。ほとんどの持ち主は割れた陶器をすぐに捨ててしまい，新しい物を買った。だが，16世紀の中頃，美しいつぼや茶わんや鉢をごみとして捨てるべきではないと考えた人たちがいた。彼らは割れた陶器を修復すべきだと考えたのである。この考えは当時の日本人の間でしだいに広まっていった。人々は割れた陶器を修理するようになった。最初は，割れた破片を接着剤だけで貼り合わせていたが，後に接着剤に金粉を混ぜるようになった。これはつまり，どの部分を修復したかが非常にはっきりとわかるということである。こうすることによって，その茶わんやつぼが以前に割れた物ではないように見せかけるのではなく，それが修復された物だということを明らかに示していたのである。自分たちはそういった事実を受け入れるのをいとわないということを示していたのであり，また割れた物を修復することによって以前よりずっと美しい物をつくり出すことができるということも示していたのだ。これが金継ぎというものである。❸金継ぎは重要な考え方である。これは割れた茶わんを直すというほんのちょっとしたことから始まったが，これと同じ考え方をもっと大切なことを考えるために利用することもできる。例えば，人間はとても繊細なので容易に傷ついてしまう場合がある。それは物理的な骨折や身体の負傷だけではない。激怒して嫌なことを言ったり，意地悪なことをしたりする場合にも，何かが壊れることがある。これが起きると，まるで自分の中の善なる部分が損なわれたような気分になる。ひょっとすると，他の人たちはもはや自分を求めてはいないという気持ちになるかもしれない。❹しかしながら，金継ぎという方法を使えば自分自身を修復することができる。例えば，ひどいことをしてしまい申し訳なく思っている場合には，相手の人に謝罪する。それは一種の修復作業である。自分の感情と，その人との関係を修復しているのだ。ひどい出来事が起こってしまったことは忘れず，自分は悪いことを言ったり行ったりなどしていないというふりもしない。それと同時に，状況を改善し，問題を解決しようとしているのだ。このように，金継ぎと全く同じように「金粉」を使って最善を尽くすのである。❺誰かと仲直りをすると，その人との関係が以前よりも良くなることがある。仲直りをした後は，口げんかは友情の終わりを意味するわけではなく，ときにはそれを通じて友情がより強固になるということを確信できる。例えば，ときには両親に腹が立つこともあるだろう。だが，何が問題なのかを説明し，話したり聞いたりすれば，お互いのことをもっとよく理解することができる。すると，両親との関係は以前よりも良くなるのだ。自分の感情は修復できるということを知っておくと役に立つ。ときにはあなたが他人の感情を傷つけ，またときには他人があなたの感情を傷つけることもある。それは決して良いことではない。だが，金継ぎという考えを心にとどめておけば，物事を望ましい方法で修復できるということを覚えておいてほしい。

A＜内容真偽＞「金継ぎに関して正しくないものは以下のうちどれか」　ア.「人々は単語を組み合わせて金継ぎという言葉をつくった」…○　第１段落第３，４文に一致する。　イ.「金継ぎは美しく繊細な陶器をつくる日本の伝統である」…×　第１段落第５文参照。陶器をつくるのではなく，物事を修復する方法である。　ウ.「金継ぎは物を美しく修理する技術である」…○　第１段落第５文に一致する。　エ.「人々は金継ぎで陶器の壊れた部分を示す」…○　第２段落最後から３文目に一致する。

B＜内容真偽＞「16世紀半ば以前の日本のつぼや茶わんに関して正しいのはどれか」　ア.「それらは非常にもろかったため壊れやすく，日本人は割れた陶器を気にすることなくごみとして捨てていた」…○　第２段落第２～４文に一致する。　イ.「それらを大事にすることが日本の伝統だったので，それらはとてもていねいに扱われた」…×　ウ.「割れた陶器を修理するには高額な費用がかかったため，人々は修理について考えなかった」…×　エ.「日本人は美しいつぼや茶わんが大好きだったので，割れたかけらさえも長い間保管していた」…×

C＜英問英答＞「金継ぎという方法では，なぜ割れた陶器を修理するのに接着剤に金粉を混ぜるのか」―エ.「そういうやり方をすれば，壊れた部分を示し，割れた陶器をより美しくすることができるから」　第２段落最後の３文参照。

D＜英問英答＞「『金継ぎは重要な考え方である』という下線部はどういう意味か」―ア.「金継ぎという考え方は人の心を修復するのに使うことができる」　直後の文の but 以下に the same idea can be used for thinking about more important things as well「同じ考え方(＝金継ぎという考え方)をもっと大切なことを考えるために利用することもできる」とあり，その後に続けて

more important things の具体例として，人の感情と人間関係の修復について説明されている。

Ｅ＜英問英答＞「誰かを傷つけた場合，金継ぎという方法はどのように役立つことができるか」―ウ．「自分の感情を修復し，状況を改善するのに役立つことができる」　第４段落参照。

Ｆ＜内容真偽＞「この文章の内容に従って，以下のうちから正しい文を２つ選べ」　ア．「金継ぎが生まれる前，日本人は割れた陶器の破片を全て使って新しいつぼや茶わんをつくっていた」…×　第２段落第２～４文参照。割れた陶器は捨てていた。　イ．「割れた陶器を接着剤だけを使って修復することは，金粉で修復するよりも難しかった」…×　第２段落後半参照。どちらがより難しいかは書かれていない。　ウ．「人間の心は陶器と同じくらい繊細なので，人々は他人の感情を傷つけるべきではない」…×　そのような記述はない。　エ．「金継ぎという方法は，以前よりも友情を強固にすることができる」…○　第５段落第１，２文に一致する。　オ．「両親に対する感情は，友人に対する感情よりも簡単に修復することができる」…×　そのような記述はない。カ．「他人の感情を傷つけても，金継ぎという方法を使うことで彼らとの関係を修復することができる」…○　第５段落最後の３文に一致する。

Ⅲ〔**長文読解総合―説明文**〕

≪全訳≫❶気候変動が地球の氷や氷河を溶かしていることはよく知られている。多くの場合，氷は我々のまさに目の前で消えていく。しかしながら，この惑星の永久凍土もまた温暖化しつつあることが最近明らかになり，科学者らは現在，それがこの惑星をさらに暑くする可能性があることを懸念している。❷永久凍土とは，一年中凍った土壌の層のことである。普通は最低でも２年間は凍った状態である。永久凍土の中には，数千年前に最後の氷河期が終わったときからずっと凍ったままのものもある。それは単なる薄い土の層ではない。永久凍土は厚さが10メートルを超えるところも多い。永久凍土はアラスカやカナダのある地域，その他北部の国のいくつもの場所で見られる。永久凍土のある場所には生物などいないと思うかもしれないが，土壌の上部には植物が生えることもあり，それはなぜなら１年のうち暖かい期間は土の上の部分は凍らないからである。しかしながら，それよりも下には永久凍土のぶ厚い層が存在している。❸現在，この永久凍土が危機にひんしている。産業革命以来，地球は温暖化し続けている。平均すると，1850年以来，地球は約１度暖かくなっている。極地，特に北極はさらに温暖化してきている。この過剰な熱が徐々に永久凍土に入り込み，そこも暖めているのだ。これはつまり永久凍土の内部の氷が溶けて水と土に変化しているということである。❹最近，科学者のチームが永久凍土の温度の調査を行った。彼らは北米，ヨーロッパ，アジア，南極で小さな深い穴から採取した土を用いた。これらの穴は何年も前にさまざまな研究のために他のチームによって開けられたものである。表面付近の永久凍土の温度は季節により変化するが，10メートルの深さでは年間を通じて同じままである。彼らは2007年から2016年まで，120以上の穴から地下10メートルのところにある土を採取し，温度を確認した。40の穴から採取した土では，永久凍土の温度はこの期間中ほぼ変わらなかった。12の穴では，永久凍土はやや冷たくなった。だが，71の穴では，永久凍土の温度は大幅に上昇していた。北米の北部では，永久凍土の温度は平均して0.23度上昇した。北アジアでは，凍った土の温度は0.33度上昇した。山地では，永久凍土の温度は0.19度上昇した。世界的には，地球の永久凍土の温度は平均0.29度上昇した。これはそれほど大幅な温暖化には思えないかもしれないが，温度がわずかに上昇しただけでも，永久凍土は溶け始める可能性があるのだ。５つの穴では，土壌の温度は０度以上に上昇していた。これらの場所では，永久凍土は溶け始めていた。❺永久凍土の溶解はさまざまな問題を引き起こす可能性がある。アラスカでは，北部にある多くの村が永久凍土の上につくられている。永久凍土は凍っていればコンクリートよりも固い。しかし，永久凍土が溶ければ家屋や道路や橋，その他の建造物は崩壊する可能性がある。湖や河川，森林もまた影響を受けるかもしれない。例えば，森林の下にある永久凍土が溶けることにより，多くの木々が倒れてしまう。地域によっては，永久凍土が溶けて海に流れ込んできているため，海岸線がしだいに損なわれつつあるところもある。❻永久凍土の溶解によって引き起こされる深刻な問題は他にもある。永久凍土の内部には，大昔に枯死した植物が閉じ込められている。生きていた間は，それらの植物は，現在植物が行っているのと同じように空気から炭素を取り込んでいた。永久凍土が凍っているときは，これらの枯れた植物は自然分解することはできない。ところが，永久凍土が溶けて酸素に触れると，枯れた植物は自然分解を始める。この過程で，二酸化炭素や強力な温室効果ガスであるメタンとなって炭素が空気中に放出される。これが将来的には地球をさらに温暖化させ，より多くの永久凍土を溶かしてしまう可能性があるのだ。もう1つの問題は，永久凍土の中に閉じ込められていた古代の微生物やウイルスである。永久凍土が溶けると，氷や土壌の中にウイルスが出現し，人間や動物をひどい病気にかからせる可能性がある。溶けた永久凍土の中に40万年以上前の微生物をすでに発見した科学者もいるのだ。❼こういった危険があるため，科学者らは地球の永久凍土を精密に観察し，検査している。科学者らは宇宙からの観測衛星を使って，地面から調査するのが難しい大規模な永久凍土を観察している。NASA の「土壌水分アクティブパッシブ(SMAP)」は地球を周回して土壌に含まれる水分に関する情報を収集している。これは地球の表面上のあらゆる場所の土壌に含まれる水分量を調べている。SMAP はまた，土壌の中の水が凍っているのか溶けているのかを判断することもできる。SMAP の仕事は，永久凍土がどれくらいの速さで溶けているのかを，科学者が理解するのを助けてくれるだろう。

問1＜内容真偽＞ア.「永久凍土の中には数千年間凍ったままのものがある」…○　第2段落第3文に一致する。　イ.「永久凍土は，ときには10メートルを超える厚さにもなる凍った土の層である」…○　第2段落第5文に一致する。　ウ.「永久凍土は北部の地域にあり，そこでは生物は全く見られない」…×　第2段落最後から2文目参照。　エ.「暖かいときには永久凍土の表面は凍っていない」…○　第2段落最後から2文目の後半に一致する。

問2＜内容一致—適語選択＞≪全訳≫地球の気温は産業革命以来，$_{1}$上昇し続けている。永久凍土は過剰な熱によって$_{2}$暖められ，永久凍土の内部の氷が$_{3}$溶け始め，水と土となった。

＜解説＞1．第3段落第2文参照。「地球は温暖化している」とは，地球の温度が「上昇し続けている」といえる。　**2**．第3段落第5文参照。この後半の内容をここでは‘be動詞＋過去分詞’の受け身で表している。　**3**．第3段落最終文参照。永久凍土の内部の氷が「溶ける」とある。

問3＜文脈把握＞直前の文に，永久凍土の地表近くの温度は季節により変化するが，地下10メートルの深さだと一年中温度が一定であると述べられている。この研究は2007年から2016年までの10年間でどれだけ永久凍土の平均温度が上昇したかを調べる調査なので，季節による温度変化の影響を受けない深部の温度を計測していると考えられる。この内容に一致するのは，ウ.「地下10メートルの永久凍土の温度は，年間を通じて同じままである」。

問4＜内容一致—適語補充＞≪全訳≫科学者らは10年の間，$_{ア}$120以上の穴から採取した永久凍土の温度を調査した。永久凍土の温度は多くの場所の穴で上昇していることがわかったが，イ12の穴では若干温度は下がっていた。平均すると，世界中の永久凍土の温度は約ウ0.29度上昇していた。それほど暖まってはいないと思うかもしれないが，ほんのわずかな温度の上昇がいくつかの永久凍土を溶かす可能性がある。また，永久凍土はエ5つの穴で溶け始めていることもわかった。

＜解説＞ア．第4段落第5文参照。　イ．第4段落第7文参照。cooled a little は「少し温度が下がった」ということ。　ウ．第4段落最後から4文目参照。worldwide「世界中で」　エ．第4段落最後の2文参照。

問5＜要旨把握＞下線部の後，この段落では永久凍土が溶けることによるさまざまな問題が挙げられている。エの「溶けた永久凍土が海に流れ込んだことで，海岸線の形が変化した」は，この段落の最終文に挙げられた例と一致する。

問6＜指示語＞This は地球温暖化をさらに進める内容である。この前の部分で，永久凍土の中で凍結した枯れた植物の中にある炭素が，永久凍土が溶けると地球温暖化の原因となる温室効果ガスとなって大気中に放出されることが説明されている。エの「永久凍土の内部にある枯死した植物の中には炭素が閉じ込められているが，永久凍土が溶けて植物が自然分解を始めると，その炭素が大気中に放出される」はこの内容に一致する。

問7＜文脈把握＞永久凍土の中に閉じ込められた古代の微生物やウイルスが問題である理由は，この直後の文に書かれているのでその内容をまとめればよい。　appear「現れる」　‘make＋目的語＋形容詞’「～を…(の状態)にする」

問8＜要旨把握＞下線部の直後に，「地球を周回して土壌に含まれる水分に関する情報を収集している」「地球の表面上のあらゆる場所の土壌に含まれる水分量を調べている」という SMAP の機能が説明されている。この内容を最もよくまとめたのは，ウ．「永久凍土の中の水分量を調べるために地球の周りを回っている」。

問9＜整序結合＞‘help＋人＋(to) ～’「〈人〉が～するのを助ける」の形をつくる。「科学者が理解するのを助ける」を help scientists understand とし，understand の目的語となる「永久凍土がどれくらいの速さで溶けているのか」を‘疑問詞＋主語＋動詞...’の間接疑問で表す。「どれくらいの速さで」は「どれくらい速く」と読み換え how quickly とまとめ，これを疑問詞とする。

Ⅳ〔適語(句)選択〕

1．‘数えられる名詞’を修飾するのは many「(数が)多くの」と few「(数が)少ない，ほとんどない」。文の意味から few を選ぶ。　little「(量が)少ない，ほとんどない」　much「(量が)多くの」　「この数学のテストはとても難しかったので，いい点数を取れた生徒はほとんどいなかった」

2．一般に，最上級の文で「～の中で」を表すとき，‘～’が本問のように主語の属する複数名詞または数詞なら of を，‘範囲’を表す単数名詞なら in を用いる。　「ケンは私のクラスメート全員の中で最も足が速い」

3．send は‘send＋人＋物’，または‘send＋物＋to＋人’の形をとれるが，‘人’と‘物’がどちらも代名詞の場合は，一般に‘send＋物＋to＋人’となる。　「私の兄〔弟〕は CD を買い，それを私に送ってくれた」

4．be good at ～ing で「～するのが上手，得意だ」。　「あなたは何をするのが得意ですか」

V〔整序結合〕

1．主語は The homework「宿題」で，「私の先生によって与えられた」は，過去分詞の形容詞的用法を用いて given by my teacher と表してその後に置く。動詞は is で，「英語でエッセイを書くこと」は名詞的用法の to不定詞を用いて to write an essay in English と表す。 The homework given by my teacher is to write an essay in English. なお，To write an essay in English is the homework given by my teacher. としても可。

2．'It has been ～ since …'「…してから～たつ」の形にする。It has been で始め，'～' にあたる「ずいぶん」は「長い時間」と読み換えて a long time と表す。'…' の「オリンピックが開催されて」は the Olympic Games were held とまとまる。 It has been a long time since the Olympic Games were held in Tokyo.

3．'ask＋人＋物事' の形にする。I asked で始め，「隣の人」は the person next to me と表す。next to ～で「～の隣」。「どの電車に乗ればよいのか」は，'疑問詞＋to不定詞' の形を用いるが，which train「どの電車」で1つのまとまりなのでこれが疑問詞となる。 I asked the person next to me which train to take to go to Shinjuku.

4．主語の「その工場の全従業員」は All the workers in the factory と表す。その後は 'want＋目的語＋to ～'「…に～してほしいと思う」の形にすればよい。「世界中で」は around the world。All the workers in the factory want their products to be more popular around the world.

VI〔和文英訳―完全記述〕

1．「～を学ぶこと」は to不定詞の名詞的用法で To learn，または動名詞で Learning と表せる。「料理の仕方」は '疑問詞＋to不定詞' で how to cook と表せばよい。動詞は is で，「最も重要なことの一つ」は 'one of the＋最上級＋複数名詞'「最も…な～の一つ」の形で one of the most important things と表し，「人生において」の in life をその後に置く。

2．「私は～することを希望しています」は I hope to ～と表せる。'～' にあたる「あなたに再び会う」は see you again と表せばよい。または I hope (that) ～の形で I hope (that) I will see you again としてもよい。when を「～するときに」の意味の接続詞として用い，「日本へあなたが戻ってくる」は you come back to Japan としてその後に続ける。なお，'時' を表す副詞節の中では未来のことも現在形で表すのが原則なので，will come ではなく現在形で come とすること。

2022年度／中央大学杉並高等学校

数学解答

1 問１　4
問２　$(x+1)(x-1)(x+2022)(x-2022)$
問３　3通り　　問４　6，7

2 ア…$\left(10,\ \dfrac{20}{3}\right)$　イ…$-\dfrac{1}{3}x+10$
ウ…(3，9)　エ…$3\sqrt{10}$　オ…35

3 問１　$3\sqrt{3}$　　問２　$\dfrac{45\sqrt{7}}{7}$

4 問１　2　問２　3　問３　3
問４　$\dfrac{3\sqrt{2}}{2}$

5 問１　$\dfrac{1}{2}$　　問２　$\left(\dfrac{4}{3},\ \dfrac{16}{3}\right)$

1〔独立小問集合題〕

問１＜数の計算＞$\left(1+\dfrac{1}{x}\right)\left(1+\dfrac{1}{y}\right)\left(1+\dfrac{1}{z}\right)=\left(1+\dfrac{1}{y}+\dfrac{1}{x}+\dfrac{1}{xy}\right)\left(1+\dfrac{1}{z}\right)=1+\dfrac{1}{z}+\dfrac{1}{y}+\dfrac{1}{yz}+\dfrac{1}{x}+\dfrac{1}{zx}+\dfrac{1}{xy}+\dfrac{1}{xyz}=1+\dfrac{1}{x}+\dfrac{1}{y}+\dfrac{1}{z}+\dfrac{1}{xy}+\dfrac{1}{yz}+\dfrac{1}{zx}+\dfrac{1}{xyz}=1+\left(\dfrac{1}{x}+\dfrac{1}{y}+\dfrac{1}{z}\right)+\dfrac{x+y+z}{xyz}+\dfrac{1}{xyz}$となる。$x+y+z=7$，$xyz=7$，$\dfrac{1}{x}+\dfrac{1}{y}+\dfrac{1}{z}=\dfrac{13}{7}$だから，$\left(1+\dfrac{1}{x}\right)\left(1+\dfrac{1}{y}\right)\left(1+\dfrac{1}{z}\right)=1+\dfrac{13}{7}+\dfrac{7}{7}+\dfrac{1}{7}=\dfrac{7}{7}+\dfrac{13}{7}+\dfrac{7}{7}+\dfrac{1}{7}=\dfrac{28}{7}=4$となる。

問２＜式の計算―因数分解＞$4092529=7\times7\times83521=7^2\times17^4=(7\times17^2)^2=2023^2$となるから，与式$=(x^2+2022)^2-2023^2x^2=(x^2+2022)^2-(2023x)^2$となる。$x^2+2022=A$とおくと，与式$=A^2-(2023x)^2=(A+2023x)(A-2023x)$となり，$A$をもとに戻すと，与式$=(x^2+2022+2023x)(x^2+2022-2023x)=(x^2+2023x+2022)(x^2-2023x+2022)=(x+1)(x+2022)\times(x-1)(x-2022)=(x+1)(x-1)(x+2022)(x-2022)$となる。

問３＜式の計算＞a，bは自然数で，$(x+a)(x+b)$を展開すると，$x^2+cx+12$となるので，定数項が12より，考えられる$(x+a)(x+b)$は，$(x+1)(x+12)$，$(x+2)(x+6)$，$(x+3)(x+4)$である。$(x+1)(x+12)=x^2+13x+12$，$(x+2)(x+6)=x^2+8x+12$，$(x+3)(x+4)=x^2+7x+12$だから，自然数cの値は，7，8，13の3通りある。

問４＜データの活用―zの値＞人数の合計が25人だから，中央値は，得点を大きい順に並べたときの13番目の得点となる。中央値が6点だから，大きい方から13番目の得点は6点である。6点の人数は2人なので，この2人は，大きい方から，12番目と13番目か，13番目と14番目となる。よって，6点以上の人数は13人か14人なので，$2+z+4+1=13$，$2+z+4+1=14$より，$z=6$，7となる。ここで，得点の最大値は9点で，範囲が7点だから，得点の最小値は$9-7=2$(点)となる。これより，1点はいないので，$x=0$であり，$y\geqq1$となる。$z=6$のとき$y=25-(2+1+4+2+6+4+1)=5$，$z=7$のとき$y=25-(2+1+4+2+7+4+1)=4$となり，ともに適するので，$z=6$，7である。

2〔関数―関数と図形〕

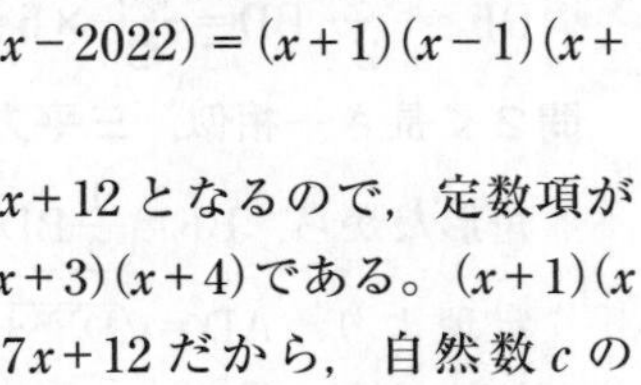

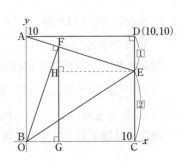

右図で，D(10，10)より$\mathrm{DC}=10$であり，$\mathrm{DE}:\mathrm{EC}=1:2$より，$\mathrm{EC}=\dfrac{2}{1+2}\mathrm{DC}=\dfrac{2}{3}\times10=\dfrac{20}{3}$となるので，点Eの$y$座標は$\dfrac{20}{3}$である。点Eの$x$座標は10だから，$\mathrm{E}\left(10,\ \dfrac{20}{3}\right)$となる$\left(ア…\left(10,\ \dfrac{20}{3}\right)\right)$。また，A(0，10)だから，直線AEの傾きは$\left(\dfrac{20}{3}-10\right)\div(10-0)=-\dfrac{10}{3}\div10=-\dfrac{1}{3}$となり，切片は10だから，直線AEの式

は$y=-\frac{1}{3}x+10$である$\left(イ\cdots-\frac{1}{3}x+10\right)$。次に，△ADE∽△FGBであり，直線AEの傾きが$-\frac{1}{3}$より，AD：DE＝3：1だから，FG：GB＝3：1となる。これより，直線BFの傾きは$\frac{FG}{GB}=\frac{3}{1}=3$となり，直線BFの式は$y=3x$である。点Fは直線$y=-\frac{1}{3}x+10$と直線$y=3x$の交点だから，2式より$y$を消去して，$3x=-\frac{1}{3}x+10$，$\frac{10}{3}x=10$，$x=3$となり，$y=3\times3$，$y=9$となるから，F(3，9)である(ウ…(3，9))。GB＝3，FG＝9だから，△FGBで三平方の定理より，$BF=\sqrt{GB^2+FG^2}=\sqrt{3^2+9^2}=\sqrt{90}=3\sqrt{10}$となる(エ…$3\sqrt{10}$)。点EからFGに垂線EHを引くと，$EH=10-3=7$，$FH=9-\frac{20}{3}=\frac{7}{3}$となるから，同様にして，△EFHで三平方の定理より，$EF=\sqrt{EH^2+FH^2}=\sqrt{7^2+\left(\frac{7}{3}\right)^2}=\sqrt{\frac{490}{9}}=\frac{7\sqrt{10}}{3}$となる。よって，$△BEF=\frac{1}{2}\times BF\times EF=\frac{1}{2}\times3\sqrt{10}\times\frac{7\sqrt{10}}{3}=35$である(オ…35)。

3〔平面図形―円〕

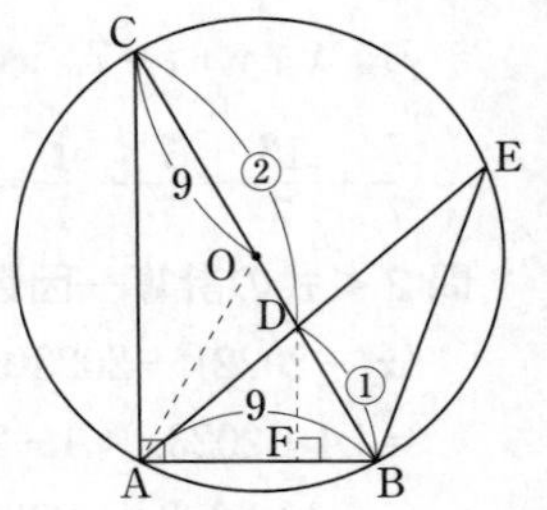

問1＜長さ―特別な直角三角形＞右図で，点Dから線分ABに引いた垂線をDFとし，点Oと点Aを結ぶ。OA＝OB＝9，AB＝9より，OA＝OB＝ABであり，△OABは正三角形となる。これより，∠DBF＝60°だから，△DBFは3辺の比が$1:2:\sqrt{3}$の直角三角形である。BC＝2OB＝2×9＝18，BD：DC＝1：2より，$BD=\frac{1}{1+2}BC=\frac{1}{3}\times18=6$だから，$DF=\frac{\sqrt{3}}{2}BD=\frac{\sqrt{3}}{2}\times6=3\sqrt{3}$となる。

問2＜長さ―相似，三平方の定理＞右上図で，問1より，△DBFは3辺の比が$1:2:\sqrt{3}$の直角三角形だから，$BF=\frac{1}{2}BD=\frac{1}{2}\times6=3$となり，AF＝AB－BF＝9－3＝6となる。△ADFで三平方の定理より，$AD=\sqrt{DF^2+AF^2}=\sqrt{(3\sqrt{3})^2+6^2}=\sqrt{63}=3\sqrt{7}$となる。また，DC＝BC－BD＝18－6＝12である。次に，$\overset{\frown}{AB}$に対する円周角より∠ACD＝∠BED，対頂角より∠ADC＝∠BDEだから，△ACD∽△BEDである。よって，DC：DE＝AD：BDだから，$12:DE=3\sqrt{7}:6$が成り立ち，$DE\times3\sqrt{7}=12\times6$より，$DE=\frac{24\sqrt{7}}{7}$となる。したがって，$AE=AD+DE=3\sqrt{7}+\frac{24\sqrt{7}}{7}=\frac{45\sqrt{7}}{7}$となる。

4〔空間図形―直方体〕

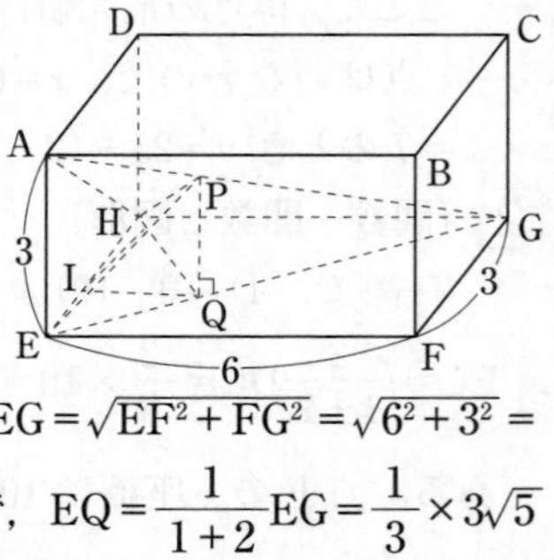

問1＜長さ―相似＞右図で，AE⊥〔面EFGH〕，PQ⊥〔面EFGH〕より，AE∥PQだから，点Qは線分EG上の点である。∠AEG＝∠PQG＝90°，∠AGE＝∠PGQより，△AEG∽△PQGだから，AE：PQ＝AG：PG＝(1＋2)：2＝3：2となる。よって，$PQ=\frac{2}{3}AE=\frac{2}{3}\times3=2$となる。

問2＜長さ―三平方の定理＞右上図で，△EFGで三平方の定理より，$EG=\sqrt{EF^2+FG^2}=\sqrt{6^2+3^2}=\sqrt{45}=3\sqrt{5}$となる。AE∥PQより，EQ：QG＝AP：PG＝1：2なので，$EQ=\frac{1}{1+2}EG=\frac{1}{3}\times3\sqrt{5}=\sqrt{5}$となる。よって，△PEQで三平方の定理より，$EP=\sqrt{PQ^2+EQ^2}=\sqrt{2^2+(\sqrt{5})^2}=\sqrt{9}=3$となる。

問3＜体積＞右上図で，三角錐P-AEHは，三角錐A-EGHから三角錐P-EGHを除いた立体と見ることができる。〔三角錐 A-EGH〕$=\frac{1}{3}\times\triangle$EGH$\times$AE$=\frac{1}{3}\times\frac{1}{2}\times3\times6\times3=9$,〔三角錐 P-EGH〕$=\frac{1}{3}\times\triangle$EGH$\times$PQ$=\frac{1}{3}\times\frac{1}{2}\times3\times6\times2=6$ だから,〔三角錐 P-AEH〕=〔三角錐 A-EGH〕−〔三角錐 P-EGH〕$=9-6=3$ である。

問4＜長さ＞前ページの図で，点Aから3点E，H，Pを通る平面に引いた垂線の長さは，三角錐 P-AEH の底面を△EHP としたときの高さである。そこで，△EHP の面積を求める。点PからEH に垂線PIを引き，点Qと点Iを結ぶ。このとき，3点P，Q，Iを通る平面は面AEFBに平行となる。QI∥GH より，EI：IH＝EQ：QG＝1：2だから，$\mathrm{EI}=\frac{1}{1+2}\mathrm{EH}=\frac{1}{3}\times3=1$ である。問2より EP＝3なので，△PIE で三平方の定理より，$\mathrm{PI}=\sqrt{\mathrm{EP}^2-\mathrm{EI}^2}=\sqrt{3^2-1^2}=\sqrt{8}=2\sqrt{2}$ となる。よって，$\triangle\mathrm{EHP}=\frac{1}{2}\times\mathrm{EH}\times\mathrm{PI}=\frac{1}{2}\times3\times2\sqrt{2}=3\sqrt{2}$ である。問3より三角錐 P-AEH の体積は3だから，△EHP を底面と見たときの高さを h とすると，$\frac{1}{3}\times\triangle\mathrm{EHP}\times h=3$ より，$\frac{1}{3}\times3\sqrt{2}\times h=3$ が成り立つ。これより，$h=\frac{3\sqrt{2}}{2}$ となる。

5 〔関数―関数 $y=ax^2$ と一次関数のグラフ〕

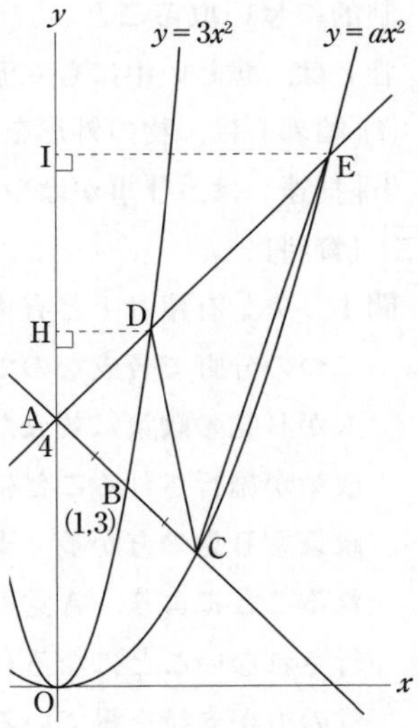

問1＜比例定数＞右図で，AB＝BCより，点Bは線分ACの中点である。A(0, 4)，B(1, 3)だから，C(m, n)とすると，点Bの x 座標について，$\frac{0+m}{2}=1$ が成り立ち，y 座標について，$\frac{4+n}{2}=3$ が成り立つ。これより，$m=2$, $n=2$ となるから，C(2, 2)である。点Cは放物線 $y=ax^2$ 上にあるから，$2=a\times2^2$ より，$a=\frac{1}{2}$ となる。

問2＜座標―相似＞右図で，△CAD：△CDE＝1：2より，AD：DE＝1：2である。2点D，Eから y 軸に垂線DH，EIを引くと，△ADH∽△AEIとなるから，DH：EI＝HA：IA＝AD：AE＝1：(1＋2)＝1：3となる。よって，DH＝t とおくと，EI＝3DH＝$3t$ となる。これより，点Dの x 座標は t，点Eの x 座標は $3t$ である。点Dは放物線 $y=3x^2$ 上にあるので，$y=3t^2$ となり，D(t, $3t^2$)である。問1より，点Eは放物線 $y=\frac{1}{2}x^2$ 上にあるので，$y=\frac{1}{2}\times(3t)^2=\frac{9}{2}t^2$ より，$\mathrm{E}\left(3t,\ \frac{9}{2}t^2\right)$ である。したがって，$\mathrm{HA}=3t^2-4$, $\mathrm{IA}=\frac{9}{2}t^2-4$ となり，HA：IA＝1：3より，$(3t^2-4):\left(\frac{9}{2}t^2-4\right)=1:3$ が成り立つ。これを解くと，$(3t^2-4)\times3=\left(\frac{9}{2}t^2-4\right)\times1$, $9t^2-12=\frac{9}{2}t^2-4$, $\frac{9}{2}t^2=8$, $t^2=\frac{16}{9}$, $t=\pm\frac{4}{3}$ となり，$t>0$ より，$t=\frac{4}{3}$ である。$3t^2=3\times\frac{16}{9}=\frac{16}{3}$ となるから，$\mathrm{D}\left(\frac{4}{3},\ \frac{16}{3}\right)$ である。

＝読者へのメッセージ＝

平方根の記号($\sqrt{\ }$)は，ドイツの数学者ルドルフによる1525年の著書で使われたのが最初といわれています。ルドルフは，上の横線のない記号(√)を使っていました。後に，フランスの数学者デカルトによって，今のような形になりました。

国語解答

一 (a) さまた　(b) 侵　(c) 収奪
(d) 途端　(e) 悲壮〔愴〕　(f) 輪郭
(g) 登用　(h) せっそく

二 問1 エ　問2 オ

三 問1 D　問2 賞讃する／嘲る
問3 Ⅰ 是　Ⅱ 非　問4 エ，オ

四 （省略）

五 問1 オ　問2 ア
問3 Ⅰ 個人
Ⅱ 家族や地域，職場〔イエやムラ，職場／ムラやイエや職場〕
問4 エ
問5 「世間」からの排除を怖れる〔感情〕
問6 エ，カ
問7 Ⅰ 自己承認
Ⅱ 自分の感覚に近い
Ⅲ 「他人」を攻撃する
問8 イ

一〔漢字〕

(a)音読みは「妨害」などの「ボウ」。　(b)音読みは「侵害」などの「シン」。　(c)「収奪」は，強制的に奪い取ること。　(d)「途端」は，あることが行われたちょうどその瞬間のこと。　(e)「悲壮」は，悲しい中にも立派でりりしいところがあること。「悲愴」は，悲しくいたましいこと。(f)「輪郭」は，物の外形を形づくっているもの。　(g)「登用」は，人材を選び出して用いること。(h)「拙速」は，仕事がはやいだけで質はよくないこと。

二〔資料〕

問1．ア．有権者1と有権者2と有権者3は，全ての分野でA党の政策に賛成というわけではないが，二つの分野で賛成なので，A党に投票することになる(…○)。　イ．金融政策では，五人のうち三人がB党の政策に賛成だが，総合の支持政党としては，多数決によりA党が選ばれるので，A党の政策が施行されることになる(…○)。　ウ．政策別にそれぞれ五人の有権者の支持を見ると，どの政策もB党の方が多く支持を得ている(…○)。　エ．総合の支持政党として，多数決でA党が選ばれることにより，A党の金融政策が施行されるので，有権者3の支持していたB党の金融政策は施行されないことになる(…×)。　オ．A党は間接選挙では勝ったが，政策別の民意ではいずれもB党の方が支持を得ているので，選挙の結果は，民意を正しく反映していないといえる(…○)。

問2．「冷凍食品や加工品，総菜」などを「活用」し，組み合わせることによって，複数の「栄養素」や「エネルギー」が摂取できる方法が，提案されている。また，「かむ力」や飲み込む力の弱くなった高齢者を助けるための調理方法の工夫や食品も，紹介されている。

三〔古文の読解―随筆〕出典；伊勢貞丈『安斎随筆』。

≪現代語訳≫ある人が質問して言うには，「元和の初年の頃のこととかいうことであるが，甲州の武田家の武士が浪人となり，町に家を借りて住み，大家へ仕えることを願う者がいたが，年月を経ても望みを遂げられなかった。(そのうちに浪人は)貧窮に迫られて餓死してしまった。死後に鎧櫃を開いて見てみると，金百両に封がしてあって軍用金という書きつけがある。武具や馬具もしまってあったということだ。この浪人を評して一方では，餓死するに至っても武具や馬具を売らず，軍用金までも使わないでおいたのは，真の武士であると賞讃《しょうさん》する人がいる。またその一方では(,)その浪人は大変な愚か者である，貧窮しているならば軍用金で米を買って食べ，餓死しないで待っていればよい主君に仕えることもあっただろうに，金を持っていながら餓死したのは愚か者以外の何者でもないと見下す人もいる。この二つの説のどちらを〈是〉とし，どちらを〈非〉としましょう，どうでしょうか」。答えて言うには，私は両方の説の是非を論ずるには及ばず，(なぜなら)その浪人は武田勝頼戦死のときに討ち死にしないで存命しただけでなく，別の君主に仕えることを望んだということは，不忠不義の者である。不忠不義であるからには他のことを評するには及ばないのである。

問１＜古文の内容理解＞ある人は，貧窮の末に餓死した浪人に対しての二つの評価のうち，どちらが正しいか「いかが」と問うている。

問２＜古文の内容理解＞「金子百両」や「武具馬具」があるのに餓死してしまった浪人のことを，「真の武士」だといって賞讃する説と，「大愚人」だといって嘲る説の二通りの評価がある。

問３＜古文の内容理解＞浪人に対しての二つの説のうち，どちらを正しい説とし，どちらを誤った説とするかという質問に対し，「予」は，二つの説の「是非」を論ずるには及ばないと答えた。

問４＜古文の内容理解＞「予」は，浪人がかつての主君である武田勝頼とともに討ち死にしなかったことと，生き延びたうえに他の主君に仕えようとしていたことを「不忠不義」だと言った。

四〔論説文の読解―社会学的分野―現代社会〕

＜要旨＞絶滅危惧を訴えるポスターに登場しているのは，「象徴種」ばかりであり，集まった資金は「主に象徴種の保護のために」使われる。しかし，「象徴種に該当しない多くの種が人知れず苦しんで」おり，多くの動植物が「絶滅の危機に直面して」いる。つまり，私たちには「近しい存在の危機を知り，そこから象徴種以外の種にも目を向け」ることが必要なのである。

五〔論説文の読解―社会学的分野―現代社会〕出典；吉見俊哉『大学は何処へ　未来への設計』。

≪本文の概要≫日本社会がコロナ禍の第一波を乗り越えたかのように見えたのは，ソーシャル・ディスタンスやステイホームと，「外」と「内」を区別する壁を立てがちな日本社会の特性がシンクロしたからである。コロナ禍に対して，欧米などが封鎖で応じたのに対し，日本は自粛で応じた。ただし，日本の自粛を作動させていたのは，個人の選択ではなく「世間」である。個人の尊厳を前提とする「社会」に対し，「世間」は個人を前提とせず，家族や地域や職場といった「身内」の中に作動する。日本人は，「身内」の中で「世間」のイメージを抱き，「世間」から排除されることを極度に恐れる。そして，現代のソーシャル・メディア環境は，その恐怖心を基盤にした同調圧力をさらに強化している。職場環境の変化などで「世間」の実体的な基盤が脆弱化している現代では，日本人は，ネット上で自己が承認されることを求め，ネット上の正義に同調し，ネットの「世間」の常識から外れる「他人」を攻撃するのである。コロナ禍で浮かび上がった「世間」の同調圧力は，日本社会の風通しの悪さを示している。

問１＜文章内容＞コロナ禍の第一波で感染者がそれほど増えなかった要因の一つとして，「圧倒的に強いヨコからの同調圧力」がある。周囲の人と同じ行動を取らなければならないと思うから，「自粛」を促されただけで，日本人は，「概ねマスクを常用」したり「外出を控え」たりしたのである。

問２＜文章内容＞「self-restraint」を直訳すると，自分自身で「restraint」，つまり自分自身で制限や拘束をするという意味になるが，日本の「自粛」は，「個人の自己選択・自己決定のあり方」を

「その社会がどのように理解しているか」によって決められる。「self-restraint」には「自己」が存在しているのに対して，日本の「自粛」は，自分の行動を「自己」が決めるのではなく，「社会」によって決められるのである。

問３＜文章内容＞「社会」が，「個人の尊厳」が「原則として認められているところ」でないと成立しないのに対し，「世間」は，「個人を前提」としていない。「世間」は，「人々の同質性や互酬関係，長幼の序」を構成原理とするもので，「家族や地域，職場」「イエやムラ，職場」など，自分が直接的に関係を持つ「身内」を基盤としている。

問４＜文章内容＞日本で「世間」の影響力が近代以降も衰えなかったのは，「イエやムラ，職場」などの「『身内』を越えた共同性の感覚が育たなかったから」である。日本人は「身内」の中でそれぞれ「『世間』のイメージ」を抱き，「そのイメージの同質性が高い」ので，自分たちの「世間」を社会的現実として信じ込むようになったのである。

問５＜文章内容＞日本人が，「世間体が悪い」とか「世間に申し開きができない」などと考え，周囲と同じような行動を取ろうとするのは，「『世間』から排除されることを極度に怖れる」からである。この恐怖が，規則を守らせ，逸脱する行為を周囲が防ぐ「同調圧力の根底にある感情」である。

問６＜文章内容＞日本では，高度成長期から「ムラやイエの感覚は失われて」いた(…エ)。加えて，九〇年代以降の「新自由主義路線」によって，「非正規雇用の増大，格差拡大」が生じ，同じ職場で働く人々の環境が変わってしまい，以前のような「職場＝身内」の感覚が崩れ始め，「世間」の実体的な基盤が脆弱になってきたために，人々は「自己承認への渇望や不安」を感じるようになっていた(…カ)。

問７＜文章内容＞日本では，職場環境の変化などで，かつての「世間」のような場が失われ，「自己承認への渇望や不安」をソーシャル・メディアで満たそうとするようになった(…Ⅰ)。そして，「ムラやイエや職場の心理的拘束力」が弱くなる中で，人々は，「自分の感覚に近いと思える発言に『いいね！』」を押し，ネットの中に新たな「世間」をつくり出すようになった(…Ⅱ)。日本人は，SNSで知り合う人たちを信頼しておらず，ツイッターでは匿名率が高いのだが，それにもかかわらず，人々は自己が承認されることを求め，ネット上での「正義」に同調し，ネットの中の「世間」の常識から外れる「他人」を攻撃するのである(…Ⅲ)。

問８＜文章内容＞「国家の目に見える強制権力」のある国では，「国家の垂直的な力とは異なる水平的な仕組み」によって社会の「風通し」が良くなるが，日本では「同調圧力」が人々を拘束するので「風遠し」が良くならないのである。

2022年度 中央大学杉並高等学校(帰国生)

【英　語】 (30分) 〈満点：50点〉

I　次の英文を読み，設問に答えなさい。(＊のついた語句には本文の最後に注があります。)

Maria Montessori was born in 1870 in Chiaravalle, Italy. Maria liked reading very much, so her parents thought Maria could become a good teacher. The Montessori family moved to Rome in 1875, and Maria began to go to elementary school. She was very interested in math and science, so she wanted to be an engineer. However, her father didn't want her daughter to be an engineer because he and many other people thought women shouldn't be engineers. At that time, only teachers and nurses were thought to be good jobs for women. When she was thirteen years old, Maria entered a "technical school" to be an engineer, although her father was unhappy about it.

She was a very smart student and got high marks in all of her subjects in the technical school. After she graduated from that school in 1886, she entered a school named **Regio Istituto Tecnico Leonardo da Vinci*. She learned natural science and math and also did very well at this school. By the time she graduated from the school, she changed her mind about her future career. However, her father got much angrier, because she wanted to be a doctor. There were no female doctors in Italy at that time. She wanted to enter the University of Rome and study medicine, but, at first, she was refused from the university because she was a woman. She went to ask a professor of the university to permit her to study medicine, but he also said no. However, she didn't give up. She went to see *the Pope! Maria asked him eagerly to let her enter the university. It was said that Leo XIII, the Pope at that time, told Maria that medicine was a *noble profession for a woman. Thanks to the Pope, Maria was allowed to enter the university and began to study medicine in the fall of 1890. She became the first woman who learned medicine in Italy.

In the university, she had a very hard time. Male students didn't want any women to be doctors, so they were not happy that Maria was on the same campus. She was a very good student and got high marks, and that made the boys angrier. Sometimes they said bad things to her, but she didn't care about that and concentrated on her studies. She was not allowed to be in the same room with male students when there was a dead human body to *examine. It was thought to be *shameful that men and women looked at a *naked body at the same time even if it was dead. So, she had to examine it alone after the class was over.

In such a hard situation, she studied very hard and got a prize of a thousand *lire in 1894. ①【highest / marks / given / the prize / the department of medicine / the / who / was / received / the student / in / to】every year. Before the graduation, all the students in the department had to give a presentation in front of a large audience. Not only students and teachers but anyone could come to see those presentations. Maria was very nervous on her presentation day because she knew male students didn't like her, and what's more, her father came to see her presentation! However, when the presentation was over, she was surprised to see all the audience clapping their hands and praising her. Everyone thought her presentation was really excellent. Maria's father felt very proud of that and ②<u>he changed his mind and helped his daughter with her career after that.</u>

Maria started to work for a *mental health clinic as an assistant doctor even before her graduation, because she was an excellent student. In the clinic, Maria was shocked to learn that mentally disabled children were treated like sick patients. Those children were given only food and locked up in a room like *prisoners. They had nothing to play with and nothing to do. So, Maria thought they needed some activities to enjoy and ③<u>something to touch and feel.</u> Maria gave them *beads to learn counting numbers and invented some cards to learn alphabets. They started to learn through those activities and were able to read and write little by little. It was a big surprise at that time.

From this experience, Maria got interested in education and thought her method was also good for "normal" children. In 1907, she was given a chance to introduce her method and opened something like a kindergarten. It was named *Casa dei Bambini*. It means "the Children's House" in English. Maria used a wooden board with a lot of holes. Children put something like a *cylinder into the right size holes on the board. Maria also gave children small wooden cubes to build a tower, a house and so on. They really enjoyed these activities, and such activities improved their abilities. Maria wrote many books and articles about her method and traveled around the world to give lectures. She helped hundreds of other teachers use her new method. Soon, models of The Children's House expanded to America, India, and many other countries. Until now, many schools, *orphanages and nursery schools follow her method, and many children develop their abilities all around the world.

（注） *Regio Istituto Tecnico Leonardo da Vinci*：レオナルド・ダ・ヴィンチ技術学校　the Pope：ローマ教皇
noble profession：高潔な職業　examine：調べる・解剖する　shameful：恥ずべき
naked：裸の　lire：リラ(当時のイタリアの通貨)　mental：精神の　prisoner(s)：囚人
bead(s)：ビーズ・小さな玉　cylinder：円柱　orphanage(s)：孤児院

問１ Which is true about Maria when she was a little child?
ア She liked math and science and was interested in being an engineer.
イ She wanted to be a good doctor and help poor patients.
ウ She was very interested in reading books and wanted to be a teacher.
エ She wanted to be a nurse to help disabled children.

問２ Which is true about Maria's father?
ア He didn't like the fact that Maria liked books and wanted to be a teacher.
イ He was more interested in engineering and medicine than Maria was.
ウ He didn't want Maria to study medicine and become a doctor.
エ He was not happy when Maria made a presentation about medicine.

問３ Why did Maria have a hard time at the university?
ア Many other male students studied very hard and Maria had to study a lot, too.
イ Maria didn't want to see a naked dead body with other male students.
ウ Maria had to examine a naked dead body after class with no classmates around.
エ Maria couldn't study enough because male students said something bad to her.

問４ 下線部①が「その賞は，医学部で最も優秀な成績を修めた生徒に毎年与えられた。」という意味になるように，【　】内の語(句)を並べ替えなさい。ただし，文頭に来る語(句)も小文字で示してある。

問5　下線部②について，Mariaの父がこのように変化したのはなぜか，30字以上40字以内の日本語で答えなさい。(句読点を含む)

問6　下線部③の具体例を，本文中から二つ，それぞれ英語一語で抜き出しなさい。

問7　“The Children's House”について，正しいものをア～エから一つ選び，記号で答えなさい。

ア　The House was made for mentally disabled children.

イ　Children built a tower or a house to live in.

ウ　“Children's Houses” were made in many countries.

エ　Children played with a lot of holes in the ground.

問8　本文の内容と一致するものをア～ケから三つ選び，記号で答えなさい。

ア　Maria's parents thought their daughter should write books because she liked reading books.

イ　The technical school gave a lot of money to Maria because she was an excellent student there.

ウ　Maria went to see the Pope because she wanted him to talk with her father about her career.

エ　Male students in the university were not happy that Maria got higher marks than them.

オ　Maria was chosen to make a presentation before her graduation because she was an excellent student.

カ　When Maria was a university student, she was already working for a hospital to help other doctors.

キ　Maria's method was not useful for mentally disabled children, but good for “normal” children.

ク　She made “the Children's House” because becoming a teacher was her dream since her childhood.

ケ　Maria's teaching method has been used not only in Italy but in many other countries.

II　次の英文を読み，下線部①～③を英語に直しなさい。

The History of Coffee

Coffee is very popular around the world and we drink it in large quantities. It is said that 2.25 billion cups of coffee are consumed each day worldwide.

Where did coffee first come from? ①その起源については多くの伝説があるが，どのように，また，いつコーヒーが発見されたのかは誰も知らない。 The most popular origin story of coffee starts with Kaldi and his goats in Ethiopia in 700 AD.

According to the legend, Kaldi discovered coffee when he noticed that ②ある木から赤い実を食べた後，彼のヤギはとても活発になって，夜に眠りたがらなくなってしまった。 Kaldi reported his findings to a local monk, who made a drink with the red berries and found that it kept him awake through the long hours of evening prayer. However, ③カルディがその実を分けてあげた別の僧侶は，その話を信じずに，その実を火の中に投げ捨ててしまった。 The result was a wonderful, pleasing aroma which became the world's first roasted coffee.

Though the story of Kaldi cannot be proven to be true, one thing is certain : coffee came from Ethiopia.

【数　学】（30分）〈満点：50点〉

（注意）定規，コンパス等の作図道具および計算機の使用は禁止です。

1　次の計算をしなさい。

$$\sqrt{3}(\sqrt{2}-\sqrt{6})-\sqrt{48}\div\sqrt{2}+\frac{6}{\sqrt{2}}$$

2　次の式を因数分解しなさい。

$$2(x-6)^2-3(x-6)(x-2)$$

3　図において，点Dは辺BCを4：1に，点Eは辺ACを1：1に，点Fは辺ABを3：2に分ける点です。このとき，次の三角形の面積比を，それぞれもっとも簡単な整数の比で答えなさい。

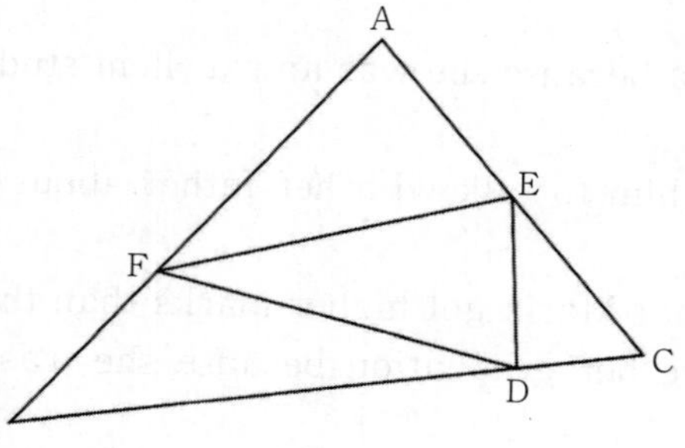

問１　△CED：△ABC

問２　△DEF：△ABC

4　図において，線分ABとCDは円Oの直径で，点Eは線分ODの中点です。AEとCDが垂直のとき，次の問に答えなさい。

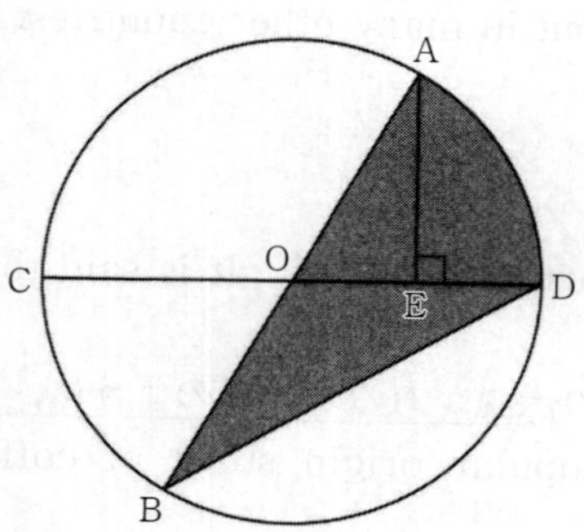

問１　∠ABDの大きさを求めなさい。

問２　円Oの半径が2であるとき，部分の面積を求めなさい。ただし，円周率はπを用いること。

5　図のように，１，２，３，４の数字が１つずつ書かれた４枚のカードと，１，２，３の数字が１つずつ書かれた３つの箱があります。この４枚のカードをよくきって，１枚ずつ３回ひき，順に箱に入れることにします。１回目にひいたカードは，１の数字が書かれた箱に入れます。２回目にひいたカードは，２の数字が書かれた箱に入れます。３回目にひいたカードは，３の数字が書かれた箱に入れます。

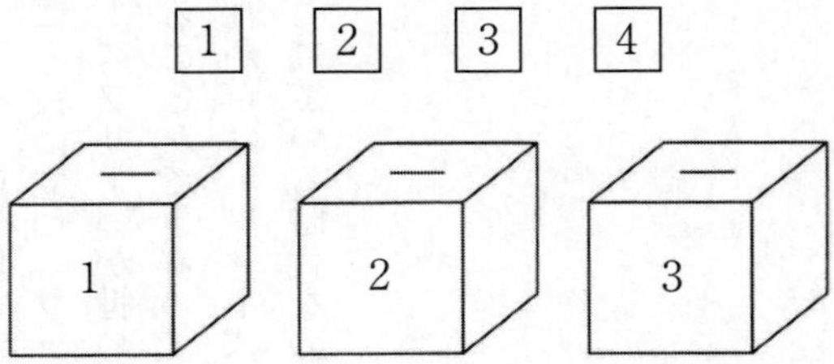

このとき，箱に入っているカードの数字と，その箱に書かれた数字が１組だけ同じになる確率を求めなさい。ただし，ひいたカードは，もとにもどさないこととし，どのカードのひき方も同様に確からしいものとします。

6　図のように，２つの関数 $y=ax^2\ (a>0)$ …①，$y=\dfrac{b}{x}\ (b<0)$ …②のグラフがあり，２点A(6, 9)，B$(t,\ 4)$は①上の点です。ただし，$t<0$ とします。また，直線ABと②の交点の１つをCとするとき，Cの x 座標は -2 です。このとき，次の問に答えなさい。

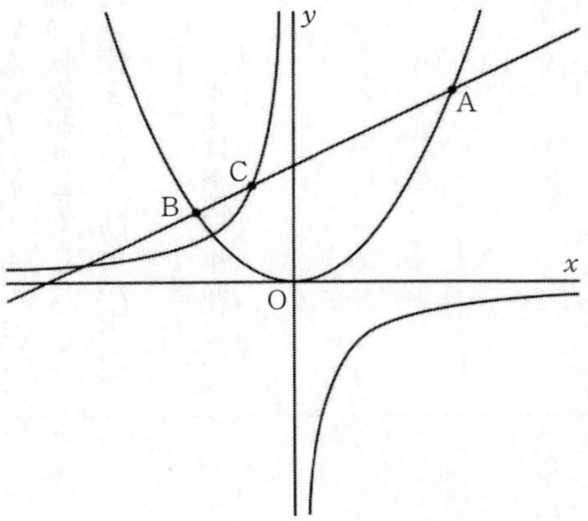

問１　a の値を求めなさい。

問２　t の値を求めなさい。

問３　b の値を求めなさい。

問４　②のグラフの $x>0$ の部分に，ADが x 軸と垂直に交わるように点Dをとるとき，△BCDの面積を求めなさい。

例えば、今、模様と一体化した目盛りを入れ、計量カップとして使えるようにした紙コップが売れている。ポップな色使いで普段でも使い勝手がよいし、災害時は赤ちゃんの粉ミルクや離乳食を作る際の計量カップとして重宝する。要は、災害時の悩みを解決できる商品を提案すれば、皆に選ばれるようになっていくのだ。

I市のクリーンセンター（ごみ焼却施設）も、紙コップと同様の優れた発想から生まれている。この施設はごみ焼却だけでなく、非常時に避難スペースを提供できる十分な広さや避難所へ即座に電力供給できる優れた機能を有している。つまり、災害がおきたときに地域に貢献できる素晴らしい施設なのだ。しかもそれだけに留まらず、I市はさらに日常的に市民に馴染む施設づくりを目指した。普段はスポーツやイベントを楽しめる施設として広大な緑地を開放し、多くの人が集う場にする。こうして地域住民のコミュニティに対する付加価値を上げながら、「市民の憩いの場」と「防災拠点」を兼ね備えた愛される施設へと成長を遂げた。

紙コップにもクリーンセンターにも共通する考えは、日常時のフェーズと非常時のフェーズを分けるのではなく、日常時にも非常時にも役に立つ「フェーズフリー」という概念の利用である。「フェーズフリー」が世の中に広がれば、備えていない人たちをもっと守ることができるのではないか、という発想の転換が功を奏した。これからは、フェーズフリーの概念を用いた「備えない」防災が求められている時代なのだ。

（本文は本校で作成した）

ては学習できる範囲が俳句のフォーマットや文法に限られていると反論している。

イ　筆者は、たとえいまのコンピューターであっても、多くの作例から「俳句の文法」を抽出することはできないと反論している。

ウ　筆者は、人間があらかじめよい俳句と悪い俳句を教え込まないと、コンピューターは何がよい俳句であるかについて価値判断ができないと反論している。

エ　筆者は、コンピューターが俳句の「よさ」を統計的に処理することは得意であるものの、俳句の「よさ」そのものを理解することはできないと反論している。

問5　――線部(4)「人間がプログラムすることを考えても、文法はプログラムできますが、『よさ』をプログラムすることは絶望的です」とありますが、それはなぜですか。その理由として最も適当なものを次の中から選び、記号で答えなさい。

ア　囲碁よりも俳句の方が、変化してゆく状況がはるかに複雑だから

イ　車の自動運転やチェス、将棋、囲碁よりも藝術作品の方が高尚だから

ウ　優れた俳人の名句から、それらの「よさ」を言葉で定義づけることは不可能だから

エ　AIが生み出す俳句の新しい「よさ」を人間が理解することはできないから

問6　本文の内容と合致しないものを次の中から一つ選び、記号で答えなさい。

ア　川野洋さんの論文に記載されている俳句の中に悪くない作があるのは、川野さんがコンピューターに与える語を選択したのと作られた句を選別したためである。

イ　偶然による発見はセレンディピティと呼ばれるが、それは現在のコンピューターにおいても欠かせない機能となっている。

ウ　いまのコンピューターの性能がさらに向上すれば、俳句の文法にしたがったよい俳句を生み出すことが予想される。

エ　コンピューターで俳句を創造することが難しいのは、コンピューターに何をさせたらいいのかが明確に決められないからである。

オ　コンピューターとは異なり、人間は今までになかった新しい価値観を創造することができる。

二

次の文章を①~③の条件にしたがって、八十字以上百字以内で要約しなさい。

① 三文で要約すること
② 第二文の書き出しを「しかし」、第三文の書き出しを「つまり」で始めること
（……。しかし……。つまり……。）
③ 解答欄の一マス目から書き始め、句読点も一字に数えること

長期にわたり常温保存できるように乾燥させているアルファ米、空気を入れれば簡易ベッドになるエアマット、大容量バッテリー搭載の多機能ラジオ…。これまで防災というと、私たちは非常時に使うことができる、特別な防災用グッズを備蓄するように努めていた。

ところが、これらの特別なアイテムを「備える」ことは面倒だと感じてしまう人は少なくないだろう。備蓄は「確かに必要だ」と自覚しているものの、ついつい後回しにしたまま日々を過ごしてしまう。災害が発生すれば困ることは十分予想されるのに、日常的な使用頻度《ひんど》が低いため、「備えるのはまた今度でいいや」となりがちなのだ。皆がいつか来る日のために防災グッズを準備しておく、というのはなかなか難しい。

このような現状において、最近は、普段から便利に使え、防災にも役立つものが注目されている。

文法の学習の場合と同様のプロセスを考えてみます。学ばせる作例を、よいものと不出来なものに分けて与えるなら、コンピューターが句の価値の判定法を学習することを、少なくとも期待できます。あらかじめ作例をよいものと悪いものに分けることは人間の仕事ですが、咎《とが》めだてするには及びません。わたしたちも、学校で俳句を学んだとき、同じようにしています。問題は、これらの作例からコンピューターが何を抽出できるか、ということです。コンピューターの学習とは、与えられた作例の共通要素を統計的に抽出することです。俳句の文法のようにかたちや組み合わせに関するものは、学習が可能です。しかし、「よさ」や「拙さ」は、既に個々の作例においてその要素を特定することが、困難です。当然、それを統計的に処理することはさらに難しく、不可能ではないかと思われます。(4)人間がプログラムすることを考えても、文法はプログラムできますが、「よさ」をプログラムすることは絶望的です。

　藝術作品の「よさ」の判断の難しさを理解するために、囲碁や将棋よりはるかに単純な事例として、車の自動運転を考えてみましょう。センサーによって状況を把握したなら、それに応じて最も適切とされる対応を指令する、というのがAIの仕事です。そしてそれは実現され、完成に近づいています。ここには二つの重要な判断が含まれています。状況の把握と適切なアクションの選択です。コンピューターがこれらの判断をできるのはなぜでしょう。それは、仕事の目的と目前の状況に対してとるべきアクションがはっきりしているからです。車の運転の目的は安全に、言い換えれば何にも接触せずに、できるならなるべく早く目的地に着くように進むことです。そのために運転者のなすべきアクションは、速度をコントロールすることと、車線変更を含めて進路を調整することです(この二つはアクセル/ブレーキとハンドルの操作に対応します)。実際の製品開発には、さまざまな問題があるでしょうが、このように限定された課題に対して答を出すことは、コンピューターの得意とする仕事です。囲碁の場合は、変化してゆく状況がはるかに複雑ですが、目的はやはりはっきりしています。すなわち、相手を負かすこと、そのためにはより大きな「(C)ジンチ」を作ることです。

　それにひきかえ、俳句のような小さなサイズのものであっても、藝術作品を作ることが難しいのは、仕事の目的が決まっていないからです。それはおかしい、目的は明白、よい句を作ることだ、とおっしゃいますか。もちろん、わたくしにも異論はありません。しかし、句のよさとは何でしょう。宇宙感覚をたたえた芭蕉、官能的な蕪村、諧謔《かいぎゃく》的な軽みの一茶の名句をまとめて「よさ」とはこうだ、と言えるでしょうか。ことばで規定できなければ、コンピューターに指令を与えることはできませんし、コンピューターの自力学習もその「よさ」にたどり着くことは極度に困難です。しかも、後から来た俳人は、新しい「よさ」をつくり出します。言い換えれば目的そのものを作り出します。それが製作とは異なる創造の特性です。原理的に、これはコンピューターにはできないことです。

(佐々木健一『美学への招待　増補版』より)

問1　――線部(A)～(C)のカタカナを漢字に改めなさい。

問2　――線部(1)「価値判断」とありますが、人間がコンピューターに俳句を作らせる上で必要となってくる「価値判断」を波線部(ア)～(カ)の中から二つ選び、記号で答えなさい。

問3　――線部(2)「この俳句は、コンピューターが作ったと言えるでしょうか。言えません」とありますが、その理由を次のように説明しました。空欄に当てはまる適当な語句を本文中から抜き出しなさい。

　コンピューターが作った俳句は、青かびからペニシリンが発見されたのと同様、[I (5字)]に過ぎず、ひとがその俳句に対して[II (9字)]ことによって初めて藝術作品となるから

問4　――線部(3)「ただちに反論が来そうです」とありますが、筆者はこの「反論」に対してさらなる反論を行なっています。その内容として最も適当なものを次の中から選び、記号で答えなさい。

ア　筆者は、コンピューターにも学習能力はあるが、俳句につい

二〇二二年度 中央大学杉並高等学校（帰国生）

【国語】（三〇分）〈満点：五〇点〉

一 次の文章を読んで、後の設問に答えなさい。

美学において問題となるAIとは、コンピューターに藝術《げいじゅつ》作品が作れるか、という問題です。学生時代に、川野洋さんという大先輩がおられました。その川野さんから、コンピューターで作った俳句についての論文を頂いたことがあります。そこに挙げられている句のなかには、悪くない作もありました。その作り方としてわたくしが理解しているのは次のようなものです。まず、(ア)俳句のフォーマットをプログラムする必要があります。これはどなたもご存じのように、さほど複雑なものではありません。三句に分かれ、それぞれに字数の規定があること、(イ)季語を入れること、場合によっては(ウ)切れ字を活用すること、それに簡略化された文法などがそれに当たります。他方で、(エ)素材として語、語句を与える必要があります。ここで最初の選択が行われたはずです。国語辞典まるまるではなく、作品の主題のまとまりを考え、それに適合するような単語を与えたものと思います。国語辞典を一冊与えて、収録語彙のあらゆる組み合わせを行えば、アウトプットはあまりに膨大なものとなり、手に負えなくなるからです。手に負えないというのは、コンピューターが作り出した作のなかから、成果として論文に記載することのできるようなものを、川野さんが選んでおられたからです。コンピューターは良し悪しの判断なしに、可能なあらゆる組み合わせを生み出します。そのなかから(オ)使い物になるものを選別する仕事は、人間がすることになります。(カ)コンピューターに藝術作品を作らせるという試みは、現在も続いています。しかし、最後の(1)価値判断に関わるこの基本的な構造は変わっていないと思います。

(2)この俳句は、コンピューターが作ったと言えるでしょうか。言えません。立ち入って説明することはできませんが、創造のプロセスは、生み出すこととその結果の良し悪しを判断することの二拍子で構成されます。ひとはこの区別をせずに「生み出す」ことを重視しますが、このなかで重要なのは、実は生み出すことではなく、判断することです。生み出すことは一種の提案であり、それが偶然の産物であっても構いません。細菌学者のフレミングは、放置しておいた細菌の(A)バイヨウ皿のなかに、青かびの生えたものがあり、その周囲では細菌が消えていることに気づいて、ペニシリンの発見という成果を得ました。偶然による発見はセレンディピティと呼ばれ、その重要性が注目されるようになっています。しかし、それが重要なものとなるのは、発見に意味と価値を認めるひとの判断があってのことです。判断能力がなければ、セレンディピティは無意味です。フレミングの場合も、そのバイヨウ皿の変化に意味を認めた専門家は、かれの周囲にいなかったと言います。コンピューターには、この判断ができません。

(3)ただちに反論が来そうです。自動車の自動運転や、チェス、将棋、さらには囲碁のコンピューター対決などのホットな話題を思い起こされた方は、このようにコンピューターにも判断ができているではないか、とおっしゃることでしょう。その通りです。判断の機能を識別、ふるい分けと見做《みな》すなら、コンピューターにも可能な判断があります。その能力は学習能力に基づくものです。俳句を作るという例を挙げましたが、その際、「俳句の文法」を人間があらかじめプログラムする、という手順でお話ししました。しかし、いまのコンピューターなら、多くの作例を与えることによって、コンピューターが「俳句の文法」を学習することができる、ということです。この場合の「学習」とは、俳句を作れという命令を与えられたとき、俳句の文法にのっとった語句の並びを作ることができる、という意味です。(B)セイドを上げるなら、相当によい句を生み出すことができそうです。では、その「よさ」の判断についても、コンピューターは学習できるでしょうか。

2022年度／中央大学杉並高等学校(帰国生)

英語解答

I 問1 ア　問2 ウ　問3 ウ

問4 The prize was given to the student who received the highest marks in the department of medicine

問5 (例)マリアのすばらしい卒業発表を多くの人が褒めたので，それをとても誇りに思ったから。(40字)

問6 beads, cards　問7 ウ

問8 エ，カ，ケ

II ① (例)Nobody knows how or when coffee was discovered, though there are many legends about its origin.

② (例)after eating the red berries from a tree, his goats became so active that they did not want to sleep at night.

③ (例)another monk who Kaldi shared those berries with did not believe the story and threw them into the fire

数学解答

1 $-\sqrt{6}$

2 $-(x-6)(x+6)$

3 問1 1：10　問2 7：25

4 問1 30°　問2 $\frac{2}{3}\pi+\sqrt{3}$

5 $\frac{3}{8}$

6 問1 $\frac{1}{4}$　問2 -4　問3 -10

問4 $\frac{32}{3}$

国語解答

一 問1 (A) 培養　(B) 精度　(C) 陣地

問2 (エ)，(オ)

問3 I 偶然の産物

II 意味と価値を認める

問4 ア　問5 ウ　問6 イ

二 (例)防災グッズを準備しておくのは難しい。しかし最近は，普段から使え，防災にも役立つものが注目されている。つまりこれからは，日常時のフェーズと非常時のフェーズを分けないフェーズフリーの防災の時代なのである。(100字)

2021年度　中央大学杉並高等学校（推薦）

【英　語】（20分）〈満点：20点〉

1　次の各組から正しい英文を一つずつ選び，記号で答えなさい。

1．ア　What a beautiful lake is this!
　イ　I am looking forward to hear from you soon.
　ウ　Can I have cold something to drink?
　エ　I bought a ring for her as her birthday present.

2．ア　I want a new camera because I will buy one.
　イ　He is old enough to drive a car.
　ウ　I have been in my room then.
　エ　He thanked me to teach him English.

3．ア　Some friends of me are thinking about studying abroad.
　イ　We could enjoy to watch the movie yesterday.
　ウ　I was spoken to by a stranger yesterday.
　エ　He isn't a soccer fan, isn't he?

2　次の会話文の空欄［1］～［3］を補うのに最もふさわしい文を下のア～コからそれぞれ選び，記号で答えなさい。

1．A：How was your weekend?
　B：It was OK.　How about you?
　A：［　1　］

2．A：I think watching television is such a waste of time.
　B：Do you?　Why?
　A：［　2　］

3．A：Karen, are you all right?
　B：I don't feel well.
　A：［　3　］

ア　I'm glad to hear that.
イ　I don't think watching television is boring.
ウ　Thanks a lot.
エ　Not so great.
オ　I feel just fine.
カ　We spend hours and hours just sitting there.
キ　You are fine.
ク　Do you have a fever?
ケ　Watching dramas and movies is very exciting, right?
コ　I don't have a headache.

3 次の日本語を英語に直しなさい。

1．彼は私にどのくらい長く英語を勉強してきたのか尋ねた。

2．本を読むのと音楽を聴くのと，どちらが好きですか。

4 次の英文を読み，設問に答えなさい。（＊のついた語句には本文の最後に注があります。）

Hawaii is a truly beautiful place. It is famous for its lovely beaches and warm ocean. Hawaii is also a land full of *legends. There are several old stories about the Hawaiian Islands. One of the oldest legends is about a special dance called the hula. The dance started there more than three hundred years ago.

One hula teacher tells how the dance started. "A legend tells us that the hula was started by *Hi'iaki and her good friend, *Hopoe. They went down to the beach and saw the waves. Then, they started to *imitate the waves with their hands. ①<u>That's how the hula started.</u>"

However, not everyone has always liked the hula. In 1820, people from Western countries came to Hawaii. The visitors were surprised by the hula because the dancers were not wearing a lot of clothes. They were so shocked and asked the queen of Hawaii to *ban the dance.

After that, for almost sixty years Hawaiians were not allowed to perform the hula. But that did not mean the dancing stopped. Many dancers still performed the hula in secret.

Years later, people in Hawaii became interested in Hawaiian culture again. These days, people of all ages are interested in learning about the *ancient culture of Hawaii, especially the hula. They want to learn how to dance the hula, so many people take hula lessons at *halaus*. *Halaus* are special schools and people learn the hula there in the traditional way. These schools teach not only how to dance the hula but also the traditional values of the dance.

Kumano Palini Kulala is a famous hula teacher. ②<u>He thinks【bring / the best / the hula / way / is / the ancient Hawaiian culture / to / to】people today.</u> He says that the dance is not really about the body. He explains his thoughts: "The hula is not just how you move your body. It is also a mental and *spiritual thing. You need to understand ③<u>this</u> when you dance the hula." With the help of people like Kumano the hula has become an important part of Hawaiian life and culture once again. Because of this there are now many hula festivals in Hawaii. The most important hula *competition is held in the city of Hilo every year. Dancers from all of the Hawaiian Islands come together at this festival. In the competition, the *judges look at the dancers' dance. They also look at the colors and designs of the dancer's costumes. The dancers carefully choose the flowers for their costumes because they are very important, too.

Today in Hawaii, the ancient hula dance is not done in secret; it's a part of everyday life. It has become an important tradition for Hawaiians once again. They can practice and perform it anywhere, and they can see it at various festivals. This tradition will continue for years and years to come.

（注） legend(s)：伝説　Hi'iaki, Hopoe：ハワイの伝説に登場する女性たち
imitate：～の真似をする　ban(ned)：禁止する　ancient：古代の
spiritual：霊的な，魂の　competition：コンテスト　judge(s)：審査員

1．下線部①について，本文の内容と一致するものをア～エから一つ選び，記号で答えなさい。

ア　People from Western countries came to Hawaii and taught people how to do the hula.

イ　Hi'iaki and Hopoe learned the hula more than three hundred years ago.

ウ　A Hawaiian girl took lessons from Hi'iaki and Hopoe and started the hula.

エ　Two women in the legend moved their hands like the waves when they danced.

2．下線部②が「彼は，フラダンスは古代のハワイ文化を現代の人々にもたらす最もよい方法だと考えている。」という意味になるように，【　】内の語(句)を並べ替えなさい。

3．下線部③ this の内容を30字以上40字以内の日本語で書きなさい。(句読点を含む)

4．本文の内容と一致するものをア～キから二つ選び，記号で答えなさい。

ア　Hawaiians must not perform the hula if they haven't learned how to do it at *halaus*.

イ　Although the hula was banned, many Hawaiians kept dancing it secretly.

ウ　People from Western countries didn't allow the hula because they couldn't dance it well.

エ　Hawaiians forgot how to perform the hula because they couldn't dance it for a long time.

オ　Older people built *halaus* because they wanted to remember the ancient culture.

カ　In the most important hula competition, not only the dance but also the costumes are important.

キ　Hawaiians of today need to do the ancient hula dance in secret.

【数　学】（20分）〈満点：20点〉

（注意）定規，コンパス等の作図道具および計算機の使用は禁止です。

1　次の計算をしなさい。

$(3+\sqrt{3})(7-\sqrt{3})-(2+\sqrt{3})^2$

2　右の表は，カーディガンを作るのに必要な毛糸玉とボタンの個数と定価です。毛糸玉300玉，ボタン135個を余すことなくすべて使うとき，次の問に答えなさい。

	毛糸玉	ボタン	定価
大人用	10玉	5個	3000円
子供用	8玉	3個	2400円

問１　作った大人用のカーディガンの枚数を求めなさい。

問２　大人用１枚と子供用１枚の合わせて２枚を購入する客に対しては，定価の10％引きで販売します。作ったカーディガンを完売したとき，売り上げ金額の最小値を求めなさい。

3　点Oを中心とする円において，$l \parallel m$ のとき，下の問に答えなさい。

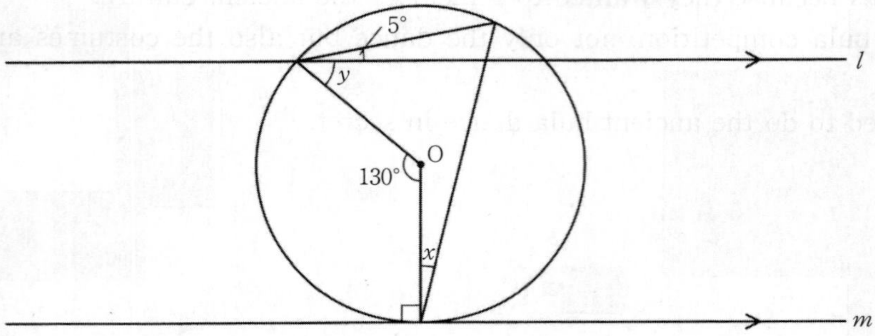

問１　角 x の大きさを求めなさい。

問２　角 y の大きさを求めなさい。

4　次の図の長方形ABCDにおいて，辺BC上にBP＝1となる点P，辺CD上にDQ＝2となる点Qをとり，線分BQと線分DPの交点をRとします。このとき，下の問に答えなさい。

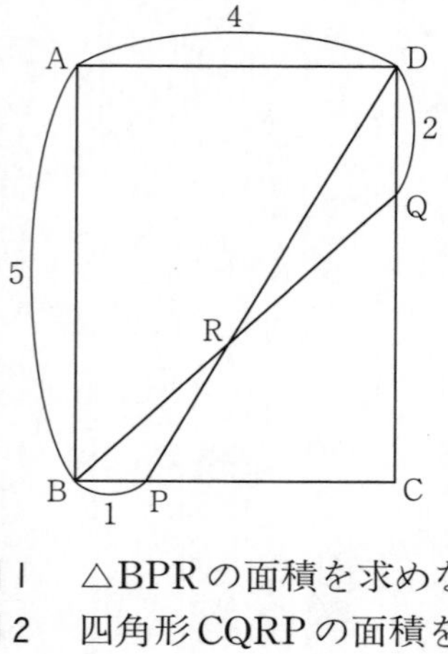

問１　△BPRの面積を求めなさい。

問２　四角形CQRPの面積を求めなさい。

5 図のように，$y=ax^2(a>0)$のグラフがあり，点P，Qのx座標はそれぞれ-4，6です。点Qからx軸におろした垂線の交点をH，PQの傾きが$\frac{1}{2}$であるとき，下の問に答えなさい。

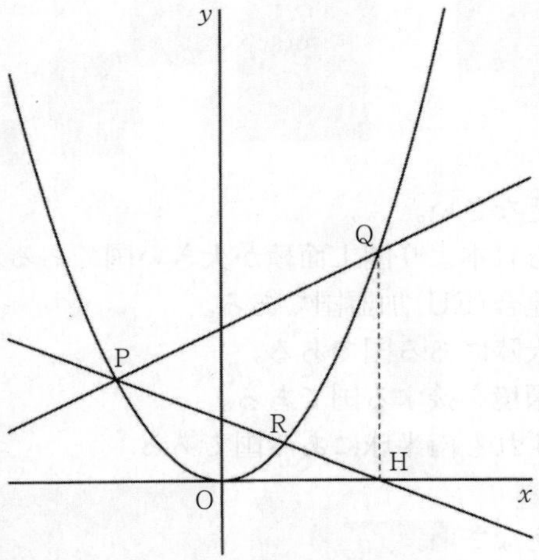

問１　aの値を求めなさい。
問２　$y=ax^2$ とPHの交点Rの座標を求めなさい。
問３　△PQRの面積を求めなさい。

【社　会】（20分）〈満点：20点〉

1　次のア～オのうち，平野とそこに位置する都市の組み合わせとして正しいものを二つ選んで記号で答えなさい。

ア　十勝平野－札幌市　　イ　庄内平野－秋田市

ウ　濃尾平野－岐阜市　　エ　讃岐平野－高松市

オ　筑紫平野－鹿児島市

2　次のア～オのうち，正しいものを二つ選んで記号で答えなさい。

ア　インド・オーストラリア・アメリカ合衆国は，いずれも日本より国土面積が大きい国である。

イ　イタリア・ギリシャ・ロシアは，いずれもヨーロッパ連合(EU)加盟国である。

ウ　エチオピア・キューバ・ガーナは，いずれもアフリカ大陸にある国である。

エ　モンゴル・中国・フィンランドは，いずれもロシアと国境を接する国である。

オ　カンボジア・ニュージーランド・アルゼンチンは，いずれも南半球にある国である。

3　次のア～オのうち，正しいものを一つ選んで記号で答えなさい。

ア　北海道には有珠山などの火山があり，火山のまわりにわく温泉や火山の噴火によってできたカルデラ湖が観光資源となり，多くの観光客をひきつけている。

イ　愛知県の豊田市周辺では，かつては石炭と鉄鉱石の採掘がさかんにおこなわれ，鉄鋼を作る技術が発達した。戦後には，その技術を土台に自動車生産がおこなわれるようになった。

ウ　九州南部では，温暖な気候を生かした野菜の促成栽培がさかんにおこなわれている。宮崎平野ではキャベツやレタスの生産量が，熊本平野ではりんごの生産量が多い。

エ　瀬戸内地方は，夏の季節風が中国山地に，冬の季節風が四国山地にさえぎられるため，一年中温暖で降水量が少ない。

オ　日本の最東端に位置する島は択捉島，日本の最西端に位置する島は尖閣諸島の魚釣島である。

4　次のア～オのうち，正しいものを一つ選んで記号で答えなさい。

ア　中国では，1970年代末まで沿岸部のシェンチェン（深圳）やアモイ（厦門）などに外国企業を受け入れる経済特区を設けて工業化を進めてきたが，国内の工業化が進んだ1980年代からは外国企業の受け入れを制限し，政府の計画に沿って生産がおこなわれるようになった。

イ　19世紀後半から20世紀前半にかけて，アフリカ大陸の大部分がヨーロッパ諸国の植民地として分割された。20世紀後半に多くの国が独立し，独立後は，英語やフランス語など植民地時代の本国の言語を公用語とする国はなくなった。

ウ　ドイツでは穀物栽培と家畜の飼育を組み合わせた混合農業が，デンマークやオランダでは乳牛を飼いバターやチーズを生産する酪農が，イタリアではオリーブや小麦を栽培する地中海式農業がおこなわれてきた。

エ　20世紀後半から，アメリカ合衆国の北緯40度以北のサンベルトと呼ばれる地域で先端技術産業が発達した。とくに，シカゴ郊外にあるシリコンバレーでは，先端技術産業にかかわる大学や研究機関，ICT関連の企業が集中している。

オ　オーストラリアやニュージーランドでは，イギリスから移民した人々によって社会が形成されてきたことから，現在でも先住民の社会的権利は保障されず，彼らの伝統文化は抑圧されている。

5 次の表は，東南アジア諸国連合(ASEAN)の全加盟国の「面積」「人口」「国民総所得」「主な宗教」についてまとめたものである。下の問い(1)(2)に答えなさい。

	面積（千km^2）	人口（千人）	国民総所得（億ドル）	主な宗教（%）
A	0.72	5804	3060	仏教33.3 キリスト教18.3 イスラム教14.7
B	5.77	433	127	イスラム教80.4 仏教7.9 キリスト教3.2
C	181	16487	198	仏教96.9 イスラム教1.9 キリスト教0.4
D	237	7169	156	仏教66.8 キリスト教1.5
E	300	108117	3835	キリスト教92.7（カトリック81.1）イスラム教5.0
F	330	31950	3052	イスラム教60.4 仏教19.2 キリスト教9.1
G	331	96462	2067	仏教7.9 カトリック6.6 ホアハオ教1.7
H	513	69626	4105	仏教83 イスラム教9 伝統信仰2.5
I	677	54045	647	仏教74 プロテスタント6 イスラム教3
J	1911	270626	9334	[あ] 87.2 [い] 9.9

『データブック オブ・ザ・ワールド 2020年版』(二宮書店)より作成

(1) 表のAとHにあてはまる国名を記しなさい。

(2) 表の[あ]・[い]には以下のア～オのいずれかの宗教が入る。このうち，[あ]に入る宗教を次のア～オから一つ選んで記号で答えなさい。

ア キリスト教　イ 仏教　ウ イスラム教

エ ヒンドゥー教　オ 伝統信仰

6 次のア～オのうち，正しく組み合わされているものを一つ選んで記号で答えなさい。

ア	奈良時代	万葉集が編集される	法隆寺金堂が建造される
イ	平安時代	古今和歌集が編集される	平等院鳳凰堂が建造される
ウ	鎌倉時代	枕草子が著される	東大寺南大門が建造される
エ	室町時代	南総里見八犬伝が著される	日光東照宮陽明門が建造される
オ	江戸時代	東海道中膝栗毛が著される	中尊寺金色堂が建造される

7 次のア～オのうち，A・B・Cが時代順に正しく並んでいるものを二つ選んで記号で答えなさい。

ア A 仏教の力で国家を守るために国ごとに国分寺が建立された。
　B 豪族が私的に土地を支配する仕組みを改めて，公地公民制をめざす方針が示された。
　C 遣隋使が派遣され中国の進んだ文化を取り入れた。

イ A 戸籍にもとづいて6才以上の男女に口分田を与える仕組みが定められた。
　B 坂上田村麻呂が東北地方に派遣され蝦夷の勢力を抑えた。
　C 平清盛が瀬戸内海の航路を整え兵庫の港を修築するなど日宋貿易に力を入れた。

ウ A 大名が幕府の許可なく城を修理したり，大名どうしが幕府に無断で縁組みをしたりすることを禁止する武家諸法度が定められた。
　B 国ごとに守護を，荘園や公領ごとに地頭を設置する制度が開始された。
　C 御家人が質入れや売却などで失った所領を回復させるため，永仁の徳政令が発布された。

エ A スペインの援助を受けたマゼランの艦隊が世界一周をなしとげた。
　B イエズス会の宣教師であるザビエルがキリスト教を伝えるために来日した。
　C 西ヨーロッパ諸国の王や貴族が十字軍を組織してエルサレムに向かった。

オ A 農村において，有力な農民を中心に惣と呼ばれる自治組織が作られた。
　B 朱印状を得た豪商や大名が東南アジアの港へ貿易船を派遣した。
　C 綿織物業において，製品を分業で生産する工場制手工業が始まった。

8 次のア～オのうち，正しいものを二つ選んで記号で答えなさい。

ア 大正期には護憲運動や普通選挙運動が展開された。この時代の民主主義的改革を要求する風潮を大正デモクラシーと呼ぶ。

イ 日米関係が悪化する中，政党はみずからの発言力を強化するために，大政翼賛会に結集し軍部に対抗しようとした。

ウ 世界恐慌からの回復をめざして，イギリス・フランス・アメリカは外国商品に対する税を廃止することで自由貿易を展開した。

エ 条約改正を進めた小村寿太郎は，イギリスと交渉した結果，条約改正に成功し，領事裁判権の廃止と関税自主権の回復を実現した。

オ アメリカ人のフェノロサに学んだ岡倉天心は，日本美術の素晴らしさを海外に広めた。

9 次のア～オのうち，正しいものを二つ選んで記号で答えなさい。

ア 1993年に自由民主党が日本共産党を除く野党と連立して細川護熙内閣が成立すると，55年体制は終了した。

イ 高度経済成長期には，三種の神器と呼ばれた電気洗濯機・電気冷蔵庫・テレビなどの家電製品が普及するようになった。

ウ 1951年に成立した日米安全保障条約の不備を修正するために，1960年に自由民主党と日本社会党が共同で安保条約改定を推進した。

エ 田中角栄内閣によって日韓基本条約が結ばれ，日本と韓国との国交が正常化した。

オ 湾岸戦争後，国連平和維持活動などのため，自衛隊を海外に派遣するようになった。

10 日本国憲法の内容について述べた次のア～カのうち，正しいものを二つ選んで記号で答えなさい。

ア　最高裁判所および下級裁判所の裁判官の任期は10年で，再任されることができる。

イ　裁判官は心身の故障のために職務を執ることができないと決定された場合以外は罷免されない。

ウ　衆議院で内閣不信任の決議案が可決された場合，内閣は30日以内であれば衆議院を解散することができる。

エ　内閣は，衆議院の解散中に緊急の必要があるときは，参議院に緊急集会を求めることができる。

オ　両議院は国政調査権を行使することができる。しかし，証人の出頭や証言を要求することはできない。

カ　予算は先に衆議院に提出される。予算について衆議院と参議院で異なった議決をし，両議院の協議会を開いても意見が一致しないときは，衆議院の議決が国会の議決となる。

11 以下は日本国憲法の条文である。次の(A)～(E)のうち，「三分の二以上」があてはまるものを一つ選んで記号で答えなさい。

・両議院は，各々その総議員の（ A ）の出席がなければ，議事を開き議決することができない。

・内閣総理大臣は，国務大臣を任命する。但し，その（ B ）は，国会議員の中から選ばれなければならない。

・両議院の会議は，公開とする。但し，出席議員の（ C ）の多数で議決したときは，秘密会を開くことができる。

・この憲法の改正は，（中略）国会が，これを発議し，国民に提案してその承認を経なければならない。この承認には，特別の国民投票又は国会の定める選挙の際行はれる投票において，その（ D ）の賛成を必要とする。

・内閣は，国会の臨時会の召集を決定することができる。いづれかの議院の総議員の（ E ）の要求があれば，内閣は，その召集を決定しなければならない。

12 次の（１）～（３）にあてはまる適切な語を記しなさい。

・家計に入る所得の中で，会社や役所などで働いて得た収入を勤労所得という。所有する株式，預金，駐車場，アパートなどから得た収入を（ １ ）所得という。

・わが国の男女（ ２ ）機会均等法は，事業主に採用，昇進などについて男女を差別することなく平等な機会を与えることを義務づけている。

・わが国の労働組合法は，使用者が労働組合の結成や加入に対して妨害したり，労働組合の活動を理由として個人に不利益な扱いをすることなどを（ ３ ）労働行為として禁止している。

【理　科】（20分）〈満点：20点〉

1　次の文章を読み，下の(1)・(2)に答えなさい。

図1は，２種類の火成岩A，Bをルーペで観察したときのスケッチである。

火成岩Bを構成する鉱物の割合を調べると，チョウ石が60%，カクセン石が15%，キ石が20%を占めていた。

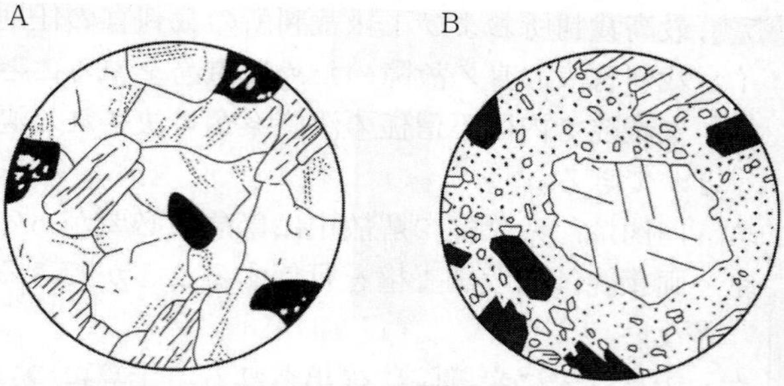

図1　火成岩A，Bのスケッチ

(1)　火成岩Aのでき方に関する次のア～エの記述のうちから最も適当なものを一つ選び，記号で答えなさい。

ア　マグマが地表や地表の近くで，ゆっくりと冷えて固まってできた。

イ　マグマが地表や地表の近くで，急速に冷えて固まってできた。

ウ　マグマが地下の深いところで，ゆっくりと冷えて固まってできた。

エ　マグマが地下の深いところで，急速に冷えて固まってできた。

(2)　図2は，火成岩の分類と火成岩を構成する鉱物の割合を示したものです。図2を参考にすると，火成岩Bは何に分類できますか。下のア～カのうちから最も適当なものを一つ選び，記号で答えなさい。

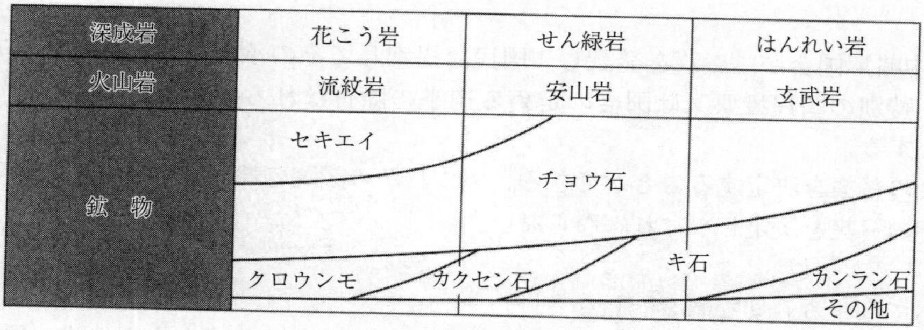

図2

ア　花こう岩　　イ　せん緑岩　　ウ　はんれい岩

エ　流紋岩　　オ　安山岩　　カ　玄武岩

2　次の文を読み，下の(1)・(2)に答えなさい。

図1に示される矢印は，ある季節において日本付近にふく季節風の向きを表したものである。

(1)　図1の季節はいつですか。また，この季節に最も強く発達している気団は何ですか。次のア～エのうちから最も適当な組み合わせを一つ選び，記号で答えなさい。

	季節	気団
ア	夏	シベリア気団
イ	夏	オホーツク海気団
ウ	冬	シベリア気団
エ	冬	オホーツク海気団

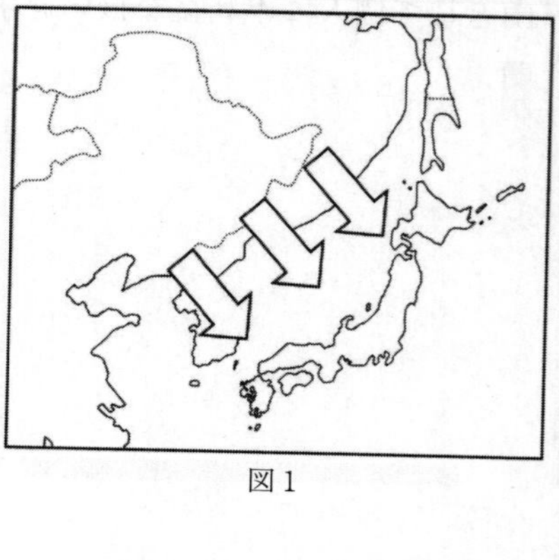

図1

(2)　日本付近には，季節風のほかにも，常に一定方向にふいている風があり，天気の移り変わりに影響を与えています。この風の名称を漢字3文字で答えなさい。

3　次の文章を読み，下の(1)・(2)に答えなさい。

双子葉類の植物の茎には，水の通り道である道管や養分などの通り道である師管が集まった維管束が，輪のように並んでいる。維管束には，細胞分裂が盛んな部分をはさんで，内側に道管，外側に師管がある。

茎の先端を茎頂《けいちょう》という。茎頂の構造が大きく変化してつぼみをつくることによって，花が咲く。秋に咲くある植物では，明暗の刺激を受けた葉で合成された物質が師管を通って茎頂に移動することによりつぼみをつくる。この植物に必要な明暗の刺激とは，1日に9時間以上連続の暗黒を与えるというものである。

(1)　図1は，双子葉類の茎の断面を模式的に示したものです。師管はどれですか。図1のア～エのうちから一つ選び，記号で答えなさい。

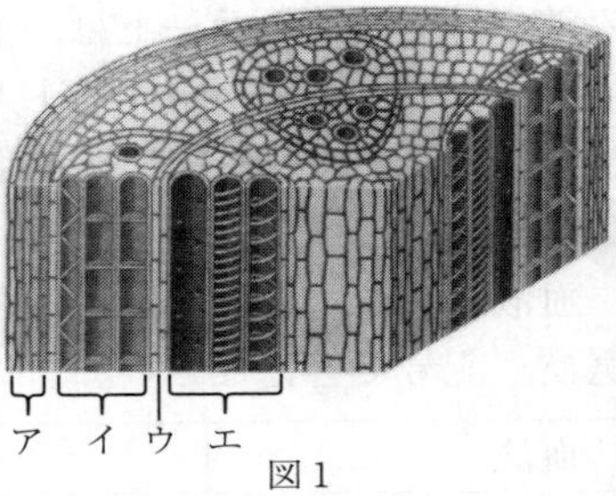

図1

(2)　下線部に関して，この植物を図2中の⇐の部分で道管は傷つけないようにして師管まで取り除き，さらに半分(灰色に塗った部分)だけに1日9時間以上連続の暗黒を与えます。暗黒にしない方は，光を照射したままにします。このとき，咲き方はどのようになると推測できますか。下のア～エのうちから一つ選び，記号で答えなさい。

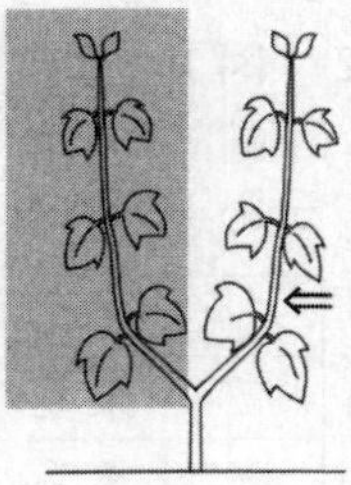
図2

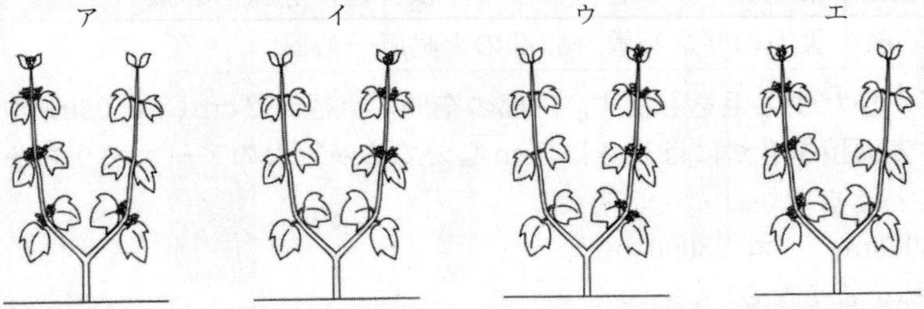

ア　師管を取り除いた部分から先端に近い方は花が咲かない。
イ　師管を取り除いた部分から先端に近い方だけ花が咲く。
ウ　暗黒にした部分は，花が咲かない。
エ　暗黒にした部分だけ花が咲く。

4　次の文章を読み，下の(1)～(4)に答えなさい。

動物は，食物を消化して吸収しやすい物質に変化させる。(a)食物の主な成分であるデンプンなどの炭水化物，脂肪，タンパク質は，歯でかみくだかれ，消化酵素のはたらきで分解されることにより，小腸に達するまでに吸収されやすい物質になる。吸収された物質は全身に運ばれ，エネルギー源などとして利用される。

小腸の壁には多くのひだや柔毛がある。(b)消化によってできたアミノ酸やブドウ糖，脂肪酸などは，小腸から毛細血管やリンパ管に吸収される。(c)ヒトの小腸は，内部の空間の直径が1.5～3.0cm，長さは6mであるが，図1のように，ひだや柔毛があることにより表面積は$200m^2$以上になる。

吸収されたブドウ糖の一部は，肝臓で　　　　に変えられて一時的にたくわえられる。

は，必要に応じてブドウ糖に変えられて血液中に放出され，細胞のエネルギー源になる。

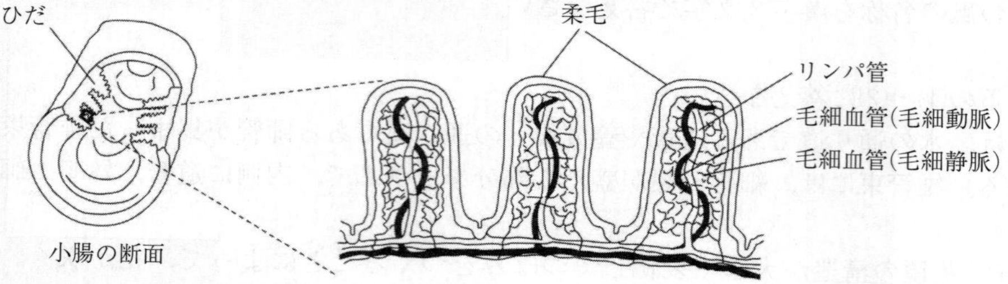

図１

(1) 下線部(a)に関して，次のア～エの記述のうちから正しいものを一つ選び，記号で答えなさい。

ア デンプンは，歯でかみくだかれることだけでブドウ糖に分解される。

イ だ液に含まれる消化酵素のアミラーゼは，タンパク質をアミノ酸に分解する。

ウ 脂肪は，胃液中のペプシンやすい液中のトリプシンによって脂肪酸に分解される。

エ 肝臓でつくられた胆汁は，リパーゼによる脂肪の消化を助けるはたらきがある。

(2) 図１のように小腸の柔毛には，血液が流れる毛細血管とリンパ液が流れるリンパ管があります。下線部(b)に関して，血液とリンパ液が心臓に達する経路を正しく記述した組み合わせを，次のア～エのうちから一つ選び，記号で答えなさい。

	血液	リンパ液
ア	柔毛の毛細血管→肝臓→心臓	柔毛のリンパ管→首のつけ根付近の静脈→心臓
イ	柔毛の毛細血管→肝臓→心臓	柔毛のリンパ管→腹部の大動脈→心臓
ウ	柔毛の毛細血管→腎臓→心臓	柔毛のリンパ管→首のつけ根付近の静脈→心臓
エ	柔毛の毛細血管→腎臓→心臓	柔毛のリンパ管→腹部の大動脈→心臓

(3) 下線部(c)に関して，ヒトの小腸がひだや柔毛をもたず，内部の空間の直径が２cm(＝0.02m)の円筒であると仮定します。$200m^2$の表面積をもつには長さは何ｍ必要ですか。次のア～エのうちから最も近いものを一つ選び，記号で答えなさい。

ア 30m　イ 300m　ウ 3000m　エ 30000m

(4) 文章中の□に入る物質の名称を答えなさい。

5 次の(1)・(2)に答えなさい。

(1) 道路に自動車が駐車しています。この自動車が静止しているのはなぜですか。理由として最も適当なものを，次のア～エのうちから一つ選び，記号で答えなさい。

ア 自動車には全く力がはたらいていないため。

イ 自動車には重力のみがはたらいているため。

ウ 自動車にはいくつかの力がはたらいているが，それらがつり合っているため。

エ 自動車にはいくつかの力がはたらいているが，それらのうち下向きの力が上向きの力より大きいため。

(2) 水平な直線道路を自動車が時速50kmで走り続けています。この自動車が向きも速さも変えずに進んでいるのはなぜですか。理由として最も適当なものを，次のア～エのうちから一つ選び，記号で答えなさい。

ア 自動車には全く力がはたらいていないため。

イ 自動車には進行方向の力のみが一定の大きさではたらいているため。

ウ　自動車にはいくつかの力がはたらいているが，それらがつり合っているため。

エ　自動車にはいくつかの力がはたらいているが，それらのうち進行方向の力がその反対向きの力より大きいため。

6　図１に示す質量200ｇの直方体の物体を，図２のようにばねはかりにつるし，机の上に置きました。ばねはかりの目もりが1.6Nを示しているとき，机が物体から受ける圧力は何Paですか。ただし，100ｇの物体にはたらく重力の大きさを１Nとします。

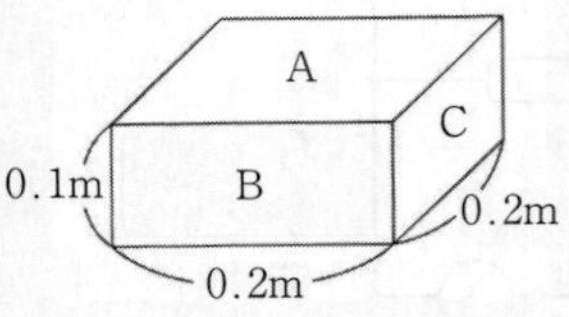

図１

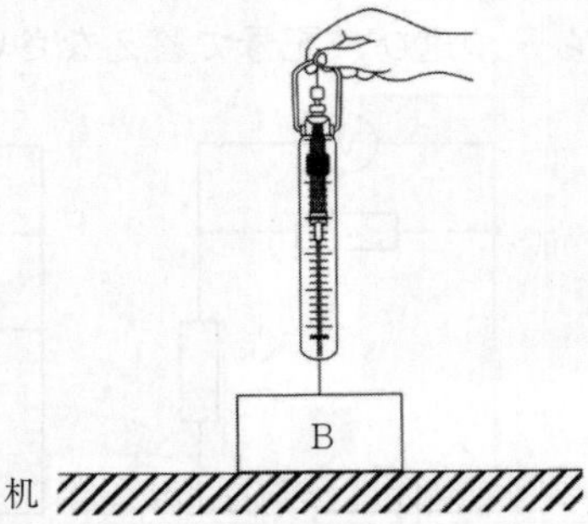

図２

7　塩化カリウム水溶液について，次の(1)・(2)に答えなさい。

(1)　塩化カリウム水溶液を構成する塩化カリウムと水は，それぞれ溶液，溶媒，および溶質のうちどれですか。右のア～カのうちから最も適当な組み合わせを一つ選び，記号で答えなさい。

(2)　40℃で80ｇの水に塩化カリウム30ｇを溶かしたところ，完全に溶解しました。溶液の質量パーセント濃度は何％ですか。小数第１位を四捨五入し，整数で答えなさい。

	塩化カリウム	水
ア	溶液	溶媒
イ	溶液	溶質
ウ	溶媒	溶液
エ	溶媒	溶質
オ	溶質	溶液
カ	溶質	溶媒

8　次の文章を読み，下の(1)・(2)に答えなさい。

鉄は古くから武器や農機具として使われてきたが，現在でも我々の生活に大きく役立っている。例えば，鉄が主成分のハイテンは薄くても高い強度が得られるので，自動車の車体に使われており，燃費の向上に大きく貢献している。

原料となる鉄は主に赤鉄鉱と呼ばれる酸化鉄 Fe_2O_3 を，コークスから生じる一酸化炭素COを使って□することでつくられる。このようにしてつくられた鉄は銑鉄《せんてつ》と呼ばれ，炭素を約４％含んでいる。銑鉄は転炉で酸素と反応し，炭素の量が調整されて鋼《はがね》になる。

ハイテンはこの鋼にニッケルなどの元素を少量添加した上で，組織を精密に制御してつくられる。

(1)　□に当てはまる反応の種類として最も適当なものを，漢字２文字で答えなさい。

(2)　下線部の反応は以下の化学反応式で表され，160kgの酸化鉄 Fe_2O_3 から112kgの鉄Feが得られた。

$Fe_2O_3 + 3CO \rightarrow 2Fe + 3CO_2$

鉄原子１個の重さを７とすると，酸素原子１個の重さはいくらになりますか。次のア～エのうちから一つ選び，記号で答えなさい。

ア　１　　イ　２　　ウ　３　　エ　６

9 図1に示す回路を用いて電流と電圧を測定し，その結果を下のグラフAに示しました。次の(1)～(3)に答えなさい。

(1) 図1で使用したものと同じ規格の電源と電気抵抗を用いて図2の回路をつくりました。この回路の測定結果はグラフA中のどの場所に記録されると予想できますか。解答欄のグラフに点を記しなさい。

(2) 同様に図3の回路をつくりました。この回路の測定結果はグラフB中のどの場所に記録されると予想できますか。下のア～クのうちから一つ選び，記号で答えなさい。

(3) 同様に図4の回路をつくりました。この回路の測定結果はグラフB中のどの場所に記録されると予想できますか。下のア～クのうちから一つ選び，記号で答えなさい。

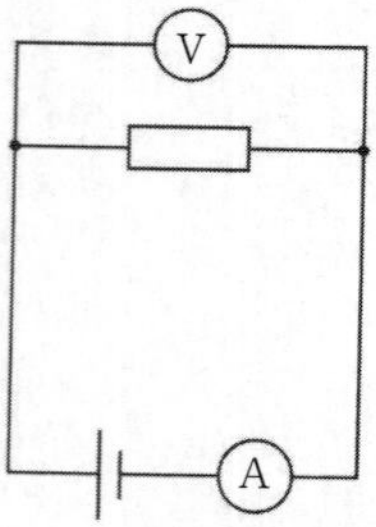

図1

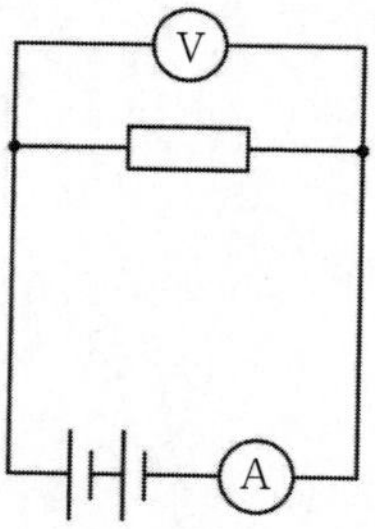

図2

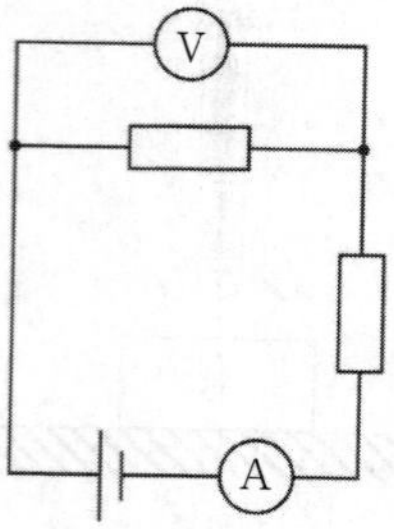

図3

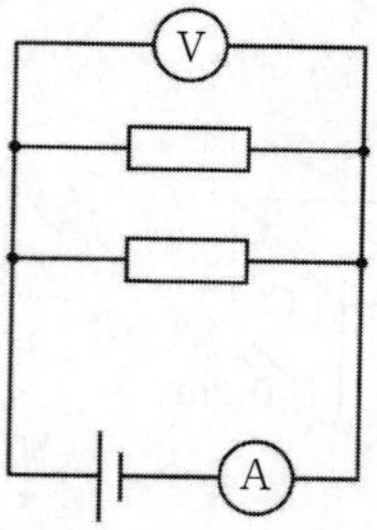

図4

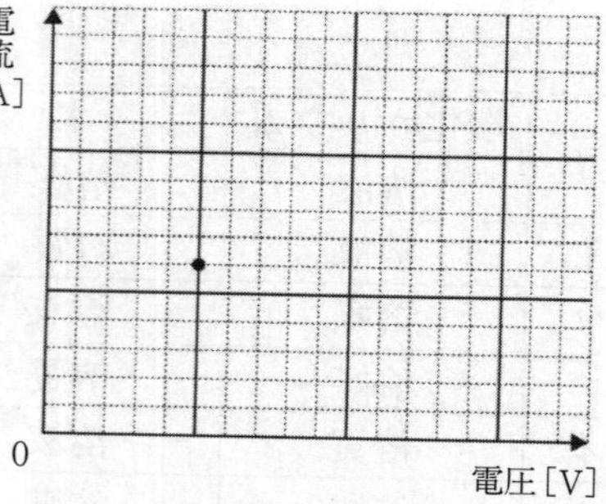

グラフA

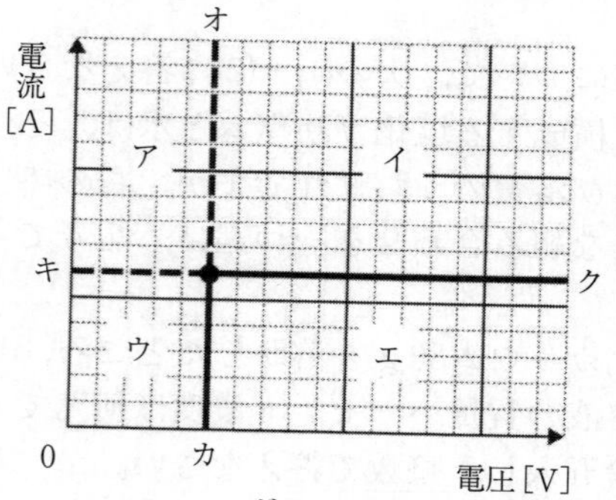

グラフB

ア 領域ア
イ 領域イ
ウ 領域ウ
エ 領域エ
オ 領域アと領域イの境界線
カ 領域ウと領域エの境界線
キ 領域アと領域ウの境界線
ク 領域イと領域エの境界線

二　次の文章は『東遊記』の一節です。本文を読んで後の設問に答えなさい。

[1]　越前国、鯖江の近辺、新庄村に百姓の家の下にて、a何者か声ありて、人のいふことの口まねす。b家内の男女大いに驚き、急に床板を引き開けて見るに、何事も見えず。また床をふさぎ(1)人々物言ふ時は、何事にても床の下より口まねす。

[2]　後には村中の沙汰となり、若き者ども毎夜c大勢来たり集まり、いろいろのことをいふに、d皆々床の下にても口まねす。上よりおのれは古狸《ふるだぬき》なるべしと言へば、狸にはあらずといふ。然《しか》らば狐《きつね》なるべしといふに、狐にもあらずと言ふ。猫かと言ふに、あらずと言ふ。鼬《いたち》、河童《かっぱ》、獺《かはうそ》、土竜《もぐら》、鼠《ねずみ》、などいろいろの名を出づるに任せて問ふに、いづれにもあらずと答ふ。然らばおのれはぼた餅なるべしと言ひしに、なるほどぼた餅なりと言ふ。それよりぼた餅化物と異名して、その近辺大評判になれり。

[3]　このこと城下に聞こえければ、奇怪のことなりとて、吟味の役人大勢来たり。一夜この家に居て試むるに、何の声もせず、役人帰れば、その翌夜はまた声ありて、いろいろのことを言ふ。その後も毎度役人来たりしかど、その来たれる夜は一度も物を言はず。

[4]　故にせんかたなくて、そのままに打ち捨ておきしが、ひと月ばかりして、その後は何の声もなく、怪事は止みにけり。(2)何の所為《せゐ》といふことも知れず。いかにしてやみたりといふこともなくて、おのづから治りぬ。

問1　――線部(1)「人々」とありますが、誰のことですか。本文中の═══線部a～dから最も適当なものを次の中から選び、記号で答えなさい。

a　何者　　b　家内の男女

c　大勢　　d　皆々

問2　[2]段落目までの内容を次のようにまとめました。[A]、[B]の空欄に当てはまる適語を本文中よりそれぞれ抜き出しなさい。

「床下の声」は初めは人の口真似をするばかりだった。評判を聞いた若者たちが集まってきて[A（7字）]を言ってもそれは同じであった。しかし、その正体について次々に尋ねられると、「～にはあらず」と答えるようになる。そして、ついには若者たちが面白半分で言ってみたことに対して、[B（9字）]ともっともらしく、その〈正体〉について応答したのだった。

問3　――線部(2)「何の所為といふことも知れず」の解釈として最も適当なものを次の中から選び、記号で答えなさい。

ア　残念ながら、「役人」の努力は実らなかった。

イ　結局は、「床下の声」が何かは分からなかった。

ウ　やはり、「ぼた餅化物」の嘘は突き止められなかった。

エ　そもそも、「奇怪のこと」には原因がないことが明らかになった。

問4　本文の内容と合致するものを次の中から一つ選び、記号で答えなさい。

ア　「若き者ども」には初めから声の〈正体〉が分かっていた。

イ　世評を聞きつけた役人は、調査のために訪れた百姓の家で「ぼた餅化物」の声を何度か聴いた。

ウ　「床下の声」は、自らの〈正体〉を明らかにしたのちに、様々なことをしゃべるようになった。

エ　「怪事」はひと月ほどで自然と治まったが、人々には釈然としない思いが残った。

ウ　最も賢明な人物といえども、その取り巻きに権力を握られてしまいがちである。

エ　最も賢明な人物が権力を握ったのだとしても、それは良い方向には働かない。

問4　――線部(4)「独裁主義は、民主政治を『衆愚政治』だと言って非難する」とありますが、このような「独裁主義」からの「非難」に対して、本文は「民主政治」についてどのように説明していますか。説明としてふさわしくないものを次の中から一つ選び、記号で答えなさい。

ア　民主政治は教育による高い知識と健全な政治道徳を備えた国民による政治である。

イ　民主政治は国民の中にある知恵の鉱脈を掘り当て、その利益を発揮させる政治である。

ウ　民主政治は多少の弊害には目をつむって、なるべく多くの人々が参加すべき政治である。

エ　民主政治はたとえ指導者が誤ったとしても、国民がそれを正すようにする政治である。

問5　文中の空欄[A]、[B]に当てはまる適語をそれぞれ選択肢から選び、記号で答えなさい。

[A]　ア　船主　イ　宝船　ウ　船頭　エ　船大工

[B]　ア　釈迦　イ　文珠　ウ　観音　エ　阿弥陀

問6　――線部(5)「その危険」とありますが、どういうことですか。その説明として最も適当なものを次の中から選び、記号で答えなさい。

ア　独裁者が政治の要点を隠すことによって国民は正しい政治が行われているかどうか分からなくなり、ひいては独裁者自身も独善に陥るようになって、致命的な失政を招くということ

イ　優れた指導者による独裁は、政治を良い方向へ導くためにはよいかもしれないが、大勢の人々の考えを集めることをしないので民主主義の原則に反してしまうということ

ウ　指導者の言うままに国民をついて来させるのは、独裁主義にとっては都合が良いが、そのために国民は次第に自分たちの考えを封じ込められてしまうということ

エ　独裁者が政治に関する情報を隠すことによって、国民は教育によってせっかく身につけた知恵を失ってしまい、やがては政治から目をそらすようになるということ

問7　――線部(6)「『選良主義』」とありますが、最終段落における「選良主義」の趣旨として最も適当なものを次の中から選び、記号で答えなさい。

ア　国民が家柄や能力の高い者を選んで国会議員として立法と行政を担当させ、また任期ごとの総選挙によってその顔ぶれを入れ替えることによって、常に新しい環境で三権分立が成立するようにすること

イ　国会が国会議員の中から立法の仕事を行う法律の熟練家を司法の専門家として選び、また内閣総理大臣と国務大臣のような行政の専門家を選任して、立法と行政とが相反することのないようにすること

ウ　国民の中にある玉石混交の衆議から国会議員が特に優れた意見を選りすぐって政治を行い、国会議員の中から選ばれた首相が任意に国務大臣を選んで立法を受け持ち、行政と立法とが円滑に執り行われるようにすること

エ　国民が見識ある人物を国会議員に選んで立法を担当させ、国会議員の中から選ばれた内閣総理大臣が任意に国務大臣を選んで組織した政府が行政を行い、また国会議員の顔ぶれが常に新しくなるように任期を限って改選し、入れ替えるようにすること

(4)独裁主義は、民主政治を「衆愚政治」だと言って非難する。なるほど、民主主義もそういう弊害に陥ることがないとはいえない。しかし、教育が普及し、知識が向上した今日の国民は、プラトンの時代の国民とは違う。国民が健全な政治道徳を心得てさえいれば、おおぜいの人々の考えを集めて事を議してゆくことは、「[A]多くして船山にのぼる」結果にはならないで、「三人寄れば[B]の知恵」という利益を大いに発揮することができる。政治のたいせつな要点を国民に隠して、ただ指導者の言うがままについて来させたのでは、国民の中にある知恵の鉱脈を掘り当てることができない。そうして、国民が目隠しをされるばかりでなく、独裁者もまた国民からの批判を受ける機会がないから、自分自身も目が見えなくなって、馬車うまのように破滅のふちに突進してしまう。(5)その危険を避けるためには、なるべく多くの人々が政治に参与して、多数決で意見をまとめてゆくという以外に、よい方法はないのである。

それに、民主主義もまた、決してただ玉石混交の衆議だけを重んずるのではなく、国民の間から識見のすぐれた人を選んで、その人に政治を任せるという方法をも用いるのである。国民がみんなで法律を作ることを議する代わりに、国会議員を選挙し、その道の熟練家に立法の仕事を任せるのも、それである。国会の指名によって内閣総理大臣を立て、他の国務大臣には内閣総理大臣がこれはと思う人々を選び、その政府が行政をつかさどってゆくようなしくみになっているのも、それである。ただ、立法権にせよ、行政権にせよ、ある決まった人たちだけが長くそれをひとり占めしていると、きっといろいろな弊害が生ずる。ちょうど、水が長いこと一箇所にたまっていると、ぼうふらがわいたり、腐ったりするように。だから、民主政治では、国会議員の任期をかぎって、たびたび総選挙を行い、それとともに政府の顔ぶれも変わるようにして、常に政治の中心に新しい水が流れ込むようなくふうがしてある。つまり、民主政治は、「多数決主義」と(6)「選良主義」との長所をとって、それを組み合わせたようなぐあいになっているということができよう。

（『民主主義』文部省著作教科書　昭和二十三年　より
作問のため本文を改めた箇所がある）

問1　――線部(1)「そういうもっともな疑問」とありますが、それはどのような疑問ですか。最も適当なものを次の中から選び、記号で答えなさい。

ア　なぜ、最も賢明なただひとりの意見が、大勢でがやがやと付和雷同するような意見に取り込まれてしまうのか。

イ　どうすれば、少数の優れた人々の正しい意見を、多数の国民の間違った意見に優先して採用することができるか。

ウ　どのような点において、少数の優れた人々、最も賢明なただひとりの意見が、大勢の意見に対して優越していると言えるか。

エ　どうして、最も賢明な人の正しい意見をはじめから採用しないで、多くの人の意見の中から最も多いものに決めるというやり方をするのか。

問2　――線部(2)「プラトンの理想国家論」とありますが、この「プラトンの理想国家論」について本文の趣旨を次のようにまとめました。空欄に当てはまる適語を本文中よりそれぞれ2字で抜き出しなさい。（ただし、ロとハには対義語が入ります）

最高の理性と批判力とを備えた[イ]に権力を委ねることは、確かに政治の[ロ]かも知れない。しかし、国民の中で「最も賢明なただひとりの人」、という前提自体に疑問はないのだろうか。[ハ]にその前提で政治が行われると、[イ]支配は必ず独裁主義に陥ってしまうのである。

問3　――線部(3)「それが薬にならずに、毒となって作用する」とありますが、どういうことですか。その説明として最も適当なものを次の中から選び、記号で答えなさい。

ア　どんなに賢明な人物であっても、権力の前には無力である。

イ　本来権力は良い働きをするものだが、時に悪く働くことがある。

二〇二一年度 中央大学杉並高等学校（推薦）

【国 語】（二〇分）〈満点：二〇点〉

一 次の文章を読んで後の設問に答えなさい。

ところで、多数決ということは、一つの便宜的な方法である。元来、法律は正しいものでなければならない。政治は正しい方針によって行われなければならない。しかし、どうするのが正しいかについては、いろいろと意見が分かれていて、いくら議論を続けても、意見の一致点を見いだすことができないという場合には、法律を作ることも、政治の方針を決めることもできないから、やむをえず多数決によるのである。

しかしながら、多数の意見だからかならず正しいと言いうるであろうか。少数の賛成者しか得られないから、その主張は、当然まちがっていると考えてよいものであろうか。そうは言いえないことは、もとより明らかである。実際には、多数で決めたことがあやまりであることもある。少数の意見の方が正しいこともある。むしろ、少数のすぐれた人々がじっくりと物を考えて下した判断の方が、おおぜいでがやがやと付和雷同する意見よりも正しいことが多いであろう。いや、国民の中でいちばん賢明なただひとりの考えが、最も正しいものであるということができるであろう。それなのに、なぜその少数のすぐれた人々、最も賢明なただひとりの人の意見を初めから採用しないで、おおぜいにかってな意見を言わせ、多数決というような機械的な方法で、その中のどれか一つに決めるというやり方を行う必要があるのであろうか。

多数決に対しては、昔から(1)そういうもっともな疑問がある。いや、単に疑問があるばかりではない。それだから、多数の意見によって船を山にあげるような民主政治をやめて、最も賢明な人に政治の実権を任せてしまう方がよい、という議論がある。その中でも最も有名なのは、ギリシアの哲学者プラトンの唱えた哲人支配論である。

プラトンは、おおぜいの愚者が数の力で政治を行う民主主義を排斥し、最もすぐれた理性と、最も高い批判力とを備えた哲人が政治を指導するような組織こそ、堕落した人間の魂を救う理想の国家形態であると論じた。この(2)プラトンの理想国家論が後世の政治哲学の上に及ぼした影響は、きわめて大きい。

けれども、プラトンの理想国家論は、政治の理想であるかもしれないが、これをそのまま現実に行おうとすると、かならず失敗する。なぜならば、最も賢明だと称する人に政治の全権をゆだねて、一般の国民はただその哲人の命令に服従してゆけばよいというのは、けっきょくは独裁主義にほかならないからである。独裁主義によれば、独裁者は国民の中でいちばん偉い人だから、その人の意志に従っていればまちがいはないという。しかし、独裁者が国民の中でいちばん偉い、いちばん賢明な人物であるということは、いったいだれが決めるのであろうか。独裁者のお取り巻きがそう言ったからといって、それがそうであるという保証にはならないし、実際にはそれがたいへんなまやかしものであるかもしれない。また、よしんば独裁者がほんとうに偉い人であったとしても、同じ人間が長いこと大きな権力を握っていると、必ず腐敗が起り、堕落が生ずる。そうして、権力が少数の人々に集中しているために、(3)それが薬にならずに、毒となって作用する。その悪い作用を国民に隠して、独裁政治のいい点だけを宣伝するために、いろいろなうそをいう。無理な政治をして、はなばなしい成功を誇ろうとする。その結果は、無理に無理を重ねて、国民をならくのふちにおとしいれるような、取り返しのつかない失敗を演ずる。ヒトラーを無類の英雄に仕立てて、これこそプラトンの理想国家を実現したようなものだと自慢していたナチス‐ドイツの運命は、独裁政治を二度と再び繰り返してはならないという教訓を、人類にはっきりと示したものであるといわなければならない。

2021年度／中央大学杉並高等学校（推薦）

英語解答

1　1　エ　　2　イ　　3　ウ

2　1　エ　　2　カ　　3　ク

3　1　（例）He asked me how long I have〔had〕studied English.

　　2　（例）Which do you like better, reading books or listening to music?

4　1　エ

　　2　the hula is the best way to bring the ancient Hawaiian culture to

　　3　フラダンスは単なる体の動かし方ではなく，精神的なものでもあるということ。（36字）

　　4　イ，カ

1〔正誤問題〕

1．ア…×　‘What＋(a/an)＋形容詞＋名詞＋主語＋動詞…!’の感嘆文なので，is this は this is が正しい。　イ…×　look forward to ～「～を楽しみにする」は to の後に動詞の原形ではなく動名詞(～ing)がくるので，hear ではなく hearing が正しい。　ウ…×　something〔anything, nothing〕を修飾する形容詞は後ろに置かれるので，cold something ではなく something cold が正しい。　エ…○　「〈人〉に〈物〉を買ってあげる」は‘buy＋物＋for＋人’で表せる。buy, make, find, cook などは前置詞に for を用いる。「私は彼女の誕生日プレゼントとして彼女に指輪を買ってあげた」

2．ア…×　‘理由’を表す because ではなく，‘結果’を表す so を用いる。　イ…○　‘形容詞＋enough to ～’で「～するのに十分な…」。「彼は車を運転するのに十分な年齢だ」　ウ…×　then のような‘(過去の)一時点を表す語’とともに現在完了は使えない。since をつけて since then とすれば，正しい文になる。　エ…×　「〈人〉に～してくれたことを感謝する」は‘thank＋人＋for ～ing’で表すので，to teach ではなく for teaching が正しい。

3．ア…×　a/an, some, this, that などは所有格と一緒に用いることはできず，名詞の後ろに‘of＋所有代名詞’をつけて表すので，me ではなく mine が正しい。　イ…×　enjoy は目的語に to 不定詞ではなく動名詞(～ing)をとるので，to watch ではなく watching が正しい。　ウ…○　speak to ～「～に話しかける」の受け身形は be spoken to by ～「～から話しかけられる」となる。「私は昨日見知らぬ人から話しかけられた」　エ…×　付加疑問文(「～ですよね」と念を押したり，確認を求めたりする言い方)では，前半が否定文のとき，‘(助)動詞の肯定形＋主語(代名詞にする)?’を文末につける。したがって，isn't he ではなく is he が正しい。

2〔対話文完成―適文選択〕

1．A：週末はどうだった？／B：良かったよ。君は？／A：それほど良くなかったな。∥先週末の自分の様子を問われたAの返答として，‘様子・状況’を答えるエが適切。

2．A：テレビを見るのは時間の無駄だと思う。／B：そう？　どうして？／A：そこに座っているだけで何時間も過ごすからさ。∥a waste of time は「時間の無駄」という意味。テレビを見るのが時間の無駄だと考える理由を表す文として，カが適切。

3．A：カレン，大丈夫？／B：気分が悪いの。／A：熱はあるの？∥体調が悪そうなBを気遣うA

の言葉として，クが適切。　fever「熱」

3〔和文英訳〕

1．He asked me「彼は私に尋ねた」で始める。「どのくらい長く英語を勉強してきたのか」は‘疑問詞＋主語＋動詞...’という間接疑問の語順で表す。「どのくらい長く」は how long。「英語を勉強してきた」は現在完了または過去完了で表し，I have〔had〕 studied English とする。

2．「*A* と *B* とではどちらが好きですか」は‘Which do you like better, *A* or *B*?’で表せる。「本を読む」，「音楽を聴く」はともに動名詞(～ing)を使って表すことができる。「音楽を聴く」の「聴く」には hear ではなく，listen to ～ を用いる。

4〔長文読解総合―説明文〕

≪全訳≫❶ハワイは本当に美しい場所だ。そこはすてきなビーチと暖かい海で有名である。ハワイは伝説に満ちた国でもある。ハワイ諸島についてはいくつかの古い物語がある。最も古い伝説の1つは，フラと呼ばれる特別なダンスに関するものだ。そのダンスは300年以上前にそこで始まった。❷あるフラダンスの先生がその踊りの起源を語っている。「伝説によると，フラダンスはヒイアキと彼女の親友であるホーポエによって始められました。彼女たちはビーチに下りて波を見たのです。それから，彼女たちは手を使って波のまねをし始めました。それがフラダンスの始まりです」❸しかし，誰もが必ずしもフラダンスを気に入ったわけではない。1820年，西洋諸国から人々がハワイにやってきた。訪問者たちはフラダンスに驚いたが，それはダンサーがあまり服を身につけていなかったからだ。彼らはとてもショックを受け，ハワイの女王にそのダンスを禁止するように頼んだ。❹その後，ほぼ60年間にわたり，ハワイの人々はフラダンスを演じることを許可されなかった。しかし，それはダンスが消えたことを意味したわけではない。多くのダンサーはまだ密かにフラダンスを踊っていた。❺何年もたって，ハワイの人々は再びハワイの文化に興味を持つようになった。最近では，あらゆる世代の人々がハワイの古代文化，特にフラダンスについて学ぶことに興味を持っている。多くの人がフラダンスの踊り方を学びたいと思い，ハラウでフラダンスのレッスンを受ける。ハラウは特別な学校で，そこで人々は伝統的な方法によりフラダンスを学ぶ。これらの学校は，フラダンスの踊り方だけでなく，その踊りの伝統的な価値観も教えている。❻クマノ・パリニ・クララは有名なフラダンスの先生だ。彼は，フラダンスは古代のハワイ文化を現代の人々にもたらす最もよい方法だと考えている。彼は，そのダンスは本当は肉体に関するものではないと言う。彼は自分の考えを次のように説明する。「フラダンスは単なる体の動かし方ではありません。それは精神的なことであり霊的なことでもあるのです。フラダンスを踊るときには，このことを理解する必要があります」　クマノのような人々の助けを借りて，フラダンスは再びハワイの生活と文化の重要な部分になった。このため，現在ハワイでは多くのフラダンスフェスティバルが開催されている。最も重要なフラダンスのコンテストは毎年ヒロ市で開催される。ハワイ中のダンサーが一堂に会する。コンテストでは，審査員がダンサーの踊りを見る。また，ダンサーの衣装の色やデザインも見る。花もとても重要な要素なので，ダンサーは衣装に飾る花を慎重に選ぶ。❼今日のハワイでは，古代のフラダンスは密かに行われるものではない。それは日常生活の一部だ。それはハワイの人々にとって再び重要な伝統となっている。彼らはそれをどこでも練習し，演じることができ，さまざまなフェスティバルでそれを見ることができる。この伝統は，今後何年にもわたって続くことだろう。

1＜内容真偽＞ア．「西洋諸国の人々がハワイに来て，フラダンスのやり方を人々に教えた」…×

第３段落参照。西洋諸国からハワイを訪れた人々はフラダンスのやり方を人々に教えたのではなく，ダンサーが服をあまり身につけていないことにショックを受け，ハワイの女王にそのダンスを禁止するように頼んだ。　イ.「ヒイアキとホーポエは300年以上前にフラダンスを学んだ」…×　第２段落参照。２人はフラダンスをつくり上げた人たちで，フラダンスを学んだわけではない。
ウ.「１人のハワイの少女がヒイアキとホーポエからレッスンを受けてフラダンスを始めた」…×　このような記述はない。　エ.「伝説上の２人の女性は，踊るときに波のように手を動かした」…○　第２段落に一致する。

２＜整序結合＞the hula is the best way「フラダンスは最もよい方法だ」が文の骨組み。「もたらす(ための)最もよい方法」は，the best way の後に，形容詞的用法の to不定詞である to bring を置いて表す。「古代のハワイ文化を現代の人々にもたらす」は 'bring＋物＋to＋人' の順で，bring the ancient Hawaiian culture to people today とする。　He thinks the hula is the best way to bring the ancient Hawaiian culture to people today.

３＜指示語＞this は直前の２文の内容を指しているので，これをまとめればよい。how you move your body「あなたが体をどのように動かすか」は「体の動かし方」のようにまとめられる。　not just 〜「単なる〜ではない」　a mental and spiritual thing「精神的，霊的なこと」

４＜内容真偽＞ア.「ハワイの人々は，ハラウでフラダンスを演ずる方法を学んでいない場合，フラダンスを演じてはならない」…×　このような記述はない。　イ.「フラダンスは禁止されたが，多くのハワイの人々は密かに踊り続けた」…○　第４段落に一致する。　ウ.「西洋諸国から来た人々は，フラダンスをうまく踊ることができなかったため，フラダンスを許可しなかった」…×　第３段落参照。西洋諸国からハワイを訪れた人々はフラダンスを禁止するように頼んだのであり，自ら許可しなかったわけではない。　エ.「ハワイの人々は，フラダンスを長い間踊ることができなかったため，その演じ方を忘れていた」…×　第４段落参照。多くのダンサーはフラダンスが禁止されていた期間も密かに踊っており，演じ方を忘れていたとは考えられない。　オ.「高齢者は古代の文化を思い出したかったので，ハラウをつくった」…×　ハラウが高齢者によってつくられたという記述はない。　カ.「最も重要なフラダンスのコンテストでは，ダンスだけでなく衣装も重要だ」…○　第６段落後半に一致する。　キ.「今日のハワイの人々は，古代のフラダンスを密かに行う必要がある」…×　第７段落第１文参照。

数学解答

1 11

2 問１　18枚　問２　81900円

3 問１　20°　問２　40°

4 問１　$\frac{15}{22}$　問２　$\frac{117}{22}$

5 問１　$\frac{1}{4}$　問２　$\left(\frac{12}{5}, \frac{36}{25}\right)$　問３　$\frac{144}{5}$

1〔数と式―平方根の計算〕

与式 $=21-3\sqrt{3}+7\sqrt{3}-3-(4+4\sqrt{3}+3)=21-3\sqrt{3}+7\sqrt{3}-3-4-4\sqrt{3}-3=11$

2〔方程式―連立方程式の応用〕

問１＜連立方程式の応用＞大人用のカーディガンを x 枚，子供用のカーディガンを y 枚つくったとする。表より，毛糸玉は大人用１枚に10玉，子供用１枚に８玉使い，全部で300玉使うから，$10x+8y=300$ が成り立ち，両辺を２でわって，$5x+4y=150$……①となる。また，ボタンは大人用１枚に５個，子供用１枚に３個使い，全部で135個使うから，$5x+3y=135$……②が成り立つ。①，②を連立方程式として解くと，①－②より，$4y-3y=150-135$，$y=15$ となり，これを②に代入すると，$5x+45=135$，$5x=90$，$x=18$(枚)となる。

問２＜数の計算＞売り上げ金額が最小になるのは，10％引きで販売するカーディガンの枚数が最大になるときである。つまり，問１より，つくったカーディガンは大人用18枚，子供用15枚だから，大人用と子供用の１枚ずつ２枚を合わせて１セットとして，15セット販売するとき，売り上げ金額は最小となる。１セットの売り上げ金額は，$(3000+2400)\times\left(1-\frac{10}{100}\right)=5400\times\frac{9}{10}=4860$(円)となり，15セットを割り引いて販売すると，大人用カーディガンのうち，$18-15=3$(枚)は，１枚3000円で販売することになる。よって，売り上げ金額の最小値は，$4860\times15+3000\times3=81900$(円)となる。

3〔平面図形―円〕

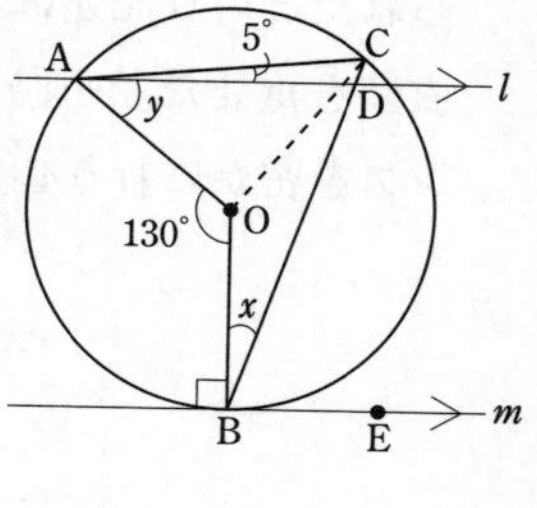

問１＜角度―円周角＞右図のように，点A～Eを定める。$\overset{\frown}{AB}$ に対する円周角より，$\angle ACB=\frac{1}{2}\angle AOB=\frac{1}{2}\times130^\circ=65^\circ$ であり，△CAD で外角と内角の関係より，$\angle ADB=\angle ACD+\angle CAD=65^\circ+5^\circ=70^\circ$ である。また，$l /\!/ m$ より，錯角は等しいから，$\angle DBE=\angle ADB=70^\circ$ である。よって，$\angle x=\angle OBE-\angle DBE=90^\circ-70^\circ=20^\circ$ となる。

問２＜角度＞右図のように，点Oと点Cを結ぶ。円Oの半径より，OB＝OCだから，△OBC は二等辺三角形で，$\angle OCB=\angle x=20^\circ$ である。これより，$\angle OCA=\angle ACB-\angle OCB=65^\circ-20^\circ=45^\circ$ であり，△OCA は OA＝OC の二等辺三角形だから，$\angle OAC=\angle OCA=45^\circ$ である。よって，$\angle y=\angle OAC-\angle DAC=45^\circ-5^\circ=40^\circ$ となる。

4〔平面図形―長方形〕

≪基本方針の決定≫問１　三角形の相似を利用できるように，補助線を引く。　問２　四角形CQRP は△BCQ の一部である。

問1＜面積―相似＞右図のように，点Rから辺BCに垂線REを引き，点Qを通り辺BCに平行な直線と線分DPとの交点をFとする。△BCQで，RE∥QCだから，RE：QC＝BR：BQ……①である。また，BP∥FQより，△RBP∽△RQFだから，BR：QR＝BP：QF……②である。さらに，△DPCでFQ∥PCより，FQ：PC＝DQ：DCである。よって，PC＝BC－BP＝4－1＝3より，FQ：3＝2：5が成り立ち，これを解くと，FQ×5＝3×2，FQ＝$\frac{6}{5}$となる。これと②より，BR：QR＝1：$\frac{6}{5}$＝5：6だから，BR：BQ＝5：(5＋6)＝5：11である。したがって，①より，RE：QC＝5：11となり，QC＝DC－DQ＝5－2＝3だから，RE＝$\frac{5}{11}$QC＝$\frac{5}{11}\times 3=\frac{15}{11}$となる。以上より，△BPR＝$\frac{1}{2}$×BP×RE＝$\frac{1}{2}\times 1\times\frac{15}{11}=\frac{15}{22}$である。

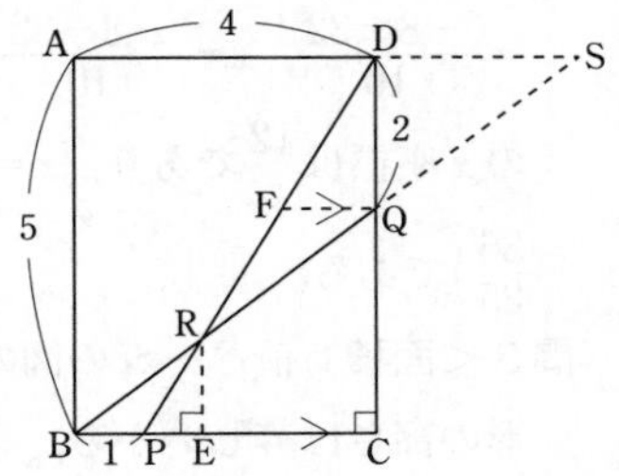

≪別解≫右上図のように，直線AD，BQの交点をSとすると，長方形ABCDよりAS∥BCだから，△DQS∽△CQBとなり，DS：CB＝DQ：CQより，DS：4＝2：(5－2)，DS×3＝4×2，DS＝$\frac{8}{3}$である。また，△DRS∽△PRBとなり，DR：PR＝DS：PB＝$\frac{8}{3}$：1＝8：3だから，PR：PD＝PR：(PR＋RD)＝3：(8＋3)＝3：11である。ここで，図のように，点Rから辺BCに垂線REを引くと，RE∥DCより△PER∽△PCDで，RE：DC＝PR：PDとなり，RE：5＝3：11，RE×11＝5×3，RE＝$\frac{15}{11}$となる。よって，△BPR＝$\frac{1}{2}$×BP×RE＝$\frac{1}{2}\times 1\times\frac{15}{11}=\frac{15}{22}$である。

問2＜面積＞右上図で，〔四角形CQRP〕＝△BCQ－△BPRである。よって，△BCQ＝$\frac{1}{2}$×BC×QC＝$\frac{1}{2}\times 4\times 3=6$，問1より△BPR＝$\frac{15}{22}$だから，〔四角形CQRP〕＝$6-\frac{15}{22}=\frac{117}{22}$である。

5〔関数―関数$\boldsymbol{y=ax^2}$と直線〕

≪基本方針の決定≫問1　直線PQの傾きをaを用いて表してみよう。　　問3　△PQRは△PQHの一部である。

問1＜比例定数＞右図で，点Pは放物線$y=ax^2$上にあり，x座標は－4だから，$x=-4$を$y=ax^2$に代入すると，$y=a\times(-4)^2=16a$より，P(－4，16a)である。同様にして，点Qのx座標は6だから，$y=a\times 6^2=36a$より，Q(6，36a)となる。よって，直線PQの傾きは，$\frac{36a-16a}{6-(-4)}=2a$と表せ，これが$\frac{1}{2}$だから，$2a=\frac{1}{2}$が成り立つ。これを解くと，$a=\frac{1}{4}$となる。

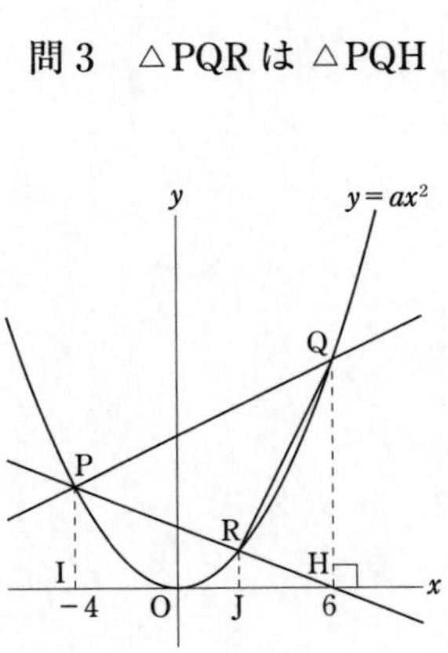

問2＜交点の座標＞右図で，問1より$a=\frac{1}{4}$だから，放物線の式は$y=\frac{1}{4}x^2$，点Pのy座標は$16a=16\times\frac{1}{4}=4$より，P(－4，4)となる。H(6，0)だから，直線PHの傾きは，$\frac{0-4}{6-(-4)}=-\frac{2}{5}$である。これより，直線PHの式を$y=-\frac{2}{5}x+b$とおくと，点Hを通ることから，$0=-\frac{2}{5}\times 6+b$より，$b=\frac{12}{5}$となる。よって，直線PHの式は$y=-\frac{2}{5}x+\frac{12}{5}$である。点Rは放物線$y=\frac{1}{4}x^2$と直線PHの交点だから，$y$を消去して，$\frac{1}{4}x^2=-\frac{2}{5}x+\frac{12}{5}$より，$5x^2=-8x+48$，$5x^2+8x-48=0$，解の公式を利用して，$x=\frac{-8\pm\sqrt{8^2-4\times 5\times(-48)}}{2\times 5}=\frac{-8\pm\sqrt{1024}}{10}$

$=\dfrac{-8\pm32}{10}$，$x=\dfrac{-8-32}{10}=-4$，$x=\dfrac{-8+32}{10}=\dfrac{12}{5}$となる。$x=-4$は点Pの$x$座標だから，点Rの$x$座標は$\dfrac{12}{5}$であり，$x=\dfrac{12}{5}$を$y=\dfrac{1}{4}x^2$に代入すると，$y=\dfrac{1}{4}\times\left(\dfrac{12}{5}\right)^2$より，$y=\dfrac{36}{25}$となり，$\mathrm{R}\left(\dfrac{12}{5},\dfrac{36}{25}\right)$である。

問３＜面積＞前ページの図で，△PQRと△PQHの底辺をそれぞれPR，PHと見ると，これらの三角形の高さは等しいから，△PQR：△PQH＝PR：PHとなる。ここで，図のように，点P，Rからx軸へそれぞれ垂線PI，RJを引くと，PI∥RJより，PR：RH＝IJ：JHとなり，PR：PH＝IJ：IHである。問２より，点Rのx座標は$\dfrac{12}{5}$だから，$\mathrm{IJ}=\dfrac{12}{5}-(-4)=\dfrac{32}{5}$，$\mathrm{IH}=6-(-4)=10$となり，IJ：IH$=\dfrac{32}{5}:10=16:25$である。よって，PR：PH＝16：25より，△PQR：△PQH＝16：25となる。ここで，点Qのy座標は$y=36a=36\times\dfrac{1}{4}=9$より，QH＝9だから，$\triangle\mathrm{PQH}=\dfrac{1}{2}\times\mathrm{QH}\times\mathrm{IH}=\dfrac{1}{2}\times9\times10=45$である。したがって，$\triangle\mathrm{PQR}=\dfrac{16}{25}\triangle\mathrm{PQH}=\dfrac{16}{25}\times45=\dfrac{144}{5}$となる。

2021年度／ 中央大学杉並高等学校（推薦）

社会解答

1 ウ，エ

2 ア，エ

3 ア

4 ウ

5 ⑴　A…シンガポール　H…タイ
⑵　ウ

6 イ

7 イ，オ

8 ア，オ

9 イ，オ

10 エ，カ

11 C

12 1　財産〔不労，資産〕　2　雇用
3　不当

1〔日本地理―平野と都市〕

濃尾平野は，愛知県西部から岐阜県南部，三重県北部にかけて広がる平野で，名古屋市，岐阜市などの都市がある（ウ…○）。また，讃岐平野は，四国北東部の香川県に広がる平野で，高松市がある（エ…○）。なお，十勝平野は北海道南東部に広がる平野で，中心都市は帯広市であり，札幌市は石狩平野にある（ア…×）。庄内平野は山形県の日本海側に広がる平野で，中心都市は酒田市であり，秋田市は秋田県の秋田平野にある（イ…×）。筑紫平野は佐賀県と福岡県の南部に広がる平野で，中心都市は佐賀市などがあり，鹿児島市は九州南部の鹿児島県にある（オ…×）。

2〔世界地理―世界の国々〕

インドの国土面積は約329万km^2で日本の国土面積約38万km^2の約９倍，オーストラリアの国土面積は約769万km^2で日本の約20倍，アメリカ合衆国の国土面積は約983万km^2で日本の約26倍で，いずれも日本より国土面積が大きい（ア…○）。また，ロシアは国土の西でフィンランドと，国土の南東でモンゴルや中国と国境を接している（エ…○）。なお，ロシアはEUに加盟していない（イ…×）。キューバはカリブ海の西インド諸島にある島国である（ウ…×）。東南アジアに位置するカンボジアは，北半球にある（オ…×）。

3〔日本地理―各地域の特色〕

北海道には，有珠山などの火山，屈斜路《くっしゃろ》湖や洞爺《とうや》湖などのカルデラ湖がある（ア…○）。なお，愛知県の豊田市は，現在自動車生産が盛んだが，豊田市周辺は明治時代以降繊維工業が盛んで，自動車生産は自動織機の技術を土台としたものである（イ…×）。キャベツやレタスは，群馬県や長野県の高冷地における抑制栽培で栽培されている野菜で，宮崎平野で盛んな野菜の促成栽培では，ピーマンやきゅうりなどが生産されている。また，熊本平野で生産量の多い果物は，みかんである（ウ…×）。瀬戸内地方では，夏の南東季節風をさえぎるのは四国山地，中国山地がさえぎるのは冬の北西季節風である（エ…×）。択捉島は日本の最北端に位置する島で，最東端に位置するのは南鳥島，最西端に位置するのは与那国島である（オ…×）。

4〔世界地理―各地域の特色〕

ヨーロッパの農業は，ドイツなどで混合農業，デンマークなどで酪農，イタリアなどで地中海式農業が盛んである（ウ…○）。なお，1970年代末以降，経済特区を設けて外国企業を受け入れた中国では，その後も外国企業を受け入れる経済の対外開放政策が進められている（ア…×）。アフリカ大陸の国々

では，現在でも植民地時代の影響を受けて，英語やフランス語などを公用語としている国が多い(イ…×)。アメリカ合衆国で先端技術産業が発達しているサンベルトと呼ばれる地域は，北緯37度以南の地域で，シリコンバレーがあるのはサンフランシスコ郊外である(エ…×)。オーストラリアやニュージーランドでは，先住民のアボリジニやマオリの先住権が認められ，多文化社会を築こうとしている(オ…×)。

5〔世界地理─東南アジア〕

(1)＜ASEAN 加盟国の特色＞東南アジア諸国連合〔ASEAN〕の加盟国で最も面積が小さいＡは，マレー半島南端に位置するシンガポールである。また，ASEAN 加盟国中，Ｊのインドネシアに次いで国民所得が高く，仏教徒の割合が高いＨは，タイである。なお，Ｂはブルネイ，Ｃはカンボジア，Ｄはラオス，Ｅはフィリピン，Ｆはマレーシア，Ｇはベトナム，Ｉはミャンマーを表している。

(2)＜東南アジアの宗教＞ ASEAN 加盟国の中で人口が最も多く２億人を超えているＪはインドネシアで，国民の多くがイスラム教を信仰している。なお，い.には，キリスト教が当てはまる。

6〔歴史─日本の文化〕

法隆寺金堂が建造されたのは，飛鳥時代(ア…×)，『枕草子』が著されたのは平安時代(ウ…×)，『南総里見八犬伝』が著され，日光東照宮陽明門が建造されたのは江戸時代(エ…×)，中尊寺金色堂が建造されたのは平安時代である(オ…×)。

7〔歴史─年代整序〕

各組のＡ，Ｂ，Ｃの文を年代の古い順に並べると，アは，飛鳥時代初めの遣隋使派遣(C)→７世紀半ばの大化の改新(B)→奈良時代(８世紀)の国分寺建立(A)となる。イは，飛鳥時代末の律令制度の確立(A)→平安時代初めの坂上田村麻呂の東北地方への派遣(B)→平安時代末の平清盛による日宋貿易(C)となる。ウは，1185年の源頼朝による守護と地頭の設置(B)→1297年の永仁の徳政令(C)→江戸時代，17世紀初めの武家諸法度の制定(A)となる。エは，11世紀末に始まった十字軍の遠征(C)→1522年のマゼランの艦隊による世界一周(A)→1549年のザビエルによるキリスト教伝来(B)となる。オは，室町時代の惣の形成(A)→江戸時代初めの朱印船貿易(B)→江戸時代後半の工場制手工業の開始(C)となる。

8〔歴史─明治時代～大正時代の出来事〕

1940年の大政翼賛会の結成は，政党を解散させて，「挙国一致」の体制をつくり，戦争に協力させることを目的とするものだった(イ…×)。イギリスやフランス，アメリカは，世界恐慌からの回復を目指して本国と植民地との貿易を拡大し，それ以外の国の輸入品にかける関税を高くするブロック経済政策を進めた(ウ…×)。小村寿太郎は，1911年にアメリカとの間で関税自主権の回復に成功し，1894年にイギリスとの間で領事裁判権の撤廃に成功したのは陸奥宗光である(エ…×)。

9〔歴史─第二次世界大戦後〕

1955年以降，自由民主党が政権を握り，日本社会党が野党第一党となる55年体制が続いたが，1993年，自由民主党と日本共産党を除く政党による連立政権である細川護熙内閣が誕生して，55年体制が終わった(ア…×)。1960年の日米安全保障条約改定に際して，日本社会党は条約改定に反対した(ウ…×)。田中角栄内閣の日中共同声明によって1972年に国交が正常化したのは日本と中国で，1965年に日韓基本条約を結んだのは佐藤栄作内閣である(エ…×)。

10〔公民―日本国憲法〕

下級裁判所の裁判官の任期は10年で，最高裁判所の裁判官には任期がない(ア…×)。裁判官は，国会が設ける弾劾裁判所の決定によって罷免されることがある。これ以外に，最高裁判所の裁判官は国民審査によって罷免されることがありえる(イ…×)。衆議院で内閣不信任の決議案が可決されたとき，内閣は，10日以内であれば衆議院を解散することができる(ウ…×)。国会は，国政調査権に基づいて，国会に証人を呼び，証言を求めることができる(オ…×)。

11〔公民―日本国憲法の条文〕

日本国憲法第57条は，両議院の会議は原則として公開するものであるが，出席議員の３分の２以上の賛成があれば，秘密会を開くことができると定めている。その他に，「３分の２以上」で決定されるのは，憲法改正の発議が衆議院と参議院でそれぞれ総議員の３分の２以上の賛成を必要とする場合，参議院が衆議院と異なる議決をした法律案について，衆議院で出席議員の３分の２以上の賛成で再可決する場合などである。なお，Ａは「３分の１以上」，ＢとＤは「過半数」，Ｅは「４分の１以上」が当てはまる。

12〔公民―総合〕

１＜所得の種類＞自分の財産を運用することによって得られる収入を，財産所得〔不労所得，資産所得〕という。

２＜男女雇用機会均等法＞1985年，採用や昇進など雇用における男女差別をなくすことを事業者に求める法律が制定された。これを男女雇用機会均等法という。

３＜労働組合法＞勤労の権利と，労働者の団結権，団体交渉権，団体行動権について定めている労働組合法では，労働組合の活動を理由として，使用者が労働者に不利益な扱いをすることを不当労働行為として禁止している。

理科解答

1 (1) ウ　(2) オ

2 (1) ウ　(2) 偏西風

3 (1) イ　(2) ア

4 (1) エ　(2) ア　(3) ウ

(4) グリコーゲン

5 (1) ウ　(2) ウ

6 10Pa

7 (1) カ　(2) 27%

8 (1) 還元　(2) イ

9 (1) 下図　(2) ウ　(3) オ

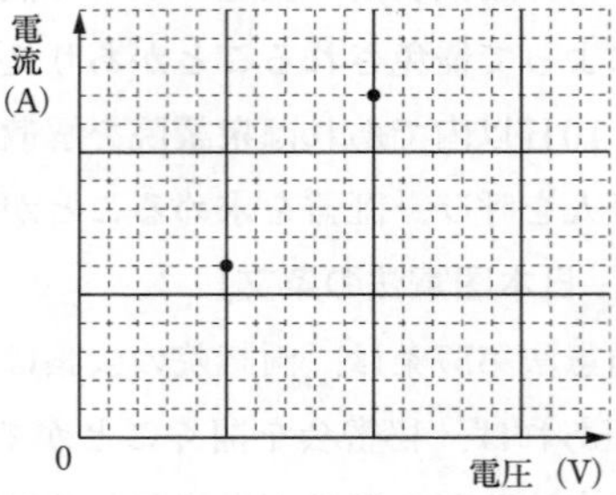

1〔大地のつくりと変化〕

(1)＜火成岩のつくり＞図1の火成岩Aのように，大きな鉱物が組み合わさったつくりを持つ火成岩は深成岩で，このようなつくりを等粒状組織という。深成岩は，マグマが地下深くで，長い時間をかけてゆっくり冷え固まってできた火成岩である。

(2)＜火山岩の分類＞図1の火成岩Bのように，非常に小さな結晶やガラス質の部分(石基)の中に比較的大きな鉱物の結晶(斑晶)が散らばったつくりを持つ火成岩は火山岩で，このようなつくりを斑状組織という。また，火成岩Bを構成する鉱物の割合は，チョウ石が60%，カクセン石が15%，キ石が20%なので，図2より，この火山岩は安山岩に分類できる。

2〔気象とその変化〕

(1)＜日本の気象＞図1のように，大陸から日本列島へ北西の季節風が吹く季節は，冬である。冬には，大陸上で地表が冷え，シベリア気団が発達し，冷たくて乾燥した季節風が吹く。

(2)＜大気の循環＞日本付近の上空に，1年中吹く西寄りの風を偏西風という。日本付近の低気圧や移動性高気圧が西から東へ移動するのは，この偏西風に押し流されるためである。

3〔植物の生活と種類〕

(1)＜茎のつくり＞図1で，管になっている部分が道管と師管で，内側のエが道管，外側のイが師管である。なお，アは表皮，ウは細胞分裂が盛んな部分(形成層)である。

(2)＜植物の体のつくり＞図2で，1日9時間以上連続の暗黒を与えられた葉では，つぼみをつくる物質が合成され，この物質は師管を通って移動するため，暗黒にしない方の茎頂にも送られてつぼみがつくられる。しかし，矢印の部分で師管が取り除かれたため，これより上の部分にはつぼみをつくる物質は送られず，つぼみはつくられない。よって，つぼみができて花が咲くのは，暗黒にした左側の部分と，光を照射したままにした右側の矢印よりの下の部分である。

4〔動物の生活と生物の変遷〕

(1)＜食物の消化＞脂肪は，すい液中のリパーゼのはたらきで，脂肪酸とモノグリセリドに分解される。胆汁は肝臓でつくられ，消化酵素を含まないが，脂肪を分解するのを助けるはたらきがある。なお，デンプンは，唾液に含まれるアミラーゼによって分解され，小腸の壁にある消化酵素などのはたらきで，最終的にブドウ糖に分解される。タンパク質は，胃液中のペプシンや，すい液中のトリプシン，小腸の壁にある消化酵素などのはたらきで，最終的にアミノ酸に分解される。

(2)＜栄養分の吸収＞柔毛の毛細血管に吸収されたブドウ糖とアミノ酸を含む血液は，肝臓を通り，心臓へ向かう。また，脂肪酸とモノグリセリドは，柔毛の表面で再び脂肪に合成され，リンパ管に吸収される。リンパ管は首のつけ根付近の静脈につながっているので，リンパ液は首のつけ根付近で血液と合流し，心臓へ向かう。

(3)＜栄養分の吸収＞直径0.02m の円筒の内部の表面積が$200\mathrm{m}^2$となるのは，円周率を3.14とすると，$200 \div (0.02 \times 3.14) = 3184.7\cdots$より，長さが約3000m 必要である。

(4)＜栄養分の貯蔵＞肝臓では，ブドウ糖の一部がグリコーゲンに変えられて，たくわえられる。

5〔運動とエネルギー〕

(1)＜力のつり合い＞静止している自動車には，重力や，地面からの垂直抗力などがはたらいていて，これらの力はつり合っている。

(2)＜等速直線運動＞自動車が向きも速さも変えずに走り続けているとき，つまり，自動車が等速直線運動をしているとき，自動車にはたらいている複数の力はつり合っている。なお，物体に力が加わっていないとき，また，加わっていてもつり合っているとき，静止している物体は静止し続け，運動している物体は等速直線運動を続ける。これを慣性の法則という。

6〔身近な物理現象〕

＜圧力＞圧力は，〔圧力(Pa)〕=〔力の大きさ(N)〕÷〔力のはたらく面積(m^2)〕で求めることができる。図２で，机には，物体にはたらく下向きの重力$200 \div 100 \times 1 = 2.0$(N)と，手で持ち上げた上向きの力1.6N がはたらいているから，このとき机が物体から受ける力の大きさは，$2.0 - 1.6 = 0.4$(N)である。また，図１より，力のはたらく面積は，$0.2 \times 0.2 = 0.04(\mathrm{m}^2)$である。よって，机が物体から受ける圧力は，$0.4 \div 0.04 = 10$(Pa)となる。

7〔身の回りの物質〕

(1)＜水溶液＞塩化カリウム水溶液では，塩化カリウムのように水に溶けている物質を溶質，水のように溶質を溶かしている液体を溶媒という。なお，溶質が溶媒に溶けた液を溶液といい，溶媒が水の場合を特に水溶液という。

(2)＜濃度＞質量パーセント濃度は，〔質量パーセント濃度(%)〕$= \dfrac{〔溶質の質量(g)〕}{〔水溶液の質量(g)〕} \times 100$で求めることができる。溶質である塩化カリウムの質量は30g であり，水溶液の質量は，溶質である塩化カリウムと溶媒である水の質量の和だから，$30 + 80 = 110$(g)である。よって，求める質量パーセント濃度は，$\dfrac{30}{110} \times 100 = 27.2\cdots$より，約27%である。

8〔化学変化と原子・分子〕

(1)＜還元＞鉄は，酸化鉄から酸素を取り除くことでつくられるから，このとき酸化鉄に起こった化学変化は還元である。なお，一酸化炭素は酸素と結びついて二酸化炭素になるため，一酸化炭素に起こった化学変化は酸化である。

(2)＜質量保存の法則＞化学反応式より，鉄原子(Fe)２個と酸素原子(O)３個からなる酸化鉄(Fe_2O_3)から，鉄原子２個が得られる。また，酸化鉄160kg から鉄112kg が得られるので，酸化鉄160kg に含まれる酸素の質量は，$160 - 112 = 48$(kg)となる。これより，鉄原子２個と酸素原子３個の質量の比は，112：48＝7：3となる。よって，鉄原子１個と酸素原子１個の質量の比は，7÷2：3÷3＝

$\frac{7}{2}$：1＝7：2となるから，鉄原子1個の質量を7とするとき，酸素原子1個の質量は2となる。

9 〔電流とその利用〕

(1)＜電流と電圧の関係＞図2の回路は，図1の回路に比べ，電源（電池）が1個から2個直列につながれている。そのため，図2の電源の電圧は図1の回路の2倍になり，回路で測定される電圧も2倍になる。このとき，オームの法則〔電流〕＝$\frac{\text{〔電圧〕}}{\text{〔抵抗〕}}$より，測定される電流も2倍になる。よって，図2の回路で測定した電流と電圧の値は，どちらも図1の回路で測定し，グラフAに示されている電流と電圧の値の2倍になる。解答参照。

(2)＜直列回路＞図3の回路は，電気抵抗が2個直列につながれた直列回路である。直列回路では，回路全体の抵抗は各電気抵抗の抵抗の和になるから，図3の回路全体の抵抗は，図1の回路の2倍になる。このとき，電源の電圧は，図1の回路と同じだから，測定される電流は$\frac{1}{2}$倍となる。また，各電気抵抗に加わる電圧の和が電源の電圧となるから，図3の回路の電気抵抗1個に加わる電圧は，図1の回路の電気抵抗に加わる電圧の$\frac{1}{2}$倍となる。よって，図3の回路の測定結果は，グラフBの領域ウに記録される。

(3)＜並列回路＞図4の回路は，電気抵抗が2個並列につながれた並列回路である。並列回路では，各電気抵抗に加わる電圧は電源の電圧に等しいから，図4の回路で測定される電圧は，図1の回路と同じである。また，回路全体を流れる電流は，各電気抵抗を流れる電流の和になる。図4の回路では，各電気抵抗に加わる電圧は，図1の回路の電気抵抗に加わる電圧と同じだから，各電気抵抗に流れる電流は図1の回路の電気抵抗に流れる電流と等しい。よって，図4の回路で測定される電流は，図1の回路の2倍になる。したがって，図3の回路の測定結果は，領域アと領域イの境界線上に記録される。

国語解答

一 問1 エ
問2 イ 哲人 ロ 理想 ハ 現実
問3 エ 問4 ウ
問5 A…ウ B…イ 問6 ア
問7 エ

二 問1 b
問2 A いろいろのこと
B なるほどぼた餅なり
問3 イ 問4 エ

一〔論説文の読解─政治・経済学的分野─政治〕出典；『民主主義 文部省著作教科書』。

≪本文の概要≫民主主義では，議論で意見の一致を見いだせないときには多数決を用いる。多数決には，なぜ最も賢明な人の正しい意見をはじめから採用せずに，大勢の人の意見の中から最も多いものに決めるというやり方をするのか，という疑問がある。民主主義に批判的なプラトンの理想国家論では，優れた理性と高い批判力を備えた哲人が，政治を指導するのが理想の国家形態であるとする。しかし，この理想の政治を現実に行うと，必ず独裁主義に陥る。独裁主義では，政治の要点を国民に隠すため，国民から批判を受ける機会がないまま独断で政治が行われ，取り返しのつかない失敗を招く。それを避けるためには，多くの人々が政治に参加して，多数決で意見をまとめていくしかない。民主主義では選良主義が採用され，国民の中から見識の優れた人を国会議員に選んで立法を任せ，国会議員の中から選ばれた内閣総理大臣が，国務大臣を選んで組織した政府が行政を行う。また，国会議員は任期が限られ，選挙によって常に顔ぶれが新しくなるよう工夫されている。

問1＜指示語＞多数決に対しては，「いちばん賢明なただひとりの考えが，最も正しい」のに，なぜ，その「最も賢明なただひとりの人の意見を初めから採用しないで」，大勢の意見の中から最も多いものに決めるというやり方を行うのか，という疑問がある。

問2＜文章内容＞「プラトンの理想国家論」においては，「最もすぐれた理性と，最も高い批判力とを備えた哲人」に政治の全権を委ねて(…イ)，その人物が指導するのが政治の理想である(…ロ)。しかし，「最も賢明なただひとりの人」に委ねることを前提にした政治を「そのまま現実に」行おうとすると(…ハ)，国民は哲人に服従することとなるため，哲人による支配は，独裁主義に陥り，必ず失敗する(…イ)。

問3＜文章内容＞独裁主義の政治では，たとえ「独裁者がほんとうに偉い人であった」としても，長い間大きな権力が少数の人々に集中するため，最も賢明な人物による政治であることが，薬のようにはよい方向にはたらかず，権力の集中が，毒のように悪い方向にはたらいてしまうのである。

問4＜文章内容＞「教育が普及し，知識が向上した」ことで「健全な政治道徳を」心得ている国民によって，民主政治は行われる(ア…○)。民主政治は，大勢の人々の意見を集めてまとめていくことで，「国民の中にある知恵の鉱脈を」掘り当て，優れた知恵が出てくる「利益を大いに発揮することができる」政治である(イ…○)。また，民主主義は，政治の要点を国民に隠さないため，指導者が誤った場合でも「国民からの批判を受ける機会が」あり，誤りを正すことができ(エ…○)，プラトンの時代のような「おおぜいの愚者が数の力で政治を行う」弊害よりも，「なるべく多くの人々が政治に参与」して，国民の知恵が生かされる政治である(ウ…×)。

問5＜ことわざ＞A.「船頭多くして船山にのぼる」は，指図する人が多いために統一がとれず，見当違いの方向に物事が進んでしまう，という意味。 B.「三人寄れば文殊の知恵」は，特別に頭のよい者でなくても三人集まって相談すれば，すばらしい知恵が出るものだということ。なお，原典では「文珠」という表記になっている。

問６＜文章内容＞独裁政治では，「政治のたいせつな要点を国民に」隠すため，国民は，正しい政治が行われているかがわからず，独裁者もまた「国民からの批判を受ける機会がない」から，自分だけは正しいと信じて突き進み，その結果「取り返しのつかない失敗を」招くという危険がある。

問７＜文章内容＞民主政治では，多数決主義のほかに「選良主義」の長所をとっていて，「国民の間から識見のすぐれた人を」選んで，その人に国会議員として「立法の仕事」を任せ，国会議員の中から選ばれた内閣総理大臣が，国務大臣を選び，「その政府が行政」を行う。また，「国会議員の任期」を設けて，たびたび総選挙を行って「政府の顔ぶれも変わるように」して，政治が常に新しさを保つように工夫されているのである。

二〔古文の読解―随筆〕出典；橘南谿『東遊記』。

≪現代語訳≫越前の国，鯖江の近く，新庄村に百姓の家の床下で，何者かの声がして，人が言うことの口まねをする。家の中の男女は大変驚き，すぐに床板を引き開けて見ると，何事も(変わった様子は)見えない。また床をふさいで(家の)人々がものを言うときは，どんなことでも床下から口まねをする。／後には村中のうわさになり，若者たちが毎夜大勢集まってきて，いろいろなことを言うと，それら全てを床下でも口まねする。(床の)上からお前は古だぬきだろうと言うと，(床下の声は)たぬきではないと言う。それならきつねだろうと言うと，きつねでもないと言う。猫かと言うと，違うと言う。いたち，かっぱ，かわうそ，もぐら，ねずみ，などいろいろな(動物の)名前を思いつくままに尋ねると，どれでもないと答える。それならお前はぼた餅だろうと言ったところ，確かにぼた餅だと言う。そのときからぼた餅化け物とあだ名をつけて，その辺りで大評判になった。／このことが城下町でうわさになったため，不思議なことだといって，調査の役人が大勢来た。一夜この家にいて試すと，(床下では)何の声もしないで，役人が帰ると，その次の夜はまた声がして，いろいろなことを言う。その後も役人が来たがそのたびに，来たその夜は(床下では)一度もものを言わない。／そのためしかたなく，そのまま放っておいたところ，一月ほどたって，その後は何の声もせず，怪しいことは起きなくなった。(床下の声が)何によるものかもわからない。どのようにしてやんだということもなくて，自然に収まった。

問１＜古文の内容理解＞家の床下で，何者かが人の口まねをするので，家の中の男女が，驚いて床下を見たが，何事もなく，また床をふさいで家の中の男女がものを言うと，どんなことでも床下で口まねをするのである。

問２＜古文の内容理解＞「床下の声」のうわさを聞いた若者たちが集まってきて，「いろいろのこと」を言うと，それまでと同様に，「床下の声」は，人が言ったことを口まねした(…Ａ)。ところが，若者たちが，お前はたぬきだろう，きつねだろうと次々に正体について尋ねると，「床下の声」は，どれに対しても「あらず」と答えるようになり，そこで，若者たちが，お前はぼた餅だろうと言ってみたところ，「床下の声」は，「なるほどぼた餅なり」と，自分の正体について答えた(…Ｂ)。

問３＜古文の内容理解＞役人が調べにやってきたときは，いつも「床下の声」がしないため，しかたなくそのまま放っておくうちに，何の声もしなくなった。しかし，結局「床下の声」が何によって生じたのか，要するに，「床下の声」が何かはわからなかった。

問４＜古文の内容理解＞「若き者ども」は，「床下の声」にその正体について尋ね，たぬきをはじめいろいろな名前を思いつくままに挙げたが，「床下の声」が全て否定するので，お前はぼた餅だろうと冗談で言ってみると，「床下の声」は，確かにぼた餅だと答えた(ア…×)。うわさを聞きつけた役人たちは，調査のために百姓の家を訪れたが，役人が来るたびに，その夜は「床下の声」はしなかった(イ…×)。「床下の声」は，自分の正体をぼた餅だと言った後も，役人が来た夜以外はいろいろなことを口まねしたが，一月ほどするうちに何の声もしなくなった(ウ…×)。一月ほどで怪事は自然と収まったものの，人々には，「床下の声」が何かはわからないままだった(エ…○)。

2021年度　中央大学杉並高等学校

【英　語】（50分）〈満点：100点〉

リスニングテストの音声は，当社ホームページで聴くことができます。（実際の入試で使用された音声です）
再生に必要なIDとアクセスコードは「収録内容一覧」のページに掲載しています。

（注意）　リスニングテストは試験開始後２分経過してから始まります。録音を聞いている時間は，解答のための休止を含めて７分ほどです。

Ⅰ　リスニングテスト

第１部　英語の短い対話を聞き，それに続く対応として最も適切なものを１～４から一つ選び，番号を答えなさい。次の問題に進むまでに５秒の休止が設けられています。対話を聞くのはそれぞれ一度だけです。問題はＡ，Ｂ，Ｃ，Ｄ，Ｅの五題です。

Ａ．１．It was difficult to hit the ball with the new bat.
　　２．I really wanted to play that game.
　　３．I thought so, too, but I had pain in my shoulder.
　　４．It was very bad to see you there.

Ｂ．１．I know that Amy doesn't wear a ring.
　　２．So this is Amy's ring.
　　３．Then, who gave a diamond to Amy？
　　４．Oh, then this is not hers.

Ｃ．１．There's something wrong with my father.
　　２．My father likes his new car very much.
　　３．I saw a car accident over there.
　　４．It's in the repair shop.

Ｄ．１．It is exactly the same price as yours.
　　２．It is on the desk next to my bed.
　　３．Of course, it is made in England.
　　４．I bought it on the Internet.

Ｅ．１．Not so early.　It took only 10 minutes to make this.
　　２．Not so early.　It didn't take long for you to bring this.
　　３．Yes, I did.　It took 10 minutes to eat my breakfast.
　　４．Yes, I did.　It didn't take long for my mother to cook it.

第２部　放送で流れる英文とその内容に関する五つの質問を聞き，その質問に対する答えとして，最も適切なものを１～４から一つ選び，番号で答えなさい。聞きながらメモを取ってもかまいません。各質問の後には７秒の休止が設けられています。英文と質問は二度放送されます。

Ｆ．１．Both small children and older people can enjoy it.
　　２．Hiking is too easy to try.
　　３．We should prepare something special.
　　４．Only happy people can go hiking.

Ｇ．１．You need to run fast every day.
　　２．You need to walk 15 kilometers a day.

3．You need to exercise in the mountains.
4．You need to use stairs, not elevators.

H．1．You can use a windbreaker when it is hot.
2．Comfortable clothes and shoes are important.
3．The weather on the mountains changes quickly.
4．Some pairs of socks are useful when you get hurt.

I．1．To drink water from the river
2．To write a guidebook about birds
3．To pick some fruits from the trees
4．To carry enough water

J．1．To walk on the right side
2．To stop and take a rest often
3．To keep looking at the map
4．To take photographs of the views

※＜**リスニングテスト放送原稿**＞は英語の問題の終わりに付けてあります。

II　次の英文を読み，A～Fの質問に対する最も適切な答えを選び，記号で答えなさい。（*のついた語句には本文の最後に注があります。）

Education and business are very closely connected to each other. At the beginning of the twenty-first century, education and business leaders began thinking about what skills students need to succeed in today's workplace. One thing is clear : twenty-first-century skills are very different from those in the past.

Today, researchers believe that in order to be successful in the workplace, most students need digital skills. Students with digital skills can do three things. First, they can find information, such as *textual data, videos, and audio files, from different sources. Next, they know how to check these sources to make sure the information is correct. Finally, students are able to use various kinds of technology tools and software programs to share their information with others.

Excellent communication is also important for the twenty-first century. Good communication includes many skills. People must be able to talk or write about their ideas for others to understand clearly. In addition, people need to get along with others in a group. In most businesses, groups of people must *collaborate to solve problems and think of new ideas. Also, good communication includes the skill to work with people from different cultures. So, speaking a second language is a real advantage.

Twenty-first-century skills also include *critical thinking. Critical thinking is important to solve problems in creative ways and change plans when something does not work. *Curiosity is necessary for critical thinking. Critical thinkers ask questions about the world around them. They ask "Why ?" and "Why not ?" Many schools are trying to develop the students' critical thinking skills.

How do people use these twenty-first-century skills in their work ? Let's take a look at the following example. A few years ago, three friends were talking about the problems of sending videos by e-mail. Video files were very large, so when they tried to send a video, it took a very long time. Then, they had an idea — "Why don't we design a website to send videos easily? People can share their videos with anyone, anywhere." This idea was the beginning of YouTube — one of today's most popular websites. Chad Hurley, Steve Chen, and Jawed Karim, the three friends, started the website in February 2005. By next summer, YouTube was the fastest growing site on the Internet. In October 2006, they sold YouTube to another big Internet company, Google, for $1.6 billion.

Hurley, Chen, and Karim used twenty-first-century skills to start YouTube. All three had strong *academic backgrounds and digital skills. When they found a problem, they worked well together and solved it by thinking creatively. When they needed money, they explained their ideas clearly and asked their supporters to *invest. They also understood that great ideas need to be global, so they designed a website for people all over the world.

Are schools around the world teaching twenty-first-century skills? There are big differences across the world in teaching digital skills. In some parts of Africa, South East Asia, and Latin America, many schools do not have access to technology. On the other hand, about 35 percent of the world's Internet users are in just two countries, the United States and China. This difference in access to technology is called the "digital divide." Because of the digital divide, not all countries are able to teach digital skills.

Most countries are also *focusing on communication skills — especially teaching second languages. Students across the world learn English because it is an international language. European countries begin to teach English in elementary school, and in China, children start studying English in kindergarten at the age of four. So, each year thousands of students travel to English-speaking countries and improve their English. This shows that many countries are successful in teaching a second language. However, English-speaking countries are not doing so well in teaching a second language. Only about 15 percent of Americans speak a language *other than English well. In Europe, on the other hand, more than half of the population speaks a second language well.

Not all schools are good at teaching critical thinking. *Standardized tests are common around the world, and many education experts believe that *rote learning still has a strong influence on most schools. This is partly because it is easier to test rote learning than critical thinking. If most countries continue to use standardized tests, teachers will continue to focus on rote learning more than critical thinking.

Now, business and education leaders believe that it is important for schools to teach twenty-first-century skills. They believe that these skills improve people's personal lives and the economies of nations. So, both education and business need to change with the quickly changing world.

（注） textual data：文字データ　collaborate：協力する　critical thinking：批評的思考
curiosity：好奇心　academic：学問的な　invest：投資する
focus(ing) on ～：～を重点的に取り扱う　other than ～：～以外の
standardized test(s)：(客観性のある)標準テスト　rote learning：暗記学習

A. What can students do if they have digital skills?

ア They can share their information with others by using some technology tools.

イ They can choose the best information on audio files from only one source.

ウ They can be the most successful movie director by watching various movies.
エ They can make different sources to check their digital skills.

B. Which is NOT true about twenty-first-century skills?
ア Digital skills mean finding, checking, and showing information to others by using technology tools.
イ Speaking a second language is one of the twenty-first-century skills because a person often works with people from different countries.
ウ In today's global economy, critical thinking means working well with foreign people when something does not work.
エ Most critical thinkers are interested in many things and ask questions about the world around them.

C. Why did Hurley, Chen, and Karim make YouTube — one of today's most popular websites?
ア It's because they wanted to send videos easily by making a website.
イ It's because they wanted to sell a website to a successful company for making money.
ウ It's because they needed to borrow money from supporters by designing a website.
エ It's because they needed to show their strong digital skills to people all over the world.

D. What does the "digital divide" mean?
ア It means the number of Internet users is increasing around the world, especially in Asia and Africa.
イ It means there is a big difference in access to technology across the world and not everyone can learn digital skills.
ウ It means every country has its own way of thinking about teaching digital skills.
エ It means the influence of the United States and China in teaching digital skills at school.

E. Which is true about second languages?
ア In both European countries and China, people begin to study English before entering elementary school.
イ The number of Americans speaking a second language is smaller than that of Europeans.
ウ The United States is successful in teaching second languages because a lot of people come to study English from other countries.
エ More than half of the population in Europe speaks at least three foreign languages.

F. 本文の内容に合っているものをア～カから二つ選び，記号で答えなさい。
ア Google asked Hurley, Chen, and Karim to design a website because they had strong academic backgrounds and digital skills.
イ 35 percent of people in the world don't have access to technology because of the digital divide.
ウ The United States is doing well in teaching second languages, so most Americans speak a language other than English.
エ Most countries use standardized tests because to test rote learning is easier than to test critical thinking.
オ Business and education leaders believe both critical thinking and rote learning are important for education.
カ Business and education leaders say both the economies of nations and people's personal

lives will be improved if we have twenty-first-century skills.

III 次の英文を読み，設問に答えなさい。（*のついた語句には本文の最後に注があります。）

The Mississippi River is not the longest river in the United States. The Missouri River is longer. But many people think the Mississippi is very important. Why is that? Let's look at the story of the great river and find the answers.

Many Americans think the left side of the Mississippi is Western America, because the river flows through the center of the North American Continent. Eastern America is on the right side of this river. The Mississippi begins from Lake Itasca in Minnesota, one of northern states of the U.S. A drop of water in Lake Itasca will take about ninety days to go to *the Gulf of Mexico, the end of the Mississippi. Lake Itasca is the narrowest part of the river. From the Mississippi to *Twin Cities in Minnesota State, big boats can't go on the river because it is *shallow and there are some waterfalls. After Twin Cities, because the river becomes wide, big boats can carry a lot of people or things from big cities like Saint Louis, Memphis, and New Orleans. New Orleans is in Louisiana, one of the most southern states in the U.S. After more than three thousand kilometers, the Mississippi River reaches the Gulf of Mexico.

①The name "Mississippi" comes from a Native American language. *The Ojibwa people called the river "Misi-ziibi." It means "great river" or "gathering of water." So, some European people began to call the river "Mississippi." From the beginning of the 18th century, European people began to come and live along the Mississippi. Then, small towns appeared and they became bigger cities. People in those cities started to carry things on the river. They wanted to sell and buy goods, such as *furs, flour, coffee, and so on. They used *rafts and small boats. It was very easy to go down the river. However, it was hard ②to move rafts and boats up the river. People had to use long poles to push against the bottom of the river to go up the river. Or, they had to pull the boats from the *riverbank with strong ropes.

It took about nine months to go to New Orleans from Minnesota and come back by boat. However, in 1807, ③【with / a steamboat / Robert Fulton / a steam engine / invented / named / a man】. Then, it took only about forty days to go up and down the whole Mississippi River! The steamboats could carry a lot of people and things at the same time. On the lower *deck, there were vegetables, flour, cows, pigs, and so on. Poor people also stayed on the lower deck. They had to bring their own food to eat on the boat and sleep with other people, animals and things. On the other hand, rich people spent their time very differently. They could stay in beautiful rooms on the upper deck. They were served delicious food and drinks in fine dining rooms. ④These places were called "*floating palaces."

These rich people wanted ⑤some entertainment, because the travel was so long. They enjoyed listening to blues. Blues was the street music created by African-Americans in the southern part of the U.S. Some people liked *gambling with cards. Often, there were some professional gamblers on those boats and they got a lot of money from the rich people. Steamboat race gambling was also popular. People *bet their money on their boat. If their boat reached the next city first, they got some money. So, people on the boat asked the captain to go faster. However, it was very dangerous. To speed up their boats, captains had to add a lot of fuel to the engine. If they put too much fuel in the engine, the engine would *explode. By 1900, safer engines were invented, so this kind of accident never happens today.

The Mississippi River has rich nature. For example, sixty percent of the birds in North America fly North and South along the river when the seasons change. Over two hundred kinds of fish swim in the river. There are also river *otters, *muskrats, and some *endangered animals such as Louisiana black bears and green sea turtles. However, the Mississippi River was seriously polluted in the middle of the 20th century. Cities along the Mississippi River grew larger and larger. Many factories were built. They threw away waste and chemicals into the river. Farmers used *pesticides to grow good flour and vegetables. Because of ⑥these things, many forests and animals died. There was a place called the "dead zone" in the Gulf of Mexico. In the "dead zone" many fish and plants died because there was not enough oxygen. Many people began to worry about the pollution. In 1970, the Environmental Protection Agency was made by the U.S. government and it has helped to reduce the pollution since then.

There is still some pollution along the Mississippi River. We must continue to work hard to make the great river as beautiful as it was many years ago.

(注) the Gulf of Mexico：メキシコ湾
Twin Cities：ミネソタ州の州都の通称，セント・ポールとミネアポリスの二つの都市から成る
shallow：浅い　The Ojibwa people：オジブワ族(アメリカ先住民の一部族)
fur(s)：毛皮　raft(s)：いかだ　riverbank：川岸，土手　deck：甲板
floating：浮かんでいる　gambling：ギャンブル・賭け事　bet：賭ける
explode：爆発する　otter(s)：カワウソ　muskrat(s)：ジャコウネズミ
endangered：絶滅が危惧される　pesticide(s)：殺虫剤

問1　ミシシッピ川の特徴について，最も適切なものをア～エから一つ選び，記号で答えなさい。
ア　The Mississippi starts from New Orleans and reaches Lake Itasca.
イ　A drop of water takes about three months to get to the Gulf of Mexico from Lake Itasca.
ウ　You can't use big boats after Twin Cities in Minnesota because there are a lot of waterfalls.
エ　A boat takes about ninety days to get to the end of the Mississippi from its beginning.

問2　下線部①に関して，最も適切なものをア～エから一つ選び，記号で答えなさい。
ア　The name of the people living along the Mississippi means "great river."
イ　"Misi-ziibi" means "gathering of water" in some European countries.
ウ　A long time ago, some people called the river "great river" in their language.
エ　Some Native American people began to call the river "Misi-ziibi" from the 18th century.

問3　下線部②の具体的な方法として正しいものをア～エから一つ選び，記号で答えなさい。
ア　いかだやボートの上から長い棒で川岸を押す
イ　川岸からいかだやボートを強く押す
ウ　いかだやボートの上から川底を長い棒で押す
エ　いかだやボートを川底から強いロープで引く

問4　下線部③が「ロバート・フルトンという男が，蒸気エンジンがついた蒸気船を発明した。」という意味になるように，【　】内の語(句)を並べ替えなさい。

問5　下線部④の理由を40字以上50字以内の日本語で説明しなさい。(句読点を含む)

問６　下線部⑤の例として，ふさわしくないものをア～エから一つ選び，記号で答えなさい。

ア　Rich people got a lot of money from professional gamblers on the boat.

イ　Rich people asked the captains of their steamboat to go faster to win the money.

ウ　Rich people listened to the music created by some people in the southern part of the U.S.

エ　Rich people enjoyed playing cards and betting money.

問７　下線部⑥の具体例を表す英語一語を本文中から三つ抜き出しなさい。

問８　本文の内容と合っているものをア～ケの中から三つ選び，記号で答えなさい。

ア　The Mississippi River is famous and important because it is the longest river in the United States.

イ　People in the U.S. think the Mississippi River separates the eastern America and the western America.

ウ　Many goods like furs and flour were carried by steamboats on the Mississippi River in the 18th century.

エ　Before steamboats were invented, it took about 9 months to go to New Orleans from Lake Itaska and come back.

オ　On steamboats, a poor person was given his or her own room, but it was small and dirty.

カ　In the 20th century, no steamboats were running on the Mississippi because they sometimes exploded.

キ　Along the Mississippi, we can see not only many kinds of fish but also wild animals and birds.

ク　A lot of fish couldn't live in the "dead zone" because there wasn't enough oxygen.

ケ　After the Environmental Protection Agency was made, we don't see any pollution in the Mississippi River.

Ⅳ　空欄に入る最も適切なものをそれぞれア～エから一つ選び，記号で答えなさい。

1．"I don't have Henry's e-mail address."
"(　　　　)."

ア　Me, neither　　イ　Me, too

ウ　I don't, neither　　エ　I don't, too

2．Look at the sun (　　) above the horizon.

ア　raised　　イ　raising

ウ　rising　　エ　is rising

3．"How would you like your coffee?"
"(　　　　)."

ア　I didn't like it　　イ　I often drink coffee

ウ　Yes, I'd like to　　エ　With milk, please

4．My father has two brothers.　One is a pilot and (　　) is a science teacher.

ア　other　　イ　another

ウ　the another　　エ　the other

V　日本語の意味を表す英文になるように下の語(句)を並べ替え，(A)～(H)に入る語(句)の記号を答えなさい。ただし，文頭に来る語(句)も小文字で書かれています。

1．食事をする前に，手を洗うことが何よりも重要だ。

(A)(　)(　)(　)(　)(B)(　)(　)(　) meals.

ア important　イ your hands　ウ you　エ than　オ nothing
カ more　キ washing　ク eat　ケ before　コ is

2．あなたは年にどのくらいニューヨークに住んでいるお姉さんの所へ行きますか。

(　)(　)(C)(　)(　)(　)(D)(　) every year?

ア do　イ living　ウ visit　エ often　オ in
カ how　キ New York　ク you　ケ your sister

3．私は兄が帰ってきたらすぐに，この問題について聞いてみるつもりだ。

I(　)(　)(E)(　)(　)(　)(　)(F)(　).

ア he　イ as　ウ back　エ this question　オ comes　カ ask
キ my brother　ク soon　ケ about　コ will　サ as

4．その問題の解き方を習ったのを覚えている生徒はほとんどいなかった。

(G)(　)(　)(H)(　)(　).

ア solve　イ how　ウ students　エ the problem
オ few　カ learning　キ to　ク remembered

VI　次の日本文を英文にしなさい。

1．私達はお互いに知り合って8年以上になります。

2．彼女が何を怖がっているのか誰も知りません。

＜リスニングテスト放送原稿＞

第1部

A．a： Hi, Mike.　How was the tennis match yesterday?
　b： Oh, I lost the game.
　a： That's too bad.　I thought you would win.

B．a： I found this silver ring under the desk.
　b： It is perhaps Amy's ring.　I believe she was wearing a silver ring before.
　a： I know that.　But her ring has a diamond on it.

C．a： Ken, you bought a nice new car.
　b： Oh, no.　This is my father's car.　I'm using his car today.
　a： What happened to your car?

D．a： Father, I lost my English dictionary.　May I use yours?
　b： No problem, Jenny.　You can use it anytime.
　a： Thank you so much.　Where is it?

E．a： Your lunch looks so delicious.　Did you make it by yourself?
　b： Yes, I did.　I love cooking.
　a： Wow, you got up early this morning to make it, right?

第2部

Hiking is a very good activity. If you go hiking, you can relax, you can be happy, and you can be healthy. Hiking is very good for all ages, from small children to older people. It is also a good activity for families and groups. Most people usually like hiking because it is easy. Also, you don't need to carry anything special.

But, if you want to enjoy hiking more, here is some advice for you. First, do some exercises before hiking. Walk fast for 15 minutes every day. Do not use elevators. Climb stairs. Jogging is also a good exercise for hiking.

Second, wear comfortable clothes and shoes when you go hiking. Especially when you go into mountains, bring a windbreaker, a sweater, and other clothes, because the weather may suddenly change. It may become very cold and start raining. Don't forget some pairs of socks if you plan to walk for a long time.

Third, bring some food, such as dried fruits and crackers. You can cook some food, too. Bring enough water. Drink only safe water.

Fourth, it will be useful to have a knife, a camera, and a map. You can have more fun if you bring a guidebook about birds, flowers, and plants.

Lastly, try to keep left when you walk on a hiking road. Take a rest often. Look around and enjoy the far-away view.

F. What is good about hiking?
G. What do you need to do before you go hiking?
H. Why do you need to bring more clothes when you go hiking?
I. Which advice is given for hiking?
J. What is important when you walk on a hiking road?

【数　学】　(50分)　〈満点：100点〉

(注意)　定規，コンパス等の作図道具および計算機の使用は禁止です。

1　次の問に答えなさい。

問１　$(x+2)(y+2)=(x-2)(y-2)$ のとき，$(2x+\sqrt{5})(2y+\sqrt{5})+4x^2$ の値を求めなさい。

問２　２次方程式 $(x+2)(x-2)=(x+2)^2+(x+2)(x-3)$ を解きなさい。

問３　図１のように，正五角形ABCDEがあり，頂点B，Cを通る直線をそれぞれ l，m とし，$l /\!/ m$ とします。直線 l と線分AE，直線 m と線分DEの交点をそれぞれ点F，Gとし，直線 m 上に点C，G，Hの順となるように点Hをとります。∠FBC＝80°であるとき，∠EGHの大きさを求めなさい。

図１

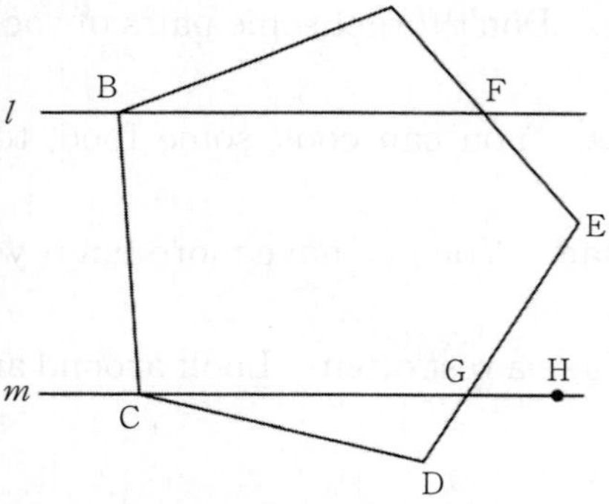

図２

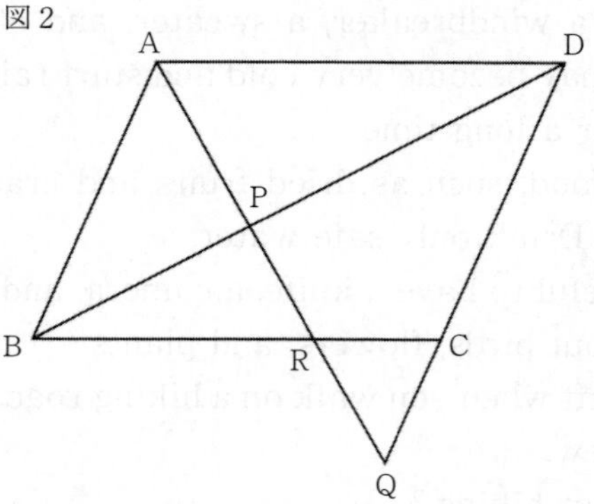

問４　図２のように，平行四辺形ABCDの対角線BD上に点Pをとり，直線APと辺BCとの交点をR，直線APと辺DCの延長線との交点をQとします。PR＝QRのとき，(APの長さ)＝(QRの長さ)× x を満たす x の値を求めなさい。

2　濃度10％の食塩水10kgを入れた容器に，次の操作A，Bをします。

操作A：x kgをくんで，同量の水を戻す。
操作B：$2x$ kgをくんで，同量の水を戻す。

いま，操作Aののち，操作Bを行ったら，食塩水の濃度は2.8％になりました。このとき，次の問に答えなさい。

問１　操作Aの直後に，容器に残っている食塩の量を x の式で表しなさい。

問２　x の値を求めなさい。

3　図のように，正五角形ABCDEの頂点Aの位置に点Pがあります。いま，コイン１枚を投げて，表裏の出方によって，点Pは次のように動くものとします。

表が出たら時計回りに２つ進む(例：A→D)
裏が出たら反時計回りに１つ進む(例：A→B)

このとき，次の問に答えなさい。

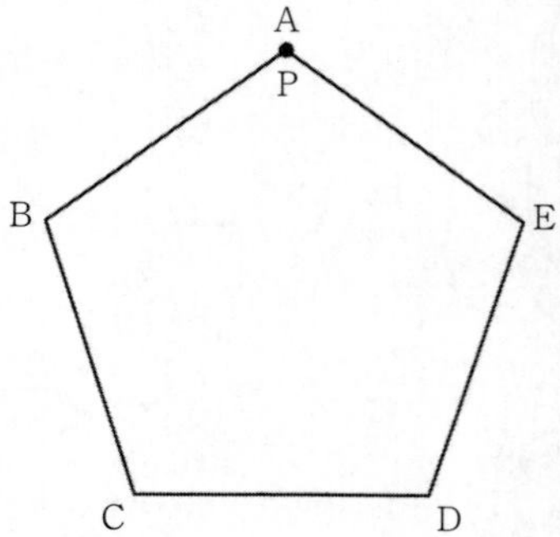

問１　コインを３回投げたあとに，点Pが頂点Cにある確率を求めなさい。

問２　コインを３回投げたあとに，点Pがいられない頂点はどれか答えなさい。

問３　コインを４回投げたあとに，問２でたずねた点に点Pがある確率を求めなさい。

4 〔編集部注…問題に不備があったため，削除しました。〕

5 図のように，点A(0, 2)，B(3, 0)，C(4, 1)，D(3, 4)があります。このとき，下の問に答えなさい。

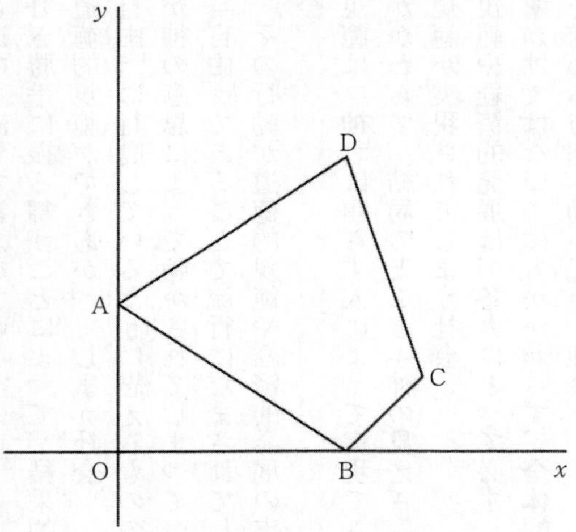

問1 直線ACの式を求めなさい。(答えのみ解答)

問2 点Bを通り，ACに平行な直線と直線CDの交点の座標を求めなさい。(答えのみ解答)

問3 点Aを通り，四角形ABCDの面積を二等分する直線の式を求めなさい。(式や考え方も書きなさい。)

を次の中から選び、記号で答えなさい。

ア　各人が好き勝手に振る舞うことによって、結果的に人々を縛り付ける道徳的規範ができあがってしまう社会

イ　一見「自由」に行動しているように思えるものの、実際のところ人々が神の意思によって動かされてしまっている社会

ウ　人々が「自由」であることで流行にだまされてしまうにもかかわらず、その行動が道徳的規範や経済的発展の実現に繋がっていく社会

エ　道徳的規範は「神」に頼らず人によって実現できるはずであったにもかかわらず、結局のところ「神の見えざる手」によって道徳的規範が実現されてしまう社会

オ　道徳的規範や経済的発展は、各人にとって必ずしもいい結果をもたらすわけではないのにもかかわらず、全体的にみると規範や発展を求める方向へ動いていく社会

問8　次のア～オの選択肢のうち、本文の内容と**合致しない**ものを一つ選び、記号で答えなさい。

ア　他者の感情に共感すること自体が快楽なのは、キリスト教が人々の生活の中に色濃く残っているためである。

イ　人は他者の感情に共感しようとするだけでなく、他者からの共感を得るために行動しようとする。

ウ　スミスが唱える「公平な観察者」とは、品行方正な人のことではなく、多くの共感を求め、偏りのないものの見方をしようとする人物のことである。

エ　どのような行動が人間にとって具体的に道徳的であるのかをスミスが語らないのは、道徳的規範がどのようにして形成されるのかを議論しているからである。

オ　スミスの道徳論は、人間を流行にだまされる存在として捉えているが、その前提にあるのは絶対に正しいことなど誰にも分からないという「不可知論」である。

ので、人は進んで他者に認められるようなことをしようとするから

イ　苦しみであっても、他者の感情に共感することは快楽を得られる行為なので、人は進んで他者の苦しみを引き受けようとするから

ウ　「道徳的な振る舞い」をすることが他者から共感され快楽を得られる方法なので、人は進んで「道徳的な振る舞い」をしようとするから

エ　「公平な観察者」になることは他者からの共感を得られ、その共感は快楽を伴うものなので、人は進んで他者に対して公平に接しようと心がけるようになるから

オ　自らの快楽を求めることは本来恥ずかしいことなので、その快楽が他者の共感を得られるよう、人は進んで自分が「道徳的」であるかのように行動しようとするから

問3　――線部(3)「いい／悪いがどうやって決まるかという話をしている」とありますが、「いい／悪い」がどのように決まるかについて次のように説明しました。空欄に当てはまる語句を、本文中からそれぞれ抜き出しなさい。（記号は一字と数える。）

何がいい行いで何が悪い行いであるかという［Ⅰ（5字）］が有効に機能するためには、［Ⅱ（13字）］が重要なのであり［Ⅲ（4字）］であるか否かは必ずしも「道徳」の問題とは結びつかないのである。

問4　――線部(4)「スミスの理論」とありますが、［6］段落までの「スミスの理論」の説明として、適当でないものを次の中から選び、記号で答えなさい。

ア　スミスの話は、キリスト教に頼らずにどのようにして道徳を語りうるかという系譜の中にある。

イ　スミスの話は、共感することとそれ自体が快楽であると論じたところに特徴がある。

ウ　スミスの話は、具体的にどのようなことがいい行為なのかを決めないところに特色がある。

エ　スミスの話は、「公平な観察者」の立場など人間は目指すことができないと論じたところに面白みがある。

オ　スミスの話は、机上の空論ではなく、現実世界にも一定程度当てはまるところに興味深さがある。

問5　――線部(5)「道徳論と経済学の繋がり」とありますが、その「繋がり」を次のように説明しました。空欄に当てはまる語句を、本文中からそれぞれ抜き出しなさい。（記号は一字と数える。）

経済学では、みんなもやっているからという理由で、多くの人が同じ行動を取り、そのことが［Ⅰ（4字）］の土台を作るというように考えられている。それと同様、スミスの道徳論においても、［Ⅱ（6字）］でみんなが正しいと思っているようなものであったとしても、それは「道徳」として成り立つのである。どちらも結局のところ［Ⅱ］に［Ⅲ（12字）］という点において一致しているのである。

問6　――線部(6)「欺瞞論によって支えられている」とありますが、スミスは「欺瞞論」において何を主張しようとしているのですか。最も適当なものを次の中から選び、記号で答えなさい。

ア　善悪の基準は流行に左右されるため、絶対的なものではありえないということ

イ　人間は流行にだまされながら、自分がよかれと思うことをするので精一杯であるということ

ウ　「哲学者」は流行にだまされないようにしているが、「哲学者」に「絶対に正しいこと」は分からないということ

エ　人間の本性はわれわれ自身をだましつつ、世の中を発展させていくものなのだということ

オ　「不可知論」は、誰も真理を知りうることはできないと定義づけられるということ

問7　――線部(7)「皮肉の効いた『経済社会』」とありますが、それはどのような「社会」ですか。その説明として最も適当なもの

の善悪の基準になるとスミスはいうのです。興味深いことに、このことは、単に(4)スミスの理論でそういわれているという以上に、いまわれわれが生きている社会の現実の少なくともひとつを示しているのではないでしょうか。

7 しかし、スミスの話が本当に面白いのはこの先です。スミスのこの「道徳」の議論が、まさに今日われわれが知っている経済学の基礎になっているというのが興味深い点です。しかも十分にひねりが効いていることには、この(5)道徳論と経済学の繋《つな》がりは「みんなそうやってだまされている」という(6)欺瞞《ぎまん》論によって支えられているのです。「ビッグ・ウェーブ」には乗ることが「正義」だし、それが経済発展の基礎にもなっている。だけど、結局のところそれって「みんなだまされている」ということなのだけどね、とスミスはいっているのです。これはどういうことでしょうか。

8 アダム・スミスによれば、流行に左右される善悪の基準は絶対ではありえません。そもそも絶対に正しいなんてことは誰にもいえないのだとスミスはいいます。人間というのは時々の流行にだまされながら、その都度その都度、自分がよかれと思うことをするので精一杯だというわけです。「哲学者」(スミスは悪い意味で使っています)は、だまされないように流行の外に立とうとしますが、だからといって彼に「絶対に正しいこと」が分かるわけでもないだろう、と。社会における善悪が実際に「流行」で決まっているとするならば、人間にできるのはそれにだまされることでしかないのではないか。むしろ、人がそうやってだまされることで、社会は実際に発展するし「道徳」も一応は成立する。人間の本性はそうしてわれわれ自身をだましつつ、世の中を発展させていくものなのだというのがスミスの議論だったのです。そこでも、誰も真理は知りえないという「不可知論」がこの議論の前提になっていることが分かります。真理を探究する「哲学者」などいらないというわけです。

9 ※1経済学の原理として有名な「見えざる手」という言葉は、この欺瞞論の文脈で出てきます。各人は「自由」であり、好き勝手に振る舞いますが、それで社会がバラバラになるわけではない。人々はまさに「自由」であることで、自らの快楽を求めて流行にだまされます。それは必ずしも各人にとっていい結果をもたらすものではないものの、社会全体で見ると「神の見えざる手」が働いているかのように、道徳的規範と経済的発展を実現するとスミスはいっていたのでした。これ以上ないくらい(7)皮肉の効いた「経済社会」の描写を、経済学の創始者と呼ばれる人が示しているというのが面白いと思いませんか。

(荒谷大輔『資本主義に出口はあるか』より)

※1 経済学の原理として有名な「見えざる手」…「神の見えざる手」とも。人間が自由に好き勝手な経済活動を行っても、まるで神様の見えない手が働いたかのように、結果的にはバランスの取れた経済状態が実現するということ。

問1 ――線部(1)「スミスにおける『共感』」とありますが、その例として適当でないものを次の中から一つ選び、記号で答えなさい。

ア 物語に登場する人物の勇気ある生き方に感情移入する。
イ Twitterに投稿した自分の書き込みに「いいね!」がつく。
ウ 昼食を食べ損ねおなかをすかしていたところ、先輩に同情される。
エ 人間と腸内細菌の共生のありかたに感動する。
オ 第一志望の高校に合格した友人を我がことのように喜ぶ。

問2 ――線部(2)「共感を快楽とすることでスミスは、ある種の『道徳』を導くことに成功するのです」とありますが、なぜ「共感を快楽とすること」で「ある種の『道徳』を導くこと」ができるのですか。その理由として最も適当なものを次の中から選び、記号で答えなさい。

ア 他者に共感し、他者から共感されること自体が快楽でもある

五　次の文章を読んで後の設問に答えなさい。

（本文は本校で作成した）

1　ロック以降のイギリスおよびスコットランドの哲学の関心は、どうやって道徳を語りうるかということに向けられました。実際のところ、その当時（かつまた部分的には現代においても色濃く）キリスト教は人々の生活の中に残っています。しかし、何が道徳的に正しく、何が間違っているかという判断を、単に「聖書にそう書かれているから」という理由だけで説明することは、次第にできなくなっていきました。「神」に頼らずにどうやって道徳を語りうるのか。アダム・スミスがその系譜に属するスコットランド学派は、「共感」という概念によって、その問題を解決しようとしたのでした。

2　「共感」という概念に関しては、それなりにバラエティに富んだ議論があるのですが、ここではスミスの議論だけを見ます。(1)スミスにおける「共感」が他の学者とも違って特殊だったのは、共感することとそれ自身を「快楽」と考えた点にありました。後の功利主義にも通じる快楽主義の立場ですが、(2)共感を快楽とすることでスミスは、ある種の「道徳」を導くことに成功するのです（『道徳感情論』）。

3　考えてみてください。苦しみであっても、他者の感情に共感することが快楽だとすれば、人はより多く、たくさんの人と共感しようとするでしょう。だとすれば人は、自らの快楽を求めて、自然に多数の共感を得られる行動をとるようになると予想できます。たくさんの人に認められることをすれば多く共感することができますし、共感されることにもなるはずです。そうすることで本人もより多くの快楽を得られるとスミスはいうわけです。アダム・スミスによれば、そうやって人は、より多くの共感をもとめることで自然に、偏りのない「公平な観察者」の立場に立つように方向付けられます。いわゆる「道徳的な振る舞い」といわれるものは、そのように他者の広い共感を求める各人の欲求から自然に導かれるというのがスミスの議論だったのでした。このような「道徳」の機能は、実際に現代のわれわれの社会でしばしば見られるものでもありますし、スミスの話に「共感」する読者も少なくないでしょう。

4　さてしかし、このような「道徳」が、実際に望ましいかどうかについてはなお議論のありうるところです。具体的に、どのようなものが公平な観察者の立場から認められるのかを考えてみましょう。スミスの議論は、よりたくさんの人に認められるほど、たくさんの快楽を得られるという構造を示しています。が、具体的にどのような行為が、多くの人に認められるのかは、いっていません。(3)いい／悪いがどうやって決まるかという話をしているわけですから、アダム・スミス自身が具体的な行為を挙げて「これがいい」といってしまったら、そのこと自体、本当に「公平な観察者」の立場から認められるのか、あらためて議論しなければならなくなるわけですね。だから、スミスとしては、その部分を明記せず、オープンにしておくということが自分の議論の説得性を高めるためにも必要なことになっているわけです。

5　しかし、まさに内容についてはオープンであるということが、問題にもなりえます。「公平な観察者」と聞いて多くの人がイメージするのは、道徳的に品行方正な立場であるかもしれません。しかし、スミスの議論で、道徳が道徳として機能するために必要なことは、単に「それが一般的であること」だけです。ですので、例えば、一時期の流行でみなその気になるようなものについても、「道徳」として機能することが十分にありうるのでした。しかも、その可能性をスミス自身がきちんと指摘しているのが面白いところです。

6　つまり、何が正しいか間違っているかの基準は、スミスの議論では、それが「流行っているかどうか」でもいいといわれているのです。「みんなそう思っている」ということが、世の中の唯一

れ抜き出しなさい。

問4　本文の内容と合致するものを次の中から一つ選び、記号で答えなさい。

ア　長謡を生業とする男は住吉神社の祭礼に長謡を奉納することを快く引き受けた。

イ　長謡を生業とする男は三十日程度声が出なくなってしまった。

ウ　山伏姿の男は声を借りたまま三十日程度過ごしたがとうとう異人に声を取られてしまった。

エ　山伏姿の男はせっかく借りた美声を産土の神に取り上げられそうになった。

オ　長謡を生業とする男は呪禁の技を用い大坂周辺の人々を病気で苦しめた。

四　次の文章を①～③の条件にしたがって、八十字以上百字以内で要約しなさい。

> ①　三文で要約すること
> ②　第二文の書き出しを「しかし」、第三文の書き出しを「つまり」で始めること
> （………。しかし………。つまり………。）
> ③　解答欄の一マス目から書き始め、句読点も一字に数えること

従来の文法から外れた言語表現を「誤り」だと切り捨てる人は多い。しばしば、「～という言い方は誤った日本語ですね」「こんな使い方はしませんからね」などという声を聞く。「正しく」「美しい」ことばを使おうという意識が高い人々からの声だ。だが、それらを「誤った」ことばだと簡単に見なしてしまっていいのだろうか。いったん「誤り」だととらえると、そのことばが生まれた背景や本質が見えなくなってしまう。例えばスポーツの試合で良い結果を収めたとき、最近の選手はこぞって「感謝しかない」と言う。スポーツに限らず、若者が「○○しかない」と謝意や喜びを表す場面が格段に多くなったような気がする。「正しい」言い方は、「感謝してもしきれない」だろう。「○○しかない」は、「あと十分しかない」「自分にはもう勉強しかない」等、本来追い詰められたようなニュアンスで使われる表現である。

なぜこのように謝意や喜びを伴う表現に転換されたのだろうか。「しかない」は、確かに悲観的なニュアンスが含まれるが、一方で追い込まれたからこそ自分が選ぶのはそれしかない、だからやるぞ、という力強い覚悟も感じられる。例えば「薬で治らなければ、手術しかない」などのように、「しかない」に込められた、それを自分で選び自分で受け入れるという決意を含んだ表現として、強い意志や気持ちを伝えうる表現として定着したのではないだろうか。

長い歴史を経て、現代の社会は多様性が確保され、生きる上での選択肢も豊富に用意されるようになった。同時にその中で、自分の意志で選び取ることの重要性も説かれるようになり、教育においても主体性を育成することに主眼が置かれるようになった。この「～しかない」は、若者が数ある感情表現の選択肢の中から、強い意志をもってその一つの表現を選び取ったのだという主体性をアピールする心理から創出されたという見方ができる。このように、「誤り」だとされる表現の生じた理由を考察すると、社会の様相が見えてくるのだ。

「誤った」ことばであるとして指摘される表現も、時代の流れの中で生じている言語変化の一断面である場合もある。おしなべて「誤り」だと片づけるのではなく、人々の間でそれなりに定着している言語現象には、相応の存在理由があるのだという視点を持つことを、私達は忘れてはならない。

この世界は研究対象の宝庫である。一見そんなものに注目しても仕方がないのでは、という事物を対象とした研究は世の中に数多く存在する。しかしそれらの研究から、優れた考察が生み出されているのも事実なのである。

方が高い。

イ　高校生の保護者の六〇%以上が、子どものインターネット利用に関して、なんらかのルールを定めていると考えている。

ウ　中学生のおよそ三分の二が、自分の家ではインターネット利用のルールを決めていないと考えている。

エ　学校種が上がるにつれて、保護者が青少年のインターネット利用のルールをもうける率が減少している。

オ　小・中・高生の約六割が、家庭でのインターネット利用のルールを認識している。

三

次の文章は『勝五郎再生記聞』の一節です。本文を読んで後の設問に答えなさい。

松村完平が物語に、大坂に声いと善くて、今様《いまやう》の長謡《ながうた》といふものを謡ひて業とする男ありき。ある日ものへ行く途《みち》にて、※1山伏体なる男に会へり。行き違ひながら、そなたの声のめでたきをしばし我に貸してよと言ふを、道行きぶりの戯言《ざれごと》と思ひて、笑ひつつ(1)唯《う》といひて行き過ぎけるが、三日ばかりありて※2いたはることもなきに、ひしと声かれて出でず。

されどかの異人に声を貸したることに※3つゆ心づかず、住吉神社は※4産土《うぶすな》の神なれば、(2)祈らむと思ひて出で行きける途にて、またかの山伏体なる人来たり会へり。※5先つころ我が請へるごとく声を貸しながら、そを忘れて、産土の神に申し祈らむとすることそ心得られね、汝《なんぢ》かしこに祈らば、※6極めて我を(3)罪し給はむ。然《さ》もあらば、我また汝に※7からき目を見せむものぞ。然らむよりは、しばしのほどなれば、まげて貸してよと言ふに、始めて先に声を借らむと言ひし時に、唯《いらへ》しつることを思ひ出して、卒《にはか》に恐ろしくなりて、※8極めて産土の神に祈るまじと、堅くちぎりて途より立ち帰りけり。

さて三十日ばかりありて、物へゆく途にて、またかの異人に行き逢ひけるに、その方の声は今返すべし、受け取りてよと言ふに、はや声もとのごとくになりぬ。

かくて異人この報いをなすべしとて、※9呪禁の技を授けたるが、よろづの病に験《しるし》ありて、後には謡うたひの業を止めて、この呪禁のみして、世をやす〳〵おくりしといふ。

※1　山伏…修験道の修行をする人
※2　いたはることもなきに…病気になったわけでもないのに
※3　つゆ心づかず…少しも気づかず
※4　産土の神…生まれた土地の守り神
※5　先つころ我が請へるごとく…先日私がお願いしたように
※6　極めて…きっと
※7　からき目を見せむものぞ…つらい思いをさせるのだぞ
※8　極めて産土の神に祈るまじ…決して産土の神には祈るまい
※9　呪禁…まじないをして災い・たたりをはらいきよめようとすること

問1　――線部(1)「唯といひて」とありますが、何を引き受けたのですか。最も適当なものを次の中から選び、記号で答えなさい。

ア　めでたいことばで祝福すること
イ　自分のすばらしい声を貸すこと
ウ　自分が得意とする長謡を教えること
エ　山伏姿の男の技と自分の長謡の技とを交換すること
オ　自分の代わりに神社で長謡を謡う機会を与えること

問2　――線部(2)「祈らむ」とありますが、何を祈ろうとしたのですか。最も適当なものを次の中から選び、記号で答えなさい。

ア　山伏姿の男に再会すること
イ　生まれた子供が健康に育つこと
ウ　自分の声を元に戻してもらうこと
エ　奉納する長謡を見事に謡いきること
オ　長謡の技術がもっと早く上達すること

問3　――線部(3)「罪し給はむ」とありますが、Ｉ［誰（4字）］がII［誰（6字）］を罰するというのですか。本文中からそれぞ

二 次の問1、問2の各設問に答えなさい。

問1 次の文章の内容と合致するものを後から二つ選び、記号で答えなさい。

(日本では)サクラ類に対する学名の属名として、ラテン文字のケラスス(*Cerasus*)を用いている。これまでサクラ類の属名はプルヌス(*Prunus*)を用いる場合が多かったのだが、近年ではケラススが用いられることが増えている。どのような理由で変わってきたのだろうか。もともとプルヌスとはスモモ(英語だとPrune)のことであるので、サクラをプルヌス属とする場合、スモモやモモ、ウメ、ウワミズザクラなども含んだ大きなグループとなり、世界では四〇〇種を超える。これを広義のサクラ属ということができる。一方、ケラスス属は、セイヨウミザクラやヤマザクラなどだけしか含まず、一〇〇種ほどである。これを、狭義のサクラ属という。

伝統的にはサクラ類の種数が多いロシアや中国では狭義のサクラ属を用い、種数が少ない西ヨーロッパや北米では広義のサクラ属を使う例が多かった。日本では東京大学の大場秀章が一九九二年にサクラ類を狭義のサクラ属に分類する論文を発表して以来、狭義のサクラ属を用いる例が増えている。

(勝木俊雄『桜』による 作問のため本文を改めた箇所がある)

ア アメリカでサクラがプルヌス属に分類されたのは、約四〇〇種ものサクラがあったからである。

イ サクラ類は国や時代により異なる属に分類されるが、一九九〇年当時の日本のサクラ類は、プルヌス属に分類されていた。

ウ 狭義のサクラ属を用いるロシアや中国の方が、広義のサクラ属を用いる西欧や北米よりもサクラに関心がある。

エ 日本では、伝統的に「花」といえばサクラを指し、一〇〇種にのぼるサクラ類を狭義のサクラ属に分類してきた。

オ 比較的サクラ類が多いロシアでは、スモモやウワミズザクラとは区別して、サクラ類を現在の日本と同じケラスス属に分類した。

問2 次のグラフは、インターネット利用のルールの有無に関するアンケート結果です。グラフから読み取れることとして、適当でないものを一つ選び、記号で答えなさい。

青少年とその保護者のルールの有無に関する認識の比較(学校種別)

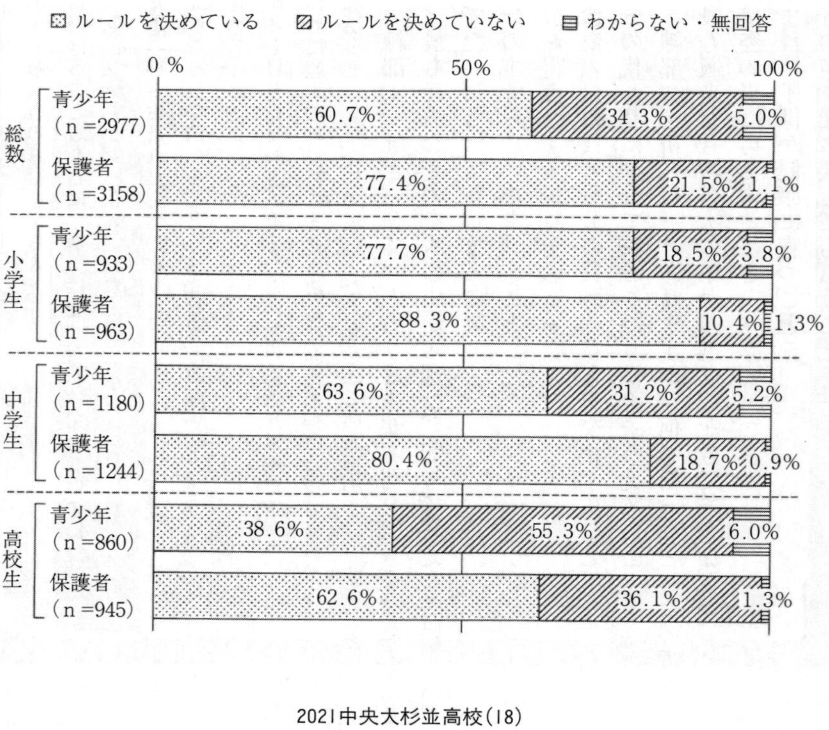

(「令和元年度 青少年のインターネット利用環境実態調査 調査結果(速報)」令和二年三月 内閣府)

ア どの学校種においても、インターネット利用のルールを決めていると認識している割合は、児童・生徒に比して、保護者の

二〇二一年度　中央大学杉並高等学校

【国語】（五〇分）〈満点：一〇〇点〉

一　1～6の文中の――線部(a)～(h)について、漢字はひらがなで読み方を示し、カタカナは漢字に改めなさい。

1　われらは平和を維持し、(a)センセイと隷従、圧迫と偏狭を地上から永遠に(b)ジョキョしようと努めてゐる国際社会において、名誉ある地位を占めたいと思ふ。われらは全世界の国民が、ひとしく恐怖と欠乏から免かれ、平和のうちに生存する権利を有することを確認する。

（日本国憲法　前文による）

2　私は元来、栄養学というものには、あまり信用をおいていなかった。理由は、無闇とカロリー、カロリーというからである。人間は機関車とちがうという、人道主義的誇りからも、どうしても(c)ショウフク出来なかったのである。それで新婚当時、細君が女学校と料理の講習会とで教わったばかりの知識をふり廻《まわ》して「松《まつ》茸《たけ》なんて、栄養になりませんよ。カロリーがほとんど無いんですから」と主張しても、私は平気で松茸を喰《く》っていた。

（中谷宇吉郎「老齢学」による）

3　たしか寺田寅彦氏の随筆に、猫のしっぽのことを書いたものがあって、猫にあゝ云《い》うしっぽがあるのは何の用をなすのか分らない、全くあれは無用の(d)長物のように見える、人間の体にあんなものが附いていないのは仕合せだ、と云うようなことが書いてあるのを読んだことがあるが、私はそれと反対で、自分にもああ云う便利なものがあったならば、と思うことがしば〳〵である。

（谷崎潤一郎「客ぎらい」による）

4　初め一概に野卑滑稽としか映らなかった胡地《こち》の風俗が、しかし、その地の実際の風土・気候等を背景として考えてみるとけっして野卑でも不合理でもないことが、しだいに李陵にのみこめてきた。厚い(e)ヒカク製の胡服でなければ朔北《さくほく》の冬は凌《しの》げないし、肉食でなければ胡地の寒冷に堪えるだけの精力を貯えることができない。

（中島　敦「李陵」による）

5　税務署長のその晩の下宿での仕度ときたら実際科学的なもんだった。

まず第一にひげをはさみでぢゃきぢゃき刈りとって次に(f)キハツ油へ木タールを少しまぜて茶いろな液体をつくって顔から首すぢいっぱいに手にも塗った。鼻の横や耳の下には殊に濃く塗ったのだ。

（宮澤賢治「税務署長の冒険」による）

6　藤井聡太棋聖が、三連勝で(g)ノゾんだ第四局にも勝利し、二冠を達成した。八段昇級も同時に果たした彼の(h)センセキは圧倒的だ。

（新聞記事による）

2021年度／中央大学杉並高等学校

英語解答

Ⅰ 第１部　A…３　B…４　C…４
D…２　E…１
第２部　F…１　G…４　H…３
I…４　J…２

Ⅱ A　ア　B　ウ　C　ア　D　イ
E　イ　F　エ，カ

Ⅲ 問１　イ　問２　ウ　問３　ウ
問４　a man named Robert Fulton invented a steamboat with a steam engine
問５　お金持ちは上の甲板の美しい部屋に泊まり，きれいな食堂でおいしい食事や飲み物を供されていたから。(47字)
問６　ア
問７　waste, chemicals, pesticides
問８　イ，キ，ク

Ⅳ 1　ア　2　ウ　3　エ　4　エ

Ⅴ 1　A…オ　B…キ
2　C…ア　D…イ
3　E…ケ　F…オ
4　G…オ　H…イ

Ⅵ 1　We have known each other for more than eight years.
2　Nobody knows what she is afraid of.

Ⅰ〔放送問題〕解説省略

Ⅱ〔長文読解総合―説明文〕

≪全訳≫❶教育とビジネスは非常に密接に関連している。21世紀の初め，教育界とビジネス界のリーダーは，学生が今日の職場で成功するために必要なスキルについて考え始めた。１つ明らかなことがある。それは，21世紀のスキルが過去のものと大きく異なるということだ。❷今日，研究者は，職場で成功するためには，ほとんどの学生がデジタルスキルを必要としていると考えている。デジタルスキルを持つ学生は３つのことができる。まず，さまざまな情報源から，文字データ，動画，音声ファイルなどの情報を見つけることができる。次に，これらの情報源をチェックして情報が正しいことを確認する方法がわかる。最後に，学生はさまざまな種類のテクノロジーツールやソフトウェアプログラムを利用し，自分の情報を他の人と共有することができる。❸21世紀においては良好なコミュニケーションも重要だ。良いコミュニケーションには多くのスキルが含まれる。他の人が明確に理解できるように，人々は自分の考えについて話したり書いたりできなければならない。さらに，人々はグループ内の他の人とうまくやっていく必要がある。ほとんどの企業で，人々はグループで問題を解決し，新しいアイデアを考えるために協力しなければならない。また，良好なコミュニケーションには，異なる文化の人々と協力するスキルが含まれる。したがって，第二言語を話すことは本当に強みとなる。❹21世紀のスキルには，批判的思考も含まれる。批判的思考は，何かがうまくいかないときに創造的な方法で問題を解決し，計画を変更するために重要だ。批判的思考には好奇心が必要だ。批判的に思考する人は周りの世界について質問する。彼らは「なぜそうなのか」とか「なぜそうでないのか」と尋ねる。多くの学校が生徒の批判的思考のスキルを伸ばそうとしている。❺人々はこれらの21世紀のスキルを仕事でどのように活用しているか。次の例を見てみよう。数年前，３人の友人がEメールで動画を送信する際の問題について話していた。動画ファイルは非常に大きいので，彼らが動画を送ろうとすると，非常に長い時間がかかった。

そのとき，彼らにあるアイデアが浮かんだ――「動画を簡単に送信できるウェブサイトをデザインするのはどうだろうか。これがあれば人々は誰とでも，どこでも動画を共有できる」　このアイデアがYouTube――今日最も人気のあるウェブサイトの１つの始まりだった。チャド・ハーリー，スティーブ・チェン，ジョード・カリムという３人の友人は，2005年２月にそのウェブサイトを立ち上げた。翌年の夏までには，YouTube はインターネット上で最も急速に成長しているサイトになった。2006年10月，彼らは YouTube を別の大手インターネット企業である Google に16億ドルで売却した。❻ハーリー，チェン，カリムは21世紀のスキルを利用して YouTube を始めた。３人とも優秀な学歴とデジタルスキルを持っていた。問題を見つけたとき，彼らは協力してうまく対処し，創造的に考えることによってそれを解決した。お金が必要なときは，アイデアを明確に説明し，支援者に投資を依頼した。彼らはまた，優れたアイデアはグローバルである必要があることを理解し，世界中の人々のためのウェブサイトを設計した。❼世界中の学校が，21世紀のスキルを教えているのだろうか。デジタルスキルの指導には，世界中で大きな違いがある。アフリカ，東南アジア，ラテンアメリカの一部の地域では，多くの学校がテクノロジーにアクセスできない。一方，世界のインターネットユーザーの約35パーセントはアメリカ合衆国と中国の２か国のみにいる。このテクノロジーへのアクセスの違いは，「デジタルデバイド」と呼ばれる。デジタルデバイドがあるので，全ての国がデジタルスキルを教えられるわけではないのだ。❽ほとんどの国はコミュニケーションスキル――特に第二言語を教えることも重点的に取り扱っている。英語は国際的な言語であるため，世界中の学生が英語を学ぶ。ヨーロッパ諸国は小学校で英語を教え始め，中国では子どもが４歳から幼稚園で英語を学び始める。そのため，毎年何千人もの学生が英語圏の国に旅行し，英語力を上達させている。これは，多くの国が第二言語を教えることに成功しているということを示している。しかし，英語圏の国々は第二言語を教えるのにそれほどうまくいっていない。アメリカ人の中で英語以外の言語をうまく話す人は，約15パーセントにすぎない。一方，ヨーロッパでは，人口の半数以上が第二言語をうまく話す。❾全ての学校が批判的思考を教えるのが得意なわけではない。標準テストは世界中で一般的であり，多くの教育専門家は，暗記学習が依然としてほとんどの学校に強い影響を与えていると考えている。これは，１つには批判的思考よりも暗記学習をテストする方が簡単だからだ。ほとんどの国が標準テストを使い続けるとしたら，教師は批判的思考よりも暗記学習を重点的に取り扱い続けるだろう。❿現在，ビジネス界と教育界のリーダーは，学校が21世紀のスキルを教えることが重要であると考えている。彼らは，これらのスキルが人々の個人的な生活と国の経済を改善すると考えている。したがって，急速に変化する世界とともに，教育とビジネスの両方が変わる必要がある。

A＜英問英答＞「デジタルスキルを持っている場合，学生は何をすることができるか」―ア．「いくつかのテクノロジーツールを使用して他の人と情報を共有することができる」　第２段落最終文参照。

B＜英問英答＞「21世紀のスキルについて正しくないのはどれか」―ウ．「今日の世界経済において，批判的思考とは，何かがうまくいかないときに外国人と一緒にうまく働くことを意味する」　第４段落第２文参照。

C＜英問英答＞「ハーリー，チェン，カリムが YouTube――今日最も人気のあるウェブサイトの１つを立ち上げたのはなぜか」―ア．「ウェブサイトをつくることによって簡単に動画を送りたかったから」　第５段落第３～７文参照。

Ｄ＜英問英答＞「『デジタルデバイド』とはどういう意味か」―イ．「世界中のテクノロジーへのアクセスに大きな違いがあり，誰もがデジタルスキルを学ぶことができるわけではないことを意味する」　第７段落最後の２文参照。

Ｅ＜英問英答＞「第二言語について正しいのはどれか」―イ．「第二言語を話す人数はヨーロッパ人よりもアメリカ人の方が少ない」　第８段落最後の２文参照。

Ｆ＜内容真偽＞ア．「Googleはハーリー，チェン，カリムにウェブサイトのデザインを依頼したが，それは彼らが優秀な学歴とデジタルスキルを持っていたからだ」…×　第５段落最終文～第６段落第２文参照。Googleが３人にウェブサイトのデザインを依頼したという記述はない。　イ．「世界の35パーセントの人々は，デジタルデバイドのせいでテクノロジーにアクセスできない」…×　第７段落第４文参照。35パーセントというのは，世界のインターネットユーザーのうちアメリカ合衆国と中国にいる人の割合。　ウ．「アメリカは第二言語を教えるのがうまいので，ほとんどのアメリカ人は英語以外の言語を話す」…×　第８段落終わりから２，３文目参照。　エ．「暗記能力をテストする方が批判的思考をテストするよりも簡単なので，ほとんどの国では標準テストを使用している」…○　第９段落に一致する。　オ．「ビジネス界と教育界のリーダーは，批判的思考と暗記能力の両方が教育にとって重要であると考えている」…×　第10段落第１文参照。21世紀のスキルに含まれているのは批判的思考だけである。　カ．「ビジネス界と教育界のリーダーは，21世紀のスキルがあれば，国の経済と人々の個人的な生活の両方が改善されると言っている」…○　第10段落第１，２文に一致する。

Ⅲ〔長文読解総合―説明文〕

≪全訳≫❶ミシシッピ川はアメリカで最も長い川だというわけではない。ミズーリ川の方が長い。しかし，多くの人々はミシシッピ川が非常に重要であると考えている。それはなぜか。その大河の話を読み，答えを見つけよう。❷多くのアメリカ人は，その川が北アメリカ大陸の中央を流れているので，ミシシッピ川の左側が西アメリカであると考えている。東アメリカはこの川の右側にある。ミシシッピ川はアメリカ北部の州の１つ，ミネソタ州にあるイタスカ湖を水源とする。イタスカ湖の水滴がミシシッピ川の終点であるメキシコ湾まで到達するのに，約90日かかる。イタスカ湖はその川の中で最も狭い部分だ。ミシシッピ川のその部分からミネソタ州のツインシティーズまでは，川が浅く，滝がいくつかあるため，大きな船は川を進むことができない。ツインシティーズを過ぎると，川幅が広くなるため，大きなボートでセントルイス，メンフィス，ニューオーリンズなどの大都市から多くの人や物資を運ぶことができる。ニューオーリンズは，アメリカの中で最も南にある州の１つ，ルイジアナ州にある。3000キロメートル以上の旅を続けた後，ミシシッピ川はメキシコ湾に達する。❸「ミシシッピ」という名前は，ネイティブアメリカンの言語に由来している。オジブワ族はその川を「ミシジイビ」と呼んだ。それは「大河」または「水の集まり」を意味する。それで，一部のヨーロッパ人がその川を「ミシシッピ」と呼ぶようになった。18世紀初頭から，ヨーロッパ人がやってきて，ミシシッピ川沿いに定住するようになった。その後，小さな町が現れ，それらはより大きな都市になっていった。それらの都市の人々は川で物資を運び始めた。毛皮，小麦粉，コーヒーなどの商品を売買したかったのだ。彼らはいかだと小さなボートを使った。川を下るのはとても簡単だった。しかし，いかだやボートに川をさかのぼらせるのは困難だった。人々は川をさかのぼるために，長い棒を使って川底を押さなければならなかった。または，丈夫なロープで川岸からボートを引っ張らなければならなかった。❹ボートでミネソタからニューオーリンズに行き，戻ってくるのに約９か月かかった。しかし，1807年にロバート・フルトンという男が蒸気エンジンのついた蒸気船を発明した。それからは，ミシシッピ川全体を移動するのに約40日しかかからなくなった。蒸気船は多くの人や物資を一度に運ぶことができた。甲板の下には野菜，小麦粉，牛，豚などが置かれた。貧しい人々も甲板の下に泊まった。彼らはボートに自分の食べ物を持ち込み，他人や動物や物資と隣り合わせで寝なければならなかった。一方，お金持ちは全く異なる過ごし方をした。彼らは甲板の上の美しい部屋に泊まることができた。彼らはきれいな食堂でおいしい食事や飲み物を供された。この場所は「水に浮かぶ宮殿」と呼ばれた。❺旅行がとても長くかかったので，こうしたお金持ちはいくつかの娯楽を望んだ。彼らはブルースを聴いて楽しんだ。ブルースは，アメリカ南部のアフリカ系アメリカ人たちによってつくられた路上音楽だった。トランプを使ったギャンブルが好きな人もいた。多くの場合，それらのボートにはプロのギャンブラーが何人かいて，彼らはお金持ちからたくさんのお金を巻き上げた。蒸気船の賭けレースも人気があった。人々は自分たちのボートにお金を賭けた。彼らのボートが次の都市に先に到着した場合，彼らはいくらかのお金を得た。それで，ボートに乗っている人々は船長にもっと速く進ませるように頼んだ。しかし，それは非常に危険だった。ボートのスピードを上げるため，船長はエンジンに大量の燃料を追加する必要があった。エンジンに燃料を入れすぎると，エンジンが爆発してしまう。1900年までにより安全なエンジンが発明されたため，この種の事故は今日では決して起こらない。❻ミシシッピ川は豊かな自然を有している。例えば，北アメリカの鳥の60パーセントは，季節が変わるとその川に沿って南北に飛ぶ。その川には200種類以上の魚が泳いでいる。カワウソ，ジャコウネズミや，ルイジアナクロクマ，アオウミガメなどの絶滅危惧種もいる。しかし，ミシシッピ川は20世紀半ばに深刻な汚染を受けた。ミシシッピ川沿いの都市はどんどん大きくなった。多くの工場が建設された。廃棄物や化学物質が川に捨てられた。農民は良い小麦と野菜を育てるために農薬を使った。こうした物のせいで，多くの森や動物が死んだ。メキシコ湾には「デッドゾーン」と呼ばれる場所があった。「デッドゾーン」には十分な酸素がなかったため，多くの魚や植物が死んだ。多くの人が汚染を心配するようになった。1970年，アメリカ政府によって環境保護庁が設置され，以来，そこは汚染の軽減に貢献してきた。❼ミシシッピ川沿いには今もまだ汚染が残っている。大河を何年も前と同じように美しくするために，私たちは努力を続けなければならない。

問１＜要旨把握＞第２段落第４文によると，イタスカ湖の水滴がミシシッピ川の終点であるメキシコ湾まで到達するのに約90日かかるのだから，イの「一滴の水がイタスカ湖からメキシコ湾に到達するには約３か月かかる」が適切。

問２＜文脈把握＞続く２つの文で，先住民のオジブワ族がその川を「ミシジイビ」と呼び，それは「大河」を意味すると説明されているので，ウの「昔，その川を自分たちの言語で『大河』と呼ぶ人たちがいた」が適切。

問３＜文脈把握＞下線部②は「いかだやボートに川を上らせること」，つまりいかだやボートで川をさかのぼることを意味している。そのための具体的な方法はこれに続く部分で説明されており，その１つ目として，長い棒を使って川底を押すことが挙げられている。

問４＜整序結合＞「ロバート・フルトンという男」は，語群にnamedがあることから，「～という名前の男」と読み換え，namedを形容詞的用法の過去分詞として使って，a man named Robert

Fultonとする。「蒸気エンジンがついた蒸気船」は「～がついた」を前置詞withで表し，a steamboat with a steam engineとまとめ，これをinvented「発明した」の後に置く。

問5＜文脈把握＞下線部④のThese places「これらの場所」は，直前の2文で説明された，お金持ちの過ごす甲板の上を指している。「宮殿」とここで説明されているように，お金持ちはとても優雅な船上生活を送っていることから，彼らの過ごす甲板の上が「宮殿」にたとえられるようになったのである。 upper「上の」 serve「(食べ物を)出す」 dining rooms「食堂」

問6＜文脈把握＞下線部⑤のentertainment「娯楽」の具体的内容は，この後に述べられている。この段落の第5文によると，多くの場合，それらのボートにはプロのギャンブラーが何人かいて，お金持ちからたくさんのお金を巻き上げたのだから，アの「お金持ちはボートに乗っているプロのギャンブラーからたくさんのお金を得た」はふさわしくない。

問7＜文脈把握＞下線部⑥のthese things「これらの物」は多くの森や動物が死んだ原因にあたり，これはその直前の2つの文で挙げられたwaste「廃棄物」，chemicals「化学物質」，pesticides「農薬」の3つを指している。

問8＜内容真偽＞ア.「ミシシッピ川はアメリカで最も長い川なので，有名で重要だ」…× 第1段落第1文参照。 イ.「アメリカの人々は，ミシシッピ川が東アメリカと西アメリカを隔てていると考えている」…○ 第2段落第1，2文に一致する。 ウ.「18世紀には，毛皮や小麦粉などの多くの商品がミシシッピ川を蒸気船で運ばれていた」…× 第4段落第2文参照。蒸気船が発明されたのは，19世紀初めにあたる1807年のことである。 エ.「蒸気船が発明される前，イタスカ湖からニューオーリンズに行き，戻ってくるのに約9か月かかった」…× 第2段落後半に，イタスカ湖からツインシティーズまでは大きなボートが川を進むことができないとある。また，第4段落第1文に「ボートでミネソタからニューオーリンズに行き，戻ってくるのに約9か月かかった」とある。 オ.「蒸気船では，貧しい人に個室が与えられたが，それは小さくて汚れていた」…× 第4段落第5～7文参照。 カ.「20世紀には，ミシシッピ川で蒸気船が爆発することがあったため，蒸気船は走っていなかった」…× このような記述はない。 キ.「ミシシッピ川沿いには，たくさんの種類の魚だけでなく，野生動物や鳥も見ることができる」…○ 第6段落第1～4文に一致する。 ク.「十分な酸素がなかったため，多くの魚が『デッドゾーン』に住むことができなかった」…○ 第6段落最後から3文目に一致する。 ケ.「環境保護庁が設置された後，ミシシッピ川に汚染は見られない」…× 第7段落第1文参照。

Ⅳ〔適文・適語選択〕

1.「僕はヘンリーのEメールアドレスを持っていないんだ」―「私もよ」 相手の述べた否定的な内容の文に対して「私もそうでない」と言いたいときには，Me, neither.と言う。

2.「地平線から昇る太陽を見て」 the sun「太陽」はrise「昇る」と対応し，これを「昇っている」という意味で後ろからthe sun「太陽」を修飾する形容詞的用法の現在分詞(～ing)として用いる。 raise「上げる，挙げる」

3.「コーヒーはどのようにして召し上がりますか？」―「ミルク入りでお願いします」 Howは'方法'を尋ねる疑問詞なので，コーヒーの飲み方を表すエが適切。

4.「私の父には2人の兄弟がいる。1人はパイロットで，もう1人は理科の先生だ」 2つの物〔2

人の人間〕について，一方をoneで表したとき，もう一方はthe otherで表す。

V 〔整序結合〕

1．語群にnothingがあるので，最上級の文と同じ内容を表す‘Nothing＋動詞＋比較級＋than ～’という形で表す。Nothing is more important thanとした後，「食事をする前に，手を洗うこと」を「～すること」の意味を持つ動名詞(～ing)を用いてwashing your hands before you eat mealsとまとめる。 Nothing is more important than washing your hands before you eat meals.

2．「どのくらい」という‘頻度’を尋ねるときはHow oftenを用いる。「お姉さんの所へ行きますか」はdo you visit your sister。「ニューヨークに住んでいるお姉さん」は，「お姉さん」を「ニューヨークに住んでいる」が修飾する形なので，your sisterの後に形容詞的用法の現在分詞(～ing)のlivingを置き，your sister living in New Yorkとする。 How often do you visit your sister living in New York every year?

3．I will ask my brother about this question「(兄に)この問題について聞いてみるつもりだ」と始める。「兄が帰ってきたらすぐに」は，「～したらすぐに」を‘as soon as＋主語＋動詞...’で表し，as soon as he comes backとする。なお，‘時’や‘条件’を表す副詞節(if, when, before, as soon asなどから始まる副詞のはたらきをする節)中では，未来の内容でも現在形で表す。 I will ask my brother about this question as soon as he comes back.

4．「生徒はほとんどいなかった」は‘Few students＋動詞...’という形で表せる。「～したのを覚えている」は‘remember ～ing’。「その問題の解き方」は，「～の仕方」を‘how to ～’で表し，how to solve the problemとする。 Few students remembered learning how to solve the problem.

Ⅵ 〔和文英訳〕

1．「お互いに知り合う」はknow each otherと表せる。これを使い，「私たちは8年以上の間，お互いに知り合いだ」と読み換えて，We have known each other for more than〔over〕 eight years. などとまとめればよい。他に‘It is〔has been〕＋時間＋since ～’や‘時間＋have passed since ～’を用いる方法もある。

2．「誰も知りません」はnobody〔no one〕を主語にし，Nobody〔No one〕 knowsと表せる。「彼女が何を怖がっているのか」は‘疑問詞＋主語＋動詞...’という間接疑問の語順で表し，what she is afraid ofとする。

2021年度／中央大学杉並高等学校

数学解答

1 問1　5　問2　$x=-1,\ -2$
問3　64°　問4　$\sqrt{2}$

2 問1　$\dfrac{10-x}{10}$kg　問2　3

3 問1　$\dfrac{3}{8}$　問2　B　問3　$\dfrac{1}{4}$

4 問題削除

5 問1　$y=-\dfrac{1}{4}x+2$
問2　$\left(\dfrac{49}{11},\ -\dfrac{4}{11}\right)$
問3　$y=-\dfrac{2}{41}x+2$

1〔独立小問集合題〕

問1＜式の値＞$(x+2)(y+2)=(x-2)(y-2)$より，$xy+2x+2y+4=xy-2x-2y+4$，$4y=-4x$，$y=-x$となる。これを$(2x+\sqrt{5})(2y+\sqrt{5})+4x^2$に代入すると，与式$=(2x+\sqrt{5})\{2\times(-x)+\sqrt{5}\}+4x^2=(\sqrt{5}+2x)(\sqrt{5}-2x)+4x^2=(\sqrt{5})^2-(2x)^2+4x^2=5-4x^2+4x^2=5$である。

問2＜二次方程式＞$x+2=M$とおくと，$M(x-2)=M^2+M(x-3)$，$M(x-2)-M^2-M(x-3)=0$，$\{(x-2)-M-(x-3)\}M=0$　Mをもとに戻して，$\{(x-2)-(x+2)-(x-3)\}(x+2)=0$，$(x-2-x-2-x+3)(x+2)=0$，$(-x-1)(x+2)=0$，$-(x+1)(x+2)=0$，$(x+1)(x+2)=0$　$\therefore x=-1,\ -2$

問3＜図形―角度＞正五角形の内角の和は，$180°\times(5-2)=540°$だから，1つの内角の大きさは，$540°\div5=108°$である。右図1のように，直線m上に点Iをとると，$l/\!/m$より，錯角は等しいから，∠BCI＝∠FBC＝80°となり，∠BCG＝180°－∠BCI＝180°－80°＝100°である。よって，∠DCG＝∠BCD－∠BCG＝108°－100°＝8°となるから，∠CDG＝108°，△CDGの内角の和は180°より，∠CGD＝180°－(∠DCG＋∠CDG)＝180°－(8°＋108°)＝180°－116°＝64°である。したがって，対頂角は等しいので，∠EGH＝∠CGD＝64°となる。

図1
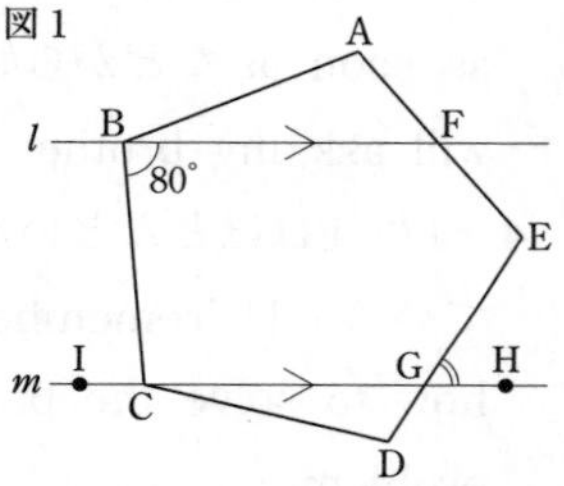

問4＜図形―長さの比＞右図2で，PR＝QR，AP＝xQRより，AR＝AP＋PR＝xQR＋QR＝$(x+1)$QRとなるから，AR：QR＝$(x+1)$QR：QR＝$(x+1)$：1……①である。△PRBと△PADにおいて，AD$/\!/$BCより，錯角は等しいから，∠PBR＝∠PDA，∠PRB＝∠PADより，2組の角がそれぞれ等しく，△PRB∽△PADとなり，BR：DA＝PR：AP＝QR：xQR＝1：xより，DA＝xBRである。よって，平行四辺形の向かい合う辺の長さは等しいから，BC＝DA＝xBRとなり，CR＝BC－BR＝xBR－BR＝$(x-1)$BRより，BR：CR＝BR：$(x-1)$BR＝1：$(x-1)$……②である。ここで，AB$/\!/$DQより，△RAB∽△RQCであるから，AR：QR＝BR：CRとなり，①，②より，$(x+1)$：1＝1：$(x-1)$が成り立つ。これを解いて，$(x+1)(x-1)=1\times1$，$x^2-1=1$，$x^2=2$　$\therefore x=\pm\sqrt{2}$　$x>0$より，$x=\sqrt{2}$である。

図2
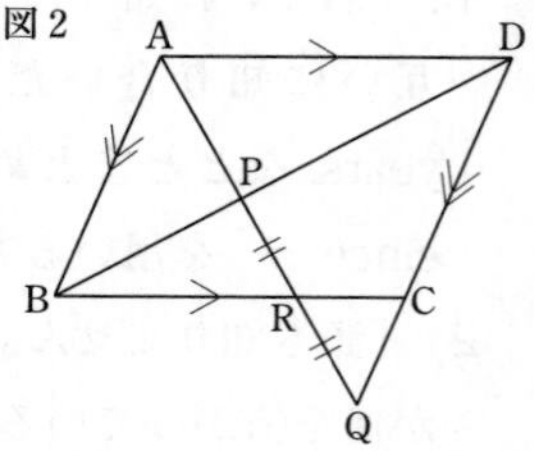

2〔二次方程式の応用―食塩水〕

問1＜食塩の量＞はじめに容器に入っている10％の食塩水10kgに含まれる食塩の量は，$10\times\dfrac{10}{100}=1$(kg)である。10kgの食塩水から$x$kgをくむと，残った食塩水の量は10kgの$1-\dfrac{x}{10}=\dfrac{10-x}{10}$(倍)となり，含まれる食塩の量も食塩1kgの$\dfrac{10-x}{10}$倍となる。よって，操作Aの直後に，容器に残っている食塩の量は，$1\times\frac{10-x}{10}=\frac{10-x}{10}$(kg)である。

問２＜水の量＞くんだ量と同量の水を戻すので，操作Ａの直後に容器に入っている食塩水の量は10kgである。10kgの食塩水から$2x$kgをくむと，食塩水の量は10kgの$1-\frac{2x}{10}=\frac{5-x}{5}$(倍)となり，含まれる食塩の量も問１で求めた食塩の量$\frac{10-x}{10}$kgの$\frac{5-x}{5}$倍となる。よって，操作Ｂの直後に，容器に残っている食塩の量は，$\frac{10-x}{10}\times\frac{5-x}{5}=\frac{(10-x)(5-x)}{50}$(kg)である。くんだ量と同量の水を戻すので，操作Ｂを行った後，容器には2.8%の食塩水が10kg入っていることより，容器に残っている食塩の量について，$\frac{(10-x)(5-x)}{50}=10\times\frac{28}{1000}$が成り立つ。これを解いて，$(10-x)(5-x)=14$，$50-15x+x^2=14$，$x^2-15x+36=0$，$(x-3)(x-12)=0$　$\therefore x=3$，12　$0<2x<10$より，$0<x<5$だから，$x=3$である。

3〔確率―コイン〕

≪基本方針の決定≫問１　表が出る回数をk回として，方程式をつくる。

問１＜確率＞コイン１枚を１回投げるとき，表裏の出方は２通りあるから，コインを３回投げたとき，表裏の出方は全部で，$2^3=8$(通り)ある。また，コインを３回投げたうち表がk回出たとすると，裏は$3-k$回出るので，点Ｐは頂点Ａから時計回りに，$2k-(3-k)\times1=3k-3$進んだ頂点にある。頂点Ｃは頂点Ａから時計回りに３つ進んだ頂点だから，点Ｐが頂点Ｃにあるとき，$3k-3=3$が成り立つ。これを解くと，$k=2$であるから，コインを３回投げたうち表が２回出ればよく，そのような表裏の出方は，(表，表，裏)，(表，裏，表)，(裏，表，表)の３通りある。よって，求める確率は$\frac{3}{8}$である。なお，頂点Ｃは頂点Ａから反時計回りに２つ進んだ頂点で，時計回りを＋とすると反時計回りは－で表されるから，$3k-3=-2$が成り立つ。これを解くと，$k=\frac{1}{3}$となり，kは0～3の整数なので適さない。

問２＜点の位置＞問１より，コインを３回投げたうちk回表が出たとき，点Ｐは頂点Ａから時計回りに$3k-3$だけ進んだ頂点にある。ここで，$k=0$，1，2，3だから，$k=0$のとき，$3k-3=3\times0-3=-3$より，点Ｐは頂点Ａから反時計回りに３つ進むから，頂点Ｄにある。$k=1$のとき，$3k-3=3\times1-3=0$より，点Ｐは頂点Ａにある。$k=2$のとき，問１より，点Ｐは頂点Ｃにある。$k=3$のとき，$3k-3=3\times3-3=6$より，点Ｐは頂点Ａから時計回りに６つ進むから，頂点Ｅにある。以上より，点Ｐがいられないのは頂点Ｂである。

問３＜確率＞コインを４回投げるとき，表裏の出方は全部で，$2^4=16$(通り)ある。また，コインを４回投げた後に点Ｐが頂点Ｂにいるには，３回投げた後に，頂点Ｄにいて，４回目に表が出る場合と，頂点Ａにいて，４回目に裏が出る場合があるから，コインを３回投げた後に点Ｐは頂点Ｄ，Ａのどちらかにいなければならない。問２より，コインを３回投げた後，点Ｐが頂点Ｄにいるのは$k=0$のときだから，４回目に表が出るときの表裏の出方は，(裏，裏，裏，表)の１通りある。コインを３回投げた後，点Ｐが頂点Ａにいるのは$k=1$のときだから，４回目に裏が出るときの表裏の出方は，(表，裏，裏，裏)，(裏，表，裏，裏)，(裏，裏，表，裏)の３通りある。よって，コインを４回投げた後に，点Ｐが頂点Ｂにあるときの表裏の出方は，$1+3=4$(通り)あるから，求める確率は$\frac{4}{16}=\frac{1}{4}$である。

4 問題削除

5〔関数―一次関数〕

≪基本方針の決定≫問３　等積変形を利用して，四角形ABCDと面積が等しい三角形を考える。

問１＜直線の式＞右図で，A(0，2)，C(4，1)より，直線ACの傾きは，$\frac{1-2}{4-0}=-\frac{1}{4}$，切片は２だから，直線ACの式は$y=-\frac{1}{4}x+2$である。

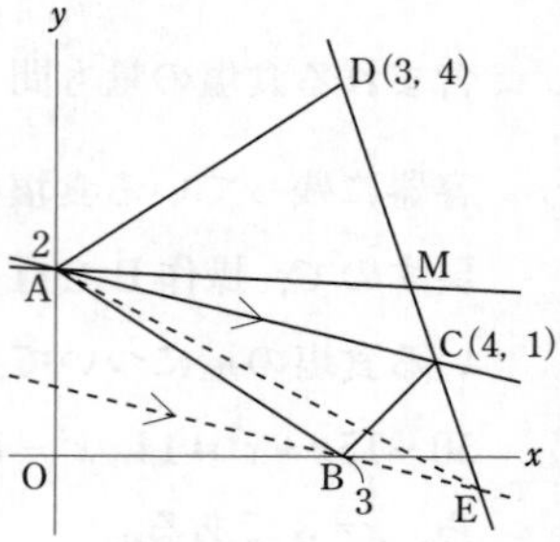

問２＜直線の式＞右図で，点Bを通りACに平行な直線と直線CDとの交点をEとする。AC∥BEより，直線BEの傾きは直線ACの傾きに等しく$-\frac{1}{4}$だから，切片をbとすると，直線BEの式は$y=-\frac{1}{4}x+b$と表せ，B(3，0)はこの直線上の点だから，$0=-\frac{1}{4}\times3+b$より，$b=\frac{3}{4}$である。よって，直線BEの式は$y=-\frac{1}{4}x+\frac{3}{4}$である。また，C(4，1)，D(3，4)より，直線CDの傾きは$\frac{1-4}{4-3}=-3$だから，切片をcとすると，直線CDの式は$y=-3x+c$と表せ，点Cはこの直線上の点だから，$1=-3\times4+c$より，$c=13$である。よって，直線CDの式は$y=-3x+13$である。点Eは直線BEと直線CDの交点だから，点Eのx座標は，２式からyを消去して，$-\frac{1}{4}x+\frac{3}{4}=-3x+13$より，$-x+3=-12x+52$，$x=\frac{49}{11}$となる。これを$y=-3x+13$に代入して点Eの$y$座標を求めると，$y=-3\times\frac{49}{11}+13=-\frac{4}{11}$となる。よって，交点の座標は，$\left(\frac{49}{11},\ -\frac{4}{11}\right)$である。

問３＜直線の式＞右上図で，２点A，Eを結ぶと，AC∥BEより，△ABC＝△AECだから，〔四角形ABCD〕＝△ABC＋△ACD＝△AEC＋△ACD＝△ADEとなる。辺DEの中点を点Mとすると，D(3，4)，問２よりE$\left(\frac{49}{11},\ -\frac{4}{11}\right)$だから，点Mの$x$座標は$\left(3+\frac{49}{11}\right)\div2=\frac{41}{11}$，$y$座標は$\left\{4+\left(-\frac{4}{11}\right)\right\}\div2=\frac{20}{11}$となり，M$\left(\frac{41}{11},\ \frac{20}{11}\right)$である。このとき，点Mは辺CD上にあるから，△ADEを２等分する直線AMは，四角形ABCDの面積も２等分する。よって，A(0，2)，M$\left(\frac{41}{11},\ \frac{20}{11}\right)$より，直線AMの傾きは$\left(\frac{20}{11}-2\right)\div\left(\frac{41}{11}-0\right)=\left(-\frac{2}{11}\right)\div\frac{41}{11}=-\frac{2}{41}$，切片は２だから，直線AMの式は$y=-\frac{2}{41}x+2$である。

2021年度／中央大学杉並高等学校

国語解答

一 (a) 専制 (b) 除去 (c) 承服
(d) ちょうぶつ (e) 皮革 (f) 揮発
(g) 臨 (h) 戦績

二 問1 イ，オ 問2 ウ

三 問1 イ 問2 ウ
問3 Ⅰ 産土の神〔住吉神社〕
Ⅱ 山伏体なる男〔山伏体なる人〕
問4 イ

四 (省略)

五 問1 エ 問2 ア
問3 Ⅰ 善悪の基準
Ⅱ 「それが一般的であること」
Ⅲ 品行方正
問4 エ
問5 Ⅰ 経済発展〔経済社会〕
Ⅱ 一時期の流行
Ⅲ 「みんなだまされている」
問6 エ 問7 ウ 問8 ア

一〔漢字〕

(a)「専制」は，政治を自分一人の判断で思うままに行うこと。 (b)「除去」は，じゃまなものを取り除くこと。 (c)「承服」は，納得して従うこと。 (d)「長物」は，長すぎて役に立たないもののこと。「無用の長物」は，あっても役に立たず，かえってじゃまになるもののこと。 (e)「皮革」は，動物の毛を除いて柔らかくした皮のこと。 (f)「揮発」は，常温で液体が気体に変わること。 (g)音読みは「臨海」などの「リン」。 (h)「戦績」は，試合などの成績のこと。

二〔論説文の読解—自然科学的分野—自然〕出典；勝木俊雄『桜』。

問1＜要旨＞プルヌス属は，スモモやウワズミザクラなども含む世界では四〇〇種を超える広義のサクラ属であり，サクラ類の種数の少ない北米ではプルヌス属を使う(ア…×)。ケラスス属は，セイヨウミザクラやヤマザクラなど一〇〇種ほどしか含まない狭義のサクラ属で，「サクラ類の種数が多いロシアや中国では」ケラスス属を用い，日本でも「近年ではケラススが用いられることが増えている」が，サクラへの関心については触れられていない(ウ…×，オ…〇)。このように，サクラ類は国によって異なる属に分類され，また日本では，これまで広義のサクラ属である「プルヌスを用いる場合が多かった」が，一九九二年にサクラ類を狭義のサクラ属に分類する論文が発表されてからは，ケラスス属を用いることが多くなっている(イ…〇，エ…×)。

問2＜資料＞総数で見ると，小・中・高生の60.7%が，自分の家庭ではインターネット利用のルールがあると考えている(オ…〇)。青少年の認識と保護者の認識を比較すると，いずれの学校種でも，インターネット利用の「ルールを決めていると認識している割合」は，青少年，言い換えれば，児童・生徒より保護者の方が高い(ア…〇)。中学生の63.6%，つまり，およそ三分の二が，自分の家庭ではインターネット利用のルールを決めていると考えている(ウ…×)。高校生の保護者の62.6%が，子どものインターネット利用について，ルールを決めていると考えている(イ…〇)。「保護者が青少年のインターネット利用のルールをもうける率」は，小学生では88.3%，中学生では80.4%，高校生では62.6%と，「学校種が上がるにつれて」減少している(エ…〇)。

三〔古文の読解—随筆〕出典；平田篤胤『勝五郎再生記聞』。

≪現代語訳≫松村宗平から聞いた物語で，大阪に声がたいそう美しくて，今風の長謡というものを謡って生計を立てている男がいた。(その男が)ある日用事で行く道で，山伏姿の男に会った。すれ違いながら，(山伏姿の人は声の美しい男に)あなたのすばらしい声をしばらく私に貸してくださいと言うのを，(男は)旅にありがちな冗談と思って，笑いながらはいと言って通り過ぎたが，(それから)三日ほどたって(男は)病気になったわけでもないのに，急に声がかれて出ない。／けれども(男は)あの普通とは違った人に(自分の)声を貸したことに少しも気づかず，住吉神社は(男の)産土の神なので，(自分の声をもとに戻してもらうように)祈ろうと思って出かけて歩いている途中で，またあの山伏姿の人が来て会った。(山伏姿の人は，)先日私がお願いしたように(あなたは)声を貸したのに，そのことを忘れて，産土の神に祈り申し上げようとするのは理解できない，あなたが産土の神に祈れば，きっと(神は)私を罰しなさるだろう。そうなれば，私はまたあなたにつらい思いをさせるのだぞ。そうなるよりは，しばらくの間だから，ぜひとも(私に声を)貸してくださいと言うと，(声の美しい男は，)ここで初めて以前(山伏姿の人が)声を借りようと言ったときに，(はいと)返事をしたことを思い出して，急に恐ろしくなって，決して産土の神には祈るまいと，(山伏姿の人に)堅く約束して旅から帰った。／そして三十日ほど過ぎて，(男が)用事で行く道で，またあの普通ではない人とすれ違ったところ，(その人が，)あなたの声は今返そう，受け取ってくださいと言うと，すぐに声はもとどおりになった。／こうして普通ではない人はこのお礼をすると言って，まじないの技を(男に)授けたが，(その技は)万病に効いて，後には(男は)謡うたいの仕事を辞めて，このまじないだけを行って，暮らしを安楽に送ったという。

問１＜古文の内容理解＞山伏姿の男が，あなたのすばらしい声をしばらく私に貸してくださいと言ったのを，声の美しい男は，冗談と思って，笑いながらはいと言い，声を貸すことを引き受けた。

問２＜古文の内容理解＞男は，声がかれて出なくなったので，自分の産土の神である住吉神社に，自分の声をもとに戻してもらうように祈ろうと思って，出かけた。

問３＜古文の内容理解＞山伏姿の男は，声の美しい男に，あなたが産土の神である住吉神社に祈れば，きっとその神は(…Ⅰ)私を(…Ⅱ)罰するだろうと言った。

問４＜古文の内容理解＞長謡を生業とする男は，山伏姿の男から声を貸してくださいと言われたのを冗談だと思い，笑いながらはいと言った。すると，長謡を生業とする男は声が出なくなり，もとに戻してもらおうと産土の神に祈りに行く途中でまた山伏姿の男に会い，決して産土の神に祈るまいと約束し，その三十日ほど後にまた同じ男とすれ違ったとき，声を返してもらった。

四〔論説文の読解―芸術・文学・言語学的分野―日本語〕

＜要旨＞従来の文法から外れた言語表現を「誤り」だと見なす人は多い。しかし，その表現が生じた理由を考察すると，社会の様相が見えてくる。つまり，人々の間で定着している言語現象には，相応の存在理由があるのだという視点を持つことを，私達は忘れてはならない。

五〔論説文の読解―哲学的分野―倫理〕出典；荒谷大輔『資本主義に出口はあるか』。

≪本文の概要≫ロック以降のイギリスおよびスコットランドの哲学では，キリスト教に頼らずにいかに道徳を語りうるかということに関心が向けられた。中でもアダム・スミスが属する学派は，「共感」という概念によってその問題を解決しようとした。スミスの議論は，他者の感情に共感すること自体を「快楽」と考えたことに特徴がある。スミスによれば，人は，快楽を求めてより多くの人に認められることをしようとし，自然に，偏りのない「公平な観察者」の立場に立って「道徳的な振る舞い」をするように導かれる。そして，「道徳」の基準は，品行方正であることではなく，「それが一般的であること」である。このスミスの道徳論は，経済学の基礎にもなっている。絶対に正しいことなどわからないという「不可知論」を前提にすると，人間は，一時期の流行にだまされながら，そのとき自分が良いと思うことをするしかない。人々は「自由」であることで自らの快楽を求めて流行にだまされ，それが必ずしも各人にとって良い結果をもたらさなくても，社会全体では，「神の見えざる手」がはたらいているかのように，道徳的規範と経済的発展が実現すると，スミスは主張した。

問１＜文章内容＞「人間と腸内細菌の共生のありかた」は事象であり，それに感動することは，「他者の感情に共感」しているとはいえない(エ…×)。

問２＜文章内容＞他者の感情に共感し，共感されることが快楽だとすれば，人は，より多くの共感を求めて，たくさんの人に認められることをしようとし，その欲求によって「道徳的振る舞い」へと自然に導かれるのである。

問３＜文章内容＞「何がいい行いで何が悪い行いであるか」という「道徳」における「いい／悪い」を決める基準は(…Ⅰ)，みんながそう思っていて，それが普通であるということであり(…Ⅱ)，行いが正しいということが，必ずしも道徳的であるということにはつながらない(…Ⅲ)。

問４＜文章内容＞「ロック以降のイギリスおよびスコットランドの哲学」では，道徳は「神」が決めたとするキリスト教に頼らずに「どうやって道徳を語りうるのか」ということに関心が向けられ，その哲学の系譜にスミスの議論はある(ア…○)。スミスの議論は，「共感することそれ自身を『快楽』と考えた点」が，他と違い目立っている(イ…○)。スミスの議論では，いい／悪いがどうやって決まるかという話をしていて，具体的にどのような行為が多くの人に認められるのかは，述べられていない(ウ…○)。「人は，より多くの共感をもとめることで自然に，偏りのない『公平な観察者』の立場に立つように方向付けられ」，道徳的に振る舞うようになる(エ…×)。スミスの議論で述べられた，「他者の広い共感を求める各人の欲求から」道徳的な振る舞いが自然に導かれるという「道徳」の機能は，「実際に現代のわれわれの社会でしばしば見られる」から，現代人も同意できる(オ…○)。

問５＜文章内容＞経済学では，「ビッグ・ウェーブ」に乗る，言い換えれば，それがはやっているからという理由で多くの人が同じ行動をとることが，「経済発展の基礎にもなっている」と考えられている(…Ⅰ)。一方，スミスの道徳論では，そのときみんながやっていて，みんなが正しいと思っているようなものでも，「『道徳』として機能する」のである(…Ⅱ)。したがって，経済学も道徳論も，その時々にはやっていることに人間はだまされているとする点で，共通している(…Ⅲ)。

問６＜文章内容＞人間の本性は，「われわれ自身をだましつつ，世の中を発展させていくもの」であり，そうやって人間がだまされることで，社会は発展し，道徳も成立するというのが，スミスの「欺瞞論」である。

問７＜文章内容＞人々は「『自由』であることで，自らの快楽を求めて流行にだまされ」，それが各人に必ずしも良い結果をもたらさないにもかかわらず，社会全体では，人々の行動が「善悪の基準」をつくったり，経済の「ビッグ・ウェーブ」を生み出したりして，「道徳的規範と経済的発展を実現する」という良い結果を導くことになるのが，「皮肉」なのである。

問８＜要旨＞「他者の感情に共感することが快楽だ」とする考えは，人々の生活の中に残っているキリスト教に頼らずに「どうやって道徳を語りうるのか」，という問題を解決しようとする中で生まれた(ア…×)。他者の感情に共感することが快楽なら，人は「たくさんの人と共感しようとする」だけではなく，「多数の共感を得られる行動をとるようになる」のである(イ…○)。スミスの議論における「公平な観察者」とは，「より多くの共感をもとめることで自然に，偏りのない」立場に立つようになった人であり，「品行方正な立場」に立つ人ではない(ウ…○)。「具体的にどのような行為が，多くの人に認められ」道徳的とされるのかをスミスは語っていないが，それは，道徳的に良いか悪いかの基準がどうやって決まるかを論じているからである(エ…○)。人間は，絶対的な善悪の基準とはなりえない「流行にだまされながら～自分がよかれと思うことをする」存在である，というのがスミスの道徳についての議論であるが，その前提になっているのは，「誰も真理は知りえないという『不可知論』」である(オ…○)。

2021年度 中央大学杉並高等学校(帰国生)

【英　語】 (30分) 〈満点：50点〉

Ⅰ　次の英文を読み，設問に答えなさい。(*のついた語句には本文の最後に注があります。)

Tulips, pretty little flowers with vivid colors, are very popular all over the world. They are very beautiful, but there is nothing special about them. However, you may be a bit surprised to learn that the flower has a very unique, dramatic history.

Today many people think that tulips come from *the Netherlands, but actually, that is not true. No one is sure where the first tulips came from, but one thing is clear ; it was not from the Netherlands. The first wild tulips probably grew thousands of years ago somewhere between Northern China and Southern Europe. As far as we know, tulips were first imported to the Netherlands from *the Ottoman Empire (now Turkey) in the 1590s.

Rulers in the Ottoman Empire, called *sultans, were fascinated by tulips. From the late fifteenth to early eighteenth centuries, ①tulips were the symbol of wealth and high social position in the Ottoman Empire. People held special festivals to celebrate tulips. There was a special law to control the access to the flowers. Most people were not allowed to grow, buy, or sell them. Passion for tulips in the Ottoman Empire was so great that even a historical era is named after them ; it is called the Tulip period, or the Tulip era.

So, how did tulips travel a long way to the Netherlands? A *Dutch ambassador at the Ottoman Empire was so fascinated by the flower that he decided to send several samples to his *botanist friend, Carolus Clusius, in the Netherlands. He planted the tulip *bulbs and found that they were strong enough to survive the severe climate of the country. More importantly, tulips were different from any other flowers in Europe at that time ; their unique shape, soft and delicate lines, and vivid colors were very exotic-looking. ②It didn't take long before tulips became widely popular in the Netherlands and became a major status symbol of the era.

At that time, merchants in the Netherlands were very rich from trading with other countries. However, tulips were very difficult to get and many wealthy people wanted them, so the tulip bulbs became very expensive. At first only wealthy merchants could get them. But in 1630 a new business began : ③tulip trading. Traders bought tulip bulbs and sold them at a much higher price to other people. It seemed an easy way to make money fast.

For some tulips with unique *patterns, merchants would pay very high prices. Because of this, the prices of the flower bulbs increased sharply. ④*Semper Augustus*, a unique type of tulip with a striped, multi-colored pattern, was a good example. In the 1620s, it was 1,000 *guilders, and in the 1630s, it was 5,500 guilders for a single bulb. ⑤That【the money / was / much / a rich merchant / in / by / as / as / earned】a year! The huge price rise of the tulip bulbs didn't end there. Everyone was borrowing money to buy tulip bulbs. Ordinary farmers and workers *risked their livelihoods to buy them. You may be surprised that one man traded his farmhouse for three tulip bulbs in 1633. By the first month of 1637, the prices of a single *Semper Augustus* doubled ; it was sold for 10,000 guilders. That was more than the cost of a large, gorgeous house with a garden in Amsterdam. At that time, homes in that city were one of the most expensive in the world.

To everyone's surprise, the prices of the tulip bulbs kept growing. It seemed that the price would only go up and that the passion for tulips would continue forever. Suddenly, however, this tulip boom reached its peak and the market for tulips crashed. By the end of the year 1637, prices began to fall and never came back. Imagine that you bought a bulb for 10,000 guilders yesterday, but it is worth nothing today! ⑥This led to a *financial crash and panic all over the country. The lives of ordinary people were destroyed. They lost everything: their money, their homes, their lands, and their farms.

It is said that this 'Tulip Bubble' was the first recorded financial ⑦bubble in history. Since it is one of the most famous market bubbles of all time, there are many interesting stories about it. ⑧The most famous one is probably about a sailor. Surprisingly, the sailor was put in *prison after eating a tulip bulb! The poor sailor thought it was an onion and ate it by mistake. The "onion" was, in fact, a *Semper Augustus* tulip bulb. At that time, the bulb had the value of more than enough money to prepare food for a whole ship's crew members for 12 months!

According to some recent research, however, the financial crash was not as big as people thought. Even if the damage was not so serious, the story of "Tulip Bubble" surely gives us an important lesson: *Greed is bad and chasing prices can be dangerous.

Today, tulips are for everyone, not just for the rich. That is good news for the Dutch as they make hundreds of millions of dollars a year from tulip sales to ordinary people all over the world.

（注） the Netherlands：オランダ　　the Ottoman Empire (now Turkey)：オスマン帝国（現在のトルコ）
sultan(s)：絶対君主　　Dutch ambassador：オランダ大使　　botanist：植物学者
bulb(s)：球根　　pattern(s)：柄《がら》・模様　　guilder(s)：ギルダー（オランダの旧貨幣単位）
risk(ed) one's livelihood(s)：生計の手段を危険にさらす　　financial：財政の，金融の
prison：刑務所　　greed：欲深いこと

問１　下線部①の具体例として述べられていないものをア～エから一つ選び，記号で答えなさい。

ア　Most people in the Ottoman Empire could not get tulips.
イ　People celebrated tulips at a special festival.
ウ　There was a law to limit the access to tulips.
エ　The Ottoman Empire was named after tulips.

問２　下線部②の理由として最も適切なものをア～エから一つ選び，記号で答えなさい。

ア　オスマン帝国のオランダ大使がトルコから持ち帰り，国中に広めたから。
イ　ある植物学者が，オランダの厳しい気候条件に合わせて改良を加えたから。
ウ　当時のヨーロッパでは他に見られないような，珍しい色や形状をしていたから。
エ　その繊細な美しさから，高い地位の象徴として人々に愛されたから。

問３　下線部③の説明として最も適切なものをア～エから一つ選び，記号で答えなさい。

ア　Rich merchants in the Netherlands imported tulip bulbs from other countries.
イ　Wealthy people bought tulip bulbs and traded them for more expensive ones.
ウ　Many farmers planted tulips in order to sell them at a much higher prices later.
エ　It was a way to earn money quickly by getting tulip bulbs and selling them to others.

問4　下線部④に関して，本文の内容と一致しないものをア～エから一つ選び，記号で答えなさい。
ア　It was a kind of tulip with unusual patterns.
イ　It had a striped pattern and many different colors.
ウ　In the 1620s, its value was more than 5,000 guilders per bulb.
エ　By January 1637, its bulb cost more than a large house in Amsterdam.

問5　下線部⑤が「それは，裕福な商人が一年に稼ぐお金と同じくらい多かったのだ。」という意味になるように，【　】内の語(句)を並べ替えなさい。

問6　下線部⑥の具体的な内容として最も適切なものをア～エから一つ選び，記号で答えなさい。
ア　The prices of the tulip bulbs continued growing.
イ　The tulip market survived after the tulip boom reached its peak.
ウ　The tulip prices began to fall and never came back.
エ　The value of the tulip bulbs went up to 10,000 guilders.

問7　下線部⑦ bubble に関する次の質問の答えとして最も適切なものをア～エから一つ選び，記号で答えなさい。

What does "bubble" mean in this story?
ア　It is a good or lucky situation, but it will not continue long.
イ　It is the activity of buying and selling goods between people or countries.
ウ　It is a round ball of liquid, made up of air and soap water.
エ　It is the business of making products in new and different styles.

問8　下線部⑧に関して，その具体的な話の内容を40字以上50字以内の日本語で書きなさい。(句読点を含む)

問9　本文の内容と一致するものをア～カから二つ選び，記号で答えなさい。
ア　It is not clear where the first tulips came from, but it seems that the first wild tulips grew in the southern part of the Netherlands.
イ　It is thought that tulips were first imported to the Ottoman Empire from the Netherlands in the late 16th century.
ウ　It was against the law for ordinary people in the Netherlands to buy or sell unique tulip bulbs, so the flowers became very expensive.
エ　In the early 17th century, unique tulips were so popular that people bought tulip bulbs even by borrowing money and risking their livelihoods.
オ　Some recent research shows that the financial impact of the tulip bubble crash was much bigger than people believed.
カ　The story of "Tulip Bubble" teaches us that too much desire for money is not a good thing.

II　次の英文を読み，下線部を英語になおしなさい。

There is too much light in many cities around the world. It comes from street-lights, building lights, and advertising lights for stores and other businesses. From a distance you can see the glow of many cities in the night sky.

Too much light can make seeing stars harder. ①もし星をはっきり見たければ，人々はより光の少ない場所へ行かなければならない。 Observatories, a building for scientists to watch the planets and the stars, are usually located in low-light areas. For example, the California Institute of Technology built its observatory on Palomar Mountain in the 1930s. ②この場所は，とても暗くて科学者たちが非常に遠くの星を見ることができたので，選ばれた。 But over the years many cities have been built up in southern California, and ③それらの都市から来る光のために，夜の空は以前より明るくなってしまった。 The Palomar Observatory has tried to work with local governments to reduce the light so that they can continue their important work.

【数　学】　(30分)　〈満点：50点〉

(注意)　定規，コンパス等の作図道具および計算機の使用は禁止です。

1　次の問に答えなさい。

問１　$(x-y)(x^2+xy+y^2)$ を計算しなさい。

問２　$3.1^3-0.1^3$ を計算しなさい。

2　$x+y=7$ かつ $x-y=\sqrt{5}$ のとき，x^2-xy+y^2 の値を求めなさい。

3　３個のさいころを同時に振るとき，出た目の数が連続する３つの異なる数である確率を求めなさい。

4　図のように，円Oの円周上に点A，B，C，D，Eがあり，直線AEとBDの交点をPとし，円Oの周の長さを l とします。$\angle\mathrm{APB}=30^\circ$，$\angle\mathrm{EAD}=20^\circ$，$\overset{\frown}{\mathrm{AB}}+\overset{\frown}{\mathrm{CE}}=\dfrac{4}{9}l$ であるとき，下の問に答えなさい。ただし，$\overset{\frown}{\mathrm{AB}}$，$\overset{\frown}{\mathrm{CD}}$，$\overset{\frown}{\mathrm{DE}}$，$\overset{\frown}{\mathrm{CE}}$ はいずれも太線の部分です。

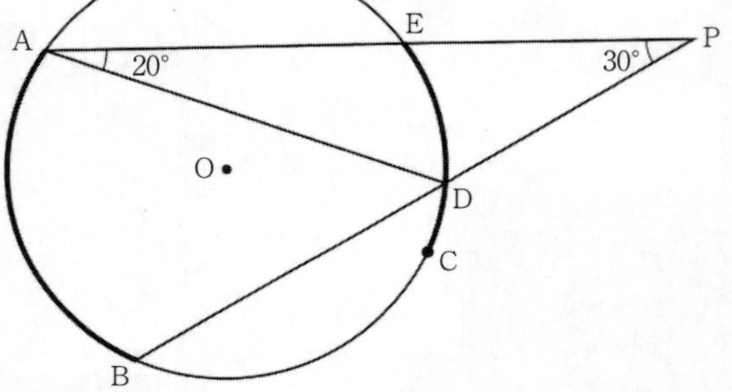

問１　$\overset{\frown}{\mathrm{AB}}$ の長さを，l を用いて表しなさい。

問２　$\overset{\frown}{\mathrm{AB}}:\overset{\frown}{\mathrm{CD}}:\overset{\frown}{\mathrm{DE}}$ をもっとも簡単な整数の比で答えなさい。

5　図のように，△ABCの各辺AB，BC，CA上に点D，E，Fをとります。線分AE，BF，CDの交点をGとし，△ABC，△GBC，△GBEの面積比を△ABC：△GBC：△GBE＝33：15：10とします。このとき，次の問に答えなさい。

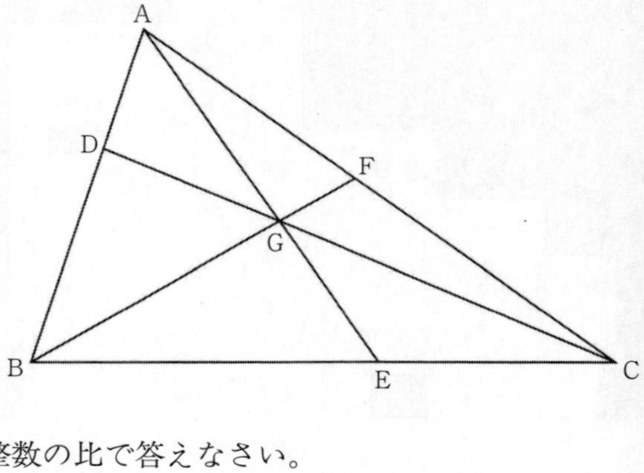

問１　BE：ECをもっとも簡単な整数の比で答えなさい。

問２　AG：GEをもっとも簡単な整数の比で答えなさい。

問３　△GAB：△GBC：△GCAをもっとも簡単な整数の比で答えなさい。

6 図のように，曲線 $y=ax^2$ $(a>0)$ 上に x 座標が正となる点Pをとり，点Pから x 軸におろした垂線の交点をAとします。また，曲線 $y=ax^2$ 上で原点Oと点Pの間に点Qをとり，点Qから x 軸と線分PAにおろした垂線の交点をそれぞれB，Cとします。四角形ACQBが正方形で点Qの x 座標が $\dfrac{2}{3}$ のとき，下の問に答えなさい。

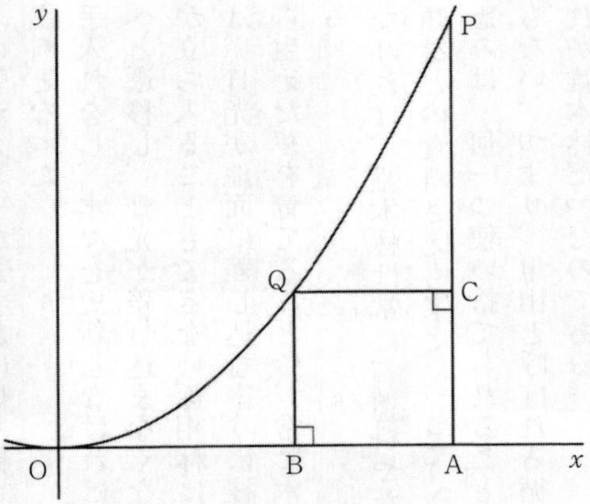

問1　点Aの x 座標を，a を用いて表しなさい。
問2　QBとPAの長さの比が 9：16 のとき，a の値を求めなさい。

てたい肥となり、木の幹が大きく成長すれば切り倒され、炭焼きによってこれもまた燃料となった。

人がこのように手入れをし、木々を更新しなければ、広葉樹林はじきに、照葉樹林へと遷移し、日光が差し込まなくなった地面にはササが繁茂し、人が立ち入ることもできない極相林になる。それを防ぐために、人々は、日光が地面に差し込むように枝を払い、下草を刈り、切り株から生えた芽を育てることで、常に木々の更新を管理してきたのである。

手入れさえ怠らなければ、雑木林は常に、燃料やたい肥を(それに付随してキノコ類などの食料さえも)もたらしてくれる。また、そこから得られる恵みは、何一つ使い捨てられることなく、したがって枯渇することもない。つまり、里山と呼ばれる循環型社会を支えていたもの、それが雑木林だったのである。

ちなみに、「雑木林」を「ざつぼくりん」と読むと、これはまた全く異なるものを指すので注意が必要である。「ざつぼくりん」は林業の用語であり、人間にとって有用でない木が生育する林を指すため、「ぞうきばやし」とは大きくかけ離れた意味になってしまう。

(本文は本校で作成した)

イ　他のパソコンにつながることで初めて十分な機能を果たすことができる、という点
ウ　自分の所有するパソコンが、別の個人の意図によって動かされてしまう、という点
エ　いずれのパソコンであっても、誰かの命令がなければまるで役に立たない、という点

問5　――線部(3)「器官間、細胞間のネットワークの在り方」とありますが、その「在り方」の特徴を述べたものとして最も適当なものを次の中から選び、記号で答えなさい。
ア　情報のやり取りが、それ自体で自己完結している。
イ　情報のやり取りが、生物個体の意図に反してなされている。
ウ　情報のやり取りが、各器官の意図とは無関係になされている。
エ　情報のやり取りが、生態系のレベルでの生き物個体同士で行われている。

問6　――線部(4)「ボットはその一例なのです」とありますが、本文で「ボット」は何の例として説明されていますか。最も適当なものを次の中から選び、記号で答えなさい。
ア　古典的なSFが想像した、ロボットや人工知能のありうべき姿
イ　器官間、細胞間のネットワークとコンピューター・ネットワークの接続
ウ　人間同士の意図的なコミュニケーション関係をモデルとしたネットワークの世界
エ　古典的なSFで考えられていたようなロボットとも産業ロボットとも異なるロボット像

二

次の文章を①～③の条件にしたがって、八十字以上百字以内で要約しなさい。

① 三文で要約すること
② 第二文の書き出しを「しかし」、第三文の書き出しを「つまり」で始めること
（……。しかし……。つまり……。）
③ 解答欄の一マス目から書き始め、句読点も一字に数えること

都心に暮らす人にとって、身近にある緑といえば、街路樹や植え込み、鉢植えに家庭菜園といった、人工的なものばかりである。そういう人たちにとって、雑木林《ぞうきばやし》はどのようなイメージで捉えられているだろうか。おそらくは「雑」という字から、様々な樹木が雑然と生い茂り、人里離れたところに自然のままの状態で存在するもの――といったところであろう。

しかし、そのように、人が手を付けていない林を雑木林と呼ぶことはない。映画『もののけ姫』のモチーフになったような何十年、何百年と人の手が加えられないままに同じ姿を保ちつづけている林や森は、一般的に「原生林」と呼ばれる状態である。何も植物が生えていない裸地が森や林になるためには、まずコケが生え、そこに一年生の草が生え、多年生の草が生え、アオキなどの低木が生え、そしてタブノキといった高木が生える。このように何年もかけて遷移していった結果、その土地の植物がある一定の状態で落ち着く。これがいわゆる「極相」であり、原生林とは極相林のことである。

一方で、雑木林とは本来、燃料やたい肥を得るために人が管理してきたものを指す。人は近代に至るまで工場労働や工業製品とは無縁であった。自分たちが口に入れるものは自分たちでとったり育てたりし、生活に必要なものは自らこしらえていた。そうした生活の中で、クヌギやコナラといった広葉樹は、木々の下枝が払われて薪として燃料になり、落ち葉は掃き集められて虫や微生物の力を借り

クの在り方と、生態系のレベルでの生き物個体同士の関係とは、かなり異質です。

初期のコンピューター・ネットワークが、生物個体同士、というより人間同士の意図的なコミュニケーション関係をモデルとしてイメージされていたとしても、現在の(d)それは相当に違います。現在のコンピューター・ネットワークのつながり方は、人間同士の会話のようなものというより、生物の身体の中での「器官」同士、もしくは「細胞」同士の情報伝達のようなものになっています。そのようなネットワーク世界の中では、ロボットも当然、従来、ネット時代以前のSFで考えられていたようなもの、あるいはネット時代以前に実用化されていたような産業ロボットなどとは、ずいぶん違ったものにならざるを得ないわけです。具体的な身体を持っていないにもかかわらず、ネットワーク上で自律的にはたらいている(4)ボットはその一例なのです。

（稲葉振一郎『AI時代の労働の哲学』より）

※1　アップロード…通信回線やネットワークを通じて、別の機器へデータやファイルを送信すること

※2　OS…Windows や iOS、Android OS など、コンピューターのシステム全体を管理するソフトウェアのこと

※3　スタンドアローン…コンピューターが他の機器やネットワークに接続せず、孤立した状態で使用されていること

問１　――線部(A)(B)のカタカナを漢字に改めなさい。

問２　(a)～(d)の語が指し示す内容を選び、それぞれ記号で答えなさい。

(a)　そこ

ア　送り手のコンピューター

イ　ネットワーク上

ウ　コピー先のコンピューター

エ　ボット

(b)　その

ア　ボット

イ　ロボット

ウ　区別する語

エ　サイバースペース

(c)　それ

ア　SFに描かれたロボット

イ　ネットワークとしてのIoT

ウ　自律的な主体

エ　個々のボット

(d)　それ

ア　コンピューター・ネットワーク

イ　生物個体

ウ　意図的なコミュニケーション関係

エ　モデル

問３　――線部(1)「現実の方が先行している」とありますが、この内容を次のように説明するとき、空欄に当てはまる適当な語句を本文から抜き出しなさい。

古典的なSF作家がイメージした未来のロボットや人工知能とは、意志に基づいて活動する［Ⅰ（6字）］であった。一方で、「ボット」は、意志を持たない［Ⅱ（6字）］である。つまり「ボット」は、彼らSF作家が想像もしなかったような存在なのである。

問４　――線部(2)「一台一台のパソコンは、それ自体では自己完結した機械とはもはや言えなくなっています」とありますが、筆者はどのような点を指して「自己完結した機械」ではない、と述べていますか。その説明として最も適当なものを次の中から選び、記号で答えなさい。

ア　それぞれのパソコンが、複数の命令を受けて混乱をきたしている、という点

二〇二一年度 中央大学杉並高等学校（帰国生）

【国語】（三〇分）〈満点：五〇点〉

一 次の文章を読んで、後の設問に答えなさい。

主としてインターネット上を勝手に動き回って仕事をするプログラムに対する呼称として使われることが多いですが、「ボット bot」という言葉を聞いたことがある方も多いかと思います。これはコンピューター・ネットワーク上に※1アップロードされたら、あとはネットワークに接続されたたくさんのコンピューターの上にコピーされ、(a)そこで送り手によってあらかじめ仕組まれた命令を、必ずしもコピー先のコンピューターの持ち主によって命じられることなく、勝手に遂行していくプログラムのことです。もちろん、コンピューター・ウィルスのように、有害なもの、破壊的なものもこの「ボット」の一種と言えますが、今日の状況を考える上で重要なのは、むしろウィルスに当たらないボットの方でしょう。

物理的な実体を持ったロボットと区別するためか、「robot」の語頭の「ro」を落とし、「bot」と呼ばれるようになったのですが、考えようによってはこれも立派なロボットの一種です。しかし(b)その本体は物理的実体のない「ソフトウェア」であり、インターネットが(A)タイシュウ化して以降、たくさんのコンピューターがネットワークでつながったサイバースペースを、半自動で自律的に動き回っています。ここでは、SFに描かれたファンタジーや想像力の世界に、(1)現実の方が先行している、と言ってもよいでしょう。古典的なSFの想像力は、ロボットや人工知能のありうべき未来として、人間と同等かそれ以上の能力を持つ自律的な主体の到来を予感しました。しかしながらこのボットや、それらが介在するネットワークとしてのＩｏＴ(Internet of Things)とは、人間と、心（意志とか意識とか）を持つ人造人間としてのロボットたちが織り成す社会というよりは、意志を持たない自律的な機械としての人工微生物や人工植物たちの織り成す人工生態系としてイメージされるべきものです。あるいはひょっとしたら、(c)それ自体で一個の生物個体であり、個々のボットや機械はその大きな生物個体としてのネットワークの器官、組織、細胞のようなものというべきかもしれません。

読者の皆さんの使っているパソコン、スマートフォンも、今日ではインターネットにほぼ常時つながっているでしょう。そして基本システムである※2ＯＳをはじめとして、その上で動くソフトウェアのほとんどは、いまや我々ユーザーがいちいち(B)ソウサしなくとも、自動的に更新されるようになっています。インターネット普及の初期の頃までのパソコンは、まだいわば「閉じた」状態、※3スタンドアローンの状態の方が基本であり、電話をかけるように、ユーザーがいちいち個別のソウサを意図的に行うことを通じて初めて、外界たるネットにつながるようになっていました。プログラムの更新は、ディスクや電話回線を通じて、ユーザーが必要なときに自分の判断で行っていました。しかし今では、ネットに常時接続しているのが当たり前。そしてネットにつながっている限り、こちらが頼みもしないのに、「あなたのパソコンはそのままだと危険だから直しました」などといってきます。こうなると(2)一台一台のパソコンは、それ自体では自己完結した機械とはもはや言えなくなっています。あえていえば、ネットワーク全体が一個の機械であるような、そんな状況になっているのです。繰り返しますが、個々のパソコンは、既に巨大なネットワークの一部分を構成する「器官」「細胞」のようなものになってしまっているのです。

それを人間を含めた生物個体と比較してみましょう。個々の人間を含めた生物個体は、それぞれにかなりの程度閉じています。もちろんその体内では、別に意図していないのに神経が化学物質を使って情報を伝達しまくっています。しかしそれぞれの個体は独立していて、そのつもりなしに、無意識に他人とコミュニケーションをとることはありません。個体の中での(3)器官間、細胞間のネットワー

2021年度／中央大学杉並高等学校(帰国生)

英語解答

I
問1 エ　問2 ウ　問3 エ
問4 ウ
問5 was as much as the money earned by a rich merchant in
問6 ウ　問7 ア
問8 ある船員が，タマネギと間違えて高価なチューリップの球根を食べてしまい，刑務所に入れられてしまった話。(50字)
問9 エ，カ

II
① (例) People must go to an area with less light if they want to look at the stars clearly.
② (例) This spot was chosen because it was so dark that the scientists could see very distant stars.
③ (例) the light coming from the cities has made the night sky brighter than before.

数学解答

1 問1 x^3-y^3　問2 29.79
2 16
3 $\frac{1}{9}$
4 問1 $\frac{5}{18}l$　問2 5：1：2
5 問1 2：1　問2 6：5
問3 4：5：2
6 問1 $\frac{4}{9}a+\frac{2}{3}$　問2 $\frac{1}{2}$

国語解答

一
問1 (A) 大衆　(B) 操作
問2 (a)…ウ　(b)…ア　(c)…イ　(d)…ア
問3 I 自律的な主体
II 自律的な機械
問4 イ　問5 ウ　問6 エ

二 (例) 雑木林は，多様な樹木が茂った自然のままのものと思われがちである。しかし，それは原生林であって，人々が生活のために更新してきたのが雑木林である。つまり，里山という循環型社会を支えていたのが雑木林である。(100字)

2020年度　中央大学杉並高等学校（推薦）

【英　語】（20分）〈満点：20点〉

1　次の各組から正しい英文を一つずつ選び，記号で答えなさい。

1．ア　Do you know what is her name？
　　イ　Which can run more faster, lions or tigers？
　　ウ　We were impossible to catch the bus.
　　エ　A new library will be built here.

2．ア　Is this the book that you bought yesterday？
　　イ　We should keep clean the classroom.
　　ウ　This coffee is so hot that I can't drink.
　　エ　I have been to New York three years ago.

3．ア　There was a lot of people on the train.
　　イ　Ben is already here, but Amy hasn't come yet.
　　ウ　How long did it took you to get here？
　　エ　My mother wants me study harder.

2　次の会話文の空欄 [1] ～ [3] を補うのに最もふさわしい文を下のア～コからそれぞれ選び，記号で答えなさい。

1．A：I like watching football.
　　B：[1]
　　A：No.　I like soccer.　My favorite team is Manchester United.

2．A：Whose umbrella is that？
　　B：[2]
　　A：The blue one at the front door.

3．A：May I help you？
　　B：[3]
　　A：OK.　Let me know if you need any help.

ア　Which one do you like better？
イ　Would you like to try this on？
ウ　I've lost my umbrella.
エ　You mean, American football？
オ　It may be Kaori's.
カ　Which one do you mean？
キ　Not right now.　Thank you.
ク　What does it mean？
ケ　Yes, please.　Do you have this in a different color？
コ　I like soccer, too.

3 次の日本語を英語にしなさい。

1. もし明日雨なら，私たちは家にいるだろう。
2. あなたの苦手な科目は何ですか。

4 次の文章を読み，後の問に答えなさい。（＊のついた語句には本文の最後に注があります。）

One day in the *laboratory, during my first year at university, I was so excited to see ①<u>a wonderful thing</u> just in front of me. On a plate on the table, there was a milk-colored, *wrinkled, soft thing. It was not bigger than my hand and was only about one kilogram, but I knew that it was such a wonderful thing. At that time, I decided to learn about the brain.

My name is Susan Greenfield. I am a brain scientist. It is interesting to look back at my studies and see what has happened to the field of my research during these twenty years. What didn't we know about the brain then? What do we know now? I am now working in the field of neuroscience, brain science, for my country Great Britain. The word 'neuroscience' was not heard in the past, but now it is a subject that many students take in school. Today many people know the human brain is the most *complicated machine we know. ②<u>It is [computer / most / complicated / than / expensive / and cleverer / more / the].</u>

Doctors are now able to take pictures of the brain — brain *scans. In the pictures, they can see what is happening inside and which part of the brain is not working well. With those pictures, doctors can learn about the brain better than before, and help people who have brain problems.

It is difficult to *prevent brain illnesses, but you can do ③<u>many things to keep the brain healthy</u>. Make sure that the brain gets lots of *oxygen — take deep breaths and get a lot of sleep and exercise. Let the brain enjoy different activities — listen to new music or visit a new place. Keep the brain active with games, puzzles and discussion — anything that keeps the brain busy. Don't be afraid of new ideas, and have questions about anything.

About the brain, there are still many things that we do not know and we need to learn. Actually, we know only a little about it. I think that in the next step we are going to study ④<u>how the brain makes you the person who you are</u>. For example, what makes you a very kind person? What makes you someone who gets angry easily? Why do you do something in a different way from others? All of these things about the brain are studied in the field of neuroscience. It is not only an understanding of how the brain works but also a learning about your mind.

Studying about the brain is learning about yourself. There are many things that we haven't discovered yet in the field of neuroscience. So I believe it is important for young people to study and enjoy science in school. And then, the next generation will understand what is possible in our future world.

（注） laboratory：実験室　wrinkled：しわの寄った　complicated：複雑な
scan(s)：スキャナー検査　prevent：～を防ぐ　oxygen：酸素

1. 下線部①が表すものを本文の中から一語選んで書きなさい。
2. 下線部②が「それは最も高額なコンピューターよりもっと複雑で，ずっと賢い。」という意味になるように，[ ]内の語(句)を並べ替えなさい。

3．以下は下線部③の具体的な内容をまとめたものです。(A)，(B)，(C)に適切な日本語を入れなさい。

・脳に酸素を送るため ―― (A)
　　　　　　　　　　　 ―― 十分な睡眠をとる
　　　　　　　　　　　 ―― 運動をする

・脳に(B)を楽しませるため ―― 新しい音楽を聴く
　　　　　　　　　　　　　　 ―― 知らない場所に出かける

・脳を(C)状態にしておくため ―― ゲーム，パズル，議論などをする

4．下線部④が表す具体的な内容をア～エから一つ選び，記号で答えなさい。

ア　脳はどうやって，優しい，怒りっぽいなど，その人をその人らしくしているのか

イ　優しい，すぐに腹を立てるなどの他人の性格を脳はどのように判断しているのか

ウ　他の人と違うやり方で物事をしようとするとき，人はいかに脳を使っているのか

エ　他の人と違う脳の働きを作り出しているのは，どんな種類の人なのか

5．本文の内容と一致するものをア～オから一つ選び，記号で答えなさい。

ア　Neuroscience means brain science, and it just started twenty years ago in Great Britain.

イ　Today people understand everything about how the brain works because they have learned a lot about the brain in school.

ウ　Because of the brain scans, doctors can see the inside of the brain and study about it more than in the past.

エ　You have to do a lot of things to keep the brain in good condition, or you will not feel better and get angry easily.

オ　Brain scientists need to study both the brain and the mind in the near future to understand the next generation.

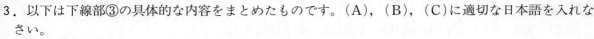

【数　学】(20分)〈満点：20点〉

(注意)　定規，コンパス等の作図道具および計算機の使用は禁止です。

1　次の式を計算しなさい。

$$\frac{x+4y-11}{15}+\frac{3x-8y+12}{5}-\frac{x+4y-5}{6}$$

2　下の表は，あるクラスで実施したテストの結果です。中央値が7.5点であるとき，a，bの値を求めなさい。

得点	0	1	2	3	4	5	6	7	8	9	10	計
人数	0	0	0	2	a	0	1	5	3	b	4	20

3　右の図において，8点A，B，C，D，E，F，G，Hは，円Oの周を8等分する点です。これらの円周上の点から異なる3点を選んで三角形を作るとき，三角形の周および内部に点Oを含まない三角形は何個できるか求めなさい。ただし，合同ではあるが頂点が異なる三角形は別の三角形として考えなさい。

(例：△ABDと△BCEなど)

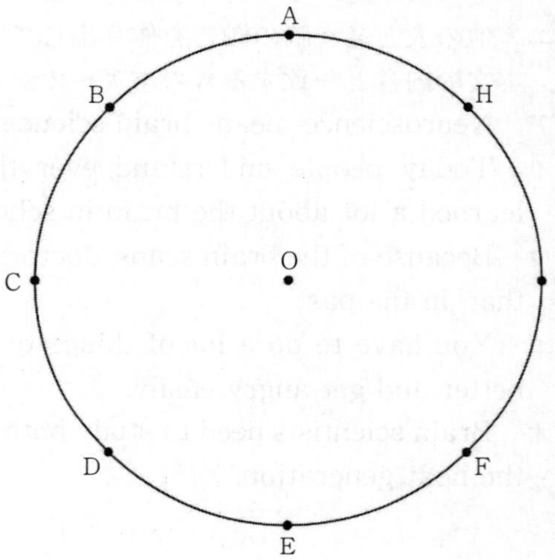

4　右の図のように，点A$(\sqrt{3},\ 1)$を通る放物線$y=ax^2$があります。線分ADとx軸が平行であり，四角形ABCDがひし形であるとき，次の問に答えなさい。

問1　aの値を求めなさい。

問2　点Cの座標を求めなさい。

問3　直線CDと平行で，四角形ABCDの面積を2等分する直線と放物線の交点をEとするとき，△AEBの面積を求めなさい。

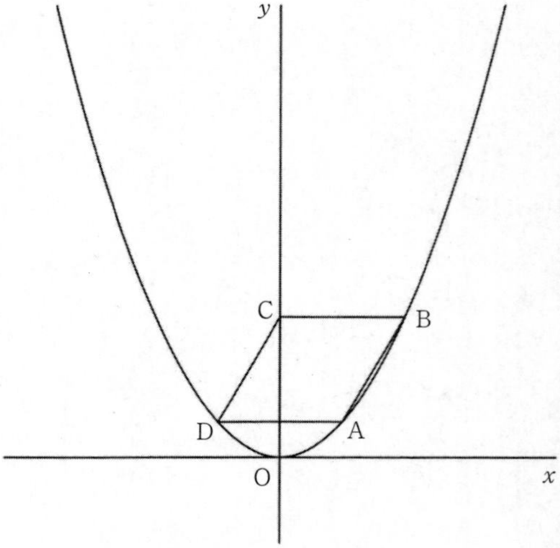

5 図のような，円Oに内接する四角形ABCDがあります。$\angle AOC=120^\circ$，$AD=CD=4\sqrt{3}$，$AO=4$，$BC=4\sqrt{2}$ です。直線DOと辺BCの交点をEとするとき，次の問に答えなさい。

問１ $\angle OCB$の値を求めなさい。

問２ $\triangle DEC$の面積を求めなさい。

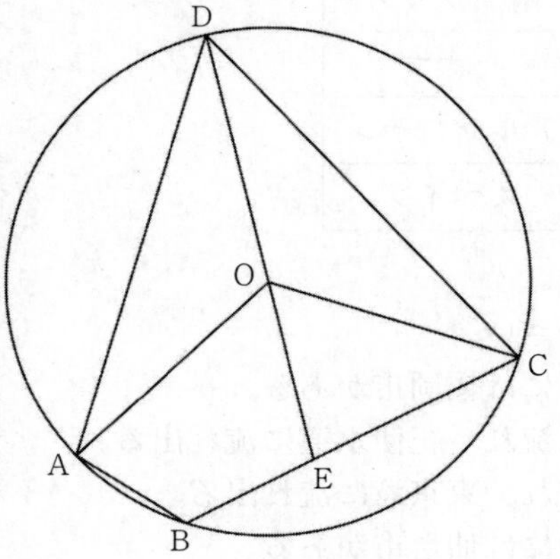

【社　会】（20分）〈満点：20点〉

1　次のア～オの組み合わせのうち，正しいものを一つ選んで記号で答えなさい。

ア	ヒマラヤ山脈が連なる国	ブータン	ネパール	中国
イ	サハラ砂漠が広がる国	リビア	アルジェリア	南アフリカ
ウ	カリブ海に面する国	ペルー	キューバ	パナマ
エ	南半球に位置する国	メキシコ	マダガスカル	アルゼンチン
オ	地中海に面する国	フランス	ドイツ	スペイン

2　次のア～オのうち，正しいものを一つ選んで記号で答えなさい。

ア　筑後川は，九州山地を水源とし，下流部に広がる筑紫平野には福岡市がある。
イ　四万十川は，四国山地を水源とし，讃岐山脈の南側を東に流れ，紀伊水道に流れ出る。
ウ　利根川は，関東山地を水源とし，埼玉県と東京都の境を流れ，東京湾に流れ出る。
エ　最上川は，奥羽山脈を水源とし，下流部に広がる庄内平野には仙台市がある。
オ　石狩川は，石狩山地を水源とし，下流部に広がる石狩平野には札幌市がある。

3　次の表は，日本の製造品出荷額等の産業別構成の変化を示しており，A～Eには金属・化学・機械・食品・繊維のいずれかの産業が当てはまる。表のAとDに当てはまる産業の組み合わせとして正しいものを，下のア～カから一つ選んで記号で答えなさい。

年	重工業			軽工業		
	A	B	C	D	E	その他
1935	12.6%	18.4%	16.8%	32.3%	10.8%	9.1%
1955	14.7%	17.0%	12.9%	17.5%	17.9%	20.0%
1990	43.4%	13.8%	16.9%	3.8%	10.2%	11.9%
2016	46.0%	12.9%	20.2%	1.3%	12.6%	7.0%

『地理統計要覧 2019年版』（二宮書店）より作成

ア　A　金属―D　食品　　イ　A　金属―D　繊維　　ウ　A　化学―D　食品
エ　A　化学―D　繊維　　オ　A　機械―D　食品　　カ　A　機械―D　繊維

4　次の表のア～エは，地図中のＡ～Ｄのいずれかの都市の気温と降水量についてまとめたものである。地図中のＡとＢの都市に当てはまるものを，表のア～エからそれぞれ選んで記号で答えなさい。

	1月	2月	3月	4月	5月	6月	7月	8月	9月	10月	11月	12月
ア	5.5 38.2	5.9 47.7	8.9 82.5	14.4 76.4	19.1 107.7	23.0 **150.6**	27.0 144.1	**28.1** 85.8	24.3 147.6	18.4 104.2	12.8 60.3	7.9 37.3
イ	−0.4 35.9	0.2 43.5	3.9 79.6	10.6 75.3	16.0 100.0	19.9 125.7	23.6 138.4	**24.7** 92.1	20.0 **155.6**	13.2 101.9	7.4 54.9	2.3 28.1
ウ	3.8 269.6	3.9 171.9	6.9 159.2	12.5 136.9	17.1 155.2	21.2 185.1	25.3 231.9	**27.0** 139.2	22.7 225.5	17.1 177.4	11.5 264.9	6.7 **282.1**
エ	4.5 48.4	5.2 65.6	8.7 121.8	14.4 124.8	18.9 156.5	22.7 201.0	26.4 203.6	**27.8** 126.3	24.1 **234.4**	18.1 128.3	12.2 79.7	7.0 45.0

上段…月平均気温（℃）　下段…月降水量（mm）　**太字**は最高値

『地理統計要覧 2019年版』（二宮書店）より作成

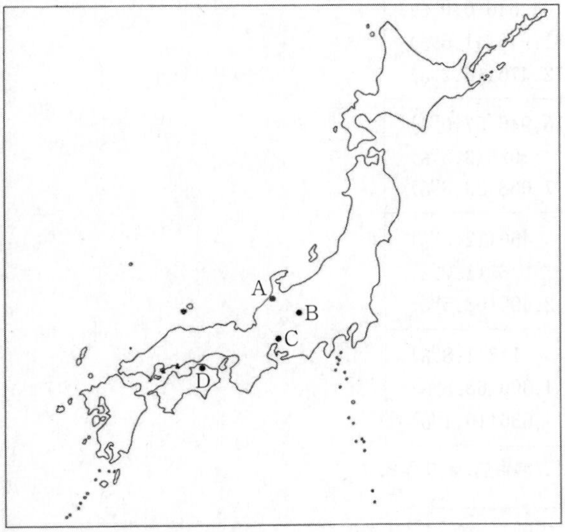

5　次のア～オのうち，正しいものを一つ選んで記号で答えなさい。

ア　北海道では，冷凍装置や缶詰加工装置を装備した母船と，魚をとる数十隻の漁船が一組になった船団が，釧路・根室・函館などの漁港から数か月かけて出漁する北洋漁業が行われている。1980年代に排他的経済水域を認める国連海洋法条約が締結されると，北洋漁業はますますさかんになった。

イ　東北地方の伝統工芸品の一つに，鉄瓶や茶釜で有名な南部鉄器がある。かつては生産のために必要な鉄や木炭，粘土，砂などが豊富で北上川の水運を活用できたことから，岩手県の宮古市や釜石市を中心に発展してきた。

ウ　静岡県の牧ノ原は明治時代になってから開墾が進められ，温暖で水はけのよい土地での栽培に適し，重要な輸出品になりつつあったみかんの産地となった。静岡県の沿岸部の南向き斜面では，ぶどうやももの栽培や，ビニールハウスを利用したレタスやキャベツの栽培もさかんに行われている。

エ　日本を代表する総合商社や銀行，デパートなどのなかには，大阪を創業の地として大きくなった企業が少なくない。しかし，政治・経済の中心である東京に，日本国内だけではなく世界各地から人や物，資金，情報などが集まって一極集中が深まるなか，本社を東京に移したり，大阪と東京の両方に本社を置く会社が多くなっている。

オ　九州地方には，かつて集積回路(IC)など電子部品を生産する工場が多く進出し，「シリコンアイランド」と呼ばれていた。しかし，1960年代のエネルギー革命や1970～80年代の二度にわたる石油危機の影響を受けて電子部品工業は衰退し，1990年代以降，自動車会社の工場が進出して自動車工業がさかんになっている。

6　次の表のA～Dは，地図中の①～④の国の「国民総所得」「一人当たり国民総所得」「土地利用」についてまとめたものである。表のAに当てはまる国の名前を書きなさい。

	国民総所得 (億ドル)	一人当たり 国民総所得 (ドル)	土地利用 (万ha) ※%は土地面積に対する割合
A	13,130	54,420	耕地　4,646(6.0%) 牧場・牧草地　31,946(41.6%) 森林　12,475(16.2%)
B	22,123	1,670	耕地　16,946(57.0%) 牧場・牧草地　1,026(3.5%) 森林　7,068(23.8%)
C	48,169	37,930	耕地　450(12.3%) 牧場・牧草地　61(1.7%) 森林　2,496(68.5%)
D	13	88	耕地　113(1.8%) 牧場・牧草地　4,300(68.5%) 森林　636(10.1%)

『データブック オブ・ザ・ワールド 2019年版』(二宮書店)より作成

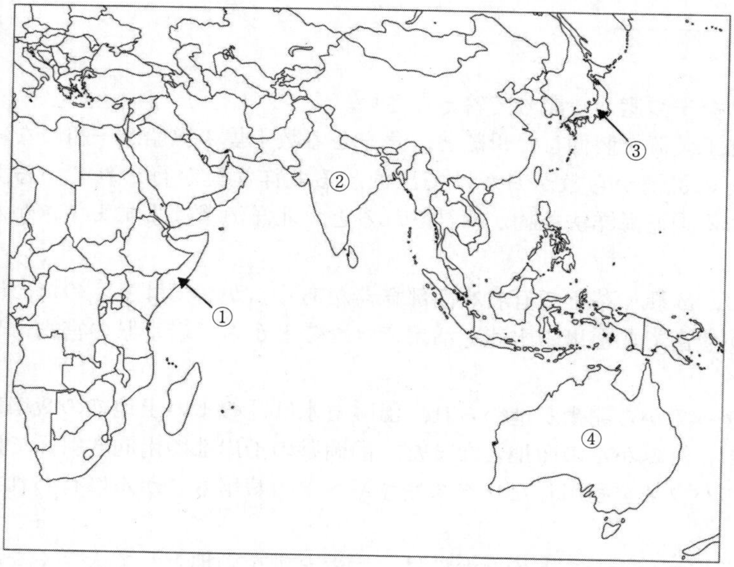

7　次のア～オのうち，正しいものを二つ選んで記号で答えなさい。

ア　下の写真は，古代エジプトで作られた石碑(左)とその一部を拡大したもの(右)で，この石碑に刻まれた文字は象形文字(ヒエログリフ)である。

イ　下の写真は，古代中国の殷の時代に作られた酒を温めるための青銅製の器である。

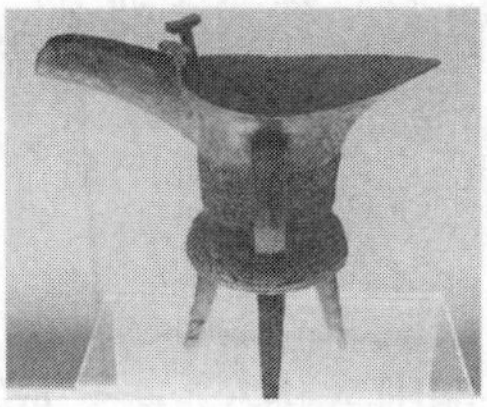

ウ　下の写真は，円盤投げの様子が描かれた古代ギリシャの陶器である。

エ　下の写真は，日本の古墳時代に作られた古墳の周囲や頂上に並べられた埴輪である。

オ　下の写真は，中国の皇帝が邪馬台国の女王卑弥呼に与えた「漢委奴国王」と刻まれた金印である。

8 次のア～オの各組のA・B・Cが時代順に正しく並んでいるものを二つ選んで記号で答えなさい。

ア A 中国にならって，律や令を定め，それらに基づく政治が始まった。
　B 藤原氏が摂政や関白となって政治の中心となった。
　C 上皇が政治の中心となり，院政と呼ばれる政治が始まった。

イ A 中国で作られた銅銭が日本に持ち込まれ，各地で使われた。
　B 大陸からペルシャ風の漆器の水差しや5本の弦のついた琵琶が日本に伝わった。
　C 中国で作られた上質な生糸や絹織物を，ヨーロッパ人が日本に持ち込んだ。

ウ A 農業に関する書籍が広く読まれ，備中鍬や千歯こきなどが使われるようになった。
　B 同じ田畑で米と麦を交互に作る二毛作が行われるようになった。
　C 生活が苦しくなった農民から農地を買い集めて経済力をつけた地主は，株式に投資したり企業を作ったりして，資本主義との結びつきを強めていった。

エ A 清はイギリスとの間に条約を結び，上海など五つの港を開き，香港を割譲して賠償金を支払った。
　B 日本は清との間に対等な内容の条約を結んだ。
　C 日本は江華島事件を口実に，朝鮮との間に条約を結んで，朝鮮を開国させることに成功した。

オ A ロシアで革命がおこり，社会主義者レーニンの指導の下，ソビエトに権力の基盤を置く新しい政府ができた。
　B オーストリア皇太子夫妻暗殺事件をきっかけに，4年あまりにわたって続く第一次世界大戦が始まった。
　C 「三民主義」を唱えた孫文が臨時大総統となって，アジアで最初の共和国である中華民国が建国された。

9 次のア～オのうち，正しいものを二つ選んで記号で答えなさい。

ア 壬申の乱に勝利した中大兄皇子は即位して天智天皇となると，蘇我氏を滅ぼして天皇の地位を高め，中央集権的な国づくりを進めた。

イ 幕府は承久の乱に勝利すると，京都に六波羅探題をおいて朝廷を監視し，また上皇に味方した貴族や西日本の武士の領地を取り上げ，その地頭に東日本の武士を任命した。

ウ 室町時代には，守護が国司の権限を吸収して，守護大名として国内の武士をまとめるものが現れた。毛利元就や上杉謙信は，そのような守護大名を代表する存在である。

エ カトリック教徒の多いオランダは，プロテスタントの多いスペインから16世紀末に独立した。オランダは東インド会社を設立すると，ポルトガルに代わってアジアに進出し，日本とも貿易を行った。

オ 田沼意次は，商工業者が株仲間を作ることを奨励して彼らに特権を与える代わりに営業税を取ったり，長崎での貿易を活発にするために銅の専売制を実施するなど，商工業を重視する政策をとった。

10 次のア～オのうち，正しいものを二つ選んで記号で答えなさい。

ア 日米修好通商条約は，アメリカに領事裁判権を認め，日本の関税自主権がないなど日本にとって不利な不平等条約で，この不平等が完全になくなるのは，20世紀に入ってからのことであった。

イ 日露戦争後に主要な民有鉄道が国有化されることになり，1889年に全線開通していた民営の東海道線は国によって買い上げられた。

ウ 朝鮮において三・一独立運動がおこり，それを武力でおさえると，日本は朝鮮の人々に政治的な権利を一部認めるそれまでの政策を転換し，朝鮮の人々の政治的な権利を剝奪し，弾圧を強めた。

エ 日本は，日ソ中立条約を結んで北方の安全を確保すると，フランス領インドシナの南部に軍を進めた。このことはアメリカとの関係を悪化させ，アメリカは日本への石油などの輸出禁止に踏み切った。

オ ベルリンの壁が取り壊されてソ連が解体すると，アメリカ大統領は冷戦の終結を宣言し，その翌年には東西ドイツが統一された。

11 次のア～カのうち，日本国憲法の内容として正しいものを二つ選んで記号で答えなさい。

ア 法律案の議決，予算の議決，条約の承認，憲法の改正については衆議院の優越が認められている。

イ 内閣はいずれかの議院の総議員の３分の１以上の要求があれば，臨時国会の召集を決定しなければならない。

ウ 衆議院が解散されたときは，解散の日から40日以内に総選挙を行い，その選挙の日から30日以内に，国会を召集しなければならない。

エ 内閣総理大臣が国務大臣を国会議員の中から任命する場合は，国会が指名した者の中から任命しなければならない。

オ 内閣総理大臣が欠けたとき，衆議院議員総選挙の後に初めて国会の召集があったときは，内閣は総辞職をしなければならない。

カ 内閣は，最高裁判所および高等裁判所の裁判官に対して弾劾裁判を行う。

12 次の（Ａ）～（Ｆ）に入る適切な語句または数字を記しなさい。語句は漢字で答えること。

・わが国の国税収入において，直接税で上位２位までの金額を占めているのは（ Ａ ）税と（ Ｂ ）税である。

・わが国の参議院議員は（ Ｃ ）年ごとに半数が改選される。その被選挙権は（ Ｄ ）歳以上の国民が持つ。

・国際連合の常設機関として本部をオランダのハーグに置く（ Ｅ ）裁判所は，国家間の争いごとを法的に解決するための機関である。

・わが国の労働者には団結権，団体（ Ｆ ）権，団体行動権という労働三権が保障されている。

【理　科】（20分）〈満点：20点〉

1　図１は，地球が太陽の周りを公転するようすを模式的に示しています。次の(1)～(3)に答えなさい。

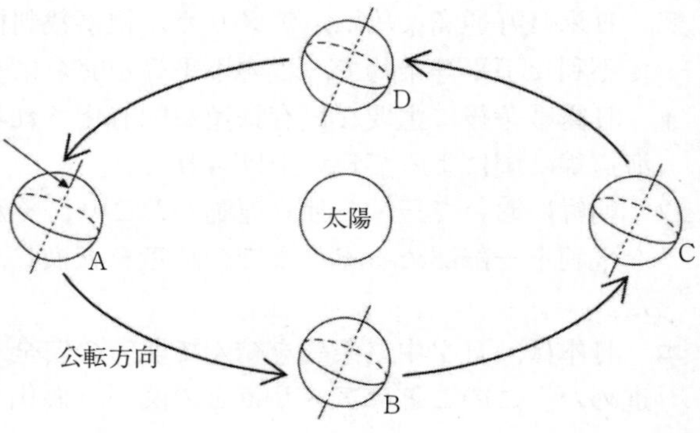

図１

(1)　日本が春分のときの地球の位置を，図１のＡ～Ｄのうちから一つ選び，記号で答えなさい。

(2)　日本で太陽が最も北寄りからのぼる日の地球の位置を，図１のＡ～Ｄのうちから一つ選び，記号で答えなさい。

(3)　春分・秋分の日にはさまざまな特徴がありますが，春分・秋分の日だけに限らず他の日にも当てはまるものを，次のア～エのうちから一つ選び，記号で答えなさい。

ア　昼の長さと夜の長さが等しい。
イ　北極星の高度は観測地の北緯に等しい。
ウ　太陽の南中高度は，「90°－観測地の北緯」で求められる。
エ　南中している太陽の方向と北極星の方向は垂直になっている。

2　次の文章中の（Ａ）・（Ｂ）に当てはまる語を，下のア～カのうちからそれぞれ一つずつ選び，記号で答えなさい。

日本では，夏から秋にかけて通過する台風が大きな被害をもたらすことがあります。台風は，（　Ａ　）があたたかい海上で発達したもので，強い上昇気流を生じるため大量の雨と強い風をともないます。さらに，台風から離れた地域であっても，（　Ｂ　）によって異常な高温になることがあります。

ア　温帯低気圧　　イ　熱帯低気圧　　ウ　温暖前線
エ　フェーン現象　　オ　エルニーニョ現象　　カ　ヒートアイランド現象

3　次の文章を読み，下の(1)～(4)に答えなさい。

ゾウリムシは水たまりなどに生息する単細胞生物である。ゾウリムシを培養し，増加のようすや構造を調べた。

培養液をつくり，その中へゾウリムシを数個体入れて２日ごとに密度(一定量の培養液中の個体数)を調べた。表１はその結果をまとめたものである。ただし，培養液にゾウリムシを入れた日を０日とする。

内部構造を調べるために，ゾウリムシのせん毛の動きを止める薬品を加え，顕微鏡で観察した。はじめに10倍の対物レンズを用いて観察した。(a)次に高倍率の対物レンズに変えて観察したところ，(b)水を体外に排出する収縮胞がたえず収縮と膨張をくり返しているようすがみられた。図２はゾウリムシのスケッチである。

表１

日	0	2	4	6	8	10	12	14	16
密度	1	20	160	200	230	250	260	240	240

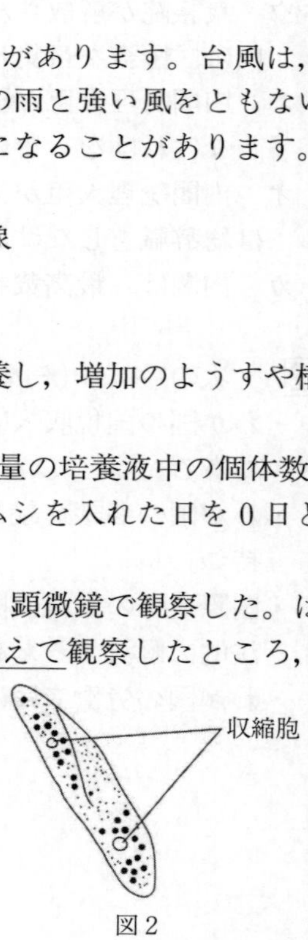

図２

(1)　ゾウリムシの増加の割合が最も大きい期間は，次のア～オのうちではどれですか。一つ選び，記号で答えなさい。ただし，増加の割合は，例えば０日目の密度をx，２日目の密度をyとすると，

$\{(y-x)\div x\}\times 100$ で求めるものとします。

ア　0～2日目　　イ　2～4日目　　ウ　4～6日目

エ　6～8日目　　オ　8～10日目

(2)　下線部(a)について，10倍の対物レンズを高倍率の対物レンズに変えたときの，対物レンズの種類とプレパラートの位置関係を示した図として最も適当なものを次のア～エのうちから一つ選び，記号で答えなさい。

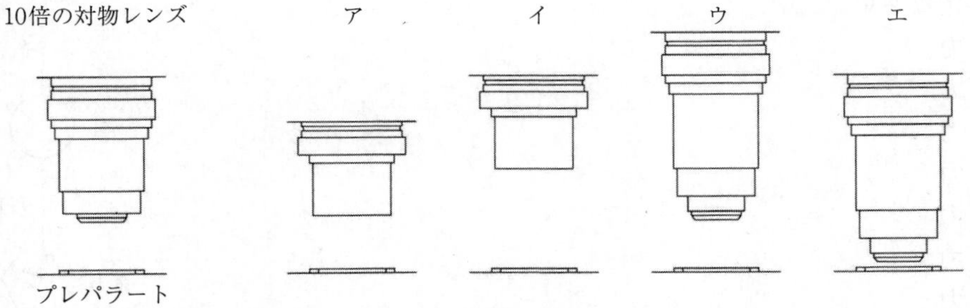

(3)　下線部(b)の現象がみられる理由として最も適当なものを次のア～エのうちから一つ選び，記号で答えなさい。

ア　体内に水が入ってくるため　　イ　食物を吸収しているため

ウ　老廃物を外に出しているため　　エ　呼吸をしているため

(4)　次のア～エのうち，哺乳類において水分の排出に関わる器官はどれですか。一つ選び，記号で答えなさい。

ア　心臓　　イ　肝臓　　ウ　腎臓　　エ　肺

4　次の文章を読み，下の(1)・(2)に答えなさい。

水生の被子植物であるオオカナダモは，水中の二酸化炭素を使って光合成を行う。それを調べるために，次の実験を行った。

［1］　水中にオオカナダモを入れた試験管Aと，水だけを入れた試験管Bを用意した。

［2］　青色のBTB溶液を用意し，二酸化炭素を吹き込んで緑色にした。このBTB溶液を両方の試験管に入れ，ゴム栓をした。

［3］　両方の試験管に十分に光を当て，溶液の色を観察した（図3）。

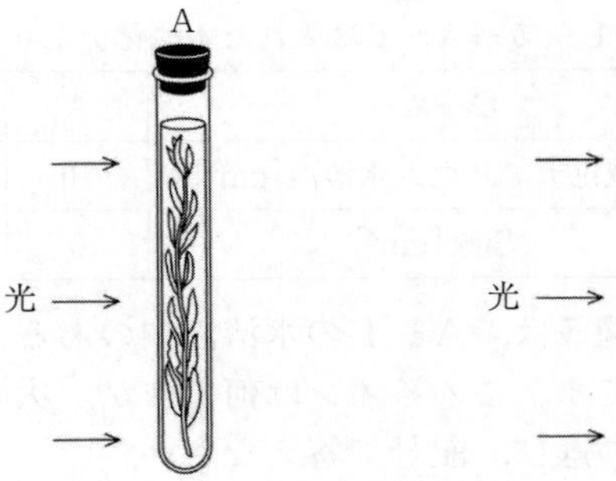

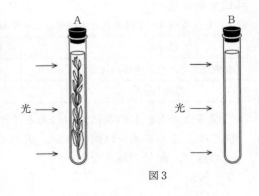

図3

(1)　この実験の結果はどのようになると予想されますか。最も適当なものを次のア～エのうちから一つ選び，記号で答えなさい。

ア　試験管Aは青色になり，試験管Bは緑色のままである。

イ　試験管Aは緑色のままで，試験管Bは青色になる。

ウ　試験管AとBの両方とも青色になる。

エ　試験管AとBの両方とも緑色のままである。

(2)　試験管Aを光が当たらない暗い場所に置いたところ，溶液が黄色になった。この理由として最も適当なものを次のア～エのうちから一つ選び，記号で答えなさい。

ア　光合成と呼吸を同じ程度行ったため

イ　光合成も呼吸も両方とも行わなかったため
ウ　光合成を行わずに，呼吸だけを行ったため
エ　呼吸を行わずに，光合成だけを行ったため

5　図4は，物体の両端に糸A，Bを取り付け，手で上下に引っ張って静止させている状態を表しています。また，それぞれにはたらいている力をア～ケで表しています。下の(1)・(2)に答えなさい。

ア　手aが糸Aを引く力
イ　糸Aが手aを引く力
ウ　手bが糸Bを引く力
エ　糸Bが手bを引く力
オ　糸Aが物体を引く力
カ　物体が糸Aを引く力
キ　糸Bが物体を引く力
ク　物体が糸Bを引く力
ケ　物体にはたらく重力

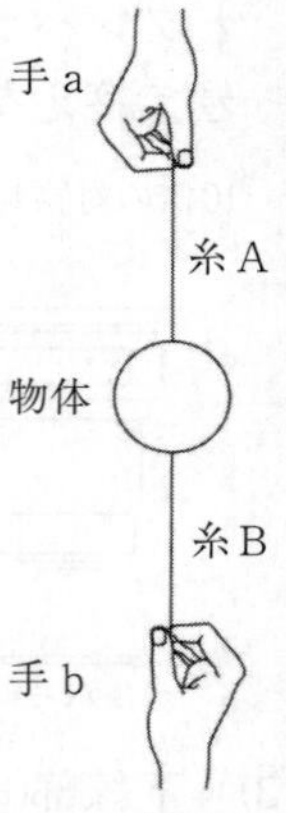

図4

(1)　ア～ケのうち，上向きにはたらいている力4つをすべて選び，記号で答えなさい。
(2)　アと同じ大きさである力3つを，イ～ケのうちからすべて選び，記号で答えなさい。

6　次の文章を読み，下の(1)・(2)に答えなさい。

6つのビーカーA～Fに水酸化ナトリウム水溶液を$10cm^3$ずつとり，BTB溶液を2，3滴ずつ加えた。その後，表2に示した量だけ塩酸を加えてよくかき混ぜ，水溶液の色を調べたところ，Dだけが緑色を示した。

表2　ビーカーA～Fに入れた水酸化ナトリウム水溶液と塩酸の体積

ビーカー	A	B	C	D	E	F
水酸化ナトリウム水溶液[cm^3]	10	10	10	10	10	10
塩酸[cm^3]	0	2	4	6	8	10

(1)　図5は，A～Fの水溶液中のあるイオンの数を表した図です。このイオンは何ですか。次のア～エのうちから一つ選び，記号で答えなさい。
ア　Na^+
イ　Cl^-
ウ　H^+
エ　OH^-

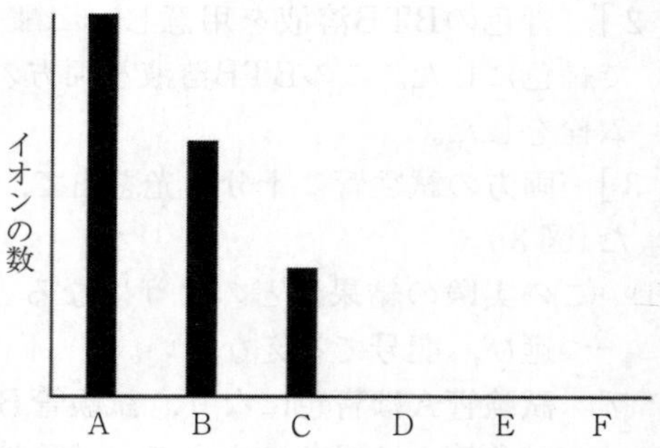

図5

(2)　水溶液を安全に処分するため，A～Fの水溶液をすべて混ぜた溶液に，さらに塩酸を加えて中性にしました。このとき加えた塩酸は何cm^3ですか。

7　次の文章を読み，下の(1)～(3)に答えなさい。

気体は固体や液体のように正確な量をはかることは難しいものの，昔から(a)気体の性質や特徴はよく調べられてきた。化学反応により生じた気体の捕集方法には，上方置換法・下方置換法・□の３種類がある。気体の種類によって，水に溶けやすいものと溶けにくいものがあるため，３種類の捕集方法を使い分けることが大切である。

例えば，酸としてよく知られる(b)塩酸は，気体の塩化水素を水に溶かして生じる水溶液である。つまり，塩化水素は水に溶けやすいため，捕集するためには□は使えず，下方置換法を用いる。上方置換法と下方置換法を使い分ける判断は，捕集する気体が空気よりも軽いか重いかを基準にすればよい。

(1)　空欄□に当てはまる捕集方法として最も適当なものを漢字で答えなさい。

(2)　下線部(a)について，次のア～エのうちから誤りを含むものを一つ選び，記号で答えなさい。

ア　水素は，火をつけると爆発的に反応する。

イ　アンモニアは，鼻をさすような特有のにおいがある。

ウ　二酸化炭素は，石灰石や貝殻に塩酸を加えると生じる。

エ　窒素は無色で，空気中に約20%含まれる。

(3)　下線部(b)について，次のア～オのうちから誤りを含むものを一つ選び，記号で答えなさい。

ア　小さく切ったマグネシウムリボンを加えると，水素が発生する。

イ　溶質は塩化水素であり，溶媒は水である。

ウ　フェノールフタレイン溶液を数滴たらすと，赤色に変化する。

エ　アンモニア水と混ぜると，中和が起こる。

オ　濃い塩酸のにおいをかぐと，つんとした刺激臭がある。

8　図６のような回路をつくり，スイッチを入れ，容器内の水をかき混ぜながら１分ごとに電流・電圧・水温を計測したところ，表３のような結果が得られました。下の(1)・(2)に答えなさい。

表３

時間[分]	0	1	2	3	4	5
電流[A]	1.5	1.5	1.5	1.5	1.5	1.5
電圧[V]	6.0	6.0	6.0	6.0	6.0	6.0
水温[℃]	19.6	20.1	20.7	21.2	21.8	22.3

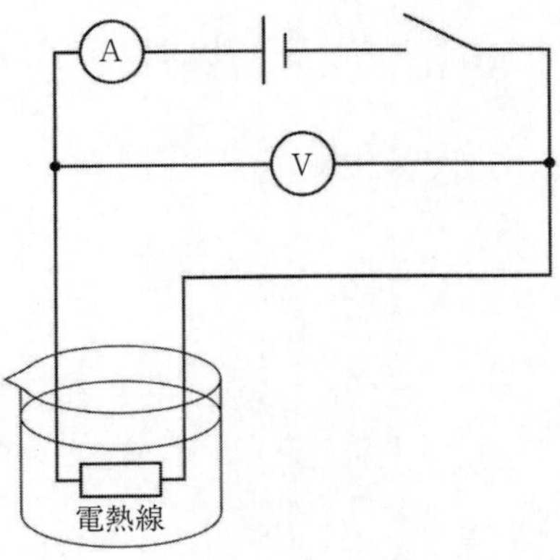

図６

(1)　容器内の電熱線が消費する電力を求めなさい。

(2)　５分間の水の上昇温度と電熱線の発熱量から，容器内の水の質量を予想できます。水の質量として最も適当なものを次のア～エのうちから一つ選び，記号で答えなさい。ただし，水１gの温度を１℃上げるのに必要な熱量を4.2Jとします。

ア　120g　　イ　240g　　ウ　360g　　エ　480g

9 図7のように，ある角度に傾けたレーザーの光源を直線上で動かし，直線から5 cm離れた場所に平行に置いた鏡に向けて照射させ，反射光が届いた直線上の点の位置を調べました。光源のある位置の原点からの距離をx[cm]とし，反射光が届いた位置の原点からの距離をy[cm]とすると，図8のようなグラフが得られました。

ここでレーザーの光源の傾きは変えずに，直線と鏡までの距離を10cmに変えた場合にどのようなグラフが得られますか。解答欄に図示しなさい。

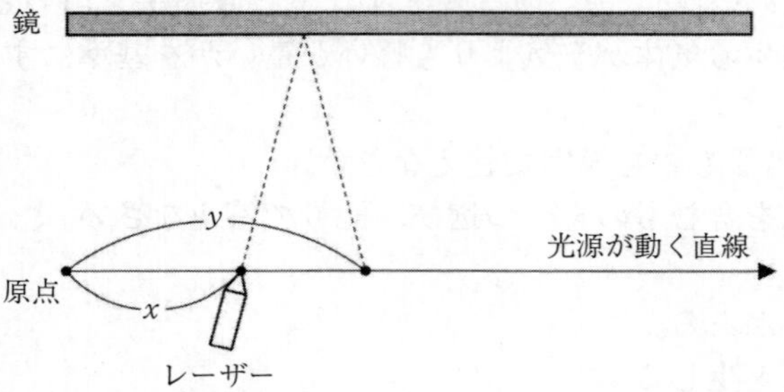

図7

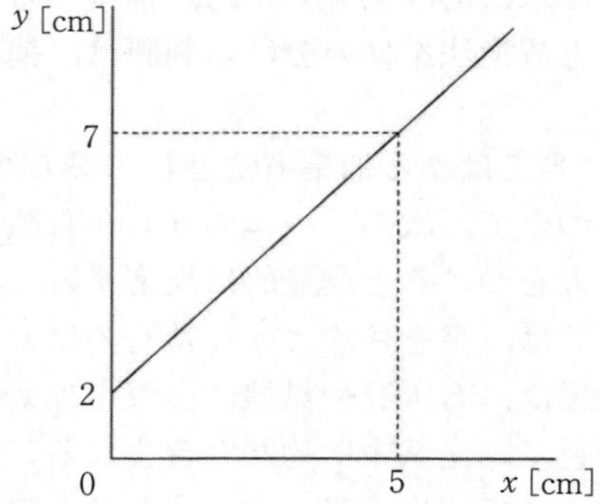

図8

※2　身まかりし…亡くなった
※3　浮きたること…根拠がないこと
※4　亀屋文宝…江戸時代後期の狂歌師、大田蜀山人の弟子

問1　――線部(1)「霜月」とありますが、旧暦の何月のことですか。算用数字で答えなさい。

問2　A～Jの会話文の中から高木久八の発言をすべて選び、記号で答えなさい。

問3　――線部(2)「人を遣はして」とありますが、だれが何のために人を遣わしたのですか。最も適当なものを次の中から選び、記号で答えなさい。

ア　亀屋文宝が筆者の疑いを解くため
イ　佐兵衛が息子藤五郎の行方を捜すため
ウ　高木久八が藤五郎の消息を確認するため
エ　藤五郎が高木久八のその後を確かめるため
オ　黒き衣着たる僧が高木久八の背中を押すため

問4　本文の内容と合致しないものを次の中から一つ選び、記号で答えなさい。

ア　田安家の馬方を務めていた高木久八は、一度死んだがその後生き返った。
イ　高木久八は死んだ後、広い河原を抜け、草深い野道を行くと分かれ道にたどり着いた。
ウ　楼門の前にいた僧は黒い衣を身に着け、高木久八に故郷に思い残したことはないかと尋ねた。
エ　高木久八は母を他国に残して江戸で生活していたが、去年は手紙も出さず疎遠になっていた。
オ　死後、右の道に進んだ高木久八は生き返ったが、左の道に進んだ藤五郎は生き返らなかった。

おいて、所有物と異なっている。

イ　身体も所有物も、どちらも自分の意図に完全に従属していないという性質を有しているが、身体は自分で処分可能だという点において、所有物と異なっている。

ウ　身体も所有物も、どちらも自分そのものであるという性質を有しているが、身体は「私」から独立している存在であるという点において、所有物とは異なっている。

エ　身体も所有物も、どちらも所有格を使った表現が可能であるという性質を有しているが、身体は自分に帰属している感じを与えない存在だという点において、所有物と異なっている。

問4　空欄［A］に入る最も適当な語を次の中から選び、記号で答えなさい。

ア　用意　イ　随意　ウ　同意　エ　本意

問5　――線部(3)「私たちの心のはたらきは、じつに多くの部分が、人間的環境と身体の相互作用によって成立している」とありますが、「人間的環境」について、次のように説明しました。空欄に当てはまる表現を、本文中から抜き出しなさい。

　私たちは、自分の所有物をあたかも自分自身だと錯覚する。自分の持ち物(衣服や土地や家族や名声など)によって［Ⅰ(五字)］を獲得し、そこからプライドやコンプレックスを生じさせる。ここで大事なのは、所有物とは自分の身体運動に［Ⅱ(二字)］している事物などのように、自分に付き添って離れないものであるということだ。慣れ親しんだ環境、離れがたい場所や物、それらは完全に自分の意図どおりになるわけではないものの、私たちはそれらを自己の一部とみなすことができる。そのような、身体の［Ⅲ(三字)］となるものを人間的環境と呼ぶのである。

問6　本文の内容と合致するものを次の中から一つ選び、記号で答えなさい。

ア　私たちが慣れ親しんだ環境を「わが町」「わが山」という表現を用いるのは、他人に自分の縄張りを主張したいがゆえである。

イ　思考や決意といったものは内語といい、表に出すのを敢えて抑えている感情のことである。

ウ　自分の発話内容は、言語を使用している以上、その国の社会制度に則っているように考慮しなければならない。

エ　名声や地位といった物体でないものの方が、衣服や自動車といった物体よりも自己同一性を形成しやすくする。

オ　機能的内破物は移動の影響を受けないので、私の存在を構成する要素であり続ける。

［二］　次の文章を読んで後の設問に答えなさい。

　文化七年(1)霜月、田安御馬方をつとむる高木久八といふ者、霜月のはじめ病みて死す。死して夢の心地に広き河原に出て、それより草深き野道に出でしが、岐路あり。左へ行かんや右へ行かんやと思ふうち、本郷二丁目八百屋佐兵衛の子藤五郎といふ者来たれり。A「いかが」といふに、彼はB「左へ行かん」といふ、C「我はとかく右へ行くべし」とて別れ行けば、一つの楼門あり。門の前に黒き衣着たる僧立てり。僧のいふは、D「なんぢ古里に思ひ残せしことなきや」といふに、E「一人の母をもちて候ふが、他国にありて去年《こぞ》も文を遣はせしことありしが、これに※1暇乞《いとま》ひせずに来たりしこと心にかかれり」といふ。F「しからば帰りたきや」といふままに、G「いかにも帰りたく候ふ」といふ。H「さあらば帰るべし」とて、かの僧この者の背中を押すと覚えしが、夢の覚めたるごとくよみがへりぬ。然《さ》るにても本郷の八百屋のこと心もとなく、(2)人を遣はして聞かせしに、I「その日に※2身まかりし」といふもあやし。J「これ※3浮きたることにあらず、まのあたり人の聞きしことなり」とて、※4亀屋文宝の語りしままに記しぬ。

（『一話一言』より）

※1　暇乞ひ…別れを告げること

のに比較して、身体は、自分で発生させたり消滅させたりできない。また身体には内臓の動きのように不 A の運動もある以上、しばしば自分の意に反する存在である。したがって、身体が所有物のように思われるのは、思考や想起のような自由度がかなり高い行為に比較して、(a)シシを動かす行為が不 A の割合が大きいからに他ならない。私たちは疲労や病気で思うように体が動かなかったり、以前はよりすばやく正確にできたことが運動不足や老化などでできなくなったりしたときに、身体と自分自身とのずれを感じるであろう。こうしたときには、それ以前の身体的行為と現在の行為を比べて、その差異を感じている。あるいは、他者との比較でそれを感じるのかもしれない。だが、繰り返すが、思考や想起がそうした身体的な限界を逃れているわけではない。比較的に身体の使用が少ないというにすぎない。

　使いなれた人工物や住みなれた環境は、「私のもの」としての自己との一体感が強くなる。私たちは、ときに、自分自身と自分の所有物とを明確に区別することに困難を感じる。名声や地位、子ども、自分が作った製品や作品には、自分の身体と同じような親密な情を感じるし、これに対する攻撃には激しく抵抗するだろう。自分の衣服も家も、自分の家族も、自分の祖先も友人も、名声も仕事も、土地も自動車も、ヨットも銀行の通帳も自分の所有物として、私の存在を構成している。名声や地位は物体ではないが、社会制度によって自分に割り当てられた性質である。私の所有物が大きくなり繁栄すれば、私は得意になり、逆に小さくなり減弱すれば(b)ラクタンする。私たちの自己同一性のかなりの部分が、この所有物の同一性によって成り立っている。(3)私たちの心のはたらきは、じつに多くの部分が、人間的環境と身体の相互作用によって成立している。私たちの現在の生活は、そうした人間的環境なしには成り立たないという意味で、それは私たちの存在の一部である。

　しかしやはり、人間的環境は、機能的内破物とならない限り、私からは独立の対象であり続ける。自己の感覚的な境界は、自動車のタイヤには延長しても、自分の家の外壁には延長しない。道具であっても身体運動と連動しないかぎりは、自己の身体の真の延長物とはならない。改変環境や構築物は、私の外部に留まり続ける。

　私たちの自己と自己ならざるものを分ける境界は、究極のところ、運動というよりも移動によって顕《あら》わになるのである。移動しても、自分に付き添う物が自己の内部である。私たちは、改変環境において、構築物のなかで、さまざまな道具と社会制度をもとにして心のはたらきを成立させている。これらの人間的環境を私たちは自己の一部とみなし、自己の所有物として意図どおりに動かす。しかし、その慣れ親しんだ環境を離れてしまえば、それらの人工物は私の存在から切り離され、無関与な事物へと変じる。そして、私の存在は、再び、身体へと縮減する。むろん、身につけた機能的内破物やポータブルな道具は、相変わらず私の一部であり続けるだろう。

（河野哲也『意識は実在しない　心・知覚・自由』より）

問1　――線部(a)「シシ」(b)「ラクタン」を漢字に改めなさい。

問2　――線部(1)「『機能的内破』」を説明したものとして最も適当なものを次の中から選び、記号で答えなさい。

ア　身体運動に連動して、自己の常識的な感覚を揺さぶり崩壊させるはたらき

イ　内部に深く入り込むことで内側の機能をえぐり、外側に押し出すはたらき

ウ　自分の身体の境界を広げ、本来持っている身体機能をより高めるはたらき

エ　自己の内側に侵食し身体の一部となるだけでなく、魂も浄化するはたらき

問3　――線部(2)「やはり私の身体は、私のパソコンや自動車のような所有物ではない」とありますが、それはどういうことですか。説明として最も適当なものを次の中から選び、記号で答えなさい。

ア　身体も所有物も、どちらも「私」の制御能力に抗っているという性質を有しているが、身体は取り換え不可能だという点に

二〇二〇年度　中央大学杉並高等学校（推薦）

【国　語】（二〇分）〈満点：二〇点〉

一　次の文章を読んで後の設問に答えなさい。

私たちは、自分の身体運動に連動させられる事物を、自分の身体の延長とすることができる。身につけ、動かすことができ、それによって自己の感覚的境界さえも変化させることを(1)「機能的内破」と呼ぶことにしたい。内破とは内側に侵食するという意味で、道具の外側が、延長した新しい身体の境界を形成し、「身体の内部」が含意するものを変えていくことを指している。白杖《はくじょう》や自動車などは、身体に身につけて運動して使用することで、身体の内側へと取り込まれる。感覚の境界は、それらの物の外殻へと広がる。機能的内破物は魂の一部を担うのだ。機能的内破物は、自己の身体の一部となることによって身体の機能を亢進《こうしん》させる。眼鏡は視力を増してくれるし、自動車は移動を迅速にしてくれる。

（中略）

私たちは、慣れ親しんだ人間的環境のなかでは、自分の思うようにうまく物事を進めることができる。私たちの自己がそうした人間的環境に拡《ひろ》がっていることは、私たちが自分の一部と感じていることからも指摘できる。あるいは、それらの環境を、自分の所有物であるかのように感じることもあるだろう。たとえば、「わが町」「わが山」などと言う場合がある。そのときには、その町や山について、文字通り、自分に所有権があると言っているのではなく、自分にとって離れがたい活動場所だと述べているのである。

所有物は不思議な存在である。先の機能的内破の場合には、そこで使用されている人工物は、まさしく自己の一部として感じることであろう。人工内耳などのサイボーグ化した機械は、文字どおり身体化して自己の内部に収まっている。

これに対して、所有物は、私に帰属しているという感じを与えつつ、しかしやはり、私からは独立した存在である。所有感とは、その対象が自分の心のはたらきを成立させるシステムの一部を担い、自分の意図のもとにありながらも、それでも、自分の意図に完全に従属しないような場合に生じる感覚である。所有物とは、自分で処分可能であり、自由に扱える物であると同時に、ひとつの独立した物として私の制御能力に抗《あらが》い、完全に自分の自由にはならないもののことである。

人間にとって身体は両義的な存在である。一方で、身体は自分そのものであるにもかかわらず、他方で、自分の所有物であるかのように感じる。この身体以外に取り換え不可能であるという点で、私とはこの身体以外の何物でもない。しかし他方、「私は身体である」という表現もどこかおかしく感じるであろう。「自分の体」「私の腕」というように、身体に所有格を使った表現をするのが普通である。しかしながら、(2)やはり私の身体は、私のパソコンや自動車のような所有物ではない。

身体はなぜ両義的なのだろうか。それは、身体を使った行為が、私の思考や想起ほどには自由にならないからである。思考や決意とは、脱身体化された精神のはたらきだと言いたいのではない。「〜だと思う」とか、「〜しよう」といった思考や決意は、結局のところ、音量をゼロにして語る内語である。私たちは多くの場合に、自由に内語を発生させることも、消滅させることもできる。想起に関しても同様である。しかし、それらのはたらきも、本当は完全に自分の自由になるのではない。身体内外のさまざまな条件が原因となって、自分で自分の発話を制御できないこともあるし、発話内容は言語という社会制度に依存している。想起に関しても同様である。思考や想起は、私のなしうる行為の中で、運動性がより強くともなった他の行為と比較すると、より自由な行為のひとつだということにすぎない。

思考内容や想起内容のように自分や行為によって生み出されるも

2020年度／中央大学杉並高等学校（推薦）

英語解答

1　1　エ　2　ア　3　イ

2　1　エ　2　カ　3　キ

3　1　(例)If it rains tomorrow, we will stay home.

2　(例)What subject are you not good at?

4　1　brain

2　more complicated and cleverer than the most expensive computer

3　A　深呼吸をする
B　いろいろな活動
C　活発な〔忙しい〕

4　ア　5　ウ

1〔正誤問題〕

1．ア…×　what以下はknowの目的語となる間接疑問。間接疑問は‘疑問詞＋主語＋動詞’の語順になる。　イ…×　fastの比較級はmore fasterではなく，faster。　ウ…×　形容詞impossibleは「～ができない」の意味では‘人’を主語にはできない。It was impossible for us to ～が正しい形。　エ…○　‘will be＋過去分詞’は受け身の未来形。「新しい図書館がここに建設される」

2．ア…○　thatは目的格の関係代名詞。　「これはあなたが昨日買った本ですか」　イ…×　‘keep＋目的語＋形容詞’「～を…(の状態)に保つ」の形が正しい。keep clean the classroomをkeep the classroom cleanにする。　ウ…×　drinkの後にitが必要。　エ…×　‘過去の一時点’を表す語句と現在完了形は一緒に使えない。have beenを過去形のwentにする。

3．ア…×　a lot of peopleが複数なのでwasをwereにする。　イ…○　肯定文で「すでに～だ」はalready，否定文で「まだ(～ない)」はyetで表す。　「ベンはすでにここにいるが，エイミーはまだ来ていない」　ウ…×　過去形の疑問文。tookをtakeにする。　エ…×　‘want＋目的語＋to不定詞’「～に…してほしい」の形が正しい。wants me studyをwants me to studyにする。

2〔対話文完成―適文選択〕

1．A：私はフットボールを見るのが好きです。／B：つまり，アメリカンフットボールのことですね？／A：いいえ。サッカーのことです。私のお気に入りのチームはマンチェスターユナイテッドです。∥footballはAmerican footballを指す場合とsoccerを指す場合がある。footballという言葉を聞いたBがAにAmerican footballのことを意味しているのかどうかを確認した場面であると考えられる。

2．A：あれは誰の傘ですか？／B：どの傘ですか？／A：玄関にある青い傘です。∥この後Aがどの傘かを具体的に示しているので，Bはどの傘を指しているのか尋ねたのだと判断できる。

3．A：何かお求めの品がございますか？／B：今はありません。ありがとうございます。／A：どういたしまして。何かご用がございましたらお知らせください。∥店員と客の対話。この後のAの返答からBは特に買いたい物がないことがわかる。Let me knowは「私に知らせてください」という意味を表す。

3〔和文英訳―完全記述〕

1．「雨が降る」は‘天候’を表すitを主語にしてit rainsで表せる。「もし～なら」はif ～。‘時’や‘条件’を表す副詞節(if, when, before, as soon asなどから始まる副詞のはたらきをする節)の中では，未来の内容でも現在形で表すので，「もし明日雨なら」はIf it rains tomorrowとする。「雨が降る」はit is rainyでもよい。「私たちは家にいるだろう」は未来形で表す。「家にいる」はstay (at) home, be at homeなどでもよい。

2．「科目」はsubject。「苦手な科目は何ですか」は「何の科目が苦手ですか」と考えてWhat subjectで始める。「～が苦手な」は「得意でない」と考えてbe not good at ～で表せる。be bad〔poor〕at ～でもよい。　(別解)What subject are you bad〔poor〕at?／What is your weak subject?

4〔長文読解総合―説明文〕

≪全訳≫❶大学1年生のときのある日，私は実験室で目の前に驚くべきものを見ることができ，とても興奮した。テーブルの上の皿には，ミルク色のしわのある柔らかいものがあった。それは私の手よりも大きいというわけではなく，わずか1キログラムほどの重さだったが，とても驚くべきものであるということはわかった。そのとき，私は脳について学ぶことを決めたのだ。❷私の名前はスーザン・グリーンフィールド。脳科学者である。私の研究を振り返り，この20年間に私の研究分野で何が起こったのかを見るのは興味深い。当時，私たちは脳について何をわかっていなかったのだろうか。今，私たちは何をわかっているのだろうか。私は現在，母国であるイギリスのために脳科学である神経科学の分野で働いている。「神経科学」は，以前は聞きなれない言葉だったが，今では多くの学生が学校で受講する科目だ。今日，人間の脳は私たちが知っている最も複雑な組織であることを多くの人が知っている。それは最も高額なコンピューターよりも複雑で賢い。❸医師は現在，脳の写真を撮ることができる――脳のスキャナー検査だ。その写真から，脳の内部で何が起こっているのか，脳のどの部分がうまく機能していないのかがわかる。これらの写真を使って，医師たちは脳について以前よりもよく知り，脳に障害を抱えている人々を助けることができる。❹脳の病気を防ぐことは困難だが，脳を健康に保つために多くのことができる。脳が大量の酸素を取り入れられるように，深呼吸を行い，多くの睡眠をとり，運動をよく行うことだ。新しい音楽を聴いたり，新しい場所を訪れたりして，脳にいろいろな活動を楽しませるのもよい。ゲーム，パズル，議論など，脳を忙しくさせるものなら何でもよいから，それらを行って脳を活性化することも重要だ。新しい考えを恐れず，何に対しても疑問を持つようにしてほしい。❺脳については，まだ知らないことや学ばなければならないことがたくさんある。実際，私たちが脳についてわかっていることはほんのわずかなのだ。次の段階では，脳がどのようにして人をその人らしくするのかを研究していくのだと思っている。例えば，あなたをとても親切な人にしているものは何か。人を怒りっぽくするものは何か。あることを他の人とは異なるやり方で行うのはなぜか。脳に関するこれら全てのことは，神経科学の分野で研究されている。それは脳がどのように機能するかを理解するだけでなく，人の心について学ぶことでもある。❻脳について学ぶことは自分自身について知ることだ。神経科学の分野では，まだ発見されていない事柄がたくさんある。だから，若者が学校で科学を学び，楽しむことは重要だと思う。そうすれば，次世代は未来の世界で何が可能かを理解することだろう。

1＜語句解釈＞a wonderful thingとは，前後の記述から，実験室に置かれた1キログラムほどの重さのミルク色でしわのある柔らかいもののことだとわかる。筆者がこの後，それを見て脳について学ぶことを決めたと述べていることから判断できる。

2＜整序結合＞「～よりもっと複雑でずっと賢い」は，complicated と clever をそれぞれ more complicated，cleverer と比較級で表し，more complicated and cleverer than ～とまとめる。「最も高額なコンピューター」は，最上級で the most expensive computer とすればよい。

3＜要旨把握＞A．第4段落第2文参照。脳にたくさんの酸素を送るためにできることとして，take deep breaths and get a lot of sleep and exercise が挙げられている。 breath「呼吸」 B．第4段落第3文参照。新しい音楽を聴いたり，知らない場所に出かけたりするのは，脳にいろいろな活動を楽しませるため。 different「いろいろな，さまざまな」 activities「活動」 C．第4段落第4文参照。ゲーム，パズル，議論などをするのは，脳を活性化するため。 active「活発な」

4＜英文解釈＞how the brain makes you the person who you are は，how が「どのようにして」，makes you the person は'make＋目的語＋名詞'「～を…にする」の形で，the person の説明が関係代名詞節 who you are で加えられている。the person who you are は直訳の「あなたが今あるような人間」から「今のあなた」という意味になるので，この文の意味は「脳がどのようにしてあなたを今のあなたにするか」，つまり「脳はどのようにして人をその人らしくするのか」ということ。また，直後に For example「例えば」と具体例が挙げられており，そこで挙げられている最初の2つの例が，アの「優しい，怒りっぽい」という記述に一致する。

5＜内容真偽＞ア．「神経科学とは脳科学を意味し，20年前にイギリスで始まったばかりだ」…× 第2段落第3文参照。20年前というのは筆者が脳の研究を始めた時期。 イ．「人々は学校で脳について多くを学んだので，今日，脳がどのように機能するかについて全てを理解している」…× 第5段落第1文参照。脳については，まだ知らないことや学ばなければならないことがたくさんある。 ウ．「脳のスキャナー検査のおかげで，医師は脳の内部を見て，過去よりも脳について多くのことを研究することができる」…○ 第3段落の内容に一致する。 エ．「あなたは脳を良い状態に保つために多くのことをしなければならない。さもないと良い気分になれず，怒りっぽくなるだろう」…× 第4，5段落参照。脳のはたらきによって人が怒りっぽくなる仕組みを筆者は知りたがっているのであり，脳を良い状態に保たなければ怒りっぽくなる，とは述べられていない。オ．「脳科学者は，次世代を理解するために，近い将来に脳と心の両方を研究する必要がある」…× 第6段落参照。次世代に関しては，学校で科学を学べば，次世代は未来の世界で何が可能かを理解できる，と述べられているだけである。

2020年度／中央大学杉並高等学校（推薦）

数学解答

1 $\dfrac{x-4y+5}{2}$

2 $a=2$，$b=3$

3 24個

4 問1 $\dfrac{1}{3}$　問2 (0，4)　問3 $\dfrac{3\sqrt{3}}{2}$

5 問1 45°　問2 12

1〔数と式―式の計算〕

30で通分して計算する。与式$=\dfrac{2(x+4y-11)+6(3x-8y+12)-5(x+4y-5)}{30}=\dfrac{2x+8y-22+18x-48y+72-5x-20y+25}{30}=\dfrac{15x-60y+75}{30}=\dfrac{x-4y+5}{2}$

2〔資料の活用―度数〕

クラスの人数が20人で，中央値が7.5点だから，得点を小さい順に並べたときの10番目と11番目の得点の平均が7.5点となる。得点は整数で，7点，8点の人が1人以上いるので，10番目が7点，11番目が8点である。つまり，7点以下が10人，8点以上が10人となる。よって，7点以下の人数について，$2+a+1+5=10$が成り立つから，$a=2$(人)であり，8点以上の人数について，$3+b+4=10$が成り立つから，$b=3$(人)である。

3〔場合の数〕

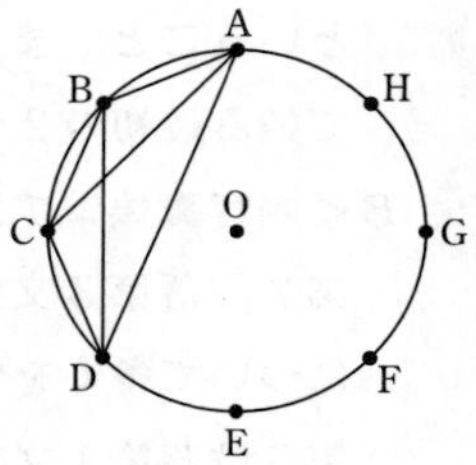

右図で，8点A，B，C，D，E，F，G，Hから3点を選んで三角形をつくるとき，周および内部に点Oを含まない三角形は，△ABC，△ABDのような三角形である。△ABCと合同な三角形は，円周上の点を1個ずつずらして考えると，8個ある。△ABDと合同な三角形も，円周上の点を1個ずつずらして考えると8個ある。さらに，△DCAも△ABDと合同であり，この三角形も円周上の点を1個ずつずらして考えると8個ある。よって，求める三角形の個数は，$8+(8+8)=24$(個)となる。

4〔関数―関数$y=ax^2$と直線〕

≪基本方針の決定≫問3　ひし形は点対称な図形だから，四角形ABCDの面積を2等分する直線は対角線の交点を通る。

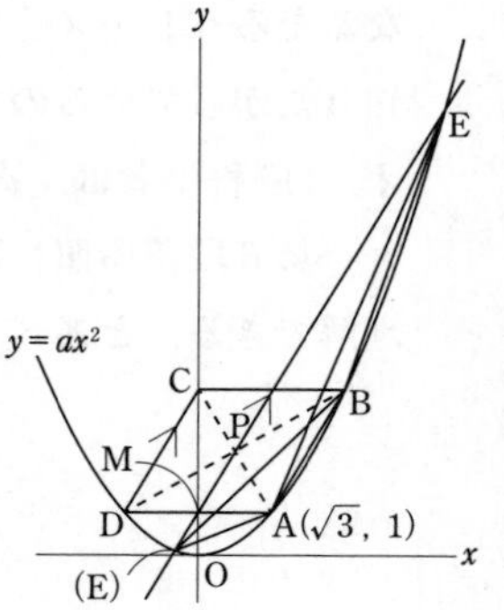

問1＜比例定数＞右図で，放物線$y=ax^2$上に$A(\sqrt{3},\ 1)$があるから，$1=a\times(\sqrt{3})^2$より，$a=\dfrac{1}{3}$である。

問2＜座標＞右図で，ADとy軸の交点をMとする。2点A，Dは放物線$y=\dfrac{1}{3}x^2$上にあり，ADはx軸に平行だから，2点A，Dはy軸について対称である。よって，$A(\sqrt{3},\ 1)$より，$D(-\sqrt{3},\ 1)$となり，$AM=DM=\sqrt{3}$，$AD=\sqrt{3}\times2=2\sqrt{3}$である。四角形ABCDはひし形だから，$CD=AD=2\sqrt{3}$となる。$\angle CMD=90^\circ$だから，△CDMで三平方の定理より，$CM=\sqrt{CD^2-DM^2}=\sqrt{(2\sqrt{3})^2-(\sqrt{3})^2}=\sqrt{9}=3$となる。点Mの$y$座標は1だから，点Cの$y$座標は$1+3=4$となり，C(0，4)である。

問3＜面積＞右上図で，ひし形ABCDの対角線AC，BDの交点をPとすると，ひし形ABCDは点Pを対称の中心とする点対称な図形だから，辺CDと平行で四角形ABCDの面積を2等分する直線は点Pを通る。DC∥ABより，PE∥ABとなるから，△ABE，△ABPの底辺をABと見ると，この２つの三角形は高さが等しくなり，△ABE＝△ABPである。四角形ABCDがひし形より，△ABP, △CBP, △ADP, △CDPは合同だから，△ABP＝$\frac{1}{4}$〔ひし形ABCD〕＝$\frac{1}{4}$×(AD×CM)＝$\frac{1}{4}$×$2\sqrt{3}$×3＝$\frac{3\sqrt{3}}{2}$となり，△ABE＝$\frac{3\sqrt{3}}{2}$である。なお，点Eは，点Bよりx座標が大きい点と，点Aよりx座標が小さい点の２つの場合があるが，どちらの場合も面積は等しい。

5〔平面図形―円〕

≪基本方針の決定≫問１　△OBCに着目する。　問２　△DECが二等辺三角形であることに気づきたい。

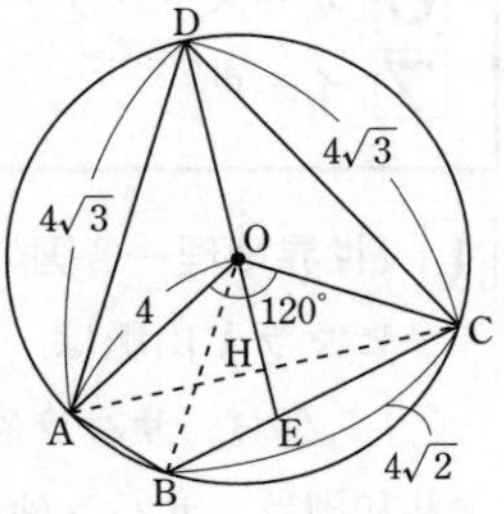

問１＜角度＞右図で，２点O，Bを結ぶと，BO＝CO＝AO＝4となる。また，BC＝$4\sqrt{2}$だから，BO：CO：BC＝4：4：$4\sqrt{2}$＝1：1：$\sqrt{2}$となり，△OBCは直角二等辺三角形である。よって，∠OCB＝45°である。

問２＜面積＞右図で，点Aと点Cを結び，ACとDEの交点をHとする。AD＝CD，AO＝COより，２点D，Oは線分ACの垂直二等分線上の点となる。よって，直線DEは線分ACの垂直二等分線となるから，DE⊥ACである。また，∠COE＝$\frac{1}{2}$∠AOC＝$\frac{1}{2}$×120°＝60°となるので，△OECで，∠OEC＝180°－∠COE－∠OCE＝180°－60°－45°＝75°となる。さらに，∠COD＝180°－∠COE＝180°－60°＝120°であり，△OCDはCO＝DOの二等辺三角形だから，∠OCD＝∠ODC＝(180°－∠COD)÷2＝(180°－120°)÷2＝30°となり，∠DCE＝∠OCD＋∠OCE＝30°＋45°＝75°である。したがって，∠OEC＝∠DCEだから，△DECは二等辺三角形であり，DE＝CD＝$4\sqrt{3}$となる。また，∠DHC＝90°，∠ODC＝30°より，△DHCは３辺の比が1：2：$\sqrt{3}$の直角三角形となるから，CH＝$\frac{1}{2}$CD＝$\frac{1}{2}$×$4\sqrt{3}$＝$2\sqrt{3}$となり，△DEC＝$\frac{1}{2}$×DE×CH＝$\frac{1}{2}$×$4\sqrt{3}$×$2\sqrt{3}$＝12である。

社会解答

1 ア
2 オ
3 カ
4 A ウ B イ
5 エ
6 オーストラリア
7 イ，ウ
8 ア，エ
9 イ，オ
10 ア，エ
11 ウ，オ
12 A 所得 B 法人 C 3 D 30 E 国際司法 F 交渉

1〔世界地理─各国の位置，自然〕

ヒマラヤ山脈は，中国，パキスタン，インド，ネパール，ブータンの各国にまたがっている（ア…○）。なお，サハラ砂漠はアフリカ大陸北部に広がっているので，アフリカ大陸最南端の南アフリカ共和国は，サハラ砂漠が広がる国には含まれない（イ…×）。カリブ海は，南北アメリカ大陸の間の大西洋側に位置する海なので，南アメリカ大陸西部に位置し太平洋を望むペルーは，カリブ海に面する国には含まれない（ウ…×）。南北アメリカ大陸では，赤道は南アメリカ大陸北部を横切っているので，北アメリカ大陸南部に位置するメキシコは赤道より北の北半球に属している（エ…×）。地中海は，ヨーロッパとアフリカ大陸の間に位置する海で，ドイツと地中海の間には，スイス，イタリアなどの国があり，ドイツは地中海に面していない（オ…×）。

2〔日本地理─河川〕

筑後川は，阿蘇山を水源としている。また福岡市は，筑後川下流に広がる筑紫平野ではなく，筑紫平野の北に位置する福岡平野にある（ア…×）。四万十川は，太平洋に流れ出ている河川である。四国山地を水源とし，讃岐山脈の南側を東に流れ，紀伊水道に流れ出ているのは，吉野川である（イ…×）。利根川は，越後山脈を水源とし，群馬県や埼玉県，茨城県と千葉県の境を流れて太平洋に流れ出ている河川である。関東山地を水源とし，埼玉県と東京都の境を流れて東京湾に流れ出ているのは，荒川である（ウ…×）。最上川下流域の庄内平野にある都市は山形県酒田市で，宮城県仙台市は，北上川下流域の仙台平野にある（エ…×）。

3〔日本地理─工業〕

重工業には，金属工業，化学工業，機械工業が含まれ，それ以外の食品工業，繊維工業などは軽工業に含まれる。1935年から2016年において，日本の重工業の中では，金属工業の割合が減少し，機械工業の割合が増加している。また，軽工業では，繊維工業の割合が大きく減少している。

4〔日本地理─気候〕

Aの都市は日本海側に位置しているので，北西季節風の影響で冬に雪が多く降るため，冬の降水量が多いウが当てはまる。Bの都市は内陸部に位置しているので，雨や雪をもたらす季節風の影響が小さく，年間降水量が少ない。また，気温の年較差が大きいイが当てはまる。なお，夏の降水量が多い太平洋側に位置するCの都市の雨温図はエ，年間降水量が少なく冬温暖な瀬戸内に位置するDの都市の雨温図はアである。

5〔日本地理―都道府県の特色〕

1973年に起こった第一次石油危機以降の燃料代の高騰と，1982年に締結された国連海洋法条約による排他的経済水域の設定などにより，北洋漁業などの遠洋漁業の漁獲高は減少した(ア…×)。南部鉄器は，岩手県の伝統的工芸品だが，釜石市や宮古市などの沿岸部ではなく，内陸部の盛岡市などで発展してきた(イ…×)。静岡県では，牧野原台地で茶の生産が盛んである。また，沿岸部の南向き斜面では，みかんの栽培が盛んである(ウ…×)。九州地方の工業では，自動車工業が盛んになってきているが，IC〔集積回路〕などを生産する電子部品工業も引き続き盛んである(オ…×)。

6〔世界地理―各国の特色〕

表のＡ国は，４か国の中で国民総所得は３番目だが一人当たり国民総所得は最も高いので，人口は少ないと考えられる。また，土地利用では牧場・牧草地の割合がＤ国に次いで大きい。したがって，地図中の④のオーストラリアが当てはまる。なお，Ｂの国は地図中の②のインド，Ｃの国は地図中の③の日本，Ｄの国は地図中の①のソマリアを表している。

7〔歴史―古代〕

アの石碑は，古代メソポタミアでつくられたハンムラビ法典を記録したもので，楔《くさび》形文字で刻まれている(ア…×)。エの写真は，日本の縄文時代につくられた土偶と呼ばれる人形である(エ…×)。オの写真は，漢の皇帝が西暦57年に日本の奴国王に授けた金印である(オ…×)。

8〔歴史―年代整序〕

各組のＡ，Ｂ，Ｃの文を年代の古い順に並べると，アは，大宝律令の制定後，律令に基づく政治が始まった奈良時代(Ａ)→藤原氏による摂関政治が行われた平安時代半ば(Ｂ)→白河上皇が院政を始めた平安時代後半(Ｃ)となる。イは，五弦の琵琶などが東大寺正倉院に集められた奈良時代(Ｂ)→宋銭や明銭が日本で流通した鎌倉時代や室町時代(Ａ)→ヨーロッパ人が中国製品を日本にもたらした南蛮貿易が栄えた戦国時代から江戸時代初期(Ｃ)となる。ウは，二毛作が行われるようになった鎌倉時代(Ｂ)→備中鍬や千歯こきなどが使われた江戸時代(Ａ)→日本で産業革命が進展し，資本主義が発達し始めた明治時代後半以降(Ｃ)となる。エは，アヘン戦争の講和条約である南京条約が締結された1842年(Ａ)→日清修好条規を締結した1871年(Ｂ)→日朝修好条規を締結した1876年(Ｃ)となる。オは，1912年の中華民国の成立(Ｃ)→1914年の第一次世界大戦の始まり(Ｂ)→1917年のロシア革命(Ａ)となる。

9〔歴史―奈良時代～江戸時代の出来事〕

645年に蘇我氏を滅ぼして政権を握り，大化の改新と呼ばれる改革を進めた中大兄皇子は668年に即位して天智天皇となった。天智天皇の死後の672年に起こった壬申の乱で，大友皇子を破って勝利した大海人皇子は，即位して天武天皇となった(ア…×)。毛利元就や上杉謙信は，守護大名などを実力で倒してその地方を支配した戦国大名である(ウ…×)。オランダはプロテスタントが，スペインはカトリック教徒が多い国である(エ…×)。

10〔歴史―江戸時代末以降の出来事〕

日露戦争後の1906年に公布された鉄道国有法では，民営鉄道会社が国有化されたが，東海道線は民営ではなくはじめから国有の鉄道だった(イ…×)。第一次世界大戦後の1919年に起こった三・一独立運動によって，日本は朝鮮の人々の政治的な権利の一部を認めるようになった(ウ…×)。1989年にベルリンの壁が取り払われ，マルタ会談で冷戦の終結が宣言された。ソ連が解体したのはその２年後の1991年のことである(オ…×)。

11〔公民—日本国憲法〕

憲法の改正については衆議院と参議院の権限は対等で，衆議院の優越は認められていない(ア…×)。臨時国会〔臨時会〕は，内閣が必要と判断したときと，いずれかの議院の総議員の４分の１の要求があったときに召集される(イ…×)。内閣総理大臣は，国務大臣の過半数を国会議員の中から任命するが，「国会の指名した者の中から」という条件はない(エ…×)。裁判官を辞めさせるかどうかを決定する弾劾裁判を行うのは，国会の権限である(カ…×)。

12〔公民—総合〕

A，B＜日本の歳入＞国税の直接税の税収は，所得税，法人税の順に多い。なお，国税の税収のうち最も割合の高い消費税は，間接税である(2014年度当初予算)。

C，D＜選挙制度＞参議院議員の任期は６年だが，３年ごとに半数ずつ改選される。また，参議院議員の被選挙権は30歳以上である。

E＜国際司法裁判所＞当事国の同意のもとに，国家間の争いを法的に解決するために裁判を行うのは，国連の主要機関の１つである国際司法裁判所〔ICJ〕である。

F＜労働三権＞労働組合を結成する権利である団結権，労働条件について労働組合が使用者と交渉する権利である団体交渉権，要求を通すためにストライキなどを行う権利である団体行動権の３つは，労働三権〔労働基本権〕と呼ばれ，日本国憲法が社会権の１つとして保障している。

理科解答

1 (1) D　(2) A　(3) イ

2 A…イ　B…エ

3 (1) ア　(2) エ　(3) ア　(4) ウ

4 (1) ア　(2) ウ

5 (1) ア，エ，オ，ク　(2) イ，オ，カ

6 (1) エ　(2) 6 cm^3

7 (1) 水上置換法　(2) エ　(3) ウ

8 (1) 9.0W　(2) イ

9

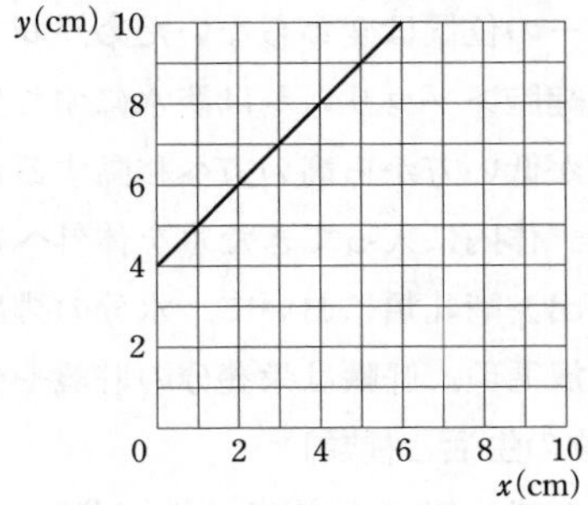

1 〔地球と宇宙〕

(1)＜地球の公転＞日本では，地軸の北極側が太陽の方に傾いているときが夏になる。よって，図１のA～Dのうち，日本が夏至のときの地球の位置はAで，地球の公転の方向より，Bが秋分，Cが冬至，Dが春分のときの地球の位置になる。

(2)＜太陽の動き＞日本で太陽が最も北寄りから昇るとき，昼の長さは最も長くなる。昼の長さが最も長いのは夏至の日なので，このときの地球の位置はAである。なお，太陽は，冬至の日には最も南寄りから，春分の日と秋分の日は真東から昇る。

(3)＜太陽と地球＞北極星は，ほぼ地軸の延長線上にあり，非常に遠くにあるため，右図のように，北極星からの光は平行と考えてよい。そのため，北極星からの光と観測地，天頂がつくる角度を$a°$とすると，平行線の同位角が等しいことから，地軸と地球の中心，観測地がつくる角度も$a°$となる。よって，〔北極星の高度〕＝$90°-a°$，〔緯度(北緯)〕＝$90°-a°$より，〔北極星の高度〕＝〔緯度(北緯)〕となる。したがって，春分・秋分の日だけに限らず他の日にも当てはまるのはイである。なお，アとウは春分・秋分の日だけに当てはまり，エは赤道上の地点だけに当てはまる。

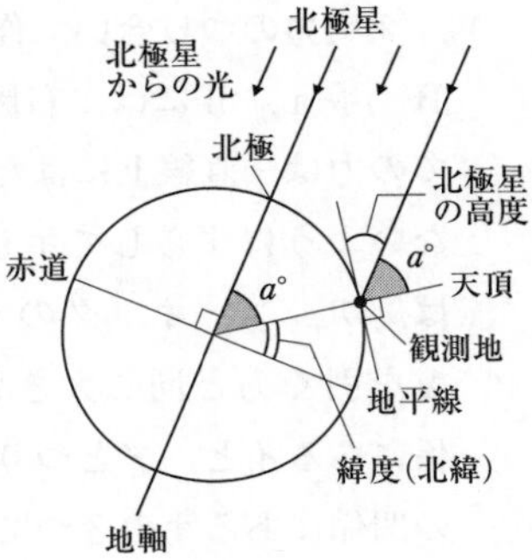

2 〔気象とその変化〕

＜台風＞台風は，熱帯地方の海上で発生した熱帯低気圧$_{A}$が発達し，中心付近の最大風速が17.2m/s以上になったものである。台風が日本海側を発達しながら通過するとき，太平洋側からの湿った空気が山を越えて日本海側に流れ込み，フェーン現象$_{B}$が起こるため，日本海側で異常な高温になることがある。なお，エルニーニョ現象は，熱帯太平洋の東部で海面水温が高くなることが１年ほど続く現象，ヒートアイランド現象は，都市部の気温が郊外の気温よりも高くなる現象である。

3 〔動物の生活と生物の変遷〕

(1)＜増加の割合＞表１より，０～２日が１個体から20個体へと20倍になっているので，最も大きいことが明らかである。なお，それぞれの期間での増加の割合を求めると，０～２日目では，$(20-1)\div1\times100=1900$，２～４日目では，$(160-20)\div20\times100=700$，４～６日目では，$(200-160)\div160\times100=25$，６～８日目では，$(230-200)\div200\times100=15$，８～10日目では，$(250-230)\div230\times$

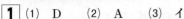

100＝8.6…となる。

(2)＜対物レンズ＞対物レンズは，倍率が高くなるほど長さが長くなる。対物レンズがついているレボルバーの位置は変わらないため，レンズの先とプレパラートの間の距離が短くなる。

(3)＜収縮胞＞ゾウリムシは淡水にすむ生物であり，体内の水分の濃度は周囲の水よりも高い。水には濃度が低い方から高い方へ移動する性質があるため，からだの外から体内に水が入ってくる。収縮胞は，体内に入ってきた水を体外へ排出するはたらきをしている。

(4)＜排出＞哺乳類において，水分の排出に関わる器官は腎臓で，腎臓で尿がつくられる。なお，心臓は血液循環，肝臓は栄養分の貯蔵や分解，有害物質の無毒化など，肺は呼吸に関わる器官である。

4〔植物の生活と種類〕

(1)＜光合成＞BTB溶液は酸性で黄色，中性で緑色，アルカリ性で青色を示す。また，二酸化炭素は水に溶けると弱い酸性を示す。十分に光を当てた試験管Aのオオカナダモは，呼吸よりも光合成を盛んに行って二酸化炭素を吸収するため，溶液が中性からアルカリ性になる。よって，溶液の色は緑色から青色になる。一方，試験管Bにはオオカナダモが入っていないので，溶液中の二酸化炭素の量が変化しない。そのため，溶液の色は緑色のままである。

(2)＜呼吸＞光が当たらない暗い場所では，オオカナダモは光合成をすることができない。このとき，オオカナダモは呼吸だけを行う。溶液が黄色になったのは，オオカナダモの呼吸によって溶液中の二酸化炭素が増加し，溶液が酸性になったためである。

5〔運動とエネルギー〕

(1)，(2)＜力のつり合い，作用・反作用＞図4の物体と糸A，B，手a，bには，右図のような力がはたらいている(全ての力は一直線上にはたらいているが，力の矢印が重ならないようにずらして示している)。右図より，上向きの力は，ア，エ，オ，クの4つである。また，アの手aが糸Aを引く力と同じ大きさなのは，アと作用・反作用の関係にあるイと，アとつり合っているカ，カと作用・反作用の関係にあるオの3つである。なお，アの大きさは，ウとケの合力の大きさと等しく，ウ，エ，キ，クの4つの力の大きさは等しい。

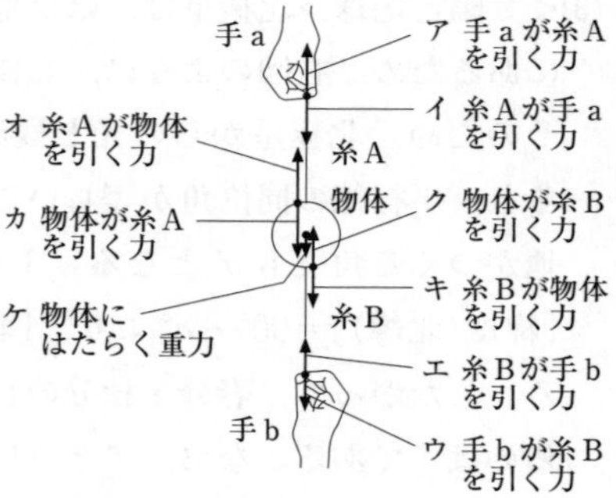

6〔化学変化とイオン〕

(1)＜中和＞水酸化ナトリウム水溶液中には，ナトリウムイオン(Na^+)と水酸化物イオン(OH^-)が存在し，塩酸中には水素イオン(H^+)と塩化物イオン(Cl^-)が存在する。水酸化ナトリウム水溶液に塩酸を加えると，中和によってOH^-とH^+が結びついて水(H_2O)ができ，Na^+とCl^-はイオンのまま水溶液中に存在する。よって，図5のように，加える塩酸の量が多くなるほど減少するイオンは，OH^-である。

(2)＜中和と体積＞6つのビーカーA～Fのうち，Dだけが緑色になったことから，水酸化ナトリウム水溶液10cm^{3}と塩酸6cm^{3}が完全に中和して，水溶液が中性になったことがわかる。これより，この実験で用いた水酸化ナトリウム水溶液と塩酸が完全に中和するときの体積の比は，10：6＝5：3である。よって，ビーカーA～Fの水酸化ナトリウム水溶液の合計は，10×6＝60(cm^3)だから，これを完全に中和するのに必要な塩酸の体積を$x$cm^{3}とすると，60：x＝5：3が成り立つ。これを解くと，$x\times5=60\times3$より，$x=36$(cm^3)となる。ここで，ビーカーB〜Fに加えた塩酸の体積の合計は，$2+4+6+8+10=30$(cm^3)である。したがって，ビーカーA〜Fを全て混ぜた溶液を中性にするためには，さらに塩酸を$36-30=6$(cm^3)加えなければならない。

7〔身の回りの物質〕

(1)＜気体の捕集＞気体の捕集方法には，上方置換法，下方置換法，水上置換法がある。水上置換法は，水に溶けにくい気体を集めるのに適している。

(2)＜気体＞窒素は，体積の割合で空気の約80％を占める。よって，誤りを含むものはエである。

(3)＜塩酸＞フェノールフタレイン溶液は，酸性や中性では無色のままだが，アルカリ性で赤色を示す。塩酸は酸性の水溶液なので，フェノールフタレイン溶液を加えても無色のままである。よって，誤りを含むものはウである。

8〔電流とその利用〕

(1)＜電力＞電力は，〔電力(W)〕=〔電圧(V)〕×〔電流(A)〕で求められる。表3より，電熱線には6.0Vの電圧が加わり，1.5Aの電流が流れているから，このとき，電熱線が消費する電力は，$6.0\times1.5=9.0$(W)である。

(2)＜熱量＞電熱線から発生した熱量が全て水の温度を上昇させるために使われたとすると，電熱線の発熱量と水が得た熱量は等しい。まず，電熱線の発熱量は，〔熱量(J)〕=〔電力(W)〕×〔時間(s)〕より，(1)で消費電力が9.0W，時間は5分間だから，$9.0\times(5\times60)=2700$(J)である。次に，水の質量を$x$gとすると，水が得た熱量は，〔熱量(J)〕$=4.2\times$〔水の上昇温度(℃)〕×〔水の質量(g)〕より，表3で5分間の水の上昇温度は$22.3-19.6=2.7$(℃)だから，$4.2\times2.7\times x=11.34x$(J)となる。よって，$2700=11.34x$が成り立ち，これを解いて，$x=238.0\cdots$より，約240gとなる。

9〔身近な物理現象〕

＜光の反射＞レーザーの光源の傾きが変わらないとき，レーザー光が鏡に当たるときの入射角も反射角も一定で変わらない。よって，直線と鏡までの距離が5cmの場合，図8より，光源が原点にある$x=0$のとき$y=2$だから，光源のある位置から反射光が届いた直線上の点までの距離は常に2cmとなる。よって，xとyには$y=x+2$の関係が成り立つ。また，レーザーの光源の傾きを変えずに，直線と鏡までの距離を2倍の10cmにした場合，右図のように，光源のある位置から反射光が届いた直線上の点までの距離も2倍の4cmになる。したがって，このとき，xとyには$y=x+4$の関係が成り立つので，求めるグラフは点(0, 4)を通る傾きが1の直線となる。解答参照。

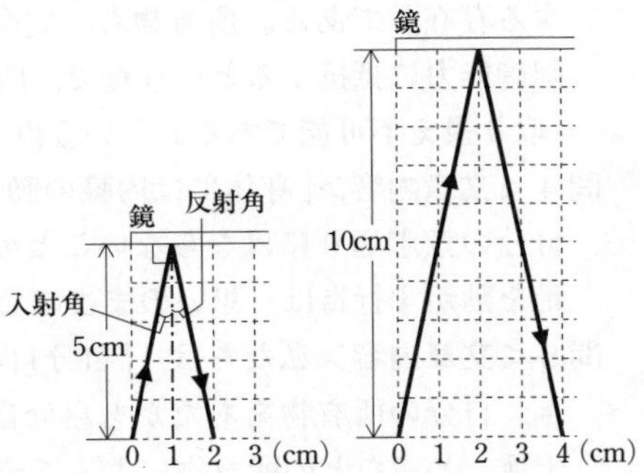

2020年度／中央大学杉並高等学校（推薦）

国語解答

一　問1　(a)　四肢　(b)　落胆　　問2　ウ
問3　ア　　問4　イ
問5　Ⅰ　自己同一性　Ⅱ　連動
Ⅲ　延長物
問6　オ

二　問1　11［月］
問2　A，C，E，G　　問3　ウ
問4　エ

一〔論説文の読解―哲学的分野―人間〕出典；河野哲也『意識は実在しない　心・知覚・自由』。

≪本文の概要≫私たちは，自分の身体運動に連動させられる事物を，自分の身体の延長とすることができる。自分の所有物は，自分から独立した存在ではあるものの，まるで自分自身であるかのように感じられることがある。自分の衣服，家族，土地，名声といった所有物は，「私」の存在を構成して自己同一性を成立させる。そして，自分の所有物の価値や多寡によって，私たちは得意になったり落胆したりする。また，私たちは，使い慣れた人工物や住み慣れた環境に対して，自分の所有物のような一体感を持つ。このように，自己の一部と感じられる所有物は，人間的環境を形づくり，身体と相互に作用しながら私たちの心のはたらきの多くを成立させている。慣れ親しんだ人間的環境の中では，私たちは自分の思うように物事を進めることができる。この人間的環境は，身体運動と連動する道具などのように，移動しても自分につき添う，自己の身体の延長物である。しかし，「私」が慣れ親しんだ環境を離れれば，人工物は「私」とは無関係な事物となる。ただ，人工物の中でも，身につけて動かすことで自分の感覚的境界が延長され，身体の機能が高まる「機能的内破」のはたらきを持つものは，「私」の一部であり続ける。

問1＜漢字＞(a)人間の両手と両足のこと。　(b)期待どおりにならなくて，がっかりすること。

問2＜文章内容＞機能的内破とは，自分の身体の感覚的境界を道具の外側まで延長させるはたらきであり，また，白杖や眼鏡のようにそうやって自分の身体の一部となった道具が，身体の機能を本来の能力よりも高めるはたらきである。

問3＜文章内容＞身体は，「私」の思考や想起ほどには自由にならず，また，「しばしば自分の意に反する存在」である。所有物も，完全には自分の自由にならないものであるから，身体は，「私」の制御能力に抵抗するという点で，所有物と共通している。しかし，身体は，自分そのものであり，「取り換え不可能である」という点で，所有物とは異なる。

問4＜文章内容＞「身体には内臓の動きのように」意志の支配を受けない運動もあるため，身体は，自分の意志通りにはならないことの多い存在である。「身体が所有物のように思われる」のは，手足を動かす行為は，思いのままにならない割合が思考や想起に比べて大きいからである。

問5＜文章内容＞私たちは，「自分自身と自分の所有物とを明確に区別することに困難を感じる」とき，自分の所有物をあたかも自分自身だと錯覚する。だから，「私」の存在は，自分の衣服や家族，土地，名声などの所有物によって構成されている，つまり，私たちは，自分の所有物によって，自己同一性を成り立たせている(…Ⅰ)。そのため，自分の所有物の評価や多寡によって得意になったり落胆したりすることがあるように，所有物はプライドやコンプレックスを生じさせる。身体運動と連動する道具などのように(…Ⅱ)，「移動しても，自分に付き添う物」を，私たちは自己の一部，つまり，身体の延長物と見なし(…Ⅲ)，自分の意図に沿って扱う。それらの環境や事物が，人間的環境である。

問6＜要旨＞私たちが「わが町」「わが山」などという場合は，その町や山について「自分に所有権があると言っているのではなく，自分にとって離れがたい活動場所だと述べている」のである(ア…×)。思考や決意は，「音量をゼロにして語る内語」であり，言い換えれば，心の中で用いられる声に出さない言語である(イ…×)。言語はその国の社会制度をよりどころとしているため，自分の発話内容は，必然的に自分の国の社会制度に従ったものとなる(ウ…×)。自分の衣服や自動車といった物体も，名声や地位といった物体でないものも，自分の所有物として「私」の存在を構成し，同じように自己同一性を成り立たせている(エ…×)。白杖や眼鏡のように，身につけた機能的内破物は，移動しても，その影響を受けずに自分につき添うから，「私の一部であり続ける」のである(オ…○)。

二〔古文の読解―随筆〕出典；大田南畝『一話一言』。

≪現代語訳≫文化七年十一月，田安家のお馬方を務める高木久八という者が，十一月の初めに病気になって死んだ。死んで夢を見ているような気分で広い河原に出て，それから草深い野道に出たが，(そこには)分かれ道があった。左へ行こうか右へ行こうかと思っているうちに，本郷二丁目の八百屋の佐兵衛の子である藤五郎という者が来た。(久八が)「どうするか」と言うと，彼(藤五郎)は「(私は)左へ行こう」と言った。(久八が)「私はとにかく右へ行こう」と言って別れて行くと，一つの楼門があった。門の前に黒い衣を着た僧が立っていた。僧が，「お前は故郷に思い残したことはないか」と言うと，(久八は)「(私には)一人の母がおりますが，(母は)他国にいて去年も手紙を出したことはありましたが，この母に別れを告げずに来たことが気がかりです」と言った。(僧が)「それならば帰りたいのか」と言うので，(久八は)「ぜひ帰りとうございます」と言った。「それでは帰るがよい」と言って，その僧がこの者の背中を押すと(久八には)思われて，(久八は)夢が覚めたように生き返った。それにしても本郷の八百屋のことが気がかりで，人を遣わして(藤五郎のことを)尋ねさせたところ，(藤五郎の消息を知る者が)「(藤五郎は)その日に亡くなった」と言うのも不思議である。「これは根拠がないことではない，(久八が話したのを)実際に人が聞いたことである」と，亀屋文宝が話したとおりに(私が)記した。

問１＜古典の知識＞霜月は，旧暦の十一月のこと。以下いずれも旧暦で，睦月は一月，如月は二月，弥生は三月，卯月は四月，皐月は五月，水無月は六月，文月は七月，葉月は八月，長月は九月，神無月は十月，師走は十二月。

問２＜古文の内容理解＞高木久八は分かれ道で藤五郎に会ったが，久八が，どうするかと言うと(Ａ…○)，藤五郎は，私は左へ行こうと言った(Ｂ…×)。久八は，私はとにかく右へ行こうと言って別れて行った(Ｃ…○)。門の前に立っていた僧が，お前は故郷に思い残したことはないかと言うと(Ｄ…×)，久八は，一人の母がおりますが，この母に別れを告げずに来たことが気がかりですと言った(Ｅ…○)。僧が，それならば帰りたいのかと言うので(Ｆ…×)，久八は，ぜひ帰りとうございますと言った(Ｇ…○)。僧は，それでは帰るがよいと言って(Ｈ…×)，久八の背中を押した。久八が，人を遣わして藤五郎のことを尋ねさせたところ，藤五郎の消息を知る者が，藤五郎はその日に亡くなったと言った(Ｉ…×)。これは根拠のないことではない，高木久八が話したのを実際に人が聞いたことであると亀屋文宝が話した(Ｊ…×)。

問３＜古文の内容理解＞生き返った高木久八は，本郷の八百屋の藤五郎のことが気がかりだったので，人を遣わして，藤五郎の様子を尋ねさせた。すると，藤五郎は亡くなったということだった。

問４＜古文の内容理解＞田安家のお馬方を務める高木久八は，病気になって死んだ後，広い河原に出たが，そこから草深い野道を行った先に，分かれ道があった(イ…○)。楼門の前に黒い衣を着た僧が立っており，高木久八に，お前は故郷に思い残したことはないかと尋ねた(ウ…○)。久八は，他国にいる母に去年も手紙を出したが，その母に別れを告げずに来たことが気がかりだった(エ…×)。久八は，死んだ後，分かれ道で藤五郎に出会ったが，分かれ道を右へ行った久八は生き返り，左へ行った藤五郎は，亡くなったまま生き返らなかった(ア・オ…○)。

2020年度　中央大学杉並高等学校

【英　語】（50分）〈満点：100点〉

■放送問題の音声は，当社ホームページ（https://www.koenokyoikusha.co.jp）で聴くことができます。

（注意）　リスニングテストは試験開始後２分経過してから始まります。録音を聞いている時間は，解答のための休止を含めて９分ほどです。

Ｉ　リスニングテスト

第１部　英語の短い対話を聞き，それに続く対応として最も適切なものを１～４から一つ選び，番号を答えなさい。次の問題に進むまでに５秒の休止が設けられています。対話を聞くのはそれぞれ一度だけです。問題はＡ，Ｂ，Ｃ，Ｄ，Ｅの五題です。

Ａ．１．My wife has never been to the shopping mall.
　　２．Are you going to wear the same one?
　　３．Good.　But I'm not sure they still have one.
　　４．Today, it's very cool outside.

Ｂ．１．Don't worry.　Ginza is a big city.
　　２．I think so.　Just follow the sign.
　　３．No, the subway doesn't stop here.
　　４．Yes, there are a lot of stops.

Ｃ．１．It took two days.
　　２．The long seat is comfortable.
　　３．Do you know why she doesn't work?
　　４．I'm not sure, but I will try my best.

Ｄ．１．I think it will finish soon.
　　２．I can't wait anymore.
　　３．He is out for lunch.
　　４．I'm going to see him at ABC company.

Ｅ．１．Oh, sorry.　Please wait until the day after tomorrow.
　　２．I'm sorry.　I think online shops can send you one soon.
　　３．Can you bring an Aladdin DVD?
　　４．The birthday cake should be in a special package.

第２部　放送で流れる英文とその内容に関する五つの質問を聞き，その質問に対する答えとして，最も適切なものを１～４から一つ選び，番号で答えなさい。聞きながらメモを取ってもかまいません。各質問の後には７秒の休止が設けられています。英文と質問は二度放送されます。

Ｆ．１．Only her father had a job.
　　２．The family has four members.
　　３．Anne is Joanne's younger sister.
　　４．They lived in Portugal.

Ｇ．１．Joanne wrote the story when she was in university.
　　２．Joanne told the story to her father.

3．Joanne's younger sister made the story with her.
4．Joanne's younger sister listened to the story.

H．1．A publishing company
2．The old languages used in Europe
3．The university she entered
4．A forest in France

I．1．Joanne began to write them when she was nine.
2．Joanne got the idea for them when she was working in her office.
3．Joanne finished writing them when she had a daughter.
4．Joanne got the idea for them while she was on a train.

J．1．She published her first novel.
2．She had a daughter.
3．She began to write her first novel.
4．She became a teacher.

※＜**リスニングテスト放送原稿**＞は英語の問題の終わりに付けてあります。

II 次の英文を読み，A～Fの質問に対する最も適切な答えを選び，記号で答えなさい。(*のついた語句には本文の最後に注があります。)

Do you know Albert Einstein? Maybe many of you know that he was one of the most famous scientists that the world has ever had. Actually, in 1922, he won a Nobel Prize for his idea about "*the photoelectrical effect". Later this idea led to the invention of the TV. Until he died in 1955, he published many important ideas in the field of science. Those ideas have inspired not only other scientists but also many young students who learn science.

Albert Einstein was born on March 14, 1879, in Germany. When he was a child, he was so quiet and shy. Albert didn't speak any words until he became 3 or 4 years old. His parents worried so much that they thought there was something wrong with his brain. They often took Albert to doctors, but the doctors found nothing wrong with him. One of the doctors said it was just Albert's character. He said that Albert was not a talker but a thinker. Most of the boys of his age wanted to be a soldier and play violent games, but Albert did not. He preferred to stay alone. He was thinking and *daydreaming for hours. Albert enjoyed thinking about a world that he couldn't see or explain. As he later said, "Imagination is more important than *knowledge. Knowledge is limited. Imagination can quickly go around the world."

His father had a business that sold batteries, *generators, electric lines and so on. Albert was interested in electricity very much, and he asked his father a lot of questions about it. He thought electricity was very powerful and mysterious. "Is there any way to see it? How fast is it? What is it made of?" Albert was also interested in the compass that his father gave him. He was so excited because its needle always pointed in the same direction: North. Albert was surprised to know that there was some strange force like this around him, though he couldn't see or feel it. He often went hiking with the compass and lay on the grass. He liked to look up at the sky and think about space. "Is there anything outside of space? How does light get to our eyes from those stars? Is there anything bigger than space?"

Albert liked his elementary school because the teachers were kind, and tried their best to answer all of Albert's questions. However, things changed suddenly. At the age of 10, he started going to *gymnasium. It was a very strict school. The students had to wear uniforms and walk like soldiers to go anywhere in the school. Questions were not allowed. They only had to read and *memorize the things they learned. Albert felt that he was not allowed to think and imagine. However, only mathematics gave him time to think and imagine. So, at home, he spent a lot of time studying difficult mathematics problems with help from his uncle. They often studied *geometry together. Albert enjoyed solving problems with shapes like *squares, cubes, circles, and *spheres. For him it was like playing with blocks. While other boys in his class had a hard time with mathematics, it was just like a game of puzzles for Albert. In school, however, he was always asking questions that teachers could not answer and was often punished. The teachers thought he was a bad influence on his classmates and finally told him to leave the school forever. So, at the age of 15, he moved to Italy because his family was already there for his father's business.

Albert loved Italy so much because everything was so different from Germany. His days in Italy gave him a lot of time to read. He enjoyed reading books about the lives of famous scientists: Nicholas Copernicus and Galileo Galilei. Nicholas Copernicus, the *Polish astronomer, was *criticized because he said that the earth moves around the sun. Later Galileo Galilei, an Italian scientist, was *arrested for agreeing with Copernicus' idea. However, in Albert's time, nobody believed that the sun moves around the earth. After Albert studied those scientists' ideas and thoughts, he learned that scientific truth would be accepted by people in the end. He felt confident in himself and his scientific ideas.

Later, Albert went to college in Switzerland. There he got a job at the *patent office. His years at the patent office were wonderful because he had a lot of time after work. So he wrote and published many scientific *papers. Those papers were so amazing that he was asked to become a professor of *physics at the University of Zurich in 1909. He accepted, and later he taught at some different universities in Europe. However, in 1933, he moved to the United States and remained there until he died.

Many of Albert's ideas were known widely, but some of them were very difficult for even scientists to understand. Unfortunately, one of his ideas was later used to create an *atomic bomb. However, Albert and his ideas still have a great influence on not only scientists but also many people in many fields around the world.

（注） the photoelectrical effect：光電効果（物質に光を照射した際，電子が放出されたり電流が流れたりする効果）
daydream：空想にふける　knowledge：知識　generator(s)：発電機
gymnasium：ギムナジウム（ドイツの7または9年制の中等教育機関）　memorize：暗記する
geometry：幾何学　square(s)：正方形　sphere(s)：球体
Polish astronomer：ポーランドの天文学者　criticize：批判する　arrest：逮捕する
patent office：特許局　paper(s)：論文　physics：物理学　atomic bomb：原子爆弾

A. What did the doctor mean when he said, "Albert is not a talker but a thinker?"

ア It is difficult for Albert to remember what he sees.
イ Albert doesn't talk but he is thinking a lot in his mind.
ウ He doesn't talk because he has something wrong with his brain.
エ He doesn't think enough, so he doesn't talk well.

B. Which is true about Albert's childhood?

ア Albert didn't believe anything without seeing it with his own eyes.

イ For Albert, collecting information was more important than imagining something he couldn't explain.

ウ Albert was excited about a mysterious power which moved a needle on a compass always to the North.

エ Albert sometimes had bad dreams while he was sleeping on the grass.

C. Which is NOT true about Albert's days in gymnasium?

ア The teachers tried their best to answer most of Albert's questions, so he liked the school.

イ Albert was often punished because he was asking too many questions to the teachers.

ウ There were strict rules for Albert and other students even when they studied and walked in school.

エ Albert had to leave school because teachers thought that his classmates would be influenced by his bad attitude.

D. Which is true about Albert in Italy?

ア Albert wrote many books about the history of his favorite scientists, Galileo Galilei and Nicholas Copernicus.

イ It was difficult for Albert to find time for reading and studying because he had to help his father's business.

ウ After Albert knew that some people were arrested for their scientific ideas, he decided not to show his own ideas to the public.

エ Albert found that he should not give up his scientific ideas after he learned about the famous scientists, Galileo Galilei and Nicholas Copernicus.

E. What happened to Albert after he went to Switzerland?

ア His years at the patent office didn't allow Albert to have enough time to think because he had a lot of things to do there.

イ Albert went to the United States in 1933, but he moved back to Switzerland after a while.

ウ The University of Zurich decided to give Albert a job as a physics professor because his papers were so wonderful.

エ Albert stayed in Europe and never left there, because he loved the jobs he got there.

F. 本文の内容に合っているものをア～キから二つ選び，記号で答えなさい。

ア Albert received a Nobel Prize for his scientific invention which was later used as one of the terrible weapons.

イ When Albert was 3 years old, his parents thought he was smarter than any other child.

ウ Albert didn't like playing violent games with other boys and often stayed alone.

エ Albert thought that imagining something was more important than getting information because imagination has no limits.

オ Most of Albert's ideas were not so difficult that anyone could understand them easily.

カ After Albert studied about Nicholas Copernicus and Galileo Galilei in Italy, he became very much interested in electricity and compasses.

キ Albert produced many scientific ideas during his life and all of them were used for people to live a happy life.

III　次の英文を読み，以下の問に答えなさい。（＊のついた語句には本文の最後に注があります。）

Have you ever heard of the word, “vegetarian”? Vegetarians are people who do not eat animal meat including seafood. They eat vegetables, fruits, *grains, nuts, and seeds. Some vegetarians also eat dairy products such as milk and cheese. These people are called lacto-vegetarians. People who eat dairy products and eggs are called lacto-ovo vegetarians. Some people do not eat anything that comes from an animal, including dairy products, honey, and eggs. They are called vegans. Vegans do not use anything that comes from an animal, so they do not wear clothes made of leather, silk, or wool.

The first “vegetarians” appeared in India and the eastern *Mediterranean more than 2,500 years ago. The *Greek philosopher, Pythagoras, taught that all animals were *related, so humans should be kind to them. In India, *Buddhists believed that all animals were as important as humans and that it was wrong to kill animals for food. Later *Hinduists had ①the same belief.

In the 1800s, some vegetarians got together and made groups in England and in the United States. Then, the word “vegetarian” was used in England for the first time. In the 1900s, more people got interested in becoming vegetarians, and now the number of vegetarians is increasing all around the world.

②Why do more people choose to be vegetarians these days? One of the reasons is that they are worried about animals on large farms. They think those animals are raised in bad conditions. They also think that such farms harm the environment. The *waste from the animals can pollute the land and water. However, the more popular reason is that they want to be healthy by not eating meat.

It is said that vegetarians are (A) than people who eat meat, and that they have less risk of heart disease, cancer, and other illnesses. However, one study showed an interesting result — being a vegetarian won’t help us live (B). Researchers studied 243,096 men and women with an average age of 62. The six-year research found that meat eaters and vegetarians lived the same amount of time.

Other researchers came to the (C) conclusion. Researchers studied about 200,000 American workers and found that vegetarians who eat (D) foods, such as potato chips, sweets and junk foods, could increase their risk for heart disease. Then they paid attention to both vegetarians and meat eaters. They compared people who eat a lot of fruits and vegetables and people who eat a lot of (D) foods. ③The result was that more people got heart disease when they ate a lot of (D) foods. At the same time, they found that less people got heart disease when they ate a lot of fruits and vegetables. It showed that ‘eating meat or not’ is not an important point when we try to reduce our risk for heart disease. In other words, giving up meat may not be so important as we think, and eating a lot of *nutritious quality foods may actually help people live longer.

There is another study from a different point of view. ④[vegetarians and meat eaters / studied / disease / among / lifestyle / how / can / some researchers / influence]. They found that meat eaters had more diseases than vegetarians, but they got ⑤another interesting result. Meat eaters who had a healthy lifestyle had the same results as vegetarians who also had a healthy lifestyle. A healthy lifestyle here means that they didn’t smoke or drink too much alcohol, played sports, and ate a lot of fruits and vegetables. In addition, it is found that eating lots of fruits and vegetables with enough exercise has a good influence on *cardiovascular health, *blood pressure, and so on. ⑥All this information helps us understand that 'eating meat or not' is not an important point for our health, and having a healthier lifestyle and eating more fruits and vegetables are the best ways to live longer.

So, don't forget the following advice for both meat eaters and vegetarians :

First, eat more plant foods. 75 percent of one meal should be vegetables and 25 percent should be foods with enough *protein and healthy *fat.

Second, eat foods that are as natural as possible. If a lot of unnatural things are added to the food, you shouldn't eat it. And if you eat animal foods such as meat and dairy products, eat the highest quality food that you can get !

Third, live a less stressful life. You should not sit in front of a computer for 10 hours a day or take the crowded train or bus for an hour each day. You can't remove all the stress, but you can reduce it. Take a deep breath, and relax for a while !

Finally, sleep more. Get eight-hours of sleep as often as possible. That is the best way to help you keep healthy.

（注） grain(s)：穀類　Mediterranean：地中海地方　Greek philosopher：ギリシャの哲学者
related：関わり合っている　Buddhist(s)：仏教徒　Hinduist(s)：ヒンズー教徒
waste：排せつ物　nutritious quality food：栄養のある良質な食べ物　cardiovascular：心臓血管の
blood pressure：血圧　protein：タンパク質　fat：脂質

問１　本文に述べられている "vegetarians" の分類について，それぞれの特徴をア～オから一つずつ選び，記号で答えなさい。

① lacto-vegetarians

② lacto-ovo vegetarians

③ vegans

＜選択肢＞

ア　They don't eat anything that comes from animals.

イ　They don't eat meat but eat cheese, milk and eggs.

ウ　They sometimes eat meat but usually eat grains, nuts and seeds.

エ　They don't eat meat and eggs but they eat dairy products such as cheese and milk.

オ　They eat meat and wear clothes made of leather, silk or wool.

問２　下線部①の内容として最も適切なものをア～エから一つ選び，記号で答えなさい。

ア　Humans should be kind to animals, because all animals are equal.

イ　Humans should kill animals in the same way as Buddhists do.

ウ　Humans should not kill animals to eat, because all animals should be respected.

エ　Humans should have groups to increase the number of vegetarians.

問３　下線部②の答えとしてふさわしくないものをア～エから一つ選び，記号で答えなさい。

ア　They are trying to protect animals that are in bad conditions.

イ　They want to increase the number of large farms for animals.

ウ　They are worried that animal waste from farms will pollute the environment.

エ　They think they can be healthy if they don't eat animal meat.

問4　空欄(A)～(D)に入れるのに最も適切な語をア～クから一つずつ選び，記号で答えなさい。ただし，同じものを繰り返し選んではいけません。

ア　unhealthy　イ　healthy　ウ　healthier　エ　weaker
オ　similar　カ　different　キ　longer　ク　shorter

問5　下線部③からわかることとして最も適切なものをア～エから一つ選び，記号で答えなさい。

ア　Eating quality food is more important than giving up meat.
イ　Eating meat is as important as eating a lot of fruits and vegetables.
ウ　Eating a lot of fruits and vegetables increases the risk for heart disease.
エ　Giving up meat is helpful when you want to reduce the risk for heart disease.

問6　下線部④が「ある研究者達は，生活様式がどのように菜食主義者と肉を食べる人の病気に影響を与えるかを調べた。」という意味になるように［　］内の語(句)を並べ替えなさい。ただし，文頭に来る語も小文字で表してある。

問7　下線部⑤の内容として最も適切なものをア～エから一つ選び，記号で答えなさい。

ア　Meat eaters had more diseases than vegetarians when they stopped eating meat.
イ　Vegetarians had more diseases than meat eaters when they started eating meat.
ウ　Vegetarians played sports more often than people who eat meat.
エ　Meat eaters and vegetarians had less diseases when they had a healthy lifestyle.

問8　下線部⑥によって私たちは何を理解することができますか。55字以上65字以内の日本語で説明しなさい。(句読点を含む)

問9　筆者の考えとして最も適切なものをア～クから三つ選び，記号で答えなさい。

ア　We should stop eating meat and have a lot of nutritious plant foods.
イ　We don't have to give up eating meat if we eat a lot of fruits, vegetables and healthy fat.
ウ　Eating a lot of unhealthy foods doesn't influence our health if we are vegetarians.
エ　Playing sports too much may have a bad effect on our health if we are meat eaters.
オ　We should be careful about unnatural things in foods and choose quality foods.
カ　75 percent of one meal should be quality meat and 25 percent should be vegetables.
キ　It is not natural for humans to work with computers for long hours.
ク　We can keep healthy by eating a lot of fruits and vegetables even if we don't sleep enough.

Ⅳ　空欄に入る最も適切なものをそれぞれア～エから一つ選び，記号で答えなさい。

1．Will you tell me (　　　　　)?
ア　where do I eat lunch　イ　where eating lunch
ウ　where to eat lunch　エ　to eat lunch where

2．The woman (　　　　　) yesterday was my friend's mother.
ア　who talked to me　イ　was talked to me
ウ　I was talked　エ　who I talked

3．(　　) is about two kilometers from the station to our school.
ア　That　イ　This　ウ　There　エ　It

4．(　　　　) of making mistakes when you speak English.
ア　Don't afraid　イ　Be not afraid
ウ　Don't be afraid　エ　Not be afraid

V　日本語の意味を表す英文になるように下の語(句)を並べ替え，(A)～(H)に入る語(句)の記号を答えなさい。ただし，文頭に来る語(句)も小文字で書かれています。

1．それは，世界をより良くしようとしているグループの一つです。

(　)(　)(　)(　)(　)(A)(　)(　)(　)(B)(　).

ア better　イ it　ウ the groups　エ make　オ of　カ one
キ to　ク tries　ケ which　コ the world　サ is

2．私の前に立っている男の人が突然歌い出した時，私はびっくりしました。

I was surprised (　)(　)(　)(C)(　)(　)(　)(　)(D)(　) suddenly.

ア started　イ man　ウ front　エ standing　オ of
カ in　キ singing　ク me　ケ when　コ a

3．私は，誕生日プレゼントに新しい自転車を買ってくれるよう両親に頼んだ。

I (　)(　)(　)(　)(E)(　)(　)(　)(F)(　).

ア a　イ asked　ウ buy　エ bicycle　オ my birthday
カ for　キ my parents　ク new　ケ me　コ to

4．あのお城はとても白くて美しいので，白鷺城と呼ばれている。

(　)(　)(　)(　)(G)(　)(　)(　)(H)(　)(　) beautiful.

ア castle　イ because　ウ is　エ is　オ so　カ it
キ that　ク and　ケ Shirasagi-jo　コ called　サ white

VI　次の日本文を英文にしなさい。

1．学校へ行く前に，自分の部屋の掃除を終える必要はありません。

2．その英語で書かれた手紙をあなたはいつ受け取りましたか。

＜リスニングテスト放送原稿＞

第1部

A．F：I like your shirt.　Where did you get it?
　M：My wife got it for me last week.　She bought it at the Central shopping mall.
　F：Really?　It has such a cool blue color.　I want to get the same one for my husband.

B．F：Excuse me.　How can I get to Ginza?
　M：Well, you can take the red subway.　Ginza is four stops from here.
　F：Thank you.　Is it easy to find the red subway?

C．F：Hi.　I bought a smart phone here two days ago but it doesn't work anymore.
　M：Let me find out what is wrong.　Have a seat, please.
　F：Thank you.　How long will it take to find the problem?

D．F：Excuse me, I am Susan Young, from ABC company.　I would like to see Mr. MacDonald.
　M：I'm sorry, but he is in a meeting now.　Could you wait for a while, please?
　F：I see.　Do you know when the meeting will end?

E．F：Hello, I'm looking for an Aladdin DVD.　Do you have one?
　M：If you want one in a special package, you will have to wait until next month.
　F：Oh, no.　I really need it for my daughter's birthday tomorrow.

第2部

Joanne was born in England in 1965. The name of her father was Peter and he was an engineer at a car company. Her mother Anne worked for a school. They had two daughters, Joanne and her younger sister. Joanne really liked reading books and making stories by herself. When Joanne was six years old, she wrote her first short story and told it to her younger sister. When Joanne was nine years old, her family moved to a small village called Tutshill. Their house was very old and beautiful and there was a huge forest near the house. Later, this house and forest gave her some ideas for her novels.

At Exeter University, Joanne studied French and old languages in Europe. We can find some of these old languages in her novels. After she graduated from her university, she worked for a while but she was not interested in any jobs and continued to write novels. She sent some of the novels to publishing companies, but no company published her novels. She had the idea of Harry Potter in 1990 on a train from Manchester to London. After that, she began to write all seven Harry Potter books.

While she was writing her novels, she went to Portugal to teach English. She met a man and married him there in 1992 and had a daughter. However, one day her husband left their house and never came back. So she returned to England with her daughter. Joanne couldn't find a good job in England, so she was very poor. But she didn't give up writing novels. At last, in 1997, her first book named "Harry Potter and Philosopher's Stone" was published. Now, Joanne K. Rowling is one of the most famous writers in the world.

F. Which is true about Joanne's family?

G. Which is true about Joanne's first short story?

H. What can we find in Joanne's novels?

I. What is true about the Harry Potter books?

J. What happened to Joanne after she came back from Portugal?

【数　学】（50分）〈満点：100点〉

（注意）　定規，コンパス等の作図道具および計算機の使用は禁止です。

1　　次の問に答えなさい。

問１　$(2x-5)(x+1)-(x+\sqrt{7})(x-\sqrt{7})$ を因数分解しなさい。

問２　$x=\dfrac{1}{5}$，$y=-\dfrac{1}{4}$ のとき，$(2x^2+4xy)^2\div\left(\dfrac{6x+9y}{15}-\dfrac{2x+6y}{10}\right)$ の値を求めると，$\left(\dfrac{a}{b}\right)^2$ の値と一致します。素数 a と b の値を求めなさい。

問３　図１のように，円周上の点A，B，C，D，Eを頂点とする星型の図形があります。∠ACEの大きさを求めなさい。ただし，線分BDは円の中心を通り，∠DBE＝31°，$\overset{\frown}{\mathrm{AB}}=\overset{\frown}{\mathrm{ED}}$ とします。

図１

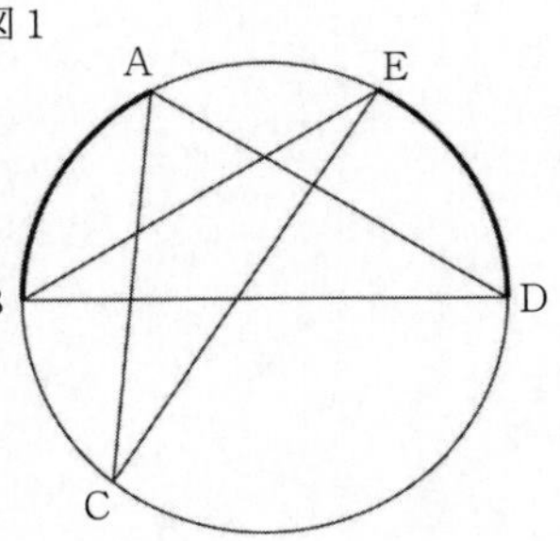

図２

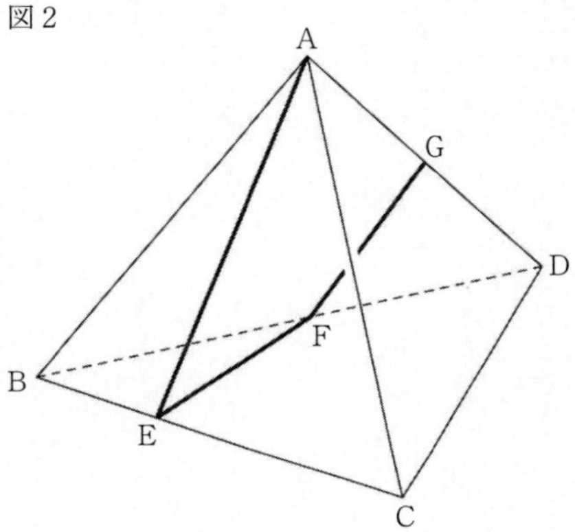

問４　図２のような正四面体ABCDがあります。点Gは辺ADの中点です。辺BC上に点E，辺BD上に点Fを，AE＋EF＋FGの長さが最も短くなるようにとります。正四面体の１辺の長さが２のとき，AE＋EF＋FGの値を求めなさい。

2　　右の図において，点Aは反比例のグラフと直線 l の交点であり，点Bは直線 m と x 軸の交点です。△OABは正三角形であり，２直線 l と m は平行です。点Aの座標が$(1,\ \sqrt{3})$であるとき，次の問に答えなさい。

問１　直線 m の式を求めなさい。

問２　直線 m と反比例のグラフとの交点のうち，x 座標が正の方をCとします。点Cの x 座標を求めなさい。

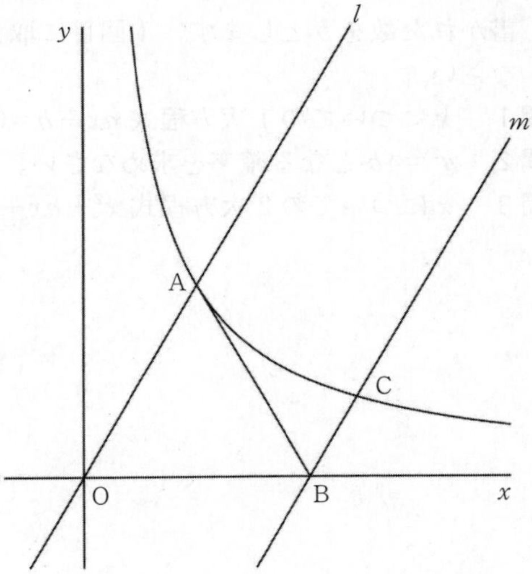

3 図のように，放物線 $y=2x^2$…①，$y=x^2$…②があります。①上には x 座標が a である点A，x 座標が $a+1$ である点B，②上には x 座標が $a+1$ である点Cがあるとき，次の問に答えなさい。ただし，$a>0$ とします。

問１　直線ACの傾きを，a を用いて表しなさい。

点Bを通り，直線ACと平行な直線を引き，②との交点のうち，x 座標が大きい方をDとします。直線ACの傾きが -2 であるとき，次の問に答えなさい。

問２　直線BDの式を求めなさい。

問３　四角形ACDBの面積を求めなさい。

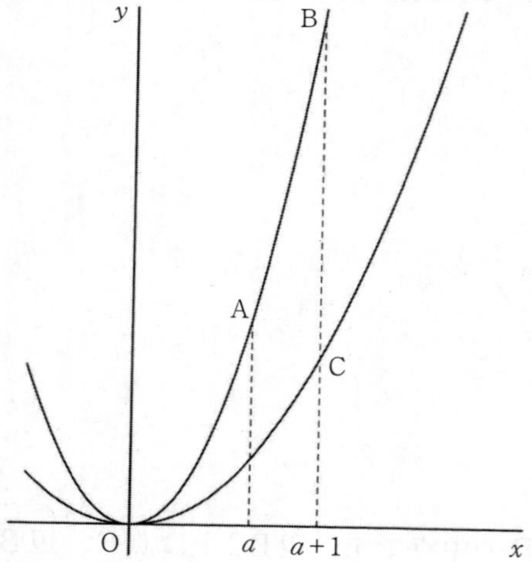

4 袋の中に，１から５までの数字が１つずつ書かれた５個の球が入っています。袋から球を１個ずつ２回続けて取り出すとき，１回目に取り出した球に書かれた数を a，２回目に取り出した球に書かれた数を b とします。１回目に取り出した球は，袋に戻さないものとするとき，次の問に答えなさい。

問１　x についての１次方程式 $ax+b=0$ の解が整数となる確率を求めなさい。

問２　$a^2=4b$ となる確率を求めなさい。

問３　x についての２次方程式 $x^2+ax+b=0$ の解が整数となる確率を求めなさい。

5　正方形の台紙に正方形の色紙を少しずつずらした位置にはって，模様を作ることにしました。図において，四角形ABCDは1辺の長さが18cmの正方形の台紙を示しています。点Pは線分AB上の点であり，点Qは線分AD上の点です。AP＝AQ＝6 cmとします。

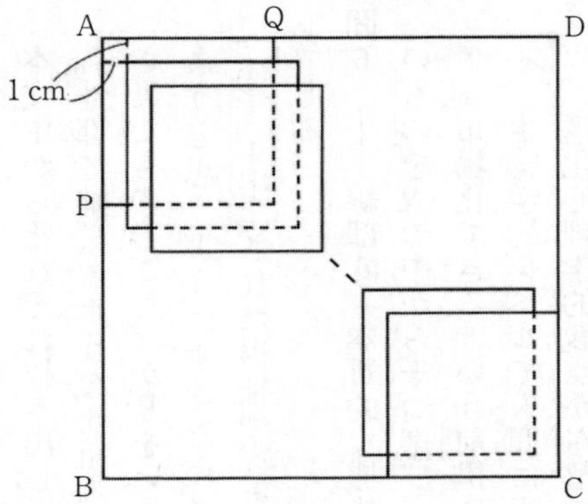

まず，1辺の長さが6 cmの正方形の色紙をその3つの頂点がA，P，Qの位置にくるように台紙にはります。次に，その位置から右に1 cm，下に1 cmずつずらした位置に同じ大きさの別の色紙を図のようにはります。同様に，右に1 cm，下に1 cmずつずらした位置に同じ大きさの別の色紙をはり続け，色紙の右下の頂点がCと一致したとき，はり終えるとします。このとき，次の問に答えなさい。

問1　台紙に色紙をはり終えたとき，はった色紙の枚数を求めなさい。(答のみ解答)

問2　問1のとき，正方形ABCDは色紙をはった部分と，色紙をはっていない部分とに分けられます。正方形ABCDのうち，色紙をはった部分の面積を求めなさい。(答のみ解答)

次に，1辺の長さがa cmの正方形$A'B'C'D'$を台紙にした場合を考えます。先ほどと同様にして，1辺が6 cmの正方形の色紙を台紙にはり続けるとき，次の問に答えなさい。

ただし，aは6より大きい整数とします。

問3　台紙に色紙をはり終えたとき，はった枚数をnとするとき，nをaで表しなさい。(答のみ解答)

問4　問3のとき，正方形$A'B'C'D'$のうち，色紙をはった部分の面積を$S\,\mathrm{cm}^2$，色紙をはらなかった部分の面積を$T\,\mathrm{cm}^2$とします。$S：T＝1：2$のとき，aの値を求めなさい。

「のび太くん家」のような家族は、家父長制などの戦前の［①　5字］を否定することによって生まれてきた。したがって、現代の「純粋な関係性」を結ぶ家族も、友人や同僚を呼んで社会的に結婚を認めてもらうような、戦後の［②　7字］の系譜に連なっていると言える。

問4　——線部(4)「ポジティブな意味がある」とありますが、どのようなところが「ポジティブ」なのですか。最も適当なものを次の中から選び、記号で答えなさい。

ア　オンラインでのつながりが、核家族の信頼を強めるところ
イ　オンラインでのつながりが、家族関係に民主化をもたらすところ
ウ　オンラインでつながることで、戦前の家父長制が見直されるようになったところ
エ　オンラインでつながることで、離れていた3世代が再びつながることができるところ
オ　オンラインでつながることで、戦後民主主義の新たな可能性が見出されるようになったところ

問5　——線部(5)「外部で補えるような仕組み」とありますが、それについて次のように説明しました。空欄に当てはまる語句を、本文中からそれぞれ抜き出しなさい。

「外部で補えるような仕組み」とは、お金で買える［①　3字］されたもののことばかりをいうのではない。人々が家族を形成しようと思うようにするためには、むしろコストのかからない［②　4字］された福祉や、その他の社会的つながりが必要なのである。

問6　——線部(6)「本質的な機能」とありますが、それに該当しないものを次の中から一つ選び、記号で答えなさい。

ア　市場化できるという前提に立った家族の役割
イ　生物学的レベルで人間に組み込まれている一つの能力
ウ　進化心理学的観点から解明された「親密な関係」の働き
エ　「親密な関係」によって結ばれた家族関係が人間に与える効能
オ　外部化したり代替したりすることのできない「親密な関係」のもたらす作用

問7　——線部(7)「「親密性格差」」の問題から目を背けることができなくなっていく」とありますが、どういうことですか。その説明として最も適当なものを次の中から選び、記号で答えなさい。

ア　家族の愛に飢えている人の数を今よりも減らす努力が求められるようになる、ということ
イ　「親密な関係」を持たない人とそれを支える人とのきずなを強められるようにする、ということ
ウ　「親密な関係」を持つ人と持たない人の間にある落差を埋めていく必要が生じる、ということ
エ　「親密な関係」を持たない人が今よりも増えていく情況に対処する必要に迫られる、ということ
オ　外部化された家族では満たされない人にどのような代替措置が可能かを考えなければならない、ということ

問8　本文の内容と合致しないものを次の中から一つ選び、記号で答えなさい。

ア　今後の家族のあり方は、戦前の家父長制の欠点を修正してできた「純粋な関係」になっていくと思われる。
イ　「子育て中の核家族」というモデルが、時代に合わせて変化していく過程にはポジティブな側面がある。
ウ　「純粋な関係」には、一度は分断された親族がそれぞれの意志で再びつながり合うというような積極的な意味がある。
エ　家族を持ち得ない人たちに対してどのようなケアをしていくべきかという問題については、とりあえず家族の果たすべき機能を外部化することで対応しようとしてきた。
オ　「親密な関係」は代替不可能であり、決して外部化できないものなのである。

事で、感情のコントロールが利かなくなりパニックになったとき、妻に手を握ってもらったり、抱きしめてもらったりすると落ち着いていくという、印象的なエピソードを記しています。

僕は読んだとき、「これってけっこう重要な問題だよな」と思いました。支えられる人が限られる環境においても、やはり代替不可能な存在というものがあるのです。

病気などに直面したとき、機能として医療や介護を外部から提供することはできます。しかし、大切な人に見守ってもらったり、ずっと手を握ってもらったりするような、人間のなかにある本質的な部分に応えることは、おそらく外部化できないものなのです。

福祉は、家族の機能は外部化できるという前提に立ち、それらを個別のサービスとして提供してきた面があります。しかし、家族が持つ本質的な「親密性」は、お金や労働力のように集めたり分配したり、代替したりすることは難しいのです。恋人がいない人に恋人をどこかから調達して分配したり、家族の愛に飢えている人に別の誰かの家族の愛を分け与えたりはできません。「親密性」の有無が人生の質(QOL)を左右するにもかかわらず、それを再分配することはもとより、強制的に提供することもできないのです。

今後の社会では、こうした(7)「親密性格差」の問題から目を背けることができなくなっていくことでしょう。

ある程度までは、先に述べたようにサポートを市場化したり、サードプレイスのような形でネットワーク化したりできる。でも、親密な関係を持つ人と持たない人で決定的な違いが生じるなら、それがない人たちはどのように生きていけばいいのか――。

家族という「親密な関係性」には、最後の大きな問題が潜んでいるのです。

(鈴木謙介『未来を生きるスキル』より
作問のため本文を改めた箇所がある)

(注)「のび太くん家」…藤子・F・不二雄の漫画『ドラえもん』の登場人物の一人である「のび太」の家族のこと。筆者は別の箇所で「のび太くん家のような「愛によって結ばれた夫婦」が、「自分たちの経済力のみで子育てをする」家族」と述べている。

問1 ――線部(1)「純粋な関係性」とありますが、これを説明したものとして最も適当なものを次の中から選び、記号で答えなさい。

ア 計算高くあることによって、相互に利益と安定をもたらすような関係性
イ 存在を相互に認め合うことが、共にいる唯一の動機となるような関係性
ウ 制度や形式に則して、それぞれが社会的な位置を取得するような関係性
エ 純朴で汚れのないことが、連帯するただ一つの根拠となるような関係性
オ 偶然結ばれた者たちが、きずなを必然的なものに育てていくような関係性

問2 ――線部(2)「家族というプロジェクトを協働して担っていくしかない」とありますが、なぜですか。その理由として最も適当なものを次の中から選び、記号で答えなさい。

ア 家族は自分で選んだ関係ではないが、守るべきものだから
イ それぞれに都合があっても、家族は維持しなければならないものだから
ウ 共にいることが当然であるはずの家族ですら、自分たちで選んだ関係になるから
エ 協力し助け合わねばならないはずの家族を疎んじることは、無責任なことだから
オ たとえ家族であっても、相互に保障されるべき個人の自由を犯してはならないから

問3 ――線部(3)「いま作られている家族は、戦後民主主義の延長線上にある民主化された家族のひとつの形態として見ることができます」とありますが、それについて次のように説明しました。空欄に当てはまる語句を、本文中からそれぞれ抜き出しなさい。

ようなこれまでのモデルにない人たちをどう考えるのか？

　こうした問題には、「家族を支える制度」を考える視点を欠かすことができません。そこで、そんな人たちをサポートするために社会福祉制度があります。福祉で家族をサポートするということは、言い換えると、「家族の営み」をある程度外部化する前提に立つことです。

　実際に、教育については、学校や学習塾や習い事などでほとんど外部化されており、高齢者介護も外部化が進みつつあります。最近では、共働き世帯を中心に家事代行サービスの需要も高まっています。つまり、家事や生活を営む作業は、その多くが外部との関わりで可能になるものなのです。それをすべて市場（お金）で買うかどうかはともかく、家族以外の誰かが担えるものになりつつあります。

　こうしたサポートのうち、お金での購入が前提となるサービスを「商品化」されたものと呼び、福祉のように権利として保障されているものを「脱商品化」されていると呼びます。そのうえで、デンマーク出身の社会学者イエスタ・エスピン＝アンデルセンは、福祉の「脱商品化」の度合いは国や社会によって異なることを明らかにしました。

　たとえば、アメリカでは商品化の度合いがすごく高い。なんでもお金で買えるということです。そして、脱商品化されている国でも、北欧諸国のように行政が提供する仕組みが整っている国もあれば、南欧諸国のように商品化の度合いも低く福祉も不十分で、親族ネットワークに依存するような国もあります。日本では市場で買ったり、行政が提供したりと様々ですが、たとえば医療サービスであれば行政からサポートを受けるというパターンになっています。

　もちろん、単純に国や地域で分けづらい面もありますが、いずれにせよ、様々な方法で家族以外の人がサポートを提供していることが世界的に見られるわけです。

　すると、ほとんどのサポートを外部化できると考えるなら、家族の形態が多様化しても、市場のサービスで代替したり、福祉として提供したりして対処できるかもしれません。

　たとえば、子どもと一緒に住んでいない高齢世帯が増えても、ヘルパーが定期的にどこかへ連れて行ってくれたり、入浴サービスをしてくれたりする形で外部化できるなら、ある程度は対処できます。ただ、福祉予算が縮小され、かつ市場でそれを買うのも高いとなると、家族を形成すること自体から人びとは退却していくでしょう。親の介護もありながら子どもを育てることは、よろこびよりもコストのほうが高いものとなってしまうのです。

　だからこそ、家族を社会の基本的な単位と考えるなら、それを維持するためにこそ(5)外部で補えるような仕組みを増やす対策が必要になります。市場から調達するほか、サードプレイスによるサポートや、高齢者になったときに自分を尊重してくれる人たちのネットワークがあること。あるいは、趣味縁のなかでウィークタイズがあること。もちろん、福祉行政が子育てのサービスや高齢者福祉を拡充していくこと。

　そうしたことが、家族を守っていくうえで今後ますます重要になっていきます。

　そして、ここに至って最後の大きな問題が立ち現れます。

「家族」が持つ(6)本質的な機能を、すべて外部化できるのか？

　近年、進化心理学という、生物学的な人間の進化や人間の性質を進化論的な観点から解明する研究において、家族などの「親密な関係」には、外部化したり代替したりすることのできない本質的な機能があることがあきらかになりつつあります。

　つまり、家族のような関係性は、人間の生物学的なレベルで組み込まれている機能であるということです。

　たとえば、病気になったとき、親密な相手からのケアがあるかどうかが快復に影響することが指摘されています。『脳が壊れた』の著者である鈴木大介氏は、自身の高次脳機能障害について書いた記

述べる。「囚《とら》われちゃ駄目だ」と。私たちはこの広田先生の言葉を忘れてはならないのである。

（本文は本校で作成した）

五

次の文章を読んで後の設問に答えなさい。

イギリスの社会学者アンソニー・ギデンズは、著書『親密性の変容』で、これからの人間関係、とりわけ親密な関係は、「(1)純粋な関係性(pure relationship)」になると述べています。ここでの純粋は、心が汚れていないという意味ではなく、「ほかに理由がない」という意味です。

この定義で見ると、パートナーと利益目当てで付き合っていたり、籍を入れたから仕方なく夫婦でいたりするのは不純な関係性であり、「お互いがお互いであること以外に関係性を保つ理由がない」のが純粋な関係性です。職場の同僚は会社が同じという条件に支えられているので不純となりますが、会社を辞めても友人としての付き合いが続くなら、それこそが純粋な関係性ということですね。

そうなると、「私たちは家族である」とお互いが決めたこと以外に家族であることの理由や条件がないので、お互いがそれぞれの人生設計や生活圏を持つなかで、(2)家族というプロジェクトを協働して担っていくしかないのです。僕はあと15年もすれば、そんな関係性が標準的なスタイルになると考えています。

ただし、それは(注)「のび太くん家」がなくなってしまうことではありません。のび太くん家にあった関係性が、僕らの時代に合ったものに変わるということです。

なぜなら、戦後に築かれてきた愛によって結ばれた核家族もまた、「民主的」な家族として広まってきたからです。

戦前の家父長制では、家長である父の絶対的権威を頂点にしたピラミッドのなかで家族が営まれました。そして、このような古い家族はもうやめようという意識から現れたのが戦後の民主的な核家族でした。

結婚は親が決めるのではなく、夫婦の愛によって成立する。結婚式のスタイルは神前結婚式ではなく、結婚することだけを理由にした人前結婚式を挙げる。披露宴には友人や会社の同僚を呼び、社会にその夫婦を認めてもらう。このように戦前の権威を否定して生まれたのが、戦後の民主的な核家族だったのです。

その延長線上に生きている僕たちは、いま家族の条件としてなにを残すのか——。

それは、「一緒に住んでいること」とか「子育てをしていること」といったどこかの誰かが決めた定義ではなく、お互いが「家族になろう」と思って作ったという、その純粋な理由だけを残していくという話だと思うのです。

その意味で、(3)いま作られている家族は、戦後民主主義の延長線上にある民主化された家族のひとつの形態として見ることができます。別にどんな言葉を使ってもいいのですが、夫婦間で「よろしくお願いします」なんて僕は素敵だと思います。

そんな家族の形態がもっと広がれば、高齢世帯でも離れて住む息子夫婦とLINEグループでつねにつながっていたり、オンラインでコミュニケーションしたりして、いつでも「家族」であれるわけです。これまで核家族で切れていた3世代がオンラインでつながって、孫にとって遠かったおじいちゃん、おばあちゃんが、自分のすぐ身近にいる高齢の家族として存在することもあり得ます。

そのようにして核家族をまたいだ関係性が広がることには、とても(4)ポジティブな意味があると思います。

ここまで、かつて標準とされた「子育て中の核家族」のようなイメージの家族が、新しく民主化されていくポジティブな側面を見てきました。

しかし、ここで大きな問題が残ります。

そんな家族を作ることができない人や、急増する高齢単身世帯の

怒るのではないかと肝を冷やした。

オ　曽呂利が秀吉の耳を嗅いでいる様子を見た諸大名は、自分についてあれこれ報告していると勘違いした。

問4　本文の内容と**合致しない**ものを次の中から一つ選び、記号で答えなさい。

ア　秀吉は曽呂利に歌の褒美として黄金を与えるつもりだった。

イ　秀吉は曽呂利が耳を嗅ぎたいといった真意はわからなかったが面白く感じて承知した。

ウ　諸大名は秀吉に気に入られようと曽呂利に金銀を貢ぐようになった。

エ　曽呂利が私腹を肥やしたことを秀吉は苦々しく思ったが笑うしかなかった。

オ　曽呂利はねらいどおりに日に日に裕福になっていった。

四

次の文章を八十字以上百字以内に要約しなさい。

> ①　三文で要約すること
> ②　第二文の書き出しを「しかし」、第三文の書き出しを「つまり」で始めること
> （……。しかし……。つまり……。）
> ③　解答欄の一マス目から書き始め、句読点も一字に数えること

夏目漱石『三四郎』の中で、熊本から上京する主人公の三四郎に対して、広田先生という人物が次のように語るシーンがある。熊本より東京は広い。東京より日本は広い。日本より頭の中の方が広い、と。

ままならぬ現実の中で生きる私たちは、それでも自分の頭の中は自由で、思うまま想像の翼を広げることができる。私たちは何でも自由に考えることができると信じている。そのように考えて、日々の生活を生きている。しかし私たちの心は本当に自由なのだろうか。

たとえば、食べ物のことを考えてみよう。食べ物は本来、男性向け、女性向け、そのようなものではないはずである。しかしラーメン屋の行列は圧倒的に男性が多く、ケーキバイキングは女性客がその大半を占めている。彼ら、彼女たちは、誰かにラーメン屋、あるいはケーキバイキングに行け、と命じられたわけではない。自分の心のおもむくままに、そのような行動を取ったに過ぎない。にもかかわらず、まるで誰かに命じられたかのように、男性はラーメン屋に列をなし、女性はケーキバイキングにでかけるといった行動をとってしまうのである。

このようなことはぬいぐるみについても言える。子どもの時、私たちの多くはぬいぐるみと遊んでいたはずだ。しかしいつしか私たちは、自然とぬいぐるみとの日々から遠ざかってしまう。ただこれはすべての社会に当てはまることではない。ある調査によると、イギリスの成人男性のうち、三人に一人が大人になってもぬいぐるみとともに暮らしているという。考えてみれば、大人になったらぬいぐるみと別れなければならない、という理由はどこにもないはずである。にもかかわらず、私たちの多くは、無意識のうちにぬいぐるみと別れるべきであると思い込み、そのように行動してしまっている。私たちの心は決して自由ではない。

このように、知らず知らずのうちに、私たちの心や行動を方向付けてしまうものが文化である。食べ物についてもぬいぐるみについても、私たちは根拠のない思い込みに縛られている。実は文化がこういった私たちの思い込み、私たちの心の形をあらかじめ決めてしまっているのである。

ここ数年、日本の社会ではすぐに役に立つ研究が求められ、それ以外の学問を軽んじる傾向が強くなってきている。いわゆる文化研究もその一つだ。しかし文化が心の形を決めてしまうとするのならば、文化研究は私たちの心の限界を知る学問だ。そして文化を研究し、心の限界を知ることこそが、自由になることへの第一歩になるのである。『三四郎』の広田先生は、先の引用に続けて次のように

イ　税込み価格で計算すると三〇〇円の支払いで済んでいたが、税抜き価格で計算すると、前より一円多く支払わなければならなくなった。

ウ　各商品を税抜き価格で合計し、それに対する消費税を計算すると、消費税は二十一円だが、税込み価格で合計すると消費税が二十二円になった。

エ　八月以前の領収書と九月以降の領収書を比較すると、計算方法が変わったことにより、食料品の値段が相対的に下げられることになった。

オ　複数の商品を買う場合、税込み価格が表示されている方が最終的に支払う値段が分かりやすいという消費者の要望が通った結果、計算方法が変わった。

三　次の文章を読んで後の設問に答えなさい。

ある時ご寵《ちょう》愛の松の樹枯れたりしを、秀吉公心よからず思《おぼ》し召しつるを、曽呂利《そろり》伺ひ見て祝しけるは、

御秘蔵の常盤《ときは》の松は枯れにけり

己《おの》が齢《よはひ》を君にゆづりて

(1)秀吉公御感ありてよくよくぞ祝し申したれ、曽呂利に黄金とらせよと仰せありければ、曽呂利謹んで額を下げ、『有り難きしあわせA、とかう申すも畏れあれども、ただいま御金を拝領仕《つかまつ》るよりは、日ごとに君の御耳を嗅がせ給《たま》はらば御金に勝り、有り難からんBと申し上げければ、殿下可笑《をか》しく思し召し、汝《なんぢ》が望みに任する間、心のままに嗅ぐべしCと仰せけるに、曽呂利甚だ悦《よろこ》び深く恩を謝したりける、それより後、諸国の大名小名登城して、御目見の時は必ずこの曽呂利、秀吉公の御側《そば》にありて(2)御耳を嗅ぎけるを、国々の大小名さては我が身のことを囁《ささや》き申し上ぐるやDと、心もとなく思ひつつ内証より若干の金銀を曽呂利に送り、御前のとりなしよろしく頼み存ずる旨、日ごとに贈り物山のごとく、俄《にはか》に徳付き福有《ふくいう》の身となりけるとぞ、殿下これを聞こしめし、例の曽呂利が横着こそをかしけれとて笑い給ひぬ。

（『絵本太閤記』より）

寵愛…特別に愛すること
常盤の松…葉の色が変わらない松
御金を拝領仕る…金をいただく
小名…大名のうち、領地・石高の少ないもの
横着…ずうずうしいこと

問1　――線部(1)「秀吉公御感ありて」とありますが、秀吉はなぜ曽呂利の歌に感心したのですか。説明として最も適当なものを次の中から選び、記号で答えなさい。

ア　松の持つ昔ながらのイメージを技巧的に詠み込んだから
イ　松の最期を見届けられたという珍しい経験を歌に詠んだから
ウ　枯れた松の代わりに曽呂利の寿命を秀吉に差し出すことを約束したから
エ　松が枯れるという不吉なことを機転を利かせてめでたいことに変えたから
オ　松と同い年の秀吉の年齢を忘れずにその長寿をお祝いする気持ちを表したから

問2　『で始まる会話はどこで終わりますか。A～Dより一つ選び、記号で答えなさい。

問3　――線部(2)「御耳を嗅ぎける」とありますが、その姿を見た諸大名の反応を説明した文章として最も適当なものを次の中から選び、記号で答えなさい。

ア　曽呂利が秀吉の耳を嗅いでいる様子を見た諸大名は、歌で状況を説明している姿に感心した。
イ　曽呂利が秀吉の耳を嗅いでいる様子を見た諸大名は、耳の遠くなった秀吉をいたわる姿に感動した。
ウ　曽呂利が秀吉の耳を嗅いでいる様子を見た諸大名は、秀吉と曽呂利の密接な関係に嫉妬した。
エ　曽呂利が秀吉の耳を嗅いでいる様子を見た諸大名は、秀吉が

二

問1　次の文を読み、男子高校生の競技別加盟人数の上位十五位までの内訳を表すグラフとして、最も適当なものを選び、記号で答えなさい。

> 男子高校生の競技別加盟人数の上位十五位のうち、23パーセントは球技以外の競技である。球技以外の競技のうち、最も加盟人数の多いのが陸上競技で、およそ39パーセントを占める。

ア
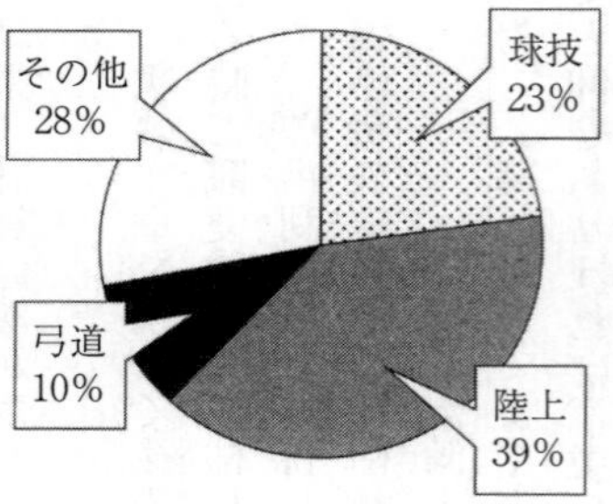

イ
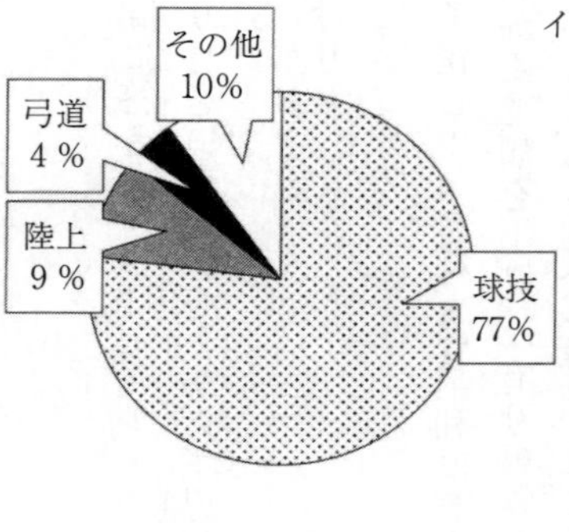

ウ
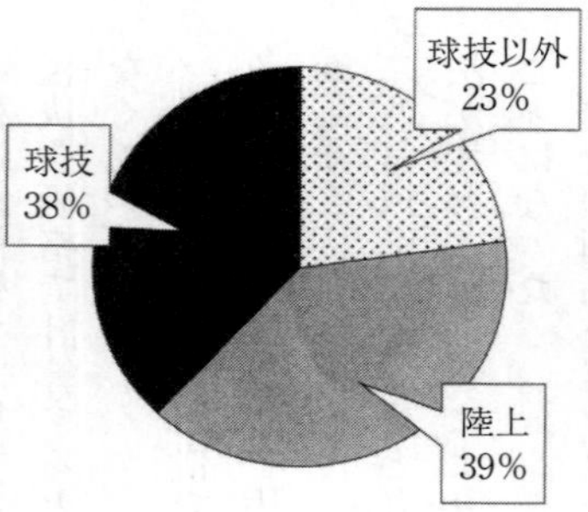

エ
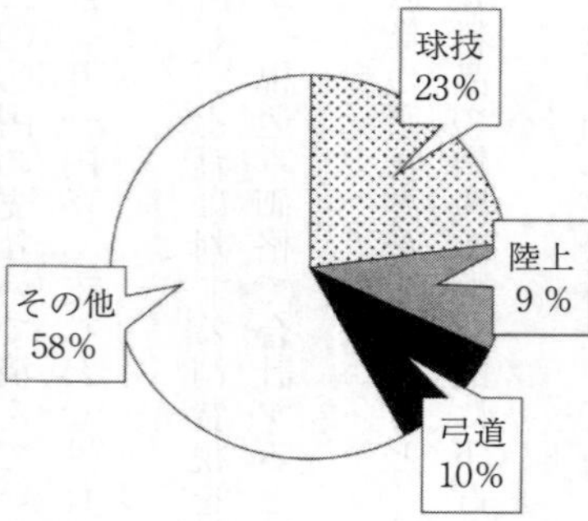

オ
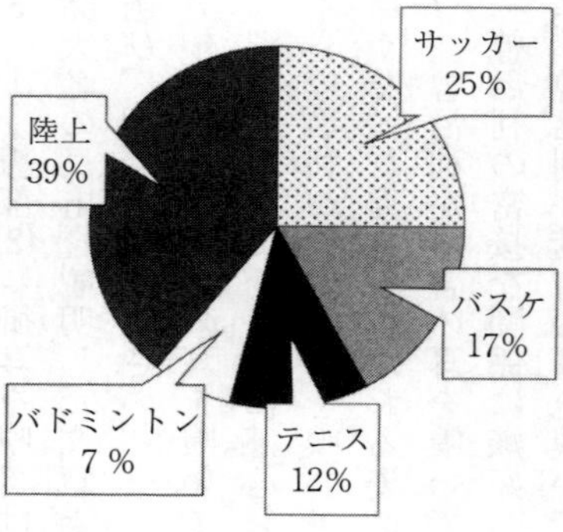

問2　二〇一九年九月の新聞記事で、あるコンビニチェーンでの支払いの計算方法が変わったことが報じられた。次の領収書を見て、これに合致する説明を後から選び、記号で答えなさい。

従来の領収書

領収書

お茶	１００
おにぎり	１００
あめ	１００
合計	３００
（内消費税	２１）

９月以降の領収書

領収書

お茶	９３
おにぎり	９３
あめ	９３
小計	２７９
消費税	２２
合計	３０１

ア　従来の領収書では、各商品の税抜き価格が示され消費税の額が明確であったが、九月以降の領収書ではそれが不透明になった。

二〇二〇年度 中央大学杉並高等学校

【国 語】（五〇分）〈満点：一〇〇点〉

一

Ⅰ～7の文中の――線部(a)～(h)について、漢字はひらがなで読み方を示し、カタカナは漢字に改めなさい。

1 日本国民は、正当に選挙された国会における代表者を通じて行動し、われらとわれらの子孫のために、諸国民との協和による成果と、わが国全土にわたつて自由のもたらす恵沢を確保し、政府の行為によつて再び戦争の(a)サンカが起ることのないやうにすることを決意し、ここに主権が国民に存することを宣言し、この憲法を確定する。

（日本国憲法　前文による）

2 そのかみの学校一のなまけ者
今は(b)マジメに
はたらきて居り

（石川啄木『一握の砂』による）

3 親(c)ユズりの無鉄砲で小供の時から(d)ソンばかりしている。小学校に居る時分学校の二階から飛び降りて一週間ほど腰を抜かした事がある。なぜそんな無闇をしたと聞く人があるかも知れぬ。別段深い理由でもない。

（夏目漱石『坊っちゃん』による）

4 「けれどもほんとうのさいわいは一体何だろう。」ジョバンニが云《い》いました。
「僕わからない。」カムパネルラがぼんやり云いました。
「僕たちしっかりやろうねえ。」ジョバンニが胸いっぱい新しい力が(e)ワくようにふうと息をしながら云いました。

（宮澤賢治『銀河鉄道の夜』による）

5 昔話には、社会の(f)リフジンさや生きることの切なさとともに、それを乗り越えていく人間の強さが込められている。そして語りの場では、語り部自身の歩んできた人生がそれに重ね合わされて再解釈がなされ、さらにリアルに語られていくのだ。

（六車由実『驚きの介護民俗学』による）

6 日本人が「馬車」の類を使ったのは、平安時代の牛車だけで、どういうわけか日本人は、あんまり乗用に「車輪」を使わなかったのです。牛車が(g)廃れた後に車輪が使われたのは荷物運び用で、しかも、これを引いたのは人間です。

（橋本　治『日本の行く道』による）

7 新元号「令和」の出典は、『万葉集』にある「初春の令月にして、気淑《きよ》く風(h)和らぐ」だが、この句は中国の書家王羲之《おうぎし》の「蘭《らん》亭序《ていじょ》」や張衡《ちょうこう》「帰田賦《きでんのふ》」からの影響が指摘されている。

（新聞記事による）

英語解答

Ⅰ 第１部　A…３　B…２　C…４
　　D…１　E…２
第２部　F…２　G…４　H…２
　　I…４　J…１

Ⅱ A　イ　B　ウ　C　ア　D　エ
E　ウ　F　ウ，エ

Ⅲ 問１　①…エ　②…イ　③…ア
問２　ウ　問３　イ
問４　A…ウ　B…キ　C…オ　D…ア
問５　ア
問６　Some researchers studied how lifestyle can influence disease among vegetarians and meat eaters.
問７　エ
問８　(例)肉を食べるか食べないかは健康にとって重要ではなく，健康的な生活をし，野菜や果物を多く食べることが長生きをする最良の方法であること。(65字)
問９　イ，オ，キ

Ⅳ １　ウ　２　ア　３　エ　４　ウ

Ⅴ １　A…ケ　B…コ
２　C…エ　D…ア
３　E…ケ　F…カ
４　G…ケ　H…オ

Ⅵ １　(例)You don't have to finish cleaning your room before going to school.
２　(例)When did you receive the letter which is written in English?

Ⅰ〔放送問題〕解説省略

Ⅱ〔長文読解総合―説明文〕

≪全訳≫❶アルバート・アインシュタインをご存じだろうか。たぶん皆さんの多くは，彼は世界がこれまでに生んだ最も有名な科学者の１人であることを知っているだろう。実際，1922年に彼は「光電効果」についての考えでノーベル賞を受賞した。後にこの考えはテレビの発明につながった。1955年に亡くなるまで，彼は科学の分野で多くの重要な考えを発表した。これらの考えは，他の科学者だけでなく，科学を学ぶ多くの若い学生にも影響を与えた。❷アルバート・アインシュタインは，1879年３月14日，ドイツで生まれた。子どものときの彼はとてもおとなしく内気だった。３，４歳になるまで一言も話さなかった。彼の両親はとても心配し，脳に何か障害があるのではないかと思った。彼らはしばしばアルバートを医者に連れていったが，医者はどこも悪いところはないと言った。医者の１人はアルバートの性格にすぎないと言った。彼が言うには，アルバートはよく話す人ではなく考える人なのだということだった。彼と同じ年齢の少年のほとんどは，兵隊ごっこや暴力的なゲームをやりたがったが，アルバートはそうではなかった。彼は１人でいることを好んだ。何時間も考え，空想にふけっていた。アルバートは，見ることも説明することもできない世界について考えるのが楽しかった。後に彼はこう語った。「想像力は知識よりも重要だ。知識は限られている。想像力は世界中をすばやく回ることができる」❸彼の父親は，電池，発電機，電線などを販売する商売を営んでいた。アルバートは電気に非常に興味があり，それについて父親に多くの質問をした。彼は，電気は非常に強力で不思議だと考えていた。「電気を見る方法はあるの？　どのくらい速いの？　何でできているの？」　アルバートは父親からもらった方位磁石にも興味を持った。その針は常に同じ方向である北を指していたので，彼はとても興奮した。アルバートは自分の周りにこのような不思議な力が存在することを知って驚いた。もっともそれを見ることも感じることもできなかったが。彼はしばしば方位磁石を持ってハイキングに行き，草の上に寝転んだ。空を見上げ，宇宙について考えるのが好きだった。「宇宙の外側には何かあるのかな？ あの星の光はどのようにして僕たちの目に届くのだろう？ 宇宙よりも大きいものはあるのかな？」❹アルバートは小学校が好きだったが，それは先生たちが親切で，彼のどの質問にも一生懸命に答えようとしてくれたからだった。しかし，突然，事情が変わった。10歳のとき彼はギムナジウムに行き始めたのだ。そこはとても厳しい学校だった。生徒は学校のどこに行くにも，制服を着て兵士のように歩かなければならなかった。質問は許されなかった。彼らは学ぶことをただ読んで，暗記することだけが求められた。アルバートは考えたり想像したりすることは許されないのだと感じた。しかし，数学だけは考えて想像する時間を与えてくれた。だから家ではおじさんの助けを借りて難しい数学の問題を勉強することに多くの時間を費やした。彼らはよく一緒に幾何学を勉強した。アルバートは，正方形，立方体，円，球などの形の問題を解くのを楽しんだ。彼にとってそれはブロックで遊ぶようなものだった。アルバートのクラスの他の少年たちは数学に苦労していたが，彼にとっては数学はパズルゲームのようなものだった。しかし，学校で彼はいつも先生たちが答えられないような質問をし，しばしば罰せられた。先生たちは彼が同級生に悪い影響を与えていると考え，ついに学校を永遠に去るよう，彼に申し渡した。そうして，彼は15歳のときイタリアに引っ越した。彼の家族がすでに父親の仕事のためにそこにいたからだ。❺アルバートはイタリアが大好きだった。全てがドイツとはとても異なっていたからだ。イタリアでの日々は彼に多くの読書の時間を与えた。彼は有名な科学者であるニコラス・コペルニクスとガリレオ・ガリレイの生涯に関する本を読むのを楽しんだ。ポーランドの天文学者ニコラス・コペルニクスは，地球が太陽の周りを回ると言ったため批判された。後にイタリアの科学者ガリレオ・ガリレイはコペルニクスの考えに同意したとして逮捕された。しかし，アルバートの時代には，太陽が地球の周りを回るとは誰も信じていなかった。アルバートはこれらの科学者の考えや意見を研究した後，科学的な真実は最終的に人々に受け入れられるということを学んだ。彼は自分自身と自分の科学的な考えに自信を持った。❻その後，アルバートはスイスの大学に行った。そこで彼は特許局で職を得た。彼の特許局での年月はすばらしいものだったが，それは仕事の後に(自由に過ごせる)時間がたくさんあったからだ。そこで彼は多くの科学論文を書き，出版した。これらの論文は非常に優れていたので，1909年にチューリッヒ大学で物理学の教授になるように依頼された。彼はそれを受け入れ，後にはヨーロッパのいくつかの異なる大学で教えた。しかし，1933年に彼はアメリカに移り，亡くなるまでずっとそこにいた。❼アルバートの考えの多くは広く知られたが，その中には科学者でさえ理解するのが非常に困難なものもあった。残念ながら，彼の考えの１つは，後に原子爆弾をつくるために使われた。しかし，アルバートと彼の考えは今でも，科学者だけでなく，世界中の多くの分野の多くの人々に多大な影響を与えている。

A＜英問英答＞「医者はどういう意味で『アルバートはよく話す人ではなく考える人だ』と言ったのか」─イ．「アルバートは話さないが，心の中でいろいろなことを考えている」 第２段落参照。彼は話すことより，何時間も考え空想にふけることが好きだった。

B＜英問英答＞「アルバートの子ども時代について正しいものはどれか」─ウ．「アルバートは方位磁石の針を常に北に向ける不思議な力に興奮した」 第３段落第７～９文参照。

C＜英問英答＞「ギムナジウムでのアルバートの日々について正しくないものはどれか」─ア．「先生たちがアルバートの質問のほとんどに答えようと全力を尽くしたので，彼は学校が好きだった」 第４段落第１～６文参照。アルバートのどの質問にも一生懸命に答えてくれたのは小学校の先生。ギムナジウムでは質問は許されなかった。

D＜英問英答＞「イタリアでのアルバートについて正しいものはどれか」―エ.「アルバートは有名な科学者であるガリレオ・ガリレイとニコラス・コペルニクスについて学んだ後，自分の科学的な考えを諦めてはならないことを見出した」　第５段落最後の２文参照。

E＜英問英答＞「アルバートはスイスに行った後，どうなったか」―ウ.「アルバートの論文が非常に優れていたので，チューリッヒ大学は彼に物理学の教授としての仕事を与えることにした」　第６段落第５，６文参照。

F＜内容真偽＞ア.「アルバートは科学的な発明に対してノーベル賞を受賞したが，それは後に恐ろしい武器の１つとして使用された」…×　第１段落第３，４文参照。ノーベル賞受賞の対象となった「光電効果」はテレビの発明につながったもの。最終段落で述べられている，原子爆弾をつくるために使われた彼の考えとは別のものである。　イ.「アルバートが３歳のとき，彼の両親は彼が他のどの子どもよりも頭が良いと思っていた」…×　第２段落第３，４文参照。両親はアルバートが脳に何か障害を持っているのではないかと思っていた。　ウ.「アルバートは他の男の子と暴力的なゲームをすることを好まず，しばしば１人でいた」…○　第２段落第８，９文に一致する。エ.「アルバートは，想像力には限界がないため，情報を得るよりも何かを想像することの方が重要だと考えた」…○　第２段落最後の３文に一致する。　オ.「アルバートの考えのほとんどは，誰もが簡単に理解できるほど難しくはなかった」…×　最終段落第１文参照。科学者でさえ理解できないものもあった。　カ.「アルバートはイタリアでニコラス・コペルニクスとガリレオ・ガリレイについて研究した後，電気と方位磁石に非常に興味を持った」…×　第３段落参照。アルバートが電気と方位磁石に興味を持ったのは，コペルニクスやガリレオの本を読む前の幼少期の頃。キ.「アルバートは生涯を通じて多くの科学的考えを生み出し，それらは全て人々が幸せな生活を送るために使われた」…×　最終段落第２文参照。彼の考えの１つは，原子爆弾をつくるためにも使われた。

Ⅲ〔長文読解総合―説明文〕

≪全訳≫❶「ベジタリアン」という言葉を聞いたことがあるだろうか。ベジタリアンとは，魚介類を含む動物の肉を食べない人たちのことをいう。彼らは野菜，果物，穀類，ナッツ，種子を食べる。一部のベジタリアンは牛乳やチーズなどの乳製品も食べる。これらの人々はラクト・ベジタリアンと呼ばれる。乳製品と卵を食べる人は，ラクト・オボ・ベジタリアンと呼ばれる。乳製品，蜂蜜，卵など，動物由来のものを何も食べない人もいる。彼らはビーガンと呼ばれる。ビーガンは動物由来のものをいっさい使用しないため，革，絹，またはウールでつくられた服を着ない。❷最初の「ベジタリアン」は，2500年以上前にインドと東地中海地方に現れた。ギリシャの哲学者ピタゴラスは，全ての動物は関わり合っているのだから，人間は彼らに親切であるべきだと教えた。インドでは，仏教徒は全ての動物が人間と同じくらい大切であり，食べ物のために動物を殺すことは間違っていると信じていた。後のヒンズー教徒も同じ考えを持っていた。❸1800年代に，一部のベジタリアンが集まり，イギリスとアメリカでグループをつくった。その後，「ベジタリアン」という言葉がイギリスで初めて使用された。1900年代には，ベジタリアンになることに興味を持つ人が増えていき，現在，世界中でベジタリアンの数が増加している。❹ベジタリアンになることを選ぶ人が最近増えているのはなぜだろうか。その理由の１つは，彼らが大規模農場の動物を心配していることだ。彼らは，これらの動物は劣悪な状態で飼育されていると考えている。また，そのような農場は環境に害を及ぼすと考えている。動物の排せつ物は土地と水を汚染する可能性がある。しかし，より一般的な理由は，肉を食べないことで健康になりたいということだ。❺ベジタリアンは肉を食べる人よりも健康であり，心臓病，ガン，その他の病気のリスクが低いと言われている。しかし，ある研究では興味深い結果が示された。ベジタリアンであっても長生きできるわけではないということだ。研究者は，平均年齢62歳の24万3096人の男性と女性を調査した。６年間の調査では，肉を食べる人とベジタリアンの生きた期間は同じだった。❻他の研究も同様の結論に達した。研究者は約20万人のアメリカ人労働者を調査し，ポテトチップス，お菓子，ジャンクフードなどの不健康な食べ物を食べるベジタリアンは，心臓病のリスクを高める可能性があることを見出した。その後，彼らはベジタリアンと肉を食べる人の両方に注目した。彼らは，果物や野菜をたくさん食べる人と不健康な食べ物をたくさん食べる人を比較した。その結果，不健康な食べ物をたくさん食べると，より多くの人が心臓病にかかることがわかった。同時に，多くの果物や野菜を食べると心臓病になる人がより少ないことがわかった。心臓病のリスクを低下させようとする場合，「肉を食べるか食べないか」は重要なポイントではないことが示されたのだ。言い換えれば，肉を食べないことは私たちが考えるほど重要ではないのかもしれないし，栄養のある良質な食べ物をたくさん食べることは，実際に人々が長生きするのを助けるかもしれないということだ。❼別の観点からの別の研究がある。ある研究者たちは，生活様式がベジタリアンと肉を食べる人の病気にどのように影響を与えるかを調べた。彼らは肉を食べる人がベジタリアンより多くの病気を持っていることを見出したが，別の興味深い結果も得た。健康的な生活様式を持った肉を食べる人は，健康的な生活様式を持ったベジタリアンと同じ結果を得たのだ。ここでの健康的な生活様式とは，喫煙や飲酒をしすぎず，スポーツをし，果物や野菜をたくさん食べるということを意味する。さらに，十分な運動をして果物や野菜をたくさん食べると，心臓血管の健康，血圧などに良い影響を与えることがわかる。この情報は全て，「肉を食べるか食べないか」が健康にとって重要なポイントではなく，より健康的な生活様式を持ち，より多くの果物や野菜を食べることが長生きする最良の方法であることを理解するのに役立つ。❽だから，肉を食べる人とベジタリアンの両方に対する次のアドバイスを忘れないようにしてほしい。❾まず，より多くの植物性食品を食べなさい。１回の食事の75％は野菜にし，25％は十分なタンパク質と健康的な脂肪を含む食品にするべきである。❿第二に，できるだけ多く，自然な食べ物を食べるといい。不自然なものがたくさん添加されている食べ物を食べてはいけない。肉や乳製品などの動物性食品を食べる場合は，入手できる最高品質の食品を食べることだ。⓫第三に，ストレスの少ない生活を送ることだ。１日10時間もコンピュータの前に座ったり，毎日１時間混雑した電車やバスに乗ったりしないことだ。全てのストレスを取り除くことはできないが，軽減することならできる。深呼吸し，しばらくリラックスすることをお勧めする。⓬最後に，もっとたくさん眠ることだ。できるだけ８時間の睡眠をとるべきだ。それはあなたが健康を保つのを助ける最良の方法である。

問１＜要旨把握＞①第１段落第２～５文参照。ラクト・ベジタリアンは，牛乳，チーズなどの乳製品を食べるベジタリアンのことをいう。これを表すのはエ.「肉や卵は食べないが，チーズや牛乳などの乳製品を食べる」。　②第１段落第６文参照。ラクト・オボ・ベジタリアンは，乳製品と卵を食べるベジタリアンのこと。これを表すのはイ.「彼らは肉を食べないが，チーズ，牛乳，卵を食べる」。　③第１段落第７，８文参照。ビーガンは，乳製品，蜂蜜，卵など，動物由来のものを何も食べない人たちのこと。これを表すのはア.「彼らは動物由来のものを食べない」。

問２＜語句解釈＞「同じ考え」の内容は，直前の文にある，全ての動物が人間と同じくらい重要であり，食物のために動物を殺すことは間違っているという仏教徒の考えを指す。これに一致するのは，ウ.「全ての動物は尊重されるべきであるので，人間は食べるために動物を殺すべきではない」。

問３＜文脈把握＞下線部②の理由は，この後に同じ段落内で説明されている。ア．「劣悪な状態で飼育されている動物を守ろうとしている」は直後の２文に，ウ．「農場から出る動物の排せつ物が環境を汚染することを心配している」はその後の２文に，エ．「動物の肉を食べなければ，健康になれると考えている」は同段落最終文にそれぞれ書かれているが，イ．「彼らは動物の大規模農場の数を増やしたいと思っている」に関連する記述はない。

問４＜適語選択＞Ａ．この文の後半に「心臓病，ガン，その他の病気のリスクが低い」とあるので，ベジタリアンは肉を食べる人より健康だと考えられているという文になると判断できる。　Ｂ．この後，肉を食べる人とベジタリアンの生きた期間が同じだったことが述べられているので，「ベジタリアンであってもより長生きできるわけではない」とする。　Ｃ．第５段落ではある研究の結果として，ベジタリアンの方が長生きするわけではないことが述べられている。第６段落も，ベジタリアンだからといって心臓病になる可能性が低いわけではないという同様の結論になっている。Ｄ．最初の空所の直後でポテトチップス，お菓子，ジャンクフードが具体例として挙げられている。これらは「不健康な」食べ物と考えられる。

問５＜要旨把握＞「その結果」からわかることは，この後に書かれており，この段落の最終文で最も端的に説明されている。その内容と一致するのは，ア．「肉を食べないことよりも，質の高い食べ物をとることが重要だ」。

問６＜整序結合＞まず主語と動詞をSome researchers studiedとする。studiedの目的語となる「生活様式がどのように病気に影響を与えるか」を，‘疑問詞＋主語＋動詞...’の語順の間接疑問で，how lifestyle can influence diseaseとまとめる。「菜食主義者と肉を食べる人の(間の)」はamong vegetarians and meat eatersとまとめてdiseaseの後に置く。

問７＜語句解釈＞「別の興味深い結果」とは，直後の文にある「健康的な生活様式を持った肉を食べる人は，健康的な生活様式を持ったベジタリアンと同じ結果を得た」ということ。これは，エ．「肉を食べる人もベジタリアンも，健康的な生活様式を持っていれば，あまり病気にはならなかった」と言い換えられる。

問８＜要旨把握＞下線部⑥のAll this informationの後にhelps us understand that ～「私たちが～ということを理解するのに役立つ」とあるので，that以下の内容を制限字数内でまとめればよい。

問９＜内容真偽＞ア．「肉を食べるのをやめ，栄養のある植物性食品をたくさん食べるべきだ」…×　肉を食べるのをやめるようにという記述はない。　イ．「果物，野菜，健康的な脂肪をたくさん食べるなら，肉を食べることをあきらめる必要はない」…○　第６段落最終文および第９段落の内容に一致する。　ウ．「私たちがベジタリアンであるなら，不健康な食べ物をたくさん食べても健康には影響しない」…×　第６段落前半参照。不健康な食べ物をとるベジタリアンは，心臓病のリスクを高める可能性がある。　エ．「私たちが肉を食べる人であれば，スポーツをしすぎると健康に悪い影響を与える可能性がある」…×　スポーツをしすぎることに関する記述はない。オ．「食品の中の不自然なものに注意し，高品質の食品を選択する必要がある」…○　第10段落の内容に一致する。　カ．「１回の食事の75％は良質の肉にし，25％は野菜にした方がいい」…×　第９段落参照。１回の食事の75％は野菜にし，25％は十分なタンパク質と健康的な脂肪を含む食品にするべきである。　キ．「人間が長時間コンピュータで作業することは自然なことではない」…○　第11段落の内容に一致する。　ク．「十分に眠れなくても，果物や野菜をたくさん食べることで健康を保つことができる」…×　第12段落参照。睡眠を十分とるようアドバイスしている。

Ⅳ〔適語(句)選択〕

1．tellの目的語になる‘疑問詞＋to不定詞’の形が適切。where to ～で「どこで～したらよいか」。「ランチをどこで食べたらよいか教えてくれますか」

2．主語のThe womanを受ける述語動詞は，後ろのwasと考えられるので，空所にはThe womanを修飾する語句が入る。主格の関係代名詞節で「私に話しかけた女性」という意味を表すアが適切。エはtalkedの後にtoかwithが必要。　「昨日私に話しかけてきた女性は私の友人の母親だった」

3．‘It is ～ from … to —’で「…から—まで距離が～ある」という意味を表せる。　「駅から私たちの学校までは約2kmある」

4．「～してはいけない」という‘否定の命令文’は‘Don't＋動詞の原形’で表せる。afraidは形容詞なのでその前にbe動詞の原形beがきてDon't be afraidという形になる。　「英語を話すときに間違えることを恐れてはいけない」

Ⅴ〔整序結合〕

1．「それはグループの一つです」→ It is one of the groupsが文の骨組み。この後に「グループ」を修飾する形容詞節「世界をより良くしようとしている」を続ければよい。whichを関係代名詞として使い，‘make＋目的語＋形容詞’「～を…(の状態)にする」と，‘try＋to不定詞’「～しようとする」の形を用いて，which tries to make the world betterとまとめる。　It is one of the groups which tries to make the world better.

2．「男の人が突然歌い出した時」はwhenを接続詞として使いwhen a man started singing suddenlyで表せる。「男の人」を修飾する「私の前に立っている」は，現在分詞の形容詞的用法を用いてstanding in front of meとまとめて，a manの後に置く。　I was surprised when a man standing in front of me started singing suddenly.

3．「〈人〉に～してくれるように頼む」は‘ask＋人＋to不定詞’で表せる。「〈人〉に〈物〉を買う」は‘buy＋人＋物’または‘buy＋物＋for＋人’で表せるが，ここではforをfor my birthday「誕生日に」として使うので，前者の形を用いる。　I asked my parents to buy me a new bicycle for my birthday.

4．「あのお城は白鷺城と呼ばれている」はThat castle is called Shirasagi-joで表せる。「とても白くて美しいので」は‘理由’を表す接続詞becauseを用いて，because it is so white and beautifulとまとめる。　That castle is called Shirasagi-jo because it is so white and beautiful.

Ⅵ〔和文英訳—完全記述〕

1．「～する必要はありません」はdon't have to ～。It is not necessary (for you) to ～としてもよい。「部屋の掃除を終える」はfinish ～ingの形でfinish cleaning your roomとする(finishは目的語に不定詞ではなく動名詞をとることに注意)。「～する前に」はbeforeを前置詞として用いて‘前置詞＋動名詞’の形でbefore going to schoolとするか，または接続詞として用いて‘接続詞＋主語＋動詞’の形で before you go to schoolとする。

2．「その手紙をあなたはいつ受け取りましたか」はWhen did you receive the letter？と表せる。「手紙」を修飾する「英語で書かれた」は，解答例のように関係代名詞を用いて表すほかに，過去分詞の形容詞的用法を用いてthe letter written in Englishとすることもできる。

2020年度／中央大学杉並高等学校

数学解答

1 問1　$(x-1)(x-2)$
問2　$a=3$，$b=5$　問3　$28°$
問4　$\sqrt{13}$

2 問1　$y=\sqrt{3}x-2\sqrt{3}$　問2　$1+\sqrt{2}$

3 問1　$-a^2+2a+1$
問2　$y=-2x+40$　問3　$8\sqrt{41}-32$

4 問1　$\frac{1}{4}$　問2　$\frac{1}{20}$　問3　$\frac{1}{5}$

5 問1　13枚　問2　168cm^2
問3　$n=a-5$　問4　30

1〔独立小問集合題〕

問1＜因数分解＞与式$=(2x^2+2x-5x-5)-\{x^2-(\sqrt{7})^2\}=2x^2-3x-5-(x^2-7)=2x^2-3x-5-x^2+7$ $=x^2-3x+2=(x-1)(x-2)$

問2＜式の値＞$(2x^2+4xy)^2=\{2x(x+2y)\}^2=4x^2(x+2y)^2$，$\frac{6x+9y}{15}-\frac{2x+6y}{10}=\frac{2(6x+9y)-3(2x+6y)}{30}=$ $\frac{12x+18y-6x-18y}{30}=\frac{6x}{30}=\frac{x}{5}$より，与式$=4x^2(x+2y)^2\div\frac{x}{5}=\frac{4x^2(x+2y)^2\times5}{x}=20x(x+2y)^2$となる。これに，$x=\frac{1}{5}$，$y=-\frac{1}{4}$を代入すると，与式$=20\times\frac{1}{5}\times\left\{\frac{1}{5}+2\times\left(-\frac{1}{4}\right)\right\}^2=4\times\left(\frac{1}{5}-\frac{1}{2}\right)^2=4\times\left(\frac{2-5}{10}\right)^2$ $=4\times\left(-\frac{3}{10}\right)^2=4\times\frac{9}{100}=\frac{9}{25}$となる。よって，$\frac{9}{25}=\frac{3^2}{5^2}=\left(\frac{3}{5}\right)^2$より，$a=3$，$b=5$となる。

問3＜図形―角度＞右図1で，$\overset{\frown}{\text{AB}}=\overset{\frown}{\text{DE}}$より，同じ長さの弧に対する円周角は等しいので，∠BDA＝∠DBE＝31°となる。ここで，図1のように，線分BC，CDを引くと，同じ弧に対する円周角は等しいので，∠BCA＝∠BDA＝31°，∠DCE＝∠DBE＝31°となる。また，線分BDは円の直径なので，半円の弧に対する円周角より，∠BCD＝90°となる。よって，∠ACE＝∠BCD－∠BCA－∠DCE＝90°－31°－31°＝28°である。

図1

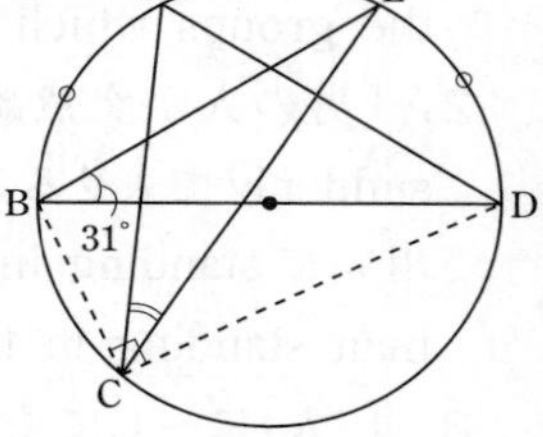

問4＜図形―長さ＞正四面体ABCDで，線分AE，EF，FGの通る側面の展開図は，右図2のようになる。AE＋EF＋FGが最も短くなるとき，点A，E，F，Gは同一直線上にあり，その長さは線分AGの長さになる。図2のように，2点A，Dを結ぶと，四角形ACDBはひし形で，線分ADはその対角線だから，$\angle\text{ADB}=\angle\text{ADC}=\frac{1}{2}\angle\text{CDB}=\frac{1}{2}\times60°=30°$となる。また，∠BDA′＝60°だから，∠ADA′＝∠ADB＋∠BDA′＝30°＋60°＝90°となり，∠A′＝60°より，△ADA′は3辺の比が$1:2:\sqrt{3}$の直角三角形となる。よって，AD＝$\sqrt{3}$DA′＝$\sqrt{3}\times2=2\sqrt{3}$である。さらに，GD＝GA′＝$\frac{1}{2}$DA′＝$\frac{1}{2}\times2=1$だから，△ADGで三平方の定理より，AG＝$\sqrt{\text{AD}^2+\text{GD}^2}=\sqrt{(2\sqrt{3})^2+1^2}=\sqrt{13}$である。

図2

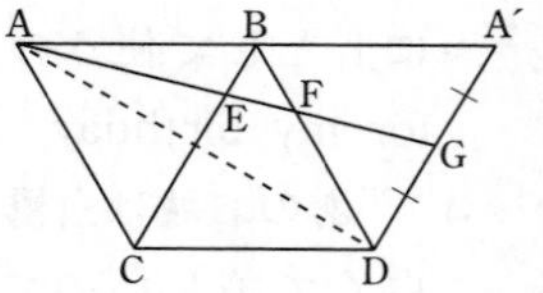

2〔関数―反比例のグラフと直線〕

≪基本方針の決定≫問1　点Bのx座標は点Aのx座標の2倍である。

問1＜直線の式＞右図のように，点Aからx軸に対して垂線AMを引くと，A(1，$\sqrt{3}$)より，OM＝1，AM＝$\sqrt{3}$なので，直線lの傾きは$\frac{\text{AM}}{\text{OM}}=\frac{\sqrt{3}}{1}=\sqrt{3}$となる。平行な直線の傾きは等しいから直線$l$と平行な直線$m$の傾きも$\sqrt{3}$となる。よって，直線$m$の式は$y=\sqrt{3}x+b$とおける。ここで，△OABは正三角形だから，点Mは辺OBの中点とな

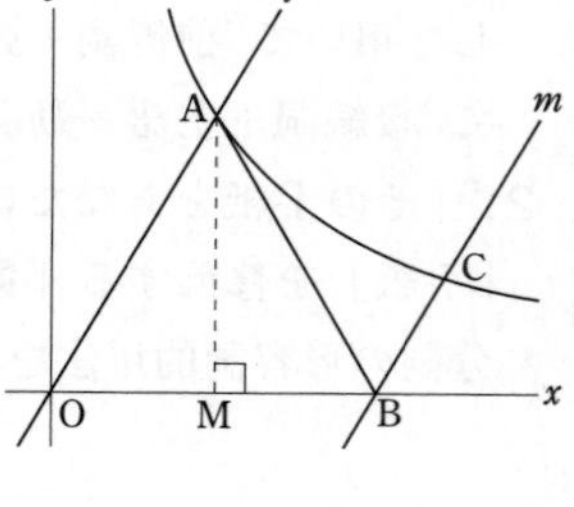

り，OB＝2OM＝2×1＝2より，B(2，0)となる。直線 m は点Bを通るので，$y=\sqrt{3}x+b$ に $x=2$，$y=0$ を代入して，$0=\sqrt{3}\times2+b$，$b=-2\sqrt{3}$ となる。したがって，直線 m の式は $y=\sqrt{3}x-2\sqrt{3}$ となる。

問２＜点の座標―交点の座標＞前ページの図で，反比例のグラフの式を $y=\dfrac{a}{x}$ とすると，このグラフが $A(1,\ \sqrt{3})$ を通ることから，$x=1$，$y=\sqrt{3}$ を代入して，$\sqrt{3}=\dfrac{a}{1}$，$a=\sqrt{3}$ より，反比例のグラフの式は $y=\dfrac{\sqrt{3}}{x}$ となる。また，問１より直線 m の式は $y=\sqrt{3}x-2\sqrt{3}$ となるので，２式から y を消去して，$\sqrt{3}x-2\sqrt{3}=\dfrac{\sqrt{3}}{x}$，$x^2-2x-1=0$，解の公式より，$x=\dfrac{-(-2)\pm\sqrt{(-2)^2-4\times1\times(-1)}}{2\times1}=\dfrac{2\pm\sqrt{8}}{2}=\dfrac{2\pm2\sqrt{2}}{2}=1\pm\sqrt{2}$ となる。よって，点Cの x 座標は正なので，$x=1+\sqrt{2}$ となる。

３〔関数―関数 $y=ax^2$ のグラフと直線〕

≪基本方針の決定≫問２　直線ACの傾きが－２より，a の値がわかる。　問３　四角形ACDBを線分BCで２つの三角形に分けて考える。

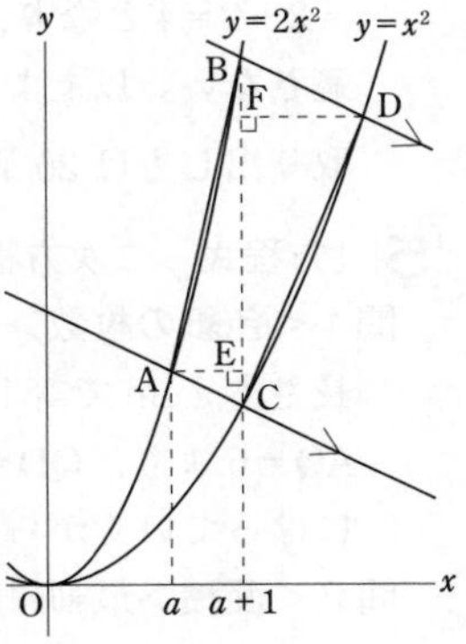

問１＜傾き＞右図で，点Aは放物線 $y=2x^2$ 上にあり，x 座標が a なので，$y=2\times a^2=2a^2$ より，$A(a,\ 2a^2)$ となり，点Cは放物線 $y=x^2$ 上にあり，x 座標が $a+1$ なので，$y=(a+1)^2$ より，$C(a+1,\ (a+1)^2)$ となる。よって，直線ACの傾きは，$\dfrac{(a+1)^2-2a^2}{(a+1)-a}=a^2+2a+1-2a^2=-a^2+2a+1$ である。

問２＜直線の式＞問１より直線ACの傾きは $-a^2+2a+1$ で，これが－２であることから，$-a^2+2a+1=-2$ が成り立つ。これを解くと，$a^2-2a-3=0$，$(a-3)(a+1)=0$，$a=3$，-1 となり，$a>0$ より，$a=3$ である。これより，点Bの x 座標は $3+1=4$，y 座標は $2\times4^2=32$ となり，B(4，32)である。また，直線BDは，直線ACと平行で，傾きは直線ACの傾きと等しく－２なので，その式を $y=-2x+b$ として，点Bの座標から $x=4$，$y=32$ を代入すると，$32=-2\times4+b$，$b=40$ となる。よって，直線BDの式は，$y=-2x+40$ である。

問３＜面積＞右上図で，点Dは，直線 $y=-2x+40$ と放物線 $y=x^2$ の交点なので，その x 座標は，２式から y を消去して，$x^2=-2x+40$，$x^2+2x-40=0$，解の公式より，$x=\dfrac{-2\pm\sqrt{2^2-4\times1\times(-40)}}{2\times1}=\dfrac{-2\pm\sqrt{164}}{2}=\dfrac{-2\pm2\sqrt{41}}{2}=-1\pm\sqrt{41}$ となり，点Dの x 座標は正だから，$x=-1+\sqrt{41}$ である。次に，図のように，四角形ACDBは線分BCによって，△ABCと△DBCに分けられ，これらの底辺をBCと見ると，２点B，Cの y 座標がそれぞれ32，16より，BC＝32－16＝16となる。また，２点A，Dから線分BCにそれぞれ垂線AE，DFを引くと，２つの三角形の高さは，３点A，C，Dの x 座標がそれぞれ３，４，$-1+\sqrt{41}$ より，AE＝4－3＝1，$DF=(-1+\sqrt{41})-4=\sqrt{41}-5$ となる。よって，〔四角形ACDB〕＝△ABC＋△DBC＝$\dfrac{1}{2}\times16\times1+\dfrac{1}{2}\times16\times(\sqrt{41}-5)=8+(8\sqrt{41}-40)=8\sqrt{41}-32$ となる。

４〔確率―球〕

問１＜確率＞一次方程式 $ax+b=0$ を解くと，$ax=-b$，$x=-\dfrac{b}{a}$ となる。この値が整数となるのは，b が a の倍数になるときである。a，b は１から５の整数であり，１回目と２回目で同じ数字が書かれた球を取り出すことはないから，a，b の組は，$a=1$ のとき $b=2$，３，４，５の４通り，$a=2$ のとき $b=4$ の１通り，$a=3$，４，５のときはないから，4＋1＝5(通り)ある。球の取り出し方は，１回目が

5通り，2回目が1回目の数を除く4通りなので，全部で$5\times4=20$(通り)あるから，求める確率は$\frac{5}{20}=\frac{1}{4}$となる。

問2＜確率＞$a^2=4b$より，$a=\pm\sqrt{4b}=\pm2\sqrt{b}$，$a>0$より，$a=2\sqrt{b}$となるので，$a$が整数になるためには，$b$は1または4でなければならない。$b=1$のとき，$a=2\sqrt{1}=2$となるが，$b=4$のとき，$a=2\sqrt{4}=2\times2=4$となり，$a=b$となるため，適さない。よって，$a^2=4b$となる$a$，$b$の組は$a=2$，$b=1$の1通りとなる。問1より，球の取り出し方は20通りあるので，求める確率は$\frac{1}{20}$である。

問3＜確率＞二次方程式$x^2+ax+b=0$の解が整数となるのは，左辺が因数分解できるときである。$b=1$のとき，積が1となる2数は1と1だから$a=1+1=2$となり，$x^2+2x+1=0$，$(x+1)^2=0$，$x=-1$より，解は整数となる。$b=2$のとき，積が2となる2数は1と2だから$a=1+2=3$となり，$x^2+3x+2=0$，$(x+1)(x+2)=0$，$x=-1$，-2より，解は整数となる。$b=3$のとき，積が3となる2数は1と3だから$a=1+3=4$となり，$x^2+4x+3=0$，$(x+1)(x+3)=0$，$x=-1$，-3より，解は整数となる。$b=4$のとき，積が4となる2数は1と4，2と2の場合がある。1と4の場合，$a=1+4=5$となり，$x^2+5x+4=0$，$(x+1)(x+4)=0$，$x=-1$，-4より，解は整数となる。2と2の場合，$a=2+2=4$となり，適さない。$b=5$のとき，積が5となる2数は1と5だから$a=1+5=6$となり，適さない。以上より，a，bの組は$(a,\ b)=(2,\ 1)$，$(3,\ 2)$，$(4,\ 3)$，$(5,\ 4)$の4通りとなり，球の取り出し方は20通りあるので，求める確率は$\frac{4}{20}=\frac{1}{5}$である。

5〔方程式―二次方程式の応用―規則性〕

問1＜色紙の枚数＞台紙も色紙も正方形で，それぞれの1辺の長さは等しく，右と下へずらしてはる長さも1cmで等しいから，色紙を右へずらしてはる場合だけについて考えればよい。AD＝18，AQ＝6より，QD＝AD－AQ＝18－6＝12(cm)である。よって，色紙は右に1cmずつずらした位置にはっていくから，はった色紙の枚数は，$1+12\div1=1+12=13$(枚)である。

問2＜面積＞最初にはった色紙の面積は，$6\times6=36$(cm^2)である。この色紙の位置から，同じ大きさの色紙を，右と下に1cmずらしてはると，面積は$6\times6-5\times5=11$(cm^2)増える。よって，色紙を13枚はるときの色紙をはった部分の面積は，$36+11\times(13-1)=36+132=168$(cm^2)である。

問3＜文字式―枚数＞問1と同様に考えると，$a-6$cmの長さに1cmずつずらして色紙をはっていくから，その枚数nは，$1+(a-6)\div1=a-5$(枚)より，$n=a-5$となる。

問4＜$\boldsymbol{a}$の値―二次方程式の応用＞問2と同様に考えると，最初にはった色紙の面積は36(cm^2)で，残りの$a-5-1=a-6$(枚)は，1枚はると面積は11cm^{2}増えるから，色紙をはった部分の面積Sは，$S=36+11\times(a-6)=36+11a-66=11a-30$(cm^2)と表せる。また，色紙をはらなかった部分の面積Tは，$T=a^2-(11a-30)=a^2-11a+30$(cm^2)と表せる。よって，$S:T=1:2$のとき，$(11a-30):(a^2-11a+30)=1:2$が成り立つ。これを解くと，$(a^2-11a+30)\times1=(11a-30)\times2$，$a^2-11a+30=22a-60$，$a^2-33a+90=0$，$(a-3)(a-30)=0$，$a>6$より，$a=30$となる。

国語解答

一　(a)　惨禍　(b)　真面目　(c)　譲
(d)　損　(e)　湧　(f)　理不尽
(g)　すた　(h)　やわ

二　問１　イ　問２　イ

三　問１　エ　問２　Ｂ　問３　オ
問４　エ

四　(例)私たちは何でも自由に考えることができると信じている。しかし，実は文化が私たちの思い込みや心の形をあらかじめ決めてしまっている。つまり文化を研究し，心の限界を知ることが自由への第一歩となるのだ。(96字)

五　問１　イ　問２　ウ
問３　①　絶対的権威
②　民主的な核家族
問４　エ
問５　①　商品化　②　脱商品化
問６　ア　問７　エ　問８　ア

一〔漢字〕

(a)天災・人災などによる痛ましい災難のこと。　(b)真剣であるさま。　(c)音読みは「譲渡」などの「ジョウ」。　(d)訓読みは「そこ(なう)」「そこ(ねる)」。　(e)音読みは「湧水」などの「ユウ」。　(f)物事のそうあるべき筋道が立たないさま。　(g)音読みは「廃業」などの「ハイ」。　(h)音読みは「緩和」などの「ワ」。

二〔資料〕

問１．「男子高校生の競技別加盟人数の上位十五位」に含まれる全ての競技のうち，23パーセントは「球技以外の競技」であるから，「球技」は，全体の77パーセントである。そして，全体の23パーセントの「球技以外の競技」のうち，その39パーセントが「陸上競技」であるから，「陸上競技」は，全体の９パーセントである。

問２．従来の領収書では，各商品の税込み価格が示されていた(ア…×)。従来の領収書のように各商品の税込み価格を合計すると，支払いは300円で，そのうち消費税は21円であるが，九月以降の領収書のように税抜き価格を合計すると279円，それに対する消費税は22円で，支払いは301円になり，税抜き価格での支払いの方が１円多くなった(イ…○，ウ…×)。従来の領収書の時点では300円であった食料品が，九月以降では301円になり，計算の方法が変わったことによって，食料品の値段が上がった(エ…×)。計算方法が変わった九月以降は，税込み価格ではなく，税抜き価格が表示されることになり，また，計算方法の改変が消費者の要望によるものであるということは，領収書からはわからない(オ…×)。

三〔古文の読解―読本〕出典；武内確斎『絵本太閤記』。

≪現代語訳≫あるとき特別に大切になさっていた松の木が枯れてしまったことを，秀吉公が不快に思われたのを，曽呂利がこっそりと見てお祝いしたことには，／非常に大切になさっている永久に葉の色が変わらない(はずの)松は枯れてしまった。自分の寿命を殿下に譲って／(と歌をよんだ。)秀吉公は感心なさって，よくぞ祝い申したぞ，曽呂利に黄金を与えよ，とおっしゃったので，曽呂利はうやうやしくかしこまって額を下げ，「ありがたき幸せ(でございます)，あれやこれや申し上げるのも畏れ多くございますけれども，今すぐお金をいただくよりは，毎日殿下のお耳をかがせてくださればお金よりもっとよく，ありがたく存じます〈」〉と申し上げた。(すると，)殿下はおもしろくお思いになり，お前の望むだけ，心に思うとおりにかげばよい，とおっしゃったので，曽呂利は大変喜び恩賞を深く感謝した。それから後，諸国の大名や小名が城に参上して，(秀吉公に)お目にかかるときは必ずこの曽呂利が，秀吉公のおそばにいて（秀吉公の）お耳をかいだ。国々の大小名は，それでは（曽呂利が）自分のことを（秀吉公に）ささやき申し上げているのかと，気がかりに思いながら内密にいくらかの金銭を曽呂利に送り，殿下へのうまい取り計らいをよろしくお願い申し上げるということで，毎日（曽呂利のもとに届く）贈り物は山のようで，（曽呂利は）急に裕福な身となったということである。殿下はこのことをお聞きになって，あの曽呂利のずうずうしさはなんとおもしろいことよとお笑いになった。

問１＜古文の内容理解＞大切にしていた松が枯れたという不吉なことを，秀吉は不快に感じていた。その様子を見ていた曽呂利は，気をきかせて，永久不変であるはずの松が，自分の寿命を殿下に譲って枯れてしまったのはめでたいことだと祝いの歌をよみ，不吉なことをめでたいことに変えた。

問２＜古文の内容理解＞曽呂利は，ありがたき幸せでございます，あれやこれや申し上げるのも畏れ多くございますけれども，今すぐお金をいただくよりは，毎日殿下のお耳をかがせてくだされればお金よりもっとよく，ありがたく存じます，と秀吉に申し上げた。

問３＜古文の内容理解＞曽呂利が秀吉の耳をかいでいる様子を見た諸大名は，「さては我が身のことを囁き申し上ぐるや」，つまり，曽呂利が秀吉に何かささやいて自分のことを報告しているのではないかと勘違いした。

問４＜古文の内容理解＞秀吉は，曽呂利の歌に感心して，よくぞ祝い申したぞ，曽呂利に黄金を与えよ，と言った（ア…○）。曽呂利が，毎日殿下のお耳をかがせてくだされればお金よりもっとよく，ありがたく存じます，と申し上げたので，秀吉は，曽呂利の望みの理由はわからないもののおもしろく思い，望むままにすればよい，と言った（イ…○）。諸大名は，曽呂利が秀吉に自分のことについて報告しているのではないかと気がかりに思い，曽呂利に気に入られて秀吉からの印象をよくしてもらおうと金銭を送ったため，曽呂利は，意図したとおりに裕福な身となっていった（ウ・オ…○）。秀吉は，曽呂利が立場を利用して自分の財産を増やしていると聞いて，あの曽呂利のずうずうしさはなんとおもしろいことよ，と愉快に感じて笑った（エ…×）。

四〔論説文の読解―文化人類学的分野―文化〕

＜要旨＞私たちは「何でも自由に考えることができると信じて」生活している。しかし，実は「文化」が「私たちの思い込み，私たちの心の形をあらかじめ決めてしまっている」ため，私たちの心は，決して自由ではないのである。結局，「文化を研究し，心の限界を知ることこそが，自由になることへの第一歩になる」のである。

五〔論説文の読解―社会学的分野―家族〕出典；鈴木謙介『未来を生きるスキル』。

≪本文の概要≫これからの親密な関係は，お互いがお互いであることだけを理由に関係性を保つ「純粋な関係性」になると思われる。この関係性では，人々は，家族であることをお互いが選んだということだけを理由にともにいて，協力し合って家族としての役割を担っていく。戦前の家父長制における絶対的権威を否定して，戦後，愛によって結ばれた民主的な核家族が生まれたが，その核家族が時代に合わせて変化してきたのが，現在の「純粋な関係性」の家族である。この関係性には，核家族となって離れていた世代が，オンラインで再びつながることができるといった，肯定的な側面もある。一方，現在は，家族をつくることができない人や高齢者単身世帯のような，これまでにはないモデルが増えてきている。そんな人たちを支えるために，家族の営みは外部化され，「商品化」されたサービスや「脱商品化」された福祉などによって，家族以外の誰かが担えるようになりつつある。社会の基本的な単位である家族を維持するためには，こうしたサポートを拡充していく必要がある。ところで，近年進化心理学の研究から，家族などの「親密な関係」には，生物学的なレベルで人間に組み込まれている本質的な機能があることが明らかになった。病気のとき大切な人に見守ってもらうような，人間の本質的な部分に応える親密性の機能は，外部化することはできない。今後，「親密な関係」を持たない人が増えていく中で，この親密性の問題にいかに対処していくかが重要になる。

問１＜文章内容＞「純粋な関係性」とは，「お互いがお互いであること以外に関係性を保つ理由がない」，つまり，お互いが相手の存在を認め合っていることだけが，ともにいようと決めた理由になっている関係性である。

問２＜文章内容＞「純粋な関係性」の家族は，ともにいることを自分たちで選んだこと以外に，「家族であることの理由や条件」を持たない。だから，家族でいるためには，お互いが協力して役割や責任を引き受けていくしかないのである。

問３＜文章内容＞戦前は家父長制のもとで家族が営まれたが，戦後は，戦前の家長による「絶対的権威」を否定する意識から，「のび太くん家」のような「愛によって結ばれた核家族」が生まれてきた(…①)。この形態の家族は，結婚が夫婦の愛によって成立し，自分たちから社会に結婚を認めてもらうような「民主的な核家族」であるが，それに続きながら変化してきたものとして，現代の「純粋な関係性」を結ぶ家族も存在している(…②)。

問４＜文章内容＞「これまで核家族で切れていた３世代」がオンラインでコミュニケーションすることで再びつながり，「核家族をまたいだ関係性が広がること」は，肯定的に受けとめられる。

問５＜文章内容＞家族を支えるための「外部で補えるような仕組み」，つまり，外部からのサポートには，お金での購入が前提となる「商品化」されたものと(…①)，福祉のように権利として保障されていてコストのかからない「脱商品化」されたものがある(…②)。

問６＜文章内容＞進化心理学の研究において，家族のような「親密な関係」には，「外部化したり代替したりすることのできない本質的な機能があること」が解明された(ウ・オ…○)。家族のような親密な関係性は，「人間の生物学的なレベルで組み込まれている機能」である(イ…○)。「病気になったとき，親密な相手からのケアがあるかどうかが快復に影響すること」からわかるように，「親密な関係」によって結ばれた家族関係は，人間の中にある本質的な部分に応える機能を持っている(エ…○)。外部化できるという前提に立った家族の機能には，お金で買える市場化されているものもあるが，家族という「親密な関係」が持つ本質的な機能は外部化できないから，市場化もできない(ア…×)。

問７＜文章内容＞「親密性」の有無は，人生の質を左右する。しかし，現在，家族をつくることのできない人や高齢単身世帯のようなこれまでのモデルにない人たちが現れ，今後さらに増えていくと思われる。ある程度までは外部からのサポートによって，家族の機能は補えるが，「親密性格差」によって，親密な関係が「ない人たちはどのように生きていけばいいのか」を考えることが重要になる。

問８＜要旨＞戦前の家父長制をもとにした古い家族のあり方を否定する意識から，戦後の民主的な核家族が生まれたが，その民主化された家族のあり方が時代に合わせて変化したものとして，「純粋な関係」の家族も存在する(ア…×)。お互いが「家族になろう」と思ってつくった「純粋な関係」には，例えば「これまで核家族で切れていた３世代がオンラインでつながって」お互いに身近な存在の家族になるといった，「核家族をまたいだ関係性が広がる」という肯定的な側面がある(イ・ウ…○)。家族をつくることができない人たちへのサポートは，家族の果たす機能を外部化する前提に立った社会福祉制度によって，ある程度対処されてきた(エ…○)。しかし一方で，「家族などの『親密な関係』」には「本質的な機能」があり，これは代替できないため，外部化もできない(オ…○)。

2020年度 中央大学杉並高等学校（帰国生）

【英　語】（30分）〈満点：50点〉

I　次の英文を読み，設問に答えなさい。（＊のついた語句には注があります。）

Just imagine you are in a classroom and watching your friends making a speech. One speaker may speak faster than usual. Another one may use body language too much. Others may look down often and try not to make eye contact. Why do they do such things? It is because they are nervous in front of many people. Do you think they are controlling their minds by themselves? Well, there is an idea about human minds to answer this question.

Our minds work on two levels; one is ‘*conscious,’ and the other is ‘unconscious.’ When we do something in our daily life, we know we are consciously doing it. However, we sometimes do it unconsciously, too. In fact, many of our judgements, attitudes and *behaviors are made unconsciously.

John Bargh, a professor at Yale University, has spent his life studying about ①this; how our behaviors are unconsciously influenced while we are doing something. In one of his studies, 30 students at New York University were asked to do ②a sentence-making task. Each of them was given several sets of five words, for example, “ate, lived, happily, they, there.” Then, they were asked to make a grammatically correct sentence by using four of the five words, for example, “They lived there happily.” Some students were given words *related to images or *stereotypes of old people, such as ‘worried,’ ‘old,’ ‘gray,’ ‘*retired,’ ‘*wrinkle’ and so on. However, the word ‘slow’ or ‘slowly’ was not included — the reasons for this will soon become clear. Others were not given such words related to old age.

After the students finished the sentence-making task, the professor thanked them for their coming and told them to go down the hallway to the elevator. As they walked from the laboratory to the elevator, all the students were secretly watched by the professor’s assistants. ③The assistants *measured [reach / it / how / the elevator / them / long / to / took] about ten meters down the hallway. Then, they found ④a surprising result. They discovered that those who used words related to old people took about 15 percent longer to reach the elevator than those who didn’t. In the *experiment, ⑤none [related to / groups / speed / saw / the words / were / that / both / of].

Professor Bargh found the result very interesting. He was surprised to find that the unconscious minds can lead to *complex mental activity. The students’ unconscious minds noticed that some words were related to old people. Then, they connected those words with the image that old people walk slowly. Next, they *applied the idea of walking slowly to their own behavior, even though they didn’t see the word ‘slow’ or ‘slowly.’ All of these were done unconsciously. After the experiment, none of the students said that they noticed words related to old people. They also didn’t think that the sentence-making task influenced their behavior in any way.

Through this experiment, the professor thinks that the result is just an example — unconscious influences can be seen anytime and anywhere. He says that much of everyday life — thinking, feeling, and doing — is *automatic because most of our choices are done unconsciously. Well, ⑥our mind is just like an *iceberg. It is said that we can see only 10 percent of an iceberg above water. Just like an iceberg, our consciousness makes up only a small part of our minds. In fact, the mind is more deeply *submerged than an iceberg is ; it is said that about 95 percent of mental behavior is unconscious and automatic.

As we see in the experiment, human minds can be influenced by unconscious force. It is mysterious that most of our minds are made up of our unconsciousness. Next time you see someone making a speech, why don't you pay attention to the speaker's behavior ? You may find some mystery of human minds !

（注） conscious：意識している　behavior(s)：振る舞い，行動　related to：～に関連している
stereotype(s)：固定観念　retired：退職した　wrinkle：(皮膚などの)しわ
measure(d)：～を測る　experiment：実験　complex：複雑な
apply(-ied) A to B：AをBに適用する，当てはめる　automatic：無意識な，反射的な
iceberg：氷山　submerged：沈んでいる，隠れている

問１　下線部①の内容として最も適切なものをア～エから一つ選び，記号で答えなさい。
ア　我々の行動の多くは，なぜ意識的に行われているのかということ。
イ　我々が意識的にとる行動が，どのように我々の生活に影響を与えているかということ。
ウ　我々の無意識な行動が，いかに意識的なものに変化するかということ。
エ　我々の行動が，どのように無意識のうちに影響を受けているのかということ。

問２　下線部②の内容として最も適切なものをア～エから一つ選び，記号で答えなさい。
ア　The students make a grammatically correct sentence by using all five words.
イ　Some students make a sentence by using the words which are not related to old people.
ウ　The students must make as many sentences as possible by using the words in five minutes.
エ　All the words that the students use are related to the stereotypes of old people.

問３　下線部③が「廊下の約10メートル先にあるエレベーターまで，彼らが歩くのにどのくらい時間がかかったのかを助手たちは測った。」という意味になるように，［　］内の語(句)を並べ替えなさい。

問４　下線部④の具体的な内容を45字以上55字以内の日本語で書きなさい。(句読点を含む)

問５　下線部⑤が「両方のグループが見た単語には，スピードに関連したものは一つもなかった」という意味になるように，［　］内の語(句)を並べ替えなさい。

問６　第三段落の波線部 the word 'slow' or 'slowly' was not included に関して，なぜそうしたのか，最も適切な理由をア～エから一つ選び，記号で答えなさい。
ア　老人は必ずしもゆっくり歩くとは限らないことを示すため。
イ　老人に対する固定観念は，歩く速さに全く関係ないことを示すため。
ウ　「ゆっくり」という単語を見た影響で，ゆっくり歩くわけではないことを示すため。
エ　「ゆっくり」という単語を見なければ，速く歩けることを示すため。

問７　下線部⑥の内容として最も適切なものをア～エから一つ選び，記号で答えなさい。
ア　A submerged part of an iceberg is like our conscious mind.
イ　Our unconsciousness makes up most of our mind like an iceberg under water.
ウ　10 percent of our mind is submerged as a part of an iceberg is.
エ　Just like an iceberg, most of our consciousness cannot be seen.

問8　本文の内容と一致するものをア～クから三つ選び，記号で答えなさい。

ア　When we are in front of many people, we may do something that is different from our usual behavior because we get nervous.

イ　A professor at Yale University, John Bargh, recently started his research on how humans get the writing skill.

ウ　The students noticed that there were some words related to old people, and they tried to make a sentence about old people.

エ　After the sentence-making task, the students were allowed to leave, but in fact the experiment was not finished yet.

オ　The unconscious minds are not related to complex mental activity.

カ　Some students said that the sentence-making task influenced their behavior.

キ　Through the experiment, Professor Bargh wanted to tell us that our behaviors can be influenced by unconscious force.

ク　Other people pay attention to your behaviors in a daily life because most of your behaviors are mysterious.

II　次の英文を読み，下線部①～③の日本語を英語に直しなさい。

Ocean Plastic Pollution

Plastic pollution in our oceans and on our beaches has become a global environmental problem. Thousands of animals, from small fish to giant whales, die from getting caught in plastic or eating it. It is reported that about 8 million tons of plastic enters the sea every year. If this situation continues, ①2050年には，海洋プラスチックごみが海にいる魚より多くなるだろう。

Japan also has to face this serious environmental problem. In fact, Japan is the world's second biggest producer of plastic waste per person. ②大量のプラスチック製品が，私たちの日常生活を便利にしている。 However, it is time for us to start action to take the responsibility as a major producer of plastic.

More and more countries around the world now have laws or strict rules against plastic use. Japanese government has also announced the rules for plastic use, but we still have a long way to go. Each of us needs to care about the problem and take the first step. ③プラスチック汚染を減らすために努力し続けることが大切だ。

【数　学】（30分）〈満点：50点〉

（注意）　定規，コンパス等の作図道具および計算機の使用は禁止です。

1　次の連立方程式を解きなさい。

$$\begin{cases} 0.7x-0.2y=2.3 \\ \dfrac{7}{12}x+\dfrac{3}{4}y=1 \end{cases}$$

2　$l \parallel m$ のとき，次の図中の x の値を求めなさい。

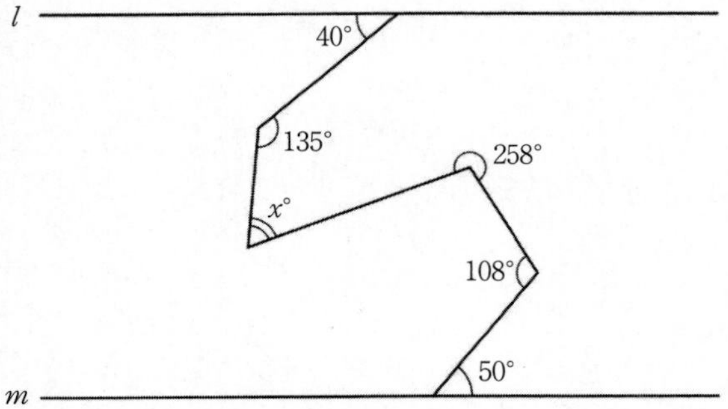

3　袋Aと袋Bにそれぞれ，１から13までの数字を１つずつ書いた13枚のカードが入っています。それぞれの袋から１枚ずつカードを取り出すとき，少なくとも１枚は素数である確率を求めなさい。

4　下の図のように，直角三角形ABCの辺BC上に点Dをとり，CDを一辺とする直角三角形CDEをとります。AとDを通る直線と線分CEとの交点をPとし，線分AEと線分BCとの交点をQとします。

AQ：QE＝4：3，CP：PE＝3：1であるとき，△AEDと△CDEの面積比を，最も簡単な整数の比で表しなさい。

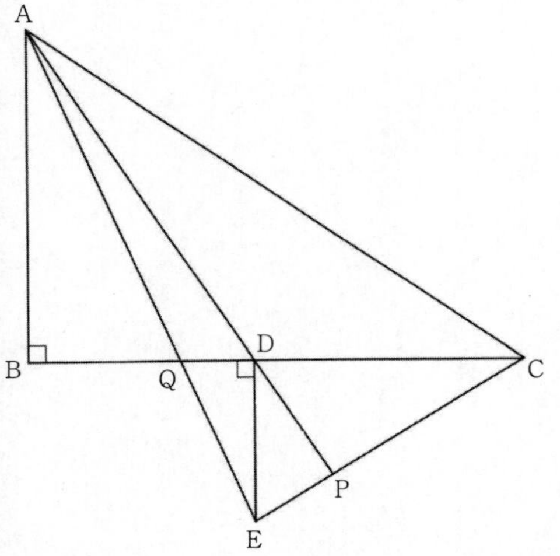

5　下の図において，直線 l の式は $y=\frac{4}{5}x+\frac{28}{5}$，直線 m の式は $y=-\frac{4}{3}x+12$ です。2 直線 l，m の交点をA，直線 l と x 軸との交点をB，直線 m と x 軸との交点をCとするとき，次の問に答えなさい。

問 1　点Aの座標を求めなさい。

問 2　点Aを通る直線と線分BCとの交点をDとします。△ABDの面積と△ADCの面積比が 3：1 になるとき，直線ADの式を求めなさい。

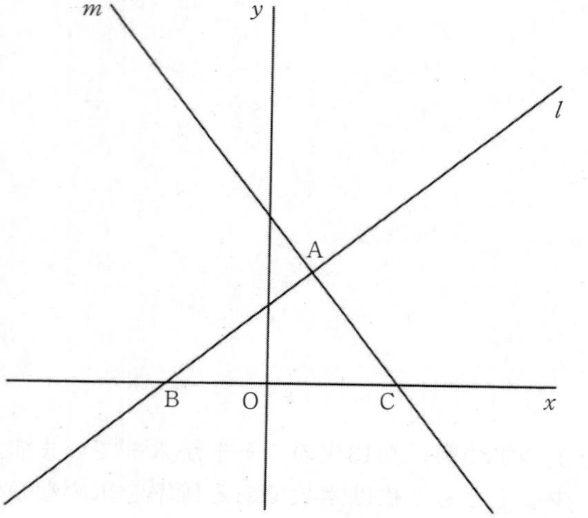

6　下の図において，点Aは放物線 $y=x^2$ と 直線 $y=2x$ の交点です。点Bは y 軸上に，点Dは x 軸上にあり，点Cは直線OAとBDの交点です。線分ABは x 軸に平行であり，AC：CO＝1：2 であるとき，次の問に答えなさい。

問 1　直線BDの式を求めなさい。

問 2　△OCDの面積を求めなさい。

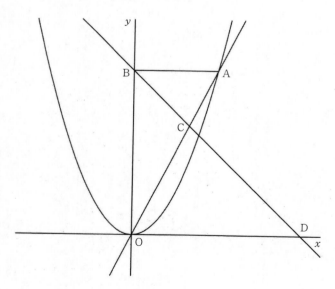

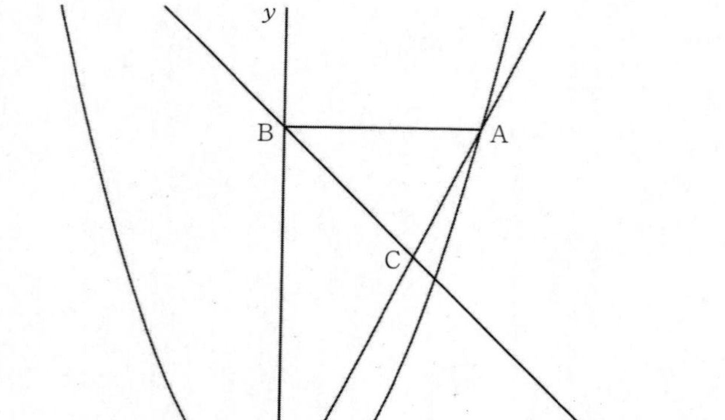

求にこたえるだけではなく、無意識に聞き手との距離を遠ざけようとする話し手の意識が出ること

オ　敬語の使用は相手を敬い、自分は控えめにしようという謙遜《けんそん》の気持ちを表すだけではなく、プライベートな領域に入り込むことに躊躇《ちゅうちょ》する気持ちが含まれていること

二

次の文章を①～③の条件にしたがって、八十字以上百字以内で要約しなさい。

> ①　三文で要約すること
> ②　第二文の書き出しを「しかし」、第三文の書き出しを「つまり」で始めること
> （……。しかし……。つまり……。）
> ③　解答欄の一マス目から書き始め、句読点も一字に数えること

「社会人」という言葉がある。普通、小学生や中学生が「社会人」を名乗ることはないし、そう呼ばれることもない。「社会人」とは社会に出て働く人を指し、また、そのような人が「大人」であるとも言われる。社会に出る、ということは、大人になることであり、学齢期に（主に学校で）知識や社会性を身につけることで、子どもは「社会人」たる大人へと成長していく。すなわち、子どもは社会に出るために学び、大人は社会で働く、というのが世の常識となっているのだ。

とはいえ、これは人類普遍の構図であるかと言えばそうではない。現在でも世界各地に点在する狩猟民族は学校教育とは無縁に暮らしている。そうした人たちは、子どもの頃から親の手伝いを通じて彼らの社会に参画している。狩猟の手伝いをしたり、煮炊きを手伝ったりしている子どもたちは、「社会人」と言って差し支えないだろう。

日本もまた同様で、明治五年の学制発布に至るまでは、日本中の全ての子どもたちが一人も漏らさず学校に通う、などとは考えられていなかった。それまで、弟妹の面倒を見たり、畑の草取りをしたりしていた家の子どもたちが義務教育を受けるということは、そうした役割を負っていた子どもたちを「学校に奪われてしまう」ことに等しかった。つまり、明治以前の日本では、子どももまた「小さな大人」として、大人の社会と関わりを持っていたのである。

これらの事例からも分かるように、前近代的な暮らしの中では、「社会」は大人だけのものではなかったし、子どもと社会の関係も一様ではなかったのである。

一方、今日の社会においては、そこに学校教育が存在する以上、子どもたちは等しく無償で初等教育を受ける権利がある、というのが重要な原則となっている。義務教育とは、「子どもは学校に通う義務がある」ということではなく、「親や保護者が子どもを学校に通わせる義務」のことである。また同時に、子どもたちは社会の労働力として搾取されてはならないし、また強制的な労働からは解放されなければならない、ということも常識となっている。こうした「社会で働く大人／学校で学ぶ子ども」という構図や、現代の「子ども」観は近代社会によって作られた、比較的新しい概念だということが分かる。

（本文は本校で作成した）

距離が好ましいわけですが、それはその人の性格によって、また状況によって異なります。

このように、敬語は、距離を遠ざけることによって敬うという方向性と、距離を近づけることによって親しみを表すという方向性があり、敬語を距離の表現と捉えることで、一貫した説明が可能になります。

ところが、従来の敬語論では、もっぱら相手を高める敬意という方向性の議論が中心でした。それによって、(4)見えるべきものが見えなくなってきたわけです。

敬語の難しさの本質は、尊敬語・謙譲語といった形の難しさよりも、聞き手との心理的な距離の取り方の難しさに由来します。敬語に見られるそうした心理的な距離のありようは、社会言語学的にはポライトネス理論によって分析することが可能です。

（石黒　圭『日本語は「空気」が決める』より）

問１　――線部(A)～(C)のカタカナを漢字に改めなさい。

問２　――線部(1)「敬語というと、尊敬語と謙譲語を中心とした動詞の活用の問題と見なされがち」とありますが、これについて、次の(i)(ii)に答えなさい。

(i)　次の～～線部が尊敬語なら(ア)を、謙譲語なら(イ)を、どちらでもなければ(ウ)の記号で答えなさい。

①　社長室にうかがいますので、お待ちください。
②　先生からいただいた手紙をずっと大切にしている。
③　こちらに休憩室がございます。
④　私はお客様がなさりたいことをお手伝いします。
⑤　母がお礼をしたいと申しています。

(ii)　「見なされがち」とありますが、敬語が「尊敬語と謙譲語を中心とした動詞の活用の問題」と「見なされる」ことによって、どのような不都合が生じるか、次のように説明しました。［Ⅰ］には本文から適当な語句を抜き出し、［Ⅱ］には最も適当なものを後の〈語群〉から選び、記号で答えなさい。

「すみませんが、僕の代わりに行ってもらえますか？」と言うのと、「たいへん恐縮なのですが、私の代わりに足を運んでいただけませんか？」と言うのとでは、後者の表現の形の方が話し手の聞き手に対する［Ⅰ（五字）］が高いと判断され、そこにあるはずの話し手と聞き手との［Ⅱ］の関係性が無視される、という不都合が生じる。

〈語群〉

ア　懇意　　イ　畏敬　　ウ　軽侮　　エ　親疎

問３　――線部(2)「ポライトネス理論」は、従来の敬語の捉え方とどのようなことが異なりますか。十四字で抜き出しなさい。

問４　――線部(3)「敬語に典型的に見られる機能」とはどのような機能ですか。最も適当なものを次の中から選び、記号で答えなさい。

ア　相手との相違を嫌い、間隔を取り除く機能
イ　相手との関係を考慮し、間合いを取る機能
ウ　相手との格差を吟味し、距離をつめる機能
エ　相手とのつながりを絶ち、領域を犯さない機能

問５　――線部(4)「見えるべきものが見えなくなってきた」とありますが、「見えるべきもの」とはどのようなことですか。最も適当なものを次の中から選び、記号で答えなさい。

ア　敬語の使用は丁寧な言葉遣いによって場の雰囲気をあらたまったものにするだけではなく、相手との間柄を他者に類推させる根拠となること
イ　敬語の使用は相手の地位を高めて尊重する気持ちを表すだけではなく、話し手がなれなれしい性格か、よそよそしい性格かを判断する材料ともなること
ウ　敬語の使用は相手との上下関係から生じる敬意を表すだけではなく、相手との距離を適切に保つことによって友好な関係を築こうとする意志が働いていること
エ　敬語の使用は相手の親しくしたいか親しくしたくないかの欲

二〇二〇年度 中央大学杉並高等学校（帰国生）

【国語】（三〇分）〈満点：五〇点〉

一 次の文章を読んで、後の設問に答えなさい。

(1)敬語というと、尊敬語と謙譲語を中心とした動詞の活用の問題と見なされがちです。

しかし、敬語は動詞にだけ現れるわけではありませんし、敬語の形式を使った場合でもその組み合わせによって敬意の程度がかなり変わります。

「悪いけど、俺の代わりに行ってよ」は、「すみませんが、僕の代わりに行ってもらえますか？」に直すのと、「たいへん恐縮なのですが、私の代わりに足を運んでいただけませんか？」に直すのではずいぶん印象が違うわけです。

そこで、敬意に関わる表現対象を拡大した待遇表現研究、さらには、敬語を表現の形の問題ではなく、場面における話し手や聞き手のコミュニケーション行為としてとらえた待遇コミュニケーション研究が、国内では主流になってきています。

一方、海外に目を向けると、ブラウンとレビンソンの(2)ポライトネス理論(politeness theory)が有力な理論として(A)フキュウしています。

ポライトネスは、日本語の丁寧と似た意味を持った言葉ですが、大きく違う点が一つあります。それは、ポライトネスには友好性という意味が含まれている点です。つまり、ポライトに振る舞い、相手と良好な関係を保つためには、丁寧にするだけでなく、親しさを示す必要もあるということです。

ポライトネスには二つの側面があります。

一つは相手との距離を縮め、積極的に相手に関心を示す態度で、ポジティブ・ポライトネス(positive politeness)と呼ばれます。周囲の人に理解されたい、共感されたいという聞き手の欲求(positive face)を満たそうとするもので、明るく前向きに相手と接し、ほめたり共感したりすることで相手に親愛の情を伝えようと努めます。

もう一つは相手との距離を取り、相手を尊重するという態度で、ネガティブ・ポライトネス(negative politeness)と呼ばれます。周囲の人に邪魔されたくない、私的な領域に踏み込まれたくないという聞き手の欲求(negative face)を満たそうとするもので、押しつけや断定をさけるように間接的に控えめに表現し、相手にかかる負担をできるだけ小さくするように努めます。(3)敬語に典型的に見られる機能です。

この両者は、相手との摩擦を(B)カイヒし、良好な関係を保とうとする目的では一致するのですが、その方略は反対です。

たとえば、高校や大学で初めてクラスメートに会ったときのことを思いだしてみましょう。知り合いはほとんどいない状況のなかで親しい友人を作らなければなりません。最初は丁寧体、すなわち「です」「ます」体で周囲の人に接します。そして、ある程度言葉を交わし、相手との社会的距離が縮まってきた頃合いを見計らって、普通体、すなわち「だ」「する」体に徐々に移行するのではないでしょうか。

最初から「だ」「する」体で接する人もいます。そうした人はオープンな性格で、相手との距離が近いほうが好ましいと感じるため、ポジティブ・ポライトネスを重視します。

一方、五月、六月になっても「です」「ます」体で接する人もいます。そうした人は人間関係に(C)シンチョウな人で、自分のプライバシーに踏みこまれないほうが心地よく感じるため、ネガティブ・ポライトネスを重視するわけです。

ポジティブ・ポライトネスとネガティブ・ポライトネスは、いわば「なれなれしい」と「よそよそしい」の対立です。行きすぎたポジティブ・ポライトネスは、聞き手の目になれなれしく映り、行きすぎたネガティブ・ポライトネスはよそよそしく映ります。適度な

2020年度／中央大学杉並高等学校（帰国生）

英語解答

I 問1 エ　問2 イ

問3 how long it took them to reach the elevator

問4 老人に関連する言葉を使った人たちは，使わなかった人たちよりエレベーターに着くまで15％長くかかったということ。（54字）

問5 of the words that both groups saw were related to speed

問6 ウ　問7 イ

問8 ア，エ，キ

II ① （例）there will be more plastic waste than fish in the sea by 2050.

② （例）A lot of plastic products make our daily life convenient.

③ （例）It is important to keep on making efforts to reduce plastic pollution.

数学解答

1 $x=3,\ y=-1$

2 65

3 $\frac{120}{169}$

4 4：9

5 問1 （3，8）　問2 $y=-4x+20$

6 問1 $y=-x+4$　問2 $\frac{16}{3}$

国語解答

一 問1 (A) 普及　(B) 回避　(C) 慎重

問2 (i) ①…(イ)　②…(イ)　③…(ウ)　④…(ア)　⑤…(イ)

(ii) I 敬意の程度　II…エ

問3 敬語を距離の表現と捉えること

問4 イ　問5 ウ

二 （例）子どもは学び，大人は社会で働くというのが世の常識である。しかし，前近代的な暮らしの中では子どもと社会の関係は一様ではなかった。つまり，現代の「子ども」観は近代社会によってつくられたものなのだ。（96字）

2025年度用
高校スーパー過去問

■編集人 声の教育社・編集部
■発行所 株式会社 声の教育社
〒162-0814 東京都新宿区新小川町8-15
☎03-5261-5061㈹ FAX03-5261-5062
https://www.koenokyoikusha.co.jp

※本書の内容についての一切の責任は当社にあります。内容・解説・解答その他の質問等は文書にて当社に御郵送くださるようお願いいたします。

カコを追いかけ
ミライをつかめ
「今の説明、もう一回」を何度でも
web過去問
ストリーミング配信による入試問題の解説動画
声の教育社
詳しくはこちらから

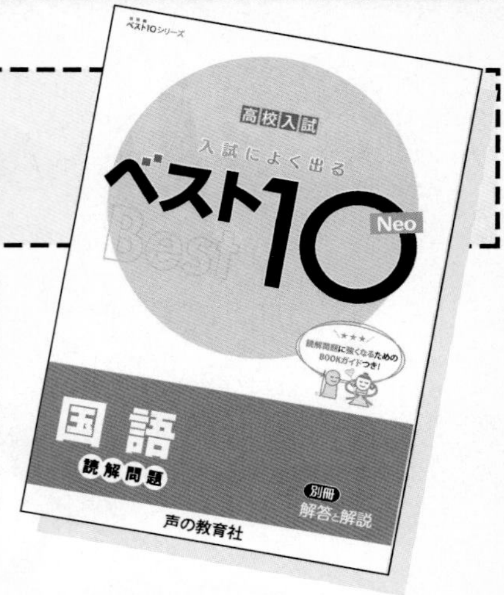

高校入試
入試によく出る
ベスト10
Neo
国語
読解問題
別冊
解答と解説
声の教育社

高校入試
入試によく出る
ベスト10
Neo
数学
図形問題
解答と解説
声の教育社

高校入試
英語
高校入試によく出る
文法問題
基礎から応用まで学べる!!
ベスト10
新改訂版
別冊
解答と解説
声の教育社

中央大学杉並高等学校

別冊解答用紙

丁寧に抜きとって、別冊としてご使用ください。

★教科別合格者平均点＆合格者最低点

一般

※ — は非公表

年度	英語	数学	国語	合格者最低点
2024	—	—	—	209
2023	76.1	76.8	73.8	206
2022	73.4	67.0	78.0	194
2021	74.9	79.0	75.9	210
2020	75.8	77.6	80.1	213

注意

○ 解答用紙は、収録の都合により縮小したものや、小社独自に作成したものもあります。
○ 学校配点は学校発表のもの、推定配点は小社で作成したものです。
○ 無断転載を禁じます。
○ 解答用紙を拡大コピーする場合、表示した拡大率に対応する用紙サイズは以下のとおりです。
101%～102%＝B5　103%～118%＝A4　119%～144%＝B4　145%～167%＝A3
（タイトルと配点表は含みません）

２０２４年度　　中央大学杉並高等学校　推薦

解答用紙　No. 1

番号		氏名	

英　語

1　1 　　2 　　3

2　1 　　2 　　3

3　1

2

4　問1

問2　One of the cups

into the cup.

問3　A 　　B

問4 　　（順不同）

（注）この解答用紙は実物を縮小してあります。Ａ４用紙に112%拡大コピーすると、ほぼ実物大で使用できます。（タイトルと配点表は含みません）

推定配点		計
	1, 2　各１点×６　　3　各２点×２ 4　問１，問２　各２点×２　問３　各１点×２　問４　各２点×２	20点

2024年度 中央大学杉並高等学校 推薦

解答用紙 No. 2

番号		氏名	

社会

1 □ □　2 □ □

3 □ □　4 □ □

5 原子力発電所 □　地熱発電所 □

6 問1 □

問2 1970年 □　1990年 □　2020年 □

7 □ □　8 □ □

9 □ □　10 □ □

11 A □　B □

12 A □　B □

13 問1 □　問2 C □　D □　問3 □

（注）この解答用紙は実物を縮小してあります。192%拡大コピーすると、ほぼ実物大で使用できます。（タイトルと配点表は含みません）

数学

1 □

2 （問1）　：　（問2）　：　：

3 □

4 □

5 （問1） B（　,　）　（問2） $y =$

（問3） （　,　）

推定配点	
〔数学〕20点 1 2点　2 各3点×2　3 2点　4 3点　5 問1、問2 各2点×2　問3 3点 〔社会〕20点 1～13 各1点×20 〔1、2、3、4、6問2、7、8、9、10はそれぞれ完答〕	
計	40点

2024年度 中央大学杉並高等学校 推薦

解答用紙 No.3

番号

氏名

国語

一

問1

問2

問3

問4

問5 Ⅰ Ⅱ Ⅲ

問6

問7

二

問1

問2

問3

問4

(注) この解答用紙は実物を縮小してあります。172%拡大コピーすると、ほぼ実物大で使用できます。(タイトルと配点表は含みません)

理科

1 (1) (2) , (3)

2 (1) (2) (3) :

3 (1) % (2)

4 (1) (2)

5 (1) (2)

6 (1) 名称

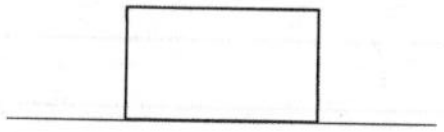

(2)

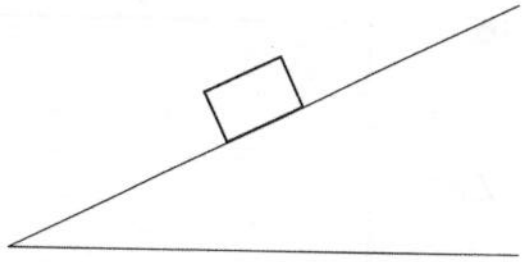

(3)

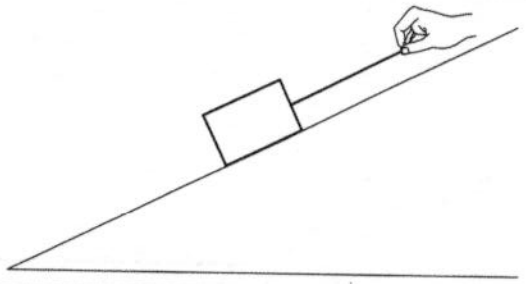

7 (1) V (2)

8 (1) (2) g (3) g

推定配点
〔理科〕20点 1～8 各1点×20 〔国語〕20点 一 問1～問4 各1点×4 問5～問7 各2点×5 二 問1～問3 各1点×4 問4 2点
計 40点

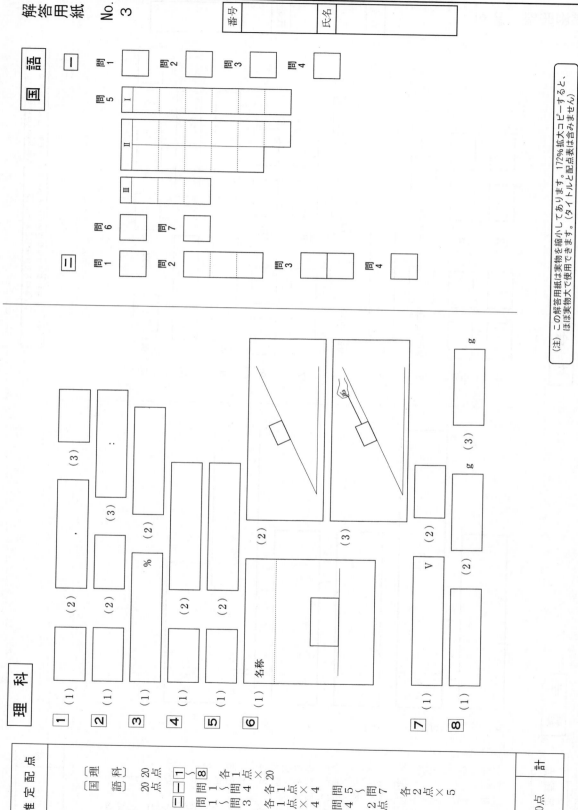

２０２４年度　　中央大学杉並高等学校

英語解答用紙

番号		氏名		評点	／100

Ⅰ

第１部　A　B　C　D　E

第２部　F　G　H　I　J

Ⅱ

A　B　C　D　E　F　順不同

Ⅲ

問１　問２　問３　問４　問５　問６

問７　→　→　→

問８　（A）　（B）　（C）　（D）　（E）　（F）

問９　順不同

Ⅳ

1　2　3　4

Ⅴ

1　A　B　2　C　D　3　E　F　4　G　H

Ⅵ

1

2

（注）この解答用紙は実物を縮小してあります。Ａ４用紙に118%拡大コピーすると、ほぼ実物大で使用できます。（タイトルと配点表は含みません）

推定配点		計
	Ⅰ，Ⅱ　各２点×17 Ⅲ　問１～問６　各３点×６　問７　２点 問８　各３点×６　問９　各２点×２ Ⅳ，Ⅴ　各２点×８　　Ⅵ　各４点×２	100点

２０２４年度　中央大学杉並高等学校

数学解答用紙

番号		氏名	

評点	／100

1

問　1	問　2	問　3
x =		°

2

問　1	問　2	問　3	問　4
A（　　，　　）			

3

ア	イ	ウ	エ

4

問　1	問　2	問　3	問　4
°			

5

問　1	問　2	問　3

6

問　1
ドル

（問　2）式・考え方

（答）　　　　円

（注）この解答用紙は実物を縮小してあります。Ｂ４用紙に130％拡大コピーすると、ほぼ実物大で使用できます。（タイトルと配点表は含みません）

推定配点		計
	1～6　各５点×20	100点

二〇二四年度　中央大学杉並高等学校

国語解答用紙

番号　氏名　評点　／100

一
(a)
(b)
(c)
(d)　って
(e)　しい
(f)
(g)　る
(h)

二
問1
問2

三
問1
問2　Ⅰ　Ⅱ
問3
問4
問5

四
20
40
60
80
100

五
問1　Ⅰ　Ⅱ　Ⅲ
問2
問3
問4
問5
問6
問7
問8

(注) この解答用紙は実物を縮小してあります。Ｂ４用紙に133%拡大コピーすると、ほぼ実物大で使用できます。(タイトルと配点表は含みません)

推定配点	
一 各2点×8 二 各4点×2 三 問1 4点　問2、問3 各3点×4　問4、問5 各4点×2 四 12点 五 各4点×10	計 100点

２０２４年度　中央大学杉並高等学校　帰国生

英語解答用紙

番号		氏名		評点	／50

I

問１

問２　問３ → → →　問４

問５ (A) (B) (C) (D) (E) (F) (G) (H)

問６　問７

問８ Traditional taxonomy

genetic studies or biodiversity.

問９　問10

35　45

問11

II

①

②

③

（注）この解答用紙は実物を縮小してあります。Ｂ４用紙に119％拡大コピーすると、ほぼ実物大で使用できます。（タイトルと配点表は含みません）

推定配点		計
	I　問１　１点　問２～問11　各２点×17 II　各５点×３	50点

２０２４年度　　中央大学杉並高等学校　帰国生

数学解答用紙

番号		氏名		評点	／50

1

$x=$　　　　　　　　,　$y=$

2

$x=$

3

$x=$

4

(問　1)		(問　2)	
(問　3)			

5

(問　1)		(問　2)	$t=$

(注) この解答用紙は実物を縮小してあります。Ａ４用紙に114%拡大コピーすると、ほぼ実物大で使用できます。(タイトルと配点表は含みません)

推定配点		計
	1～3　各５点×３　　4，5　各７点×５	50点

二〇二四年度　中央大学杉並高等学校　帰国生

国語解答用紙

番号		氏名		評点	/50

一

問1　(a)　　して　(b)　　らす

(c)

問2

問3

問4

問5　I　II　III　IV

問6

問7

二

20　40　60　80　100

(注) この解答用紙は実物を縮小してあります。B４用紙に120%拡大コピーすると、ほぼ実物大で使用できます。(タイトルと配点表は含みません)

推定配点		計
	一 問1 各2点×3　問2～問4 各4点×3 問5 各3点×4　問6、問7 各4点×2 二 12点	50点

解答用紙　No. 1

番号		氏名	

英　語

1　1　2　3

2　1　2　3

3　1

2

4　問1

around the dinner table.

問2

問3　A　B

問4　（順不同）

（注）この解答用紙は実物を縮小してあります。Ａ４用紙に112％拡大コピーすると、ほぼ実物大で使用できます。（タイトルと配点表は含みません）

推定配点		計
	1, 2　各１点×６　3　各２点×２ 4　問１，問２　各２点×２　問３　各１点×２　問４　各２点×２	20点

2023年度 中央大学杉並高等学校 推薦

解答用紙 No.2

番号　　氏名

社会

1　　2

3　　4

5 A　B

6 【1】　【2】

7　　8

9　　10

11 A　B

C

12 問1　問2

問3

(注) この解答用紙は実物を縮小してあります。185%拡大コピーすると、ほぼ実物大で使用できます。(タイトルと配点表は含みません)

数学

1

2 (問 1)		(問 2)	$y =$

3 (問 1)	$y =$	(問 2)	B(　　,　　)
(問 3)	B(　　,　　)		

4 (問 1)		(問 2)	

推定配点

〔数学〕 20点 1 2点　2 問1 2点　問2 3点
3 問1、問2 各2点×2　問3 3点
4 各3点×2

〔社会〕 20点 1～12 各1点×20〔1、2、8はそれぞれ完答〕

計 40点

２０２３年度　中央大学杉並高等学校　推薦

解答用紙　No. 3

番号　　氏名

国語

一

問1　(a)　(b)　(c)　で

問2　Ⅰ　Ⅱ

問3

問4　Ⅰ　Ⅱ　Ⅲ　Ⅳ

問5

問6

二

問1

問2

問3　(3)　(4)

問4

（注）この解答用紙は実物を縮小してあります。172％拡大コピーすると、ほぼ実物大で使用できます。（タイトルと配点表は含みません）

理科

1　（1）　（2）

（3）X　回　Y　秒

2　（1）　（2）　（3）

3　（1）　（2）

4　（1）　倍　（2）　電池

5　（1）直列　並列

（2）X　Y

6　（1）　（2）　（3）

7　（1）　（2）

推定配点

〔理　科〕20点　1～7　各1点×20〔2(2)、7(1)、(2)はそれぞれ完答〕

〔国　語〕20点　一　問1～問4　各1点×10　問5、問6　各2点×2　二　問1～問3　各1点×4　問4　2点

40点	計

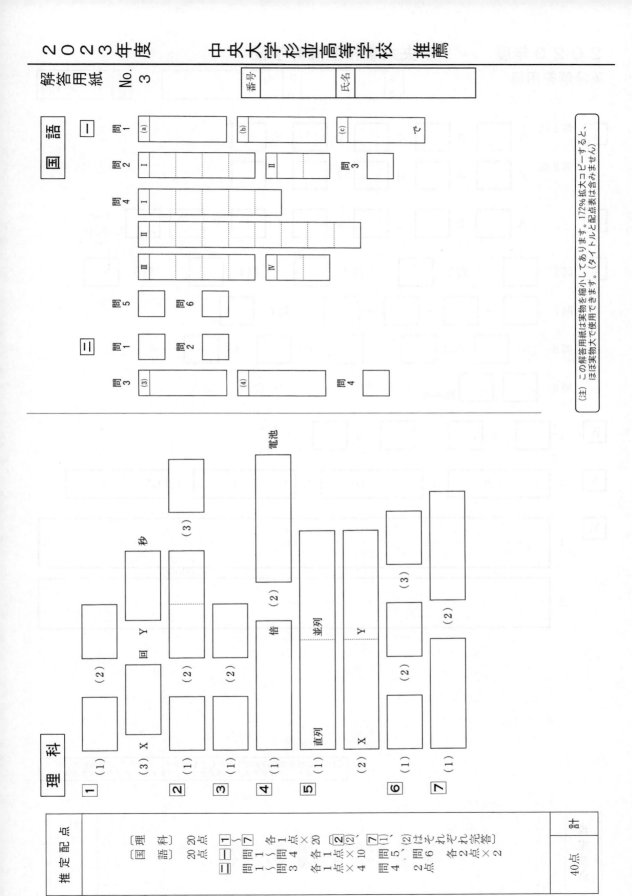

２０２３年度　中央大学杉並高等学校

英語解答用紙

番号		氏名		評点	／100

Ⅰ 第１部 A　B　C　D　E

第２部 F　G　H　I　J

Ⅱ A　B　C　D　E　F　・　順不同

Ⅲ 問１　問２　問３　問４　問５

問６　→　→　→　問７

問８ （A）（B）（C）（D）（E）

問９　順不同

Ⅳ 1　2　3　4

Ⅴ 1 A B　2 C D　3 E F　4 G H

Ⅵ 1

2

（注）この解答用紙は実物を縮小してあります。Ａ４用紙に118%拡大コピーすると、ほぼ実物大で使用できます。(タイトルと配点表は含みません)

推定配点		計
	Ⅰ, Ⅱ 各２点×17　Ⅲ 各３点×14 Ⅳ, Ⅴ 各２点×８　Ⅵ 各４点×２	100点

２０２３年度　中央大学杉並高等学校

数学解答用紙

番号		氏名		評点	／100

1

問　1	問　2	問　3	問　4

2

問　1	問　2	問　3

3

問　1	問　2	問　3
$a=$　　　，$b=$	C（　　，　　），D（　　，　　）	

4

問　1	問　2	問　3	問　4
倍	$a=$		

5

問　1	問　2
$y=$	P（　　　，　　　）

（問　3）式・考え方

答　Q（　　　，　　　）

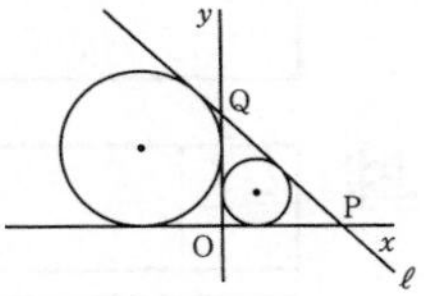

（注）この解答用紙は実物を縮小してあります。Ａ３用紙に154％拡大コピーすると、ほぼ実物大で使用できます。（タイトルと配点表は含みません）

推定配点		計
	1　各５点×４　　2　各６点×３ 3　問１　６点　問２　各３点×２　問３　６点 4　各６点×４ 5　問１　６点　問２，問３　各７点×２	100点

二〇二三年度　中央大学杉並高等学校

国語解答用紙

番号　　氏名　　評点　/100

一
(a)
(b)
(c) い
(d) される
(e) わって
(f)
(g) じて
(h)

二
問1
問2

三
問1
問2
問3
問4
問5

四
20
40
60
80
100

五
問1
問2
問3 A
B
C
問4
問5
問6 A
B
C
問7
問8

(注) この解答用紙は実物を縮小してあります。B４用紙に130%拡大コピーすると、ほぼ実物大で使用できます。(タイトルと配点表は含みません)

推定配点		計
	一　各2点×8 二　各4点×2 三　問1～問4　各4点×4　問5　3点 四　12点 五　問1～問5　各4点×7　問6　各3点×3　問7、問8　各4点×2	100点

２０２３年度　中央大学杉並高等学校　帰国生

英語解答用紙

番号		氏名		評点	／50

Ⅰ

問１　問２　問３　問４

問５　Ornithologists have some ideas

north or south.

問６　⑥　⑦

問７

40

50

問８　問９　（順不同）

Ⅱ

①

②

③

（注）この解答用紙は実物を縮小してあります。Ｂ４用紙に119％拡大コピーすると、ほぼ実物大で使用できます。（タイトルと配点表は含みません）

推定配点		計
	Ⅰ　問１～問４　各３点×４　問５　４点　問６　各３点×２ 問７　４点　問８，問９　各３点×３ Ⅱ　各５点×３	50点

２０２３年度　　中央大学杉並高等学校　帰国生

数学解答用紙

番号		氏名		評点	／50

1

2

	度数	相対度数		
(問　1)			(問　2)	℃

3

(問　1)	°	(問　2)	°
(問　3)	°	(問　4)	°

4

(問　1)		(問　2)	D（　　　,　　　）
(問　3)	：		

5

(問　1)		(問　2)	
(問　3)			

（注）この解答用紙は実物を縮小してあります。Ａ４用紙に114%拡大コピーすると、ほぼ実物大で使用できます。（タイトルと配点表は含みません）

推定配点		計
	1　３点　　2　問１　各２点×２　問２　３点　　3～5　各４点×10	50点

二〇二三年度　中央大学杉並高等学校　帰国生

国語解答用紙

番号　　氏名　　評点 ／50

一

問1　(a)　め　(b)　(c)

問2

問3　A　B　C

問4

問5

問6

二

100　80　60　40　20

(注) この解答用紙は実物を縮小してあります。Ｂ４用紙に120%拡大コピーすると、ほぼ実物大で使用できます。(タイトルと配点表は含みません)

推定配点	計
一 問1 各2点×3　問2、問3 各4点×4　問4～問6 各5点×3 二 13点	50点

２０２２年度　中央大学杉並高等学校　推薦

解答用紙　No. 1

番号		氏名	

英　語

1　1　　2　　3

2　1　　2　　3

3　1

2

4　問 1

問 2　1　2　3　4　5　（順不同）

問 3

問 4　（順不同）

（注）この解答用紙は実物を縮小してあります。Ａ４用紙に114％拡大コピーすると、ほぼ実物大で使用できます。（タイトルと配点表は含みません）

推定配点		計
	1, 2　各１点×６　　3　各２点×２ 4　問１　２点　問２～問４　各１点×８	20点

2022年度 中央大学杉並高等学校 推薦

解答用紙 No.2

番号 　　 氏名

社会

1

2

3

4

5 (1) 県 (2)

6

7

8

9

10 問1 A B

問2 C D

11 問1 問2

問3 問4

（注）この解答用紙は実物を縮小してあります。175%拡大コピーすると、ほぼ実物大で使用できます。（タイトルと配点表は含みません）

数学

1

2 ○

3 （問 1） （問 2）

4 （問 1） （問 2） D（ ， ）

5 ，

推定配点

〔数 学〕 20点 1～4 各3点×6 5 各1点×2

〔社 会〕 20点 1～11 各1点×20〔2、6、10問1、問2はそれぞれ完答〕

計
40点

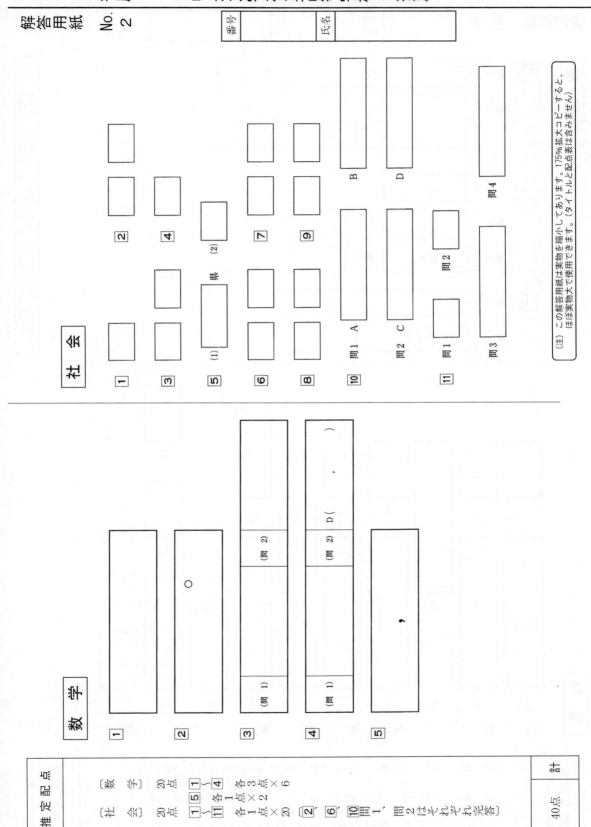

２０２２年度 中央大学杉並高等学校 推薦

解答用紙 No.3

番号　　氏名

国語

一

問1 (A) (B)

問2

問3 Ⅰ Ⅱ

問4 Ⅰ Ⅱ

問5

問6

問7

二

問1

問2

問3

(注) この解答用紙は実物を縮小してあります。Ａ３用紙に167%拡大コピーすると、ほぼ実物大で使用できます。(タイトルと配点表は含みません)

理科

1 (1) (2)

2 (1) (2) (3) (4)

3 (1) (2)

4 (1) (2)

5 (1) (2) cm

6 (1) (2) A (3) V

7 (1) (2) (3)

8

推定配点	
〔理科〕 20点 1～7 各1点×18 〔6(1)、7(1)はそれぞれ完答〕 8 2点 〔国語〕 20点 一 問1、問2 各2点×3 問3～問5 各1点×5 問6、問7 各2点×2 二 問1 1点 問2、問3 各2点×2	
40点	計

２０２２年度　中央大学杉並高等学校

英語解答用紙

番号		氏名		評点	／100

Ⅰ
第１部　A　B　C　D　E
第２部　F　G　H　I　J

Ⅱ　A　B　C　D　E　F　順不同

Ⅲ　問１　問２　1　2　3　問３

問４　ア　イ　ウ　エ

問５　問６

問７　45　55

問８

問９　SMAP's work will

Ⅳ　1　2　3　4

Ⅴ　1　A　B　2　C　D　3　E　F　4　G　H

Ⅵ　1

2

（注）この解答用紙は実物を縮小してあります。Ｂ４用紙に118％拡大コピーすると、ほぼ実物大で使用できます。（タイトルと配点表は含みません）

推定配点		計
	Ⅰ，Ⅱ　各２点×17 Ⅲ　問１～問６　各３点×11　問７　４点　問８　３点　問９　２点 Ⅳ，Ⅴ　各２点×８　　Ⅵ　各４点×２	100点

２０２２年度　中央大学杉並高等学校

数学解答用紙

番号		氏名		評点	／100

1

問　1	問　2

問　3	問　4
通り	$z=$

2

ア	イ	ウ	エ	オ
(　　,　　)		(　　,　　)		

3

問　1	問　2

4

問　1	問　2	問　3	問　4

5

問　1
$a=$

（問　2）式・考え方

答　D（　　，　　）

（注）この解答用紙は実物を縮小してあります。Ｂ４用紙に127%拡大コピーすると、ほぼ実物大で使用できます。（タイトルと配点表は含みません）

推定配点		計
	1，2　各５点×９　　3，4　各７点×６ 5　問１　５点　問２　８点	100点

二〇二二年度　中央大学杉並高等学校

国語解答用紙

番号		氏名		評点	/100

一

(a) げ	(b) す	(c)	(d)
(e)	(f)	(g)	(h)

二

問1　問2

三

問1　問2

問3　I　II　問4

四

（100字の解答欄：20・40・60・80・100）

五

問1　問2

問3　I　II　問4

問5　感情

問6

問7　I　II

III

問8

（注）この解答用紙は実物を縮小してあります。B４用紙に130%拡大コピーすると、ほぼ実物大で使用できます。（タイトルと配点表は含みません）

推定配点		計
	一　各２点×８ 二　各４点×２ 三　問１　４点　問２、問３　各３点×４　問４　４点 四　12点 五　問１～問３　各３点×４　問４～問８　各４点×８	100点

２０２２年度　中央大学杉並高等学校　帰国生

英語解答用紙

番号		氏名	

評点	／50

I

問１　問２　問３

問４

every year.

問５

30

40

問６　（順不同）

問７

問８　（順不同）

II

①

②

③

（注）この解答用紙は実物を縮小してあります。Ａ４用紙に118%拡大コピーすると、ほぼ実物大で使用できます。（タイトルと配点表は含みません）

推定配点		計
	I　問１～問３　各３点×３　問４，問５　各４点×２ 問６～問８　各３点×６ II　各５点×３	50点

２０２２年度　中央大学杉並高等学校　帰国生

数学解答用紙

番号		氏名		評点	／50

1

2

3

(問 1)	：	(問 2)	：

4

(問 1)	○	(問 2)	

5

6

(問 1)	$a=$	(問 2)	$t=$
(問 3)	$b=$	(問 4)	

(注) この解答用紙は実物を縮小してあります。Ａ４用紙に114%拡大コピーすると、ほぼ実物大で使用できます。(タイトルと配点表は含みません)

推定配点	1, 2 各３点×２　3, 4 各５点×４ 5 ４点　6 各５点×４	計 50点

二〇二二年度　中央大学杉並高等学校　帰国生

国語解答用紙

番号　　氏名　　評点　/50

一

問1　(A)　(B)　(C)

問2

問3　I　II

問4　問5　問6

二

20　40　60　80　100

（注）この解答用紙は実物を縮小してあります。B4用紙に120％拡大コピーすると、ほぼ実物大で使用できます。（タイトルと配点表は含みません）

推定配点		計
	一　問1　各2点×3　問2、問3　各4点×4　問4～問6　各5点×3 二　13点	50点

２０２１年度　　中央大学杉並高等学校　推薦

解答用紙　No. 1

番号		氏名	

英　語

1　1 ［　］　2 ［　］　3 ［　］

2　1 ［　］　2 ［　］　3 ［　］

3

1

2

4

1 ［　］

2 He thinks

people today.

3

30

40

4 ［　］［　］ 順不同

(注) この解答用紙は実物を縮小してあります。Ａ４用紙に112%拡大コピーすると、ほぼ実物大で使用できます。(タイトルと配点表は含みません)

推定配点		計
	1, 2 各１点×６　3, 4 各２点×７	20点

2021年度　中央大学杉並高等学校　推薦

解答用紙　No. 2

番号	
氏名	

社　会

1

2

3

4

5 (1) A　　H

(2)

6

7

8

9

10

11

12 1 所得　2 男女 機会均等法

3 労働行為

数　学

1

2 (問 1) 枚　(問 2) 円

3 (問 1) $x=$ °　(問 2) $y=$ °

4 (問 1)　(問 2)

5 (問 1) $a=$　(問 2) R(　,　)

(問 3)

(注) この解答用紙は実物を縮小してあります。192%拡大コピーすると、ほぼ実物大で使用できます。(タイトルと配点表は含みません)

推定配点

〔数　学〕20点　1～5 各2点×10

〔社　会〕20点　1～12 各1点×20〔1、2はそれぞれ完答〕

計
40点

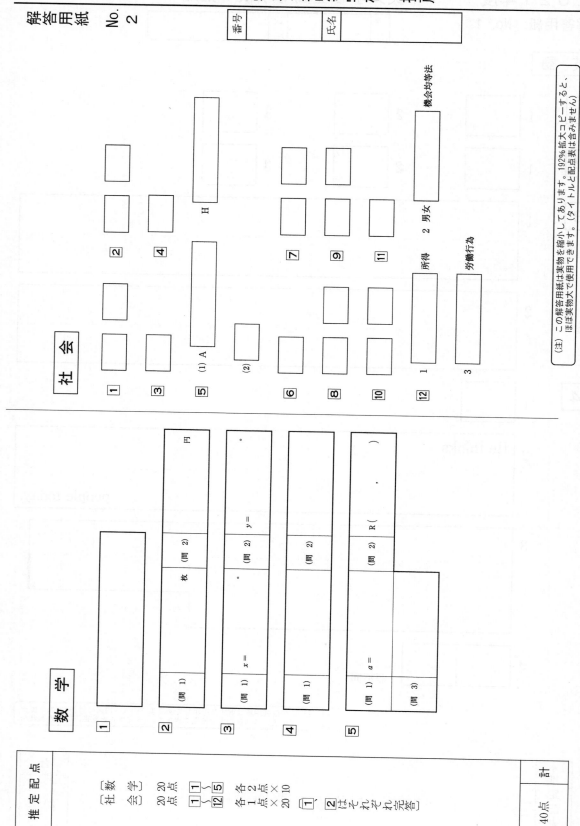

2021年度　中央大学杉並高等学校　推薦

解答用紙 No. 3

番号	
氏名	

国語

一

問1
問2　イ　ロ　ハ
問3
問4
問5　A　B
問6
問7

二

問1
問2　A　B
問3
問4

（注）この解答用紙は実物を縮小してあります。A３用紙に161%拡大コピーすると、ほぼ実物大で使用できます。（タイトルと配点表は含みません）

理科

1 （1）　（2）

2 （1）　（2）

3 （1）　（2）

4 （1）　（2）　（3）
（4）

5 （1）　（2）

6 Pa

7 （1）　（2） %

8 （1）　（2）

9 （1）
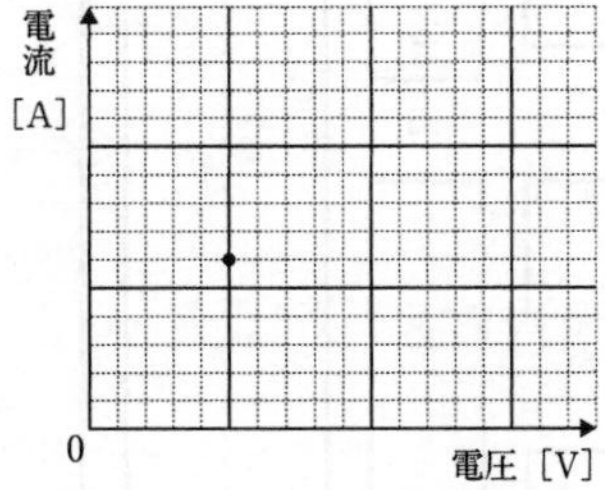

（2）
（3）

推定配点

〔理　科〕20点　1～9 各1点×20
〔国　語〕20点　一 各2点×7　二 問1～問3 各1点×4　問4 2点

40点	計

２０２１年度　中央大学杉並高等学校

英語解答用紙

番号		氏名		評点	／100

Ⅰ 第１部 A B C D E
第２部 F G H I J

Ⅱ A B C D E F 順不同

Ⅲ 問１ 問２ 問３
問４
問５ 40 50
問６
問７ 順不同
問８ 順不同

Ⅳ 1 2 3 4

Ⅴ 1 A B 2 C D 3 E F 4 G H

Ⅵ 1
2

（注）この解答用紙は実物を縮小してあります。Ｂ４用紙に118％拡大コピーすると、ほぼ実物大で使用できます。（タイトルと配点表は含みません）

推定配点		計
	Ⅰ 各２点×10　Ⅱ 各３点×７ Ⅲ 問１～問４　各３点×４　問５　４点　問６～問８　各３点×７ Ⅳ, Ⅴ 各２点×８　Ⅵ 各３点×２	100点

２０２１年度　中央大学杉並高等学校

数学解答用紙

番号		氏名	

評点	／100

1

問　1	問　2	問　3	問　4
	$x=$	$\angle \mathrm{EGH}=$　°	$x=$

2

問　1	問　2
kg	$x=$

3

問　1	問　2	問　3

4

問　1	問　2
$y=$	$b=$

5

問　1	問　2
$y=$	(　　,　　)

(問　3) 式・考え方

(答) $y=$

(注) この解答用紙は実物を縮小してあります。Ｂ４用紙に127%拡大コピーすると、ほぼ実物大で使用できます。(タイトルと配点表は含みません)

推定配点		計
	1～4　各７点×11　　5　問１，問２　各７点×２　問３　９点	100点

二〇二二年度　中央大学杉並高等学校

国語解答用紙

番号　　氏名　　評点 /100

一
(a) (b) (c) (d)
(e) (f) (g) んだ (h)

二
問1　問2

三
問1　問2　問3 Ⅰ Ⅱ　問4

四
20 40 60 80 100

五
問1　問2　問3 Ⅰ Ⅱ Ⅲ　問4　問5 Ⅰ Ⅱ Ⅲ　問6　問7　問8

（注）この解答用紙は実物を縮小してあります。Ｂ４用紙に130％拡大コピーすると、ほぼ実物大で使用できます。（タイトルと配点表は含みません）

推定配点	
一 各2点×8　二 各4点×3 三 問1、問2 各4点×2　問3 各3点×2　問4 4点 四 12点 五 問1、問2 各4点×2　問3 各3点×3　問4 4点 問5 各3点×3　問6～問8 各4点×3	
計	100点

２０２１年度　中央大学杉並高等学校　帰国生

英語解答用紙

番号		氏名	

評点	／50

Ⅰ　問１　問２　問３　問４

問５　That

a year!

問６　問７

問８

40

50

問９　順不同

Ⅱ　①

②

③

（注）この解答用紙は実物を縮小してあります。Ａ４用紙に118％拡大コピーすると、ほぼ実物大で使用できます。（タイトルと配点表は含みません）

推定配点		計
	Ⅰ　問１～問７　各４点×７　問８　５点　問９　各４点×２ Ⅱ　各３点×３	50点

２０２１年度　中央大学杉並高等学校　帰国生

数学解答用紙

番号		氏名	

評点	／50

1

(問　1)		(問　2)	

2

3

4

(問　1)		(問　2)	：　：

5

(問　1)	：	(問　2)	：
(問　3)	：　：		

6

(問　1)		(問　2)	$a =$

（注）この解答用紙は実物を縮小してあります。Ａ４用紙に112%拡大コピーすると、ほぼ実物大で使用できます。（タイトルと配点表は含みません）

推定配点		計
	1　各３点×２　2～4　各４点×４ 5　各６点×３　6　各５点×２	50点

二〇二一年度　中央大学杉並高等学校　帰国生

国語解答用紙

番号　　氏名　　評点　／50

一

問1　(A)　(B)

問2　(a)　(b)　(c)　(d)

問3　Ⅰ　Ⅱ

問4　問5　問6

二

20　40　60　80　100

（注）この解答用紙は実物を縮小してあります。B4用紙に119％拡大コピーすると、ほぼ実物大で使用できます。（タイトルと配点表は含みません）

推定配点		計
	一　問1、問2　各2点×6　問3～問6　各5点×5 二　13点	50点

２０２０年度　中央大学杉並高等学校　推薦

解答用紙　No. 1

番号		氏名	

英　語

1　1 ［　］　2 ［　］　3 ［　］

2　1 ［　］　2 ［　］　3 ［　］

3　1 ［　］

2 ［　］

4　1 ［　］

2 It is ［　］.

3 A ［　］

B ［　］

C ［　］

4 ［　］

5 ［　］

(注) この解答用紙は実物を縮小してあります。Ａ４用紙に114%拡大コピーすると、ほぼ実物大で使用できます。(タイトルと配点表は含みません)

推定配点		計
	1～3　各１点×８　　4　１，２　各１点×２　３～５　各２点×５	20点

2020年度 中央大学杉並高等学校 推薦

解答用紙 No.2

番号	氏名

社会

1

2

3

4 A　B

5

6

7

8

9

10

11

12 A　税　B　税

C　年　D　歳以上

E　裁判所　F　権

（注）この解答用紙は実物を縮小してあります。182%拡大コピーすると、ほぼ実物大で使用できます。（タイトルと配点表は含みません）

数学

1

2 $a=$　，$b=$

3　個

4 （問1）$a=$　（問2）C（　，　）

（問3）

5 （問1）　°　（問2）

推定配点

〔数学〕20点　1～3 各2点×3　4 問1 2点　問2、問3 各3点×2　5 各3点×2

〔社会〕20点　1～12 各1点×20〔12 A・B、C・D、E・Fはそれぞれ完答〕

計
40点

2020年度 中央大学杉並高等学校 推薦

解答用紙 No. 3

番号

氏名

国語

一

問1 (a) (b)

問2

問3

問4

問5 Ⅰ Ⅱ Ⅲ

問6

二

問1 月

問2

問3

問4

理科

1 (1) (2) (3)

2 A B

3 (1) (2) (3) (4)

4 (1) (2)

5 (1) (2)

6 (1) (2) cm³

7 (1) (2) (3)

8 (1) W (2)

9

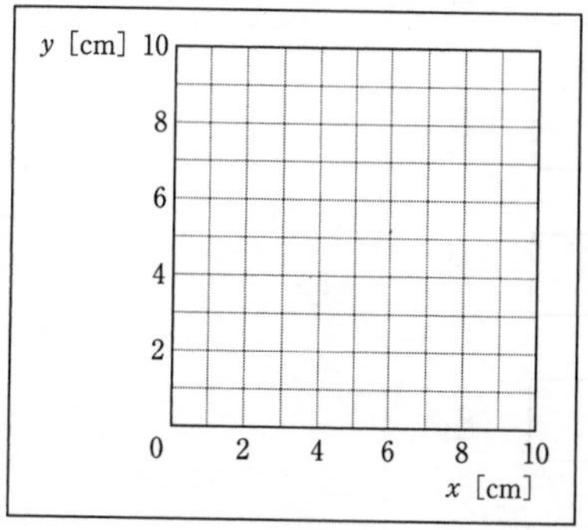

(注) この解答用紙は実物を縮小してあります。A３用紙に161%拡大コピーすると、ほぼ実物大で使用できます。(タイトルと配点表は含みません)

推定配点	
〔理科〕 20点 1～9 各1点×20 〔2は完答、5は各1点×2〕 〔国語〕 20点 一 問1 各1点×2 問2～問4 各2点×3 問5 各1点×3 問6 2点 二 問1 1点 問2～問4 各2点×3	
計	40点

２０２０年度　中央大学杉並高等学校

英語解答用紙

番号		氏名		評点	／100

Ⅰ　第１部　A　B　C　D　E

第２部　F　G　H　I　J

Ⅱ　A　B　C　D　E　F　順不同

Ⅲ　問１　①　②　③

問２　問３

問４　A　B　C　D

問５

問６

問７

問８　55　65

問９　順不同

Ⅳ　1　2　3　4

Ⅴ　1　A　B　2　C　D　3　E　F　4　G　H

Ⅵ　1

2

（注）この解答用紙は実物を縮小してあります。Ｂ４用紙に130％拡大コピーすると、ほぼ実物大で使用できます。（タイトルと配点表は含みません）

推定配点		計
	Ⅰ　各２点×10　Ⅱ　各３点×７ Ⅲ　問１～問６　各２点×11　問７　３点　問８　５点　問９　各３点×３ Ⅳ～Ⅵ　各２点×10	100点

２０２０年度　中央大学杉並高等学校

数学解答用紙

番号		氏名		評点	／100

1

問　1	問　2	問　3	問　4
	$a=$　　，$b=$	∠ACE＝　　°	

2

問　1	問　2
$y=$	

3

問　1	問　2	問　3
	$y=$	

4

問　1	問　2	問　3

5

問　1	問　2	問　3
枚	cm^2	$n=$

（問　4）式・考え方

（答）$a=$

（注）この解答用紙は実物を縮小してあります。Ｂ４用紙に127％拡大コピーすると、ほぼ実物大で使用できます。（タイトルと配点表は含みません）

推定配点		計
	1～4　各６点×12　　5　問１～問３　各６点×３　問４　10点	100点

二〇二〇年度　中央大学杉並高等学校

国語解答用紙

番号　　氏名　　評点　／100

一

(a)　(b)　に　(c)　り　(d)

(e)　く　(f)　(g)　れた　(h)　らぐ

二

問1　問2

三

問1　問2　問3　問4

四

20　40　60　80　100

五

問1　問2

問3　①　②

問4　問5　①　②

問6　問7　問8

（注）この解答用紙は実物を縮小してあります。Ｂ４用紙に122％拡大コピーすると、ほぼ実物大で使用できます。（タイトルと配点表は含みません）

推定配点	
一 各２点×８　二、三 各５点×６　四 12点 五 問１、問２ 各５点×２　問３ 各３点×２　問４ 5点 問５ 各３点×２　問６～問８ 各５点×３	計 100点

２０２０年度　中央大学杉並高等学校　帰国生

英語解答用紙

番号		氏名		評点	／50

Ⅰ

問1　　問2

問3　The assistants measured

about ten meters down the hallway.

問4 (45, 55)

問5　none

問6　　問7　　問8　　順不同

Ⅱ

①

②

③

（注）この解答用紙は実物を縮小してあります。Ｂ４用紙に119%拡大コピーすると、ほぼ実物大で使用できます。（タイトルと配点表は含みません）

推定配点		計
	Ⅰ　問１～問３　各４点×３　問４　５点　問５～問８　各４点×６ Ⅱ　各３点×３	50点

２０２０年度　中央大学杉並高等学校　帰国生

数学解答用紙

番号		氏名		評点	／50

1

$x =$ 　　　，$y =$

2

$x =$

3

4

：

5

(問　1)	(　　　，　　　)	(問　2)	$y =$

6

(問　1)	$y =$	(問　2)	

(注) この解答用紙は実物を縮小してあります。Ａ４用紙に114％拡大コピーすると、ほぼ実物大で使用できます。(タイトルと配点表は含みません)

推定配点	1, 2　各３点×２　　3, 4　各６点×２　　5, 6　各８点×４	計 50点

二〇二〇年度　中央大学杉並高等学校　帰国生

国語解答用紙

番号　　氏名　　評点　／50

一

問1　(A)　(B)　(C)

問2　(i)　①　②　③　④　⑤

(ii)　I　II

問3

問4

問5

二

20　40　60　80　100

（注）この解答用紙は実物を縮小してあります。B４用紙に119％拡大コピーすると、ほぼ実物大で使用できます。（タイトルと配点表は含みません）

推定配点		計
	一　問１　各２点×３　問２、問３　各３点×８　問４、問５　各４点×２ 二　12点	50点

Memo

Memo